Johannes Thiele

Luise

Johannes Thiele

Luise

Königin von Preußen
Das Buch ihres Lebens

List

Der List Verlag ist ein Verlag
des Verlagshauses Ullstein Heyne List GmbH & Co. KG

ISBN 3-471-78940-5

Gesetzt aus der Palatino bei Franzis print & media GmbH, München
Druck und Bindung: GGP Media, Pößneck
Printed in Germany

INHALT

EINLEITUNG

Luise ist Preußens einzige Königin, die je populär wurde. Wohl keine der deutschen Fürstinnen überhaupt ist so verehrt worden wie diese Frau – Gemahlin des preußischen Königs Friedrich Wilhelm III., Mutter des ersten deutschen Kaisers, Wilhelm I. –, die mit vierunddreißig Jahren einen frühen Tod starb. Er löste in Preußen eine ungeheure Welle der Trauer und Verehrung aus: Das Land hatte sein Symbol verloren.

Die Früchte der auch für Preußen siegreichen Befreiungskriege konnte Luise nicht mehr ernten. Doch die Mythen- und Legendenbildung setzte sofort und mit beeindruckender Kraft ein: Dichter schrieben ergreifende Hymnen, Maler verewigten die Königin in zahllosen Porträts, auf denen aus der anerkannten und gefeierten Schönheit mit ihren ebenmäßigen Zügen oft genug ein leerer Puppenkopf gemacht wurde.

Fast alle, die sich in heutiger Zeit mit Luise beschäftigen, stoßen sich an diesem hochgestimmten Ton, der ihr gegenüber angeschlagen wurde. Im neunzehnten und noch in den ersten Jahrzehnten des zwanzigsten Jahrhunderts war die preußische Königin das bevorzugte Objekt der Adoration – eine Flut von zuweilen kunstvollen, meist kitschigen Devotionalien liefert dafür eindrucksvolle Beweise –, war sie »Gegenstand eines bürgerlich-nationalen Kultes. Diese frühe Verklärung zum patriotisch verwendbaren Geschöpf hat ihr in der modernen Geschichtsschreibung mehr geschadet, als man zunächst denken mag«, befindet Jan van Flocken.

Auch die Geschichtsschreibung des neunzehnten Jahrhunderts hat sich Luise zumeist in devoter Pietät, also ziemlich geistlos genähert. Selbst prominente Historiker machten keine Ausnahme: Anläßlich des Jubiläums 1876 zeigte sich etwa Heinrich von Treitschke zwar um die geschichtliche Wahrheit bemüht, doch ließ auch er nichts aus, um dem öffentlich sanktionierten Mythos – der »volkstümlichen Überlieferung« – Geltung zu verschaffen. Auch er verfiel der Macht der Gefühle, die von Luise auszugehen scheint. Sie sei die Frau, die »die beiden innigsten Empfindungen, die dem Menschen gegönnt sind: die Ahnung des ewig Weiblichen und das Opfergefühl, für uns personifiziert«.

In diesem Geist hat König Friedrich Wilhelm III. seiner Gemahlin in Charlottenburg nach den Plänen Schinkels ein Mausoleum errichtet. Dort schläft die kindliche Königin Preußens zweifach: unter dem weißen Sarkophag und auf ihm, in unvergänglichem Marmor gebildet, mit unschuldsvoll ruhendem Antlitz. Daß Luise mit der Zeit nicht nur die Aura einer vielgeliebten Königin bekam, sondern zum Mythos der heldenhaften Retterin ihres geschundenen Landes, zum tugendhaften Vorbild für die moralischen Belange höherer Töchterschulen wurde, läßt sich aus dem Bedürfnis nach patriotischer Verehrung erklären, reicht aber nicht als Grund für ihre bis heute nicht nachlassende Faszination.

Wie auch immer: Um die außergewöhnliche Verehrung und Wertschätzung der Königin Luise von Preußen zu erklären, müssen Günter de Bruyn zufolge verschiedene Ereignisse und Umstände zusammenkommen: »Schönheit und Anmut mußten selten gewesen sein auf preußischen Thronen; bürgerliche Tugenden mußten öffentliche Wertschätzung genießen; ein früher Tod mußte die Königin in der Erinnerung jung erhalten, Preußen die schlimmste Niederlage seiner Geschichte erleiden, und die Periode seiner Demütigungen mußte siegreich zu Ende gehen.«

Nur so – stellt Günter de Bruyn in seiner schmalen, aber höchst lesenswerten Studie über das »Entstehen und Vergehen einer Legende« fest – konnte die stets feurig oder sentimental angeschwärmte Luise gleichsam zum preußischen »Ursprungsmythos« werden. Darüber hinaus aber stecken in ihrer Biographie so viele amüsante Anekdoten und anrührende Geschichten, die Luises »innere Urabhängigkeit« betonen, daß sie je nach Interesse und Neigung diesen Mythos einfärbten. Zu den Vorzügen der Legendengestalt Luise zählt Günter de Bruyn »neben ihrer Anmut und Schönheit« vor allem auch das, »was man ihre Natürlichkeit nannte, dem Hofzeremoniell entgegensetzte und als Ausdruck von Güte und Menschlichkeit sah. In keinem der vielen Bücher, die über sie geschrieben wurden, fehlen die Szenen, in denen sie die vorgeschriebenen Normen mißachtet, weil sie ihren edlen Gefühlen gehorcht.« Theodor Fontane war einer der wenigen, der an der historischen Luise »Reinheit, Glanz und schuldloses Dulden« schätzte, jedoch der historischen Wahrheit vor aller Schwärmerei den Vorzug gab: »Mehr als von der Verleumdung ihrer Feinde«, schreibt er 1874, habe die Königin »von der Phrasenhaftigkeit ihrer Verherrlicher zu leiden gehabt.«

Die Biographie über eine Königin muß eine unzeitgemäße Lektüre bieten. Doch daß sich diese Gestalt – »ein Stern in Wetterwolken« (Heinrich von Kleist) – heute nicht mehr für treuherzige Hagiographie eignet, ja daß sich gerade bei Luise jeder Nationalpatriotismus, der bei der Erwähnung ihres Namens noch immer aufglüht, erübrigt, bedürfte im Grunde keiner besonderen Erwähnung mehr.

Es muß so einfach, so bezaubernd gewesen sein, ihr bei ihrem Leben zuzuschauen. Warum nur dieses unsägliche Bedürfnis, sie auf ein Podest patriotischer Tugend und hehrer Moral zu heben? »Luise war tatsächlich eine Königin, wie es sie sonst nur im Märchen gibt«, befindet Heinz Ohff. »Zumindest war sie so angelegt: jung, schön, lustig, charmant, modisch, vergnügungssüchtig, dabei mitfühlend und großzügig, ein weiches Herz, ein bißchen oberflächlich vielleicht, gründlich ungebildet, aber von einer Erscheinung, daß selbst hartgesottenen Gesandten aus fremden Ländern der Atem stockte und sie sich in ihrer Begrüßungsansprache verhedderten, wenn sie erschien.«

Doch sie war auch ernst, melancholisch, aufgebracht, heißblütig, von tiefer Religiosität und doch von grundoptimistischer Unbekümmertheit, bis die Sorgen über ihrem schönen Kopf zusammenschlugen. In ihr lebte ein Urvertrauen, das nur in den dunkelsten Stunden ihres Lebens in Fatalismus umschlug. Schon wenig später hatte sie sich wieder gefangen und auf die neue Situation eingestellt. Luise ist nicht einfach zu begreifen, allzu rasch sitzt man Vorurteilen auf und läßt sich auf die falschen Fährten der Hagiographie locken. Dabei wäre nichts wichtiger, als sie in ihren Widersprüchen zu akzeptieren, ja gerade in der Quecksilbrigkeit ihrer Emotionen und in einer unauslotbaren Empfindungsfähigkeit ihre größte Stärke zu erkennen.

Auch Heinz Ohff räumt ein, daß »ein verlorener Krieg und ein verlorenes Land, zu schweigen von nicht weniger als zehn Geburten in fünfzehn Jahren« sie ernster und reifer, »aber auch selbstbewußter und, erstaunlicherweise, aktiver« gemacht haben. »Nach Wesen und Erziehung eher zu Tändelei und Zeitvertreib neigend, lag ihr zielgerichtete Aktivität wenig und politische Aktivität schon gar nicht. Aber sie war es, auf deren Schultern die Hoffnungen ihres Landes ruhten.«

Es scheint mir an der Zeit, die unzähligen Bilder, kursierenden Meinungen, fatalen Einschätzungen und flinken Urteile, die über die schöne, charmante und vielgeliebte Königin von Preußen im Umlauf waren und sind, nicht nur in Teilen zu korrigieren, sondern überhaupt ein psychologisch einigermaßen zutreffendes oder doch zumindest wahrheitsfähiges Bild Luises zu zeichnen.

Günter de Bruyns Vermutung, »daß sich alle ihre Biographen in die schöne und bedauernswerte Königin verlieben«, liege »sozusagen in der Natur der Sache«, macht das Vorhaben nicht einfacher. Es fällt nämlich ausgesprochen schwer, sich diesem »Gegenstand« ohne ein Gefühl der Sympathie zu nähern, zumal die notwendige kritische Distanz gewahrt bleiben muß. Obwohl das Sujet keine geeignete Folie für genüßliche Enthüllungshistorie bietet, müssen doch Charaktereigenschaften der Königin in den Blick gerückt werden, die in der bisherigen Mythenbildung eher unterrepräsentiert oder gar ausgeblendet worden sind: Luise, das quirlige Mädchen, die amüsiersüchtige Kronprinzessin, die aphrodisisch empfindende Geliebte und aufopferungsvolle Gemahlin, die von Aufregungen, Enttäuschungen, scheinbar endlosem politischen Unglück verfolgte, von Strapazen, Krankheiten und vielen Geburten entkräftete Königin – diese gerade in ihren zahlreichen Widersprüchen faszinierende Frau, deren Unbändigkeit hinter ihrer Rolle als Königin für Preußens Glanz und Gloria nur zu deutlich zu spüren ist, dürfte erst noch zu entdecken sein.

Nur so könnte das umfassende, leuchtende Bild jener unvergeßlich-legendären Luise von Preußen, wie sie wirklich gewesen ist, entstehen. Die historisch präzise Recherche stützt sich vor allem auf die reichlich vorhandenen Quellen, besonders auf Tagebücher, Memoiren, Briefe und politische Dokumente der Zeit, auf Luises und Friedrich Wilhelms Briefwechsel mit Verwandten, Fürsten, Diplomaten, Intellektuellen.

Damit steht und fällt das Vorhaben, an ein tieferes Verstehen der Persönlichkeit Luises heranzuführen: indem ihre Zeit ebenso lebendig wird wie es die Personen werden, die mit ihr zusammengelebt und auf sie »abgefärbt« haben. Nur so läßt sich in einer Art Psychogramm – neben ihrer politischen Bedeutung – das »Innenleben« Luises zeichnen, nur so kann sie im Spiegel ihrer seelischen Entwicklung, in ihrer Mentalität und in ihren Gefühlen gezeigt werden. Darum sollen das Gespür für den bisweilen auch dramatischen Effekt sowie eine gewisse erzählerische Detailfreudigkeit dazu beitragen, daß Luise in ihren bezaubernden menschlichen Eigenschaften, ihrem weiblichen Eigensinn und ihrer wahren Größe zum Vorschein kommt.

Daß jede Biographie – gemessen an ihren objektiven Ansprüchen und an den subjektiven Voraussetzungen nicht nur des »Themas«, sondern auch des jeweiligen Biographen – sozusagen auf schmalem Grat geschrieben wird und die Gefahr des Scheiterns stets in sich trägt, steht außer Frage. Fraglich bleibt allein, wie ehrenvoll oder auch elegant das historische Versagen dieses Genres zwischen dürren Fakten und blühenden Fiktionen in jedem einzelnen Fall ausfällt. In diesem Sinne steht nicht nur Luise weiterhin auf dem Prüfstand der Geschichte, sondern auch dieses Buch.

Mir liegt – auch im Unterschied zu fast allen früheren Werken, die über die preußische Königin veröffentlicht wurden – sehr viel daran, historische Genauigkeit mit einem gewissen narrativen Schwung, mit der Schilderung von Atmosphäre und etwas so wenig Faßbarem wie Stimmungen und Emotionen zu verknüpfen, so daß das Buch also bei aller Ernsthaftigkeit doch auch zu den *entertainments*, zum Lesevergnügen gezählt werden kann.

Eine glückliche Ehe

Wie aus dem Nichts kommt Prinzessin Luise. Das winzige Duodez-Fürstentum Mecklenburg-Strelitz, politisch wie territorial völlig unbedeutend, umfaßt gerade einmal eine Fläche von dreitausend Quadratkilometern und geht auf eine Gründung durch Erbteilung im Jahr 1701 zurück: Das Land, zunächst von Grafen beherrscht, die später von Karl IV. den Herzogstitel empfingen, wurde nach dem Tod des Herzogs Adolf Friedrich unter dessen Söhnen aufgeteilt. Diese begründeten die beiden Linien des Hauses.

Die so in die Herzogtümer Mecklenburg-Schwerin und Mecklenburg-Strelitz aufgeteilte Herrschaft hätte auch vereinigt unter den deutschen Staaten nur einen bescheidenen Rang eingenommen. Nach der Teilung blieben die beiden Herzogtümer weiterhin eng verbunden, obwohl jedes seinen eigenen Landtag besaß – zwei Staaten, durch eine politische Grenze getrennt, aber in jeder anderen Beziehung als Einheit zu betrachten.

Das Fürstentum Mecklenburg stößt im Norden an die Ostsee. Im Osten ist es von Pommern begrenzt, im Süden reicht es an Brandenburg, im Westen schließt es sich an Schleswig-Holstein an. Mecklenburg-Schwerin ist bei weitem der größere der beiden Staaten und erstreckt sich über die ganze Küstenlinie der Ostsee. Der sandige Boden von Mecklenburg-Strelitz wird von mehreren Flüssen sowie von einer Reihe kleinerer Seen bewässert, die das Land fruchtbar machen und ihm ein bukolisches Aussehen verleihen. Die Bevölkerung widmet sich hauptsächlich der Zucht von Rindern und Schafen; einen eigenartigen und auch malerischen Zug der Landschaft bilden die großen umherschweifenden Gänseherden, die von »Gänsemädchen« gehütet werden. Nicht ohne Übertreibung hat man im neunzehnten Jahrhundert gesagt, die Hälfte aller in Europa gebrauchten Kielfedern komme aus Mecklenburg; sicherlich aber sind sonst nirgends die Gänse so wohlgenährt und zahlreich wie hier. Die Gänsebrüste werden wie Speck eingesalzen und geräuchert, und eine mit Äpfeln oder Kastanien gefüllte Gans ist die kulinarische Spezialität der Region.

Das Land ist geprägt von Dörfern und kleineren Ortschaften, an irgendwie bedeutenden Städten gibt es nur Strelitz, wo die Herzöge residieren. In Altstrelitz hatte der erste Herzog, Adolf Friedrich II., ein stattliches Schloß, das jedoch 1712 niederbrannte, so daß sein Nachfolger Adolf Friedrich III. sein nur wenig entferntes, auf einer Anhöhe an einem kleinen See gelegenes Jagdschloß Glienke zu einer Residenz erweiterte, in deren unmittelbarer Nähe das Städtchen Neustrelitz entstand. Vom Markt gehen die Straßen strahlenförmig aus, und die bedeutendste Allee führt zum Schloß und zum buchenbestandenen Schloßpark: »Um Stadt und Schloß aber webt es noch jetzt wie Schatten längst entschwundener Tage, wie ein Hauch der Rokokozeit«, schwärmt Paul Bailleu Anfang des zwanzigsten Jahrhunderts.

Heute ist von der alten Herrlichkeit kaum noch etwas übrig. Das ehemalige Schloß der Herzöge von Mecklenburg-Strelitz, ein Schmuckstück des Klassizismus, brannte in einer Mainacht des Jahres 1945 ab und liegt seitdem in Trümmern und Ruinen. Von der gloriosen Vergangenheit zeugt nur noch ein Schloßplatz, ein Zentrum ohne Herz, und der Schloßpark mit Hebe-Tempel, Chinesischem Badehaus am Seeufer und Hirschportal zum Tierpark.

Trotz der Randlage rückt Mecklenburg doch immer wieder ins Zentrum des öffentlichen, vor allem des adligen Interesses. Nahe verwandtschaftliche Verbindungen bestehen zum Beispiel zu Hannover und zu England. So wird Luise Anna, die Tochter des Prinzen von Wales, mit dem ältesten Sohn des Herzogs Karl von Mecklenburg, Adolf Friedrich, verlobt, einem jungen, glänzend begabten Prinzen. Zu einer Hochzeit kommt es aber nicht, da Prinzessin Luise Anna infolge ihrer schwächlichen Natur eines frühzeitigen Todes stirbt. Eine weitere Bindung wird hergestellt durch die Ehe des englischen Königs Georg III. mit Sophie Charlotte, Prinzessin von Mecklenburg-Strelitz.

Friederike von Hessen-Darmstadt und Karl von Mecklenburg-Strelitz, die Eltern Luises.

Sophie Charlottes jüngerer Bruder, Prinz Karl Ludwig Friedrich, kurz Prinz Karl genannt, folgt häufig den Einladungen der Schwester nach England und verbringt einmal sogar einige Monate in London. Er ist Erbprinz, und sein königlicher Schwager Georg, der zugleich Kurfürst von Hannover ist und für den jungen Mecklenburger auch persönliche Sympathien empfindet, überträgt ihm den Oberbefehl über die Truppen des hannoverischen Hauses. Karl macht rasch militärische Karriere: 1755 wird er zum Major, 1760 zum Oberstleutnant, dann zum Oberst und 1762, bei einem Besuch in London, zum Generalmajor ernannt. König Georg ist recht zufrieden mit seinem Statthalter, befördert ihn im Februar 1763 zum Generalleutnant und stattet den »etwas leichtsinnigen jungen Herrn, dessen verschwenderischer Haushalt auch später nicht selten zu Tadel Anlaß gab«, mit reichlich Geld aus.

Karl ist eine »recht hübsche« Erscheinung. Er verfügt über Charme und ausgezeichnete Manieren, und wenn er lacht, blitzen seine perfekten Zähne, bezaubern seine schönen Augen das weibliche Geschlecht. Seine gesellschaftlichen Formen sind vollendet, er ist vielseitig gebildet, versteht zu parlieren und zu unterhalten. Da sein Bruder Adolf Friedrich sich gegen jede Heirat sperrt, ist man in Mecklenburg-Strelitz darauf bedacht, Karl möglichst früh zu verheiraten. Im März 1768, auf einer Reise nach Darmstadt, lernt er Prinzessin Friederike Karoline Luise kennen, eine Tochter des Prinzen Georg Wilhelm, zweiter Sohn des verstorbenen Landgrafen Ludwig VIII. von Hessen-Darmstadt und der Prinzessin Marie Luise Albertine, die für Luise so große Bedeutung bekommen soll. Rasch werden die Dinge des Herzens unter Dach und Fach gebracht, werden Festlichkeiten mit musikalischen Aufführungen veranstaltet; Besprechungen über eine Vermählung finden bald ihren glücklichen Abschluß.

Bereits am 28. Mai erscheint der Prinz von neuem in Darmstadt. Am Abend dieses Tages wird bei einem Fest im Weißen Saal des Schlosses seine Verlobung mit Prinzessin Friederike verkündet.

Zu diesem Zeitpunkt ist Friederike nicht einmal sechzehn Jahre alt. Sie ist die älteste Tochter der Familie, gebildet, schön anzusehen. Am 18. September 1768, einem Sonntag, wird unter dem Thronhimmel im Darmstädter Schloß der heilige Bund der Ehe geschlossen. Der kleine Hof zu Darmstadt ist nicht wenig erstaunt über den prächtigen Brautschmuck – zum größten Teil Geschenke der Königin Charlotte von England. Nach der Hochzeit bleiben die jungen Eheleute noch einige Wochen in der Residenz, bevor sie nach Hannover reisen, wo der Prinz bald darauf zum Gouverneur der Stadt ernannt wird.

Die Ehe wird sehr glücklich, kinderreich auch, Karl und Friederike passen wunderbar zusammen. Die hessische Prinzessin führt sie ganz im Stil der Zeit, empfindsam und gefühlvoll, eine sentimentale und spielerische, ja enthusiastische und tänzerisch bewegte Rokoko-Ehe. Paul Bailleu gibt uns einen Einblick: »*Mon petit époux, mon cher et charmant petit époux*‹, ›mein lieber Engel‹, ›mein angebeteter Prinz‹, so nennt die Prinzessin Friederike den Gatten im ersten wie im elften Jahre ihrer Ehe, und zwischen die in zierlichen Schriftzügen regelmäßig verlaufenden Zeilen malt sie gern kleine Herzen. ›Ich gehe zu Bette‹, heißt es wohl einmal, ›und träume von dem Engel, von dem Prinzen meiner Seele.‹ Auch ein leichter Humor belebt zuweilen diese Briefe; so, wenn die Prinzessin erzählt, wie sie im Walmodenschen Garten spazieren gehe und immer die schönen Statuen betrachte, damit das Kind, das sie unter dem Herzen trägt, ihnen ähnlich werde.«

Große oder nur irgendwie bedeutsame Vorkommnisse zeichnen diese Provinzfürstenehe nicht aus. In den regelmäßigen Abständen, welche die Natur vorsieht, kommen Kinder zur Welt – zehn insgesamt, von denen aber nur fünf das Erwachsenenalter erreichen: Charlotte Georgina Friederike, die 1785 Herzogin von Sachsen-Hildburghausen wird; Therese Mathilde, die 1789 den Fürsten Karl Alexander von Thurn und Taxis heiratet; Louisa Augusta Wilhelmina Amalia – unsere Luise –, im März 1776 geboren, die 1793 Friedrich Wilhelm von Preußen, den späteren König, heiratet; Friederike Karoline Sophie Alexandrine, im März 1778 geboren, die sich ebenfalls 1793 mit dem Prinzen Ludwig von Preußen vermählt; schließlich Georg Friedrich Karl Joseph, der seinem Vater auf den Thron folgt und Großherzog von Mecklenburg-Strelitz wird.

Friederike lebt ganz für ihr häusliches und familiäres Glück, und sie hat einiges Talent zur Geselligkeit. Der 4. Juni, der Geburtstag des Königs und Kurfürsten, wird ebenso festlich begangen wie der 19. Januar, der Geburtstag der Königin. Auch die Geburtstage Karls und Friederikes werden gebührend gefeiert, es werden theatralische Aufführungen gegeben, an denen schon früh die kleinen Prinzeßchen Charlotte und Therese mitwirken. Oft besucht man Konzerte und musikalische Soireen. Festliche Höhepunkte sind die sogenannten Assembleen, die beliebteste gesellige Veranstaltung jener Zeit, von der der hannoversche Arzt J. G. Zimmermann eine anschauliche Schilderung gibt:»Herren und Damen erscheinen da in der äußersten Pracht, die Damen jetzt alle in Kleidern von Atlas, die über und über mit *blondes* und Spitzen besetzt sind, und in *mantilles* von Flanderischen Spitzen, die aber von einer Achsel zur andern und von dem Kinn bis an das Herzgrüblein offen sind; in den

Haaren, an den Ohren und am Halse tragen sie alle Diamanten; alle sind nach der neuesten Pariser Art frisiert; keine trägt ein Kleid, das nicht nach den neusten aus Paris gekommenen Mustern geschnitten ist; kein anderes Wort wird gesprochen als französisch: auf französisch wird kokettiert, auf französisch gescherzt und auf französisch geküßt.«

Hannover ist nicht gerade das Zentrum der Politik und der großen Welt, und auch auf intellektuellem und kulturellem Gebiet ist von der Stadt wenig die Rede. Musik allerdings wird hoch geschätzt. Der Gesanglehrer Giuliani leitet die Ausbildung der ältesten Prinzessin Charlotte, die eine ungewöhnliche musikalische Begabung zeigt und später eine bedeutende Sängerin wird.

Zuweilen unternimmt die Familie Reisen nach Celle, nach Pyrmont, dem Modebad der vornehmen Welt, und nach Darmstadt, der Heimat der Prinzessin. Das Alte Palais am Markt ist dann erfüllt von Kinderlachen. Froh und glücklich, vor allem aber ungezwungen lebt es sich in der kleinen Residenz. Die Ausflüge und Feste sind nicht so vornehm wie die »Assembleen« in Hannover, aber Friederike genießt diese Aufenthalte in der Heimat; »bien, bien amusée« notiert sie in ihr Tagebuch. Auch Reisen in die Schweiz bringen manche Abwechslung, Séjours in Braunshardt und Kranichstein, den Schlössern der rheinhessischen Umgebung.

Prinz Karl ist mit seiner Stellung durchaus zufrieden. Er fühlt sich als Sproß einer traditionsreichen Dynastie, schließlich regiert die Familie seit dem zwölften Jahrhundert in Mecklenburg, dienen seine Vorfahren als absolute Monarchen Kirche und Volk. Sein Geschlecht führt Schwert und Pflug im Wappen. In Neustrelitz residiert weiterhin sein Bruder, Herzog Adolf Friedrich IV., ein schrulliger Fürst mit einigen Sonderlichkeiten, die ihn jedoch nicht vom eifrigen und ernsten Regieren abhalten. Adolf Friedrich ist ein aufgeklärter absolutistischer Fürst, der sich an mancherlei Reformen versucht. Nur für Frauen hat er nichts übrig; er bleibt unverheiratet und ohne Nachkommen.

Während der ersten Ehejahre, die Karl und Friederike in Hannover verbringen, ist – gemessen am Rang des Prinzen – die Wohnung klein und die Einrichtung eher einfach. Aber in diesem anspruchslosen Heim fühlen sich die beiden glücklich. Alles, was man über die liebenswürdige Prinzessin erfährt, macht einen günstigen Eindruck. Gemälde, die sie darstellen, zeigen ein offenes, heiteres Gesicht, einen ruhigen und gedankenvollen Blick. Friederike vererbt ihre blonden Haare und ihre blauen Augen den meisten ihrer Kinder.

WIEGENLIED

In der schmalen, ein wenig düsteren Leinestraße Hannovers steht mitten zwischen unscheinbaren Fachwerkhäusern ein stattliches, zweistöckiges Palais mit einem massigen Portal und hohen Fenstern. Auch das Innere des Hauses wirkt großzügig: ein hohes Treppenhaus, eine Flucht ineinander übergehender Zimmer, die sich für die fürstliche Repräsentation ebenso eignen wie für ein familiäres Leben. Aber die Straße ist eng und das gegenüberliegende Schloß wirft fast den ganzen Tag seinen Schatten auf die Wohnung des jungen fürstlichen Ehepaares, dem der Aufenthalt hier womöglich wenig behagt. Man hält sich hier allenfalls in den Wintermonaten auf. Für die übrige Zeit des Jahres steht das Lustschloß Herrenhausen als Wohnsitz zur Verfügung und außerdem ein kleines Haus, das sogenannte Prinzenhaus am Reitwall: einstöckig mit einem Dacherker und verhältnismäßig wenig Platz im Innern. Aber es steht unter den Wipfeln alter Bäume auf einer Anhöhe im Prinzengarten, der sich am alten Stadtwall Hannovers hinzieht, und ist auf allen Seiten für Licht, Luft und Sonne zugänglich.

Als auf dem Gelände eine große Militärschule errichtet wird, fällt der alte Stadtwall, und der Prinzengarten verschwindet. Das kleine Landhaus, welches das Paar für mehrere Jahre bewohnt, wird jedoch an anderer Stelle, an dem Weg, der die Stadt mit dem königlichen Landgut Herrenhausen verbindet, wieder aufgebaut. Wenn man die prächtige Lindenallee hinaufgeht, so sieht man das Haus zur Rechten liegen, vom Welfenschloß etwas verdeckt. Es galt lange Zeit als das Geburtshaus der Königin Luise – eine Legende, die erst Kaiser Wilhelm I. widerlegt hat, indem er darauf hinwies, daß seine Mutter nicht im Haus am Reitwall, sondern im Palais an der Leinestraße geboren wurde.

Das »Alte Palais an der Leinestraße« in Hannover, Geburtshaus Luises.

Unter dem Datum des 10. März 1776 schreibt Prinzessin Friederike in ihr Tagebuch: »*Accouchée pour la 6ème fois, à 7 heure du matin, d'une 4me fille.*« An diesem Frühlingsmorgen, um sieben Uhr, wird Prinz Karl die freudige Nachricht überbracht, daß er abermals Vater geworden ist. Vater einer Tochter. Vielleicht hat er sehnsüchtig einen Sohn erwartet, sind doch zwei Prinzen im zarten Kindesalter gestorben. Aber sicherlich freut er sich auch über die kleine Luise. Dankbar und wie auf künftige erotische Freuden anspielend, verehrt er seiner glücklichen Frau, wie das Tagebuch bald darauf verrät, ein Pariser Negligé.

Luise ist die dritte überlebende Tochter, das sechste Kind der Familie. Ein Mädchen und zwei Jungen sind bereits verstorben, bevor sie zur Welt kommt; bei ihrer Geburt hat sie demnach nur zwei Geschwister, die Prinzessinnen Charlotte und Therese, von denen die ältere zwischen sechs und sieben, die jüngere fast drei Jahre alt ist.

Von mütterlicher Seite hat das Haus Hessen-Darmstadt ein Stammanrecht an dem kleinen Kind, das in der Wiege liegt. Diese Verwandtschaft gewinnt noch Tiefe und Festigkeit durch die geistigen Verbindungen, die das Kind in späteren Jahren zur Familie der Mutter knüpfen wird. Da der prachtliebende regierende Herzog Adolf Friedrich IV. ein Junggesellenleben führt und seine Schwester, Königin Sophie Charlotte von Großbritannien, in England lebt, sind die Beziehungen der Kinder des Prinzen Karl zur Familie des Vaters längst nicht so innig wie zur Familie der Mutter, wo man lebhaft und herzlich an den Ereignissen in der Prinzenfamilie Anteil nimmt.

Am 25. März wird die jüngste Prinzessin in der alten Heiliggeistkirche zu Hannover, die seit 1730 Garnisonkirche ist, getauft. Die Kirchenbücher dieser Kirche, die längst abgerissen ist, datieren bis zum Jahr 1690. Eines davon enthält folgenden Eintrag zur Taufe der Prinzessin Luise:

»Anno 1776. Tauftag: Mensis Martius 25. – Namen des Kindes: Louisa Augusta Wilhelmina Amalia. – Namen der Eltern: Sr. Durchl. Prinzen Carls zu Mecklenburg-Strelitz und Friederica Carolina Louisa, Durchl. Prinzessin von Hessen-Darmstadt, junge Prinzessin, geb. am 10. Mart. Morgens 7 Uhr. – Namen der Gevattern: Die hohen Tauf-Pathen waren: 1. Prinzeß Charlotte von Hessen-Darmstadt, 2. Groß-Fürstin von Rußland, 3. Erbprinzessin von Braunschweig, 4. Prinzeß Royal von Engelland, 5. Erb-Prinzessin von Schwerin-Mecklenburg, 6. Mark-Gräfin von Baden-Durlach, 7. Fürstin von Oeringen. – Deren Stelle haben vertreten: 1. Prinzeß Charlotte in Hocheigener Persohn, 2. Fr. Geheime Räthin von Bremern, 3. Fr. Ober-Kammer-Herrin v. Löwen, 4. Fr. Prämie-Ministerin v. Münchhausen, 5. Fr. v. Polenz.«

Der Tauftag ist ein sonnengoldener Frühlingstag. Dem Frühlingskind zu Ehren tragen die Patinnen Veilchenkränze, auch das Taufbecken ist mit Veilchen umkränzt, und das Köpfchen des Täuflings wird auf Veilchen gebettet. Veilchen sollen nach dem Volksglauben Glück bringen. Veilchenblau wird später die Lieblingsfarbe der Königin sein.

Schatten im Paradies

Als Luise etwa ein halbes Jahr alt ist, im Herbst des Jahres 1776, wird ihr Vater zum Generalgouverneur von Hannover befördert. Die Familie zieht vom Landhaus in das fürstliche Regierungsschloß in der Leinestraße, gegenüber dem alten kurfürstlichen Palast. Während der Sommermonate wohnt sie meist in einem Flügel des Herrenhausener Schlosses.

Aus Luises früher Kinderzeit wissen wir nur wenig. Ihre Welt ist ein kleines Paradies: Die großen Gärten sind – im Stil der Zeit – mit Springbrunnen, Bildsäulen und Vasen geschmückt. Das Schloß selbst ist ein niedriges Gebäude und verdankt seine stolze Würde den majestätischen Baumreihen und Alleen des Herrenhausener Parks. Nach wie vor zieht es die Eltern des öfteren in die Welt, vor allem nach Pyrmont, wo sie jedes Jahr einige Wochen verbringen, während die Kinder, die »fanfans«, die Prinzessin Friederike gelegentlich, aber nicht eben häufig in ihrem Tagebuch erwähnt, in Hannover unter der Obhut der Hofdame Magdalene von Wolzogen zurückbleiben.

Die einfachsten Dinge erregen Luises Interesse. Daß sie schon in ihrer Kindheit eine einnehmende Freundlichkeit an den Tag legt – etwas, das man »sonniges Gemüt« nennen könnte –, erwähnen alle ihre Biographen, die mit herzigen Episoden und rührenden Anekdoten nicht sparen.

Ihre eigentliche Heimat aber finden die Kinder in Neustrelitz. Dort wird ein Rittergut dem Prinzen Karl zum Geschenk gemacht, der Haus und Garten verschönern läßt und dem einstöckigen Schloß ein Obergeschoß sowie einige Nebengebäu-

de spendiert. Der Garten wird nach englischen Vorbildern angelegt. Herrlich ist der Blick aus dem Schloß auf die hohen Baum-
gruppen und Wiesen, die Ufer der Tollense und deren seearti-
ge Ausbuchtungen.

Zu den vier Prinzessinnen Charlotte, Therese, Luise und Friederike, die alle hübsch und anmutig heranwachsen, kommt
endlich am 12. August 1779 der ersehnte Prinz und Erbe, der auf
den Namen Georg getauft wird. Wenige Tage nach seiner
Geburt wird der Geburtstag der glücklichen Mutter durch die
Aufführung einer kleinen Komödie vor ihrem Bett gefeiert, an
der neben den älteren Schwestern und einigen Hofdamen auch
die dreijährige Luise mitwirkt. Auf dem Ballfest zum Geburtstag des Vaters, am 10. Oktober desselben Jahres, treten die Kinder bereits öffentlich auf – Luise als Amor, Charlotte und Therese als Vestalinnen.

Die frühen Kinderjahre Luises verlaufen still und friedlich,
ohne besonders zu erwähnende Vorkommnisse. Abwechslung
bringen nur die gelegentlichen Reisen nach Darmstadt. So
glücklich Luises Mutter Friederike sich auch im Palais in Hannover und in ihrem Garten fühlt, es zieht sie doch immer wieder ins Elternhaus zurück, wo man so fröhlich und zwanglos
lebt. Hier wird nicht steifes Französisch, sondern munteres
Rheinfränkisch gesprochen. Im Jahr 1780 feiert sie ihren Geburtstag und den ihres Gemahls in Darmstadt, in Frankfurt
dann den Hochzeitstag, in Schloß Braunshardt die Weinlese.
Auch Weihnachten und die Geburtstage von Luises Großmutter werden in Darmstadt gefeiert.

Doch das Idyll währt nur wenige Jahre, dann senkt sich ein
tiefer Schatten über die Familie. Als Friederike Ende April 1782
nach Hannover zurückkehrt, wird sie von einem dort grassierenden Fieber ergriffen und vorzeitig von einem Kind entbunden, das schon nach wenigen Stunden stirbt. Nur zwei Tage
später, am 22. Mai 1782 verliert Luise – sie ist erst sechs Jahre
alt – die Mutter, die noch nicht einmal ihr dreißigstes Jahr erreicht hat. Der jüngste Sohn, damals kaum zwei Jahre alt, überlebt Friederike nur einige Monate. Die kleine Luise leidet sehr
unter diesem Verlust – es ist ihr erster tiefer Schmerz. Und Prinz
Karl ist schier untröstlich vor grenzenloser Verzweiflung und

zieht sich – sein Unglück beweinend – in die Abgeschiedenheit des stillen Lustschlosses Herrenhausen zurück. Der sonst so lebenslustige Prinz meidet alle Gesellschaften, er ist nur für seine Kinder da, von denen das älteste gerade erst zwölf Jahre alt ist.

In Herrenhausen rauscht eine vierreihige Lindenallee im Frühlingswind, die Luft strömt mild über Bäume und Buschholz. Die Gärten entbehren nicht einer gewissen Koketterie: Alles ist wie geschaffen, um den Körper zu stärken und den Geist zu trösten. Doch der Tod entläßt die Familie nicht aus ihrer Trauer; kurze Zeit später stirbt Prinz Georg Wilhelm von Hessen-Darmstadt, der Vater der Prinzessin Friederike.

Schon bald bedrücken Abgeschiedenheit und Einsamkeit den Prinzen Karl. Seine älteste Tochter schickt sich an, ihn zu verlassen, und auch die anderen werden nach und nach fortgehen. Er wird ganz allein in dem leeren Schloß zurückbleiben. Aber bis es so weit ist, brauchen seine Kinder nicht nur die Fürsorge der Erzieherin und des Hauslehrers, sondern die Liebe einer Mutter. Deshalb hält Karl um die Hand der Prinzessin Charlotte Wilhelmine an, der Schwester seiner verstorbenen Frau, die Friederike in der äußeren Erscheinung sehr ähnlich ist. Das Glück scheint endlich zurückzukehren.

Luise nimmt mit ihren Geschwistern an der Hochzeit des Vaters am 28. September 1784 in Darmstadt teil. Den ganzen Winter über bleibt sie in Darmstadt und wird bald durch ihre fröhliche Heiterkeit zum Liebling der Großmutter, die sie zärtlich verwöhnt und das heitere, anschmiegsame Kind gern einmal auf längere Zeit um sich haben würde.

Eines Abends ist das Empfangszimmer der Landgräfin festlich erleuchtet; eine vornehme Gesellschaft bildet einen glänzenden Kreis, in dessen Mittelpunkt ein junger Vorleser steht. Zum allgemeinem Erstaunen und zu manch heimlicher Entrüstung liest er Deutsch – nicht Französisch – und Deutsch versteht man doch eigentlich gar nicht mehr richtig …

Herzog Karl August von Weimar, der Freund Goethes, ist an diesem Abend zu Gast in Darmstadt, und ein gewisser Friedrich Schiller kam von Mannheim herüber, um sich ihm vorzustellen und seiner Gunst zu empfehlen. Er liest an jenem Abend den

*Charlotte von Hessen-Darmstadt, Luises Tante und nach dem Tod der Mutter
ihre Stiefmutter.*

ersten Akt seines »Don Carlos« vor. Trotz der wenig sympathischen Stimme des Lesenden und seiner großen Schüchternheit im Vortrag nimmt doch die Schönheit der Dichtung, die Ausdruckskraft der Sprache alle Zuhörerinnen und Zuhörer gefangen – man ist ganz erstaunt, daß man mit deutschen Worten so viele bezaubernde Dinge sagen kann. In reicher Toilette nach französischem Muster gepudert, zart geschmückt, das Dekolleté nach französischer Mode mit kostbaren Spitzen bedeckt, den kostbaren Fächer mit geheimer Zeichensprache in den Händen hin und her wendend, sitzen die vornehmen Frauen da, und manches schöne Augenpaar hängt begeistert an den Lippen des Lesenden. Auch die Kavaliere lauschen mit gespannter Aufmerksamkeit, und da hat wohl niemand Zeit, auf den blonden Kinderkopf zu achten, der plötzlich im Rücken der Gesellschaft auftaucht, zwischen der Spalte eines schweren Purpurvorhangs. Friedrich Schiller ahnt nicht, daß der Blick Luises auf ihn fällt.

Die Tage in Darmstadt tun Luise gut. Als die Prinzessin ihre kindliche Lebensfreude wiedergefunden hat, bringt man sie nach Hannover zurück, wo sie und ihre Schwestern fortan sorgfältig erzogen werden. Der Fürst vertraut seine vier Töchter und deren Erziehung nun ganz der Obhut der Baronin Magdalene von Wolzogen, Tochter des Reichsbarons, und der Baronin Rosine von Würzburg an; nur Georg bleibt zunächst beim Vater. Drei Jahre widmen sich die beiden Damen dieser verantwortungsvollen Aufgabe. Prinzessin Luise scheint die Mutter in Hannover nicht besonders zu entbehren. Sie ist ja noch so jung.

Allzu streng geht es in dem Haus nicht zu, die Atmosphäre ist von einer gewissen Gemütlichkeit durch die einfache Herzlichkeit, den Gefühlsakkord, den das Wort »Gemüt« ausdrückt. Luise ist empfänglich für geistige Einflüsse, und so gewinnt Johann Nikolaus Schrage, ein pedantischer Gelehrter, Zugang zu der jungen Prinzessin. Er verlangt vom Mann ein Gefühl der Zucht, den Frauen schärft er das der Pflicht gegenüber der Familie ein. Luise ist von seiner geistigen Autorität, die nichts von abstrakter Vernunft wissen will, sondern einen empfindsamen Symbolismus vertritt, gehörig beeindruckt. Schrage spielt die Rolle eines Seelen- und Gewissensführers perfekt.

Im Laufe des Jahres 1785 wechseln in jäher Weise Freude und Leid in Luises Elternhaus: Erst fünfzehn Jahre ist Luises Schwester Charlotte alt, als sie sich mit dem regierenden Herzog Friedrich von Sachsen-Hildburghausen verlobt. Im September wird die Hochzeit mit großer Pracht gefeiert. Am 30. November schenkt Luises Stiefmutter, Prinzessin Charlotte, in Hannover einem Knaben das Leben, der nach dem Vater Karl genannt wird. Am 12. Dezember stirbt sie im Wochenbett. Die Tränen der Stiefkinder sind echt; sie haben Charlotte wie eine Mutter geliebt, was ein Eintrag vom Dezember 1790 in Luises Andachtsbuch beweist: »Heute vor fünf Jahren starb meine liebe Mutter. Möge Gott mir ein Herz geben wie das ihrige.«

Wir dürfen annehmen, daß der Tod der Stiefmutter Luise noch stärker trifft als der Tod der Mutter. Nicht einmal ein Jahr hat Karls zweite Ehe gedauert. Die Kinder wachsen fortan ohne Mutter auf, denn zu einer dritten Ehe kann der Prinz sich nicht entschließen. Nicht noch einmal soll das Schicksal ihm die geliebte Frau entreißen. Er spielt mit dem Gedanken, Hannover zu verlassen: Wäre es nicht besser, als Feldmarschall seinen Abschied vom Hannoverschen Heer zu nehmen und mit der Familie nach Darmstadt zu ziehen, wo die Kinder unter der Aufsicht der Großmutter heranwachsen können? 1786 gibt er seine Stellung als Gouverneur auf und wechselt tatsächlich noch vor Ende des Jahres seinen Wohnsitz. Zunächst geht er allerdings auf Reisen, nach London, nach Strelitz und zu seiner ältesten Tochter nach Hildburghausen.

So kommen die drei Schwestern Therese, Luise und Friederike im Frühjahr 1786 zur Großmutter nach Darmstadt, während Georg und der kleine Stiefbruder Karl vorläufig in Hannover bleiben. In demselben Jahr, in dem Friedrich der Große stirbt und in Preußen eine Ära zu Ende geht, beginnt auch für Luise durch ihre Übersiedelung nach Darmstadt ein neuer Lebensabschnitt.

ERZIEHUNGSVERSUCHE

Über Luises Großmutter müssen wir ein paar Worte verlieren, denn sie gewinnt für die Erziehung des Mädchens eine große Bedeutung. Es wird vor allem Prinzessin Marie sein, die das Empfindungsvermögen ihrer Enkeltöchter entwickelt und deren Charakter formt. Sie erweist Luise und Friederike den unschätzbaren Dienst, ihnen das Leben in anziehendem Licht zu zeigen. Sie befreit sie von der Traurigkeit der Schicksalsschläge und macht aus ihnen junge Frauen, die wissen, was sie wollen.

Prinzessin Marie, 1729 geboren, ist eine Gräfin Solms-Rodesheim. Sie wurde von ihrer Mutter im Schloß Heidesheim erzogen und muß in ihrer Jugend eine beeindruckende Schönheit gewesen sein – ein Gemälde im Darmstädter Schloß zeigt sie als jugendliche Beauté, braunäugig, etwas blaß, mit einem feingeschnittenen Mund.

Früh rückt Frankreich in ihr Blickfeld: Prinz Georg Wilhelm führt sie nach Paris und Versailles, wo in jener Zeit Ludwig XV. regiert. Die Prinzessin ruft gerne die Erinnerung an diese Reise wach, denn sie bot die einzige Gelegenheit in ihrem Leben, zu einer Gesellschaft in Beziehung zu treten, die man für dekadent hielt. Von Maries Töchtern leben nach dem Tod Friederikes und Charlottes nur noch zwei. Beide sind wenig glücklich verheiratet, beide sind – wie alle Töchter der Prinzessin – schön und anmutig, aber von schwacher Konstitution und zarter Gesundheit: Luise ist die Gemahlin des Erbprinzen Ludwig von Hessen-Darmstadt, Auguste seit 1785 die Gemahlin des Prinzen Max Joseph von Pfalz-Zweibrücken, des späteren ersten Königs von Bayern. Maries Söhne stehen in fremden Heeren, bei ihr in Darmstadt lebt nur einer: Prinz Georg. Seine Abenteuerlust zieht ihn oft vom heimischen Herd fort, stets ist er in finanzieller Verlegenheit, was seine gute Laune niemals trübt. Der »lustige Onkel Georg« wird von allen geliebt, und er liebt seine Nichten und Neffen, wie er seine verstorbenen Schwestern geliebt hat, organisiert für sie voller Begeisterung kleine Feste und Ausflüge. Auch Luise ist ihrem Onkel zärtlich zugetan, denn er ist niemals Spaßverderber und fast immer Mitwisser ihrer harmlosen Kinderstreiche. Später erweist er sich ihr als treuer Freund und Helfer.

Prinzessin Marie besitzt zwei Wohnungen, eine in der Innenstadt Darmstadts in unmittelbarer Nähe des Schlosses, die andere entlegener, am Eingang des Herrengartens oder Landgrafenparks, eines ausgedehnten, dem Publikum in Teilen geöffneten Lustgartens. Das Schloß ist auch in Darmstadt der Mittelpunkt der Stadt: Der Marktplatz breitet sich direkt vor der Residenz aus und bietet stets ein Bild regen Lebens und heiteren Treibens. Die Giebel des alten Rathauses schauen auf den Markt, der umsäumt ist von Häusern mit Kaufläden, die einmal bessere Tage gesehen haben. Früher waren dies aristokratische Herrenhäuser, und eines der größten, Burgfreiheitspalast genannt und direkt am Schloß gelegen, ist die Stadtresidenz der resoluten Prinzessin.

Dieser Palast, aber mehr noch das alte Schloß am Ende des Herrengartens, werden nun zum Schauplatz von Luises glücklichen Mädchenjahren. Der regelmäßig angelegte Lustgarten mit seinen geraden Kieswegen, beschnittenen Bäumen, altmodischen Gartenhäuschen und den unüberschaubar vielen Blumen ist ihr kleines Reich. Stellen wir uns die Orangerie vor und ein Häuschen dabei, in dem die Kinder spielen, sowie ein anderes, das als Theater dient. Das Innere des Hauses macht einen behaglichen, keinen protzigen Eindruck. In den meisten Zimmern gibt es Kamine, die mit Holz beheizt werden.

Auch die Umgebung der Stadt bietet manchen Reiz: Ausgedehnte, von Fahr- und Fußwegen durchschnittene Buchenwälder verbreiten an heißen Sommertagen angenehme Kühle, und die dunklen Fichtenwälder verströmen im ersten Frühling, aber auch im Herbst einen würzigen Duft.

Südlich der Stadt liegt der Odenwald, ein Rest des Herzynischen Waldes, der die Natur noch in ihrer wilden Schönheit zeigt. Der Altertumsforscher findet dort ringförmige, verwitterte Steinwälle und andere Überreste heidnischer Gottesdienste und archaischen Lebens. Das Mittelalter hat den Odenwald mit romantischen Sagen geschmückt, die an den urwüchsigen Bäumen, den steilen Felsen, den tiefen Schluchten und den eisgrauen Ruinen zu haften scheinen.

In der näheren Umgebung von Darmstadt ist für uns besonders das Jagdschloß Braunshardt von Interesse, das eine Stunde Fahrtzeit Richtung Mainz liegt und damals Prinz Georg gehört. In späteren Jahren wohnt bisweilen seine Witwe mit ihren Enkelinnen dort. Die »Brunshardt« ist kein burgartiges Gebäude, kein Rudiment aus feudaler Zeit, sondern ein langgestrecktes, niedriges Haus mit einer Front aus achtzehn Fenstern und Mansarden im weit herabgezogenen Dach. Stattliche Bäume umgeben den großen Rasenplatz vor dem Haus. Frühe Eindrücke sind für die kindliche Prägung von nicht zu unterschätzender Bedeutung, und so werden Luise gerade diese Naturschönheiten geprägt haben.

Der regierende Landgraf Ludwig IX. steht, als die Mecklenburger Familie in Hessen-Darmstadt eintrifft, schon in vorgerücktem Alter. Er ist ein älterer Bruder von Luises verstorbenem Großvater. Nach dem Tode seiner Gemahlin Henriette Karoline übernimmt Prinzessin Marie die Leitung seines Haushalts. Luises Großmutter bekleidet nicht den Rang einer Landgräfin, obwohl sie oft so bezeichnet wird; in Darmstadt nennt man sie »Prinzessin Georg« oder (französisch) »George«, also nach dem Namen ihres verstorbenen Gemahls.

Die Großmutter, die von nun an die Verantwortung für die Erziehung der ihr anvertrauten Fürstenkinder übernimmt, ist eine tüchtige Frau. Obwohl ihre eigenen Kinder schon erwachsen sind, steht sie sozusagen noch in der »Blüte ihrer Jahre«. Das Glück ihrer Ehe ist nur durch den Verlust mehrerer im zartesten Alter verstorbener Kinder getrübt worden. Ihre schwersten Stunden erlebt sie, als ihre älteste Tochter Friederike stirbt

Marie Luise Albertine, Prinzessin von Hessen-Darmstadt
(«Prinzessin George«) die Großmutter Luises.

und nur zwei Monate später ihr Gemahl die Augen für immer schließt.

Die Großmutter ist leichtblütig, amüsant, eine Meisterin der lebhaften Unterhaltung. Sie plaudert so gern, daß man in Darmstadt sagt: »Sie schwätzt wie Prinzessin Georg.« Diese bemerkenswerte, sehr lebhafte Dame ist gebildet und ohne jede geistige Enge. Sie hat ein heiteres Gemüt und einen starken Charakter, zeigt keinerlei Neigung zu der in jener Zeit vorherrschenden Sentimentalität und versteht es vortrefflich, besonders die Anlagen Luises und ihrer Schwester Friederike zur Entfaltung zu bringen. Luises sonniges Gemüt, ihr übermütiges Wesen, ihr Sinn für die Natur, ihre unverwüstliche Lebensfreude, ebenso die große Menschenfreundlichkeit und Herzenswärme, durch die sie später so allgemein beliebt wird, wurzeln zum guten Teil in der Erziehung dieser Großmutter. Luise kommt in einem Alter zu ihr – im Jahr 1786, endgültig dann mit zehn Jahren –, als ihr kindliches Gemüt am empfänglichsten ist.

Im Jahr 1787, als auch Prinz Karl mit seinen Söhnen Georg und Karl nach Darmstadt zieht und sich am Rheintor ein Haus kauft, scheint die Familie wieder zusammenzufinden. Doch die Freude währt nur kurz, denn der Vater ist selten da, meistens lebt er bei seiner ältesten Tochter Charlotte in Hildburghausen, wo er als Präsident einer kaiserlichen Kreditkommission den zerrütteten Finanzverhältnissen des kleinen Landes beikommen soll. Ohne Mutter und fast ohne Vater aufwachsend, schließen sich die fünf Kinder um so enger einander an.

Die erste Erzieherin, die Luise in Darmstadt erhält und die die Baronin von Wolzogen ersetzt, ist Fräulein Agier. Sie neigt ganz offensichtlich zu übermäßiger Strenge und will das frische, fröhliche Kind am liebsten zu einem frühreifen, etikettenstrengen Prinzeßchen heranbilden. Schon bald kommt es zu Zusammenstößen zwischen der Großmutter und Fräulein Agier, die mit dem lebhaften, bisweilen übermütigen Naturell Luises nichts anfangen kann und die kleine Nichte der englischen Königin »*bon gré, mal gré* zur Prinzeß formieren« will. Sie stellt sich auf den Standpunkt: »Es ist vor allem notwendig, die Prinzessinnen zu befähigen, ihre gesellschaftliche Stellung zu wahren.« Die Großmutter pariert: »Es ist vor allem notwendig, sie auf die Wechselfälle des Lebens vorzubereiten, sie zu Menschen zu bilden, um sie gegen die Überraschungen der Welt zu wappnen.« Sie fürchtet, daß das Gewissen der Kinder durch zu viel Strenge verbittert. Fräulein Agier, befangen in einer Art pädagogischem Mystizismus, untersucht, analysiert, urteilt – und wird bald entlassen.

Der ungezierten Großmutter ist es zu danken, daß die jungen Prinzessinnen fortan vor einer pedantischen Hofmeisterinnenerziehung bewahrt bleiben. Marie sucht ihren Enkelinnen Erzieherinnen aus, die der Eigenart ihrer jeweiligen Persönlichkeit Verständnis entgegenbringen und sie nicht zu unterdrücken versuchen. Wie erleichtert Luise über diese Entwicklung ist, geht aus einer ihrer späteren Bemerkungen her-

Suzanne de Gélieu, die Erzieherin Luises.

vor: »Das ist ja, als spräche die gute Großmama zu unserer immerzu mäkelnden Gouvernante, der Agier.«

An die Stelle des übereifrigen, »immerzu mäkelnden« Fräulein Agier tritt eine Pastorentochter aus dem damals noch preußischen Fürstentum Neuchâtel: Mademoiselle Suzanne de Gélieu, auch Salomé genannt. Die Erfahrung, die sie als Lehrerin junger Mädchen aus der besten Gesellschaft Englands erwirbt, hat aus ihr eine vollkommene Erzieherin gemacht. Mit ihrem vertrauenerweckenden Wesen erobert Suzanne rasch die Sympathie der Großmutter. Ihre Lebhaftigkeit wirkt auch auf Luise sehr anziehend, und ohne Zweifel verdanken die Prinzessinnen ihre liebenswürdigen Manieren nicht zuletzt dem Beispiel, das Suzanne ihnen vorlebt. Luise schließt sich mit ganzem Herzen und innigem Vertrauen an die neue Erzieherin an, die bemüht ist, ihren kleinen Zöglingen den Zauber echter Kindlichkeit so lange wie möglich zu erhalten. Luise ist entzückt vom Leben und lernt ohne Anstrengung, wenn auch nie besonders gründlich.

Bereits nach kurzer Zeit zeigt sich, daß Suzanne von Gélieu tatsächlich die geeignete Gouvernante für Luise ist, das lebhafte Kind, das oft zu Streichen aufgelegt ist, die nicht immer den Beifall der Erwachsenen finden. Die freundliche Schweizerin läßt Nachsicht walten und hat auch für Luises kleine Schwächen Verständnis. Daher gelingt es ihr nicht, Luise die Vorliebe für Süßigkeiten, den oft trotzigen Eigensinn gegen die anderen Geschwister und die Neigung zur Unpünktlichkeit abzugewöhnen.

Es ist nur natürlich, daß sich zu einer Zeit, da der Einfluß alles Französischen in Deutschland außerordentlich stark ist, die Erziehung der Kinder vornehmer Familien an französischen Sitten orientiert und Wert darauf gelegt wird, daß sie die französische Sprache zumindest ebenso oder vielleicht noch besser beherrschen als ihre Muttersprache. Es ist zu dieser Zeit kaum anders als hundert Jahre zuvor, als Liselotte von der Pfalz an den Hof Ludwigs XIV. kam und das Französische in Wort und Schrift vollkommen beherrschte, während sie mit der deutschen Sprache auf Kriegsfuß stand, trotz ihres ausgedehnten auf deutsch geführten Briefwechsels.

Luise hingegen verfaßt ihre Briefe fast alle auf französisch, nur an den Vater und den Bruder schreibt sie meist deutsch. Französisch zu schreiben und zu sprechen wird ihr zur zweiten Natur und gehört außerdem zum guten Ton. Prinzen und Prinzessinnen, die sich nur deutsch ausdrücken können, sind damals nicht gefragt. So bemerkt ihre Cousine, die Prinzessin Luise, spätere Prinzessin Radziwill, in ihren Memoiren zu dem Erbprinzen von Anhalt-Dessau, den sie heiraten sollte, der ihr aber nicht gefiel: »Mein Vater teilte im Grunde seines Herzens meine Abneigung gegen den Erbprinzen. Er fand bei ihm nicht die Eigenschaften, auf die er Wert legte. Der Prinz sprach nur Deutsch ...«

Später wird Luise bedauern, daß man der französischen Sprache in ihrem Unterricht einen so großen Platz einräumte. Sie beherrscht das Französische ganz passabel, obwohl es ihr niemals gelingt, mit der Leichtigkeit und Vollendung zu schreiben, die sie anstrebt. Gegenüber Caroline von Berg, ihrer späteren Freundin, beklagt sie, daß ihre Erziehung so wenig »deutsch« gewesen sei und sie kaum Kenntnisse in ihrer Muttersprache und in der Literatur ihres Landes habe. Selten begegnet sie Dichtern und Denkern ihrer Zeit – sieht man von dem Besuch Friedrich Schillers bei ihrer Großmutter in Darmstadt ab, den sie als neunjähriges Mädchen miterlebt hat.

Zumindest der Religionsunterricht wird deutsch erteilt, und im Alltag dieser Familie wird ohnehin nicht auf sprachliche Etikette geachtet. Die verwitwete Landgräfin verbirgt ihren hessischen Tonfall keineswegs, und sie sucht ihn auch bei den Enkelkindern nicht zu verbessern. Im Gegenteil: Die jungen Mecklenburgerinnen nehmen ihren gemütlichen Darmstädter Dialekt an. Während die offizielle Sprache am Hof Französisch ist, wird in der Familie Deutsch gesprochen. Und so bewahrt Luise sich jene frische, reizende Ausdrucksweise, die Friedrich Wilhelm so sehr entzücken soll. Er, der Stille, Reservierte, Kühle, fühlt sich durch den unerhörten Reiz, den das liebenswürdige Temperament und der weiche Tonfall des hessisch-pfälzischen Dialekts verbreitet, bezaubert.

Wieviel Dank Luise ihrer Erzieherin und Gouvernante Suzanne, die sie zärtlich Salomé nennt, schuldet, hat sie nie vergessen. Später, als Königin, setzt sie ihr eine kleine Pension aus. Und noch im Sommer 1814, auf der Rückkehr aus Frankreich, besucht König Friedrich Wilhelm II. Mademoiselle de Gélieu, die im Dorf Colombières im Haus ihres Bruder wohnt. Zu dieser Zeit lebt Luise schon nicht mehr, und das Wiedersehen muß wehmütig gewesen sein. Zum Abschied schenkt der König der Erzieherin seiner Frau einen Schal, den diese noch kurz vor ihrem Tod getragen hat.

LOUISE L'ÉTOURDIE

Zwei Sommer verbringen die Kinder mit ihrer Großmutter im Schloß Broich, das am linken Ufer der Ruhr zwischen Mülheim und Duisburg liegt. Von diesen ersten beiden Reisen dorthin, 1787 und 1789, wissen wir nur wenig.

Die Vergangenheit der Türme und Mauern des Schlosses, die über und über mit Efeu bewachsen sind, erweckt die Phantasie des Kindes. Von den Aufenthalten Luises in Broich sind einige mehr oder weniger legendäre Anekdoten überliefert. Als sie eines Tages von einer Bettlerin um Brot für ihre Kinder angefleht wird, schüttet Luise in die hingehaltene Hand den ganzen Inhalt ihrer Börse. Bald danach borgt sie sich Geld vom alten Diener ihrer Großmutter, um einer anderen Armen zu helfen. Als die Großmutter davon erfährt, ärgert sie sich und rügt ihren Diener streng. Sie läßt es nicht zu, daß Luise Schulden macht, und fordert von ihr, so lange zu sparen, bis sie dem Bediensteten alles zurückgezahlt habe – »damit sie lerne, eine gute Hausfrau zu werden«.

Ein anderes Mal – und diese Anekdote zeugt von Luises Warmherzigkeit und ihrem Mitgefühl – entwischt die Prinzessin und ist für einen ganzen Tag verschwunden. Man sucht sie vergebens, ist beunruhigt über ihre lange Abwesenheit. Da findet man sie am Krankenbett eines Kindes. Sie sitzt auf dem Bettrand und liest ihm Märchen vor. »Hast du nicht auf den Doktor Kohl gehört?« schimpft die Großmutter, »er hat erklärt, daß dieses kleine Mädchen Scharlach hat. Weißt du nicht, wie ansteckend diese Krankheit ist? Wenn du nun krank würdest?«

Luise hat keine Sekunde lang daran gedacht: »Das werde ich gewiß nicht. Gott wird mich vor der Ansteckung bewahren«, erklärt sie. »Auf dem Rückweg habe ich ganz leise ein Vaterunser aufgesagt.«

Diese Anekdoten sind Herzstücke der Luisen-Legende. Sie zeigen, wie sehr man bemüht ist, aus Luise eine populäre Figur, »eine von uns« zu machen: gemütsinnig, wohltätig, ohne Scheu vor dem Kontakt zu Normalsterblichen.

Die religiöse Bildung, das Eintauchen in die protestantische Glaubensstärke sind untrennbar mit diesem Bild verbunden. Luise wird von Johann Wilhelm Lichthammer, dem obersten Geistlichen in Darmstadt, unterricht, der schon die religiöse Erziehung der Kinder der Prinzessin Georg Wilhelm geleitet hat. Auch der Prediger Georg Andreas Frey, Lehrer an der ersten Darmstädter öffentlichen Schule, erteilt mehrere Jahre Unterricht in der Burgfreiheit. Luise, die ihn sehr mag, führt mit ihm einen ausgedehnten Briefwechsel.

In dieser friedlichen Atmosphäre findet die Prinzessin auch Antworten auf ihre kindlichen religiösen Fragen. Der durch Liebe erweckte Glaube entsteht in Luise wie das natürlichste der Gefühle. Warum soll sie an der Wirklichkeit zweifeln, so wie sie sich ihr darbietet? Sie sieht nur die schönen Beispiele von Andacht und Liebe.

Luise ist durchaus keine Musterschülerin, außer vielleicht im Religionsunterricht, der sie am meisten interessiert. Als Fünfzehnjährige schreibt sie in eines ihrer Religionshefte: »Gott wolle diesen Unterricht segnen und mir Kraft und Stärke geben, das in Erfüllung zu bringen, was ich mir vorgenommen habe: stets als eine Christin zu leben.« Trotz dieses Ernstes fehlt es ihr nicht an Temperament und Lebenslust. Sie ist ein wildes Kind, hübsch und schlank, voll Übermut und sprudelnder Laune. »Louise l'étourdie« oder »Jungfer Husch«, wie man sie gern nennt, wirkt etwas oberflächlich und unruhig. Ihre Schulhefte, die im Hohenzollern-Jahrbuch veröffentlicht worden sind, zeugen von einer gewissen Unbekümmertheit: Sie sind nachlässig geführt, voll von Zeichnungen, auf denen Damen in karikiertem Modeputz, mit toupierten Frisuren und Stöckelschuhen einherstolzieren, und voller übermütiger Bemerkungen, die einiges an Selbsterkenntnis verraten: »Inhalt geschmiert, den 22. April, 13 Jahre alt; Schand über alle Schande. 1789.« Oder: »Hefte für die Aufsätze, die mehr als zwölf Fehler haben.« Oder auf den französischen Heften der Zwölfjährigen: »Cayez« – erst ein Jahr später schreibt sie richtig: »Cahiers«. Diese Nachlässigkeit in der Orthographie – gleich ob im Französischen oder im Deutschen – zeugt von einem latenten Widerwillen gegen jede Form von Vorschrift, Konvention und Etikette, den Luise ihr Leben lang nicht ablegt, so oft Suzanne von Gélieu der kleinen Naschkatze auch für schlechte Hausaufgaben mittags den Nachtisch entzieht.

Paul Bailleu hält den Unterricht Luises, der sich mehr auf religiöse Bildung denn auf klassische Fächer konzentriert, für ziemlich mangelhaft und – abgesehen vom Fremdsprachenunterricht – für weniger gut »als irgendein Kind heute in irgendeiner städtischen Gemeindeschule Deutschlands unterrichtet wird«. Er gibt eine recht drollige und putzige Schilderung von Luises Lernerfolgen zum Besten: »Da lernt die schon Fünfzehnjährige, daß die Erdkunde ›eingeteilt wird in Norden und Süden, in Westen und Osten‹, und daß es vier Weltteile gibt, darunter ›Affricka‹. Sie lernt die Meere, die Europa ›um- und durchfließen‹, und auf die Frage, welches die ›Hauptgebürge‹ Europas sind, antwortet sie: ›Die Allpen, Montblanc, Montjurat; diese sind es, die ich mir in diesem Augenblick besinne.‹ Von der Weltgeschichte erfährt die Zwölfjährige, daß man die erste Periode ›Urwelt‹ nennen könne und daß sie ›von Adam bis auf die noachische Flut gehe‹ und 1856 Jahre ›enthalte‹. ›Mit den persischen Kriegen‹, so lernt sie weiter, ›fängt die blühende Periode der Griechen an, die anjetzt alle für einen Mann standen. Die griechischen Generale taten Wunder der Tapferkeit. Perickles und Alziebiades, zwei Verwandte, trugen viel dazu bei, daß Athen Wissenschaft und Künste beförderte, aber auch daß es weibisch und weichlich ward.‹ Noch ein Wort von den Römern: sie werden von Hannibal, der über die Alpenninnen nach Florenz geht, ›zu dreien und vieren Malen‹ geschlagen, aber ›sie halten contenance‹. Besseren Erfolg scheint der Unterricht im Zeichnen und besonders auch in der Musik gehabt zu haben; ohne das große musikalische Talent ihrer ältesten Schwester zu besitzen, lernte Luise gut Klavier spielen und zur Harfe singen; selbst Friedrich Wilhelm III., sonst kein Musikfreund, den die klassischen Gesänge der ›Singeschwester‹ Charlotte langweilten, hat sich später oft an Luises kleinen Liedern erfreut.«

Charlotte, Herzogin von Sachsen-Hildburghausen,
die älteste Schwester Luises.

Als die Prinzessin zwölf Jahre alt ist, gibt ihr die Großmutter Schriften zur Erbauung, um ihr die richtige Vorstellung vom Christentum zu vermitteln. Sie entzücken Luise, bereiten sie langsam auf die Konfirmation vor und lassen sie nach und nach die Glaubensdogmen erfassen, die sie schlicht und ohne Zweifel aufnimmt. Der Unterricht, den sie erhält, stellt keine unlösbaren Aufgaben und fordert nicht, die Dinge mit ängstlicher Skepsis zu ergründen; er zeigt ihr Lösungen, die sie gelten lassen kann und die ihr vernünftig und beruhigend erscheinen.

Das Jahr 1789 bringt den glücklich miteinander lebenden Geschwistern eine schmerzliche Trennung, einen Abschied mit vielen Tränen. Therese, Röschen genannt und kaum sechzehn Jahre alt, soll dem Erbprinzen Karl Alexander von Thurn und Taxis als Gemahlin nach Regensburg folgen. Schön und geistig hochbegabt, hat Therese schon mehrere Bewunderer zurückgewiesen und Bewerber um ihre Hand ausgeschlagen. Doch der Hochzeit mit dem neunzehnjährigen Karl Alexander, die zudem noch von ihrer Tante, der englischen Königin, favorisiert wird, vermag sie sich nicht zu entziehen. Von großen Glücksgefühlen ist sie nicht erfüllt, nur zögernd stimmt sie der Heirat zu: »So ganz nach meinen Wünschen und nach meiner Wahl ist sie leider nicht«, schreibt sie in einem Brief.

Ihr Gemahl jedoch ist entzückt von ihr, wohl auch richtig verliebt, was man von Therese nicht behaupten kann. Aus den Briefen, die Prinz Karl Alexander während der Verlobungszeit an seinen Vater schreibt, geht hervor, daß er diese Ehe aus Zuneigung und Liebe schließt und keinem nüchternen Arrangement folgt. Die Hochzeit, an der auch Luise teilnimmt, findet im Mai 1789 statt, in jenem Monat, in dem die Französische Revolution ausbricht, ein politisches Erdbeben, das in seinen Konsequenzen anfangs kaum erfaßt wird.

Nach ihrer Vermählung hält Therese sich oft in dem stattlichen Palast der Thurn und Taxis in Frankfurt, in der Nähe des Eschenheimer Turms auf, wo sie wenigstens zeitweilig in der Nähe ihrer Familie ist.

Überhaupt die Familie. Sie ist der Dreh- und Angelpunkt, darüber hinaus gibt es fast nichts. Luise ist ein »Familientier« und wird es immer bleiben. Mitten zwischen Schreibübungen oder kleinen religiösen Betrachtungen notiert sie in ihren Schreibheften: »Der kleine Karl ist recht krank« oder »Heute hat Therese ihre Tochter und ihr Glück verloren.« Schulische Aufzeichnungen werden nicht selten von privaten Datierungen begleitet: »Drei Tage nach der Ankunft meines geliebten Vaters.«

Die kleine Darmstädter Welt bleibt ihr Mittelpunkt. Besuche werden gemacht in Hildburghausen oder Regensburg, Geschenke überbracht, so knapp die finanziellen Mittel auch sind (vermögend ist nur Therese), und Musikstücke, neue Moden und neue Romane ausgetauscht. Vergnügungen gibt es reichlich: Schlittenpartien und Jagden, Maskenfeste und Bälle bis in den hellen Morgen – an deren zwanglose Fröhlichkeit Luise in Berlin oft sehnsüchtig zurückdenken wird – und viel, viel Musik in Konzerten und Operetten. Theateraufführungen sind Luises heimliche Leidenschaft – sie liebt es, sie zu inszenieren, sich selbst zu verkleiden und in Rollen zu schlüpfen. Kaum ein Familienfest vergeht ohne solche Vorführungen im privaten Kreis.

In der Wärme dieser Familie wächst Luise sorglos und unbekümmert heran und scheint der Mittelpunkt dieses Kreises zu sein, obwohl sie eigentlich in nichts herausragt: »Luise besaß nicht die reiche musikalische Begabung ihrer ältesten Schwester Charlotte«, befindet Paul Bailleu, »an geistiger Regsamkeit war ihr Therese überlegen; Friederike, das Ebenbild ihrer Mutter, sanft und weich wie sie, war liebenswürdiger und beliebter. Luise soll in ihrem Wesen mehr der Stiefmutter Charlotte geglichen haben. Kindliche Unarten, die ihr Lehrer Schrage in Hannover an der Achtjährigen zu tadeln fand, trotzigen Eigensinn und naseweise Unfreundlichkeit gegen die älteren Schwestern, hatte sie überwunden.«

Die erste Reise, von der wir wissen, führt Luise nach Straßburg, wo die Lieblingstochter der Großmutter wohnt: Wilhelmine Auguste, Gemahlin des bei Straßburg residierenden Pfalzgrafen Max von Zweibrücken. Im August 1788 bricht die kleine Reisegesellschaft auf: Luise wird von der Großmutter, ihrer Schwester Friederike und Suzanne de Gélieu begleitet.

Der Rhein scheint sie tief beeindruckt zu haben, auch Straßburg, die alte Reichsstadt. Während dieses Aufenthalts besucht Luise mit Suzanne das gotische Münster. Sie ist entzückt von diesem Meisterwerk mittelalterlicher Architektur. Von der Spitze des Turms herab will sie die Landschaft betrachten. Kühn beginnt sie, die dreihundertfünfundzwanzig Stufen zu erklimmen, nur mit Mühe folgt ihr Mademoiselle de Gélieu, tapfer gegen den Schwindel kämpfend. Die Prinzessin und ihre Gouvernante steigen bis zur Plattform über der halben Höhe des Turms. Das feingearbeitete und durchbrochene Steinwerk der

Spitze wirkt zerbrechlich, und der Aufenthalt hier oben scheint nicht wenig gefährlich zu sein. Wer die Wendeltreppe hinaufsteigt, fühlt sich gleichsam wie in einem Käfig über der Stadt schwebend und läuft Gefahr, wenn der Fuß ausgleitet, durch die Aussparungen des Steinwerks hinabzustürzen. Nur für Leute mit starken Nerven, festem Fuß und schwindelfreiem Kopf ist solch ein Aufstieg nicht beschwerlich oder gefährlich.

Luise ist von Natur furchtlos und läßt sich nicht so leicht erschrecken. Doch Suzanne will nicht höher steigen und deutet dies auch an: »Für mich wird es recht anstrengend sein, hinaufzukommen, aber ohne meine Begleitung kann ich Sie nicht gehen lassen.« Darüber hätte Luise sich leicht hinwegsetzen können. Sie hat sich so sehr gewünscht, die Spitze zu erreichen, doch sie schwankt keinen Augenblick zwischen dem Wunsch und dem Mitgefühl für die Erzieherin. Sie wirft einen sehnsüchtigen Blick hinauf und verzichtet dann schweren Herzens auf den weiteren Aufstieg. Diesen Verzicht muß man nicht heroisieren – wie es in der Literatur über Luise oft geschieht –, und doch ist er bezeichnend.

Von Straßburg aus reist Prinzessin Marie mit ihren Schützlingen nach Pirmasens in der Pfalz, die Lieblingsresidenz des Landgrafen von Hessen-Darmstadt. Auch Reisen ins nahe Frankfurt, wo Messen besucht und Einkäufe gemacht werden, stehen häufig auf dem Programm. Luise ist dann zu Gast im Palais Thurn und Taxis. Der Gemahlin des Taxisschen Vertreters, Frau von Vrints, verdanken wir eine der ersten Schilderungen der Prinzessinnen. Im September 1789 schreibt sie an Prinzessin Therese: »Ich hatte das Vergnügen, hier Ihre beiden Schwestern zu sehen und eine entzückende Stunde mit ihnen zu verleben, wobei wir von Ihnen sprachen. Es sind reizende Kinder, beide gleich hübsch, geistvoll, gut, aber, ich weiß nicht warum, mein Herz spricht mehr für Friederike.«

REISELUST

Luises Leben in Darmstadt verläuft ruhig und geradlinig, ist angefüllt mit routinierter Langeweile. Manchmal gibt sie zu, daß sie sich nach der Gesellschaft der älteren Schwestern sehnt. So schreibt sie am 28. April 1790 aus Darmstadt an Therese:

»Endlich finde ich einen Augenblick Zeit, liebe, vielgeliebte Therese, um Dir zu schreiben. Wie lange Zeit ist vergangen, seitdem wir uns gesehen haben, wann wird mir endlich dieses Glück gewährt, dies Glück, das eine Dich verehrende Schwester so ersehnt. Unsere liebe Charlotte (sie meint ihre Schwester) hat uns seit bald drei Wochen verlassen. Der Abschied war schrecklich, von der Dir wohlbekannten Art; in Frankfurt in den Zimmern, die Du bewohnen wirst, im Taxis'schen Palais, fand diese schreckliche Trennung statt. Ich bitte Dich tausendmal um Verzeihung, liebe Schwester, daß ich Dir solange nicht geschrieben habe, aber ich war stets verhindert, schreibe es bitte nur nicht meinem Herzen zu ... Darum beschwöre ich Dich, habe mich immer lieb und glaube, daß Luise sich nur im Tode wandeln kann. Bei Gott, welch schrecklicher Gedanke, laß ihm niemals Raum in Deinem so guten, so gerechten Herzen, und sei überzeugt von der Freundschaft Deiner Schwester und Freundin. In großer Eile – Luise.«

In der Öffentlichkeit ist die Prinzessin bislang noch nie aufgetreten. Doch anläßlich der Krönung Kaiser Leopolds II. am 1. September 1790 feiert sie so etwas wie ihr gesellschaftliches Debüt.

Eine Krönung versetzt Frankfurt traditionell in einen Zustand begeisterter Stimmung und erstaunlicher Aufregung. Der Zustrom von Gästen aus ganz Deutschland ist so enorm, daß die Stadt ihn kaum zu fassen vermag. Sie wird dann in Bezirke aufgeteilt und jedem Kurfürsten jeweils einer als Quartier für sich und seine Leute zugeteilt. Der vom Kurfürsten von Hannover bewohnte Stadtteil umfaßt die »Großer Hirschgraben« genannten Straßen, wo sich auch – in geringer Entfernung zum Römer – das Wohnhaus von Katharina Elisabeth Goethe, der Mutter des Dichters, befindet.

Festlichkeiten auf dem Römerberg in Frankfurt am Main 1790 aus Anlaß der Krönung Leopolds II.

Frau Rat Goethe, genannt »Aja«, ist damals schon Witwe. Von ihren Kindern lebt nur noch Johann Wolfgang, der nach zweijährigem Aufenthalt in Italien inzwischen nach Weimar zurückgekehrt ist. Die ausgeglichene Frau besitzt Humor und gesunden Menschenverstand. Sie lebt nicht einsam, obwohl das große Haus, besonders das Spielzimmer der Kinder, ihr bisweilen leer erschienen sein muß. Aber es liegt nicht in ihrer Natur, sich einsam zu fühlen; einen nicht unwesentlichen Teil ihrer Zeit verwendet sie auf den Briefwechsel mit ihrem berühmten Sohn und ihrem großen Freundeskreis. Ihr heiteres Wesen, ihr wunderbarer Lebenswitz vermögen mächtig zu bezaubern.

Einer ihrer Briefe, kurz vor der Krönung Leopolds II. geschrieben, schildert den Zustand Frankfurts in jenem erwartungsvollen Augenblick der Geschichte. Er ist an Friedrich von Stein gerichtet und datiert vom 12. Juni 1790: »Eine Berechnung, wieviel der Aufenthalt während der Krönung hier kosten möchte, ist beinahe unmöglich zu bestimmen, so viel ist gewiß, daß eine einzige Stube den Tag ein Carolin kosten wird, das Essen den Tag unter einem Laubthaler gewiß nicht. Zudem ist auch die Frage, ob ein Cavalier, der unter keiner Begleitung eines Churfürstlichen Gesandten ist, Platz bekommt, denn unsere besten Wirtshäuser werden im Ganzen vermietet, dem Dick im roten Hause sind schon 30 000 Flor. geboten, aber er gibts noch nicht davor. Wenn Leopold Kaiser werden sollte, so mag Gott wissen, wo die Leute alle Platz kriegen werden – denn da kommen Gesandte, die eigentlich nicht zur Krönung gehören, als der Spanische, Neapolitanische, von Sicilien einer usw. – Der Päpstliche Gesandte, weil er in der Stadt keinen Raum gefunden, hat ein Gartenhaus vor 3000 Carolin gemietet. Bei mir waren die Quartierherren noch nicht, – ich traue mir deswegen nicht vor die Tür zu gehen und sitze bei dem herrlichen Gotteswetter wie in der Bastille – denn wenn sie mich abwesend fänden, so nehmen sie vielleicht das ganze Haus, denn im Nehmen sind die Herren verhenkert fix, und sind die Zimmer einmal verzeichnet, so wollte ich's keinem raten, sie zu anderem Gebrauche zu bestimmen. – Nun muß ich Ihnen noch etwas Spaßhaftes erzählen. Diesen Winter hat's hier kein Eis gegeben – und die galante Welt hat diese Herrlichkeit entbehren müssen, ein einziger Mann, der S … heißt, hat von 88 noch eine Grube voll. Diese Grube ist uhngefähr so groß wie meine Wohnstube, doch nur 3 Schuh hoch – diesem Mann hat der Churfürst von Cöln 19 000 Floren davor geboten, er giebts aber nicht anders als 30 000 Flor. O, wer doch jetzt Eis statt Wein hätte! Wenn nur die Krönung sich nicht bis in den Winter verzieht – davor ist mir angst und bange – müssens eben in Geduld abwarten! – Sie werden doch mit meinem Sohne kommen? Eine Stube sollen Sie haben, aber freilich müßten Sie sich begnügen, wenns auch drei Treppen hoch wäre, – was täte das, wir wollen doch lustig seyn – in dieser angenehmen Hoffnung verbleibe ich wie immer Dero treue Freundin E.G.«

Der Quartiermeister kommt, und die Anordnungen fallen zur vollen Zufriedenheit der Frau Rat aus, denn es wird bestimmt, daß die Prinzessinnen Luise und Friederike von Mecklenburg sowie deren Bruder Georg ihre Gäste werden sollen. Katharina Elisabeth Goethe fühlt sich durch die Bevorzugung, diese fürstlichen Personen bewirten zu dürfen, sehr geehrt. Sie nimmt Luise und ihre Schwester Friederike gern bei sich auf. Als die beiden die Schwelle des Hauses überschreiten, ist sie gerade im Begriff, einen Specksalat zuzubereiten und Krapfen zu backen. Die Mädchen, durch den Geruch aus der Küche angelockt, bitten, davon kosten zu dürfen. »Sie verschlangen sie«, berichtet Frau von Goethe an Bettina von Arnim.

Die muntere alte Dame hat die Fähigkeit, sich auf junge Menschen einzustellen, sie findet die Prinzessinnen so offen, so ungekünstelt in ihrem Benehmen, daß sie ganz entzückt ist. Sie geht auf ihre fröhliche Art ein, Erlebnisse, die den Reiz des Neuen haben, in vollen Zügen zu genießen.

Diese gemeinsame Zeit mit Luise und Friederike wird Frau von Goethe zeit ihres Lebens in lebhafter Erinnerung behalten. Oft erzählt sie die Geschichte vom Ziehbrunnen, der im kleinen, von hohen Mauern umschlossenen Hof hinter dem Goethehaus steht. Katharina Elisabeth Goethe hat zwei besondere, durch eine schmale Tür verbundene Wohnzimmer zu ihrer Verfügung. Im vorderen Raum empfängt sie ihre jungen Gäste und die diensthabende Hofdame. Während die älteren Damen im Gespräch vertieft sind, treten die Prinzessinnen ins hintere Zimmer und sehen den Brunnen. »Oh«, ruft Luise aus, »ich möchte wissen, ob wir nicht Wasser pumpen könnten, ich würde es gern versuchen.« Der aufmunternde Blick von Frau Goethe wird gleich verstanden; die Schwestern schlüpfen aus dem Zimmer, finden den Weg in den Hof und pumpen nach Herzenslust.

Als die Hofdame das bemerkt, nimmt sie Anstoß daran, daß junge, wohlerzogene Damen von Rang und in diesem Alter sich

Im Hof des Goethehauses zu Frankfurt am Main: Luise und Friederike am Brunnen, rechts: Katharina Elisabeth Goethe, die Mutter des Dichters.

übermütig die Kleider bespritzen und sich erhitzen. Keinesfalls will sie wie die Hausherrin in Luise und Friederike noch übermütig spielende Kinder sehen. Es folgt ein wortreicher Disput, bei dem die alte Dame scherzend fordert, den beiden Prinzessinnen dieses unschuldige Vergnügen in ihrem Hause nicht zu verbieten. Sie verbündet sich mit den Mädchen, indem sie die Hofdame kurzerhand in ein Zimmer einschließt. Welche Partei siegt, ist schwer zu entscheiden, aber Frau Aja nimmt, so oft sie davon erzählt, den Sieg für sich in Anspruch. »Als sie weggingen«, erzählt Frau von Goethe, »sagten sie mir, daß sie niemals so zufrieden und lustig gewesen wären und daß sie das Erlebnis nicht vergessen würden.«

Alles, was mit der Kaiserwahl zusammenhängt – die Krönung, das Festgelage im Römer und andere Volkslustbarkeiten zur Feier des großen Tages – ist auf einer sogenannten Goldenen Bulle, einem von Kaiser Karl IV. im Jahr 1356 gestifteten Pergament, festgehalten. Das Schaugepränge und die Aufregung, die eine Krönung begleiten, setzen schon Tage vorher ein: Die Kurfürsten des Reiches ziehen in genau bestimmter Reihenfolge und im denkbar prunkvollsten Aufzug in die freie Reichstadt ein, zuletzt erscheint der Kaiser.

Die Stadt ist zum Überströmen voll. Den Gipfel erreicht der allgemeine Enthusiasmus am Krönungstag. Als der heißersehnte Tag anbricht, ist Luise schon früh am Morgen auf den Beinen. Die ganze Stadt befindet sich in heller Aufregung. Schon vor acht Uhr erscheinen die drei geistlichen Kurfürsten in vollem Ornat mit Mitra und Bischofsmantel im Dom, bereit, die Reichskleinodien, die Juwelen, das Schwert Karls des Großen und das in Goldbuchstaben gedruckte Evangelium, auf das die Krönungseide geschworen werden, in Empfang zu nehmen. Um zehn Uhr besteigt Leopold sein Pferd. Seine Dalmatika, ein bis an die Knie reichendes Oberkleid, das dem römischen Purpur entspricht, glänzt von Diamanten und Perlen, und die Krone von Österreich, ein schweres Kleinod alter Feudalzeiten, beschwert seinen Kopf, über den ein karmesinroter Baldachin gehalten wird.

Vierundvierzig Jahre ist Leopold alt, durchaus ansehnlich, wenn auch schon etwas verlebt und auch nicht sehr kräftig, doch an diesem bedeutungsschweren Tag majestätisch genug, um die Bewunderung der Menge zu erregen. Ein scheinbar endloser Aufzug bewegt sich durch die Stadt, so prächtig, wie Karmesin, Hermelin und Goldstoffe, Uniformen verschiedener Heeresabteilungen und glänzende Dienertrachten hochfürstlicher Häuser ihn nur machen können. Dazu sind die Straßen von Frankfurt mit Fahnen geschmückt. Jedes Fenster der hohen alten Giebelhäuser und jedes am vorgesehenen Weg günstig gelegene Plätzchen ist mit Zuschauern besetzt.

Im Dom leistet der König während des Hochamtes auf den Stufen des Altars die Eide auf das vergoldete Evangelium. Der Erzbischof von Mainz als höchster der kirchlichen Kurfürsten salbt den Herrscher mit geweihtem Öl und reicht ihm das Abendmahl. Dann besteigt Leopold den gegenüber dem Altar aufgestellten Thron. Die Krönung wird Stadt und Land durch Kanonendonner und Glockengeläut verkündet.

Nach genau vorgeschriebenem Ritual werden auf dem Römerberg die Feierlichkeiten zelebriert. Nahe Verwandte Luises besitzen das erbliche Recht, am Krönungstag dem Kaiser gewisse zeremonielle Dienste zu leisten. Der Fürst von Hessen-Darmstadt hat die Ehre, seiner kaiserlichen Majestät im Kaisersaal vorzuschneiden, und der Herzog von Mecklenburg stellt sich am Eingang des Römers auf, ein weißes Tellertuch über der Brust und ein ungeheures Messer, das Abzeichen seines Amtes, in der Hand.

Nach der Rückkehr aus den Turbulenzen der Weltgeschichte in das private Idyll der Familie beginnt für die nun fünfzehnjährige Luise wieder das stille, zurückgezogene und wohl auch langweilige Leben. Daß sie so unbeschäftigt oder besser: unterfordert ist, ist ihren Nerven nicht zuträglich. Sie ist zu vital, zu quecksilbrig, um ihre Zeit zu vertrödeln. So gerät sie in helle Begeisterung, als die Großmutter eine weitere Reise nach Broich vorschlägt. Mit von der Partie sind neben Luise die Hofdame Fräulein von Dürkheim, Onkel Georg, Friederike, die Erzieherin der Mädchen und der fünfjährige Karl.

Am 1. Juni 1791 bricht die kleine Reisegesellschaft auf, mit dem Schiff geht es rheinabwärts nach Koblenz, wo man bei der Gräfin Metternich, der Mutter des späteren österreichischen Staatskanzlers, zu Mittag speist. Ansonsten wohnt, ißt und schläft man während der Reise auf dem Schiff. Friederike vertreibt sich die Zeit mit dem Malen von rheinischen Burgen, Luise führt ein Tagebuch. Nach einem kurzen Aufenthalt in Köln kommen die Reisenden am 4. Juni in Broich an.

Luise hat sich ihre kindliche Einfachheit bewahrt, doch als sie in Broich eintrifft, wagen die Bauernkinder, ihre Altersgenossen und Spielkameraden der Sommer 1787 und 1789, nicht, sich ihr zu nähern. Die bescheidenen Landleute verstehen plötzlich, daß sie nicht zu ihnen gehört, und wahren ziemenden Abstand. Luise läßt das nicht zu. Nur ihrem Instinkt gehorchend, ruft sie die Kinder herbei, gibt ihnen die Hand und zeigt beim Wiedersehen lebhafte Freude. Durch solche plötzlichen Eingebungen gewinnt sie schon bald an Popularität.

Unbeschwerte Ferien bieten diese Sommerwochen jedoch nicht. Zwei Stunden täglich steht Unterricht auf dem Programm. Luise und Friederike müssen französische Briefe und kleine Erzählungen schreiben – »Geschichten von tugendhaften Mädchen, die durch das Andenken an ihre Mutter vor Verführung bewahrt werden« (Paul Bailleu). Auch Bücher werden gelesen. Luise stürzt sich auf »Friedrich mit der gebissenen Wange« (das ihr sehr gefällt), Friederike auf »Hermann von Unna«.

Fieberhaft erwartet Luise jeden Brief, und wenn Georg, der Bruder, ihr schreibt, bereitet ihr das eine unbeschreibliche Freude. Ihre Phantasie ist stets beschäftigt, alles will sie ganz genau wissen: »Mit wem gehst Du in die Proben zu den Operetten; ganz allein?« fragt sie ihn in einem Brief vom 19. Juli 1791 aus Broich. »Ich danke Dir sehr dafür, daß Du mir etwas gekauft hast, aber schreibe mir bitte nicht, woraus das Geschenk besteht, das Du für mich bestimmt hast, zukünftige Freude ist auch etwas Schönes. Sag' mir, George, legst Du Frack oder Deine Uniform an? Tanzest Du viel? Wer gefällt Dir am besten von allen Damen, die Du in Pyrmont siehst? Hast Du meinen letzten Brief erhalten? Vergiß das Letzte nicht, es ist sehr wichtig. Leb' wohl, lieber Freund, sei nicht saumselig, bis jetzt bist Du's noch nicht gewesen, aber werde es bitte nicht. Leb' wohl, ich will zur Geographiestunde gehen.«

Aber auch die Zeit in Broich hält wenig Abwechslung bereit, das einförmige Leben fließt ruhig dahin, ohne Höhepunkte oder Unterbrechungen. Nur die aufregenden Nachrichten aus dem revolutionären Frankreich über die mißlungene Flucht König Ludwigs XVI. bewegen die Gemüter. Onkel Georg macht den Vorschlag, zur Abwechslung eine Reise in das nahegelegene Holland zu unternehmen. Die Großmutter wiegelt ab, sie hat kein Geld mehr in der Reisekasse. Eine kleine Anleihe bei der Gräfin Polyxena Leiningen verschafft der Gesellschaft schließlich doch die finanziellen Mittel. Ein detaillierter Reiseplan wird ausgearbeitet, und am 21. August bricht die Gruppe zu einer vierzehntägigen Reise in die Niederlande auf.

Über diese Reise hat Luise ein kleines Tagebuch verfaßt, das erst vor wenigen Jahren nach der schwer leserlichen französischen Urschrift ins Deutsche übersetzt wurde. Die Prinzessin – noch fast ein Kind – zeigt sich in diesem Büchlein als aufmerksame Beobachterin und als lebhafte Reisende. Sie berichtet mit Witz und Erzählfreude von Land und Leuten, von ihren Begegnungen und von den Strapazen der Reise. Schon in diesen frühen Äußerungen zeigt sich bei aller lieblichen und entzückenden Gefallsucht und einer gewissen Medisance der ganze Zauber der Person, der später an der Königin so begeistert. Auch die leichte Spottlust und Koketterie, die Freude an dem schönen, äußeren Glanz des Lebens, an Flitter und Putz, läßt Luise bereits in diesem frühen Werkchen aus ihrer Feder erkennen.

Trotz der nicht unbeträchtlichen Anstrengungen der Reise und ungeachtet der Müdigkeit schreibt Luise jeden Tag – ob am frühen Morgen oder späten Abend – in ihr Tagebuch. Sorgsam, ja geradezu ängstlich ist sie bemüht, alles irgendwie Erinnerungswürdige festzuhalten. Es wird ein rechtes schriftstellerisches Kunstwerk voll jugendlichem Elan und vorwitziger Fabulierfreude. Der Gegensatz zwischen dem sprachlichen Ausdrucksvermögen und dem Temperament der Fünfzehnjährigen macht die Lektüre dieses Heftes so reizvoll.

Die Fahrt hat den Charakter einer typischen Bildungsreise, auf der man die Sehenswürdigkeiten des Landes kennenlernt. Die Reisegesellschaft wohnt in Gasthäusern, lediglich in Grave lädt der enge Verwandte Prinz Christian Ludwig die Besucher zur Übernachtung in die Kommandantur ein.

Nun aber Bühne frei für die »Beschreibung meiner Reise nach Holland«, die mit den unheilschwangeren Sätzen beginnt: »Zu allererst muß ich Euch sagen, daß ich während der ganzen letzten Nacht kein Auge zugemacht habe, da mich fünf Flöhe gleichzeitig stachen, aber sie wurden alle nach geschehener Tat von meiner mörderischen Hand erwischt, die sich beeilte, die Menschheit davon zu befreien. Nach schrecklichen Kämpfen gelang es mir schließlich, wach zu werden und mich – vor Kälte zitternd – um 2 Uhr zu waschen. Um 4 Uhr, zu der für unsere Abreise festgesetzten Zeit, war ich ganz reisefertig, aber leider brachen wir erst gegen 6 Uhr auf.«

Der Sommer hat seinen Höhepunkt erreicht, unbarmherzig brennt die Sonne herab, als sich bei großer Hitze und durch glühenden Sand – »die Sonne röstete uns auf kleiner Flamme, und wir glaubten umzukommen« – die Wagen nach Xanten und Kleve schleppen, wo die Reisenden in einem hübsch und kühl im Grünen gelegenen Gasthof – »oberge«, schreibt Luise – ausruhen. Kleve gefällt ihnen sehr, sie machen die Bekanntschaft des Freiherrn von Spaen, der sie auf sein Lustschloß Bellevue einlädt, dessen elegante Damenzimmer auf die Prinzessinnen gehörig Eindruck machen. Bei Tisch wird Luise neben einen Stiftsherrn plaziert, der ihr prompt prophezeit, sie werde in spätestens drei Jahren verheiratet sein. Gelächter bei Tisch, Luise findet's »dumm und peinlich«, doch die Prophezeiung wird in Erfüllung gehen.

Nach der holländischen Grenze geht es weiter über Arnheim nach Utrecht: »Unsere Pferde bewegten sich wie Schnecken, was vielleicht ein großes Glück ist; denn man wird derart hin- und hergestoßen, daß zu befürchten war, daß wir wie tot ankommen würden von den schrecklichen Stößen, die wir hinnehmen mußten. Daher ist meine linke Seite ganz blau, grau und schwarz; indessen gestehe ich, daß ich trotz dieser mißlichen Umstände den Wunsch hatte, rascher voranzukommen.«

In Zaandam »begaben wir uns in ein Haus, von dem man uns gesagt hatte, es sei das beste Wirtshaus. Aber als wir in die gute Stube eintraten … stießen wir auf zwei junge Leute, die aufs heftigste rauchten; wir glaubten, alles von uns geben zu müssen, was wir in unserem Körper hatten, und wir beeilten uns mit allen Kräften, in einen anderen Raum zu gelangen, wo wir uns aufs beste niederließen. Dort aßen wir köstliche Butterbrote, und wir tranken Malaga, der nicht weniger gut war. Nach der kleinen Mahlzeit besichtigten wir das Dorf; ich will versuchen, Euch davon eine kleine Beschreibung zu geben ...«

Nach Utrecht, wo das Gasthaus der eifrigen Beobachterin wie ein Schloß erscheint, ist Amsterdam das nächste Reiseziel. Am Abend des 26. August treffen sie dort ein. Die zahlreichen, glänzend erleuchteten Ladengeschäfte setzen Luise in Erstaunen. Ein umfangreiches Besichtigungsprogramm läuft ab wie am Schnürchen: Rathaus, Synagoge, Haus der Indischen Kompagnie, Admiralität, Armenhaus (wo der Anblick der »filles de mauvaise vie« Luise Schauer einflößt), Marineschule, Hafen. Am Abend, vor dem Essen im Gasthaus, spaziert Luise über die Deiche. Besonders der Hafen mit seinem Wald aus Schiffsmasten – »ein aus dem Wasser auftauchendes Gehölz« – beflügelt ihre Phantasie. Schon sieht sie sich auf Schiffen davonsegeln.

Abends ist man noch unternehmungslustig. Während die Großmutter erschöpft zu Hause bleibt, lockt die Prinzessinnen das französische Theater, von dessen Publikum – vornehmlich reich und geschmackvoll gekleidete Kaufmannsfrauen – sie neugierig in Augenschein genommen werden. Auch Onkel Georg und Salomé sind mit von der Partie und schauen sich »Die falsche Unschuld vom Lande« an. »Als wir in das Gasthaus zurückgekehrt waren, soupierten wir mit ausgezeichnetem Tee und Butterbroten nach englischer Art. Nach diesem köstlichen Schmaus legten wir uns schlafen.«

Von Amsterdam geht es mit dem Schiff nach Saardam, wo alles noch an Peter den Großen und seine Liebe zum Schiffsbau erinnert. »*Que ce grand homme*«, schreibt die fünfzehnjährige Nationalökonomin, »*a fait du bien par là, car c'est par le commerce que provient leur plus grande richesse.*«

Am 1. September führt die Reise bei stürmischem Regenwetter weiter nach Haarlem. Eine »Treckschuut«, ein holländisches Treidelschiff, wartet auf die Reisegesellschaft. Das Gepäck wird unter widrigen Umständen umgeladen: »Stellt Euch nun vor«, berichtet Luise, »daß an diesem Tage ein Orkan von größter Stärke wehte, der den Regen so angetrieben hat, daß er auf uns wie Hagel wirkte. Ich habe tatsächlich geglaubt, man zerschnitte mein Gesicht mit kleinen Messern, solchen Schmerz verspürte ich. Manchmal packte mich der Wind so fest, daß ich nicht imstande war, voranzuschreiten oder zurückzuweichen, und einmal hätte er uns beide – Friederike und mich, die wir uns Arm in Arm untergehakt hatten, um nicht hinzufallen – beinah umgeworfen. Ich kann Euch nur schwach die lustige Szene beschreiben, die sich bei uns im Anschluß an diesen reizenden Spaziergang abspielte. Unter uns gesagt: ganz verdreckt, ganz durchnäßt, ganz schmutzig wie die Straßen: das war, was jeder an dem anderen wahrnahm; wir alle hatten schwarze Hüte, deren Rundungen derart verunstaltet waren, daß man ihre Formen überhaupt nicht mehr wiedererkennen konnte, so daß man in Lachen ausbrechen mußte. Diese Komödie kam wirklich sehr glücklich, denn ohne sie – davon bin ich überzeugt – hätte man Geheul vernommen; dermaßen waren unsere Gliedmaßen wund gerieben, mitgenommen, ermüdet, und jeder hätte andere Übel zu beklagen gehabt. Aber so hat man nur an das Äußere und den Kopfschmuck gedacht, ein Anblick, der wirklich zum Totlachen war.«

Nach einer Fahrt von ein, zwei Stunden erreichen Luise und ihre Begleitung Haarlem, die »kleine saubere Stadt«. In der Grote Kerk lauschen sie den Klängen der weltberühmten Orgel: »Man ist davon ganz ergriffen, so süß und himmlisch sind ihre Töne. Der Organist beendete gerade ein Adagio; ich behaupte, daß wir im Himmel eine ähnliche Musik vernehmen werden.«

Den Haag ist die nächste Station mit umfangreichem Besichtigungsprogramm. Nichts wird ausgelassen: Man besucht die Gemäldegalerie, das Naturalienkabinett, Huis ten Bosch, unternimmt Ausflüge nach Scheveningen, Delft und Rotterdam, wo gerade Kirmes gefeiert wird.

Am 4. September wird noch Delfter Fayence gekauft, dann geht's auf einer Yacht über Kleve zurück nach Broich, wo Luise von ihrem Brüderchen Karl stürmisch begrüßt wird und schließlich erschöpft, aber glücklich ihr Tagebuch zuklappt.

Noch bis Mitte Oktober bleibt sie in Broich, die Zeit geht

dahin mit den üblichen kleinen Lustbarkeiten, Theateraufführungen, Bällen und Geburtstagsfesten. Doch Luise sehnt
sich jetzt nach Darmstadt, wo ihr Bruder Georg auf sie wartet.
Dort »wird es ein Wiedersehen geben, ein Stück betitelt: Wahre Geschwisterfreude und Liebe«.

Auch eine Reise nach Hannover fällt in diese Zeit und ein
Tanzfest im alten Schloß von Petershagen bei Minden, zum
Abschluß eines Jahrmarkts, der dort abgehalten wird. Am Vorabend des glänzenden Balls überziehen Luise und Friederike
ihre schwarzen Atlasschuhe mit weißem Stoff, um à la mode zu
sein.

Im Winter zeigt sich erstmals, daß es mit Luises Gesundheit
nicht zum Besten steht. Sie ist rasch emporgeschossen, vielleicht
rascher, als es ihre fragile Konstitution erlaubt. Schon im Sommer 1790 hatte sie über Schmerzen und Unwohlsein geklagt,
jetzt, bald nach Neujahr 1792, erkrankt sie erneut. Am 24.
Januar schreibt sie in eines ihrer Hefte: »Nachdem ich ziemlich
lange krank war, arbeite ich heute zum ersten Male wieder und
Gott wolle mir seinen Beistand dazu geben.«

KANONENDONNER

In den nächsten Monaten bereitet Luise sich auf ihre Konfirmation vor, unterrichtet von Johann Wilhelm Lichthammer, dessen religiöse Unterweisung auf die Prinzessin einen unauslöschlichen Eindruck macht.

Eines ihrer liebsten Bücher ist ein Andachtsbuch, das ihr die Großmutter mit der Widmung »Dieses Buch zur Freude meiner lieben Enkelin Luise von Mecklenburg, zu ihrer täglichen Erbauung im wahren und freudigen Christentum. 1788« geschenkt hat. In dieses Buch mit dem umständlichen Titel »Unterhaltungen mit Gott in den Morgenstunden auf jeden Tag des Jahres von Christoph Christian Sturm, Hauptpastor zu St. Petri und Scholarch in Hamburg« schreibt Luise am 15. Juni 1792 mit eigener Hand folgende Worte in französischer Sprache:

»Der heutige Tag, der Tag meiner Konfirmation, ist der bedeutungsvollste meines Lebens. Gott, welcher Zeuge meiner feierlichen Versprechungen gewesen ist, verleihe mir die Kraft, alles was ich ihm gelobt habe, zu erfüllen.«

Luises Eintragung findet sich über und neben folgender Strophe, mit der die Morgenandacht zum 15. Juni beginnt:

»Die Zukunft, wird sie schrecklich sein?
Mein Alter, wird es mich erfreu'n?
Wie werd' ich in den künft'gen Tagen
Vielleicht des Lebens Last ertragen?
Doch meine Seele sorge nicht,
Der Herr ist meine Zuversicht.«

Dies dürfen wir getrost als Luises Credo ansehen. Den Tag ihrer Konfirmation erlebt Luise wie im Glanz einer strahlenden Morgenröte.

Kaum weniger als durch die Einsegnung werden die Herzen der Prinzessinnen Luise und Friederike durch die Aussicht erregt, eine neue Krönungsfeier in Frankfurt mitzuerleben. Wieder strömt der Adel in die Stadt, um an den Festlichkeiten teilzunehmen, wenn sich auch die Vorfreude in Grenzen hält.

Bald nach Besteigung des deutschen Kaiserthrons hatte Leopold II., der Sohn der Kaiserin Maria Theresia, im zerrütteten Ungarn Ruhe und Ordnung wieder hergestellt und den Aufstand in den Niederlanden niedergeschlagen. Er hatte die Todesstrafe abgeschafft und sich bemüht, seine Untertanen durch Zugeständnisse und Freiheiten zu gewinnen, was nicht unwesentlich dazu beitrug, ihn beim Volk beliebt zu machen.

Mit dem König von Preußen beriet er sich insgeheim über die besten und wirkungsvollsten Methoden, der revolutionären Bewegung in Frankreich energisch entgegenzutreten. Doch seine politische Haltung ist nicht sonderlich fest. Der Kaiser wird zunehmend zum Spielball der widerstreitenden Interessen, seine Stellung immer schwächer. Er befürchtet jeder Versuch, den wankenden Thron von Frankreich zu stützen, werde die erfolgreichen Revolutionäre nur noch mehr erbittern und seine Schwester Marie Antoinette in Gefahr bringen.

Also erscheint ihm eine abwartende und versöhnliche Haltung angezeigt; er knüpft sogar freundliche Beziehungen zur französischen Nationalversammlung an. Und erst als er spürt, daß die Situation der Königsfamilie immer verzweifelter wird, unterzeichnet er zusammen mit dem König von Preußen einen Vertrag, der Österreich und Preußen zu einem Bündnis gegen die Französische Revolution verpflichtet. Leopold überlebt die wachsenden Aufregungen nicht; seine angegriffene Gesundheit verschlechtert sich, ein Anfall von Ruhr rafft ihn am 1. März 1792 hinweg.

Am 5. Juli verkünden in Frankfurt am Main dreihundert Kanonenschüsse, daß sein Sohn und Erbe Franz, der König von Ungarn und Böhmen, zu seinem Nachfolger auch im Deutschen Reich gewählt sei. Nicht ganz zwei Jahre nach der Krönung seines verstorbenen Vaters, am 14. Juli 1792, wird Franz II. zum Kaiser gekrönt. Wieder rüstet sich Frankfurt zu einem glanzvollen Fest. Und auch Luise möchte wieder dabei sein, obwohl der Vater mit bangem Blick auf seine Kasse nichts davon hören will. Eine solche Reise würde viel Geld verschlingen, der Aufenthalt, die Toiletten der jungen Damen, Ausgaben über Ausgaben. Doch letzten Endes gibt der bestürmte Vater nach. Na schön, wenigstens zwei Tage ...

In einem Brief an die Schwester Therese spielt Luise alle Erwartungen kräftig herunter, aber so ganz kann sie ihre Begeisterung nicht unterdrücken: »Wir werden also, wie Du zu Friederike hübsch gesagt hast, ein Stückchen Krönung sehen, und Dich, liebe, vielgeliebte Therese, vermissen wir schmerzlich wie überall, so ganz besonders bei der Krönung. Wir gehen in keine Gesellschaft, zu keinem Kurfüsten, wir nehmen an keinem Essen teil, kurz, wir werden uns in Frankfurt gar nicht aufhalten; wir werden nur einen Tag hinfahren und den Einzug ansehen und am nächsten zurückfahren, dann die Krönung ansehen und gleich darauf zurückfahren; wir werden auch nicht die Hoffestlichkeit besuchen, was mir sehr schmerzlich ist. Papa hat uns erlaubt, auf einen Ball zu gehen, wenn Fürst Esterhazy oder ein Kurfürst oder ein Gesandter einen gibt; aber Du mußt zugeben, um dahin zu gehen, muß man eingeladen sein, und um eingeladen zu werden, muß man bekannt sein, und gewiß wird man sich keine Mühe darum geben, so unbedeutende Wesen wie Friederike und mich auszugraben. Ich kann Dir nicht verbergen, daß mir das ein wenig Kummer macht; aber ich bitte Dich um Gotteswillen, schreibe ja nichts davon an Papa, weil, wenn es ihm seine Finanzen erlauben, er gewiß gerne das Vergnügen seinen Kindern machte.«

Jetzt wird Luise eigentlich gesellschaftsfähig – und in die große Welt eingeführt. Die mecklenburgischen Prinzessinnen erregen in Frankfurt Aufmerksamkeit, sie finden die Beachtung, die sie sich wünschen, als sie in der Begleitung einer knapp fünfzigjährigen Dame beim Ball des österreichischen Krönungsbotschafters erscheinen: Sie überschreiten die Schwelle des Festsaals und werden sogleich Gegenstand der allgemeinen Neugier. Alle Ballgäste finden sie entzückend. Vor der Älteren –

sie zählt sechzehn Jahre – verneigt sich Clemens Fürst von Metternich und bittet sie um die Gunst, mit ihr den Ball zu eröffnen. Die Gäste machen ihr Platz, sie bewundern ihre Grazie und die Anmut ihres Tanzes.

Die Gefeierte des Abends heißt Luise von Mecklenburg-Strelitz. Mit diesem Fest hat die Prinzessin ihren ersten Schritte auf dem glatten Parkett der höchsten Kreise getan. Die Kavaliere, die sie eifrig umschwärmen, ahnen nicht, daß sie ein monatliches Taschengeld von nur fünf Gulden und dreißig Kreuzern bekommt. Bescheiden wohnt sie mit ihrer Familie diesmal nicht mehr bei Frau Rat Goethe, sondern zur Miete im Hause des angesehenen Kaufmanns Manskopf.

Diese junge Prinzessin muß sich als nicht eben reichbegüterte Tochter eines kleinen Fürsten zu derartigen Bällen und Festlichkeiten die seidenen Schuhe selbst nähen und noch manches andere Kleidungsstück eigenhändig anfertigen. Und da sie gern kleine Geschenke macht, sich auch öfter irgendeinen Putzgegenstand kauft, herrscht eigentlich immer Ebbe in ihrer Kasse.

Luise, Friederike und Georg besuchen auch Goethes Mutter, die wieder jung wird mit den Prinzessinnen und wie ein Kind mit ihnen tollt und tanzt, besonders mit dem dreizehnjährigen Prinzen Georg, dem Lieblingsbruder Luises. Sechzehn Jahre später noch erinnert sie sich an jene frohen Tage. Im August 1806, als ihr Sohn Johann Wolfgang sich in Karlsbad befindet und dort die Schwester der Königin Luise, die Prinzessin Friederike von Solms, trifft, schreibt Katharina Elisabeth Goethe an ihn: »Sie (Friederike), die Königin von Preußen und der Erbprinz werden die jugendlichen Freuden, die sie in meinem Hause genossen, nie vergessen – von einer steifen Hofetikette waren sie da in voller Freiheit – tanzten – sangen und sprangen den ganzen Tag – alle Mittag kamen sie mit drei Gabeln bewaffnet an meinen kleinen Tisch – gabelten alles, was ihnen vorkam – es schmeckte herrlich – nach Tisch spielte die jetzige Königin auf dem Pianoforte, und der Prinz und ich walzten – hernach mußte ich ihnen von den vorigen Krönungen erzählen, auch Märchen usw.«

Von allen Seiten hört die Großmama Komplimente über ihre

charmanten Enkelinnen. Und auch Frau von Vrints konstatiert im Sommer 1792:»Sie sind hübscher als je, Luise ist schön, Friederike hübsch und gut.«

Als Luise sieht, daß die Krone Franz II. aufs Haupt gesetzt wird und er sich das Schwert Karls des Großen umgürtet, ahnt sie nicht, daß sie Augenzeugin der Krönung des letzten Römischen Kaisers deutscher Nation ist. Obwohl auch diesmal in Frankfurt alles versammelt ist, was es an Rang und Namen, Eleganz, Schönheit und Vornehmheit gibt, so ist doch die Stimmung nicht so freudig erregt wie zwei Jahre zuvor bei der Krönung Leopolds II. Im Nachbarstaat Frankreich wütet die Schreckensherrschaft. Das bedrückt die Gemüter. Im Juni des Vorjahres war das Volk in die Tuilerien eingedrungen und hatte den König und seine Familie stundenlang bedrängt und beschimpft. Und schon zwei Monate später, im August, ist König Ludwig XVI., der »Bürger Louis«, der prominenteste Gefangene Frankreichs. Preußen und Österreicher stehen als Verbündete bereit. Jeden Augenblick kann es geschehen, daß sie geschlagen werden, daß die französischen Revolutionsheere über den Rhein dringen und Deutschland im Sturm erobern. Das alles lastet schwer auf der Stimmung in Frankfurt.

Fürst Metternich schreibt in seiner autobiographischen Denkschrift über die damaligen Krönungsfeierlichkeiten:»Zu schlagend war der Kontrast zwischen dem, was in Frankfurt, und dem, was im benachbarten Frankreich vor sich ging, um den Gemütern zu entgehen und sie nicht peinlich zu berühren … Im Hinblick auf die Umstände waren die Feste und Feierlichkeiten der Krönung vielleicht noch imposanter als die vorhergehenden Krönungen. Fürst Anton Esterhazy, der als erster Gesandter des Kaisers fungierte, beauftragte mich freundlichst mit der Leitung des Festes, das er nach der Krönung gab. Ich eröffnete den Ball mit der jungen Prinzessin Luise von Mecklenburg …«

Im Frühling desselben Jahres, 1792, kurz vor der Krönung, hatte Frankreich Österreich und Preußen den Krieg erklärt. Den verbündeten Mächten schließen sich die Hessen mit einer ansehnlichen Truppenzahl an. Nicht weniger als zwölftausend französische Emigranten leisten unter den Fahnen des Herzogs von Braunschweig Kriegsdierst. König Friedrich Wilhelm II. von Preußen läßt sich von den fürstlichen Auswanderern drängen, für deren Sache er viel Sympathie empfindet. Bei den aristokratischen Flüchtlingen herrscht denn auch eine sehr hoffnungsvolle Stimmung: Bestimmt wird es nicht mehr lange dauern, und sie können triumphierend nach Frankreich zurückkehren und ihre Familiengüter wieder in Besitz nehmen. Diese Zuversicht macht sie anmaßend, unvorsichtig und sorglos.

Anfangs scheint das Glück Österreich und Preußen zu begünstigen. Im August 1792 überschreitet das preußische Heer, das sich bei Koblenz gesammelt hat, unter dem Oberbefehl König Friedrich Wilhelms II. und des Herzogs von Braunschweig zwischen Thionville und Longwy die französische Grenze. Auch der älteste Sohn des Königs, Kronprinz Friedrich Wilhelm, ist bei der Armee, um sich militärische Sporen zu verdienen. Frankreich ist keineswegs gerüstet. Die Reichsheere dringen vor, ohne auf nennenswerten Widerstand zu treffen, und nehmen alle an ihrem Weg liegenden Städte – Valenciennes, Longwy und Verdun – sowie sämtliche Pässe des Ardennenwaldes in Besitz. Der Herzog von Braunschweig und der König von Preußen führen ihr fünfzigtausend Mann starkes Heer in die Champagne. Dumouriez steht an der Spitze der gegnerischen Truppen, auf die das nun sich ängstigende Paris alle Hoffnungen setzt. Condé, dem zwölftausend ausgewanderte Franzosen unterstehen, junge Adlige zumeist, trifft auf die französischen Regimenter, in denen seine Leute früher gedient haben.

Dem preußischen König fehlt es nicht an persönlicher Tapferkeit. Als er sich mit dem Kronprinzen bei der Belagerung von Verdun zu weit vorwagt, schlägt dicht vor ihnen eine feindliche Kugel in den Boden. »Majestät exponieren sich zu sehr«, sagt der Kronprinz. »Friedrich hat sich bei Kunersdorf noch mehr der Gefahr ausgesetzt«, antwortet der König, »doch wäre es freilich ein Triumph für diese Republikaner, wenn sie, nachdem sie den König von Frankreich gefangen gesetzt, nun den König von Preußen tot schössen.« Auch als eine zweite Kugel Friedrich Wilhelm II. beinahe trifft, weicht er nicht zurück und bemerkt, er wolle nur Zeuge der Kaltblütigkeit des Kronprinzen sein.

Am 20. September 1792 nähern sich die beiden feindlichen Heere bei Tagesanbruch. Ein dichter Herbstnebel schwebt über den Ebenen und Schluchten, die sie noch trennen, so daß nur die Gipfel und Spitzen der Höhen im frühen Morgenlicht schimmern. Gegen zehn Uhr lichtet sich der Nebel allmählich. Das Gefechtsfeuer wird eröffnet. Am selben Tag und zur selben Stunde beginnt in der Nationalversammlung zu Paris die Verhandlung über den Antrag, Frankreich zur Republik zu erklären.

Das Aufeinandertreffen entwickelt sich zu einem hartnäckigen Kampf; keine der beiden Parteien kann ihre Ziele in vollem Umfang erreichen. Es ist keine Schlacht im eigentlichen Sinn, eher eine Kanonade – militärisch unerheblich, aber politisch von entscheidender Bedeutung. Bei Einbruch der Nacht feiern die Franzosen auf den Höhen von Valmy ihren Sieg. Die Preußen, die achthundert Mann verloren haben, ziehen sich zwar zurück, wollen ihre Niederlage aber nicht eingestehen.

Über diese berühmt gewordene »Kanonade von Valmy« kursieren unterschiedliche Meinungen. Manche Historiker stellen den Kampf als unentschieden dar oder berichten nur über leichtes Geschützfeuer (die ziemlich hohen Verluste auf preußischer Seite lassen aber vermuten, daß es nicht nur um ein militärisches Geplänkel ging). Andere lassen hier den Siegeszug beginnen, der die französischen Heere nach Wien und vor die Tore Moskaus führen wird. Oder sie gehen sogar so weit, Valmy zu den bedeutendsten Schlachten der Weltgeschichte zu zählen.

Die Verbündeten sind sich jedenfalls über ihre Situation nicht ganz im klaren. Es wird heftig diskutiert, und die Meinungen sind geteilt. Sie sehen sich zwar geschlagen, halten sich jedoch keinesfalls für besiegt. Allerdings geben sie ihren Plan auf, weiter in Richtung Paris zu ziehen. Johann Wolfgang von Goethe, der sich im Gefolge des Herzogs von Sachsen-Weimar befindet, beschwört den historischen Augenblick: »An diesem Orte und an diesem Tage beginnt eine neue Ära in der Weltgeschichte, und Ihr alle könnt sagen, daß Ihr deren Ursprung mit erlebt habt.«

Die preußischen Generäle nehmen Unterhandlungen mit Dumouriez auf und setzen, nachdem sie buchstäblich nichts ausgerichtet haben, wieder über den Rhein nach Koblenz.

Dumouriez fällt in Belgien ein, erringt unweit von Mons einen Sieg über die Österreicher und erobert beinahe die ganzen Niederlande. Mittlerweile rückt General Custine mit achtzehntausend Mann vor und fällt ins Rheinland ein, erobert Speyer und Mainz und belagert Frankfurt.

Als das feindliche Heer sich der Stadt nähert, wird es für Luises Familie brenzlig. Nach den Krönungsfeierlichkeiten haben die Darmstädter Damen Frankfurt wieder verlassen. Wochenlang haben die jungen Prinzessinnen in Erinnerungen an die schöne Zeit geschwelgt. Nun werden sie erstmals mit der rauhen Wirklichkeit einer unruhigen Zeit konfrontiert.

Karl Alexander, der Fürst von Thurn und Taxis, hat seine Gemahlin Therese bereits zu ihrer ältesten Schwester Charlotte, Herzogin in Hildburghausen, geschickt. Doch nicht nur Frankfurt sieht sich bedroht, auch das nicht allzu weit entfernte Darmstadt ist kein sicherer Ort mehr. Dort wächst die Angst, von den gegnerischen Truppen überrollt zu werden, mit jedem Tag. Bald strömen Scharen von Vertriebenen in die Stadt; Luise sieht vom Balkon des Alten Palais die Flüchtlinge und Emigranten über den Darmstädter Markt ziehen. Am 4. Oktober verbreitet sich wie ein Lauffeuer das Gerücht, die Franzosen seien in direktem Anmarsch, man habe ihre Uniformen im nahen Wäldchen gesehen.

Prinzessin Georg ist eine entschlossene Frau. Rasch läßt sie die Koffer packen und flüchtet förmlich mit ihren Schützlingen und Salomé de Gélieu nach Hildburghausen, wo die Familie auch den Vater, Prinz Karl, wiedertrifft. So finden sich die vier Schwestern mit ihrer Großmutter zusammen, trösten und ermuntern einander, während die Prinzen der Familie bei den Truppen stehen. Die herzogliche Residenz von Sachsen-Hildburghausen liegt im romantischen Thüringen. Der junge Hof gilt als einer der lebendigsten und geistreichsten seiner Zeit. Herzogin Charlotte lebt in wenig glücklicher Ehe und sucht Ablenkung in Musik, Kunst und Literatur. Sie schreibt Gedichte, Tagebuch, Briefe. Ihre Gesellschaft besteht zum großen Teil aus geistig bedeutenden Männern und Frauen, meistens Künstlern. Sie bietet ihren Freunden ausgezeichnete Musik und singt auch selbst. Junge Dichter und Schriftsteller scharen sich um sie; manchem hat Charlotte den Weg zum Erfolg geebnet. Ihr Salon ist der Mittelpunkt geistiger Auseinandersetzung, aber auch fröhlicher, ungezwungener Unterhaltung.

An diesem Hof herrscht eine gewisse Großzügigkeit und Galanterie. Man tanzt, scherzt und lacht den ganzen Tag. Viel Zeit, Energie und Phantasie wird darauf verwendet, Vergnügungen aller Art zu organisieren: die unvermeidlichen Theateraufführungen, aber auch Feste, Maskenbälle, Schlittenpartien, Karten- und Gesellschaftsspiele. Viel Geld kann Luise dafür nicht ausgeben; an Taschengeld erhält sie im Februar 1793 gerade einmal elf Gulden, die für Geschenke, kleine Putzsachen, Kartengeld und eine Brezel zur Fastnacht draufgehen. Sie beschäftigt sich aber auch mit durchaus ernsthaften Dingen, macht sich aus Herders »Zerstreuten Blättern« Abschriften und Auszüge.

In den Briefen Jean Paul Richters, der im Schloß stets ein willkommener Gast ist, finden wir anziehende Schilderungen des kleinen, an diesem abgeschiedenen Ort lebenden Hofes. Jean Paul genießt die Gunst der Herzogin, während der Herzog sich nur wenig um ihn kümmert. Im Laufe der Zeit jedoch werden sie besser miteinander bekannt, lernen sich gegenseitig schätzen. Der Herzog von Hildburghausen wird schließlich ein ebenso aufmerksamer Gönner Jean Pauls wie der Herzog von Weimar für Goethe.

Jean Pauls Charme wirkt vor allem auf die Damen des Hofes. Er ist ein begeisterter Bewunderer weiblicher Anmut und Schönheit. Herzogin Charlotte schildert er in den wunderbarsten Farben – ihre sanften Augen, das lebendig strahlende Gesicht, das warme Gefühl der Zärtlichkeit, welches die junge Mutter ihren Kindern entgegenbringt.

Die aufgeblühte, sechzehnjährige Luise gleicht ihrer Schwester Charlotte, hat »dieselben liebreichen blauen Augen«. Ihr weiches, zwischen blond und braun spielendes Haar bewahrt noch einen Schimmer der goldenen Färbung der Kindheit; ihre helle, durchsichtige Gesichtsfarbe ist wie von der Natur in sanften Rosentönen gemalt. Die Prinzessin ist groß und leicht gebaut und anmutig in ihren Bewegungen.

So nehmen ihre Zeitgenossen sie wahr, vor allem Jean Paul,

der seinen »Titan« den vier Prinzessinnen von Mecklenburg widmet, den »vier Schönen und edlen Schwestern auf dem Thron«, welche er mit Aphrodite, Aglaja, Euphrosyne und Thalia vergleicht, die sich aus dem ewig heiteren, aber kalten Olymp auf die lebenswarme Erde sehnen und menschliche Gestalt annehmen – »da wurden sie Menschen und Schwestern und nannten sich Luise, Charlotte, Therese, Friederike«.

Luise und Friederike verbringen viele frohe Stunden in Hildburghausen, obwohl an den Grenzen im Westen Deutschlands bedrohliche Wolken aufziehen und der Krieg jeden Augenblick wieder losbrechen kann.

Hinter ihrem Rücken jedoch werden anscheinend Pläne geschmiedet, von denen sie keine Ahnung haben, die aber ihr Leben entscheidend verändern sollen.

Inwieweit die Bekanntschaft und Verlobung mit dem preußischen Kronprinzen als Ergebnis einer gleichsam strategischen Planung angesehen werden muß, darüber sind sich die Biographen nicht einig. Paul Bailleu hält es für wahrscheinlich, daß das spätere Zusammentreffen von Luise und Friedrich Wilhelm nicht ein eher zufälliges, sondern ein durchaus geplantes Ereignis gewesen ist: Onkel Georg habe von der Frau des Frankfurter Bürgermeisters von Olenschläger, die wiederum mit der Frau des Adjutanten des Kronprinzen, von Schack, bekannt ist, erfahren, daß in Frankfurt von Vermählungsplänen für den Kronprinzen die Rede sei. Man habe dabei die mecklenburgischen Prinzessinnen ins Auge gefaßt; Friedrich Wilhelm selbst wolle sie kennenlernen. Frau von Olenschläger – eine Mecklenburgerin – habe sich vertrauensvoll an Prinz Karl gewandt, um ihn davon in Kenntnis zu setzen, dieser aber habe sie an den Onkel Georg, seinen »bewährten Freund«, verwiesen. Der wiederum scheint für den Plan, eine seiner Nichten mit dem preußischen Kronprinzen zu verloben, Feuer und Flamme gewesen zu sein.

Doch es herrscht darüber keineswegs Einigkeit und allgemeine Freude. Der preußische Hof gilt zu dieser Zeit nicht als erste Adresse und steht nicht in bestem Ruf. Prinz Georg sucht die verschiedenen Gegenargumente zu entkräften, die vor allem von Landgräfin Luise, einer Tante der Prinzessinnen, kommen. Auch Prinz Karl ist noch nicht überzeugt. »Du kannst versichert sein«, versucht Georg seinen Schwager zu beruhigen, »alles, was ich für Dich und die Deinen tun kann, geschieht eben so, als wäre es für mich und die Meinigen; Dir dienen heißt mir selbst dienen.« Er rät zu einer raschen Rückkehr der Prinzessinnen nach Darmstadt, wo der Besuch des Königs und seiner Söhne erwartet werde.

Vorsichtshalber schickt Prinz Karl erst einmal seinen vertrauten Ratgeber, Geheimrat Kümmelmann, zur Sondierung des Terrains nach Frankfurt. Er soll Auskünfte über den Kronprinzen einziehen. Kümmelmann gibt Entwarnung und bringt befriedigende Antworten mit: Kronprinz Friedrich Wilhelm wird ihm als ernst und anständig, unentschlossen und schüchtern geschildert. Prinz Ludwig seinerseits gilt als ein Mann, der ohne Zweifel zu Friederike passen könnte. Der Fall ist erledigt. Prinz Karl läßt seine Bedenken fallen.

Erste Begegnung

Diese Tage im Hochsommer und Herbst 1792, die Luise mit ihrer Familie im idyllisch stillen Hildburghausen zubringt, sind voll froher Stunden, aber auch voller Unruhe. Immer wieder dringen besorgniserregende Nachrichten durch, denn Verwandten und Freunden droht Gefahr, und der Krieg entwickelt sich für die Verbündeten nicht gerade günstig. Alle Informationen werden mit brennendem Interesse aufgenommen: Frankfurt wird eingeschlossen und belagert, dann fällt die Stadt und wird vom Feind besetzt. Die ganze Region ist zum Kriegsschauplatz geworden, und die Franzosen beziehen unter General Custine am Rhein eine feste Stellung.

Der Krieg zwischen Preußen und Österreichern auf der einen und den Franzosen auf der anderen Seite wird längs des Rheins mit großer Erbitterung fortgesetzt. König Friedrich Wilhelm II. vergrößert sein Heer auf fünfzigtausend Mann; es gelingt ihm, die gegnerischen Truppen aus ihrer Stellung zu verdrängen. Am 2. Dezember meldet General Rüchel, er habe Frankfurt zurückerobert. Der König schlägt daraufhin dort sein Hauptquartier auf, die Truppen beziehen ihre Winterquartiere.

In der Stadt herrscht eine überaus freudige Stimmung, die sich in allerlei Lustbarkeiten äußert: Die preußische Garde veranstaltet farbenprächtige Paraden, Karnevalsfeste und Theateraufführungen sorgen für Zerstreuung. Die gelöste Atmosphäre wird nicht einmal erschüttert durch die Nachricht vom Tod König Ludwigs XVI. auf der Guillotine.

König Friedrich Wilhelm II. von Preußen, der Vater Friedrich Wilhelms.

König Friedrich Wilhelm II. ist mit seinen beiden Söhnen, Kronprinz Friedrich Wilhelm und Prinz Ludwig, der strahlende Mittelpunkt Frankfurts. Auch der galante Prinz Louis Ferdinand weilt an seiner Seite und entzückt die Gesellschaft – vor allem die weibliche – durch seinen Esprit und seine große musikalische Begabung. Fürsten, Feldherren, Staatsmänner, aber auch Abenteurer und Scharlatane ziehen in die Metropole am Main, dazu unzählige Emigranten, die auf das Ende der Revolution in Frankreich hoffen und darauf, daß die Bourbonen wieder ans Ruder kommen.

Prinzessin Georg glaubt wagen zu dürfen, wonach sie sich mit Ungeduld gesehnt hat: die Rückkehr nach Darmstadt. Nach einem sehr angenehm verlebten Herbst und Winter tritt sie mit ihren Enkelinnen die Heimreise an. Sie nehmen den Weg über das befreite Frankfurt. Herzog Georg von Hessen-Darmstadt, der sich als einer der Verbündeten in Frankfurt aufhält, lädt seine Mutter und ihre Schutzbefohlenen ein und bittet um das Vergnügen, Luise und Friederike dem König von Preußen und dessen Söhnen vorstellen zu dürfen.

Dies geschieht am Eingang zum Komödienhaus, wo die beiden Prinzessinnen mit ihrer Begleitung dem preußischen König vorgestellt werden. Die Bewunderung Friedrich Wilhelms II. für die beiden jugendlichen Schönheiten ist offensichtlich. »Wie ich die beiden Engel zum erstenmal sah«, schreibt der König später in einem Brief, »... war ich so frappiert von ihrer Schönheit, daß ich ganz außer mir war, als die Großmutter sie mir präsentierte. Ich wünschte so sehr, daß sie meine Söhne sehen möchten und sich in sie verlieben. Den andern Tag ließen sie sich auf einem Ball präsentieren und waren ganz von ihnen enchantiert. Ich tat mein möglichstes, daß sie sich oft sahen und sich recht kennenlernten. Die beiden Engel sind, soviel ich sehen kann, so gut als schön ...«

Für den König wäre ein Problem gelöst. Schon lange steht der preußische Kronprinz auf der Heiratsliste des europäischen Hochadels ganz oben, und man hat ihm auch bereits Bräute zugedacht – Luise, die spätere Prinzessin Radziwill, seine oranische Cousine, eine badische und eine englische Prinzessin – aber er mochte sich nicht entscheiden. Er ist entschlossen, seiner Neigung zu folgen, allein auf sein Herz zu hören, und weiß sich darin mit seinem Vater einig.

Friedrich Wilhelm und sein Bruder Ludwig, genannt »Louis«, haben im Komödienhaus nur unvollkommen Gelegenheit, die Prinzessinnen zu beobachten. Da ihre Logen vergittert sind, bekommen sie nur einen flüchtigen Eindruck von der Erscheinung der ihnen zugedachten Bräute. Auch als Friedrich Wilhelm nach der Pause den Platz wechselt, hat er keinen wesentlich besseren Blick.

Welch ein Glück, daß man ihm alles so perfekt arrangiert! Am nächsten Tag hat Frau von Olenschläger die Prinzessinnen und den Kronprinzen zum Frühstück eingeladen. Graf Medem, der

Bruder der Herzogin von Kurland, übernimmt die Vorstellung. Zunächst betritt Friederike den Salon, dann Luise. Friedrich Wilhelm scheint durchaus nicht abgeneigt, den angenehmen Eindruck, den sein Vater von den mecklenburgischen Prinzessinnen gewonnen hat, zu bestätigen. Graf Medem stellt den Kronprinzen vor, aber dieser ist wohl längere Zeit unschlüssig, welcher von beiden er sein Herz schenken soll: Luise in ihrer schlanken Schönheit oder der reizenden Friederike. Sie gefallen ihm beide, obwohl sie ganz unterschiedlich sind.

Da er zögerlich und ziemlich schüchtern ist, fällt ihm ein rascher Entschluß schwer, und das erst recht, weil sein Bruder Louis der ganzen Angelegenheit ziemlich gleichgültig gegenübersteht. Für ihn ist es ohne Bedeutung, welche Prinzessin man ihm als Braut zugedenkt, denn er liebt eine andere und interessiert sich infolgedessen weder für Luise noch für Friederike.

Noch dreimal sehen sich Luise und Friedrich Wilhelm, bevor der König offiziell bei der Großmutter um die Hand der beiden Prinzessinnen für seine Söhne bittet. Das erste Mal auf einem Ball beim Kammerherrn von Wrede, wo der Kronprinz fleißig mit Luise tanzt – und beim Tanzen fühlt sie sich in ihrem Element und ist besonders attraktiv. Später wird Friedrich Wilhelm sich sogar die Melodien dieser ersten Tänze verschaffen, die sie ihm dann oft vorspielen wird. Bereits diese kleine Geste zeigt, daß sie sich wirklich anschickt, sein Herz zu gewinnen.

Am 16. März lädt der König, dem die aufkeimende Verliebtheit seines Sohnes gefällt, die Großmutter und ihre »Engel« zur Tafel ins »Rote Haus« auf der Zeil, wo er residiert. Selbstverständlich erhält Friedrich Wilhelm den Platz neben Luise. Die angeregte Unterhaltung, die sie führen, wird sein Interesse noch angefacht haben. Der Vater drängt zu einer Entscheidung, was gibt es denn noch zu überlegen? Friedrich Wilhelm ist immer noch unschlüssig, für welche der Schwestern er sich entscheiden soll. Er bespricht sich mit seinem Bruder, aber das führt zu nichts, und mit dem Marchese Lucchesini, der ihm die Entscheidung jedoch auch nicht zu erleichtern vermag. Erst ein drittes Treffen im Hause des Patriziers Gontard bringt ihn zu einem Entschluß: Friedrich Wilhelm bittet seinen Vater, in seinem Namen um die Hand Luises anzuhalten.

Der junge Kronprinz Friedrich Wilhelm von Preußen.

»Es war am 18. März gegen Abend«, berichtet Paul Bailleu, »als König Friedrich Wilhelm II. im ›Weißen Schwan‹ erschien und bei der Großmutter für seine Söhne warb, während die Prinzessinnen, die wohl merkten, was vorging, das Zimmer verlassen mußten. Die Großmutter ›sagte nicht Nein‹; des Vaters Einwilligung sollte eine nach Hildburghausen schleunigst abgesandte Stafette herbeiholen. Der Kronprinz selbst betrachtete sich schon als versprochen. Noch am Abend des 18., auf einem Konzert und Souper bei Metzler-Fingerlin, saß er wieder neben Luise; die Unterhaltung wurde vertraulicher und bedeutungsvoller. Es war etwas Schlichtes zugleich und Anmutendes, wie sie einander näherkommen: er gibt der Prinzessin die damals beliebten ›Devisen‹, die schon wie Erklärungen lauten, fragt sie, ob er wohl hoffen dürfe, sie einmal in Berlin zu sehen: Luise antwortete klug, ohne Ziererei, doch noch zurückhaltend.«

Am nächsten Tag dürfen die beiden Prinzen ihre Werbung persönlich vorbringen. Im »Weißen Schwan«, wo die Großmutter mit ihren Enkelinnen abgestiegen ist, hat man alles für eine traute Zusammenkunft der beiden Paare vorbereitet.

Man läßt jedes Paar allein in einem Zimmer »ohne Etikette«. Eine Zeitlang weiß der von Natur aus unbeholfene Kronprinz nichts zu sagen. Jetzt, wo er eine Entscheidung getroffen hat, fühlt er sich ängstlich. Doch Luise macht es ihm leicht, sie verhält sich so natürlich und herzlich, daß er seine Schüchternheit überwindet. Er wird sie also küssen.

»So froh ich war«, erinnert sich Friedrich Wilhelm später an diese unvergeßlichen Stunden, »so verlegen war ich dennoch, und nach vielem Stottern und unzusammenhängenden Phrasen faßte ich endlich Mut und trug ohne viel Umstände mein Anliegen vor. Wir standen am Fenster, meine Frau mit dem Rücken an die Fensterwand gelehnt. Mit jungfräulicher Bescheidenheit aber herzlichem Ausdruck willigte sie ein, ich fragte, ob ich dürfte, und ein Kuß besiegelte diesen feierlichen Augenblick.«

Viel Zeit bleibt ihnen nicht, ihr junges Glück zu genießen, nur zwei Tage, aber sie genügen, um alle Ängste und Vorbehalte zu überwinden und ein Gefühl der Freundschaft wachsen zu lassen. Der Kronprinz schenkt seiner Braut einen goldenen, mit Facetten geschliffenen Ring, den sie bis zu ihrem Tode tragen wird, und einen Fächer, auf den er eigenhändig schreibt: »*Rien ne me console que vous, puisque mon coeur est à vous.*« Luise zieht einen Ring von ihrem Finger und gibt ihn Friedrich Wilhelm. Noch zwei Bälle in den Häusern Metzler-Bethmann und Moritz Bethmann, auf denen sie miteinander tanzen, dann nehmen sie Abschied voneinander. Friedrich Wilhelm und Louis begleiten ihre Bräute zu dem schwer bepackten Wagen, der sie mit der Großmutter zurück nach Darmstadt bringen wird. Die Zeit des Exils in Hildburghausen ist vorbei.

Es ist viel darüber spekuliert worden, welche Gefühle Friedrich Wilhelm bewegt haben, sich Luise zuzuwenden. Von großer Leidenschaft kann nicht die Rede sein, auch nicht von der sinnlichen Freude am Zauber dieser jungen Frau, obwohl die erotische Attraktivität Luises unübersehbar ist. Vielleicht ist es ihre unbekümmerte Fröhlichkeit, die sich durchaus mit dem ihr eigenen Ernst verträgt, die Friedrich Wilhelm in Bann geschlagen hat. Sie ist so ganz anders als er, so spontan. Und sie hat sicherlich einen tiefen Eindruck auf ihn gemacht. Von ihrer Schönheit ist er hingerissen. Ihr Blick, ihre Stimme, jeder Zug in ihrem Gesicht, ihre harmonischen Bewegungen, alles beglückt ihn.

Nach der Zusammenkunft meldet Friedrich Wilhelm seiner Mutter: »Ich kann Ihnen nicht beschreiben, wie mich meine Wahl glücklich macht.«

Viel später, schon nach Luises Tod, hat sich Friedrich Wilhelm an die erste Begegnung mit ihr erinnert: »Es war keine verliebte Sentimentalität, sondern ein bestimmtes, klares Bewußtsein, was gleichzeitig im Lichtblick ihre und meine Augen mit einer Freudenträne netzte. Gott, was alles liegt nun zwischen jenem ersten Anblick, wo ich sie fand, und diesem, wo ich ihren Verlust beweine! Weiß wohl, solche sympathetische Gefühle sind die schönen Blüten der ersten jugendlichen Liebe, sind nur einmal da und kommen nachher in dieser Reinheit nicht wieder.«

Nach den Gefühlen, die Luise empfindet, wird nicht gefragt. Undenkbar, daß ein junges Mädchen ihres Standes vom Erben des preußischen Throns nicht auf den ersten Blick überwältigt ist! Sie gefällt ihm, folglich muß er ihr gefallen. Besitzt er nicht durch seine Bestimmung alle Tugenden, Autorität und Kraft?

Hat er nicht von seinem Vater ein starkes Empfindungsvermögen geerbt, im Gegensatz zu ihm auch eine gewisse Lässigkeit? Fühlt sich die Prinzessin wirklich vom ritterlichen Benehmen Friedrich Wilhelms bezaubert – wie er die Uniform mit Eleganz trägt, wie einnehmend seine hochgewachsene Gestalt ist und so seine inneren Qualitäten geschickt zu verbergen versteht?

Luise vermag sich nicht vorzustellen, daß auf Erden ein überschwenglicheres Gefühl bestehen könnte als die Liebe. Der verschlossene Charakter Friedrich Wilhelms täuscht sie. Sie ist nicht höfisch oder galant erzogen worden; mehr als ein paar Schwärmereien für den einen oder anderen Kavalier wird es nicht gegeben haben. Die Liebe erscheint Luise wie ein Märchen vom Glück. Sie ist bereit, sich hinzugeben, und auch der von ihr geforderte Gehorsam wird sie nicht geängstigt haben. Doch sie will auch die Freuden des Lebens genießen. In ihren Augen ist ein Bräutigam ein liebevoller Mann, der nichts anderes zu tun hat, als der Frau zu gefallen, ihr zu schmeicheln, ihre Komplimente entgegenzunehmen. Sie stellt sich die Brautzeit als eine einzige Harmonie vor, einen großen Akkord, in dem sich die menschliche Liebe vollendet.

Zwar hat Luise den preußischen Kronprinzen bis dahin nie gesehen, doch sie hat oft von ihm gehört und muß sich für ihn interessiert haben. Friedrich Wilhelm ist zum Zeitpunkt ihrer ersten Begegnung dreiundzwanzig Jahre alt, im August 1770 geboren. Er ist groß von Wuchs, schlank bis zur Schmächtigkeit, seine Haltung stets aufrecht. Seine hohe, gewölbte Stirn läßt auf denkende Klarheit schließen, seine volle Unterlippe auf Sinnlichkeit. Er hat eine leise Neigung zum Spott, die der schalkhafte Blick seiner dunkelblauen Augen verrät. Als er Luise zum ersten Mal sieht, muß er sich so glücklich gefühlt haben, als gäbe es Enttäuschungen in dieser Welt gar nicht.

Besondere Zuneigung hat Friedrich Wilhelm bislang nur für seinen ihm im Alter am nächsten stehenden Bruder Ludwig empfunden. Schon als Kinder spielten er und »Louis« immer zusammen, wuchsen untrennbar miteinander verbunden auf. Es gibt ein vom Kronprinzen geführtes kindliches Tagebuch, in dem die starke brüderliche Liebe zum Ausdruck kommt.

Die beiden Prinzen und ihre Geschwister haben in ihrer

frühen Jugend vom Vater nur wenig gehabt. Ihre Mutter, Friederike Luise von Hessen-Darmstadt, die sie mit Hingabe liebt, hat zuviel Niederdrückendes erlebt, um ihnen Freude am Leben zu vermitteln. Die Kinder stehen unter der Obhut des barschen Hofmeister Behnisch, der nicht genug Nervenstärke besitzt, um die Lebhaftigkeit der Knaben zu ertragen. Die Erziehung ist restriktiv, ohne jegliche menschliche Wärme.

Der Kronprinz ist sozusagen unter den Augen Friedrichs des Großen aufgewachsen; er ist beinahe siebzehn Jahre alt, als der König stirbt. Friedrich scheint über seinen unmittelbaren Erben hinausgeschaut und seine Hoffnungen auf das vielversprechende Kind gesetzt zu haben. Er gewinnt leicht das Herz des Knaben, der für ihn stets eine Mischung aus Liebe, Achtung und Vertrauen empfindet. Der König prüft ihn in wissenschaftlichen Gegenständen, vor allem in Geschichte und Mathematik.

Die problematischen Eindrücke der Jugend verwischen sich niemals ganz. Im Alter von gerade zwanzig Jahren sind sowohl Louis als auch der Kronprinz mißtrauisch gegen sich selbst, sie trauen sich nichts zu und schweigen gewöhnlich, obwohl diese Zurückhaltung unter den ersten Strahlen der Liebe rasch dahinschmilzt. Kein größeres Glück hätte Friedrich Wilhelm widerfahren können als dieses Zusammentreffen mit den attraktiven und liebenswürdigen Prinzessinnen von Mecklenburg-Strelitz. Friederike genießt vielleicht noch mehr Bewunderung als ihre Schwester, denn sie ist unterhaltsamer und heiterer. Der lutherische Bischof Eylert hat nach dem Tod Luises erzählt, warum sich der Kronprinz für Luise entschied: »Bei ihrer ersten Begegnung habe eine innere Stimme ihm gesagt: Die oder keine sonst auf Erden.«

Und Louis wird es nicht schwergefallen sein, der munteren Friederike einen Antrag zu machen. Lieber Friederike als eine humorlose, standesbewußte und langweilige Prinzessin, die man ihm aufzwingen würde.

BRAUTZEIT

Luise erobert alle Herzen im Sturm. Männer wie Frauen sind von ihr begeistert. Prinzessin Luise von Radziwill, die Schwester des Prinzen Louis Ferdinand, sagt: »Zu jener Zeit (1793) machten der Kronprinz und sein Bruder die Bekanntschaft der Prinzessinnen von Strelitz ... Es war (in Frankfurt) nur noch die Rede von ihrer Schönheit. Der Kronprinz wurde besonders von der schönen Prinzessin Luise gefesselt ... Die zweite der Prinzessinnen, Friederike, war keine so regelmäßige Schönheit wie ihre Schwester, aber sie hatte eine entzückende Gestalt, war äußerst liebenswürdig und immer bemüht zu gefallen, wodurch sie oft der edlen Schönheit ihrer Schwester vorgezogen wurde.« Und später, beim Empfang der Prinzessinnen in Berlin, ist sie von neuem entzückt: »Niemals habe ich ein herrlicheres Wesen gesehen als die Kronprinzessin. Ihr sanfter, bescheidener Gesichtsausdruck, vereint mit ihrer edlen Schönheit, gewann ihr alle Herzen.«

Vor allem aber ist der Connaisseur Friedrich Wilhelm II. von seinen zukünftigen Schwiegertöchtern begeistert. Er bewundert sie beide und freut sich, bald zwei so reizende junge Damen an seinem Hofe zu haben. Ihm lag es immer fern, seinen Söhnen Steine in den Weg zu legen oder sie mit zweckdienlichen, politisch opportunen Heiratskandidatinnen zu quälen. Er ist glücklich über den Entschluß Friedrich Wilhelms und genehmigt die ihm hinsichtlich der Doppelheirat gemachten Vorschläge. Die Verlobung wird für den 24. April 1793 in Darmstadt festgesetzt.

Der Kronprinz äußert sich zunächst weniger enthusiastisch

über seine Braut, aber sie gefällt ihm doch außerordentlich gut. Es ist keine verliebte Sentimentalität, die Friedrich Wilhelm empfindet, auch keine hell auflodernde Leidenschaft, die sich in Sehnsucht verzehrt. Er liebt sie ruhig und aufrichtig. Und Luise scheint die einfache und schlichte Art, mit der er ihr gegenübertritt, zu schätzen. Er gefällt ihr trotz seines linkischen Wesens und trotz der Kühle, die er nach außen an den Tag legt. Sicherlich ist die Sechzehnjährige auch in Liebesdingen noch zu unerfahren, um für sich und ihre bezaubernde Schönheit glühende Leidenschaft oder zehrende Liebessehnsucht zu erwarten.

Luise hat an ihrem Geschick nichts auszusetzen und schreibt nach der Werbung des Kronprinzen an ihre Schwester:»Du kannst Dir nicht denken, liebe Therese, wie zufrieden ich bin. Der Prinz ist außerordentlich gut und offen. Kein unnötiger Schwarm von Worten begleitet seine Rede, sondern er ist erstaunlich wahr. Kurz, mir bleibt nichts mehr zu wünschen übrig, denn der Prinz gefällt mir, und wenn er mir zum Beispiel sagt, daß ich ihm gefalle, daß er mich hübsch findet, so kann ich es ihm glauben, denn er hat mir noch nie geschmeichelt. Deine Freundschaft bleibt mir, mein Engel, Deine inständigen Bitten und Segenswünsche werden mir überall folgen, ich kann also nur glücklich sein. Leb' wohl, mein Engel, der Prinz kommt.«

In diesem Brief fehlt alles Himmelhochjauchzende, jegliche stürmische Begeisterung. Herzklopfen, jubelnde Gefühle, die Aufregungen der Verliebtheit sind ihr fremd. Ja, es scheint, als wäre sie fast allzu vernünftig in ihrem Brautglück.

Am 22. März 1793 verlassen Luise, Friederike und ihre Großmutter Frankfurt und reisen zurück nach Darmstadt. Zwei Tage später klopft Friedrich Wilhelm im Alten Palais an. Luise hat ihren Bräutigam also nicht lange entbehren müssen. Trotzdem wird sie ihn in der Verlobungszeit nicht so oft sehen, wie beide sich das wünschen. Ein sehr lebhafter Briefwechsel beginnt, der belegt, daß sie sich bemühen, einen Weg zueinander zu finden – einen Weg jenseits der Etikette und der Formalitäten ihrer Verlobung, mit denen Marchese Girolamo Lucchesini beauftragt worden ist. Bis zu ihrem Aufbruch nach Berlin im Dezember 1793 wird Luise in nur acht Monaten nicht weniger als neunundsiebzig Brautbriefe an Friedrich Wilhelm richten.

Luise von Mecklenburg-Strelitz, die spätere Kronprinzessin von Preußen.
Gemälde von Felicité Taessert.

Den ersten Brief schreibt sie am 27. März 1793: »Meinem Versprechen gemäß, mein lieber Prinz, will ich Sie schnell von der glücklichen Ankunft meines geliebten Vaters benachrichtigen; er hat uns heute morgen in der denkbar angenehmsten Weise überrascht. Das erste Wort, das er aussprach, als er mich erblickte, war: Ich gratuliere Dir, liebe Luise. Dieser Anfang entsprach zu sehr meinen und Ihren Wünschen, als daß ich sie Ihnen einen Augenblick verbergen könnte. Nichts steht unserem Glück entgegen, Papa ist entzückt davon, und ich brauche Sie nur noch zu bitten, stets so zu bleiben und mir weiter die gleichen Gefühle entgegenzubringen, die mir den 24. zu einem so angenehmen Tage gemacht haben ... Beim Erwachen erhielt ich Ihren Brief, der mich freudig entzückte. Alles, was Sie mir Freundschaftliches darin sagen, ist sehr wohl geeignet, in mir den Entschluß zu stärken, daß ich mein Leben lang Ihre Freundschaft zu verdienen suche; ich beteuere Ihnen, sie ist mir sehr wertvoll.«

So bahnt sich in noch vorsichtigen Worten, indem zunächst von Freundschaft und noch keineswegs von Liebe die Rede ist, diese aristokratische Romanze an.

Schon sucht Luise ihrem Bräutigam entgegenzukommen, seinen Geschmack zu treffen, sich ihm anzupassen. Friedrich Wilhelm hat sie um ein Bild gebeten, und Luise beeilt sich, einem Maler Modell zu sitzen: »Das Bild hat die Größe, die Sie mir an meiner Hand angegeben haben; ich habe ihm gesagt, er soll mich ganz einfach malen, nichts auf dem Kopfe, weiß gekleidet; ich weiß, Sie lieben das Einfache, und glaubte Ihrem Geschmack zu entsprechen; teilen Sie es mir bitte mit, wenn Sie es anders wünschen. Vergessen Sie aber bitte nicht, mir Ihr Bild zu geben ...«

Schmucklose kleine Briefblätter fliegen hin und her. Friedrich Wilhelm schreibt zuverlässiger, korrekter, pünktlicher, ausführlicher und fleißiger als Luise, deren Briefe zwar lebendig und anschaulich sind, die jedoch die Korrespondenz etwas lässiger nimmt – kaum einmal kommt sie über die zweite oder dritte Seite hinaus, so daß Friedrich Wilhelm sich »in der Kürze eines Vaterunsers« abgefertigt sieht.

Die Schreiben des Kronprinzen lesen sich so nüchtern, wie er selbst ist, schlicht und bieder. Aber er läßt auch seine Empfindungen durchscheinen und wickelt das Ganze nicht als

Pflichtpensum ab. Da ist nichts gekünstelt oder bloß ausgedacht, keine Schwärmerei, kein Gefühlsüberschwang und kein Begehren. Es sind Liebesbriefe von sanfter Beharrlichkeit und einer stillen Treue, die erkennen lassen, daß zumindest zu Beginn dieser Beziehung die Gefühle auf der Seite Friedrich Wilhelms stärker sind als auf der Luises. Er spürt deutlich, daß in seinem glücklosen Leben jetzt endlich ein Licht leuchtet, eine zarte Flamme, die er hütet, da er um ihren Wert nur zu gut weiß. Er lebt in diesen unruhigen Monaten nur für seine Liebe, keine Stunde, in der er nicht an Luise denkt.

Merkwürdigerweise reagiert Luise nüchterner als der oft so schwunglose und unentschlossene Kronprinz. Ihre Briefe, findet Paul Bailleu, »sind mehr herzlich als zärtlich, mehr liebenswürdig als geistvoll«. Und tatsächlich bleibt trotz des manchmal durchblitzenden Übermutes eine letzte kleine Reserviertheit spürbar. »Mein Kopf läuft nicht mit meinem Herzen davon«, gibt sie zu. »Ich habe keine Ursache gehabt, Nein zu sagen«, hatte sie ihrem Vater am 20. März auf die Werbung des Prinzen hin geschrieben, »doch, bester Vater, Ihre Antwort wird auch die meinige sein.« So ergeben klingt die Zustimmung Luises zur wichtigsten Entscheidung ihres Lebens.

Zu Beginn ihrer Brautzeit läßt Luise eine irgendwie überschwengliche Liebe an keiner Stelle erkennen. Freilich ist sie froh, die Achtung Friedrich Wilhelms zu besitzen, sich seiner Liebe sicher zu sein. Bei ihr ist es zunächst Freundschaft, aus der ein Gefühl der Liebe erst allmählich erwächst.

Luise muß alle Briefe an Friedrich Wilhelm, ehe sie sie abschickt, ihrer Großmutter vorlegen. Diese überzeugt sich dann, daß die Briefe nicht gegen den guten Ton verstoßen und nicht allzu zärtlich ausfallen. Luise aber will ihrem Verlobten schreiben, wie sie tatsächlich für ihn fühlt, und so legt sie dem vorschriftsmäßigen Brautbrief, der zur Zufriedenheit der Großmutter ausfällt, heimlich ein Billet bei, in dem sie Friedrich Wilhelm versichert, daß ihre Gefühle viel weiter seien, als in ihren Schreiben zum Ausdruck kommen könne.

Wie wenig Luise von der Etikette hält und wie einfach und ganz natürlich sie in ihrem Empfinden ist, geht aus diesem Briefchen hervor:

»Sie werden vielleicht bemerkt haben, liebster Freund«, schreibt sie ihm heimlich, »daß ich viele Dinge in Ihrem Brief mit Schweigen übergehe. Wundern Sie sich nicht darüber. Papa und Großmama haben gewünscht, daß ich ihnen meinen Brief an Sie zeige, und Großmutter vor allem hat mir eindringlichst empfohlen, Ihnen nicht zu zärtlich zu schreiben. Gut, daß Gedanken und Empfindungen zollfrei sind und man darüber keine Vorschriften machen kann. Wissen Sie, lieber Prinz, die Namen ›Freundin‹, ›liebe Luise‹, all das hat mich unendlich gefreut. Nennen Sie mich immer, wie Sie wollen. In meinem ganzen Leben würde es mir nicht in den Sinn kommen, das zu mißbilligen. Da wir vom ersten Augenblick unserer Bekannt-schaft an ganz natürlich und ohne Scheu beisammen waren, mußte ich Ihnen den Grund sagen, warum in meinen Briefen ein gewisser gezierter Stil herrscht, der nicht meinem Charak-ter entspricht. Sie könnten sonst glauben, ich hätte mich Ihnen gegenüber gewandelt. Aber ich schwöre Ihnen, es ist nicht der Fall. Im Gegenteil, Sie sind mir nicht gleichgültig. Sie wissen, was ich für Sie empfinde, und ich brauche Ihnen nicht zu wie-derholen, daß ich Sie recht von Herzen liebe ... Bitte, lieber Prinz, zeigen Sie diesen kleinen Zettel keinem Menschen, und wenn Sie darauf antworten, tun Sie es nicht in Ihrem Brief, son-dern auf einem kleinen Blatt für sich, damit Großmama es nicht bemerkt ... Noch eins: Großmutter wünschte, ich sollte vorerst einen Entwurf für meinen Brief an Sie machen, weil ich so unor-thographisch schreibe. Ich gestehe, er ist nicht schön, aber Sie sollen auch meine Fehler kennenlernen. Wenn ich als Kind fleißiger gewesen wäre, könnte ich Ihnen jetzt vielleicht ohne Fehler die Empfindungen meines Herzens sagen, so kann ich es immer nur fehlerhaft ...«

Und im P.S.: »Wenn Sie diesen Brief in Gesellschaft erhalten, so beschwöre ich Sie, öffnen Sie ihn dort nicht, man könnte mich sonst für närrisch halten.«

Um Mitternacht des 2. April sitzt Luise im Alten Palais zu Darmstadt an ihrem Schreibtisch und gesteht ihrem künftigen Gemahl, daß er schon ganz ihre sehnsüchtigen Gedanken beherrsche: »Da ich das Vergnügen habe, an Sie zu schreiben, habe ich gleichzeitig zweierlei, die Annehmlichkeit, mich Ihnen auf einige Augenblicke zu nähern, zwar nur in Gedanken, aber das ist immerhin schon etwas, und dann die feste Überzeugung, daß Sie mich mit Vergnügen lesen. Das sind zwei Freuden, die ich genieße und die noch größer sein würden, wenn Sie mir ganz gewiß sagen könnten, daß ich Sie bald wiedersehen werde und wenn man es nicht dem Zufall überlassen müßte, uns zu vereinigen. Verzeihen Sie mir diese ewigen Wünsche. Sie müssen glauben, Ihre Verlobte sei eine kleine Unersättliche, die niemals zufrieden ist, aber wenn mein Herz auch zufrieden ist, kann es immer ruhig bleiben, da es Sie in ständigen Gefahren weiß? Nein, verzeihen Sie mir, ich bin Ihnen zu sehr zugetan, um Sie vom Gegenteil überzeugen zu können.«

Nein, Friedrich Wilhelm fühlt sich nicht gestört durch die »ewigen Wünsche« seiner »kleinen Unersättlichen«. Luise legt ihren Schreiben an den Kronprinzen Früchte bei, »damit die Briefe einen guten Geschmack bekommen«. Sie stickt Geldbörsen, sendet poetische Verse fürs Stammbuch, sucht Brautkleider aus. Die Vorbereitungen der Verlobungsfeier nehmen sie völlig in Anspruch. Ständig sind Leute um sie herum, und dabei hat sie doch nur eines im Sinn: »Meine Gedanken haben Sie den ganzen Tag nicht einen Augenblick verlassen«, gesteht sie Friedrich Wilhelm am 10. April. »Wir haben den ganzen Tag mit der Auswahl von Kleidern, reichen und einfachen, verbracht, ich bin so müde, als ob ich getanzt hätte. Ich werde jeden Augenblick unterbrochen, alle meine Schwestern und Brüder machen einen unglaublichen Lärm, ich weiß nicht mehr, wo mir der Kopf steht, und ich habe sie mit Stockschlägen verjagt.«

Am 24. April 1793 findet dann in Darmstadt im Alten Schloß die offizielle Verlobungsfeier der beiden Prinzessinnen statt. Die Palais der kleinen Residenzstadt sind überfüllt, auch der Gasthof »Zur Traube«: Die Familie, die Verwandtschaft, alle Familienmitglieder der Fürstenhäuser von Hessen-Darmstadt und Mecklenburg sind bei dieser Feier dabei, selbstverständlich auch die Schwestern der beiden Bräute, Charlotte von Hildburghausen und Therese von Thurn und Taxis.

Der König von Preußen trifft mit seinem Gefolge erst an diesem Tag ein. Um zwei Uhr nachmittags wechselt er persönlich die Ringe und segnet die beiden Paare. Bei dieser Gelegenheit hält er eine kleine Rede, in der er ernst daran erinnert, daß seine beiden Söhne demnächst ins Feld ziehen und sich dort ihre Sporen verdienen müssen.

Auch diesmal ist das Glück der Zweisamkeit nur von kurzer Dauer. Am 29. April reist Friedrich Wilhelm ab, und auch die anderen Gäste verabschieden sich. Nach dem Trubel der Vorbereitungen und des Festes selbst kommt Luise die Stille im Haus unerträglich vor. Was gäbe sie darum, zu erfahren, was in Friedrich Wilhelms Kopf jetzt vorgeht: »Ich hoffe bei Ihrer natürlichen Offenheit, daß Sie mir frei heraus sagen, wie Sie sich gegenwärtig fühlen. Das Interesse, das Sie an meiner Person haben, läßt mich gewiß sein, daß Sie auch gern etwas von meinen Neuigkeiten erfahren. Ich will Ihnen also erzählen, daß ich mich gestern, nach Ihrer Abreise, in mein Zimmer zurückgezogen habe, daß ich mich hingelegt habe und wieder einen leichten Magenkrampf hatte, aber daß ich dann sehr gut geschlafen habe und gut gefrühstückt, und daß mir absolut nichts fehlt als Ihre Gegenwart, um mich ganz glücklich zu machen; im übrigen fühle ich mich wohl. Ihre Abfahrt hat eine große Leere zurückgelassen, die nicht zu beschreiben ist, und Darmstadt ist so still, daß ich ganz traurig bin ... Alles ist hier von einer übergroßen Stille, aber wer sollte auch sprechen? Es ist niemand mehr hier ... Doch Sie wissen: Es gibt Tage, an denen man gerne traurig ist, und ich gestehe Ihnen offen, daß Ihre Abfahrt mich wirklich betrübt; heute fühle ich mich unglücklich, von Ihnen und von meinen Schwestern getrennt zu sein. Morgen wird der Kurier zurückkommen; richten Sie mich auf, durch einige Zeilen nur, sie werden mir Kräfte geben, um die Abwesenheit all derer zu ertragen, die mir teuer sind. Adieu, mein guter Freund, das Gedenken Ihrer Louise verläßt sie nicht, es folgt Ihnen immerzu und sie ist nie zufriedener, als wenn sie sich überzeugt fühlt, daß Sie sie lieben.«

Die beiden Prinzen kehren zum Heer zurück, denn unmittelbar nach dem Abbruch der Winterlager sind die Feindseligkeiten wieder eröffnet worden. Acht Tage später stürmt der Kronprinz an der Spitze des ersten Bataillons ein Dorf, vertreibt die Franzosen aus ihrer Stellung, besetzt die unterhalb des Dorfes aufgeworfenen Wälle, erobert ein Geschütz und macht viele Gefangene. Es ist wie eine männliche Bewährungsprobe, und der König, der an der Spitze des zweiten Bataillons folgt, schließt seinen Sohn gerührt in die Arme.

Wie ein Licht aus einer anderen Welt sind für den Kronprinzen die übermütigen und nicht selten witzigen Briefe seiner Braut: »Ich werde Ihnen zum Willkommen singen: ›Unsere Katz hat Junge, / sieben an der Zahl. / Sechs davon sind Hunde. / Das ist ein Skandal. / Und der Kater spricht: / Die ernähr ich nicht.‹« Und Friedrich Wilhelm antwortet: »Ich habe gestern mehrmals das köstliche Lied von der Katze mit den sieben Jungen gesungen, jedes Mal zum Erstaunen der Zuhörer ...«

Über Speyer und Mannheim zieht der Prinz dann nach Darmstadt und begleitet, als ihm einige Tage Urlaub bewilligt werden, Prinzessin Georg und die jungen Prinzessinnen auf einem Ausflug nach Heidelberg. Der Weg führt über die romantische Bergstraße an einem Höhenzug vorbei, dem Burg- und Klosterruinen einen malerischen Anblick verleihen. Geschichtliche Überlieferung, die harmonische Einheit von Natur und Poesie, die romantische Empfindsamkeiten weckenden Türme, Wälder und Berge sind von einem eigentümlichen Reiz, der seine Wirkung auf die Gemüter der fürstlichen Reisegesellschaft kaum verfehlt haben wird.

Bald rücken die beiden Prinzen wieder ins Feld. Friedrich Wilhelm befehligt die Reserve von General Kalckreuth. Kaum von seiner Braut getrennt, überfällt ihn Sehnsucht, und er nutzt jede Gelegenheit, zu seiner Verlobten zu eilen.

In einem Brief vom 15. Mai scheint sich Luise ihrer Liebe zu Friedrich Wilhelm inzwischen doch sicher zu sein. Ihre Gedanken und Gefühle sind nun ganz von ihrem Bräutigam gefangen genommen, und der Tonfall ihrer Schreiben wird spürbar lockerer: »*My dear friend, I have a great friendship for you.* Erschrecken Sie nicht über meine englischen Kenntnisse, glauben Sie auch nicht, ich hätte die Kribbelsucht, eine Krankheit, bei der man alle möglichen Sprachen braucht. Nein, nein, ich finde nur herzliches Vergnügen darin, wenn ich Ihnen sage und wiederhole, daß Sie der Mensch sind, den ich am meisten auf der Erde liebe.«

Luise in ihrer Brautzeit. Gemälde von Elisabeth Vigée le Brun.

Am Schluß des Briefes gibt es noch eine kleine Kabbelei zwischen Luise und Friederike, die den Adressaten amüsiert haben wird:

»Luise ist darauf versessen, daß ich Sie immer umarmen soll, und ich empfinde sehr wohl, daß Ihnen das lästig werden muß; drehen wir die Sache also um, daß Luise Sie umarmt und ich Sie begrüße, oder daß ich Sie nach ihr umarme. – Friederike. Ich habe *honte de* Ihnen das zu *envoyieren,* denn es steht gar zu *enfant.*
(Luise)
Dies Luisch ische wäri Närrin. (Friederike)
Frederike ist es. (Luise)
Das lügt sie aus dem Rachen heraus. (Friederike)«

Am 26. Mai, nur zwei Tage vor dem nächsten Wiedersehen, kokettiert Luise bereits mit ihrer Besorgnis um das Wohlergehen ihres künftigen Gemahls: »Ich muß durchaus noch ein wenig vernünftig zu Ihnen sprechen; gegenwärtig sind Sie noch imstande zuzuhören und zu überlegen, denn ich hoffe nicht, daß Sie am Morgen betrunken unter dem Tische liegen, nein, das hoffe ich nicht. Verhalten Sie sich so, daß ich von niemand eine Klage vernehme, wenn ich nach Bodenheim (Feldlager) komme, sonst werde ich tun, als kenne ich Sie nicht, und wir werden uns ganz fremd sein. Ebenso bitte ich Sie, sich nicht zu besaufen unter dem Vorwande, auf meine Gesundheit zu trinken, denn es würde mir sehr übel bekommen, und mein Name und meine Person dürfen Ihnen niemals Unglück bringen.«

Am 28. Mai treffen Luise und Friederike im Feldlager Bodenheim, unweit des belagerten Mainz, ein. Die Stadt wird von den Franzosen besetzt gehalten und von den Verbündeten bestürmt. Der König, der an den Liebesverhältnissen seiner Söhne munteren Anteil nimmt, hat die Verlobten, ihre Großmutter und noch andere Mitglieder der Familie zum Mittagsmahl und zur Besichtigung des Lagers von Mainz eingeladen.

Luise und Friederike versprechen eine willkommene Abwechslung, herrscht im Lager doch eine lastende, »zentnerschwere Langeweile«, wie Freiherr vom Stein klagt. Die Anwesenheit von Frauen in einem Kriegslager fällt unter den damaligen Verhältnissen keinesfalls auf und ist auch nicht so ungewöhnlich, wie es uns erscheinen mag. Luise ist nicht die einzige, die häufig die Etappe besucht. Zahlreiche Frauen vergnügen sich damit, dort mit ihren Männern oder Freunden zusammenzutreffen. Die meisten Offiziere lassen sich im Lager von ihren Frauen besuchen. Der damalige Oberstleutnant und spätere General von Rüchel läßt sogar seine Töchter ins Feldlager kommen. Und Prinzessin Luise Radziwill stattet hier ihrem Bruder Prinz Louis Ferdinand einen Besuch ab: »Man begibt sich ins Lager von Mainz wie zu einem Fest ... Die elegantesten Frauen waren dort versammelt.«

Der ausgesprochene Liebling im Feldlager von Bodenheim ist der geniale Prinz Louis Ferdinand. Er hat sich durch Tapferkeit besonders ausgezeichnet und wurde vor Mainz ziemlich schwer verwundet. Mit dieser ersten Verwundung wächst seine Beliebtheit noch. Der Prinz, schön, vornehm, von militärischem Ruhm gekrönt, von den Soldaten vergöttert, macht der Prinzessin Luise und ihrer Schwester die galantesten Komplimente.

Auch Johann Wolfgang von Goethe – damals fünfundvierzig Jahre alt – befindet sich bei den Belagerungstruppen vor Mainz. Er hat seinen Freund und Beschützer, den Herzog von Sachsen-Weimar, dessen Gefolge er als Geheimschreiber zugeteilt ist, dorthin begleitet. Als die königlichen Brüder mit ihren hübschen Verlobten durch die Zeltgassen promenieren, hat es den Anschein, als könne dieses junge Glück nichts trüben. Da der König mit dem gesamten Hofstaat ausgerechnet vor Goethes Zelt auf und ab schreitet, hat der Dichter Gelegenheit, die Prinzessinnen zu beobachten, denen das Lagerleben offenbar ein unterhaltsames Schauspiel bietet. Sie bewegen sich frei und vollkommen unbefangen in dieser pittoresken Umgebung, lassen ihre neugierigen Blicke schweifen und zeigen für alles, was sie sehen, Interesse. Goethe ist hingerissen von ihrer Anmut und gerät in wahres Entzücken. In seinem Tagebuch schildert er unter dem Datum des 29. Mai 1793 seinen Eindruck von Luise und Friederike:

»Gegen Abend war uns, mir aber besonders ein liebenswürdiges Schauspiel bereitet; die Prinzessinnen von Mecklenburg hatten im Hauptquartier zu Bodenheim bei Seiner Majestät dem König gespeist und besuchten nach der Tafel das Lager. Ich heftelte mich in mein Zelt ein und durfte so die hohen Herrschaften, welche unmittelbar davor ganz vertraulich auf und nieder gingen, auf das Genaueste beobachten. Und wirklich konnte man in diesem Kriegsgetümmel die beiden jungen Damen für himmlische Erscheinungen halten, deren Eindruck auch mir niemals verlöschen wird.«

In Bodenheim wird der künftige Hofstaat des Kronprinzenpaares festgelegt. Als Hofdamen werden Henriette und Dorothea von Viereck ausgewählt; Hofmarschall wird Valentin von Massow, geboren 1752, seit 1788 verheiratet mit Luise Blumenthal aus Steinhöfel bei Fürstenwalde. Er leitet die Einrichtung des Kronprinzenpalais in Berlin. Zum ersten kronprinzlichen Kammerdiener, der zugleich die kleineren Rechnungen begleichen und einen Teil der Korrespondenz der Kronprinzessin besorgen soll, wird Peter Fontane ernannt, der Großvater Theodor Fontanes.

Zur Oberhofmeisterin bestimmt der König die damals vierundsechzigjährige Sophie von Voß, eine geborene von Pannwitz. Sie ist seit Mai 1793 Witwe und hat ihre Jugend am Hof der Königin Sophie Dorothee, der Gemahlin des Soldatenkönigs Friedrich Wilhelm I., verlebt. 1751 heiratete sie Ernst Johann von Voß, den Oberhofmeister der Königin Elisabeth Christine, Gemahlin Friedrichs des Großen. Sophie von Voß scheint für die Aufgabe am besten geeignet zu sein und alle Voraussetzungen für den Dienst an der Etikette mitzubringen. Als sie Luise zum ersten Mal sieht, notiert sie in ihr Tagebuch:»Die Kronprinzessin hat einen wunderschönen Wuchs, ihre Erscheinung war zugleich edel und lieblich, jeder, der sie sah, fühlte sich unwiderstehlich angezogen und gefesselt.« Luise gefällt es, daß sie heiter ist, und sie meint:»Ich hoffe, man wird an unserem Hofe mehr lachen als weinen«, während Friedrich Wilhelm die künftige Oberhofmeisterin für eine Plaudertasche hält.

In einem Brief an Therese hat Friederike den Lagerbesuch geschildert. Obwohl es geregnet habe, sei es ein entzückender Tag gewesen:»Gegen Mittag kamen wir in Bodenheim an und stiegen beim Kronprinzen ab, wo sich auch mein ›Partner‹ fürs

Leben einfand. Nach der Parade kamen viele Offiziere zu uns. Um ein Uhr ließ der König uns rufen, und wir erschienen auf Befehl des Herrn, zwar nicht ohne Ängstlichkeiten ... Der König empfing uns am Hoftor; der ganze Hof war voll von Offizieren. Dann wurde zu Mittag gespeist und sehr lange getafelt, und obgleich wir im untertänigsten Respekt waren, so war die übrige Gesellschaft doch sehr lustig. Luise und ich waren es weniger, wir waren wie auf dem Armesünderschemel, denn aller Augen warteten auf uns.« Gegen Abend besuchen die Prinzessinnen noch den Herzog von Weimar in seinem Zelt, der sie mit Likör und Tee bewirtet.

Friederikes Verlobter hätte um ein Haar sein Leben im Lager vor Mainz verloren. Müde von den Anstrengungen des Tages hat sich Louis in der Nähe des Lagerfeuers niedergelegt und ist fest eingeschlafen. Plötzlich entfachen ein paar überspringende Funken einen Brand, und bald steht das Zelt in Flammen. Louis spürt weder die Glut noch den Rauch, so fest schläft er. Die Kleider des Prinzen haben schon Feuer gefangen, als der wachhabende Dragoner herbeistürzt und den Schlafenden rettet. Freilich hat Louis dadurch alle seine Habe verloren, weshalb sich sein Bruder am nächsten Tag den Scherz macht, beim König und dessen Gefolge »für den armen, abgebrannten Mann eine Kollekte zu sammeln«.

Im Juni beginnt die Belagerung von Mainz, die vier Wochen in Anspruch nimmt. Der Kronprinz muß ins Feld. Ihm ist gar nicht kriegerisch ums Herz, zumal er nicht im geringsten von der Notwendigkeit dieses Feldzugs überzeugt ist. Mit dieser Ansicht steht er auf der Seite der Mehrheit des preußischen Volkes. Nur der König und einige seiner Ratgeber stimmen für den Krieg gegen die Französische Revolution, dessen Notwendigkeit Friedrich Wilhelm II. hauptsächlich durch seine Freunde, die Emigranten und Rosenkreuzler, suggeriert wird.

Daß der Kronprinz keine Lust zum Krieg hat, ist nur allzu offensichtlich. »Ich beschäftige mich nur mit Ihnen«, gesteht er seiner Braut freimütig, doch ziemlich unsoldatisch, »alles andere ist mir gleichgültig und langweilig.« Er sehnt sich nach Darmstadt, will wieder »freundliche Gesichter« um sich sehen, er spielt die Tänze, die er mit Luise getanzt hat, er zeichnet ihr die

Soldaten des preußischen Heeres auf und entwirft neue Uniformen:»Der preußische Soldat, den Sie haben wollten, ist gestern nach dem Essen fabriziert worden … und ist mir herrlich gelungen.«

Als er ihr ein Medaillon mit seinem Bild schickt, gesteht Luise:»Ich trage es alle Tage, und wenn ich es ablege, lege ich es so, daß beim Erwachen mein erster Blick darauf fällt.«

Auch außerhalb des Lagers von Mainz treffen sich Luise und ihr Bräutigam. Glücklicherweise ist Darmstadt in einem kurzen Ritt zu erreichen, und das Braunshardter Schloß liegt noch näher. Manchmal kommen Luise, Friederike und ihre Großmutter mit den Prinzen auch in Kranichstein oder zu einem traulichen Picknick im Wald von Großgerau zusammen, zu einem »Festmahl von Schwarzbrot mit frischer Butter«, zum Spazierengehen in den Laubgängen, vielleicht Hand in Hand.

Als das Feldlager in Marienborn aufgeschlagen wird, stattet Luise – am 8. Juli 1793 – ihrem Bräutigam wieder einen Besuch ab, bevor sie mit ihrer Erzieherin nach Braunshardt fährt. Dort kann sie von ihrem kleinen Mansardenzimmer aus die Belagerung von Mainz beobachten, und hört nachts den Kanonendonner. Sie geht im Schloßgarten spazieren, trinkt brav Pyrmonter Brunnen oder fährt aus, die Zügel selbst in der Hand.

Die Stadt Mainz leistet verzweifelten Widerstand, ergibt sich erst am 22. Juli. Als Friedrich Wilhelm dann – als Befehlshaber des Belagerungskorps von Landau – in die Pfalz geschickt wird, setzen die Verlobten ihren lebhaften Briefwechsel fort. Mit der Zeit werden Luises Briefe immer vertrauter und herzlicher, besonders wenn sie in köstlichem Durcheinander französisch und deutsch schreibt:»*Tout en mangeant des* Kirschen *bien* schwarz und *bonnes, je prends la plume pour vous dire que j'ai parfaitement bien* geschlaffen *que je mange depuis* sieben weniger *un quart des cerises délicieuses noires comme un* Hut *et que je souhaiterais, pour qu'elles me paraissent tout à fait délicieuses, la présence d'un certain Monsieur de votre connaissance.*« Mit dem »*certain Monsieur*« meint die Schelmin natürlich den Kronprinzen selbst.

Am 30. Juni kann sie ihre Vorfreude auf das Wiedersehen nicht mehr im Zaum halten:»Ich tue nichts als singen und tanzen, so daß alle Welt glaubt, daß mir die Hitze ein wenig zugesetzt hat … Ich werde so glücklich sein, wenn ich Sie wiedersehe, daß ich, glaube ich, imstande bin, wie Herodes' Töchterlein ein Solo vor der ganzen Armee zu tanzen nach der Melodie: Wenn's immer, wenn's immer so wär … Die alten Scharteken, nämlich die Wägen fahren vor, die alten metallenen Klocken läuten, und ich, ich habe keine Lust in die Kirche zu gehen. Gott verzeihe mir's. *Adieu altesse royale de mon coeur* … Ich muß fort in Kirch gehen, sonst schlägt mich mey alte Großmäme. Die Friederiken ist sauwohl, war aber erst krank gewesen. Um Gottes willen, verzeihen Sie mir dieses Cripscrapsgekritzel. Gestern Abend tanzte ich in allen Zimmern umher und schrie: Ich segn mei Schatz witter, ich segn mei Schatz witter!!! Es wird fürchterlich geschossen, ich bin närrisch, und die Großmama wird mich schelten, weil ich nur Torheiten mache.«

Luise hält sich jetzt zumeist in Darmstadt auf, macht Ausflüge in die Umgebung. Schon ahnt sie, daß das bescheidene Maß der Gefühle ihres Bräutigams ihrer Sehnsucht niemals genügen wird. Sie hat noch nicht resigniert, aber wohl bereits damit begonnen, ihre Leidenschaft und ihre Wünsche zurückzudrängen. Sie nimmt sich vor, eine vorbildliche Gattin zu sein, untadelig und gewissenhaft. Sie glaubt ernsthaft, daß die Pflichten einer königlichen Hausfrau ihr Leben ausfüllen werden.

Diesen Geist atmet auch ihr Geburtstagsbrief an den Kronprinzen vom 1. August. Er ist bemerkenswert, weil er die große Anpassungsbereitschaft offenbart, die Luise aufzubringen bereit ist: »Alles, was ein zärtliches, treues Herz empfinden und wünschen kann, möchte ich, daß Sie haben. Es wäre mehr als lächerlich, wenn ich zu Ihrem Geburtstag alle die guten Wünsche auspacken wollte, die ich täglich für Sie hege, und ich wäre sehr zu beklagen, wenn Sie von meiner wahrhaften Anhänglichkeit nicht fest überzeugt wären. Einer meiner glühendsten Wünsche geht dahin, Sie so glücklich zu machen, wie Sie es verdienen und wie Sie zu werden hoffen. Seien Sie auch bitte überzeugt, daß ich keine größere Freude habe, als wenn ich sehe, daß meine Denkweise und mein Verhalten Ihren Wünschen entspricht, denn dann kann ich mir mit Gewißheit sagen, daß ich zu Ihrer Befriedigung beitrage.«

Sicherlich ist dies ein »offizieller Brief«, nicht ausschließlich für den Kronprinzen bestimmt. Im weiteren Verlauf schlägt Luise dennoch etwas persönlichere Töne an: »Erlauben Sie mir, diesem Briefe einen kleinen Malkasten beizulegen; es schien mir, als gefiele er Ihnen, ich konnte aber in Frankfurt keinen bekommen, deshalb möchte ich Ihnen meinen anbieten, ich habe ihn nie benutzt und hoffe, in Zeiten der Muße wird er Ihnen einige Freude machen und eine kleine Erinnerung an Ihre Luise sein. Wenn ich Ihnen eine Freude habe machen können, mein lieber Prinz, wäre ich sehr zufrieden; aber ich beschwöre Sie, machen Sie keinen langen Dankbarkeitserguß, denn dadurch würden Sie mich sehr betrüben. Ich hatte immer gehofft, diesen für mich so glücklichen Tag mit Ihnen zu verbringen, aber das Geschick hat es nicht gewollt; glauben Sie also in der Ferne, was ich Ihnen in der Nähe hätte sagen können, nämlich, daß ich Sie von ganzem Herzen liebe …«

Zwei Tage später kommt Friedrich Wilhelm, um sich persönlich zu bedanken, und dann wird ein wunderbarer Plan in die Tat umgesetzt, der es dem Paar erlaubt, einige Wochen zusammen zu verleben, wenn auch unterbrochen von kürzeren »Ausflügen« des Kronprinzen zur Armee. Tante Auguste, die Pfalzprinzessin, hat die beiden nach Mannheim eingeladen. Die Zeit geht dahin mit unbeschwertem Spiel und Tanz, mit Musik und Theater, und Luise und Friedrich Wilhelm sind ausgelassen und fröhlich. Morgen, schreibt Luise, morgen werden wir tanzen, trinken, singen, spielen und recht lustig sein, »et je serai *die tolle Luise*, votre chère petite promise«.

Ende August heißt es Abschiednehmen, Friedrich Wilhelm muß zu seinen Truppen, und danach gibt es nur noch einen Besuch, in Auerbach. Die Belagerung von Landau wird zu einer langwierigen Sache, der Kronprinz langweilt sich, denkt aber auch mit Widerwillen an den Einzug in Berlin, an die achtspännigen Glaskutschen und an »den Fackeltanz und was dazu gehört«. Sein Herz sehnt sich mehr denn je nach Luise, sie bestimmt seine Gedanken, seine Wünsche. »Sie sind gemacht«, versichert er ihr, »alle Herzen zu gewinnen.«

In der Zwischenzeit haben sich die Beziehungen zwischen dem Wiener und dem Berliner Hof abgekühlt. Im Herbst des

Jahres 1793 tritt trotz der Erfolge unter dem Einfluß widerstreitender Interessen und Beweggründe der Verbündeten infolge Uneinigkeit, Eifersüchteleien und geheimer Umtriebe der deutschen Fürsten ein Umschwung ein. Die geschlagenen Franzosen sammeln zu dieser Zeit ihre Streitkräfte und bringen ihren Gegnern einige entscheidende Niederlagen bei. Schließlich zieht Preußen sich aus dem europäischen Bündnis zurück. Die jungen Prinzen können für die fehlschlagende politische Entwicklung nicht verantwortlich gemacht werden. Der Kronprinz hat die unheilvollen Wirkungen von Eifersucht und Zwietracht vielleicht bemerkt, aber es steht nicht in seiner Macht, sie abzuwenden. Er befehligt während des gesamten Krieges am Rhein das erste Gardebataillon und zeichnet sich bei der Belagerung von Landau aus, wo er das Belagerungskorps anführt. Er gewinnt ein für sein Alter hohes militärisches Ansehen, obwohl er für den Krieg nichts übrig hat.

Luise möchte diesen Helden mehr für sich allein haben. So sucht sie die Aufmerksamkeit der guten Großmama während der Besuche des Kronprinzen dadurch von sich abzulenken, daß sie ihr den Adjutanten Schack auf den Hals schickt. Der muß die alte, sehr redselige Dame unterhalten, während Luise und Friedrich Wilhelm allein im Garten sitzen und ihre Herzen sprechen lassen. Wenn die Großmama beschäftigt ist, sind sie vor »ihren Geschichten und geistvollen Bemerkungen« sicher, »denn«, schreibt Luise später einmal an ihren Mann in humorvoller Laune:»Ich glaube, sie hätte lieber gesehen, daß Du ihr den Hof machtest als mir.«

Je näher sie sich kommen, desto mehr fallen dem Kronprinzen all die kleinen Eigenarten und Schwächen seiner Braut auf, die seinem pedantischen, nüchternen und trockenen Wesen gehörig zuwiderlaufen. Es kommt vor, daß er sich als kleinlicher Zensor aufspielt: Er macht sich über ihren hessischen Akzent lustig und bekundet zuweilen wenig Nachsicht und Verständnis für ihre liebenswürdigen Eigenwilligkeiten. Er wirft der Prinzessin Naschhaftigkeit vor, er bemängelt, daß sie unpünktlich zu Tisch kommt oder zwischen den Mahlzeiten ißt. Ihre Freude an Spiel und Tanz, ihre Art, das Leben leicht zu nehmen, löst bei ihm Stirnrunzeln als Zeichen seines Mißfallens aus.

Luise verspricht Besserung und macht sich doch zugleich über die Strenge lustig. In ihren Bewegungen, in ihrer Art sich zu geben, bleibt trotz aller Anmut und herzgewinnender Liebenswürdigkeit ein Rest kühler, vornehmer Zurückhaltung. Die Monate von August bis November 1793 sind die Zeit der Annäherung und der Vorbereitung. Die Hochzeit soll nach dem Abschluß des Feldzugs stattfinden. Es gibt tausend Dinge zu erledigen. Luise klagt gegenüber Therese: »Ich kaufe unter Führung von Großmama wie eine Verlorene. Und dann die Ängste, die mir das Bezahlen macht! Es ist eine schreckliche Sache, das Heiraten, ich gesteh's.« Die Mitgift – fünfzehntausend Taler – dürfen die Prinzessinnen nach dem ausdrücklichen Willen Friedrich Wilhelms selbst für ihre Ausstattung verwenden. Die Einladungen sind verschickt – alle dürfen mit, an denen Luises Herz hängt: die Großmutter, der Vater und natürlich auch Georg, der Bruder. Ein Glück, daß Luise sich gerade in dieser aufregenden Zeit nicht allein fühlen muß, schließlich steht Friederike vor demselben Schicksal.

Zwischen den Brautleuten ist der Ton bisweilen schon keck. »Ich möchte aber wohl Ihnen einen rechten freundschaftlich dankbaren Kuß auf die Backe drücken, ich glaube, es wäre Ihnen auch wohl nicht unangenehm?« fragt Luise in einem Brief vom 15. Oktober. Und Friedrich Wilhelm antwortet: »Vielen Dank für Ihren recht freundschaftlichen Kuß auf die Backe, ich wünschte auch, ihn erwidern zu können, und zwar durch einen recht herzlichen auf dem Munde.«

Noch immer schreibt der Kronprinz ausführlicher und regelmäßiger als seine quirlige Braut. »Sie sind doch ein reizender Kerl, ein liebenswürdiger Freund«, schreibt Luise am 15. November. »Sie schreiben mir drei Briefe hintereinander, und ich? Ich *little monster* habe ihnen nicht geantwortet. Ich gebe es zu, ich bekenne, ich bereue es und verspreche, diesen ärgerlichen Fall nicht wieder eintreten zu lassen.«

Es ist ganz offensichtlich: In Friedrich Wilhelm haben sich die Gefühle, die sich bisher niemandem zuwenden konnten, angestaut. In Luise haben sie das ideale Objekt gefunden, eine Richtung, ein Ziel. Doch die Braut scheint ängstlicher zu werden, je näher der große Tag rückt. Vielleicht befürchtet sie auch, den Ansprüchen Friedrich Wilhelms nicht zu genügen: »Die Zukunft wird gewiß glücklich sein«, schreibt sie am 22. Oktober, »sicherlich, ich hoffe es ganz gewiß; Sie lieben mich, ich liebe Sie, ein wenig Nachsicht von beiden Seiten, und alles wird gut gehen. Ich habe meine Fehler, die Sie noch zu wenig kennen; deshalb bitte ich Sie im voraus, haben Sie viel Nachsicht mit mir, erwarten Sie nicht zu viel von mir, denn ich bin sehr unvollkommen, sehr jung, ich werde also oft irren. Aber wir werden doch glücklich sein. Ich bin ein wenig kühl von Natur, ich kann es nicht so zeigen, wenn ich jemand liebe, das wissen Sie, aber ich liebe Sie deswegen nicht weniger ... Ich liebe Sie wahrhaft.«

Luise bricht nicht ohne freudige Erregung nach Berlin auf, doch angesichts des nahenden Abschieds von Darmstadt, von ihrer Familie, von ihrer Kindheit, ja von allem, was ihr bisher lieb und teuer war, mischt sich in die Vorfreude immer wieder Bangigkeit. Sie packt ihre kleinen Habseligkeiten zusammen, all die Kindheitserinnerungen, die sie mitnehmen möchte in die ferne Stadt. Was sie in Berlin erwartet, vermag sie nicht zu sagen, nicht einmal zu ahnen. Auch gegenüber Therese gesteht Luise ihre Unsicherheit, ihre Angst ein: »Ich arme Novize werde wie ein Fabeltier in Berlin beobachtet werden. Ich fürchte mich recht vor diesen Beobachtern. Wenige nur werden bloß mit ihren natürlichen Augen eine Person beurteilen, die doch von ganzem Herzen natürlich ist ... Fahrt hin, unschuldige Vergnügungen, Jugend und Fröhlichkeit.«

Am 8. November dieses ereignisreichen Jahres 1793 ist der König von Preußen nach Berlin zurückgekehrt; einen Monat später hat er auch seine Söhne aus dem Feld zurückberufen, damit sie sich auf die bevorstehende Hochzeit vorbereiten können. Der Weg nach Berlin führt die beiden Brüder über Frankfurt, wo sie Ende November Station machen, um die Erwählten ihres Herzens zu besuchen. Nach diesem Zusammensein schreibt Luise ihrem Friedrich Wilhelm einen Brief, der ein erhellendes Licht auf ihr Innenleben wirft: »Ich verspreche mir ein vollkommenes Glück, nicht ein romantisches Glück, aber sicher werden wir so glücklich sein, wie zwei Gatten, die sich lieben, es sein können.«

Friedrich Wilhelm, ein Neuling im Reich der Gefühle, spürt die Nuancen nicht, ist unfähig, zwischen den Zeilen die Angst und Zurückhaltung zu lesen. Er errät die Gedanken nicht, die ein anderes Herz bewegen. Ruhigen Gewissens fährt er nach Berlin, wo sein Vater ihn erwartet. Das dem Zeughaus gegenüberliegende Palais des Kronprinzen ist inzwischen neu ausgestattet und eingerichtet worden.

Alles fiebert dem großen Ereignis entgegen, die Braut aber hat Angst: »Aller Augen warten auf die armselige Luise, wird es da heißen, und schon der Gedanke, so von allem und jedem beobachtet zu werden, ist ganz erschrecklich.«

Bereits am 20. November hatte Friedrich Wilhelm mitgeteilt, der König habe ihm aus Berlin geschrieben: »Ich werde … an die Prinzessinnen schreiben und sie bitten, ihre Einrichtungen so zu treffen, daß sie am 10. nächsten Monats hier sein können … Ich wette, diese Nachricht wird Ihr ganzes Palais in Aufregung versetzen, alle werden ein Geschrei erheben über die Unmöglichkeit dieser plötzlichen Abreise … Herr v. Massow (Hofmarschall) behauptet, unsere Hochzeit wäre ungefähr am 20. Dezember.«

Und tatsächlich läßt sich die Aufregung kaum beschreiben, die das Alte Palais in Darmstadt erfaßt. Hektisch werden die Reisevorbereitungen getroffen: »Unsere Abreise nähert sich mit großen Schritten«, berichtet Luise am 4. Dezember. »Sie werden sicherlich nicht die Unruhe, den Lärm und die Umstände begreifen, die sie verursacht. Die Treppen sind nicht mehr gangbar wegen der Leute, die Kleider, Wäsche, Körbe, Koffer usw. usw. tragen.« Sie macht sich Sorgen über ihre Ausstattung: »Werden Sie es wohl glauben, meine Verlegenheit wegen der Ankunft in Berlin wächst mit jedem Augenblick; deshalb sage ich es Ihnen vorher und bitte Sie, es allen Leuten zu sagen, daß ich ganz einfach bin …«

Prinz Karl von Mecklenburg verläßt Darmstadt mit seinen Töchtern und ihrer Großmutter am 15. Dezember. Sie reisen über Würzburg, Hildburghausen, Weimar, Leipzig und Wittenberg und sind eine Woche unterwegs. Am festgesetzten 21. Dezember erreichen sie Potsdam, wo die glücklichen Prinzen ihre Bräute erwarten.

DER PREUSSISCHE HOF

Was erwartet Luise in Berlin? Sie hat einige Gerüchte und erschreckende Nachrichten über den »liederlichen Hof« gehört. Der Ruf der Berliner Residenz und der Hofgesellschaft läßt ziemlich zu wünschen übrig. Vor allem König Friedrich Wilhelm II. und seine Mätressenwirtschaft stehen im Zentrum allgemeiner Kritik.

Werfen wir einen näheren Blick auf den preußischen Hof Anfang der neunziger Jahre des achtzehnten Jahrhunderts. Noch unter der Regierung Friedrichs II., des »großen Königs«, hat er sich durch Amüsement und Geist ausgezeichnet. Will man dem Bericht eines Zeitgenossen glauben, fehlte es den Empfängen damals nicht an Reiz.

Nach dem Tod Friedrichs II. gibt Preußen sich der Illusion hin, der Geist des großen Königs werde auch seine Nachkommen bestimmen. Das Land ist arm; es ist das ärmste in Europa, aber militärisch so gut gerüstet, daß es den stärksten Mächten Widerstand leisten kann und es auch getan hat. Nun wünscht man ein Nachlassen der Spannung, der Zucht und der Pflicht, die Friedrich II. repräsentiert hat, und erkennt nicht, daß man damit an den Fundamenten des Systems rüttelt. Friedrich Wilhelm II., der Nachfolger Friedrichs II., ist nicht aus dem Holz geschnitzt, das Regiment seines Onkels weiterzuführen. Er ist ein stattlicher, robuster Mann von einer gewissen Unverwüstlichkeit. Leutselig und jovial, schätzt er die eher groben Freuden des Daseins im Übermaß. Metternich nennt ihn 1792 »den wahren Typus eines Königs«. In seiner Art ist er edel geblieben, sein

Blick hat etwas Treuherziges. Sinnlich, fromm und allzu frei, von Begierden getrieben und von Gewissensbissen gequält, abergläubisch und Verführungen leicht erlegen, zu Intrigen neigend, hat er doch Sinn für Moral und Religion.

Nach der Begeisterung für alles Französische, die Friedrich der Große ausstrahlte, findet unter Friedrich Wilhelm II. eine Rückbesinnung auf »deutsche Tugenden« statt. Sein ausschweifender Lebenswandel, der all seine Skepsis gegenüber französischer Lebensart im Grunde Lügen straft, erfaßt auch seine Umgebung. Elisabeth von Braunschweig, seine erste Frau, des vielfältigen Betrogenseins müde, steht an Zügellosigkeit ihrem Mann nichts nach. 1769 wird die Ehe geschieden, der König heiratet eine Prinzessin von Hessen-Darmstadt. Diese Ehe soll nicht viel glücklicher werden als die erste. Zur Geliebten nimmt Friedrich Wilhelm eine gewisse Frau Rietz. Sie wurde geboren als Wilhelmine Enke und ist die Tochter eines kleinen Musikers. Der König macht sie zur Frau seines Kammerdieners Rietz und ernennt sie später zur Gräfin von Lichtenau.

Königin Elisabeth hatte ihrem Mann eine Tochter geschenkt, Friederike, die durch Elisabeth Christine, die Witwe Friedrichs II., erzogen wurde. Bei einem Besuch der Tochter trifft Friedrich Wilhelm eines Tages auf ihre Hofdame, Fräulein von Voß (nicht zu verwechseln mit Sophie von Voß, der Luise zugedachten Oberhofmeisterin). Sie stammt aus einer vornehmen Familie, ist von blasser Hautfarbe und sehr anziehend. Dem König gegenüber trägt sie eine verlogene Schamhaftigkeit zur Schau und verbirgt ihren leichtsinnigen Charakter hinter unschuldigem Getue. Der Widerstand, der ihm so kokett entgegengesetzt wird, reizt den König. Er bestürmt die Dame, stößt jedoch zwei Jahre lang auf ihre entschiedene Weigerung, sich ihm hinzugeben.

Inzwischen ist Friedrich II. gestorben, Friedrich Wilhelm dem Anschein nach völlig von Staatsgeschäften in Anspruch genommen. Seine Leidenschaft vergißt er keineswegs. Er vermacht seiner Tochter Friederike ein Haus, dessen Verwaltung er Fräulein von Voß überträgt. Diese läßt ihn ein weiteres Jahr warten. Sie will ihren Widerstand nur aufgeben, wenn die Königin einwilligt, daß sie den König zur linken Hand heiratet und Frau Rietz verabschiedet wird. Über den letzten Punkt will Friedrich

Wilhelm nichts hören. Dagegen willigt die Königin in die Heirat unter der Bedingung ein, daß keine Scheidung ausgesprochen wird, daß sie die legitime Gemahlin des Königs bleibt und den Titel Königin behält.

Jetzt ist nur noch das Einverständnis der Kirche einzuholen. Die lutherischen Pietisten sind erfinderisch in zweckheiligenden Mitteln. Bigamie scheint das Alte Testament gestattet zu haben. Die Gelehrten stellen fest, daß das Neue Testament »in derselben Angelegenheit nichts verbiete, was durch das Alte Testament gutgeheißen werde«. Und so geschieht es, daß Friedrich Wilhelm 1787 Fräulein von Voß in der Kapelle des Schlosses Charlottenburg heiratet und ihr anschließend den Titel einer Gräfin von Ingenheim verleiht. Als sie 1789 stirbt, trauert ganz Berlin.

Damit schlägt erneut die Stunde der »Dame Rietz«. Über die Herzensneigung des Herrschers zu ihr gerät die deutsche Presse in Aufregung, aber immerhin ist der König bald wieder von seinem Kummer geheilt. Seine Umgebung hat überdies zu seinem Trost ein gewisses Fräulein Henriette von Viereck, eine Freundin des Fräuleins von Voß, ausgewählt. Aber Henriette ist brünett, ohne Ähnlichkeit mit der Verstorbenen, und der trauernde Liebhaber hat das Bedürfnis, das ausgelöschte Bild neu zu beleben. Das verschmähte Fräulein wird später Luises Hofdame werden.

Genau ein Jahr nach dem Tod des Fräulein von Voß wird bei Hof Sophie Julie Reichsgräfin von Dönhoff eingeführt. Sie ist blond und erinnert nicht zuletzt durch ihre Frömmigkeit an die Verstorbene. Eine komplizierte Konstruktion: Der König lebt als Witwer der Frau von Ingenheim von seiner Gemahlin, der Königin, getrennt. Hofprediger Zöllner erhebt keine Einwände, die neue Laune seines Herrschers zu segnen. Sophie Julie von Dönhoff schenkt dem König zwei Kinder. Die Königin empfängt die Frau zur Linken ihres Gemahls.

Auch Wilhelmine Rietz alias Gräfin Lichtenau ist keineswegs abgesetzt. Von ihrem Liebhaber vernachlässigt, von ihrem Mann verschmäht, nimmt sie sich einen Offizier zum Geliebten. Friedrich Wilhelm zeigt sich großmütig und willigt in dessen Beförderung ein. Als Hauptmätresse führt sie weiterhin das Zepter. Auch sie hat von Friedrich Wilhelm mehrere Kinder.

Ohne Zweifel hat der König Gefallen an ehelichen Konflikten. Durch eine geschickt eingeleitete Scheidung kann er sich 1792 von Sophie Julie von Dönhoff befreien. Kaum ist dies gelungen, fällt er vor einem Fräulein von Bethmann, der Tochter eines Frankfurter Bankiers, auf die Knie. Sie läßt ihn bitten und weigert sich mißtrauisch, ihn zu erhören. Und so geht es weiter und weiter ...

Friedrich Wilhelm ist den Frauen hörig, Mätressen gegenüber machtlos. Er ist der Magie zugeneigt und ordnet sich der Staatsraison nur widerwillig unter. Schon als Kronprinz gerät er unter den Einfluß des Intriganten Wöllner, eines Freimaurers, der sich den Rosenkreuzern angeschlossen hat. Schmeichler und Untergebene bilden schließlich eine »Clique« um ihn herum, deren Macht sich über die Armee, die Diplomatie und die Finanzen erstreckt. Sie macht aus dem König einen »aufgeklärten Absolutisten«.

Das hat Folgen: Die öffentliche Meinung revoltiert zunehmend gegen diese beengende Autorität. Die Berliner Gesellschaft aber, die ohnehin schon zu übertriebener Frömmigkeit neigt, wird noch heuchlerischer. Das Ansehen der Krone sinkt rapide. Die Bürokratie verliert die Achtung vor der Disziplin, die Zentralgewalt zersetzt sich.

Auch in politischer Hinsicht ist dies nicht Preußens glanzvollste Zeit. Friedrich Wilhelm weiß mit der Macht, die er durch die Teilung Polens und die damit verbundene Annäherung an Rußland und Österreich gewonnen hat, nicht umzugehen. Er verfügt über eine Armee, über Geld, und er ist begierig nach Ruhm. 1792 schließt er sich dem »Kreuzzug der Könige« gegen die Französische Revolution an. Damit beginnt der Abstieg Preußens.

Von all diesen politischen, gesellschaftlichen und moralischen Veränderungen spürt Luise kaum etwas. Aber sie kennt natürlich die Gerüchte um den preußischen Hof. Für sie ist Berlin ein unbekanntes Terrain, das sie mit der ganzen Unschuld einer Prinzessin aus der Provinz betritt. Ihr Rückhalt ist ihre Familie, ihre Zukunft Friedrich Wilhelm. Worauf sie sich mit ihrer Heirat einläßt, wird sie nicht einmal geahnt haben. Sie ist gespannt, neugierig. Ihr ist bang ums Herz auf der Fahrt nach Berlin.

HOCHZEITSGLOCKEN

Am 21. Dezember treffen die Prinzessinnen in Potsdam ein. Sie haben eine lange Brautfahrt hinter sich, von Aschaffenburg bis Leipzig, wo sie beim abendlichen Besuch des Theaters mit Beifall und Musik empfangen werden. Überall jubelnde Menschenmengen, restlose Begeisterung. »Wenn meine Schwestern nicht so vernünftig wären«, schreibt ihr Bruder Georg, »so hätte ihnen dies wohl schmeicheln können.«

Die mit den preußischen und mecklenburgischen Farben beflaggten Wagen sind am Ziel. Die Potsdamer haben zum Empfang aufwendige Vorbereitungen getroffen: Die Fassaden der Häuser, hinter deren Fenstern sich ungeduldig Neugierige drängen, sind festlich geschmückt. Hörner ertönen, verschiedene Gilden und Vereinigungen der Stadt haben sich erwartungsfroh in Schale geworfen. Eine Reiterschar sprengt den Ankommenden entgegen, und als der königliche Zug in Sichtweite kommt, blasen sechzehn Postillone zum Willkommen.

Schon läßt sich der Wintertag in die Dämmerung fallen. Die Abendschatten haben sich tief gesenkt, als die Prinzessinnen durch einen Triumphbogen in Potsdam einziehen. Auf dem Platz plätschert ein Springbrunnen, Fackellichter werfen ihren Glanz. Ihren Wagen begleiten Husaren in braunem Waffenrock mit umgeschnalltem Säbel. Vivat-Rufe, Fackelzug. »Ein Zulauf von Menschen«, berichtet Georg, »der ungeheuer war, alle Fenster beleuchtet, der Zug nahm kein Ende, und ein Werfen mit Sträußen, daß wir ordentlich in Blumen badeten.« Der Wagen der Prinzessinnen fährt in den Hof des Schlosses ein. An den rauchenden Fackeln züngeln rot und düster die Flammen. Sie spiegeln sich in den Fenstern des dunklen Schlosses. Ein kalter Wind fegt über das Pflaster. Hinter dem geöffneten Portal steigt zu beiden Seiten die geschwungene Marmortreppe empor.

Die diffuse Angst, die Luise im Augenblick ihres Abschieds noch empfunden hat, ist ausgelöscht. Der Kronprinz und Prinz Louis empfangen sie und ihre Schwester Friederike am südlichen Schloßportal, wo auch der neue Hofstaat der beiden Bräute versammelt ist.

Prinzessin Luise nimmt ihren Platz in der Geschichte ein, sie betritt das Schloß, in dem alle Dinge an Friedrich den Großen erinnern, die Möbel, jeder kleinste Gegenstand. Die Holzfeuer, die in den Kaminen brennen, erzeugt Reflexe auf dem blanken Parkett. Beim Vorüberschreiten der Prinzessin verbeugen sich die Uniformierten; die Damen sinken in einen tiefen Hofknicks. Luise schreitet wie im Traum. Das Fourierbuch des Hofmarschallamtes vermerkt: »Unter fröhlichen Scherzen wurde dann von den Brautpaaren das Souper eingenommen.«

Luise bringt neuen Glanz in die Räume des Potsdamer Stadtschlosses, ihre Grazie wird die Hofgesellschaft beeindrucken. Im Widerschein der Spiegel, die ihr schönes Bild zurückwerfen, zieht mit dieser Kronprinzessin eine neue Zeit ein.

An einem kalten, aber sonnigen Wintermorgen, am 22. Dezember 1793, hält Luise in der goldenen Karosse, in der alle preußischen Königsbräute eingeholt werden, Einzug in Berlin. Unter dem Jubel des Volkes führt sie der Festzug in die preußische Hauptstadt. Die Großmutter strahlt vor Stolz und Glück. Friedrich Wilhelm ist seiner Braut vorausgefahren, erwartet sie im Berliner Schloß, vor dessen Toren der königliche Zug enden soll.

Der winterliche Morgen hat die Felder mit Reif überzogen. An den Straßen drängt sich die Menge. Abordnungen und Reiter eskortieren die Prinzessinnen. Eine Farbenpracht in blau, rot, grün, die in den glitzernden Degen und Waffen der Eskorte der goldenen Karosse glänzt.

Auf halbem Weg zur Hauptstadt findet eine Ehrenbezeugung der Kavallerie statt, die mit einer Abteilung der Garde die rechte Seite der Straße flankiert. Weitere Abordnungen sind versammelt, Standarten wehen, Fahnen werden von den Fahnenträgern geschwenkt. Viktor von Massow, der Hofmarschall, hat mit dem Ehrendienst die Oberhofmeisterin Sophie von Voß, die beiden Hofdamen von Viereck und den Kammerherrn von Schilden beauftragt.

Friedrich Wilhelm von Preußen und Luise, Prinzessin von Mecklenburg-Strelitz, als Brautpaar.

Um ein Uhr trifft Luise im Dorf Schöneberg ein, wo sich der Zug formiert: Eine unübersehbare Menge hat sich hier versammelt; in Scharen sind die Berliner der Prinzessin entgegengezogen. Dann erscheint der königliche Wagen; acht Pferde werden angeschirrt, und während dies geschieht, ziehen sämtliche berittenen Abteilungen, je drei Reiter nebeneinander, vorbei, um den Ehrengruß zu entbieten. Einige von ihnen benutzen die Gelegenheit, Glückwunschgedichte zu überreichen. Alle Augen sind auf die beiden Schwestern gerichtet, und die Bewunderung ihrer Anmut ist nicht zu übersehen.

Sechs königliche Postsekretäre an der Spitze von vierzig Postillonen in neuer Diensttracht führen nun den Zug an, dann folgen die Fuhrmannsgilde und die Fleischer Berlins in blauen Röcken, ferner die Schützengilde in grüner Kleidung, ein Zug Berliner Bürger in altdeutscher Rittertracht und die gemischte Gilde der Brauer und Branntweinbrenner in blauer Tracht – eine farbenprächtige Auferstehung des Mittelalters. Während die Gruppen ihre Plätze einnehmen, halten die blau- und mohnfarben gekleideten Meister der drei Kaufmannsgilden, die gezogenen Säbel schwingend, nebst einer Abteilung der königlichen Leibwache die Ordnung aufrecht.

Dann ein Zwischenfall: Hofleute und Bürger streiten sich um die Reihenfolge der Wagen im Zug. Es kommt zu einem heftigen Wortwechsel, der in eine Schlägerei auszuarten droht. Dem Hofzeremoniell zufolge hätten dem Staatswagen mit den Prinzessinnen einige Hofdamen und Kammerherren voranfahren sollen. Die Bürger protestieren gegen diese Regel, weil dies den Anschein erwecke, der feierliche Zug gelte den Hofdamen und Kammerherren. Sie schlagen vor, daß der Staatswagen voranfahren soll, und wollen nicht nachgeben. Hofmarschall von Massow schlichtet den Streit, indem er die Edelleute dazu bewegt, nachzugeben und von dieser alten Förmlichkeit abzusehen.

Die Reiterei setzt sich an die Spitze. Die Menge stürzt nach vorn, es gibt kein Halten mehr. Patriotische Gedichte werden aufgesagt, Huldigungen angestimmt. Luise lächelt und findet Worte, die ihr schon jetzt die Liebe aller eintragen.

Die Prinzessinnen sitzen mit Oberhofmeisterin von Voß und Gräfin Brühl im sechsspännigen Staatswagen, auf den unmittelbar zwei vierspännige Familienwagen folgen. Im ersten fahren Prinz Karl von Mecklenburg und Prinzessin Georg, im folgenden sitzt Prinz Georg, der vierzehnjährige Bruder der Prinzessinnen, mit den Kammerherren.

Als Luise in Berlin Einzug hält, sieht die Stadt selbstverständlich ganz anders aus als heute. Friedrich der Große hatte den Ehrgeiz, dem raschen Wachstum des Reiches durch eine rege Bautätigkeit in seiner Hauptstadt Ausdruck zu verleihen. Preußen war im Begriff, sich als europäische Großmacht zu etablieren, und das sollte sich in den Bauten Berlins niederschlagen. An der Leipziger Straße und an den Linden ließ der König viergeschossige Wohnhäuser errichten, an denen das Prächtigste die Fassade ist. Schon in den achtziger Jahren droht bei einigen die Rückfront einzustürzen. Bei Luises Einzug zählt die Stadt hundertsechzigtausend Einwohner, von denen zum Empfang der künftigen Kronprinzessin die meisten auf den Beinen sind; dazu kommen noch ungezählte schaulustige Fremde. Auffallend breit sind die Straßen. Verglichen mit dem kleinen Darmstadt müssen sie Luise schön und elegant vorgekommen sein. Der Bau des Brandenburger Tores hatte drei Jahre in Anspruch genommen und war soeben vollendet worden. Die sechs dorischen Säulen und das kunstvolle Gebälk erglänzen noch im Weiß des frisch gehauenen Steins; an der Quadriga, die das Bauwerk krönen soll, arbeitet der Bildhauer Johann Gottfried Schadow noch.

Der Zug hat das Potsdamer Tor erreicht, wo der Magistrat und der Bürgermeister von Berlin Luise willkommen heißen. Dann zieht er durch die Hauptstadt, vorbei an den zur Parade angetretenen Truppen, durch ein Meer von wehenden Fahnen und unter klingendem Spiel. Die Karossen drängen sich durch die Flut der Neugierigen. Der Zug bewegt sich nur langsam durch die Leipziger- und die Wilhelmstraße, die als die vornehmste Straße Berlins gilt. Inzwischen haben sich auch vier Abteilungen der bewaffneten Bürgerwehr, die zunächst ein Spalier gebildet und mit Trommeln, Trompeten und Flaggen den Ehrengruß entboten hatten, dem Zug angeschlossen.

Die Wilhelmstraße kann den Andrang kaum fassen. Nur mühsam können die Menschenmassen von den zweiundzwanzig Kompanien der Bürgergarde zurückgedrängt werden. Am Ende der Wilhelmstraße machen die Wagen vor dem Brandenburger Tor einen Schwenk und fahren über die Linden unter dem Jubel von zehntausenden in Richtung auf das Schloß. Fast am Ende der Allee hat man einen Triumphbau in großartigem Maßstab errichtet: Die Vorderansicht zeigt zwei Prachttore, ein größeres in der Mitte, je zwei kleinere an den Seiten. Dreißig Meter ist er hoch, fünfzehn Meter breit. Im mittleren der drei Portale hängt ein Brautkranz aus frischen Myrten. Die Säulen sind mit Waldbaumrinde und Immergrün bedeckt, alles ist beflaggt, mit symbolischen Figuren verziert und ungeachtet der winterlichen Jahreszeit mit reichem Blumenschmuck ausgestattet – ein Meisterwerk patriotischer Floristik. Dies ist der Platz, den man für den Empfang der Prinzessinnen bestimmt hat. Weiter oben steht das große, alte Zeughaus, ein massiges Gebäude mit kunstvollem Fassadenschmuck, und gegenüber das Kronprinzenpalais, Luises künftiges Heim. Dahinter liegt jenseits der Brücke über den Spreekanal das Stadtschloß, in dem der König residiert. Der von Friedrich dem Großen erbaute Dom am Lustgarten ist vorn vom Zeughaus verdeckt, das sich so der anziehendsten Aussicht auf die Stadt in den Weg stellt.

Noch immer bewegt sich der Zug nur langsam vorwärts, doch endlich kommt er in Sicht und der Staatswagen fährt am Triumphbogen vor. Ein kleiner Knabe tritt heran, um ein Gedicht vorzutragen; er gehört zu einer Schar von Waisenkindern aus der Wohltätigkeitsanstalt der Berliner französischen Kolonie. So wird Luise bei ihrer Ankunft in der preußischen Hauptstadt zuallererst von einem französisch vorgetragenen Gedicht willkommen geheißen.

Dann überreicht ein Mädchen, eine kleine Bürgerstochter, der Braut eine blühende Myrtenkrone und trägt ebenfalls ein Gedicht vor. Die Kleine sieht so niedlich aus und spricht so unbefangen und rührend, daß Luise sich spontan bückt, um das Kind zu küssen während sie die Blumen aus seiner Hand entgegennimmt. Die Geste wird bejubelt, nur Sophie von Voß, die Oberhofmeisterin und Hüterin des Hofzeremoniells, hat so etwas von eklatanter Verletzung der Regeln noch nicht erlebt und empört sich:»Gütiger Himmel!«, ruft sie aus,»das ist ja gegen alle Etikette!« Luise erschrickt über diesen Vorwurf, doch beeindrucken läßt sie sich nicht:»Wie?« fragt sie einfach und unbefangen,»darf ich das nicht mehr tun?« Ihr Lächeln verrät, daß sie wohl das Recht zu dieser Geste habe und keine Vorwürfe verdiene. Das Blumenkind und die Prinzessin, die sich hinabbeugt, um es zu küssen, das ist eine der beliebtesten Szenen der Luisen-Legende, oft beschrieben und gemalt, gezeichnet und lithographiert.

Einzug der Prinzessin Luise in Berlin am 22. Dezember 1793. Begrüßung an der Ehrenpforte. Gemälde von Wilhelm Amberg.

Endlich setzt sich der feierliche Zug wieder in Bewegung, zwischen zwei Reihen bannerschwenkender Berliner Gilden in festlicher Tracht. Die Oper kommt in Sicht, auf deren Stufen sich eine dichte Menschenmenge drängt, und dann endlich ist man am Schloß.

Die Hufe des Gespanns klappern auf dem Steinpflaster. Das Tor öffnet sich. An diesem Hof, denkt Luise, werde ich mich unterhalten, tanzen, Erfolge feiern ...

Die Prinzessinnen werden vom König und von den Prinzen empfangen. König Friedrich Wilhelm II., der den Zug von einem Fenster des Schlosses aus beobachtet hat, zeigt vollste Befriedigung. Die Disziplin und Begeisterung, die Berlin gezeigt hat, erfüllen ihn mit Stolz. Obwohl die Menschenmenge unüberschaubar scheint, kommt es in dem Gedränge von Menschen, Pferden und Wagen zu keinem Unfall und keiner Störung. Der König wird der Berliner Bürgerschaft schriftlich seine Anerkennung aussprechen; seinem Kabinettssekretär schärft er ein:»Es muß darin gesagt sein, daß ich die Ordnung bewundert habe.«

Der König und seine beiden Söhne führen die Prinzessinnen zu der regierenden Königin und zur Königin-Witwe. Die Etikette feiert Triumphe. Sophie von Voß ist in ihrem Element. Luise und Friederike werden vorgestellt, worauf bei der regierenden Königin Friederike Cour stattfindet. Man sagt, sie hätte lieber ihre Nichten, die Prinzessinnen von Baden oder Homburg, als Schwiegertöchter begrüßt und sei über die Wahl ihrer Söhne nicht besonders erfreut gewesen. Gegen Luise zeigt sie sich schlecht gelaunt. Als die Kronprinzessin arglos die Höflinge begrüßt, die an ihr vorbeischreiten, weist ihre Schwiegermutter sie ziemlich spitz zurecht:»Wenn bei mir Cour ist, so gilt diese Cour nur mir, und ich allein habe zu grüßen.«

Der Hof begibt sich anschließend in das Gemach, das die betagte Witwe Friedrichs des Großen bewohnt. Mehr als sechzig Jahre sind vergangen, seit Elisabeth Christine selbst das Brautkleid getragen hat. Bei der Erinnerung an diesen Tag dürften ihr trübe Gedanken durch den Kopf gegangen sein, denn nur wenige ihrer Hoffnungen haben sich erfüllt. Gleichwohl hat die verwitwete Königin die Einladung angenommen, die Hochzeit mit ihrer Gegenwart zu beehren.

Die feierliche Vermählung des Kronprinzen von Preußen und der Prinzessin von Mecklenburg-Strelitz findet am Tag nach ihrem Einzug statt, am Weihnachtsabend des Jahres 1793. Ganz Berlin will dabei sein. Der König hat bestimmt, möglichst viele Karten an das Volk zu verteilen und ihm so Zugang zu der »Familienfeier« zu gewähren. Die hohen Beamten aber haben die Einladungen zu hohen Preisen angekauft und suchen nun den Glanz der Feierlichkeit noch zu steigern, indem sie in großer Zahl in Uniform erscheinen. Das erregt das Mißfallen des Königs, und er äußert sehr deutlich seinen Unwillen: »Seht wohl nicht genug gestickte Kragen um euch? Ich will auch bürgerliche Hochzeitskleider sehen. Übermorgen zur Hochzeit des Prinzen Louis mit Friederike werden keine Karten ausgegeben und alle zugelassen, die einen ganzen Rock anhaben.«

Gegen sechs Uhr am Abend versammeln sich die königliche Familie und die Hofgesellschaft in den Gemächern der Königin. Luise wird die diamantene Krone der Hohenzollern aufs Haupt gesetzt. Der König geleitet sie dann, während die regierende Königin den Arm eines der Prinzen nimmt, in den Weißen Saal, in dessen Mitte sich der Altar erhebt.

Die Trauung wird nach den traditionellen, altüberlieferten Zeremonien stattfinden. Der Kronprinz ist trotz seines kühlen und ernsten Wesens so von seinem Glück beseelt, daß man es ihm ansieht. Seine Braut sieht entzückend aus. »Niemals«, beschwört Prinzessin Luise Radziwill die Erinnerung an diesen Tag, »niemals sah ich vorher und auch niemals nachher ein so entzückendes Wesen wie die Kronprinzessin. Von regelmäßiger und edler Schönheit, verband sie mit dem reizenden Antlitz einen Ausdruck von Sanftmut und Bescheidenheit, der ihr alle Herzen gewann. Ihre Schwester war auch reizend, anmutig, elegant, ihre Arme waren bewundernswert, ihre Farbe sehr schön; aber ihre Züge waren denen ihrer Schwester nicht zu vergleichen ... Friederike erschien sicherer und gewandter im Auftreten und in der Unterhaltung, aber die Ältere ... hatte eine schüchterne Miene, die ihren Reiz noch erhöhte.« Auch Achim von Arnim, der romantische Dichter, schwärmt, er werde nie den Anblick vergessen, »wie sie gesenkten Hauptes im Glanze ihrer Schönheit langsam durch die gedrängten Säle schritt.«

Ein Berichterstatter schildert den festlichen Einzug in den Saal in einer Berliner Zeitung:»Ich war Augenzeuge, wie sich die königliche Familie in feierlichem Aufzug durch eine Galerie nach dem weißen Saale begab. Zuerst erschien eine Hofdame, ein Zeichen, daß der Hof nahte, und bald darauf der Zug selbst in zwei Reihen, die Prinzen in glänzenden Gewändern auf der einen, die Prinzessinnen mit ihren Schleppenträgern und übrigem Gefolge auf der anderen Seite. Die Braut sah bezaubernd aus und schien voll Anmut und Güte. Indem sie sich nach allen Seiten verneigte, überflog ihr klares, verständiges Auge die Menge mit lieblichem Lächeln und ruhte mit dem Ausdruck vertrauensvoller Liebe auf ihrem Verlobten. Derselbe schritt in seiner innerlichen Bewegung sehr rasch vorwärts, zu schnell für die Regeln des Hofes. ›Doucement‹, flüsterten die Damen, welche die lange Schleppe trugen. ›Doucement – lentement‹, sagte der Oberstkämmerer, als er bemerkte, daß es der Königin nicht leicht wurde, gleichen Schritt zu halten.«

Der Weiße Saal ist für die Feier festlich geschmückt worden. Er ist ein sehr geräumiger und prächtiger, vollständig in Weiß und Silber gehaltener Raum, der von Spiegeln und Glasleuchtern erglänzt. Die für das Orchester bestimmte Galerie bestand ursprünglich aus reinem Silber; als jedoch Friedrich der Große Geldmittel für den Siebenjährigen Krieg benötigte, ließ er kurzerhand das Silber einschmelzen und die Galerie versilbern.

In der Mitte des Saales wölbt sich an diesem Tag ein mit goldenen Kronen bestickter karmesinroter Thronhimmel über einem mit Purpursamt bedeckten Tisch, vor dem sich die königliche Familie nun im Halbkreis aufstellt. Der evangelisch-reformierte Oberhofprediger, Konsistorialrat Sack, der den Kronprinzen konfirmiert und ihm das erste Abendmahl gereicht hat, hält die feierliche Ansprache an das junge Paar:»Wohl uns, wohl dem Vaterland und auch Ihnen, durchlauchtigste Prinzessin! Dieses Herz, das Ihnen jetzt vor dem Altar seine Liebe und Treue schwört, dieses Herz liebt Gott und ehrt Gerechtigkeit und Tugend. Sie sind von der Vorsehung auserwählt, es zu beglücken, und Ihr schöner Beruf ist es, in demselben die sanfte Flamme zärtlicher Empfindungen zu unterhalten, die das Furchtbare der Heldentugenden mildert, und die, da sie selbst

Liebe ist, auch Liebe erzeugt. Von Eurer Königlichen Hoheit erwartet der Prinz, für den Sie zu leben angeloben, was Würde und Macht ihm nicht geben können – das heilige Glück der Freundschaft; von Ihnen der Hof und das Vaterland ein neues leuchtendes Vorbild ...«

In diesem hochgestimmten Ton geht es steif und feierlich weiter. Schmucklos steht der Prediger in seinem dunklen Talar in der glänzenden Pracht des Saales und gibt hohle Worte von sich. Die Gemeinde sagt »Amen«.

Große Erwartungen also an Luise, die mädchenhafte Braut. Sie wird die Worte des Oberhofpredigers wohl in einer Mischung aus Ergriffenheit und Furcht vernommen haben. Der Augenzeuge notiert: »Die Prinzessin sah nicht weniger schön, auch nicht weniger glücklich aus, als sich ihre Augen mit Tränen füllten.«

Friedrich Wilhelm und Luise wechseln die Verlobungsringe und werden gemäß dem Ritus der reformierten Kirche getraut. »Nachdem sie den Segen erhalten, knieten sie noch, als der erste Kanonenschuß die vollzogene Vermählung als nationales Ereignis verkündete. Beim Verlassen des Saales blickt die Prinzessin nicht ein einziges Mal mehr zu dem Volke auf, welches sich umsomehr zu ihr hingezogen fühlte, da es sah, wie in jenem Augenblicke ihr einziger Gedanke dem Gatten galt. Der Kronprinz sah sehr heiter aus, und der König schien ganz glücklich. Die Königin war schmerzlich erregt und hielt beständig ihren Fächer empor, um ihre Tränen zu verbergen.«

Nach der Trauung folgt ein Intermezzo, das uns heute seltsam erscheinen mag: Die Gesellschaft setzt sich an Kartentischen nieder, zu »Reversi«, einem alten Spiel, das seinerzeit am Hof Ludwigs XIV. gespielt wurde. »Das neuvermählte Paar und andere junge Leute schenkten dem Spiele wenig Aufmerksamkeit und ließen ihre Gedanken weit von den Karten abschweifen. Auch die Königin-Witwe und die Hofdamen, welche hinter den Stühlen ihrer Majestäten und der Braut standen, müssen es sehr langweilig und ermüdend gefunden haben. Die anderen Hofdamen und Höflinge warteten im Vorzimmer. Auch sie waren den Blicken einer neugierigen Menge ausgesetzt. Die ganze Gesellschaft muß sich erleichtert gefühlt haben, als die

Stunde kam, sich an die Festtafel zu begeben. Köstliche Musik ertönte aus dem Rittersaale, aber ich begann mir einen Weg nach der Silbergalerie zu bahnen, welche einen Überblick über den weißen Saal gewährte, da ich mir den Fackeltanz ansehen wollte.«

Der Fackeltanz, das wird der Höhepunkt des Abends sein. Zunächst aber findet im Rittersaal die Hochzeitstafel, ein großes Bankett, statt, bei dem nach überlieferter Sitte die Generäle und Grafen Brühl und von der Marwitz die Speisen auftragen und Kammerherren und Hofdamen bei Tisch bedienen, bis die königliche Familie den ersten Trunk nimmt. Dabei ereignet sich ein Vorfall, der ein bezeichnendes Licht auf die Einstellung Friedrich Wilhelms wirft: Sobald er sich zur Tafel gesetzt hat, befiehlt er dem aufwartenden Hofmarschall, der sich hinter den Stuhl des Kronprinzen gestellt hatte: »Gehen Sie zu Tisch!«

»Ich kann nicht, Eure Königliche Hoheit«, entgegnet dieser, »heute erfordert es die Etikette, daß ich Sie bediene.«

»Nun, wie lange währt es denn?«

»Bis Eure Königliche Hoheit getrunken haben.«

Der Kronprinz nimmt ein Wasserglas, trinkt und sagt: »So gehen Sie denn, ich habe getrunken.«

Dann ziehen sich die Höflinge an die Marschalltafel zurück, um dort ebenfalls zu speisen. König und Königin, Braut und Bräutigam sitzen unter einem rotsamtenen, goldbestickten Baldachin. Die Minister, Generäle und Adligen nehmen an den Tafeln in den angrenzenden fünf Gemächern Platz. Musik spielt auf, während man das Festmahl genießt. Doch die Festgesellschaft, vor allem die jüngeren Mitglieder, erwarten die Abendunterhaltung mit solcher Ungeduld, daß in weniger als einer Stunde alle Tische verlassen sind.

Nach den Spiel- und Tafelfreuden kehrt die Hochzeitsgesellschaft in den Weißen Saal zurück. Draußen marschiert unter den Klängen eines vom Musikmeister der Garde komponierten Festmarsches ein Fackelzug vorbei.

Endlich wird der Ball mit dem traditionellen Fackeltanz eröffnet, eine Tradition, die sich nur am preußischen Hof erhalten hat und nur bei königlichen Hochzeiten zum Leben erweckt wird.

Luise wird nun Zeugin und Akteurin dieses archaischen Rituals: Die Hofgesellschaft nimmt im Halbkreis ihre Plätze ein, während der König im Mittelpunkt auf dem Thron sitzt. Bunt gekleidete Edelknaben überreichen den Staatsministern Lichter, als Trommelwirbel und Trompetenklänge den Beginn des Fackeltanzes verkünden. Auf ein Zeichen des Oberstkämmerers bewegen sich achtzehn Minister gemessenen Schrittes paarweise vorwärts, jeder eine Kerze in der Hand, welche die Fackel des Mittelalters darstellt, ein Symbol der Ehe. Den Ministern folgt das Brautpaar und sein glänzender Hofstaat. Als der Kronprinz und die Kronprinzessin vor den Thron treten und sich vor dem König verneigen, erhebt sich Seine Majestät und nimmt die Hand der Braut, während der Kronprinz die beiden Königinnen führt. In abgemessenem Schritt, im Takt der langsamen, aber lauten und kriegerischen Musik, bewegen sie sich durch den Kreis, der von einem goldenen Seil, das die Edelknaben halten, umspannt ist.

Nachdem der König seinen Thron wieder eingenommen hat, führt die Braut – »errötend und etwas außer Fassung« – den feierlichen Aufzug mehrere Male im Kreis herum: Jeder der königlichen Prinzen hat die Ehre, sie zu geleiten, während der Bräutigam nacheinander alle Prinzessinnen auffordert. Alle verneigen sich tief vor dem König und der Königin, wenn sie am Thron vorbeischreiten.

Es ist ein prächtiges Schauspiel. Die Damen tragen hohe Federn, die gewöhnlich über der Stirn mit einer großen Schleife oder Brosche an dem um das Haupt gelegten Samt-, Seiden- oder Juwelenband befestigt sind. Die Mieder sind sehr eng und die Schleppen so lang, daß jeweils vier bis fünf Schleppenträger nötig sind. Die Schleppe der Braut wird von Ehrendamen getragen, die der anderen von Edelknaben. Luise trägt ein vollständig mit Silber durchwirktes, sonst aber recht schlichtes Kleid – nur der Überwurf erglänzt von Diamanten. Die Kleider, Federn und Schleppen zeigen in Farbe und Stoff eine märchenhafte Vielfalt; viele sind reich mit Gold und Silber bestickt. Die Herren tragen damals noch lange, bestickte Röcke mit Spitzenkrausen; blitzende Schnallen schmücken das Knie und die Schuhe. Der Stülphut ist unerläßlich und wird in geschlossenen Räumen unter dem Arm getragen. Im übrigen erscheinen sowohl Damen als auch Herren mit weißgepudertem Haar.

Endlich ist der Fackeltanz zu Ende, die Minister übergeben die Kerzen den Edelknaben, die dem Brautpaar, den nächsten Verwandten und einem ausgewählten Gefolge zu den im Königspalast vorbereiteten Privatgemächern voranleuchten. Die im Saal zurückbleibenden Gäste belustigen sich noch mit einigen munteren Tänzen.

Erst nachdem die Neuvermählten in ihre Privatgemächer geleitet worden sind und die Oberhofmeisterin erscheint, um den Zeugen der Hochzeitsfeier das bewußte Stück Strumpfband der Kronprinzessin – als Symbol ihrer »Hingabe«! – zu zeigen, ziehen sich die Gäste zurück. Die erschöpfte Oberhofmeisterin Sophie von Voß notiert in ihr Tagebuch:»Ich stand sechs Stunden lang, von 6 bis 12 Uhr, auf meinen Füßen, ohne mich zu setzen, und war todmüde, als ich endlich um 1 Uhr nachts nach Hause kam.«

Die Bürger von Berlin hätten am Hochzeitsabend des Kronprinzen die Stadt gern festlich beleuchtet. Friedrich Wilhelm aber lehnt die beliebte Illumination ab:»Wird mich mehr freuen, wenn bemittelte Personen das, was sie etwa zu einer Illumination bestimmt haben, zur Unterstützung für die Witwen und Waisen der im Kriege Gebliebenen verwenden.« Und so geschieht es. Der Hof selbst beteiligt sich an der Spende, und die Einnahme der Vorstellung im Hoftheater wird ebenfalls dem guten Zweck zugeführt.

Als am folgenden Tag – es ist Weihnachten – die Sonne aufgeht, herrscht schon früh reges Treiben in Berlin, denn am Morgen dieses Festtages begeben sich der Kronprinz und die Kronprinzessin in Begleitung ihrer Verwandten mit großem Gepränge zur Domkirche, von wo aus der Kronprinz seine Luise in sein eigenes Palais Unter den Linden, gegenüber dem Zeughaus, heimführt. Der kleinere Palast des Prinzen Louis ist dem des älteren Bruders benachbart, nur getrennt durch die Oberwallstraße. Über einen Bogendurchgang im Obergeschoß gelangt man von einem Palast in den anderen.

Ach ja, beinahe hätten wir das zweite Brautpaar, Friederike und Louis, vergessen. Ihre Vermählung findet am nächsten Tag,

am 26. Dezember 1793, statt. Die Braut trägt ein silberdurch-
wirktes Seidenkleid mit reicher Stickerei. Auch die meisten
Damen strahlen in mit Gold und Silber bestickten Kleidern,
während die Herren entweder Militäruniformen oder ebenfalls
mit Gold und Silber verzierte Röcke tragen.

*Louis von Preußen und Friederike, Prinzessin von Mecklenburg-Strelitz,
als Brautpaar.*

Bei der Trauung in den großen Räumen neben dem Rittersaal
ist auch die Bevölkerung dabei, hat doch der König ausdrücklich befohlen es werden »alle zugelassen, die einen ganzen Rock
anhaben«. In großer Zahl haben sich die Menschen versammelt, um die junge Kronprinzessin und ihre Schwester zu
bewundern.

Dabei kommt der König mit seiner großen breiten Gestalt,
die mit den Jahren immer mehr an Fülle gewonnen hat, beinahe in Bedrängnis, so dicht ist die Menschenmenge, durch die
er sich mit seiner Dame, der Witwe Friedrichs des Großen, mühsam einen Weg bahnen muß: »Laßt euch nicht behindern, Kin-

der«, ruft er den Bürgern gut gelaunt zu, »der Hochzeitsvater darf sich heute nicht breiter machen als die Brautleute.«

Der großartige Maskenball im Opernhaus ist ein weiterer Höhepunkt der zahlreichen Feste, die rund um diese beiden Hochzeiten gefeiert werden. Um den Raum zu vergrößern, hat man das Parterre, wo sonst die Zuschauer sitzen, mit Brettern bedeckt. Von den Logen aus verfolgt ein glänzendes Publikum die heiteren Stücke und Quadrillen, die hier aufgeführt werden.

Luise und ihre Schwester tanzen den bis dahin am preußischen Hof streng verpönten Walzer, und sie tanzen ihn mit der ganzen Anmut und Grazie ihrer Jugend. Der König und alle Herren sind entzückt. Nur die Königin ist empört über die »Indezenz« eines solchen Tanzes, besonders wohl, weil ihn ausgerechnet ihre Schwiegertöchter am Hofe einführen. Sie verbietet ihrer Tochter aufs strengste, Walzer zu tanzen, und wendet sich voll Abscheu um, damit sie nicht sehen muß, wie die anderen »walzen«.

Die Feste zu Ehren der beiden Paare dauern bis Neujahr 1794 und hinterlassen in Berlin eine unauslöschliche Erinnerung. Luise schreibt zwei Jahre später an ihren Bruder Georg: »Erinnerst Du Dich noch der Feier des heutigen Tages, wie bange wohl mir das Herz pochte, als ich den Toren Berlins näherkam und alle die Freuden- und Ehrenbezeigungen empfing, die ich dazumal noch nicht verdiente als durch den festen Vorsatz, alles Mögliche zu tun, meinen zukünftigen Mann recht fröhlich und wo möglich glücklich zu machen, und dadurch den Beifall des guten Volkes zu verdienen. Ja, bester Freund, es war eine feierliche Stunde für mich, in der ich Berlins Einwohnerin ward.«

KRITISCHE FLITTERWOCHEN

Nach den Hochzeitsfeierlichkeiten schreibt Sophie von Voß
enthusiastisch in ihr Tagebuch: »Die Prinzessin ist wirklich
anbetungswürdig, so gut und so reizend zugleich, und der Kronprinz ist ein so redlicher, vortrefflicher Mann, daß man ihm das
seltene Glück einer solchen Ehe, den Besitz eines solchen
Engels innig gönnt. Als die Zeit der großen Hoffeste vorbei war,
gestaltete sich das Leben an unserem Hof so gemütlich, wie der
Kronprinz es liebte; selbst während des Karnevals wurden nur
die Cour-Tage bei den beiden Königinnen eingehalten, im übrigen lebten die jungen Herrschaften häuslich und glücklich für
sich. Prinz Louis und seine Gemahlin wohnten in dem kleinen
Palais, neben dem unsrigen, und lebten im zärtlichsten Verein
mit ihren älteren Geschwistern; bald waren wir drüben bei
ihnen, oder sie bei uns, aber immer war man beisammen.«

Dieser Tagebucheintrag hat mit der Realität nur am Rande zu
tun. Die ersten gemeinsamen Wochen des Kronprinzenpaares
sind keineswegs so konfliktfrei, häuslich und glücklich, wie die
Oberhofmeisterin es wahrzunehmen glaubt. Im Gegenteil: Die
Flitterwochen werden zu einer kritischen Zeit, ja zu einer Art
Bewährungsprobe für das junge Glück.

Friedrich Wilhelm bringt seiner jungen Frau alle Rücksichten
entgegen, deren ein Mann seiner Zeit der eigenen Frau gegenüber fähig ist. Von ihrer Schönheit ist er leidenschaftlich hingerissen. Und sofort redet er sie mit »Du« an – und scheut sich in
keiner Weise, damit sogar einen kleinen Skandal am Hof zu
erregen. Seinem Vater, der ihn darauf aufmerksam macht, daß

es gegen die Etikette verstoße, antwortet er:»Ich habe die besten Gründe, so zu handeln. Mit dem ›du‹ weiß man immer, woran man ist; das ›Sie‹ stellt ständig die Frage: muß man es mit einem großen oder kleinen Buchstaben schreiben?«

Es scheint so, als lasse sich die Kronprinzessin von ihrem Gemahl erziehen. Mit den zurückhaltenden Gefühlen Friedrich Wilhelms kann Luise jedoch wenig anfangen. Trotz aller Zuneigung und Liebe scheint es ihm nicht gegeben, seine Zärtlichkeit in so reichem Maße zu zeigen, wie es die warmherzige Luise ersehnt. So fühlt sie sich in der ersten Zeit trotz all der Feste und Vergnügungen innerlich schrecklich einsam. Dieses Gefühl des Verlassenseins kommt besonders in einem Brief an den Bruder Georg zum Ausdruck, den sie diesem kurz nach der Abreise aller Verwandten aus Berlin am 14. Februar 1794 – also sechs Wochen nach ihrer Hochzeit – schreibt:

»Nichts kommt dem Schmerz gleich, den Deine Trennung meinem Herzen verursacht. Ich kann mich nicht in den Gedanken finden, daß ich von Dir so weit entfernt leben muß, und dennoch zwingt mich die Wirklichkeit dazu, die mich denn auch alle Bitterkeit dieses Gedankens empfinden läßt. Die Leere in meinem Hause ist wirklich unbeschreiblich, und besonders die Frühstücksstunde ist für mich ganz schrecklich. So ganz allein sitze ich denn da an meinem Fenster, bin aller angenehmen Unterhaltung mit Dir, bester George, beraubt und beschäftige mich allein mit dem Gedanken, wo meine lieben Reisenden sein werden, und alsdann erfolgen tausend heiße Wünsche für Euer Glück, Ruhe und Zufriedenheit. Gestern war ein harter Tag für mich; ich war über alle Beschreibung melancholisch und traurig, kein Mensch von meiner Gesellschaft war heiter, und keiner hatte das Herz, aus Schonung für mich, viel zu sprechen, so daß das Mittagessen in tödlichster Stille vorbeiging. In dem Augenblick, als wir uns setzten, glaubte ich von Tränen erstickt zu werden, wie ich niemand von meinen Verwandten erblickte; ich mußte sie aber ersticken, weil Tränen öfters anders ausgelegt werden können. Genug hiervon, sonst fange ich wieder an zu brüllen, und das wäre sehr zur Unzeit.«

Da ihr Gemüt »zur tiefsten Trauer gesinnt« ist, kann sie auch die zahllosen Zerstreuungen nicht richtig genießen.»Wenn ich zu wählen hätte, ich hungerte lieber den ganzen Tag und bliebe, so, wie ich jetzt bin, ruhig und still in meinem kleinen Kabinettchen und schriebe Dir in einem weg, wenn auch ein Lötchen Unsinn dann mit untermischt würde, so wüßte ich gewiß, daß Dein Herz die Absicht und die Empfindungen ... nicht verkennen würde ... Lieber, bester Junge, ich drücke Dich herzlich in Gedanken an mein trauriges Herz und versichere Dich, daß ich Dich mehr liebe als mein Leben.«

Man spürt deutlich, wie wenig Luise sich bisher eingelebt hat, in ihrer Ehe und am Hof. König Friedrich Wilhelm II., der seine Schwiegertochter sehr liebt, hat für sie das Kronprinzenpalais einrichten lassen, fünfundzwanzig Zimmer, von denen zehn für den Privatgebrauch des jungen Paares bestimmt sind. Doch die Kronprinzessin kommt sich in den weiten, ziemlich kahlen und spärlich ausgestatteten Räumen noch sehr verlassen vor. Nur ihr Schreib-, Schlaf- und Ankleidezimmer ist einigermaßen gemütlich. Hier hält sie sich daher am liebsten auf.

Bisweilen wird sie zur regierenden Königin gerufen, der sie bei Tisch Gesellschaft leisten muß; der König dagegen erscheint höchst selten an der Tafel seiner Frau. Diese Mahlzeiten sind durchaus nicht nach Luises Geschmack, denn die Königin hat für ihre Schwiegertochter anfangs wenig übrig, und auch Luises Sympathien für die Königin halten sich in Grenzen. Später soll sich ihr Verhältnis etwas freundlicher gestalten, obwohl Luise stets die Sonntage und Donnerstage fürchtet, an denen die Königin in Monbijou Cour hält. Bei derartigen Gelegenheiten muß sie sich Zwang antun, denn sie sind zum Sterben steif und langweilig, weil die Königin sich an die Etikette klammert und sehr altmodisch ist. Auch die Empfänge der bereits etwas wunderlichen Königin-Witwe – jeweils am Mittwoch – sind kaum vergnüglicher.

Es muß für die junge Kronprinzessin nicht leicht gewesen sein, sich in diese Welt zu finden. Weder in der Ehe Friedrichs des Großen noch in der Friedrich Wilhelms II. herrschten »geregelte Verhältnisse«, vielmehr sind Eifersuchts- und Skandalszenen besonders in der Umgebung des Königs an der Tagesordnung. Der König und die Königin führen getrennte

Hofhaltungen, und es herrscht zwischen ihnen ein strenges Zeremoniell. Luises Schwiegervater hat unzählige Mätressen, und wenn auch nicht alle Mätressen zugleich in der Nähe des Königs leben, so erscheint hin und wieder eine, um eine Szene zu machen.

Eines Tages wird ein Konzert im Marmorpalais von Sanssouci, dem der König und – wie immer – Madame Rietz und ihre Tochter beiwohnen, abrupt unterbrochen, weil plötzlich die Türen aufgerissen werden und Gräfin Dönhoff mit ihren beiden Kindern im Salon erscheint. Sie will sich mit Friedrich Wilhelm II. wieder aussöhnen. Alle Anwesenden sind wie vom Donner gerührt, als sich die aufgeregte Frau mit ihren Kindern dem König zu Füßen wirft und ihm vor aller Augen die fürchterlichste Szene macht. Er ist in höchster Verlegenheit und hat die größte Mühe, die aufgebrachte Frau in ein Nebengemach geleiten zu lassen. Über den kühlen Empfang gerät Gräfin Dönhoff dann so außer sich, daß sie nichts mehr von ihren Kindern wissen will, sie dem König in die Arme wirft, wütend hinausstürmt, ihren Wagen besteigt und nach Berlin abreist. Wenig später entschwindet sie auf Nimmerwiedersehen nach Lausanne. Ihre Kinder nimmt Madame Rietz in Obhut und erzieht sie auf Verlangen des Königs.

Nicht nur am Hof, sondern auch in Berlin ist die Moral ziemlich verkommen. Die Ehen werden unter der Regierung Friedrich Wilhelms II. leicht geschieden, und die Frauen – so ein zeitgenössischer Bericht –»waren so verdorben, daß selbst vornehme adlige Damen sich zu Kupplerinnen herabwürdigten, junge Mädchen und Weiber von Stande an sich zu ziehen, um sie zu verführen.« Bei Hoffesten plündern die jungen Offiziere ganz ungeniert die Tafeln und Büfette und benehmen sich wie im Feld vor den Marketenderbuden. »Der Offiziersstand, der schon früher ganz dem Müßiggang hingegeben, den Wissenschaften entfremdet war, hat es am weitesten unter allen in der Genußfertigkeit gebracht. Sie treten alles mit Füßen, diese privilegierten Störenfriede, was sonst heilig genannt wurde: Religion, eheliche Treue, alle Tugenden der Häuslichkeit. Ihre Weiber sind unter ihnen Gemeingut geworden, die sie verkaufen und vertauschen und sich wechselweise verführen.«

Kronprinzessin Luise. Gemälde von Johann Friedrich August Tischbein.

Es ist kein Wunder, daß man die junge Kronprinzessin in ihrer Unschuld und Natürlichkeit wie ein vom Himmel gesandtes Wesen betrachtet. Wie aber findet sie sich selbst in dieser Welt zurecht? Zunächst hilft ihr das gesunde fröhliche Naturell, das sie besitzt, über vieles hinweg. Ferner ist ihre strahlende Jugend vielleicht die natürlichste Barriere, die sich zwischen ihr und dem »verdorbenen Milieu« am preußischen Königshof aufbaut, ohne daß Luise selbst davon eine Ahnung hätte. Wie man vom Salamander annimmt, daß er unbeschadet durchs Feuer gehen kann, so geht auch Luise in ihrer Unerfahrenheit unberührt durch diese Welt der Intrigen, Gerüchte und Skandale.

Luise hat einen ausgesprochen guten Geschmack, und die Berliner Modistinnen und Damen kopieren ihre Garderobe sofort bis ins kleinste Detail. Sie und ihre Schwester zeigen den gleichen Stil in der Kleidung, wobei Friederike vielleicht noch etwas eleganter ist als Luise. Sie ist auch die Graziösere. Später ärgert Friedrich Wilhelm sich bisweilen, daß man immer nur von der Eleganz der Schwägerin spricht, und will seine Frau ebenfalls reich gekleidet sehen. Schminke und Puder kann er allerdings nicht ausstehen, diese gehören jedoch damals zur Vervollständigung der weiblichen Toilette. Und so zeichnet sich denn auch Luise mit einem feinen roten Stift die Lippen nach und legt ein wenig Rouge auf.

Trotz aller Bescheidenheit und Zurückhaltung hat sie ihre helle Freude an fröhlicher Ausgelassenheit und rauschenden Festen. Luise tanzt für ihr Leben gern und – was man ihr in den schweren Zeiten nicht immer verzeiht – läßt sich gern beim Tanzen bewundern. Oft gibt sie deshalb zu Veranstaltungen Anlaß, in denen sie in irgendeiner tanzenden Rolle auftritt. Das ist eine ihrer kleinen Schwächen, eine der Schwächen der Zeit überhaupt, denn auch an anderen Höfen, in Hannover, in Darmstadt, in Weimar, besonders aber später am Hofe Napoleons gehören Aufführungen dieser Art, an denen sich die Prinzessinnen des Hauses persönlich beteiligen, zum guten Ton. Auch die Feste und Maskenbälle ihrer Vorgängerin in der Gunst des preußischen Volkes, der schönen Königin Sophie Charlotte, waren berühmt.

Luise tanzt viel, nach den Vorstellungen der Königin und der Hofdamen zuviel für eine jungverheiratete Frau. Doch wie selig ist sie, sich diesen Zerstreuungen hingeben zu können, zumal es ihr nach der Verheiratung nicht leicht fällt, ohne die Liebe ihrer Großmutter und die zärtliche Freundschaft aller ihrer Geschwister auszukommen, mit denen sie bisher in engster Gemeinschaft gelebt hat.

Zum Glück wohnen Friederike und Prinz Louis ganz in der Nähe, im »Kleinen Palais«. Die jungen Paare besuchen gemeinsam Theater und Oper, Konzerte und Bälle, Abendunterhaltungen bei den verschiedenen Gesandten und Ministern und im gastlichen Bellevue des Prinzen Louis Ferdinand. Friederike und Luise sind unzertrennlich. Die Schwester ist in der ersten Zeit am Berliner Hof Luises einzige Vertraute und Freundin, doch sie ist oberflächlicher als die Kronprinzessin und hat mit ihren sechzehn Jahren vom Ernst des Lebens noch gar keinen Begriff.

Beide Prinzessinnen tanzen manche Nacht »bis zur vollständigen Erschöpfung«. Auch Friedrich Wilhelm behagt Luises übermäßige Lust am Tanzen nicht, und er tadelt zuweilen diese unschuldigste Art, sich zu unterhalten. Aber die Kronprinzessin erringt glänzende Erfolge bei den Maskenbällen des Karnevals 1794, sie erobert alle Herzen, und am nächsten Tag ist Friedrich Wilhelm wieder stolz, die Komplimente des Hofes über sie zu hören. Auch der Gräfin Voß fällt auf, daß Luise »zwar hübsch«, aber »fast zuviel« tanze.

Mit rheinischer Lebenslust gibt sich »Prinzessin Übermut« den Faschingsfreuden hin. Der Karneval am preußischen Hofe wird zu einer aufregenden Festfolge. Die Tanzvergnügungen sind so außerordentlich beliebt, weil sie eine angenehme Abwechslung in das im großen und ganzen eintönige Hofleben bringen. Luise schont sich in keiner Weise; sie muß sich austoben. Die Ermahnungen und Bitten des Kronprinzen, auf ihre Gesundheit zu achten, sind in den Wind gesprochen. Dabei ist sie körperlich nicht sonderlich widerstandsfähig. Nach den durchtanzten Nächten voller Lachen und Lebenslust fühlt sie sich matt und erschöpft. Dann legt sie bis Mittag im Bett. Alle Ermahnungen fruchten nichts.

Eine unendliche Reihe von Festen und Bällen, Dejeuners und Thé-dansants, Assembleen und Empfängen, Konzerten und Theateraufführungen beansprucht Luise bis an die Grenze. Ihrer Schwester Therese schreibt sie am 23. Februar: »Mache Dich darauf gefaßt, daß Du bald von meinem Tode hören wirst, denn seitdem ich diesen Brief begonnen habe (sechs Tage vorher), haben wir nichts getan als Tanzen, und bis zu meinem Geburtstag gibt es noch sieben Bälle. Unsere Lebensweise ist unglaublich anstrengend, und ich achte nicht auf meine Gesundheit. Was den Tanz betrifft, so weißt Du, liebe Therese, daß die Mecklenburger sich darauf verstehen und daß es sehr schwierig ist, sie völlig fertig zu machen. Gestern waren wir zum Konzert beim König, der immer äußerst gütig zu mir ist. Gottseidank ist heute ein Ruhetag; am Abend gehen wir ins Theater, das sehr gut ist. Morgen ist Ball bei der Königinwitwe, übermorgen große Gesellschaft bei mir, Freitag Ball beim Grafen Alvensleben, für den Sonnabend ist Gottseidank noch nichts festgelegt, und das wird ein Ruhe- und Theatertag sein. Du mußt wissen, daß in der vergangenen Woche am Donnerstag bei mir Ball bis morgens 5 Uhr war, am Freitag Tanz bei Alvensleben, am Sonnabend bei Podewils und am Sonntag beim König. Da kann man wirklich seine Seele verlieren und sein Testament machen.«

Sie liebt diese Veranstaltungen, während Friedrich Wilhelm seine Abneigung gegen alle Repräsentation kaum verbergen kann. Geselligkeit ist das Element, in dem Luise sich wohl fühlt, rauschende Feste wirken auf sie wie ein Aphrodisiakum.

Luise sagt niemandem etwas von der seltsamen Niedergeschlagenheit, die sie manchmal befällt. Sie verheimlicht sie selbst ihrer Großmutter. Sie weint oft, wenn sie allein ist. Ihre Gesundheit leidet unter diesen seelischen Krisen. Fieber, durch häufige Erkältungen und Halsentzündungen hervorgerufen, fesselt sie immer wieder für mehrere Tage ans Bett; aber kaum ist sie genesen, stürzt sie sich ebenso fieberhaft – die Bedenken ihres Mannes mißachtend – von neuem ins Vergnügen.

Infolge ihrer inneren Einsamkeit ist Luise, obwohl – oder weil – sie von allen bewundert und verwöhnt wird, für Komplimente und Liebenswürdigkeiten aller Art besonders emp-

Louis Ferdinand, Prinz von Preußen

fänglich und dankbar für die kleinste Aufmerksamkeit, die man ihr entgegenbringt. So kommt es wohl, daß sie sich im Frühjahr 1794 mehr, als es sich nach der strengen Hofetikette schickt, für Prinz Louis Ferdinand erwärmt, den jungen Helden, von dem die ganze Welt begeistert ist, der sich aber auch eines außerordentlich galanten Rufes erfreut. Bereits im Jahr zuvor, im Feldlager vor Mainz, hatten Luise und Friederike ihn kennengelernt, und Louis Ferdinand, ein *Homme à femmes*, wie er im Buche steht, ist schon damals vom Charme der beiden Mädchen entzückt gewesen. Friederike entgingen seine heißen Blicke nicht. Sie schrieb damals an ihre Schwester Therese: »Der Prinz Louis Ferdinand betrachtet uns beide mit seinen durchdringenden Blicken; er ist sehr liebenswürdig.«

Louis Ferdinand ist nicht nur sehr liebenswürdig, sondern auch einer der attraktivsten und unwiderstehlichsten Männer seiner Zeit. Bei der Hochzeit der Kronprinzessin war er nicht zugegen, obwohl man ihn erwartet hatte, aber er wollte damals, wie seine Schwester erzählt, »nur ungern das Heer und die Vicomtesse von Contade«, mit der ihn sehr enge Bande verknüpften, verlassen. Erst einige Wochen später trifft er in Berlin ein. Nach der neuesten Mode trägt er die Haare ungepudert und läßt sie in weichen Wellen in die Stirn fallen. In seinem eleganten Reiseanzug sieht er so verändert aus, daß seine Schwester ihn kaum erkennt.

Luise ist augenblicklich von seiner Persönlichkeit gefangengenommen, und das um so mehr, als der Prinz sich sichtlich bemüht, Eindruck auf sie zu machen. Louis Ferdinand ist feurig und blendend, ein unwiderstehlicher Charmeur, ein leidenschaftlicher Verführer. Er kennt viele Frauen, sie beten ihn an, und keine hat ihm je widerstehen können. Seine männliche Schönheit ist gepaart mit einem hinreißenden Charme, so daß ihm alle Herzen zufliegen. Der Prinz spürt, daß die junge, entzückende Kronprinzessin an der Seite ihres schüchternen und ungeschickten Mannes wenig glücklich ist. Luise verhält sich trotz all seiner Komplimente zunächst zurückhaltend. Sie amüsiert sich, sie lacht, sie flirtet. Es ist ein unschuldiges Spiel. In ihrer Naivität bemerkt sie nicht, daß der Kavalier ihre Gedanken mehr beschäftigt, als schicklich ist. Er jedoch erkennt sehr bald, daß sie in ihrer Ehe wenig Befriedigung findet. Sie zu erobern ist ihm jede Mühe wert. In seiner feurigen, aber ziemlich zügellosen Art macht der Prinz der Kronprinzessin den Hof. Luise nimmt die leidenschaftliche Aufmerksamkeit schließlich zögernd, aber doch nicht ungern entgegen, zumal Friederike sie im gewissen Sinne dazu ermuntert und nicht müde wird, die Vorzüge des Prinzen ins rechte Licht zu rücken. Anfangs sieht Luise im Werben Louis Ferdinands wohl tatsächlich kaum mehr als Freundschaft. Wie so oft mißachtet sie die Vorschriften des Hofzeremoniells. Was schert es sie, daß die »Ferdinanderie« am Berliner Hof nicht gerade beliebt ist? Fährt sie nicht auch aus, wann es ihr einfällt, ohne Hofmeisterin, nur mit Friederike? Nimmt sie nicht auch Einladungen an, ohne ihren Mann oder ihre Oberhofmeisterin um Rat zu fragen? Und lädt sie nicht ebenso unbefangen Personen ein, die am Hofe nicht gern gesehen sind?

Schon meldet der Prinz sich eines Morgens bei ihr zu Besuch an, um mit ihr Details wegen eines bevorstehenden Festes und eines Maskenkostüms zu besprechen. In ihrem Privatzimmer empfängt Luise ihn im weißen Morgenkleid mit blauen Schleifen, umgeben von kostbaren Seidenstoffen und Blumen und golddurchwirktem Tüll. Louis Ferdinand läßt sich in einem Sessel neben ihr nieder, entwirft Kostümbilder, hebt hier ein farbiges Atlasgewebe hoch, ordnet da einen gestickten Schleier in Falten. Luise genießt fraglos die aufregenden Vorbereitungen eines großen Maskenballs bei Hofe, sie lächelt ihn an, fragt ihn das eine oder andere. So plaudert und berät man gemeinsam hin und her, um sich schließlich für das Kostüm einer Nonne zu entscheiden.

»Ich kann die Freundschaft mit ihm nicht gutheißen«, schreibt nach diesem Morgen die Oberhofmeisterin empört in ihr Tagebuch.

Zwischen der Kronprinzessin und Louis Ferdinand entwickelt sich eine sehr – sagen wir – aufgeschlossene Beziehung, die von Verliebtheit nicht mehr weit entfernt ist. Den Gefühlen des leicht entflammbaren jungen Mannes liegen durchaus erotische Absichten zugrunde. Da sein Werben nicht erhört wird, sucht er Friederike zu gewinnen, damit sie sich in seinem Sinne bei der Schwester einsetzt. Luise wird von einem Gefühl überwältigt, das sie nicht mehr zu beherrschen vermag. Der Hofklatsch gelangt zu ungeahnter Blüte. Endlich wieder einmal ein Skandal, Berlin gerät außer sich. Die Kronprinzessin glaubt sich unschuldig, das genügt ihr. Sie setzt der Werbung des Prinzen einen so unüberwindlichen Widerstand entgegen, daß er verstärkt um Friederike wirbt, und sie ist es, die seine Bemühungen krönt, die wenig später seinem Zauber erliegt – und sich ihm hingibt.

Vielleicht hätte sich auch Luise zu einer Affäre hinreißen lassen, aber sie ist im letzten Augenblick zurückgeschreckt. Vielleicht haben auch die Hinweise ihrer Oberhofmeisterin, welche die Absichten des Prinzen natürlich durchschaut und die sich ehrlich bemüht, der Kronprinzessin eine gute Beraterin und aufrichtige Freundin zu sein, gefruchtet. Sie hat einigen Einfluß auf die Kronprinzessin, obwohl sie natürlich noch nicht das ungeteilte Vertrauen ihrer jungen Herrin besitzt: »Der Unterschied der Jahre war zu groß zwischen ihr und mir, auch hatte sie etwas Verschlossenes in ihrem Charakter, und ich muß sagen, zum Glück und mit Recht eine große Zurückhaltung, die sie abhielt, sich gegen Personen, die sie nicht näher kannte, auszusprechen.«

Hätte Luise damals die Großmutter in ihrer Nähe gehabt, vielleicht hätte sie sich ihr anvertraut und sich vor den andrängenden Gefahren in ihre schützenden Arme geflüchtet. In ihren Briefen macht sie nicht die geringste Andeutung, nur ihrem Bruder Georg gegenüber läßt sie später, als alles überstanden ist, manches durchblicken: »Ach, einige Worte nur haben so viel Trost für mich«, schreibt sie. »Ich brauche ihn mannigmal ... Das Gute wird nicht immer erkannt, glaube mir, ich spreche aus Erfahrung; deshalb muß man aber nicht ablassen, gut zu sein. Dies ist und bleibt mein Grundsatz.«

Bevor sie zu dieser Einsicht kommt, wird es in dieser jungen Ehe aber noch viele Tränen geben. Luise sieht nicht ein, daß eine Kronprinzessin am Berliner Hof nicht so ungebunden leben kann wie die kleine mecklenburgische Prinzessin in Darmstadt. »Alle Welt ist mit ihr unzufrieden«, stellt die Oberhofmeisterin fest.

Ausgerechnet der König, ihr liederlicher Schwiegervater, rügt sie ob ihres leichtsinnigen Lebenswandels und ihrer Leichtfertigkeit, dabei hat er doch nur allzu viel Ursache, vor seiner eigenen Tür zu kehren. Friedrich Wilhelm II. betrachtet es als die Pflicht und Aufgabe der Frauen, sich ohne Widerrede unterzuordnen, und so läßt er Luise durch ihre Hofdame Henriette von Viereck – seine ehemalige Geliebte – ausdrücklich befehlen, ihr Verhalten zu ändern. Sie habe sich in dieser Beziehung nur an ihren Mann zu halten. Dem Kronprinzen rät er, seiner Frau zu zeigen, daß »wir hier gewohnt sind, uns bei unseren Frauen Gehorsam zu verschaffen«.

Doch mit einfacher Order sind die Dinge nicht geradezurücken. Luise ist anfällig für Verführungen, weil sie niemanden in ihrer Nähe hat, der ihr Halt bietet, der sie liebt und sie versteht. Der Rausch, in den sie die Komplimente Louis Ferdinands versetzt haben mag, verfliegt, sobald sie bemerkt, daß der Prinz ihrer Schwester ebenso feurig den Hof macht und schließlich von ihr »erhört« wird.

Die Wirklichkeit zwingt Luise zur Rückbesinnung auf sich selbst. Als die Besuche Louis Ferdinands aufhören, als sie darauf verzichtet, ihm zu gefallen, als sie sich entschließt, niemanden, ausgenommen ihren Mann, zu bezaubern – regen sich die klatschsüchtigen Hofdamen noch mehr auf als zuvor. Nur zu gern hätte man diesen »Engel« fallen sehen. Luise zieht sich innerlich immer mehr in sich selbst zurück. Sie fühlt sich erdrückt von den Ansprüchen, die an sie gestellt werden. Nur einer kann ihr helfen, und auf den besinnt sie sich nun, und auch die erfahrene Sophie von Voß weist darauf hin, daß »niemand ihr volles Vertrauen besitzen, niemand ihr Ratgeber sein dürfe als ihr Gemahl«.

Luise billigt den Leichtsinn ihrer Schwester, deren Ehe ganz offensichtlich unglücklich ist, nicht, aber sie bringt ihr weiterhin die gleiche Liebe entgegen. Mit weiblicher Sensibilität versteht sie wohl besser als alle anderen, wie schwer es ist, einem Mann zu widerstehen, der so viele bestechende Eigenschaften besitzt wie Louis Ferdinand. Deshalb hält sie zu ihrer Schwester, als deren Verhältnis mit dem Prinzen in den Hofkreisen größtes Mißfallen erregt, obwohl man allgemein weiß, wie wenig Zuneigung sie bei ihrem Mann findet. Prinz Louis ist es auch völlig gleichgültig, ob seine Frau anderen Männern ihre Liebe schenkt oder nicht.

Die Historiker entschuldigen die Schwäche Friederikes mit ihrem jugendlichen Alter und damit, daß Prinz Louis zu jung gewesen sei, sie zu führen. Aber das Kronprinzenpaar ist ja kaum älter, und so dürften andere Dinge als Jugend und mangelnde innere Festigkeit für die Entwicklung der Paare eine Rolle gespielt haben.

Dem Kronprinzen ist natürlich nicht entgangen, welches Vergnügen seine Frau an Begegnungen mit Louis Ferdinand hat. Doch er liebt sie aufrichtig. Er, der ihre Naschhaftigkeit zu tadeln pflegt, macht ihr nun – im Gegensatz zu allen anderen – keine Vorwürfe. Er übt vielmehr Nachsicht mit seiner jungen, unerfahrenen Frau und verteidigt sie sowohl gegenüber dem König als auch gegenüber der Königin. In dieser labilen Zeit erweist er sich als ihr wirklicher und einziger Freund. Ein berauschendes sinnliches Glück wird sie an seiner Seite nicht erleben, das weiß sie nun. Diese Erkenntnis mag für die lebensfrohe Luise schmerzlich gewesen sein. Aber in dieser bitteren Stunde hat sie doch zugleich den wahren Wert des Mannes an ihrer Seite erkannt.

Friedrich Wilhelm regt sich auf, doch nach stürmischen Szenen, bei denen Luise reichlich Tränen vergießt, fällt er bezwungen vor seiner Göttin auf die Knie. Luise bedeutet alles für ihn. Nachts beugt sich über die süße Schläferin das ängstliche Gesicht eines Eifersüchtigen, der die entspannten Züge erforscht, dem Atmen der geliebten Frau lauscht. Nein, er kann sich eifersüchtiger Gefühle nicht erwehren, doch er verschließt sich den Winken seines Vaters und begnügt sich damit, die empfindsamen Unterhaltungen, die den Frieden seines Heimes stören, kurzerhand zu unterbinden. Und bald gewinnt er die Gewißheit, daß seine Frau begehrlichen Blicken gegenüber gleichgültig bleibt. Ist er Friederike letzten Endes sogar dankbar, daß sie sich »geopfert« und ihn aus einer lächerlichen Situation gerettet hat?

An Luises Geburtstag – dem ersten, den sie in Berlin feiert – scheint die »Affäre« ausgestanden. Die Kronprinzessin erlebt diesen Tag als glückliches Fest. Der König besucht sie, nennt sie wieder »die Prinzessin aller Prinzessinnen« und schenkt ihr Schloß Oranienburg. Dieser königliche Wohnsitz ist seit dem Tod des Prinzen Wilhelm, des Vaters des Königs, der hier sein Leben beschlossen hat, unbewohnt. Der König hat das Schloß renovieren, neu ausstatten und einrichten lassen, und die Arbeiten sind gerade abgeschlossen, als er Luise den Schlüssel vermacht: Auserwählte Damen und Herren des Hofes erscheinen in bürgerlicher Tracht, als kämen sie aus Oranienburg, und überreichen der künftigen Herrin des Schlosses den Schlüssel.

Dieser 10. März 1797, ihr achtzehnter Geburtstag, ist fürwahr ein schöner Tag, denn der König fragt das Geburtstagskind, ob er ihm noch irgendeinen Wunsch erfüllen könne. Luise antwortet, da sie selbst so glücklich sei, wolle sie gern auch andere glücklich machen. Sie wünsche sich daher eine Handvoll Gold, um die Armen von Berlin zu beschenken. »Und wie groß denkt sich denn das Geburtstagskind diese Handvoll?« fragt der König lächelnd. »Gerade so groß wie das großmütige Herz des Königs«, antwortet Luise. Sie erhält eine reichliche Summe, die gewissenhaft verteilt wird. Alle sollen an ihrer Freude teilhaben, und auch die Bediensteten werden nicht vergessen. Luise gibt für sie ein Festessen, dem ein Ball folgt, zu dem jeder einen oder mehrere Gäste mitbringen darf. Am zweiten Tag des Festes beläuft sich die Zahl der Tischgäste auf achtzig. »Warum nicht hundert?« ruft Luise aus. Ob man denn nicht wünsche, daß sie hundert Jahre alt werde!

»Sie haben keine Vorstellung von den dauernden massenhaften Bällen, die in der Stadt gegeben werden«, schreibt die Kronprinzessin ihrer Großmutter, »unter anderem gab es in der vergangenen Woche zur Feier meines Geburtstages fünf Bälle hintereinander ohne einen Tag Ruhe.« Ist alles überstanden? Am 18. März notierte die Oberhofmeisterin: »Die Prinzessin beträgt sich gegen ihn (den Kronprinzen) immer noch sehr schlecht.« Doch dann übersiedelt das kronprinzliche Paar am 1. April 1794 für einige Zeit nach Potsdam, und Louis Ferdinand scheint tatsächlich vergessen, »das störende Element« dieser jungen Ehe aus dem Wege geräumt. Schon am Tag darauf schreibt Sophie von Voß erleichtert in ihr Tagebuch: »Die Prinzessin betrug sich den ganzen Tag vortrefflich«, und drei Tage später: »Die Prinzessin ist glücklich.« Die wunderbare Wandlung entgeht auch Friedrich Wilhelm nicht, der einem Freund anvertraut:»Meine Frau hat sich hier ganz verändert.«

In Potsdam wird das Leben zu einem langen, ruhigen Fluß. Es ist nicht sehr abwechslungsreich. Die Zeit ist ausgefüllt mit ausgedehnten Spaziergängen, Ausflügen in die Gegend, Konzerten im Marmorpalais, Würfel- und Kartenspielen und Vorleserunden. Luise nimmt an militärischen Revuen teil, sieht dem Exerzieren des kronprinzlichen Regiments zu und läßt es sich nicht nehmen, auf dem Potsdamer Schützenfest Medaillen zu verteilen. Ihrem Bruder Georg berichtet sie: »Ich bin in Potsdam und bleibe da sechs Wochen lang, bis die kriegerischen Übungen vorüber sind, alsdann gehe ich wieder nach Berlin zu meiner englischen Friederike, die ich leider habe zurücklassen müssen, nicht ohne Schmerz und Traurigkeit, aber ein Soldatenweib muß ihrem Berufe nachgehen, und das tat ich. Ich esse Punkt zwölf, ich trinke Tee nach fünf ... und esse zu Nacht Punkt acht. Ich gehe zu Bett mit den Hühnern, Küken und Kikerikis und stehe mit höchstdenselben wieder auf. Aber ich bin besser als sie, denn ich lese Geschichte, ich mache Auszüge aus Monsieur Weiß; schreibe Dir und anderen und lebe zum Vergnügen meines Mannes. Nun Brüderchen, bald einen Brief und mir viel Freude und – Freunde.«

Triumphierend berichtet die Oberhofmeisterin: »Dem Kronprinzen allein gebührt das Verdienst, sie (Luise) in dem Augenblick der Gefahr, wo fremde Einflüsse sich zwischen ihn und sie einzudrängen drohten, durch seine Treue, seine Wahrhaftigkeit und seine Festigkeit vor denselben bewahrt zu haben.« Vielleicht hat er Prinz Louis Ferdinand auch als »fatalen Menschen« bezeichnet, wie er alle zu bezeichnen pflegt, die er nicht leiden kann, besonders Großtuer und »Herren mit breitspurigem Wesen«. Er ist ihnen gegenüber meist kurz angebunden und läßt sie seine Abneigung deutlich spüren.

Friedrich Wilhelm hat die einzige rettende Idee gehabt: Raus aus dem ganzen Hoftrubel. In Potsdam weht eine andere Luft als im schwülen, geräuschvollen Berlin. Im Frühjahr herrscht hier das von ihm so geliebte Exerzieren. Ein paar Wochen lang können sich Luise und Friedrich Wilhelm des ruhigen Lebens im stillen Potsdam mit seinen Gärten und Seen erfreuen, nachdem sie sich, wie man so sagt,»wiedergefunden haben«. Erst jetzt scheinen sich beide richtig zu verstehen. Seinem Adjutanten und Freund, Major Schack, schreibt Friedrich Wilhelm in jenen Tagen voller Zufriedenheit:»Wir leben hier sehr ruhig und für mein Teil sehr angenehm, Berlin regrettiere ich gar nicht, und habe mir hier noch nie so gefallen. Alles lebt in Einigkeit, da sich keine fremde Hand ins Spiel mischt, und wir benutzen täglich recht fleißig die schöne Gegend, die so manche anmutige Gegenstände darbietet ... Gott gebe, daß bei unserer Rückkehr nach Berlin nicht neue Mißhelligkeiten und Klatschereien den häuslichen Frieden stören mögen.«

Luise nennt diese sechs Wochen, die sie in Potsdam verbringen,»die schönsten und glücklichsten« ihres Lebens, obwohl es hier viel eintöniger ist als in Berlin. Luise liebt das Reiten – sie ist eine ausgezeichnete Reiterin – und begleitet ihren Mann oft auf seinen Spazierritten. Das Pferd versorgt die beiden mit Gesprächsstoff. Friedrich Wilhelm spricht sehr gerne darüber, auch von seinem Regiment und von Kegelpartien, an denen er ein außergewöhnliches Vergnügen findet. Dagegen verurteilt er die Jagd als barbarisch. Für sich selbst verabscheut er jeden Luxus.

Wenn die»Prinzessin aller Prinzessinnen« ihren Prinzen trifft, findet sie ihn ohne Pose vor. Sie glaubt sich bewundert und verstanden zugleich. Verliebt wirft sie ihre Arme um seinen Hals. Wenn sie sich ihrer Kleider entledigt und in ihrer natürlichen Schönheit vor ihm steht, dann pflegt sie der Kronprinz »wie eine in ihrer ursprünglichen Reinheit wiedergewonnene Perle anzuschauen«. In einem seltsamen Rausch befangen, bewundert er sie,»seinen fragenden Blick in den Grund ihrer klar-blauen Augen getaucht, drückte er ihre Hände« und seufzt: »Gott sei Dank bist du wieder meine Frau geworden!« Worauf Luise unbefangen antwortet:»Aber bin ich das denn nicht immer?«

Erregt stammelt er leidenschaftliche Worte in ihr Ohr, sie wieder umarmend:»Leider nein, du mußt allzu oft Kronprinzeß sein!« Ungeschickt ist er, doch seine Ehrlichkeit und seine Gutmütigkeit tragen viel dazu bei, daß seine junge Frau es nicht so sehr spürt.

Vor Friedrich Wilhelm fühlt Luise sich klein. Ihr weiblicher Stolz scheint sich seiner Stärke zu beugen. Besiegt gibt sie sich ihm hin, aber sie liefert sich nicht aus. Sie kennt die Koketterie, doch keinen Esprit. Zu der Erhabenheit ihrer schönen, empfindsamen Seele paßt keine Ironie. Ihr fehlt es an Anpassungsfähigkeit und Geschmeidigkeit, und sie versteht es nicht, sich selbst leicht zu nehmen.

Ohne Zweifel hat Friedrich Wilhelm seine »widerspenstige« Frau in gewisser Weise »gezähmt«. Sie läßt sich auf das Leben ein, das er ihr zu bieten hat. Sie ist froh, dem heißen Pflaster Berlin entronnen zu sein. Irgendwie war es doch zu anstrengend. Lange Stunden sitzt sie am Fenster und schaut auf den Park hinaus. Ihre Gedanken schweifen durch den Raum, beschwören ihre Verwandten, fragen sich, was diese wohl machen, bis Traurigkeit sie überkommt, bis sie nicht mehr allein mit sich selbst sein kann. Luise hat nach wie vor niemanden, dem sie ihr Herz ausschütten kann. Manchmal träumt sie während der lang ausgedehnten Mahlzeiten so angespannt, daß sie sich inmitten ihrer Verwandten glaubt. Und wenn sie ihren Blick erhebt, wenn sie bemerkt, daß diese nicht da sind, steigen Tränen in ihre Augen. Ständig lebt sie in der Erwartung des Glücks, das doch hinter ihren Sehnsüchten verborgen bleibt.

Weder die Geburt des Frühlings noch die Morgendämmerung über den Parks von Potsdam, noch das Gezwitscher der Vögel, die alles, was im Herzen nicht sterben will, aufwecken, bringen Luise aus der Ruhe. Es war nur eine flüchtige Versuchung, sagt sie sich, mehr nicht. Sie fühlt sich stark. Friedrich Wilhelm war es gewiß nicht, der seine junge Frau vor dem Abgrund, vor der Hingabe an eine verhängnisvolle Leidenschaft gerettet hat. Nein, Luise selbst hat sich besonnen und die Entscheidung für das Leben mit ihm getroffen.

Von ihrem Flirt wird nur eine Erinnerung bleiben. Der Kronprinz hat die Signale nicht verstanden. Er fühlt keinerlei Veranlassung, sich oder seine Gewohnheiten zu ändern, sondern geht wie zuvor in seinem geregelten, maßvollen, unerschütterlichen Dasein auf, das er sich selbst so unabänderlich eingerichtet hat. Und dann fordert auch eine Schwangerschaft Ruhe von der Prinzessin.

TRÄNEN DER TRENNUNG

Schon als Kronprinzessin ist Luise die Seele des preußischen Hofes – noch keine Lichtgestalt, sondern eine Frau mit Stärken und Schwächen. Als Friedrich Wilhelm seine Braut heimführt, ist sie fast noch ein Mädchen, so ausgelassen, so vergnügungs- und tanzsüchtig, so ungezähmt in ihrem Treiben, so sorglos in den Tag hineinlebend, daß sie in der verstaubten Luft des Berliner Hofes wie ein frischer Wind wirkt. Nun ist sie endlich angekommen ...

Durch die Fröhlichkeit, die sie verbreitet, gewinnt sie das Herz ihres Gemahls, verscheucht sie die verdrießlichen Stimmungen, denen er sich oft ausgesetzt sieht. Luise erfährt bald, wie schwer das Leben an der Seite dieses Mannes ist. Aber sie überwindet sich und bietet seinen Nörgeleien, seinen Pedanterien, seiner Kleinlichkeit unverdrossen Paroli – nicht nur durch kluge Nachgiebigkeit, sondern auch durch ihre ansteckende, unverwüstlich gute Laune. Friedrich Wilhelm seinerseits arbeitet beharrlich darauf hin, daß Luise ihre allzu mädchenhafte und unbedachte Art ablegt. In kritischen Situationen steht er an ihrer Seite, fällt ihr nie in den Rücken. Aber mit ihm besprechen, was sie bewegt, kann sie nicht. Ihr Herz strömt jedoch immer noch über vor Glück und Zärtlichkeit, wenn sie an ihre Geschwister schreibt, denen sie ihr Leben lang herzlich zugetan bleibt.

Der Aufstand in Polen unterbricht die Bemühungen der beiden, sich miteinander einzurichten. Friedrich Wilhelm wird zu den Waffen gerufen. Begeistert ist er nicht, denn trotz seiner Vorliebe für alles Militärische, für Uniformen und Marschmusik, fehlt dem Kronprinzen jeglicher martialische Enthusiasmus. Der König weiß das nur zu gut.

Die bevorstehende Trennung von ihrem Liebsten bedrückt Luise, die Rückkehr nach Berlin erscheint ihr alles andere als angenehm. Am 27. April, nach dem Abendkonzert im Neuen Palais, bittet sie den König, während der Abwesenheit des Kronprinzen weiter in Sanssouci wohnen und auch ihre Schwester dorthin einladen zu dürfen. Der König ist einverstanden, und so sind die letzten Tage vor dem Aufbruch der Prinzen nach Polen angefüllt mit den kleinen Vergnügungen, die in Sanssouci das Leben so angenehm machen: Spaziergänge in den großen Parks, Wasserpartien, Konzerte. Luise und Friederike begleiten ihre stolzen Kämpfer bis zum Gut Steinhöfel, das dem Hofmarschall Viktor von Massow gehört. Auch hier wird ein Gartenfest veranstaltet und eine Bauernhochzeit gefeiert. Dann ist es so weit, Friedrich Wilhelm und Louis brechen am 15. Mai in das königliche Hauptquartier in Frankfurt an der Oder auf. Am 5. Juli beginnt die Belagerung der polnischen Hauptstadt.

Diese erste Trennung ist für Luise und Friedrich Wilhelm ein harter Schlag. Der Kronprinz ist so unglücklich, daß er sie kaum zu überstehen meint. Nur höchst ungern ist er ins Feld gezogen. Gegenüber seinem Adjutanten von Schack meint er, es scheine ganz, als solle dies »der zweite Teil der französischen Revolution werden«. Aber es hilft nichts.

Luise kann sich vor Tränen nicht retten. Der erste Brief an ihren Mann im Feldlager ist voller Liebe und Leidenschaft: »Mein teurer und geliebter Freund«, schreibt sie am 15. Mai 1794 noch aus Steinhöfel, »eine Feder soll Dir nun sagen, was mein Mund Dir schon millionenfach versichert hat: daß ich Dich unsagbar liebe. Wie hart ist es für mich, Dich nicht mehr bei mir zu haben. Einsam und allein überlasse ich mich meinem Schmerz. Mein einziger Trost ist, auf demselben Sofaplatz zu sitzen, wo Du immer gesessen hast. O Gott, wenn Du mich sehen könntest, wenn Du Deine unglückliche Frau sehen könntest, wie sie über Deine Abreise seufzt, wie unglücklich und verlassen sie ist. Tränen sind mein einziger Trost, aber wie bitter ist er. Vergiß mich nicht, mein teurer Freund, denke an Deine Luise, die nur für Dich lebt, und die ohne Dich unglücklich ist. Die

Tränen ersticken mich fast. Wenn Du doch sehen könntest, wie traurig hier alles ist ... Ich kann Dir nicht schildern, was ich beim Abschied von Dir gelitten habe ... Du bist mein alles, Engel meines Herzens, in Dir finde ich all mein Glück, und ohne Dich ist mir alles nichts, und ich bin unglücklich ... Es ist bald Zeit, mich zu frisieren und dann mich anzuziehen; wie fürchte ich mich davor, hinunterzugehen, wie einsam und unglücklich werde ich mich ohne Dich fühlen. O Gott, wie soll ich nur ohne Dich leben; diese Vorstellung macht mich wieder so traurig, daß ich von neuem weinen muß ... Ich sehe aus wie eine Tote, so viel habe ich geweint, und so bin ich von Kummer überwältigt.« Sie unterzeichnet diesen Brief: »Dein treues Weib Luise«.

Sie zollt dem Zeremoniell keinerlei Tribut mehr. Die pure Verzweiflung spricht aus ihr. Von nun an wird sich Luise in den Briefen an ihren Mann von ihren Gefühlen leiten lassen und ohne Prüderie und ohne Scheu alles sagen, was sie empfindet.

Für Luise gibt es nur einen Weg, glücklich zu sein, nämlich »der Stimme ihres Gefühls, ihres Herzens zu folgen«. Sie scheint nun mehr die Gebende, weniger die Nehmende zu sein. Sie kann vor Freude außer sich geraten, wenn der sonst schweigsame, ja wortkarge Mann an ihrer Seite ihr sagt, wie sehr er an ihr hängt und wie sehr er ihrer Gesellschaft bedarf. »So eine Zusicherung«, schreibt sie einmal an ihren Bruder, »macht einen doch wahrhaft glücklich, besonders, wenn man nur den einen Wunsch hat, seinen Mann recht glücklich zu machen.«

Am 16. Mai sind Luise und Frederike wieder zurück in Sanssouci, allein inmitten der Hofgesellschaft. Sie gehen nur selten aus, empfangen nur wenig Besuch, unter anderem von der Königin, die sich ihnen gegenüber inzwischen sehr viel freundlicher verhält und kleine Geschenke und Neuigkeiten mitbringt. Die Prinzessinnen spazieren durch die Gärten, manchmal werden kleine Festlichkeiten veranstaltet, an denen sie teilnehmen, aber die Wehmut, die in Luises Herz gezogen ist, vermögen sie nicht zu vertreiben. Selbst ein Besuch der Grotte im Neuen Garten, bei dem alle fröhlich sind, löst bei ihr melancholische Erinnerungen und eine heftige Sehnsucht nach ihrem Mann aus: »Ich träumte mir all die glücklichen Zeiten der Vergangenheit,

Kronprinz Friedrich Wilhelm.

alle das Unglück, was uns noch in der Zukunft verschleiert liegt, und war so traurig und so zum Weinen gestimmt, daß ich alle Mühe hatte, meine Tränen zurückzuhalten. Die Augenblicke, die ich mit Dir in der Grotte zubrachte, und waren es gleich nur Augenblicke, so waren sie doch glücklich ...«

In diesen Wochen des Getrenntseins fliegen mindestens ebensoviele Briefe zwischen den beiden hin und her wie zu ihrer Brautzeit. Fast täglich schreibt Luise an Friedrich Wilhelm, und von Mal zu Mal wird der Ton drängender, trauriger, verzweifelter, sehnsüchtiger: »Wenn ich an Dich schreibe, dann ist das der einzige Augenblick, wo ich frei atme und wo ich mich etwas weniger unglücklich fühle«, gesteht sie ihm. »Der gestrige Tag war grausam; jedesmal, wenn ich wieder in unser Schlafzimmer trat, blieb ich wie angewurzelt auf der Stelle stehen, wo Du mich, ach, zum letzten Male, umarmt hast. Das Diné r verlief düster und traurig. Am Nachmittag habe ich an Deinem Strumpf gestrickt und bin hinauf in mein Zimmer gegangen, wo immer dieselbe Szene sich abgespielt hat, im Schlafzimmer; ich habe ganz laut auf der Stelle geweint und konnte mich gar nicht trennen.«

Ganz im Gegensatz zu früher sind Luises Briefe jetzt persönlicher, emotionaler und intimer. Friedrich Wilhelm verbirgt seine Gefühle, indem er von strategischen Überlegungen schreibt, von militärischen Plänen, von den Schwierigkeiten dieses Feldzugs. Am 4. Juni klagt der Kronprinz, er fühle sich beiseite geschoben und habe nur sinnlose Ablenkungsmanöver ausführen müssen: »Ich bin ganz mißvergnügt, niedergeschlagen und unzufrieden. Nichts Reelles, was man sich wünscht, wird einem gewährt. Will mich der König zu nichts Ordentlichem gebrauchen, so lasse er mich zu Hause.« Selbst darauf geht Luise ein: »Der Gedanke an Deine Strapazen, Deine schlechte Lage macht mich untröstlich. Ich bin kein Soldat, aber ich kann voraussehen, daß Du nichts ausrichten wirst mit dem Häuflein Soldaten. Du bist Spielball, wie mir scheint, ich folge Dir immer auf der Karte und habe gesehen, daß Du einen unglaublichen Weg umsonst gemacht hast. Ich wüßte gern, weshalb man Dich in Polen spazieren schickt, wahrscheinlich weil das Land so schön ist. Ich bin wirklich etwas zornig und könnte den schlagen, der diesen dummen Plan ausgedacht hat ...«

Ergebnislos schleppt sich der Feldzug durch den Sommer. Die Verluste erscheinen dem Kronprinzen völlig sinnlos: »Es war ein mörderisches Feuer, und wir haben grausam viele Menschen verloren und sehr viele brave rechtschaffene Offiziers, um die es recht schade ist und die allgemein bedauert werden. Ich kann Dir versichern, ich habe so etwas noch nicht gesehen. Die Blessierten kamen immer haufenweise zurück … Der Anblick war schrecklich, und man mußte ohne Empfindung sein, um dieses mit Gleichgültigkeit anzusehen. Ich konnte es nicht, und die Tränen standen mir in den Augen …« Es fehlt an Geschützen zur Belagerung, an Munition, an allem.

Friedrich Wilhelm, über die Malaise dieses Feldzugs empört und die Unzulänglichkeit der Ausrüstung erbittert, überhaupt von der Unsinnigkeit jeglichen Koalitionskrieges überzeugt (diese Abneigung wird später sehr zu seiner zögerlichen Haltung gegenüber Frankreich beitragen), sehnt sich unablässig nach seinem Herzensweib:

»Eigentlich kann ich Dir wahrhaftig versichern, liebste Luise, daß, seitdem ich Dich verlassen habe, ich noch keinen wirklich fröhlichen und zufriedenen Augenblick genossen habe. Sollte man nicht bald sagen, daß es töricht wäre, sich eine Frau zu nehmen, der man so mit Leib und Seele zugetan ist, daß einem alles übrige gleich bleibt? … Immer denke ich mit Traurigkeit vermischt mit Freude an das vergangene Jahr und den vergangenen Sommer, wenn ich so im gestreckten Galopp durch das Darmstädter Land und über die Ginsheimer Schiffbrücke ritt, um zu meiner innigst geliebten Luise zu kommen, wo ich dann immer so liebevoll empfangen wurde … Lebe wohl, recht wohl, liebe Herzensluise! Gott – warum sollen wir nicht unser junges Leben in Freude genießen. Adieu. Friedrich Wilhelm.«

Luise findet in jedem seiner Briefe »neue Gründe, Dich zu lieben. O mein Engel, niemand, nein, gewiß niemand kann Dich liebhaben wie ich, niemand kann wie ich das Unglück empfinden, von Dir getrennt zu sein … Wo soll ich überhaupt jemand finden, der mich so rein, so wahrhaft liebt wie Du, mein trefflicher Freund. Du bist der einzige; Du bist auch der einzige, der mein ganzes Glück ausmacht.«

Die Kronprinzessin, durch die Schwangerschaft an Potsdam gebunden, kann ihren Mann nicht – wie 1793 – im Hauptquartier besuchen. Die Briefe, die sie ihm schickt, sind voller Leidenschaftlichkeit, die sie nicht unterdrückt. Das ist nicht Penelope, die geduldig die Rückkehr ihres Odysseus erwartet, das ist Kalypso, die nach seiner Abreise weint. Eine der schönsten und anrührendsten Reminiszenzen enthält ihr Brief vom 6. Juli aus Sanssouci:»Ich habe Dir erzählt, daß ich gestern früh eine Stunde geschlafen habe. Denke Dir, ich hatte die Freude, noch dasselbe Kissen zu finden, auf dem Du gelegen hattest; ich legte meinen Kopf darauf und habe recht friedlich geschlafen, aber nicht auf dem Bett, das wäre mir zu schmerzlich gewesen, sondern auf dem Kanapee ... Die Versicherung, daß Du mit Deiner lieben kleinen Frau zufrieden bist, macht sie glücklich, unendlich glücklich, und hoffentlich wird das immer so bleiben ...«

Als sie erfährt, daß der Kronprinz beim Sturm auf Wola die Heeresabteilung, welche der des Königs folgt, angeführt habe, sagt sie:»Die Gefahren, welchen mein Gemahl ausgesetzt ist, machen mich zittern, aber ich begreife wohl, daß der Kronprinz, welcher nach dem König dem Thron am nächsten steht, auch der Erste nach ihm auf dem Schlachtfeld sein muß.«

Dem Umfang der Korrespondenz nach muß Luise diese Wochen vor allem schreibend verbracht haben: Briefe an ihren Vater, an den Bruder Georg, an die Großmutter, an ihre frühere Erzieherin Suzanne de Gélieu, an ihren Seelsorger, und immer wieder an ihren Liebsten, dem sie auch schreibt, wenn sie gar nichts Besonderes zu erzählen weiß:»Kaum habe ich mein Bett in der Früh verlassen, so schreibe ich Dir schon wieder«, beginnt der Brief vom 1. September.»Du mußt zugeben, daß ich Dich mit Briefen überschütte. Ich kann Dir nichts Neues mitteilen, außer, daß ich das Vergnügen hatte, mich mit Dir zu unterhalten: die ganze Nacht hindurch habe ich von Dir geträumt und war sehr glücklich zusammen mit meinem liebsten, treuen Freunde.«

Friedrich Wilhelm ist glücklich,»eine Frau zu haben, die mich so mit Aufmerksamkeiten und Zärtlichkeiten überhäuft. Gebe der Himmel, daß ich alles vergelten kann, wie Du es verdienst, und daß ich bald das eine und einzige Glück habe, wieder bei Dir zu sein, bei allem, was ich liebe und anbete.« Der Wunsch geht unverhofft in Erfüllung, denn Friedrich Wilhelm II. befiehlt die Belagerung Warschaus abzubrechen und den Rückzug anzutreten. Am 7. September kündigt der Kronprinz seiner Luise schelmisch sein Kommen an: »Sage mir zunächst, engelgleiche Luise, würdest Du erschrecken, wenn unerwartet einer, der Dir nicht gleichgültig ist, ... erscheinen würde? Kann Dein Herz wohl erraten, um wen es sich hier handelt? ... Alles, was ich Dir sagen kann, ist, daß er fast närrisch vor Freude ist, aber er wagt nicht, sie merken zu lassen.«

Höchste Zeit, daß er nach Hause kommt. Luise ist im neunten Monat schwanger. Die baldige Rückkehr ihres tapferen Kämpfers löst ein solches Glücksgefühl in ihr aus, daß es sie fast erschreckt: »Ich weiß nicht, wo mir der Kopf steht, ich weiß nicht, was ich machen soll. Ich zittere vor Freude, als ich Deinen Brief las, mein Atem wurde ganz kurz, ganz kurz ... Was wird es erst geben, wenn Du kommst? Wenn ich nur nicht niederkomme vor Freude! ... Ich bitte Dich aber auch recht inständig, mir den Tag Deiner Ankunft zu schreiben, denn ich muß es wahrhaftig wissen, sonst sterbe ich oder erschrecke wenigstens zu Tode, kämst Du so und machtest eine *Surprise* ... Unser Hof liegt Dir zu Füßen. Im ersten Augenblick schrie und lachte alles und tanzte vor Freude ... Lebe wohl, ich umarme Dich, toll vor Freude – Luise.«

Noch bevor der Krieg beendet ist, bricht der Kronprinz zur Rückkehr auf. Er ist nicht zufrieden, weder mit seiner Verwendung in diesem Feldzug noch mit diesem überhaupt. Der König hat ihn kaum in wichtigen oder brenzligen Operationen eingesetzt, angeblich, um die Thronfolge nicht zu gefährden. Als dann die Belagerung von Warschau ergebnislos abgebrochen wird, billigt der Kronprinz diese Entscheidung zwar, aber er meint »vor Scham über diesen schmählichen Rückzug sterben zu müssen«.

Und dann ist er endlich am 21. September »fröhlich und gesund« wieder bei seiner Luise. Sie ist ihm nach Berlin entgegengeeilt. Sie ist glücklich, ihren Mann bei der bevorstehenden Geburt in ihrer Nähe zu wissen. Sie freut sich so auf das Kind,

aber es kommt ihr so seltsam vor, daß sie schon Mutter werden soll. An Georg schreibt sie:»Und Du, Bruder Georg ...,
wirst Dich freuen und über den Gedanken lachen, daß Luise
ein Kind hat.«
Die Freude wird indes zur Trauer. Am Nachmittag des
7. Oktober 1794 sieht sich Luise, als sie ihr Zimmer verläßt,
plötzlich einem Unbekannten gegenüber. Der Fremde ist ein
Besucher, dem der Hofmarschall im Glauben, daß die Prinzessin wie gewöhnlich zu dieser Stunde ausgegangen sei, erlaubt
hat, das Schloß zu besichtigen. In jähem Schreck fällt Luise in
Ohnmacht und stürzt die kleine Treppe des Palais hinunter. Das
Kind – es ist ein Mädchen – kommt tot zur Welt. Das ist für die
Mutter mehr als eine wehe Enttäuschung, es ist ein großer
Schmerz. Gehorsam willigt sie ein, sich nach den Vorschriften
der Ärzte pflegen zu lassen.

Nur wenige Wochen später – am 30. Oktober – bringt Friederike ein lebendiges, zunächst gesundes Kind zur Welt, das
aber bald darauf an Milchfieber erkrankt.

So gut es geht, verbirgt Luise ihre Trauer über den Verlust
ihres Kindes. Nur Therese, ihrer Schwester, gesteht sie am
18. November:»Ich mußte meine Augen schonen, die nach
meiner Niederkunft sehr gelitten haben, eine recht natürliche
Sache infolge der Tränen, die immerzu meine Augenlider
benetzten und die ich, soweit mir das möglich war, heruntergeschluckt habe, um nicht meinen lieben Mann unglücklich zu
machen und ihm Kummer zu bereiten. Er selbst braucht Trost
wegen der Befürchtung, daß mein bettlägeriger Zustand nach
der Geburt eines toten Kindes gefährlich werden könnte. Oh,
liebe Freundin, das war ein wundervolles Kind, meine arme
Kleine. Ach, warum ist sie mir entrissen worden?«

Als wolle sie sich von ihrem Kummer ablenken, kommt sie
in dem Brief an die Schwester ausführlich auf die Geschenke,
die man ihr zum Trost macht, zu sprechen und macht sich
Gedanken über die Wirkung ihrer Hüte:»Von meinem Mann
eine ganze Reihe von Sachen, Tassen, einen pelzgefütterten
Mantel mit Zobel, Parfümfläschchen, Fächer, ein Jäckchen und
200 Louisdor, aber ich bitte Dich nachdrücklich, über diese letzte Sache nicht zu sprechen, weil er es mir verboten hat, darü-

ber zu irgend jemandem zu sprechen ... Ich danke Dir vielmals für die Modellhemden und die Zeitschriften. Ich werde sie Dir mit dem nächsten Postwagen zurückschicken, sobald ich von meiner lieben Therese darauf Antwort habe, ob sie getigerte und dreifarbige Federn hat, nämlich lila, gelb und weiß. Es sind auch getigerte Bänder zu haben und englische Sitzkissen und Hüte. Göttliche Hüte mit riesigen Federn. Davon habe ich einen reizenden ganz weißen, der mit zwei riesigen Federn geschmückt ist; ich hatte ihn kürzlich zu einem Essen bei der Königin auf, und jedermann fand ihn göttlich. Teile mir Deine Befehle mit, und ich werde gehorchen. Schick' mir doch bald die anderen Zeitschriften, die Du mir versprochen hast. Adieu, die Post geht ab, und ich muß noch einige Zeilen an Großmama kritzeln.«

In diesem Brief zeigt sich Luises Zerrissenheit sehr deutlich: Eine gewisse Oberflächlichkeit steht unmittelbar neben tiefem Empfinden. Vielleicht sieht sie keine andere Möglichkeit, den Schmerz zu betäuben, als sich um flittrigen Kram zu kümmern und sich der Pflege ihrer Attraktivität zu widmen. Daß sie unter einem schreienden Gefühl der Ohnmacht leidet, kommt in mehreren Briefen zum Ausdruck. Sie suche in der Hoffnung, daß »der Verlust bald wieder gut gemacht werde«, Trost, wie sie der Großmama schreibt. Daß Friedrich Wilhelm ihr treu zur Seite steht, erwähnt sie in einem Brief an ihren Bruder: »Ach, lieber George, wer besser als Du könnte meine Freude, meine Wonne, mein Glück teilen, wenn ich Dir von meinem Kinde schreiben könnte! So aber kann ich leider nur sagen: es war schön! Meine Tränen ersticken mich. Ich murre nicht ... Mein Mann grüßt Dich ... Er macht mich zum glücklichsten Weibe der Welt. Er ist ein seltener Mann.«

DIE STILLEN JAHRE

Nun folgt fast ein ganzes Jahr stillen Familienlebens. Den Winter verbringt man ruhig, und mit der Zeit heilt die Wunde, die das tote Kind gerissen hat, trocknen Luises Tränen. Abgesehen von den üblichen Zerstreuungen und offiziellen Festen, zu denen der Hof ihre Anwesenheit fordert, leben Luise und Friedrich Wilhelm 1795 sehr zurückgezogen meist in Potsdam oder in Oranienburg.

Als Therese am 20. Februar ihren erst dreijährigen Sohn Georg verliert, schreibt Luise: »Wenn Du wüßtest, wie ich an Deinem Schmerz Anteil nehme, wie sehr ich Dich beklage und wie deutlich ich das Ausmaß Deines Verlustes sehe und erkenne, dann hättest Du mir nicht geschrieben, ich möge um Deinen Engel einige Tränen vergießen. Stell' Dir nur vor: in den Zeitungen habe ich diese schreckliche Nachricht in dem Augenblick gelesen, als wir zu Tisch gingen; da stürzten mir die Tränen aus den Augen; um nicht vor Schrecken zu ersticken, konnte ich mich nicht zu dem Essen begeben, an dem viele Leute teilnahmen. Aber am Abend mußte ich zu einer großen Gesellschaft gehen, auf der alle Leute wegen meiner rotgeweinten Augen miteinander flüsterten. Ich stand wie auf Kohlen, denn mit meinem schweren, übervollen Herzen wußte ich nicht, wohin ich mich wenden sollte, um eine Ecke zu finden, in der ich meinen Tränen freien Lauf lassen konnte, ohne gesehen zu werden ... Es ist zu spät, fast Mitternacht; ich habe absichtlich diese Zeit gewählt, zu der alles still ist außer meiner Seele, meinem Herzen und meiner Phantasie; ich habe die Nacht gewählt, weil ich zu stark das Unglück meiner vielgeliebten Schwester mitempfinde; ich kann diese Zeilen nicht schreiben ohne Tränen zu vergießen; zur Zeit ist hier niemand zugegen, ich lasse sie ohne Besorgnis fließen, aber bei Tage gibt es tausend Menschen, die mich mit Fragen quälen, nicht weil sie für meine Person Interesse hätten, sondern aus Neugierde, und das ist grausam.«

Es ist die kleine Schwester, welche die große trösten will, und sich doch nur das eigene Leid von der Seele schreibt.

Im März kommt Georg, Luises »Lieblingsbruder«, für ein paar Wochen in Begleitung von Oberst von Graefe zu Besuch. Fünfzehn Jahre ist er jetzt alt. Schon die Nachricht von seinem bevorstehenden Eintreffen versetzt Luise in Hochstimmung, alle Traurigkeit ist wie weggefegt: »Außer mir bin ich, Euch wiederzusehen, Ihr Lieben, Ihr Guten. Kommt nur früh, liebe Kinder! Sonst möchte ich vor Ungeduld des Tages Länge nicht erleben. Gehet frühe weg, Ihr alten lieben Geschöpfe, und laßt nicht gar zu lange auf Euch warten. Herr Oberst, ich werde mich noch einmal so tief bücken, wenn ich den Oberst sehe. Herr Erbprinz, um Gottes Willen schlafen Sie nicht zu lange. Ich bin dull im Kopf ... Ach liebe, beste Leute, kommt nur nicht zu spät, ich bitte Euch. Nun Adieu, des Unsinns ist genug. Adieu, *je vous aime tous les deux.*«

Auch die Großmama reist an, mit ihren sechsundsechzig Jahren rüstig wie eh und je und von nie versiegender Redseligkeit, so daß die gleichaltrige Oberhofmeisterin kaum zu Wort kommt. Sophie von Voß pflegt die Abreisen der Prinzessin Marie stets mit einem aufatmenden »Gott sei Dank« in ihrem Tagebuch zu verzeichnen. Luise lädt sie jedoch häufig ein: »Wir haben Platz für sechs Großmütter«, schreibt sie ihr. Und ein anderes Mal: »Du wirst Dich überzeugt haben, daß man Dich liebt und daß Du willkommen bist in unserem Hause, wo die Liebe und die Eintracht herrschen.«

Der Sommer geht mit kurzen Reisen und Visiten vorüber, im Herbst sagt sich Charlotte, die Schwester aus Hildburghausen, an – ein Besuch, der nun endlich auch den Beifall der Oberhofmeisterin findet. In diesem Jahr geht auch Luises Wunsch nach einem Kind in Erfüllung: Am 15. Oktober 1795 schenkt

Luise als Kronprinzessin. Zeichnung von Johann Gottfried Schadow, um 1795.

sie ihrem ersten Sohn das Leben. Er erblickt das Licht der Welt im Beisein seiner Großmutter, der Königin. Luises Glück ist vollkommen. Der Thronerbe ist da, zweiundsiebzig Kanonenschüsse Salut verkünden der Residenz die gute Nachricht. Die Taufe findet am 28. Oktober in Gegenwart der gesamten königlichen Familie im Audienzsaal des Kronprinzenpalais in Berlin statt. Der Knabe erhält den Namen Friedrich Wilhelm und wird später als König Friedrich Wilhelm IV. den Thron besteigen. Bischof Sack vollzieht die Taufzeremonie; der König von Preußen hebt seinen Enkel selbst aus der Taufe. Der neugeborene Prinz hat viele Paten: seine beiden Großväter, die Kaiserin Katharina von Rußland, Franz II., den letzten deutschrömischen Kaiser, ferner König Georg III. von England, Königin Charlotte, Herzog Ferdinand von Braunschweig und dessen Mutter.

Luise ist auf dem Höhepunkt ihrer Schönheit. Sie wird gemalt, modelliert, ihre Bildnisse werden sogar ausgestellt. 1794 führt der Bildhauer Johann Gottfried Schadow die berühmte Marmorgruppe der beiden Schwestern Luise und Friederike aus – ein klassizistisches Meisterwerk der Plastik. Staatsminister von Heinitz vermittelt dem Künstler »Sitzungen« der beiden jungen Frauen, so daß er nicht seine Phantasie bemühen muß. Schadow selbst beschreibt die Entstehung dieser Marmorgruppe, die so großen Erfolg haben soll, mit folgenden Worten:

»Im Seitenflügel des kronprinzlichen Palais ward mir ein eigenes Zimmer eingeräumt. Ausgemacht war: Prinzessin Luise sollte zuerst zu ihrer Büste sitzen. Nach Empfang von Hofstaat, den Fremden, der Korrespondenz und der Toilette war das Mögliche getan, um gegen zwölf Uhr fertig zu sein. Mit den beiden hohen Damen kam auch der Kronprinz. Man baut sich auf: eine Büste in Ton, Naturgröße und so, daß dem ersten Entwurfe nach ein Ideal-Kopf gebildet werden könne ...

Die Büste der Kronprinzessin wurde in der Ober-Etage modelliert, weil die hohen Herrschaften gerade derselben Stunde bedurften, um die Fremden zu empfangen, weshalb auch wohl der Kronprinz immer zugegen war. Obwohl ich mir vorgenommen hatte, die Gedanken auf meine Arbeit zu richten, auch vom Gespräch der Herrschaften nichts beizubringen wüßte, bleibt mir doch in Erinnerung, wie der Kronprinz – nachdem die Herrschaften entlassen waren, und in deren Gegenwart Seine Königliche Hoheit eine feste Haltung behielt – nun von manchen die Gebärden und übertriebene Freundlichkeit nachmachte, sowie deren poetische Phrasen wiederholte.

Aus einem Stückchen Ton modellierte er ein Köpfchen mit Stutz-Perruque (Stutzer-Perücke); es zeigte wohl eine Anlage, die der Herr aus geborenem Mißtrauen gegen sich selbst nicht einräumte und so hierin nicht mehr Versuche machte. Hiernach folgten diese Büsten der Kronprinzessin und des Kronprinzen. Unter den Büsten fanden die der beiden Prinzessinnen den meisten Beifall. Die schönen Gestalten der beiden hohen Frauen bewogen den Minister von Heinitz, die Gruppe derselben so modellieren zu lassen, daß eine Kopie in kleinerem Maßstabe nach dem Modell angefertigt werden könne, um mehrere Exemplare in Porzellan-Biscuit zu liefern. Die königliche Porzellan-Manufaktur, unter seiner Aufsicht damals noch im Besitz des Monopols, gewährte einen Ertrag, mit welchem der Minister beim König die Genehmigung zu vielen Kunst-Unternehmungen auswirkte und die Kosten bestreiten konnte.«

Die Prinzessinnen gestatten dem Künstler, ihre Kleidung nach seinem eigenen Geschmack anzuordnen. Bei Luise stößt Schadow auf ein kleines Problem: Eine leichte Verunstaltung stört zeitweise die Linie ihres Halses; sie trägt, um sie zu verdecken, ein Tüllband, das ihr hübsches Gesicht noch vorteilhafter betont. Und flugs wird dieses Tüllband zu einer Modeerscheinung, die viele Frauen Berlins nachahmen.

Der Bildhauer verdeckt den zeitweiligen Makel, indem er eine Art Schleife anmutig um den Kopf schlingt und unter das Kinn legt. Wie trefflich er die Schwestern in ihrer Anmut und Grazie wiedergegeben habe, wird immer wieder hervorgehoben. Und wie groß das Entzücken bei der ersten Ausstellung der Marmorgruppe in Berlin ist, belegt eine zeitgenössische Kunstkritik: »Der Künstler wird nicht zürnen, daß über die liebenswürdigen Personen dieser Gruppe die bewunderungswürdige Kunst hie und da übersehen ward; denn der Freund seines Vaterlandes mußte in den Äußerungen der Liebe und Verehrung, welche er bei den Beschauern des Kunstwerkes beobachtete, einen neuen Genuß für sein Herz finden. Gewiß werden künftige Jahrhunderte diese Gruppe ebenfalls mit Interesse betrachten … und vor dieser Gruppe sinnende Bewunderer stehen, und sich in die Zeit zurücksehnen, in welcher die Königin lebte.«

So harmonisch Luise und Friedrich Wilhelm im allgemeinen auch miteinander leben, es gibt in den ersten Jahren ihrer Ehe doch manches, was zwischen ihnen nicht stimmt. Friedrich Wilhelm lebt gern bürgerlich und bescheiden und steht damit ganz im Gegensatz zum König, der sich äußerst elegant kleidet und nichts dabei findet, mit seinen Mätressen Geld zu verschwenden. Er haßt seinen Vater nicht, verachtet aber seinen Lebensstil, und er macht auch gar kein Hehl aus seiner Abneigung. In allem versucht Friedrich Wilhelm das genaue Gegenteil des Vaters zu sein. Mirabeau hat ihn wohl ganz richtig eingeschätzt: »Er ist linkisch, aber alles hat bei ihm ein bestimmtes Gepräge. Er ist unhöflich, aber er ist wahr … Er ist hart und zäh bis zur Rauhheit … Vielleicht hat dieser junge Mann eine große Zukunft.«

Zunächst hat er eine großartige Vergangenheit. Sein Onkel Friedrich der Große, den er über alles verehrt, soll von ihm gesagt haben: »Er wird so sein wie ich.« Aber weder Mirabeau noch der König behalten recht. Friedrich Wilhelm hat weder eine große Zukunft noch besitzt er auch nur annähernd den Verstand und das Genie Friedrichs.

Von einer Begegnung im Park von Sanssouci mit dem großen König berichtet Friedrich Wilhelm später, der König habe ihn sofort über Geschichte und Mathematik ausgefragt. »Ich mußte in französischer Sprache mit ihm reden. Dann zog er aus der Tasche La Fontaines Fabeln, von denen ich eine übersetzte. Zufällig war es gerade eine, die ich beim Informator eingeübt hatte und die mir sehr geläufig war. Das sagte ich dem König, als er meine Fertigkeit lobte. Darauf erheiterte sich sein ernstes Gesicht. Er streichelte mir sanft die Wangen und setzte hinzu: ›So ist's recht, lieber Fritz; nur immer ehrlich und aufrichtig! Wolle nie scheinen, was Du nicht bist; sei stets mehr, als Du scheinst.‹«

Diesen Satz prägt er sich ein, doch nie gelingt es ihm, mehr zu sein, als er scheint. Der österreichische Gesandte Fürst Reuß

*Lithographie nach der berühmten »Prinzessinnengruppe«
von Johann Gottfried Schadow, 1794.*

skizziert die Persönlichkeit des Kronprinzen in einem Brief: »Seine Haltung ist immer etwas verlegen; er ist stets sehr zurückhaltend und keine ausgesprochene Persönlichkeit. Die ihn näher kennen, behaupten, er sei unentschlossen. Und diese Behauptung scheint begründet zu sein. Unter den verschiedenen Ursachen, denen man diese Unentschlossenheit zuschreiben kann, scheint mir besonders die am wahrscheinlichsten, daß der Prinz, der sonst einen guten Menschenverstand besitzt, jeden Tag mehr den Mangel an Erziehung fühlt und immer fühlen wird … Als man diese Erziehung nahezu für beendet hielt, ließ man ihn an den Sitzungen der verschiedenen Ministerien teilnehmen. Er langweilte sich aufs schönste und hinterließ nirgends auch nur eine Spur seines Interesses an den Geschäften, die sich dort abwickelten … Als er den König ins Feld begleitete, war er nur ganz äußerlich dabei und zeigte keinerlei Lust, sich auszuzeichnen … Seine größte Sorgfalt beschränkt sich seitdem darauf, daß er sein Regiment gut einexerziert. Und das gelingt ihm … Er hält auf eiserne Disziplin und liebt die Armee, die er noch vergrößern möchte …«

Friedrich Wilhelm unterhält ein – sagen wir – theoretisches Verhältnis zu seiner Armee. Abgesehen von den verschiedenen Feldzügen, an denen er teilnimmt, braucht er sich als Kronprinz weder um Politik noch um irgendwelche Staatsgeschäfte zu kümmern. Er ist zufrieden, wenn er mit seiner Luise ruhig und ungestört leben kann, was in Potsdam jedoch ziemlich eintönig ist, besonders wenn keine Gesellschaften und Feste stattfinden. Seine Pferde, sein Regiment und eine Partie Kegel bedeuten ihm, besonders in seinen jungen Jahren, die liebste Zerstreuung. Stundenlang reitet er mit der Kronprinzessin in der Umgebung von Potsdam aus. Für diese Spazierritte hat auch Luise einiges übrig.

Im Grunde ist Friedrich Wilhelm ein verschlossener, menschenscheuer Charakter, den alles Öffentliche in eine gewisse Verlegenheit versetzt. Dabei verfügt er für die Repräsentation über beste Voraussetzungen: Er spricht vorzüglich Französisch und kann in dieser Sprache recht eloquent sein. Deshalb ist es Luise auch am liebsten, wenn er sich mit ihr französisch unterhält und seine Briefe französisch schreibt. Im Deutschen spricht er berlinisch-aphoristisch und abgehackt, im Französischen fließend und leicht. Seine kurz angebundene, ja schroffe Redeweise wird später von preußischen Offizieren nachgeahmt und auch parodiert – das hölzerne »mir fatal« wird sprichwörtlich. Ohne Zweifel liegt in seiner vernachlässigten Erziehung der Grund für seine Scheu und Zurückhaltung. Friedrich Wilhelm hat genau gespürt, daß sich der Vater nicht viel aus ihm macht, er kümmert sich kaum um ihn, ja seine unehelichen Kinder scheinen ihm mehr am Herzen zu liegen als seine ehelichen. Um dieselbe Zeit, als der Kronprinz zur Welt kam, gebar auch Wilhelmine Rietz dem König einen Sohn, Alexander von der Mark. Der Vater widmete sich fast ausschließlich diesem unehelichen Sohn und war aufs schmerzlichste getroffen, als dieser nach neun Jahren starb. So sehr trauerte der König um dieses Kind, daß er sich den Geist des kleinen Verstorbenen in einer der spiritistischen Sitzungen, welche Wilhelmine Rietz und Johann Rudolf Bischoffwerder für den König veranstalteten, zitieren ließ. Der Geist erschien auch prompt und ermahnte den König eindringlich, Madame Rietz niemals zu verlassen. Friedrich Wilhelm II. hat das treu befolgt.

Friedrich Wilhelm wuchs ohne die Liebe seines Vaters auf, an der Seite einer oberflächlichen Mutter, die mit ihren eigenen Angelegenheiten beschäftigt war. Die Kinder waren meist der Dienerschaft und den nicht immer tüchtigen und geschickten Erziehern überlassen. Wärme und Herzlichkeit oder gar Liebe erlebten sie kaum. Als der sechzehnjährige Kronprinz in die Hände des klugen Grafen Karl Brühl kam, war es bereits zu spät. Er blieb verschlossen und linkisch.

An der Seite dieses Mannes sucht Luise ihr Glück. In den ersten Ehejahren will sie sich ihm anpassen, hat sie vor allem sein Glück im Blick, doch später wird sie selbstbewußter, fordernder. Vielleicht hätten andere Frauen es weniger verstanden, auf seine Eigenarten einzugehen und wären mit ihm unglücklich geworden. Luise aber meistert alle Hindernisse und Gefahren in ihrer Ehe mit ihrem grundoptimistischen Lebensgefühl und ihrer Sensibilität für menschliche Schwächen. Die kleinen Un- und Eigenarten ihres Mannes übersieht sie einfach, und so gibt es zwischen ihnen kaum größere Reibungsflächen.

Aber es gibt auch vieles, was sie trennt. Die größte Kluft tut sich in ihren geistigen Interessen auf, worunter vor allem Luise leidet. Der Kronprinz ist mehr oder weniger amusisch, wenn seine literarischen und künstlerischen Abneigungen auch nicht die schroffe Art zeigen, die sein großer Vorgänger Friedrich Wilhelm I. an den Tag legte. Die Versuche seiner Frau, ihn für die Beschäftigung mit ernsteren oder intellektuellen Themen zu gewinnen, sind zum Scheitern verurteilt. Friedrich Wilhelm erscheint das Leben als solches schon düster genug, und er wünscht es nicht durch ernste oder gar traurig stimmende Lektüre noch schwerer zu machen.

Für ihren Bildungshunger hat er zwar kein Verständnis, aber er läßt sie gewähren. Luise stellt immer wieder selbstkritisch fest, im Grunde nicht ausreichend gebildet zu sein. Um so eifriger ist sie bemüht, Wissenslücken, die sie bei sich entdeckt, auszufüllen.

Friedrich Wilhelm dagegen zeigt allenfalls Sinn für heitere Lektüre und liest höchstens die zu seiner Zeit so beliebten sentimentalen Romane oder Räubergeschichten und Bücher über Pferde und Uniformen. Mit Militärmärschen – »Janitscharenmusik«, wie man es damals nennt – und Tänzen kann er etwas anfangen, aber gegen Hausmusik hegt er eine tiefe Abneigung. Vielleicht ist er als Kind zu oft gezwungen worden, den Konzerten beizuwohnen, die sein Vater beinahe täglich veranstaltet. Die kleinen Lieder, die Luise ihm bisweilen vorsingt, hört er dagegen geduldig und gern an. Auch seine Kenntnisse in der Malerei beschränken sich auf rein militärische Sujets und Genres. Seine eigenen ungeschickten Zeichenversuche in der Jugend geraten aber immer zu Karikaturen von Soldaten. Uniformen und alles, was mit seinem Offiziersberuf zusammenhängt – ausgenommen der Krieg – interessieren ihn ungemein.

In dieser Hinsicht erscheint er wieder als »typisch preußisch«. Da sein Weltbild so klar und übersichtlich, seine psychische Struktur so wenig komplex ist, kann er mit jeglichem Freiheitsdrang wenig anfangen. Später wird er seinen Söhnen vorhalten: »Ihr wollt immer mehr Freiheit haben; wenn ihr wüßtet, wie wenig Freiheit man mir in eurem Alter bewilligt hat! Zu einem meiner Geburtstagsfeste hat man mir einen Topf Rese-

*Das Kronprinzenpalais in Berlin. Oben: Außenansicht der Residenz des Kron-
prinzenpaares, unten: Das Schlafzimmer Luises.*

da geschenkt, der ein paar Pfennige wert war ... Und wenn mein Erzieher guter Stimmung war, führte er mich in irgendeinen Kaffeegarten und bestellte Kirschen für mich, die er sehr billig kaufte.«

Das Jahr 1796 verläuft in der Kronprinzenfamilie so ruhig, daß selbst Sophie von Voß in ihrem Tagebuch die lähmende Routine beklagt. Im Sommer – endlich – geht ein Herzenswunsch Luises in Erfüllung. Während der König zu einer Badekur nach Pyrmont aufbricht, fährt das Kronprinzenpaar nach Neustrelitz, um den »Papa« zu besuchen, wie Friedrich Wilhelm ihn zu nennen pflegt, während er seinen eigenen Vater immer nur als »der König« bezeichnet. Vierzehn Tage »Urlaub« hat der König seinem Sohn für diese Reise »bewilligt«. Am 15. Juli brechen die Kutschen nach Mecklenburg auf. Luise genießt diese Zeit ungezwungener Begegnung mit ihrer Familie in vollen Zügen – sie kann nicht verstehen, warum solche unschuldigen Besuche nicht öfter möglich sind. »Die Fürsten«, schreibt sie an Suzanne von Gélieu, »verderben sich meist ihre Vergnügungen durch unerträglichen Zwang und durch Ideen von Großartigkeit, welche sehr oft nur ihre Kleinheit bemerkbar machen. Das wahre Verdienst findet sich nur in uns selbst, und unsere Taten entscheiden darüber.«

Das kurze Vergnügen endet mit einem Besuch auf dem Gut der Oberhofmeisterin. Luise und Friedrich Wilhelm treffen am 1. August wieder in Berlin ein und verbringen ihre Tage erneut im gleichmäßigen Takt des Hoflebens. Anfang November klagt Luise gegenüber ihrem Bruder: »Du bist nun schon wieder recht lange in Rostock und studierst, daß Du schwarz wirst; ich hingegen studiere nichts als Englisch, bin auf Bällen, wo ich nicht tanze, und in Gesellschaften, wo ich mich ennuyiere, und doch in der großen Welt? Ach, ich möchte, ich wäre in der kleinen Welt, da amüsier' ich mich viel besser, dann sind wir einmal ganz allein zu Hause des Abends und trinken Tee in unserm kleinen Zirkel, lesen nachher und freuen uns des kleinen Engels (ihr Sohn Fritz); da bin ich so vergnügt, wie ich in meinem Leben nirgend anders bin.«

Die Langeweile wird nur durch einen Besuch Thereses Ende November unterbrochen, die – Georg wird über alles ins Bild gesetzt – ihrem Bruder eine zutreffende Beschreibung des kronprinzlichen Lebens in Berlin gibt:»Ich fand die Schwestern sehr hübsch, Friederike zumal verschönert und frisch wie eine Rose. Jetzt nach zwölf Tagen täglichen Umgangs läßt sich mehr sagen. Es sind wirklich liebliche Geschöpfe, sehr verschieden, aber sehr liebenswürdig. Luise ist mehr glücklich, aber sie ist es sich selbst schuldig. Wieviele Frauen an ihrer Stelle würden sich unglücklich fühlen, wenn der Kronprinz nicht alles gut in ihren Augen machte. Kleine Rauhheiten, Eigenheiten des Kronprinzen, wie leicht könnten sie zur Härte werden, wie leicht plagend werden, wenn nicht dieses biegsame, aber immer elastische Rohr ihnen entgegengesetzt würde. Was das unbändige Pferd zu dem gemacht hat, was es ist, ist ein vortreffliches Herz, Vernunft durch guten Rat befestigt, Nachdenken, Erfahrung, und das mächtigste aller Mittel, die Liebe ... Friederike ist ein einzigartiges Geschöpf, wahrhaftig nicht weniger zu bewundern. Wie unglücklich, daß gerade das liebliche, hingebende Wesen mit so einem eiskalten Mann verbunden sei. Gottlob, jetzt finden sie sich ganz, sie entschuldigt gewisse Schwächen und findet viel Glück, Freude und Nahrung für das Herz in ihren Kindern. Man weiß, wie leicht getäuschte Hoffnungen verbittern, allein das ist gar nicht der Fall.«

Noch während Thereses Anwesenheit erkrankt Prinz Louis schwer; Friederike weicht nicht von seiner Seite, sie geht nicht mehr aus, nicht einmal um Therese zu besuchen, die sich von dieser ostentativen Beharrlichkeit und Liebe ganz gerührt zeigt. Doch trotz der aufopfernden Pflege stirbt Prinz Louis am 28. Dezember 1796 im Alter von fünfundzwanzig Jahren nach vierzehntägiger Krankheit an der Bräune, wie die Diphtherie damals genannt wird, und hinterläßt eine achtzehnjährige Witwe und ein Kind.

Friedrich Wilhelm ist erschüttert. Er hat seinem Bruder bis zuletzt beigestanden und erkrankt nun selbst schwer an einer Entzündung der Luftröhre. Luise scheint verschont zu werden, verzehrt sich aber in Sorge und Mitgefühl für ihre Schwester, verläßt auch ihren Mann nicht einen Augenblick. Mit größter Liebe und Hingabe pflegt sie den Kranken und sitzt Nächte hindurch an seinem Bett, um ihn durch ihre Gegenwart zu trösten. Georg, der zu dieser Zeit mit der Großmutter in Berlin ist, schreibt seiner Schwester Therese:»Luise muß für ihren Mann sorgen, dessen Kopf halten, der Großmama Artigkeiten erweisen usw. Und wie sich Luise dabei benimmt, nein, auf Ehre, es ist unmöglich, ihr Ebenbild noch einmal zu finden.«

Darin ist die Kronprinzessin wirklich großartig: Wenn sie gefordert ist, läßt sie sich durch niemanden an Fürsorge und Familiensinn übertreffen. Luise ist in ihrem Element, wenn sie spürt, daß sie gebraucht wird. Endlich, am 3. Januar 1797, wendet sich die Krankheit zum Besseren, ist die Krise überstanden. An den inzwischen abgereisten Georg schreibt sie:»Meinen Mann in Gefahr zu wissen, ihn leiden zu sehen, das ist furchtbar. Niemals werde ich diese Zeiten des Unglücks vergessen.«

Friedrich Wilhelm kommt nur schwer über den Tod seines jüngeren Bruders hinweg, den er sehr geliebt hat. Die beiden haben einander bestens ergänzt; der Kronprinz fand in Louis einen Ausgleich seiner schwachen Seite, seines Mangels an Selbstvertrauen. Louis war unerschrockener und weniger schüchtern als Friedrich Wilhelm.

Mit Zustimmung ihres Gemahls nimmt Luise die junge, verwitwete Prinzessin Friederike in ihr Haus auf. In sämtlichen Wohnsitzen der Kronprinzenfamilie werden ihr separate Privatgemächer zugewiesen, damit die ältere Schwester ihr in ihrem Schmerz beistehen kann. Die Trauer hält sich bei Friederike allerdings in Grenzen. Auch der König – so berichtet es Schadow –»empfing die Nachricht mit scheinbarer Ruhe, welcher eine bleibende betrübte Stimmung folgte«. Daß Friederike in einen Zustand verfiel,»der die Besorgnis erregte, daß sie dieses Ringen mit dem schneidendsten Schmerze nicht überleben werde«, wie Schadow hyperventiliert, gehört in das Reich der Fabel. Der Verlust ihres Mannes scheint sie – sieht man vom ersten Schreck ab – nicht übermäßig hart getroffen zu haben.

Zwei Wochen später, am 13. Januar 1797, stirbt Königin Elisabeth Christine, die Witwe Friedrichs des Großen, nach kurzer, schwerer Krankheit im Alter von zweiundachtzig Jahren. Große Hoftrauer wird angeordnet. Die Königin findet in der königlichen Gruft auf der hinteren Seite der Berliner Domkirche am Spreeufer die letzte Ruhe.

»Nun kommt die Reihe an mich«, bemerkt der König lakonisch General Bischoffwerder gegenüber, als er die Nachricht
vom Tod der Königin-Witwe erhält. Ein prophetisches Wort,
denn ihm bleibt nur noch ein knappes Jahr. Als ahne er seinen
baldigen Tod, erläßt er ein neues Trauer-Reglement, das den
übermäßigen Pomp bei Leichenbegängnissen abschafft.
Der große, starke Mann verfällt sichtlich. Die Wassersucht
nötigt ihn erneut zu einer Kur in Pyrmont, dem damals eleganten Modebad. Gräfin Lichtenau – alias Wilhelmine Rietz –
begleitet ihn, während die legitime Königin in Freienwalde
bleibt. Luise ist wegen einer erneuter Schwangerschaft nicht
reisefähig, doch Friederike befindet sich in der Begleitung des
Königs.

Am 22. März schenkt Luise einem zweiten Sohn das Leben:
Prinz Wilhelm – sein eigentlicher Name ist Friedrich Wilhelm
Ludwig –, dem späteren preußischen König und ersten deutschen Kaiser Wilhelm I. Einige Wochen nach seiner Geburt vermählt sich Prinzessin Augusta, eine Schwester des Kronprinzen, mit dem Erbprinzen von Hessen-Kassel. Doch dann wird
das Kronprinzenpaar nach Pyrmont gerufen und verlebt dort
ziemlich unangenehme Tage.

In Pyrmont hält Gräfin Lichtenau förmlich Hof, wobei sie die
anwesenden Reichsfürsten – es sind mehr als zwanzig – mit
allen Ehren auszeichnen. Auch der Kammerherr Rietz, Günst-
ling des Königs und vermutlich wohl der unangenehmste Zeitgenosse in der Umgebung Friedrich Wilhelms II., wird ausgezeichnet und gefeiert.

Luise sieht das alles mit betrübtem Herzen, doch sie und ihr
Mann vermögen nichts gegen des Königs Willen zu unternehmen. Man zwingt sie sogar, der Vorstellung der Mätresse bei
Hofe beizuwohnen, worüber der Erzieher des Sohnes der Gräfin Lichtenau, Dampmartin, berichtet: »Die Königin, der Kronprinz und seine Gemahlin, sowie die anderen königlichen Prinzen und Prinzessinnen bebten vor Ingrimm über den sie
erniedrigenden Zwang, sich bei einer Frau als Gäste zu sehen,
deren bloße Nähe sie schon aufs tiefste verletzte … Der Kronprinz konnte seine heftige Gemütsbewegung nicht verbergen,
er warf verstohlene Blicke bald der zärtlich geliebten Mutter,

bald seiner angebeteten Gemahlin zu, als könne er nicht begreifen, sich mit ihnen in den prächtigen Gemächern der Mätresse des Vaters zu befinden ... Die strahlend schöne Kronprinzessin schien zurückhaltend und durch die Aufregung ihres Gatten etwas geängstigt zu sein. Prinzessin Friederike, ihre Schwester, hatte zum erstenmal ihre Trauerkleider als junge Witwe abgelegt und glänzte durch Anmut ... Alle Prinzen und Prinzessinnen konnten ihren Ärger und ihre Verlegenheit nicht verbergen.«

Auch diese Prüfung überstehen Luise und Friedrich Wilhelm gemeinsam. Als sie wieder in Potsdam sind, verheißt Luise ihrem Mann in übermütiger Stimmung erotische Freuden: »Ihre stets sehr ergebene und gehorsame Dienerin!«, beginnt sie ironisch einen entzückenden Brief an den Kronprinzen vom 25. April 1797. »Vergebens habe ich den ganzen Tag gewartet. Keine Nachricht, kein Brief, keine Antwort von Seiner Königlichen Hoheit, und ich bin so weit und so klug wie gestern, ehe ich Ihnen schrieb. Das Gallenfieber ärgere ich mich an den Hals, doch das will ich bleiben lassen und Dir sagen, daß ich mich recht wohl befinde, heute etwas eingenommen habe, worauf ich mich gestärkt und erleichtert fühle. Im Kopfe ist mir sehr wohl und so leicht geworden, daß ich ihn überhaupt nicht mehr spüre. Heute sehe ich auch besser aus als neulich ... Übrigens, teuerster Gemahl, ist es 10 Uhr, ich opfere für Dich Schlaf, Augen, Gesundheit und alles, nur um mit Dir zu reden, weil ich Dich – liebe.

Apropos, ich habe mir was ausgedacht. Um Dich dafür zu bestrafen, daß Du Sonnabends so viel Champagnerwein trinkst, teile ich Dir mit, daß ich mich für die ganze Zeit meines Aufenthalts in Potsdam schminken lassen werde, und wenn ich erfahre, daß Du kommenden Sonnabend auch noch soviel trinkst, werde ich es auch in Paretz ebenso machen ... Leb wohl, ich will meine Anmut ausruhen, um frischer zu sein als der anbrechende Morgen. Ich fühle es, morgen werde ich selbst Venus eifersüchtig machen. Wenn aber der eifrige Jünger des Mars mich immer lieb hat, überlasse ich Venus gern ihre Schönheit und Anmut, das Glück ist bei mir. Du lieber Kriegsknecht, bleibe mir treu und gut, und mache mich stets so glücklich, wie ich es nun drei Jahre durch Dich bin.«

DAS IDYLL VON PARETZ

Oft flüchtet das Kronprinzenpaar aus dem ihm mondän und prätentiös erscheinenden Berlin – was die Stadt damals allerdings noch keineswegs ist – nach Oranienburg. Friedrich Wilhelm schätzt diese Aufenthalte in dem romantischen Schloß, und er schätzt die Distanz zum Hof. Da er zu jenen Ehemännern gehört, die um ihre Gefährtin einen Kult machen und sie mit Bewunderung überschütten, findet er nichts wunderbarer, als vom Trubel der Welt entfernt das Leben mit einer so herrlichen Frau zu teilen. Es kommt ihm gar nicht in den Sinn, daß Luise etwas anderes empfinden könnte. Er setzt einfach voraus, daß sie seine Wünsche und Empfindungen teilt.

Der Kronprinz lebt mit seiner Frau wie ein glücklicher Privatmann. Am wohlsten fühlt er sich im Familienkreis, fern vom leeren, hohlen Geschwätz der Hofgesellschaft und den Zwängen des Zeremoniells. Jeden Tag steht er früh um sechs Uhr auf, und Luise hält es in der ersten Zeit ihrer Ehe, wenn sie auf dem Lande sind, ebenso. Allerdings kommen sie durch diese einfache, die Vorschriften der Etikette leichtnehmende Lebensweise nicht selten in Konflikt mit der Oberhofmeisterin. Sophie von Voß bemüht sich, das steife Hofzeremoniell selbst in der ländlichen Abgeschiedenheit aufrechtzuerhalten. Sie hat damit weder bei Luise noch bei Friedrich Wilhelm Glück. Er nennt sie spöttisch nur noch »Dame Etiquette«.

Besonders empört ist die Oberhofmeisterin, wenn er unangemeldet bei der Kronprinzessin eintritt. Als sie ihn eines Tages darauf aufmerksam macht, daß das nicht üblich sei, erwidert

Friedrich Wilhelm konziliant:»Nun gut, will mich fügen. Melden Sie mich meiner Gemahlin und fragen Sie, ob ich die Ehre haben kann, Ihre Königliche Hoheit die Kronprinzessin zu sprechen. Möchte ihr gern mein Kompliment machen und hoffe, sie wird es gnädigst gestatten.«

Sein verschmitztes Lächeln entgeht ihr. Sophie von Voß ist selig über den Erfolg ihrer Intervention. Gemessenen Schrittes begibt sie sich zur Kronprinzessin, um ihr in aller Form den Besuch Seiner Königlichen Hoheit zu melden. Doch als sie Luises Zimmer betritt, sitzt der Kronprinz bereits bei seiner Frau. Er ist durch eine andere Tür eingetreten und lacht der bestürzten Oberhofmeisterin entgegen:»Sehen Sie, liebe Voß, meine Frau und ich, wir sehen und sprechen uns unangemeldet, so oft wir wollen und wünschen.«

Weil sie stets zu viel Wert auf Kleinigkeiten legt und sich unnötigerweise den Neigungen ihrer jungen, mädchenhaften Herrin widersetzt, bringt sich die arme Dame hin und wieder in ziemlich lächerliche Situationen.

An einem schönen Sommertag etwa sagt Luise, sie habe vor, mit dem Kronprinzen in den Wald spazieren zu fahren. Sie lade die Oberhofmeisterin ein, sie zu begleiten. Sophie von Voß nimmt die Einladung freudig an, aber nicht im Traum hat sie sich ein Fuhrwerk vorgestellt wie den Leiterwagen, der zur festgesetzten Stunde am Eingang des Schlosses vorfährt – ein Wagen, wie ihn die Bauern bei den landwirtschaftlichen Arbeiten verwenden.

Unbekümmert und voller Vorfreude auf den Ausflug besteigt Luise den Wagen und fordert die Oberhofmeisterin auf, ihr zu folgen. Sophie von Voß mag die Versicherung, dies sei wirklich das passendste Gefährt für den Weg durch den Wald, nicht glauben. Friedrich Wilhelm gibt sich ebenfalls alle Mühe, sie zum Aufsteigen zu bewegen, aber Sophie von Voß bleibt unerbittlich. So springt der Kronprinz kurzerhand zu seiner Gemahlin hinauf und fährt mit ihr unter den erbitterten Klagen der Oberhofmeisterin davon:»Ihre königlichen Hoheiten mögen immerhin die Regeln der Hofsitte verspotten und übertreten, aber niemals soll jemand von mir, der Oberhofmeisterin, sagen können, daß ich sie mißachtet habe.«

Friedrich Wilhelm und Luise machen sich lustig über diesen kleinen Vorfall, der an sich zu unbedeutend ist, um erzählt zu werden, der jedoch ein bezeichnendes Licht auf das Selbstverständnis des kronprinzlichen Paares wirft – und die kleinlichen Reglementierungsversuche, denen es ausgesetzt ist. Die Standhaftigkeit ihrer übereifrigen Zeremonienmeisterin aber respektieren sie durchaus, gegen Eifersüchteleien und bösartige Feindseligkeiten seitens der Hofgesellschaft, mit denen sie manchmal zu kämpfen hat, nehmen sie sie stets in Schutz.

Der Kronprinz liebt Oranienburg, doch so ganz genügt es seinen Ansprüchen an Einfachheit nicht. Mit den beiden Flügeln ist ihm das Schloß zu groß und nicht behaglich genug, der Garten mit seinen vielen Pavillons gar zu prächtig. Er sehnt sich nach einem schlichteren Landsitz. Als General Johann Rudolf Bischoffwerder ihm erzählt, daß das Landgut Paretz, zwei Meilen nordwestlich von Potsdam, zum Verkauf stehe, greift er sofort zu. Er kennt es gut, denn er hat es öfters besucht, nachdem einer seiner Lehrer, Oberstleutnant von Blumenthal, sich dort zur Ruhe gesetzt hatte. Das kleine Schloß, das von saftigen Wiesen am Ufer der Havel umgeben ist, hat er in denkbar angenehmster Erinnerung. Dank seiner Sparsamkeit hat er auch keinerlei Probleme, die dreißigtausend Taler, die für das Schloß mit den umliegenden Gütern und dem zum Landgut gehörenden kleinen Bauerndorf gefordert werden, aufzubringen.

Ein Schloß? Dies ist wohl kaum der rechte Ausdruck für das kleine Anwesen. Efeu wuchert dicht und wild über die grauen Mauern hinweg, ringsumher breiten sich weite Wiesen aus, die von schnurgeraden Alleen begrenzt werden.

Friedrich Wilhelm läßt das alte Gebäude weitgehend abreißen und kleiner und zweckmäßiger wieder aufbauen. Oberbaurat David Gilly bittet er, alles im ländlichen Stil zu halten: »Nur immer daran denken, daß Sie für einen schlichten Gutsherrn bauen«, schärft er ihm ein. Das Haus wird denn auch unter der Aufsicht von Hofmarschall von Massow ohne größeren Aufwand ausgestattet und der Garten höchst einfach angelegt.

Paretz ist das, was man heute einen Landhaustraum nennt. Es liegt in einer sanft hügeligen, wasser- und weidenreichen Gegend. Eine hübsche kleine, etwas erhöht gelegene Kirche

befindet sich genau gegenüber dem Haus. Ländliche Bauern-
häuser liegen in nächster Nähe des Gartens, wo im Frühling die
Holunder- und Fliederbäume duften.

Paretz.

Dieser Landsitz gleicht eher einem Gutshof als einem Schloß.
Von Prunk ist nichts zu entdecken: keine seidenbespannten
Möbel, keine kostbaren Teppiche und kein silbernes oder goldenes Tafelgeschirr. Alles ist sehr ländlich und einfach. Eine
Treppe verbindet das Erdgeschoß und den ersten Stock; unter
dem Dach sind nur Stuben für das Hauspersonal. Der Speisesaal ähnelt einem Billardzimmer, häufig dient er den Kindern
für ihre Spiele. Zwei kleine Kanonen sind auf den Park gerichtet, als müßten sie Feinde abschrecken, die in diesem bukoli-
schen Idyll niemand ernsthaft erwartet. Das Zimmer der Kronprinzessin, in dem sich auch die Kinder tummeln, ist manchmal
in einer reizenden Unordnung. Kaum würde ein junger Sekretär
das Arbeitszimmer Friedrich Wilhelms für sich akzeptieren, und

nicht einmal ein Kindermädchen würde in einem der Räume
wohnen wollen, die für Sophie von Voß und die Hofdamen
bestimmt sind.

Das Zimmer des Hausherrn – von Luise liebevoll eingerichtet – verrät den Geschmack Friedrich Wilhelms: Sie hat den
Platz für den Schreibtisch bestimmt, das Spinett in den vor-
springenden Winkel des Fensters gestellt, die leichte Kommo-
de an die Wand gerückt und die Porzellanfiguren und andere
Nippsachen geordnet. Im Schlafzimmer steht das Ehebett in
einer Nische, verschwindet unter den seidenen Daunendecken,
die ein übergroßer, schattenwerfender Baldachin überwölbt. In
den Zimmern hängen keine großartigen Kunstwerke, nur einige Gemälde mit Szenen aus Shakespeares Werken.

Paretz! Welch eine Zuflucht für ein junges Paar! Welch ein
Idyll, diese Einsamkeit, diese Abgeschiedenheit! Friedrich Wilhelm und Luise schließen es in ihr Herz. Auch die Kinder finden hier später den idealen Platz zum Aufwachsen. Der Sommer, der Duft von frischen Blumen und Linden liegt in der Luft.
Abends geht man früh zu Bett, die Pendeluhren schlagen die
Stunden, die so endlos scheinen. Friedrich Wilhelm widmet sich
hier wieder seinen Liebhabereien: Uniformen, Militärmärschen.
Luise hört ihm still über eine Arbeit gebeugt zu. Vielleicht denkt
sie an die leidenschaftlichen Briefe, die sie ihm ins Feld geschickt
hat. Erkennt sie in dieser Zurückgezogenheit in ihm den Helden ihrer Träume wieder?

Jedenfalls ist dieses Leben auch nach ihrem Geschmack.
Ungezwungen bewegt sie sich in dem ländlichen Milieu.
Friedrich Wilhelm rudert mit ihr im Kahn auf dem See. Hier,
inmitten dieser idyllischen Natur, sucht und findet Luise nicht
Zerstreuung, sondern Sammlung. Auf den Wiesen geht sie spazieren, ein Kind an jeder Hand, ein anderes an ihrem Rock hän-
gend. Im Sommer trägt sie dekolletierte Kleider, ein leichter, luf-
tiger Schal umhüllt Hals, Schultern und Arme. Sonntags
durchquert sie im Schatten der Laubbäume den Park, um sich
in die Kirche zu begeben. Die Dorfbewohner kommen ihr entgegen, ehrerbietig, aber ohne Scheu. Sie lächelt ihnen zu.

Eine Schilderung des beschaulichen Lebens in Paretz verdanken wir dem wackeren Generaladjutanten Karl Leopold von

Köckritz: »Ich habe«, schreibt er an eine Verwandte, »mit unserer gnädigen Herrschaft auf ihrem Landgut Paretz frohe Tage verlebt. Wir haben uns ungemein divertiert und alles Angenehme des Landlebens genossen, wobei die Jagd und Wasserfahrt die Hauptbelustigung waren. Mein guter Herr würde auch noch nicht so bald das ruhige Landleben, wofür er mit seiner Gemahlin so viel Gefühl und Stimmung hat, mit dem Geräusch der großen Stadt verwechselt haben, wenn nicht das Herbstmanöver seine Gegenwart erfordert hätte ... Entfernt von allem Zwang nahmen sie herzlichen Anteil an den naiven Äußerungen der Freude des Landvolkes, besonders bei dem fröhlichen Erntefest, vergaßen ihre Hoheit, die schöne königliche Frau mischte sich in die lustigen Tänze der jungen Bauernsöhne und -töchter und tanzte vergnügt mit. Hier war im eigentlichen, aber besten Verstande Freiheit und Gleichheit; ich selbst dachte nicht daran, daß ich 54 Jahre zurückgelegt, und tanzte gleichfalls mit, desgleichen, von unserm gnädigen Herrn dazu aufgefordert, die Frau Oberhofmeisterin von Voß. Oh, wie waren wir alle so glücklich!«

Diese Erntefeste sind immer ein besonderes Vergnügen für Luise. Unter den Klängen der Dorfmusik ziehen die Landleute zum Schloßplatz und warten dort in ihrem Festschmuck, bis der »königliche Gutsherr« und die »gnädige Frau von Paretz«, wie Luise sich ironisch bezeichnet, sich vom Tisch erheben. Die Bauern bilden einen Halbkreis, dann zeigt sich Friedrich Wilhelm, und einer der Bauern richtet die übliche Ansprache an den Herrn. Bald danach kommt die Kronprinzessin hinzu, und der Tanz beginnt. Zuerst spielt die Dorfkapelle, dann spielen die königlichen Tafelmusiker, die Garde-Hautboisten von Potsdam, auf. Der Zug marschiert anschließend zum Amtshaus, wo ein Tanzboden aufgebaut ist. Luise und Friedrich Wilhelm folgen dem Landvolk und schauen dem Treiben zu, ihre Begleitung tut es ihnen nach und mischt sich unter die Dorfbewohner.

Während das Landvolk sich im Freien vergnügt, ist am Abend Ball für die Hofgesellschaft im Speisesaal des Schlosses. Punkt elf Uhr ist Kehraus; die Lichter verlöschen. Vorher aber machen Luise und Friedrich Wilhelm noch die Runde durch den Saal und lassen sich neue Gäste vorstellen.

Wenn im Dorf die Buden der Herbstkirmes aufgestellt sind, macht Luise hier mitten im Gedränge Einkäufe und läßt Körbe voll Backwerk herumreichen. »Frau Königin! Frau Königin, mir auch was!« rufen die Dorfkinder. Sie geht mit ihnen zu den Spielbuden, kauft ihnen Honigkuchen und Pfeffernüsse – und Glückslose, vielleicht gibt's ja was zu gewinnen. Auch Georg ist von dem ländlichen Idyll angetan. Nach einem Besuch in Paretz berichtet er seiner Schwester Therese über den »Frohsinn«, der dort geherrscht habe. Man sei den ganzen Tag zusammen gewesen, auch bei Tisch, wo sich Luise und Friedrich Wilhelm um die besten Stücke stritten und sie sich gegenseitig wegnahmen – »mehr brauchten sie nicht, um zufrieden zu sein«.

Äußerlich macht Paretz nicht viel her, aber von allen Schlössern und Landsitzen ist es Luise das liebste Anwesen. Hier fühlt sie sich am wohlsten, weil sie ganz nach ihrem Sinn leben kann. Hier ruht sie sich aus, wenn sie in den Zeiten des Glücks allzu viele Gesellschaften in Berlin vertanzt hat, oder später, wenn die Sorgen und das Unglück allzu stark auf sie einstürmen. Dann schätzt sie die Einsamkeit in Paretz besonders. »Ich muß«, sagt sie, »den Saiten meines Gemüts jeden Tag einige Stunden Ruhe gönnen, muß sie dadurch gleichsam von neuem aufziehen, damit sie den rechten Klang behalten. Am besten gelingt mir das in der Einsamkeit; aber nicht im Zimmer, sondern in dem stillen Schatten der schönen, freien Natur; unterlasse ich das, dann fühl' ich mich verstimmt, und das wird nur noch ärger im Geräusch der Welt.«

In dieser stillen Ruhe, unter den stattlichen Pappelreihen der Alleen und in den Gärten mit ihren großen, schattenspendenden Bäumen verbringt Luise einen nicht geringen und sicherlich den glücklichsten Teil ihres Lebens.

DER TOD DES KÖNIGS

Im Laufe des Sommers 1797 verschlechtert sich der gesundheitliche Zustand des Königs. Am 25. September – er feiert seinen vierundfünfzigsten Geburtstag – kommt er zum vorletzten Mal von Potsdam nach Berlin. Seine Schwiegertochter schenkt ihm einen Lehnstuhl und einen Tisch. Zum Dank überreicht er ihr sein Bildnis. Seit dem Tod des Prinzen Louis und der schweren Krankheit des Kronprinzen ist die königliche Familie wieder näher zusammengerückt. »Der König«, schreibt Luise Mitte Januar 1797 ihrem Vater, »hat uns während dieser ganzen schrecklichen Zeit mit Güte überhäuft; er hat sich als ein wahrer Familienvater gezeigt.«

Über das, was in der Seele Friedrich Wilhelms II. vorgeht, wissen wir nur wenig. Qualvolle innere Kämpfe, bittere Leiden lassen sich nur erahnen, machen ihm aber sicherlich in seinen letzten Monaten das Leben schwer. Badekuren und Heilversuche schlagen nicht an. Rat und Hilfe sucht der König schließlich nur noch bei Mystikern und bei den Rosenkreuzern, an deren Sitzungen er oft teilgenommen hat. Spiritistische und okkulte Erscheinungen beschäftigen ihn.

Es ist bezeichnend für die damalige Zeit, daß der Hof Friedrich Wilhelms II. alle möglichen Scharlatane und Quacksalber anzieht. Sie schwatzen dem König nicht nur ihre Wunderkuren auf, sondern schrecken auch vor allerlei Geisterbeschwörungen und chemischen Experimenten nicht zurück. Die Rosenkreuzer bestärken ihn in der Neigung zum Mystischen und Esoterischen. Der Einfluß der Quacksalber ist groß, zumal

Gräfin Lichtenau und General Bischoffwerder den König in seiner Schwäche für diese windigen Gestalten und ihre »Heilmethoden« bestärken.

Einer von ihnen, Bergrat Clemens, rät dem kranken König, die Ausdünstung ungeborner Kälber einzuatmen. Wilhelmine Rietz läßt umgehend aus den Gedärmen solcher Kälber Kissen anfertigen, auf die der alte König sich legen muß. Magnetiseure, Scharlatane und Ärzte wechseln in der Behandlung des Kranken ab, der darüber immer elender wird. Er ist schließlich so schwach und mit den Nerven herunter, daß ihn eines Tages der Knall eines Sektkorkens zu Tode erschreckt und er ohnmächtig in sein Zimmer getragen werden muß.

Die letzten Monate seines Lebens verbringt der König mit seiner Mätresse Wilhelmine Rietz, der »Gräfin Lichtenau«, im Marmorpalais in Potsdam, während seine Gemahlin, die Königin, in Berlin wohnt. Gräfin Lichtenau und ihre Freunde hätten es gar zu gern, wenn er die Krone niederlegte, aber der Kronprinz sträubt sich energisch gegen die Abdankung seines Vaters. Der sterbende König befindet sich ganz in den Händen seiner Freundin. Sogar seine Kinder, der Kronprinz und seine Gemahlin, müssen erst bei der Gräfin Lichtenau oder beim Kammerherrn Rietz anfragen, ob sie den kranken König besuchen dürfen. Nicht immer werden sie vorgelassen.

Das Leben geht über in ein langsames, fühlbares Sterben. Meistens sitzt der König mit seinen von der Wassersucht geschwollenen Füßen in Decken und Kissen gehüllt beim Scheine abgeblendeter Kerzen, die in Alabastervasen stecken, in seinem Zimmer. Die unsteten Augen des Todkranken liegen tief in den Höhlen des bleichen, abgezehrten Gesichts. Er bekommt keine Luft und kann kaum noch sprechen. Die ruhige Art, mit der er die Qualen seiner Krankheit erträgt, erfährt Bewunderung. An seiner Seite sitzen die Gräfin Lichtenau und die junge Marquise von Nadaillac, die den König unterhalten muß, während Madame Rietz ihn streichelt. Im Zimmer spielen und lärmen die beiden Kinder der Dönhoff, was einen Vorleser nicht abhält, dem König ein Lustspiel von Molière vorzulesen, das ihn erheitern soll.

Am 6. Oktober, als das Kronprinzenpaar zusammen mit der

Oberhofmeisterin endlich wieder einmal die Genehmigung erhält, den kranken König zu besuchen, notiert Sophie von Voß in ihr Tagebuch:»Der König ist schwächer und abgemagerter als je; seine Stimme ist so schwach, daß man ihn kaum verstehen kann, wenn er spricht.« Und am 18. Oktober lautet der Eintrag:»Der Kronprinz kam um acht Uhr (abends von Potsdam) zurück und sagte, er hätte seinen Vater besser gefunden, als er es erwartet habe. Der König hat ihn verstanden, und es hat geschienen, als wünsche er die Kronprinzessin zu sehen; aber die Gräfin (Lichtenau) war die ganze Zeit im Zimmer.« Zwei Tage später erfährt Sophie von Voß,»der Kronprinz und die Kronprinzessin hätten den König ganz bei Besinnung gefunden und ziemlich wohl, aber sehr matt«. Er spreche nur noch mit kaum vernehmbarer Stimme.

Der König verschmäht den Beistand der Kirche. Seine Kräfte schwinden zusehends, aber sein Geist bleibt klar. Er empfängt niemanden mehr. Nur Wilhelmine Rietz duldet er in seiner Nähe und einige Vertraute – aber auch die nur unter ihrer Aufsicht.

Dann ist es aus mit der Mätressenwirtschaft. Am 15. November versucht Friedrich Wilhelm, dem dieses Treiben zu bunt wird, einzugreifen. Er weiß, daß es mit seinem Vater zu Ende geht. Der König nimmt Abschied von seiner Familie – in Gegenwart der Gräfin Lichtenau. Er ist dem Ersticken nahe. Absurde Szenen spielen sich ab: Die Königin fällt der Mätresse ihres Mannes weinend um den Hals und dankt ihr für die aufopfernde Pflege während seiner Krankheit. Aber der Kronprinz steht finster dabei und sieht Gräfin Lichtenau nur verächtlich an. Ihm kann man nichts vormachen. Den Kranken erzürnt das so sehr, daß er niemanden mehr sehen will von der Familie. Und so darf auch Luise nicht noch einmal zu ihm. Gräfin Lichtenau und Kammerherr Rietz verweigern allen den Zutritt.

Am folgenden Tag – der Kronprinz ist gerade nach Paretz zurückgekehrt – überbringt ein Kurier die Nachricht, daß der König im Sterben liege. Um ein Uhr nachmittags, als Friedrich Wilhelm Potsdam erreicht, erhält er die Meldung, daß der König um neun Uhr morgens nach langem, qualvollem Todeskampf im Marmorhaus zu Potsdam seinen Leiden erlegen sei. Allein sei er gestorben, ohne Freund, ohne Arzt, ohne Priester, nur umgeben von bezahlten Dienern, genau wie achtzig Jahre zuvor der glänzende König Ludwig XIV. In seiner Todesstunde ist nur der Kammerherr Rietz mit zwei weiteren Bediensteten bei ihm.

Gräfin Lichtenau ist »erkrankt« – man sagt, nach der Szene mit dem Kronprinzen – und erfährt vom Tod ihres Geliebten erst, als sie in den Garten blickt und die Garde zum Schloß ziehen sieht, wo sie die Totenwache halten soll. Da weiß sie, daß alles vorüber ist, auch für sie, denn wenig später wird sie verhaftet. Ihr bester Freund, der Minister Christian August Graf Haugwitz, hat ihre Verhaftung veranlaßt. Man führt die Gefangene in ihre Wohnung ins Kavalierhaus, wo sie eingesperrt bleibt, bis ihr im Jahr 1798 der Prozeß gemacht wird.

Der Leichnam des Königs wird nicht einbalsamiert, sondern unverzüglich in der Gruft der Berliner Domkirche beigesetzt.

Mittags um ein Uhr werden die Flügel des Brandenburger Tores ebenso wie die anderen Tore Berlins verschlossen: Die Garnison schwört noch am selben Tag den Treueeid auf den neuen König. Friedrich Wilhelm ist alles andere als auf den Thron erpicht gewesen. Die Oberhofmeisterin schreibt: »Meine Königin ist ganz betrübt und ergriffen, und der König ist es ebenfalls. Beide sind in Wahrheit sehr traurig, und der junge König, nach seiner edlen Denkungsart, hätte gerne die Krone noch entbehrt, um seinen Vater länger zu haben.«

Am Todestag seines Vaters versammelt Friedrich Wilhelm die Staatsminister um sich und fragt bescheiden: »Sie haben Ihren besten Freund verloren; wollen Sie mich dafür annehmen?« Als er gefragt wird, welchen Namen er tragen wolle, antwortet der junge König: »Friedrich Wilhelm III. An Friedrich den Großen reiche ich nicht heran.«

So wird Prinzessin Luise Königin am Vorabend der tragischsten Jahre der preußischen Geschichte. Bei seiner Abfahrt nach Potsdam hat Friedrich Wilhelm zu seiner Gemahlin gemeint: »Unser ruhiges Glück ist vorüber, die Prüfungszeit beginnt.« Ähnlich empfindet auch Luise, die ihrem Vater die Nachricht überbringt: »Ach, seit gestern 9 Uhr ist der König nicht mehr, und wir armen Kinder, wir weinen um ihn und trauern … Gott wolle seiner Seele gnädig sein und meinem Mann in seiner Arbeit beistehen, die schrecklicher ist als man glaubt.«

EINE NEUE ÄRA

Als Friedrich Wilhelm III. den Thron besteigt, ist er achtundzwanzig Jahre alt, Königin Luise zweiundzwanzig. Entschlußkraft fehlt dem jungen König ebenso wie Erfahrung, Intuition so sehr wie Intelligenz. Ein Konzept oder eine Strategie hat er nicht, vielmehr neigt er dazu, sich Illusionen zu machen. Das Projekt dieser Regentschaft hat kaum klare Konturen. Der neue König läßt den Dingen ihren Lauf.

An Friedrich Wilhelms Schüchternheit, an seiner in sich gekehrten, schwerblütigen Art ändert sich nichts, als er König von Preußen wird. Er ist in bewundernswerter Weise wohltätig, rechtschaffen, treu und zuverlässig – doch jetzt fallen die eher unangenehmen Eigenheiten seines Charakters schwer ins Gewicht: »Er war mißtrauisch gegen andere, am meisten vielleicht gegen sich selbst«, befindet Paul Bailleu. »Das Gefühl seiner Unsicherheit und Unzulänglichkeit machte ihn unentschlossen. Es ward ihm nicht leicht, zwischen entgegengesetzten Ansichten zu entscheiden: so neigte er dazu, eine Sache reifen zu lassen, Entschlüsse hinauszuschieben, oder nur vorläufige, unfertige Entscheidungen zu treffen. Das Kategorische fehlte ihm ganz, obschon er hartnäckig sein konnte bis zum Eigensinn.« Dabei ist er geradezu unbedingt in seiner Wahrheitsliebe und Aufrichtigkeit, so daß selbst die ihn mitunter streng beurteilende Oberhofmeisterin nicht umhin kann, in ihrem Tagebuch zu vermerken: »Er ist wirklich der wahrhaftigste Mensch, der existiert.«

Die Politik Friedrich Wilhelms II. war von strikter Neutralität geprägt, und der König hatte Christian August Graf Haugwitz zum Minister bestimmt. Der neue König wird an den Grundzügen dieser preußischen Politik nichts ändern. Hat er schon keine große Lust zu Staatsgeschäften, so ist er an auswärtigen Angelegenheiten noch weniger interessiert. »Konservieren, apaisieren, kalmieren« sind seine Lieblingsworte und -grundsätze.

Das Stadtschloß zu Potsdam.

Auch das Militär macht unter seiner Regentschaft nur unwesentliche Fortschritte. Waffen, Kriegstechnik, Strategie und Ausbildung interessieren Friedrich Wilhelm nicht. Wohl aber bereiten ihm nach wie vor Exerzierübungen oder Militärmusik eine beinahe kindlich zu nennende Freude. Schon bald werden Klagen laut über die allzu offensichtliche Gutmütigkeit des Königs und eine daraus resultierende Vernachlässigung der Disziplin.

Friedrich Wilhelm sieht sich nicht als »starken Mann«. Er ist eine stattliche, durchaus Respekt gebietende Erscheinung, die

Würde ausstrahlt, doch sein Auftreten in der Öffentlichkeit ist ungelenk, zurückweisend, wortkarg. Für Schmeicheleien und Huldigungen hat er überhaupt nichts übrig. Die Herausgeber der »Jahrbücher der preußischen Monarchie«, die meinen, ihm mit dem Abdruck überschwenglicher Hymnen von Novalis imponieren zu können, läßt er anweisen, solchen Unsinn nicht wieder zu drucken.

Schwunglos und nüchtern wirkt er und hinterläßt überall den Eindruck, zu irgendwelchen Leidenschaften nicht fähig zu sein. Er vermag nicht zu begeistern und mitzureißen. Der »erste Diener des Staates« – eine Maxime seines berühmten Onkels – ist ein korrekter, sparsamer, pedantischer Beamter, zögerlich und zaghaft. Lieber eine Kommission zusammenrufen, als rasch und energisch eine Entscheidung treffen. Dabei werden in den ersten Jahren der Regentschaft Friedrich Wilhelms III. mannigfaltige »Vorbereitungen« getroffen, die in ihrer ganzen Fülle erst später, etwa durch den Freiherrn vom Stein, umgesetzt werden sollen – sie betreffen die Aufhebung der Leibeigenschaft, Zoll- und Steuerwesen, Finanzen, Verwaltung, Militär und Rechtspflege. Friedrich Wilhelm nimmt einiges in Angriff oder vorsichtiger: Er leitet einiges in die Wege.

In einer Hinsicht ist der König jedoch um rasche Korrekturen bemüht. Der Kassensturz nach dem Tod seines Vorgängers führt zu einem vernichtenden Ergebnis. Der Mangel an Geld ist eklatant. Hatte Friedrich der Große noch einen Staatsschatz von stolzen siebzig Millionen Talern hinterlassen, so findet Friedrich Wilhelm III. eine drückende Schuldenlast vor, die er so bald wie möglich abbauen will. An seinem Entschluß, so sparsam wie möglich zu leben, hält er deshalb unerschütterlich fest: »Der König wird von den Einkünften des Kronprinzen leben müssen«, meint er lakonisch bei seiner Thronbesteigung, und dies bleibt keine leere Phrase. Er wechselt weder seine Wohnung, noch gedenkt er, seinen Haushalt zu vergrößern. Vorläufig bleibt die königliche Familie im Kronprinzenpalais.

Sorgsam ist der König darauf bedacht, jeglichen Prachtaufwand zu vermeiden und in der Öffentlichkeit mit gutem Beispiel voranzugehen. Die bescheidene Hofhaltung des Kronprinzen behält er bei. Gegenüber Karl Leopold von Köckritz soll

er geäußert haben: »Mein seliger Großonkel hat gesagt, ein
Schatz sei die Basis und Stütze des preußischen Staates. Nun
aber haben wir nichts als Schulden. Ich will so sparsam sein,
als es mir immer möglich ist. Keine Schenkungen mehr. Hat
das Land dringende Bedürfnisse, wie bei Brandschäden, Über-
schwemmungen, Mißernte, dann will ich von Herzen gern
geben. Nur aber keinen Aufwand, der ist mir zuwider.«
General von Köckritz wird in diesem Brief ausdrücklich
beauftragt, dem König die »erfahrensten und geschicktesten
Staatsmänner« vorzuschlagen, die in der Lage sein werden, »die
zerrütteten Finanzen wieder herzustellen und ein auf Ordnung
ruhendes, festes System der Staatsverwaltung einzuführen ...
Zu einer solchen (Mittelsperson) schickt sich keiner so gut wie
Sie. Sie besitzen ganz den Charakter und Humor, der hierzu
erforderlich ist, daher ist auch meine Wahl sogleich auf Sie gefallen ...«
Die Wahl trifft einen Mann von rührender Bedeutungslosig-
keit, eine schwatzhafte Natur, die von der Oberhofmeisterin
geflissentlich übersehen wird und die hauptsächlich beseelt ist
vom Wunsch nach Ruhe und Frieden. Unfaßbar erscheint es
ihm, daß ein Adliger wie Heinrich von Kleist sich herablassen
kann, »Versche zu machen«. Der alte Junggeselle ist ein wacke-
rer Militär und so schlichten Gemüts, daß Friedrich Wilhelm von
ihm nichts Unbotmäßiges zu befürchten hat. Er wird ihm immer
nach dem Mund reden. Rechtschaffenheit, Uneigennützigkeit
und auch Herzensgüte wird man General von Köckritz nicht
absprechen können, doch er ist ein Mann von so herzlich wenig
Talent, daß seine Gutmütigkeit eher das Schlimmste befürchten läßt. Als Freund mag er für den König von Nutzen sein, als
Ratgeber ist er ein Mißgriff.
Eduard Vehse hat diesen Gemütsmenschen mit wenigen Strichen treffend gezeichnet: seine Vorliebe für Pfeife, Tabak, Bier
und ein Spielchen Whist, sein verschmitzter Humor, der ihn
schon zu einem Liebling des verstorbenen Königs gemacht hat.
Sein munteres Gesicht und sein liebenswürdiger Charakter
haben auch die Blicke des Thronerben auf sich gezogen. Zu von
Köckritz faßt Friedrich Wilhelm bald ein uneingeschränktes Vertrauen, ihm offenbart er sogar seine geheimsten Gedanken.

Der General besitzt jedoch weder genug Begabung noch Bildung und so gut wie keinerlei nützliche Erfahrung, um dem König in seinen schwierigen Anfängen beizustehen. Da Friedrich Wilhelm aber zaghafter Natur ist und es mit seinem Selbstvertrauen nicht zum besten steht, will er in Köckritz den Freund erkennen, der ihm selbstlos beisteht. Das läßt wenig Tatkraft und Entschlußfestigkeit erkennen, sondern Unsicherheit und blindes Vertrauen auf vermeintlich bewährte Kräfte.

Wenn es überhaupt eine Programmatik des neuen Königs und seiner Gemahlin gibt, dann ist es der Wunsch nach »Liebe«. Als die Abgeordneten der Berliner Bürgerschaft den Majestäten ihren Glückwunsch aussprechen, antwortet Luise im Namen ihres Mannes: »Es ist mir lieb, meine Herren, Sie kennenzulernen. Die gütige Aufnahme von seiten der preußischen Untertanen und ihre bisherige Liebe wird mir unvergeßlich bleiben, und es wird mein vorzüglichstes Bestreben sein, mir diese Liebe zu erhalten. Die Liebe der Untertanen ist das sanfteste Kopfkissen der Könige; mit Freuden werde ich die Gelegenheit ergreifen, mich den hiesigen Bürgern dafür erkenntlich zu zeigen.«

So gestelzt es heute klingen mag, es ist nicht einfach so dahingesagt. Luise reagiert auf alle Ereignisse emotional, spricht stets von Gefühlen, wo andere vielleicht Pflicht und Moral angeführt hätten. Es ist ihr ganz persönlicher Ton des Umgangs, den sie gegen alle anschlägt, die ihr begegnen.

Die Gefühle, mit denen der neue König seine Regierung antritt, werden aus einem Brief an seinen Freund von Köckritz deutlich: »Ich bin ein junger Mensch, der die Welt noch immer zu wenig kennt, um sich gänzlich auf sich selbst verlassen zu können, und um nicht befürchten zu müssen, bei aller Vorsicht von unredlichen Menschen hintergangen zu werden, muß mir daher ein jeder gute Rat, sobald er redlich gemeint, willkommen sein. Diesen guten Rat nun erwarte ich aber vorzüglich von Ihnen … Ich bitte Sie daher, bleiben Sie immer mein Freund, so wie Sie es bis jetzt gewesen; verändern Sie nicht Ihre Art, gegen mich zu denken, und seien Sie überzeugt, daß ich immer derselbe bin, mag sich auch mein Titel verändern, wie er will.«

Ja, er bleibt immer derselbe. Als er sich zum ersten Mal als König zur Tafel begibt, wendet er sich grimmig zu dem Kammerdiener, der ehrerbietig beide Flügeltüren aufreißt: »Bin ich denn auf einmal so viel breiter geworden, daß ich nicht mehr durch eine Tür kommen kann?« Und als der Hofmarschall – wohl um den Unterschied zwischen der bisherigen kronprinzlichen und der nunmehr königlichen Küche hervorzuheben – zwei Gänge mehr auf den Menüplan setzt, streicht sie ihm der König kurzerhand mit den Worten: »Ist denn mein Magen größer geworden, seit ich König bin? Soll so bleiben, wie es bis jetzt gewesen ist.«

Der Hang zur Sparsamkeit und Einfachheit zeigt sich auch in der Kleidung des Königs. Friedrich Wilhelm schafft die langen seidenen Strümpfe und die Schnallenschuhe ab und führt das lange Beinkleid mit Stiefeln ein. Auch Perücken gibt es nicht mehr, nicht einmal Haarpuder wird noch geduldet, weil auf diesem Puder eine ziemlich hohe Steuer liegt. Nur den kleinen Zopf behält der König für sich und seine Soldaten bei. Er wird erst 1806 abgeschafft.

»Keinen Luxus, keinen Luxus«, ist seine ständige Redensart. Die Etikette, die unter Friedrich dem Großen noch triumphiert hatte, wird schrittweise auf ein Minimum zurückgeführt, dagegen ist der König bemüht, den strengen preußischen Sitten wieder Geltung zu verschaffen, und er findet damit durchaus Rückhalt und Zustimmung beim Volk.

Mißmutig unterwirft sich der König den unausweichlichen Krönungsfeierlichkeiten. Luise scheint sie jedoch zu genießen: Zeremonien und Audienzen, Empfänge der Gesandten befreundeter Höfe, Beileidsbekundungen und Glückwünsche – sie absolviert alles mit bezaubernder Liebenswürdigkeit. Aus verschiedenen Berichten geht hervor, wie Luise den Saal betritt – immer mit raschen Schritten – und stets sogleich bewundernde Blicke auf sich zieht. Manche Gesandte bleiben bei ihrem Anblick gar in der Ansprache stecken und geraten ins Stottern. Dabei fühlt sich Luise gar nicht so sehr als Königin; das Huldvolle, Feierliche ist ihr ziemlich fremd. »Ich bin nicht zur Königin geboren, das glaube mir«, gesteht sie wenige Wochen vor dem Thronwechsel ihrem Bruder Georg. Nur zu deutlich spürt sie, daß die neue Herausforderung, vor der sie steht, ihr einiges an Anpassungsbereitschaft abfordern wird: »Wir sind glücklich! Ich? So sehr als es eine Königin sein kann. Es ist aber doch nicht das Glück einer Kronprinzessin. Als ich von dem Glück sprach, so wollte ich sagen: Könnt' ich doch Rang und Würde ablegen, und bloß mit Menschen umgehen, die ich liebe.« Doch sie geht gern auf die Menschen zu, und diese Freundlichkeit und Offenheit wirkt an ihr vielleicht am überzeugendsten und anziehendsten.

Sobald die sechs Wochen der Hof- und Landestrauer vorüber sind, beginnt ein Reigen rauschender Feste mit Pomp und in voller Pracht. Aus Anlaß der Krönung und Huldigung sind die Diners, Theateraufführungen und Thé-dansants besonders prächtig. Auf den glanzvollen Bällen amüsiert sich vor allem Luise, schließlich tanzt sie für ihr Leben gern. Jedes Vergnügen kostet sie bis zur Neige aus. Es kommt vor, daß der König, dem Feste bekanntlich ein Greuel sind, sich von einem Hofball um ein Uhr verdrießlich zurückzieht, während Luise bis sechs Uhr morgens aushält. Dann schläft sie bis zum Mittag, während Friedrich Wilhelm schon am frühen Morgen seine Regimenter mustert.

Besonders prächtig wird Luises Geburtstag gefeiert. Sie genießt das. Sie braucht die glanzvollen Feste und die Zerstreuung wie die Luft zum Atmen. Am beliebtesten sind Feste mit Tanzvorführungen, an denen sie mit ihren Prinzessinnen und Hofdamen persönlich teilnimmt – für alle eine willkommene Abwechslung, denn bereits die Proben sind äußerst lustig und ungezwungen. Sie fangen meist um elf Uhr an und enden erst am Nachmittag um vier. Von Etikette redet hier niemand. In den Pausen werden kleine Diners veranstaltet. Luise und ihre Hofdamen, die Prinzen und hohen Offiziere sitzen dann gemütlich mit Tanzmeister Telle, Kapellmeister Himmel, Kostümier Hirt und Festorganisator Kiesewetter an einem Tisch. Später nimmt an diesen Theaterproben auch einmal Herzog Karl August von Weimar teil und treibt dabei die übermütigsten Scherze.

Zwar ist das *Menuett à la cour* noch Mode, aber die jungen Leute ziehen doch lebhaftere Tänze vor. Von Natur schön und anmutig, bietet vor allem Luise beim Tanzen wieder eine reizende Erscheinung. Die von ihr veranstalteten Tanzunterhaltungen erfreuen sich bei den jüngeren Mitgliedern des Hofes – zu denen sie sich auch selbst zählt – stets größter Beliebtheit. Unter Anleitung eines Tanzmeisters werden die neuesten Tänze studiert und eingeübt. Diese freien und fröhlichen Zusammenkünfte sind ganz dazu geeignet, die Beliebtheit der Königin noch zu steigern. Von der großen Mehrheit am Berliner Hof wird Luise fast vergöttert.

Das Schloß zu Charlottenburg.

Im Gegensatz zu ihrem Mann stürzt sich Luise voller Begeisterung und mit Feuereifer in große Gesellschaften, die sie selbst ausrichtet. Ein junger Engländer, der die Ehre erhält, an einer solchen Hofgesellschaft teilzunehmen, gibt von einer Silvesterfeier folgende Schilderung: »Es war Mitternacht, und man tanzte gerade einen ländlichen Tanz, als plötzlich die Musik aufhörte; jeder Musiker ergriff ein französisches Horn, und sie bliesen sich in so freudiger Stimmung in das neue Jahr hinein, daß man hätte denken können, der Schlauch des Aeolus wäre von neuem geplatzt. Der erste Stoß machte dem Tanzen ein Ende, doch nur für den Augenblick, und jetzt folgte ein solches Durcheinander von Küssen, Umarmen, Beglückwünschen und Händeschütteln, wie ich es nie vorher gesehen habe. Nachdem wir so das neue Jahr eingeweiht hatten, wurde der Tanz wieder aufgenommen, der uns mit dem Abendschmause bis drei Uhr früh in Anspruch nahm.«

Bisweilen treibt die Königin es nach Friedrich Wilhelms Geschmack allerdings wieder ein wenig zu toll mit ihrer Tanzlust. Dann spricht er ein ernstes Wort mit ihr oder weist sie sogar zurecht. Es nützt nicht viel. Ihre Lebenslust ist stärker, und die hübschen jungen Frauen an dem jungen Hof sind ebenso lebenslustig wie ihre reizende Königin. Luises Fröhlichkeit verscheucht auch meist sehr schnell des Königs schlechte Laune und die gedrückten Stimmungen, an denen er seit seiner Jugend immer wieder leidet.

Luises »Vergnügungssucht« ruft jetzt erst recht die preußischen Moralisten auf den Plan. Sie können die Reaktionen ihrer jungen Königin gegen die Qual der Langeweile weder verstehen noch billigen. Heinrich von Kleist geht sogar so weit, seiner Schwester zu schreiben: »Die Seele der Königin scheint noch vor kurzem mit Nichts beschäftigt, als wie sie beim Tanzen oder beim Reiten gefalle.« Dieser Vorwurf trifft Luise nur zum Teil. Ohne Frage gibt sie sich den Vergnügungen des Hofes sorglos und unbekümmert hin und äußert in den ersten Jahren nach der Thronbesteigung nur wenig Interesse an Politik. Es ist allerdings die Frage, ob dieses Interesse auf seiten ihres launenhaften, oft griesgrämigen Mannes oder seiner Minister überhaupt erwünscht gewesen wäre.

Schon als Kronprinz hatte Friedrich Wilhelm seine grundlegenden Ansichten in einer Art Denkschrift niedergelegt, in allem gerade das Gegenteil von dem zu tun, was sein Vater getan hat. Er wolle keine Mätressen- und Günstlingswirtschaft, keinen Aufwand und keine Verschwendung in irgendeiner Form. Seine Politik solle eine Friedenspolitik mit einer starken Heeresmacht sein. Vor allem aber ist er der Ansicht, daß er nicht frei über seine Einkünfte verfügen könne, denn sie gehörten dem Staate. Deshalb vermeidet er alles, was eine Erhöhung des Budgets erfordert hätte, wenn er sich selbstverständlich auch nicht allen Repräsentationspflichten zu entziehen vermag.

Seine Regierung beginnt konsequenterweise mit einem spektakulären Akt der Moral: Der König verbannt als erstes alle Mätressen seines Vaters. Die Familie wird wieder in den Mittelpunkt gerückt. Friedrich Wilhelm, ein vorbildlicher Familienvater, geht völlig auf in seinem Ehe- und Familienleben, und daran ändert sich nach der Thronbesteigung nichts. Die getrennten Hofhaltungen, wie sie bisher am preußischen Hof für König und Königin üblich waren, werden abgeschafft, denn Friedrich Wilhelm will, wie er sich ausdrückt, weiterhin »en famille« leben, häuslich, gemütlich und nach einem geregelten Tagesablauf. Der König mag keine Neuerungen oder neue Gesichter, und wenn es eben geht, entzieht er sich den Festlichkeiten. Nur in der Karnevalszeit zeigt er ein gewisses Maß an Ausgelassenheit.

Diese Art der Häuslichkeit wird zu einem ganz neuen Kennzeichen des Berliner Hofes. Es ist eine Lebensform, »für die des Hausherrn peinlich strenger Wille alles regelte«, wie Paul Bailleu meint, »die Stunden der Mahlzeiten wie die Pferdezahl vor dem Wagen der Königin. Wie im Staate hatte im Hause jedes seinen unveränderlichen Platz. Abweichungen von der einmal eingeführten und ihm genehmen Ordnung duldete Friedrich Wilhelm nicht, sie waren ihm ›fatal‹, wie eines seiner Lieblingsworte lautete, und weckten den in ihm schlummernden Haustyrannen. Die Fesseln der Etikette ließ er dabei sich lockern, die Tore zum Königspalast weit sich öffnen. In seiner Abneigung gegen Hofzeremoniell, in seinem Hang zu bequemer Häuslichkeit, glitt Friedrich Wilhelm zuweilen fast ins kleinbürgerliche Leben hinein.«

Es gibt jedoch auch Tendenzen der Flucht aus dem allzu geregelten, sich planmäßig abspulenden Leben in Berlin, wo die Anforderungen der Repräsentation und des Zeremoniells am höchsten sind. Der König lebt lieber in Charlottenburg und Potsdam, wo kein Posten den Weg versperrt und die königliche Familie sozusagen mitten im Volk wohnt, und noch lieber in Paretz, wo er sich zwanglos geben kann und sich auch nicht zu schade ist für Blindekuhspiel und Topfschlagen. Das Urteil der am Berliner Hof akkreditierten Diplomaten ist enttäuschend: »Ein guter Bürger, guter Familienvater, aber kein König für diese Zeiten«, rapportiert Fürst Dietrichstein in seine Heimat nach Wien. Mit seiner allseits und unablässig dokumentierten »Bürgernähe« gewinnt das neue Königspaar aber rasch die Sympathien der Berliner. Zu seiner Popularität trägt auch bei, daß es sich so ungezwungen unters Volk mischt. Der König pflegt in Berlin in der Uniform eines gewöhnlichen Offiziers der Gendarmen, nur von einem Adjutanten begleitet, spazieren zu gehen. Wenn Luise ihn begleitet, kann man die Majestäten oft ganz ohne Gefolge im Tiergarten lustwandeln sehen. Manchmal promenieren sie auch Arm in Arm auf dem Boulevard »Unter den Linden«. Größere Volksnähe läßt sich für die Berliner kaum vorstellen.

»Einer der Staatsminister des Königs gab dieser Tage ein Abendessen und einen Ball«, berichtet ein Zeitgenosse im Februar 1798. Der König und die Königin beehrten beides mit ihrer Gegenwart. Als der Wagen des Königs nahte, hielten schon mehrere Wagen vor der Tür, so daß der königliche nicht gleich vorfahren konnte. Man wollte den Torweg öffnen; aber der König verbot es und wartete, bis sein Wagen an der Reihe war. Als die Königin ausstieg, sagte sie zu der sie empfangenden Frau des Staatsministers: Nehmen Sie's nicht übel, daß wir so spät kommen, mein Mann hatte noch Geschäfte. Seltener Hof, wo die Geschäfte den Rang vor Festen und Vergnügungen haben!«

Die Cour überläßt der König seiner Gemahlin, doch wenn sie – wie gewöhnlich – am Sonntagabend stattfindet, ist er zur Stelle. Die Vorschriften der Etikette gelten hier nicht, vielmehr geht es ungezwungen zu, man soll sich wie im Kreis einer befreundeten Familie fühlen. Empfängt die Königin irgendeinen Minister oder irgendeinen Botschafter, wacht sie auch darüber, daß alles programmgemäß verläuft, daß niemand sich vernachlässigt fühlt. Bemerkt sie ein junges Mädchen, das nicht tanzt, beugt sie sich zum Ohr ihres Gemahls und veranlaßt ihn, es selbst aufzufordern; prompt folgt er ihrem Befehl.

Es kursieren mehrere Anekdoten über den leutseligen Umgang des neuen Königspaares mit seinem Volk. So ziehen Luise und Friedrich Wilhelm beispielsweise im Dezember 1797 über den Berliner Weihnachtsmarkt, der jedes Jahr zu beiden Seiten des alten Königspalastes – auf dem früheren Exerzierplatz und späteren Lustgarten – sowie auf dem Schloßplatz aufgebaut wird. Sie betreten der Laden des Zuckerbäckers und Konditors Fechter, nehmen dort einige Erfrischungen zu sich und bewirten Kinder mit Kuchen und Naschwerk.

Als Luise und Friedrich Wilhelm sich einem Spielwarenstand nähern, werden sie von einer Bürgersfrau erkannt, die sich ehrfurchtsvoll verbeugt und zurücktritt, um Platz zu machen. Luise spricht sie gleich mit gewinnender Ungezwungenheit an: »Bleiben Sie nur, liebe Frau, was soll denn der Kaufmann sagen, wenn wir ihm seine Kunden vertreiben?« Als sie hört, daß die Frau einen Sohn im Alter des Kronprinzen hat, kauft die Königin einige Spielsachen und schenkt sie der Mutter. Für solche volkstümlichen Legenden und Anekdoten bietet Luise geradezu die ideale Folie.

Durch ihre muntere Art und ihre unprätentiösen Umgangsformen findet die Königin in der Bevölkerung rasch Anklang. Armen Eltern, die ihren Kindern beichten müssen, für einen Christbaum sei kein Geld da, wird flugs einer spendiert. Der Postmeister, erstaunt über einen Brief, den wohl eines der enttäuschten Kinder an das Christkind gerichtet hat, hatte diesen an die Königin mit der Frage geschickt, was mit einem so merkwürdigen Schreiben geschehen solle. So etwas rührt Luises Herz, und sie zögert keine Minute, den Kindern ein glückliches Weihnachtsfest zu bereiten.

Zu Weihnachten schließen sich die königlichen Gemächer für die Neugierigen, selbst für den Hof. Nur Vater, Mutter und die Kinder feiern diesen Tag im engsten Familienkreis. Dieser Rückzug in die private Intimität inspiriert die Dichter zu hymnischen Versen. Was immer dieses Königspaar unternimmt – es wird zum Anlaß exaltierter Feiern und Lobpreisungen.

Das Jahr 1798 verläuft kaum aufregender als das vergangene Jahr. Ende Januar erkrankt erst der König, dann auch die Königin an Masern – langwierige Krankheiten, von denen die beiden erst nach einigen Wochen genesen. Erkältungen sind an der Tagesordnung. Die Zimmer im Berliner Schloß, die das Königspaar im nordwestlichen Flügel bezieht, lassen sich nur schwer heizen. Besonders wohl fühlt Luise sich in ihrem repräsentativen Sitz nicht, wo in den Salons nur unbequeme Möbel stehen. Immerhin ist das Boudoir Luises mit seinen grünseidenen Tapeten und einem Sofa, einem Sekretär und zwei Bücherschränken gemütlicher als die schmucklosen und noch einfacher eingerichteten Zimmer des Königs. Das Schlafzimmer hat rosa gestrichene Wände und Draperien aus weißem Musselin und wirkt sehr weiblich.

Völlig unspektakulär vergehen die Tage und Wochen, der Winter in Berlin, das Frühjahr in Charlottenburg, Potsdam und Paretz. Luise zeigt sich auch ihrem Militär und nimmt bisweilen zu Pferd oder im Wagen an den Truppenrevuen in Potsdam teil. Sie plaudert mit den Generälen, als habe sie selbst das Oberkommando über die Armee, und noch die unbedeutendsten Vorfälle im Regiment des Königs erscheinen ihr nicht zu gering, um lebhaften Anteil daran zu nehmen.

Keine bemerkenswerten Änderungen erfährt dieses Bild eingeschliffener Routine. Die nachmittäglichen Ausflüge nach Paretz oder zur Pfaueninsel, wo auf der Wiese unter alten Eichen Tee getrunken wird, bis die Abendkühle die ganze lärmende und lachende Gesellschaft wieder in die Stadt zurücklockt, gehören zu ihren liebsten Betätigungen. Bis im Mai 1798 die Koffer gepackt und die Reisewagen beladen werden …

TRIUMPHREISE

Endlich winkt Abwechslung: Luise wird sich die Welt ansehen. Die erste Fahrt, die sie als Königin unternimmt, ist die außerordentlich anstrengende »Huldigungsreise« nach Ostpreußen und Schlesien, dem »wahren Preußen«, wie sie es nennt. Es geht in die östlichen Provinzen, nach Danzig, Königsberg, Warschau, Breslau. Wenn man bedenkt, daß diese ganze Strecke zu Wagen in fünf Wochen zurückgelegt wird, auf alles anderem als tadellosen Straßen und unter nicht immer bequemen Verhältnissen in den Unterkünften, muß man bewundern, welche Strapazen die Königin aushält, und dies um so mehr, da sie wieder schwanger ist und sich gesundheitlich nicht auf der Höhe befindet.

Luise ist begeistert von den Reiseplänen; Bedenken hinsichtlich ihrer Gesundheit, die ihr Bruder äußert, wischt sie beiseite: Sie mache ja nur kleine Tagesreisen, während der König, um Zeit für die Truppenrevuen zu haben, zwanzig bis fünfundzwanzig Meilen am Tag zurücklege: »So gewinne ich Zeit und gehe meinen langsamen, bedächtigen Weg und komme immer zur rechten Zeit an.« Sie unternimmt die Reise, weil Friedrich Wilhelm sie darum gebeten hat und weil es sie mit Stolz erfüllt, für ihn so unentbehrlich zu sein: »Dieser Wunsch, ich möchte ihn begleiten, machte mich sehr glücklich, ein neuer Beweis seiner Liebe kann mir nicht gleichgültig sein … Ich weiß mit Zuverlässigkeit, daß ich meinem Mann von Nutzen bin. Du weißt, er liebt nicht Cour, Gêne, Etikette und wie die Dinger alle heißen, und diese Reise ist eine Kette von solchen Dingerchen; ich werde also diese Last ehrlich mit ihm teilen, und die Gêne fällt größtenteils auf mich zurück, die ich aber nicht achten werde.«

Diese Reise, die eine wahre Triumphfahrt werden wird, soll den Untertanen Gelegenheit geben, dem neuen König zu huldigen. Friedrich Wilhelm will Luise seinem Volk vorstellen, und da er um ihren Charme weiß, verspricht er sich einiges von ihrer Begleitung. In den entfernten Regionen, durch die sie reisen, werden wohl nur wenige jemals zuvor eine Königin gesehen haben. Entsprechend groß ist nicht nur die Neugier, sondern überhaupt das schaulustige, schwärmerische Verlangen, das sich dann in begeisterten Begrüßungen entlädt.

Zu prächtig aber soll die Reise nicht werden. Durch seinen Staatsminister Friedrich von Schrötter läßt der König bekanntgeben, daß allzu großer Aufwand nach Möglichkeit vermieden werden solle: »Ich selbst«, so schreibt er dem Minister, »werde kein königlich Gepränge, aber ein treues, landesväterliches Herz meinen guten Untertanen entgegenbringen, und ihre Liebe und biedere Anhänglichkeit wird mich um so inniger rühren, je prunkloser sie sich äußern wird. Ihr werdet mich verbinden, wenn Ihr diese meine Gesinnungen ohne Eklat verbreiten könnt.«

Ähnlich schreibt er an das General-Direktorium: »Ich erfahre, daß man bereits hin und wieder an den Orten, durch welche die Huldigungsreise mich führen wird, auf Anstalten zu einem feierlichen Empfange an mich denkt. Als Zeichen der Zuneigung von Seiten meiner treuen Untertanen würden mir diese Feierlichkeiten, selbst bei der Ermüdung der Reise, höchst schätzbar und willkommen sein. Allein die Liebe des Volkes hat untrüglichere Merkmale, die von keiner Gewohnheit und Herkommen abhängen, sondern gerade aus dem Herzen kommen. Nur diese haben für das meinige wahren Wert, und ich verdanke ihnen während meiner Regierung manche frohe Stunde. Ich hoffe, sie auch während meiner Reise in den Provinzen wiederzufinden.«

Die Abfahrt des Königs ist auf den 25. Mai 1798 festgesetzt worden. Luise verläßt Berlin schon am Tag zuvor, begleitet von Sophie von Voß und Henriette von Viereck. Wegen ihrer Schwangerschaft sind die Tagestouren nur kurz. Die erste endet bereits in Freienwalde, einem Badeort mit eisenhaltiger Quelle, wo die Königin ihren Onkel Ernst trifft, munter mit ihm tafelt und sich von ihrem Vater berichten läßt.

Als sie in Stargard in Pommern ankommt, wo der König sie erwartet, hat sich eine Schar kleiner Mädchen in weißen Kleidern mit roten Bändern und Kränzen von Immergrün aufgestellt; sie streuen aus ihren Körbchen Blumen für die Königin. Die Kleinen fassen schnell Vertrauen und plaudern: Sie seien eigentlich zwanzig an der Zahl gewesen, aber ein Mädchen sei nach Hause geschickt worden, weil es gar so häßlich ausgesehen habe. »Das arme Kind«, ruft Luise. »Es hat sich gewiß auf meine Ankunft gefreut, und nun muß es zu Hause sitzen und wird seine bitteren Tränen weinen.« Sofort läßt sie die zurückgesetzte Kleine rufen und zeichnet sie besonders aus. Wieder so eine typische Luisen-Legende.

Ihre Wirkung ist überwältigend. Niemals zuvor hat das Land einen solch ununterbrochenen Triumphzug erlebt: »In das kalte, graue Preußen strömte von Königin Luise eine Flut von Licht und Liebe: sonnig, wärmend, belebend« (Paul Bailleu). Für Luise ist das harte Arbeit. Der 26. Mai ist ein drückend heißer Tag, der für die Königin bereits um sechs Uhr morgens mit den ersten Truppenparaden auf dem Exerzierplatz beginnt und erst mit den Abendveranstaltungen seinen Abschluß findet: »Abends gab General Pirch einen Tanztee, zu dem der ganze Adel aus der Umgegend und aus der Stadt zusammenkam. Der Ball begann nach endlosen Vorstellungen und war sehr belebt; die Hitze war ungeheuer; dieselben Gründe, die uns am Tage vorher die Ruhe suchen ließen, bestanden auch diesmal, und alle waren erfreut, zu Bett zu kommen«, notiert Luise in ihrem Tagebuch.

Während die Königin bei ihrem Volk, den »guten Pommern, die immer ihren Königen zugetan waren«, Sympathie sammelt, besichtigt Friedrich Wilhelm seine Armee. Einen Tag später reist sie zum Schloß Plate weiter und von dort nach Köslin. In einem Dorf unweit von Plate umringt eine Schar Neugieriger den Wagen der Königin, der Bürgermeister bittet sie auszusteigen und bietet ihr Erfrischungen an. Er begleitet sie zu ihrem Gasthaus, wo sie mit Krapfen bewirtet wird. Luise erinnert sich voll

Rührung an ihren Aufenthalt bei Frau Rat Goethe und an die Krapfen, die sie dort gegessen hat. Zugleich nutzt sie die Gelegenheiten, mit der Bevölkerung in Kontakt zu kommen und etwas über die Dorfbewohner zu erfahren.

Von Köslin aus geht die Fahrt weiter, Sophie von Voß berichtet darüber in ihrem Tagebuch:»Überall Gedränge, Ehrenpforten, Blumenkränze und Erfrischungen. Wir aßen zu Mittag in Stolpe, wo die Königin auch einige Stunden blieb und ich ihr eine Menge Damen präsentieren mußte. Man überreichte ihr ein schönes Geschenk, das Portrait des Königs in Bernstein gefaßt, an einer Bernsteinkette. Um 3 Uhr ging es weiter; um 6 Uhr waren wir in Lauenburg.«

Das Tempo, das die Reisegesellschaft anschlägt, ist beachtlich. Vor den Toren Danzigs ist ein Zelt aufgebaut, in dem eine Deputation die Königin ungeduldig erwartet. Als sie in die Stadt einfährt, donnern die Kanonen, alle Schiffe sind beflaggt. Auch hier erwartet Luise eine dicht gedrängte Menschenmenge, wie die Oberhofmeisterin stets getreulich vermerkt, denn etwas vom Glanz ihrer Herrin fällt auch auf sie ab. In Danzig steigt Friedrich Wilhelm gegen acht Uhr abends vor dem Quartier vom Pferd,»ein bißchen übler Laune von dem unaufhörlichen Vivat-Schreien, und gleich nach dem Souper ging alles zu Bett«. Zweifellos genießt Luise den Enthusiasmus der Bevölkerung wie üblich weit mehr als ihr Gemahl.

Am Morgen des folgenden Tages wird die Königin am Strand von der Kaufmannschaft und einer riesigen Menschenmenge empfangen.»Aber heitere Gesellschaftszirkel und glänzende Schauspiele müssen die, welche die Einfachheit lieben, stets ermüden«, meint Sophie von Voß wohl mit Seitenblick auf den König, den sie oft kritisch ins Visier nimmt. Luise sieht das alles gelassener, sie sucht Erfrischung bei Landpartien.

Der nächste Tag wird für den König noch unangenehmer: Es steht eine Kahnfahrt in die Reede auf dem Programm, bei der die Vivat-Rufe der Menge das Herrscherpaar umbranden. Im Hafen liegen englische Schiffe, niemand scheint an Bord zu sein. Plötzlich, von überall auftauchend, bevölkern Matrosen die Decks, klettern in die Takelage, singen Volks- und Seemannslieder und stimmen »God save the King« an.

Ein anstrengendes Programm. Am 31. Mai, zweieinhalb Stunden von Danzig entfernt, kann der König eine Kundgebung, ein großes Bankett, nicht vermeiden, bei dem die Damen von Oliva dem Herrscher vorgestellt werden. Die Gäste ergehen sich im Park, Luise ist überwältigt von diesem »irdischen Paradies«, wie sie an Georg schreibt: »Berge, Kaskaden, Täler, schöne, majestätische Aussichten ins Meer gewähren dem Auge beständige, höchst angenehme Abwechslungen.« Dann geht die Fahrt weiter im offenen Wagen nach Carlsberg, dem Ort, wo man nach dem Empfinden der Hüterin aller Etikette »die schönste Aussicht der Welt hat und weit hinaus die Stadt und das Meer übersieht«. Der Carlsberg heißt fortan »Luisenhain«. »Abends wieder in der Stadt großes Damen-Souper, dann Illumination und Herumfahrt in den Straßen. Wir kamen schließlich sehr spät zurück, worüber der König ganz ungehalten war.« Seine Laune ist auf den Nullpunkt gesunken.

Friedrich Wilhelm, in Marienburg durch eine Truppenschau aufgehalten, verspätet sich – ganz gegen seine Grundsätze. Man schlägt Luise vor, bereits zu Tisch zu gehen. »Nein«, antwortet sie, » ich speise nicht eher, als bis mein Mann kommt. Es ist die Pflicht der Frau, mit dem Essen auf den Mann zu warten.« Eine Bürgerin hätte es nicht besser ausgedrückt. Keine Frage, daß sie mit solchen Sätzen begeistertes Kopfnicken auslöst.

Über Frauenburg geht die Reise weiter nach Königsberg; am 3. Juni treffen sie dort ein. »Vom letzten Relais an bis zur Stadt selbst«, berichtet Sophie von Voß, »war die Hitze, der Staub und das Menschengetümmel so arg, daß man buchstäblich nicht mehr sehen und atmen konnte. Alle Häuser der Stadt waren mit Fahnen, Kränzen und Flaggen bedeckt, überall war Musik; am Tor eine Menge weißgekleideter junger Mädchen, die der Königin einen großen Korb voll der schönsten Blumen brachten. Wir fuhren quer durch die Stadt an den Strand, wo unzählige beflaggte und bekränzte Schiffe an den Quais entlang lagen, alle Matrosen weiß angezogen, die uns mit Hurra-Rufen begrüßten und ihre Hüte schwenkten. Vor dem Schloß standen alle Generäle und höheren Offiziere und außerdem eine solche Masse Menschen, das es sich nicht beschreiben läßt.« Hofknicks machen unter anderem die Gräfinnen Dönhoff, Groeben und

Osten, die Herzogin von Holstein »und noch einige andere Damen«. Erschöpft zieht sich Luise in ihre Gemächer zurück. Eine Woche lang wohnen Luise und Friedrich Wilhelm im Schloß der alten preußischen Hauptstadt. Am 5. Juni leistet das Volk dem König den Treueeid, in deutscher und in polnischer Sprache. Von einem Fenster des Schlosses schaut Luise diesem beeindruckenden Schauspiel zu. Doch das »qualvolle Martyrium« Friedrich Wilhelms ist noch nicht zu Ende. König zu sein ist doch ziemlich mühsam, mühsamer jedenfalls, als er es sich vorgestellt hat. Am 6. Juni muß er Adligen, Bürgern und Bauern einen Ball geben. Der Erfolg Luises an diesem Abend ist unbeschreiblich. Überall, wo sie auftaucht, trifft sie auf helle Begeisterung, jedes Wort, das aus ihrem Mund kommt, wird begierig aufgenommen. Gewährt sie eine Audienz, wendet sie sich als erstes den Handwerkern zu, um sie nicht zu lange von ihrer Arbeit fernzuhalten. »Die Adeligen haben nichts zu tun«, rechtfertigt sie ihr Vorgehen. Das Königspaar lernt hier seine »guten Preußen«, wie Luise sie nennt, kennen. Umjubelt und gefeiert verlassen Friedrich Wilhelm und seine Frau Königsberg am 10. Juni.

So ist es überall, in Georgenburg, in Warschau – das mit der dritten Teilung Polens 1795 an Preußen fiel –, in Breslau, und stets herrscht eine außergewöhnliche Hitze. In der Nähe von Domnau stürzt der Wagen der Königin durch ein Ungeschick des Kutschers um, Luise kommt mit dem Schrecken davon. Das Palaver ist groß, Sophie von Voß hält den Kutscher für betrunken und fordert einen scharfen Verweis. Luise beschwichtigt: »Lassen Sie nur gut sein, liebe Voß. Gott sei Dank, mir fehlt nichts, und die Leute haben sich dabei gewiß mehr erschrocken, als wir selbst.«

Die alte polnische Hauptstadt Warschau wartet zum Empfang des preußischen Königspaares nicht nur mit den üblichen Menschenmassen, Jubelrufen, Freudenschreien und flatternden Fahnen auf, sondern entbietet gleich fünfzig weißgekleidete Bürgertöchter, die sich auf den Stufen des Schlosses versammelt haben, mit Kränzen auf dem Kopf und Körbchen in der Hand. Der König hält seinen Einzug ohne militärisches Geleit: Er ziehe es vor, erklärt er, »mich bei der Reise durch meine alten

Provinzen nur von der Liebe meiner Untertanen eskortieren zu lassen«. Er lehnt es ab, die gewöhnliche Wache des Schlosses durch eine Ehrenwache zu verstärken und vor seinem Zimmer mehr als zwei Mann aufzustellen. Und jeder, der eine Bittschrift überreichen will, hat freien Zutritt. Anstandshalber muß er an dem Konzert und an dem Ball, den er am 15. Juni gibt, teilnehmen. Luise eröffnet den Ball mit einer Polonaise, sie tanzt mit dem berühmten polnischen Magnaten Orginski. Hat der Charme der preußischen Königin in Polen ein Opfer gefordert? Die Legende berichtet, Orginski habe sich nach dem Verlassen des Balles eine Kugel in den Kopf gejagt. Luises Triumph tut dies keinen Abbruch. »Man betet sie hier förmlich an«, trägt in Warschau die Oberhofmeisterin in ihr Tagebuch ein, »aber auch der König ist sehr freundlich und liebenswürdig.«

Der Zwischenfall von Warschau – wenn er wahr ist – verzögert die Reise nicht im mindesten, am Morgen des 18. Juni geht sie planmäßig weiter. In Breslau wiederholt sich der Reigen der Festlichkeiten, nur geht es dort etwas ländlicher zu. Noch aus Warschau schreibt Luise ihrer Großmama: »Morgen verlasse ich diese Stadt, wo es mir so gut wie nirgends noch gefallen hat. Meine Gesundheit hält wunderbarerweise den zahl- und namenlosen Anstrengungen stand, die ich durchmache. Am 29. bin ich in Charlottenburg, und der Gedanke daran ist mehr wert als alle Beruhigungsmittel der Welt.«

Nach Aufenthalten in Krossen und Frankfurt an der Oder trifft das königliche Paar am 29. Juni tatsächlich wieder in Charlottenburg ein. Luise hat einen Großteil des preußischen Gebietes gesehen.

Am 6. Juli 1798 huldigen die Berliner dem zurückgekehrten Königspaar. Man baut einen Triumphbogen, doch der König gibt den Befehl, ihn wieder abzutragen. Er verkennt keineswegs die gute Absicht, doch ihm liegen derartige Huldigungen nicht, bei denen sich die Arrivierten selbst feiern und das Volk nur Zaungast ist. Das Volk ist begeistert, wie ein Zeitgenosse berichtet: »Eine große hohe Tribüne mit Sitzreihen im Lustgarten, für reiche Zuschauer erbaut, welche ihre Sitzplätze teuer bezahlen konnten, ließ der König auf der Stelle abbrechen, weil sie den ärmeren Leuten die freie Aussicht auf den Balkon am Schlosse nehme und deren frohen Anteil an der Feier schmälere. Mochten die bei diesem Aufbau Beteiligten sich über dessen Niederreißen ärgern; die große Menge frohlockte, als sie das Amphitheater wieder abtragen sah. Es war ihnen mit seinen nur für hohe Preise zugänglichen Plätzen ein Dorn im Auge. Auch fehlte es beim Wegräumen des Aufbaues, dem viele mit lautem Jubel zuschauten, nicht an Berliner Straßenjungen, welche sich der zum Ausputze dienenden Tannenzweige bemächtigten und lachend die grünen Äste davon trugen.«

Der König hat sich auch gegen die üblichen Illuminationen ausgesprochen. Allerhöchstens werde er die Huldigungen der Abordnungen, die sich am Tag der Feier vor dem Dom versammeln, entgegennehmen. Um zehn Uhr verläßt er, von seinen beiden kleinen Söhnen begleitet, das Schloß, während die Königin, »auf römische Art gekleidet«, in einer mit acht Pferden bespannten Karosse zum Dom fährt.

Auf dem Programm steht zunächst eine Festpredigt, dann im Schloß ein Empfang und um fünf Uhr eine Festtafel, abends das Schauspiel »Veteranen«, von August Wilhelm Iffland, dem Direktor des Königlichen Nationaltheaters, eigens für diesen Anlaß geschrieben und zum Ruhm des Herrschers aufgeführt. Wohl feiert der Dichter in diesem idyllischen Festspiel die Friedensliebe, damit jedoch keiner sich über den Charakter seiner Eingebung täusche, preist er ebenso den Mut und die Treue des Volkes, das um der Ehre willen den Degen zur Verteidigung des Landes zu ziehen wisse. Die patriotische Begeisterung schlägt hohe Wellen, die Zuschauer jubeln und rufen den Autor auf die Bühne. Iffland ist tiefbewegt. Als er vor den Vorhang tritt, sagt er nur die Worte: »Gott segne den König!«

Der preußische Patriotismus ist auf seinem Höhepunkt angelangt. August Wilhelm Schlegel, Romantiker und gefeierter Shakespeare-Übersetzer, prägt in einem Gedicht das Bild von der »Königin der Herzen«, feiert das Lächeln und den Charme Luises: »Sie wär in Hütten Königin der Herzen, sie ist der Anmut Göttin auf dem Thron.«

Die »Huldigungsreise« hat Luise nicht wenig erschöpft. Sie ist froh, wieder in Charlottenburg zu sein, wo sie am 13. Juli 1798 einem Töchterchen das Leben schenkt, das am 3. August auf den Namen Friederike Luise Charlotte Wilhelmine getauft und Charlotte genannt wird. Diese Prinzessin wird sich im Alter von neunzehn Jahren mit dem Großfürsten Nikolaus von Rußland, dem jüngeren Bruder und Nachfolger Alexanders I., vermählen – und damit russische Zarin werden. Nun sind es schon drei kleine Königskinder, die den Berliner Hof beleben. Das Familienleben ist ja so ganz nach dem Geschmack des Königspaares. Spätsommer und Herbst vergehen in Potsdam mit den üblichen Manövern, es beginnt wieder dieses »Stilleben« mit seinem ruhigen Glück, das für die ersten Jahre Luises als Kronprinzessin und Königin am Berliner Hof so bezeichnend ist. Ein »Blumenleben«, in dem Luise mit nichts anderem beschäftigt ist, als dem Gemahl »alles aus dem Weg zu räumen, was ihm lästig und unangenehm werden könnte, für die Regelmäßigkeit des Tageslaufes zu sorgen« (Paul Bailleu), ihn mit einem Lied aufzuheitern. Sie geht völlig auf in diesen vertrauten Gesprächen, einsamen Spaziergängen, lustigen Unterhaltungen an der Familientafel, fröhlichen Spielen im Kinderzimmer. Sie empfindet dies als Glück, keine Frage, aber sie selbst, ihre Persönlichkeit, taucht völlig unter in diesem stillen Gewässer. Georg und auch Therese sind nicht wenig besorgt über die »geistige Verkümmerung« ihrer königlichen Schwester. Sie versuchen, sie mit Lese- und Bildungsstoff zu versorgen – auch am König vorbei.

In diesem täglichen Einerlei ist es fast schon eine Sensation, wenn sich Verwandte ankündigen. Familienbesuche beleben die friedliche Häuslichkeit, ohne den gewohnten Tagesablauf im geringsten zu stören; der »lustige Onkel Georg« läßt sich blicken, auch Luises Bruder Georg, der seinen neunzehnten Geburtstag in Charlottenburg feiert. Er ist jetzt ein hübscher, schlanker junger Mann, wohl schwärmerisch und gefühlvoll veranlagt, aber unbestreitbar der Liebling Luises und Friederikes, denen er mit seinen blonden Haaren auch äußerlich gleicht, während der schwarzhaarige Karl mehr seinen Schwestern Charlotte und vor allem Therese ähnelt.

Georg taucht tief in dieses idyllische Leben ein, besucht mit Luise die Pfaueninsel und das Erntedankfest in Paretz. In dieser Ungezwungenheit werden alle Menschen Brüder:»Da sah man eine Königin neben einer Dienerin«, erzählt ein Zeitgenosse,»einen Prinzen von Geblüt Kotillon tanzen mit einer Müllerin, einen König sich Punsch servieren lassen von einem Stalljungen und eine Prinzessin sich begegnen mit ihrer Köchin.«

Georg ist froh, wenn er ein paar Stunden mit Luise allein verbringen kann, und fühlt sich gestört, wenn der König vom Exerzierplatz zurückkommt:»Aber wenn ich die Liebe sah, mit der er sie und sie ihn bewillkommnete, wenn es so echt durchleuchtete, wie ihr Morgenkuß ihm nach der Arbeit schmeckte und wie sie das beseligte, dann verschwand alles eigene Interesse, und ich war in dem Glück einer so guten edlen Schwester glücklicher noch als vorher.« Erstaunt ist er darüber,»daß sie jetzt fast sanfter wie die Ika (Friederike) ist«, erfreut, daß die Zeit der»Raseschauer« (Tobsuchtsanfälle) vorüber ist. Nein, so gefällt sie ihm, so gutmütig, so wenig gekünstelt, so siegreich »über Temperament und Jugend« – und»von Millionen dafür angebetet zu werden«.

Doch am Ende dieses Jahres steht dem Berliner Hof und der königlichen Familie ein handfester Skandal ins Haus.

FRIEDERIKE

Daß Friederike, Luises Schwester, in der Ehe mit dem so jung verstorbenen Prinzen Louis nicht glücklich gewesen ist, war kein Geheimnis. Louis hatte jede Menge außerehelicher Affären, und seine ständigen Amouren sind seiner jungen Frau natürlich nicht verborgen geblieben. Zwar führte die Geburt des kleinen Fritz das Ehepaar etwas näher zusammen, doch die traute Zweisamkeit war nicht von langer Dauer. Friederike und Louis hatten sich nichts zu sagen, sie blieben sich fremd. Der Prinz war ein eher rücksichtsloser Charakter, und nicht nur Luise, auch die Familie nahm wahr, wie »versteinert kalt«, ja von beleidigender Gleichgültigkeit Louis sich gegenüber seiner Frau verhielt. Die Geburt zweier weiterer Kinder, Friederike und Karl, änderte daran nichts. Mochte die Prinzessin sich noch so sehr über Berlin, »die verteufelte Stadt« mit ihren tausend Situationen der Verführung, aufregen – es gelang ihr nicht, Louis »in den Griff zu bekommen«. Selbst ihre Affäre mit Prinz Louis Ferdinand, mit der sie ihrer Schwester aus der Klemme half, ließ ihren Mann kalt.

Friederike ist eine Frau, die vielleicht noch mehr als Luise Wärme und Zärtlichkeit braucht. Sie ist weich und anschmiegsam, ein »liebes, sanftes Geschöpf«, und es zerreißt Luise das Herz, ihrer geliebten Schwester nicht wirklich helfen zu können: »Die besten Jahre, worin sie jetzt lebt, wo Mädchen sonst am lustigsten und tollsten sind, verlebt sie in Schwermut und Traurigkeit«, klagt sie ihrem Bruder in einem Brief.

Nach dem Tod des Mannes, den sie bis zum Schluß aufopferungsvoll pflegte, nimmt Luise die junge Witwe zunächst in ihrem Haushalt auf. Schließlich bekommt Friederike das Schloß Schönhausen zum Geschenk – ein Refugium, das der neunzehnjährigen Schönheit wie geschaffen scheint, ein neues Leben zu beginnen. Für Friederike, die vielumworbene junge Witwe, sind die »Variationen über ein beliebtes Thema« immer wieder neu. Jede Liebe ist für sie wie die erste. Der Bruch mit Louis Ferdinand fällt der Prinzessin umso leichter, als das Herz der jungen Frau bald für Prinz Friedrich von Solms-Braunfels schlägt, und zwar so stark, daß man sich fragt, ob sie die Grenzen des Anstands noch wahrt. Da es ihr nicht an Kavalieren und Bewunderern fehlt, die ihr den Hof machen – »jeder will sie haben; wer sie sieht, ist in sie verliebt«, notiert Sophie von Voß ungerührt –, schätzt sie die Abgeschiedenheit Schönhausens, wo sie weniger ausspioniert werden kann. Sie »hatte ihre tiefe Trauer abgelegt. Sie weiß sich nur zu gut zu trösten.«

Und doch dringen die Gerüchte um ihre gefährlichen Liebschaften bis ins Kronprinzenpalais. »Sie gefiel allen Männern«, bemerkt auch Luise Radziwill, stößt jedoch bei der Königin auf ungläubige Abwehr. Kein wahres Wort sei an diesen Verleumdungen, erwidert Luise, sie könne beschwören, »daß Friederike engelrein bei all dem Gesudel dasteht … Sie verdient Glück und hat nichts als Kummer.«

Die Oberhofmeisterin sieht die Dinge klarer und durchschaut das Doppelspiel Friederikes. Penibel verzeichnet sie die wachsende Zahl männlicher Besucher im einsamen Schloß Schönhausen, wann immer sie davon erfährt, neulich sei es »ein Prinz Solms von den Husaren« gewesen, »der mir sehr windig zu sein scheint und mir gar nicht gefällt«. Was Luise an Lebenserfahrung und Friederike an Menschenkenntnis fehlt, Sophie von Voß besitzt von beidem reichlich.

Auf Luise macht der jungenhafte Major Friedrich von Solms einen günstigeren Eindruck: »Er ist ein guter, angenehmer junger Mann. Er hat viel Unglück gehabt, das macht ihn ein wenig verschlossen«, schreibt sie Georg. »Schade, daß er keinen Freund hat.«

Als Friederike Anfang April 1798 ihr jüngstes Kind, Prinz Karl, verlor, war der Prinz – ein Hauptmann des Garde-du-Corps-

Regiments, der 1795 in das Ansbacher Husarenbataillon eingetreten und von Friedrich Wilhelm nach Berlin in die Garde versetzt worden war – als treuer Freund an ihrer Seite und gewann
rasch das Vertrauen der trauernden Mutter. Während der Hul-
dingsreise des Königspaares wurde das Verhältnis der beiden
vertrauter. Aus den Briefen Friederikes im Sommer 1798 spricht
verschwiegenes Liebesglück, obwohl Friedrich von Solms-
Braunfels persönlich noch mit keinem Wort erwähnt wird.

Der Prinz ist wohl von vornehmer Herkunft, aber Friederike
die Witwe eines preußischen Prinzen, eine königliche Prinzessin, für welche die eheliche Verbindung mit diesem Mann eine
Mesalliance bedeuten mußte. Als die Königin um Weihnachten
1798 von der »gefährlichen Liebschaft« ihrer Schwester erfährt,
ist sie ratlos. Luise liebt ihre Schwester und weiß wohl auch,
was Verzicht bedeutet. Soll sie Friederike dieses Opfer abver-
langen? Vielleicht wünscht sie sogar, ohne es sich einzugestehen, daß ihre jüngere Schwester belohnt werden möge, die die
Kühnheit besitzt, sich von der engherzigen Moral zu befreien
und sich mit Leib und Seele ihrer Liebe hinzugeben.

Friederike hätte guten Grund gehabt, sich in dieser Situation auf die durch ihren Schwiegervater, König Friedrich
Wilhelm II., geschaffenen Präzedenzfälle zu berufen. Statt dessen wird in aller Stille und Heimlichkeit – mit Kenntnis, aber
ohne Zustimmung des Königs – vor einem gewöhnlichen Prediger eine Vermählung vollzogen, die Tatsachen zu schaffen
sucht und damit einen Skandal lostritt.

Die überstürzte, formlose Heirat verletzt das Standesbe-
wußtsein des Königshauses. Die Vermählung Friederikes mit
Friedrich von Solms findet unter Umständen statt, die der Verbindung einen seltsam illegitimen Charakter verleihen, und das
stört den König zutiefst. Er will diese Skandale nicht mehr, die
die Regierung seines Vaters erschüttert hatten. Weder die Bitten
seiner Frau noch der Zauber, den sie auf ihn ausübt, selbst ihre
Tränen – die er sicher nicht versteht – erweichen sein Herz.
Friederike muß auf Befehl des Königs die preußischen Wappen
und ihren Titel »Königliche Hoheit« ablegen, ihren Hofstaat und
Berlin verlassen. Ihr Sohn Fritz muß als preußischer Prinz am
Hof bleiben. Nur der Königin verdankt Friederike es, daß sie

ihre Tochter unter der Bedingung mitnehmen darf, die Prinzessin später ebenfalls am Berliner Hof erziehen zu lassen.

Luise ist entsetzt darüber, daß Friederike »verbannt« wird und nach Ansbach geht, das damals noch preußisch ist. Nur mühsam bewahrt sie die Fassung ob dieses schmerzlichen Verlustes. Sie ist verletzt, enttäuscht, aber auch die erste, die der Schwester die Mesalliance verzeiht. Dennoch ist Luise traurig, daß Friederike sie nicht ins Vertrauen gezogen hat, denn sie selbst hat nie ein Geheimnis vor ihrer Lieblingsschwester gehabt.

Die jüngeren Brüder des Königs, die Prinzen Heinrich und Wilhelm, geben Friederike am 10. Januar 1799 Geleit zum Reisewagen. Das Königspaar läßt sich nicht blicken. Erst in Potsdam darf Major Solms sich anschließen. Luise aber schreibt ihrem Bruder am 11. Januar 1799 in heller Verzweiflung aus Berlin:»Sie ist fort! Ja, sie ist auf ewig von mir getrennt. Sie wird nun nicht mehr die Gefährtin meines Lebens sein. Dieser Gedanke, diese Gewißheit umhüllen dermaßen meine Sinne, daß ich auch gar nichts anderes denke und fühle. Ach Gott! helfe mir diese schwere Trennung tragen sowie auch die Ursachen, die sie veranlaßten … Wenn ich mir vorstelle, daß Friederike unglücklich werden könnte, so recht elend und gequält, so kann ich Augenblicke haben, wo ich ganz verzweifelt und trostlos bin … O lieber George, ich kann nicht mehr.« Und drei Tage später berichtet sie ihm – mit »gepreßtem Herzen« – von den Depressionen, unter denen Friederike litt und daß sie ihr nun alles Glück der Welt wünsche:»Mein Trost ist, daß sie den Prinz Solms über alles liebt, daß sie in ihrer neuen Karriere, wenn sie will, glücklich werden kann. Daß sie ihn liebt, beweist ja wohl die heimliche Verbindung, die sie einging, aus Furcht, von ihm getrennt zu werden; wenn sich diese erhält, so ist alles gewonnen.«

Friederike glaubt noch, dem Glück auf die Spur gekommen zu sein:»Ich habe immer das Glück gesucht und ersehnt, zu lieben und geliebt zu werden, endlich werde ich es genießen«, vertraut sie Luise von Radziwill an. Und Georg erhält gleich nach der Ankunft in Ansbach eine selbstbewußte Nachricht: »Ich genieße das Glück, was in Hütten wohnt, und nicht das, was auf Thronen und in Kronen besteht. Ich bin verbunden mit dem einzigen Mann, der nach meinem Gefühl allein mich je hätte glücklich machen können.« Doch warum schreibt sie im Konjunktiv?

Der Bildhauer Johann Gottfried Schadow, dessen Schwester damals Kammerfrau bei der Königin ist, zieht eine ernüchternde Bilanz dieser Affäre:»In den hohen und niedern Ständen war eine Übereinstimmung in der Ansicht dieses Ereignisses, wo die mächtige Natur die Skala der Convenienz unbeachtet gelassen hatte.«

Da ihre Schwester sie nun verlassen hat, schließt Luise sich etwas enger an die liebenswürdige Luise von Radziwill an, die Schwester des umschwärmten Prinzen Louis Ferdinand. »Gleich am Tage der Abreise der Prinzessin Friederike«, schreibt Prinzessin Radziwill in ihren Memoiren,»kam die Königin zu mir. Sie war dermaßen niedergeschlagen, daß es mir fast das Herz zerriß. Sobald wir allein waren, brach sie in Tränen aus, und ich weinte mit ihr. Sie fühlte nur allzusehr, wie furchtbar aufgebracht der König und die königliche Familie gegen ihre Schwester waren, und daß sie ihnen gegenüber nicht davon sprechen durfte, wie unendlich traurig sie über Friederikes Abreise sei … Es tat mir so leid, daß die Königin eine so grausame Enttäuschung inmitten der vielen offiziellen Verpflichtungen durchzumachen hatte. Ich umgab sie daher mit aller Sorgfalt und Liebe, deren mein Herz fähig war.«

Friederike war in Berlin die einzige Vertraute Luises aus ihrer Mecklenburg-Strelitzer Familie gewesen. Nun ist sie nur noch von der Hohenzollernfamilie umgeben. Obwohl alle sich bemühen, die traurige Königin zu trösten, zieht diese sich zurück, zeigt kein Interesse für Feste, Bälle und Tänze. Die Ballsaison droht trostlos zu werden. Doch dann erlebt Berlin den glänzendsten Karneval, den man je gesehen hat. Am 10. März, zum Geburtstag Luises, findet in der Oper ein Maskenball statt, zu dem viele auswärtige Gäste geladen sind. Es wird ein Schauspiel aufgeführt über die Vermählung der englischen Königin Maria mit Philipp II. von Spanien. Luise spielt die Rolle der königlichen Braut, Prinz August, der Herzog von Sussex (und nicht etwa ihr Mann!) übernimmt die des Bräutigams. Das königliche Paar tanzt Menuett, worauf eine Quadrille mit der

Königin Elisabeth, Don Juan d'Austria, Margarethe von Parma und dem Herzog von Savoyen folgt. Etwa fünfzig Paare erscheinen in englischen, spanischen, italienischen und mexikanischen Kostümen. Die prachtvollen Gewänder schimmern von Diamanten und Edelsteinen; der Herzog von Sussex hat zu diesem Anlaß alle Juwelierläden geplündert.

Einen ganzen Monat lang hat man für die Aufführung geprobt, und Friedrich Wilhelm läßt seine Luise bei den fröhlichen Festproben gewähren. Als allerdings die königlichen Insignien bei den Kostümfesten verwendet werden sollen, sieht er sich genötigt, einzuschreiten.

Ende März ist Luise wieder in Potsdam. Sie friert – nicht nur innerlich. Ein ungewöhnlich kaltes Frühjahr läßt die Temperaturen sinken. Die Wohnung in Potsdam ist nur schwer zu heizen, und Luise klagt:»Dank einem Berg glühender Kohlen und einem fürchterlichen Feuer ist es mir heute gelungen, mich zu erwärmen. Gestern aber bin ich fast der heftigen Kälte erlegen, die das Blut in meinen Aderm erstarren ließ. In diesem Augenblick schneit es … Potsdam ist entsetzlich traurig, alles ist so kalt, alles ist so still.« Nur knapp entgeht sie einer Lungenentzündung. Sie hustet Blut, die Oberhofmeisterin verzweifelt:»Diese verwünschten Zimmer, in denen sie wohnt, und die Kälte, die dort herrscht, müssen sie schließlich töten.«

Es dauert Wochen, bis Luise sich wieder erholt. In dieser traurigen Zeit schüttet sie der Oberhofmeisterin ihr Herz aus:»Im übrigen bin ich so traurig und niedergeschlagen, daß ich nicht weiß, was ich tun soll, um Haltung zu bewahren, wenn es unbedingt nötig ist. Ich fühle mehr als je, daß die Vergleiche nichts taugen … Jetzt, da ich von ihr getrennt bin, scheint es mir, daß ihr Andenken hier, wo ich seit ihrer Abreise nicht wieder gewesen bin, mit größerer Kraft wieder lebendig wird, und daß ich sie überall finden muß. Die Gründe, die uns trennen, zerreißen mir schier das Herz …«

Rascher als erwartet soll die Königin ihre geliebte Schwester wieder in die Arme schließen. Das Königspaar bereitet sich auf eine längere Reise in den Westen des Reiches vor, nach Westfalen, nach Ansbach und Bayreuth, dann zu den anderen Geschwistern an den Main und nach Thüringen.

Selbst Friedrich Wilhelm ist nicht so blind, daß ihm entgeht, wie angegriffen seine Frau – körperlich und seelisch – ist. Die Route ist seine Idee, er will Luise die Freude machen, ihre Familie wiederzusehen. Voller Begeisterung berichtet die Königin ihrem Bruder, es sei Friedrich Wilhelm gewesen, »der alles, alles arrangierte«.

Am 25. Mai 1799 verläßt die Reisegesellschaft Potsdam. Nach kurzem Aufenthalt in Magdeburg, wo eine der üblichen Truppenmusterungen stattfindet, führt die Reise weiter nach Braunschweig. Die Begeisterung kennt auch hier keine Grenzen. Am 29. Mai erreicht man Petershagen in Westfalen; am folgenden Tag wird eine große Truppenschau in der Nähe von Minden abgehalten; im Gefolge des Königspaares befindet sich auch der Freiherr vom Stein.

Hildburghausen, ein Besuch bei Charlotte, der Schwester Luises, steht als nächstes auf dem Reiseplan, allerdings nur für die Königin, da der König in Wesel an Manövern teilnimmt. Großes Familientreffen, alle haben sich eingefunden und erwarten das prominenteste Mitglied der Familie voller Ungeduld: Therese und Friederike, Georg und Karl, auch Herzog Karl, und nicht zu vergessen die inzwischen siebzigjährige Großmama.

»Wir zerflossen sämtlich in Tränen«, berichtet Therese einer Freundin. Und einige Tage später: »Ich weiß nicht, wie ich das Leben nennen soll, das wir seit der Ankunft der Königin führen. Sie ist die Seele eines Kreises, der auch ohne sie sich schon auf dem Gipfel des Glückes glauben würde ... Ihr heiterer unschuldiger Blick belebt und beglückt alles. Die Fremden strömen in dieser Stadt zusammen, man hat kaum Zeit Atem zu holen.«

Am 8. Juni treffen Friedrich Wilhelm und Luise auf Schloß Wilhelmshöhe bei Kassel wieder zusammen; im Gefolge der Königin sind auch Prinzessin Friederike und ihr Bruder Georg. Der damalige Feldmarschall Prinz Friedrich von Coburg berichtet in seinen Tagebüchern, bei dieser Gelegenheit habe Friedrich Wilhelm erstmals seine »verstoßene« Schwägerin wiedergetroffen – und nicht erst, wie oft behauptet wird, 1805, wo er sich anläßlich einer Badekur dazu habe bewegen lassen, Friederike zu empfangen.

Die Stadt platzt aus allen Nähten:»Die Landstraße war von Kutschen, Reitern, Menschen und Karren so bedeckt, daß man hier einer Völkerwanderung oder Emigration beizuwohnen schien.« Viele sind eigens zu Fuß von Göttingen nach Kassel gewandert, um die Königin zu sehen. Ein Student schwärmt, ihre Gestalt habe »etwas Ätherisches, welches durch die sehr dünne Kleidung sehr unterstützt wird ...«

Über Eisenach und Coburg gelangt das Königspaar schließlich in die damals preußischen Markgrafschaften Ansbach und Bayreuth. Auch die Grabstätten der Hohenzollern in Heilsbronn werden besichtigt. Luise freundet sich mit Hardenberg, dem alten Bekannten ihrer Eltern, an. In Bayreuth besucht sie das Lustschloß Eremitage, den Park, den Sonnentempel, die Marmorfabrik, dann geht es weiter nach Fürth und schließlich über Aschaffenburg, Wilhelmsbad und Darmstadt nach Frankfurt am Main, wo ein Aufenthalt von einigen Tagen geplant ist.

Katharina Elisabeth von Goethe hat inzwischen ihr Haus am Großen Hirschgraben verkauft und ist am Roßmarkt in eine bescheidenere Wohnung gezogen. Ihre Briefe zeigen, daß sie alles, auch die kleinsten Dinge, mit demselben Interesse verfolgt wie früher. Aber in ihrer Freigebigkeit und Gastfreundschaft muß sie sich jetzt doch ziemlich einschränken. Als Luise 1801 wieder nach Frankfurt kommt und Goethes Mutter ein goldenes Schmuckstück schenkt, schreibt dieser an Zelter:»Im Verlaufe ihrer Reise hat eure schöne Königin Luise viel Glückliche gemacht; niemand glücklicher als meine Mutter; ihr konnte in den letzten Lebensjahren nichts Erfreulicheres begegnen.«

Frankfurt! Welche Erinnerungen! Der Ort, wie Luise schreibt, »unseres ersten Umhersehens in der großen Welt, der Ort, wo ich die interessantesten Bekanntschaften meines Lebens gemacht habe.« Im Roten Haus zu Frankfurt, wo 1793 König Friedrich Wilhelm II. residiert hatte, geben die Kaufleute ein Ballfest für das Königspaar.

Durch das Zusammensein mit Friederike wird Luise wieder ruhiger und heiterer. Die Sehnsucht ist für einige Zeit gestillt. Doch es zeichnet sich bereits ab, daß auch diese Ehe Friederikes nicht unproblematisch ist. Die leichtblütige Prinzessin leidet unter der Rücksichtslosigkeit, ja sogar einer gewissen Brutalität des Fürsten. Um so mehr Liebe glaubt Luise ihrer unglücklichen Schwester entgegenbringen zu müssen. Immer hat sie sich mit dem Gedanken gequält, daß Friederike unglücklich werden könne. Und nun ist das Schlimmste eingetroffen. Luise schenkt der Unglücklichen ihr ganzes Mitgefühl. Daß die tugendhafte Königin so rasch und leicht über die »Verfehlungen« ihrer Schwester hinweggeht und alles zu entschuldigen scheint, stößt auf Unverständnis. Sicher wäre Luise nicht mit dem Urteil ihrer Oberhofmeisterin einverstanden gewesen, die in ihr Tagebuch schreibt: »Es war besser für sie, die Prinzessin zu entbehren, als wenn sie immer neben ihr geblieben wäre.«

Am 30. Juni treten Luise und Friedrich Wilhelm die Rückreise an über Eisenach und Weimar – wo sie einen Tag lang den herzoglichen Hof besuchen. In Weimar findet so etwas wie ein Gipfeltreffen der deutschen Literatur statt. Schiller, Goethe und Wieland werden Luise persönlich vorgestellt. Am 2. Juli sieht sie sich »Wallensteins Tod« an. »Die Königin ist sehr graziös und von dem verbindlichsten Betragen«, berichtet Schiller am 3. August 1799 seinem Freund Körner. Und Herders Frau fühlt sich an eine Hebe erinnert, »ein Wesen von der glücklichsten Natur, die Naivität und Grazie selbst«. Der Luisen-Zauber ist ungebrochen.

Herzog Karl August von Weimar erhält in diesen Tagen Gelegenheit, der zauberhaften Königin das Leben zu retten. Heftige Gewitterregen haben die Wege aufgeweicht, und der Wagen der Königin tastet sich vorsichtig im Zickzack einen steilen Abhang hinab. An der gefährlichsten Stelle bricht die Bremse und der Wagen stürzt in schwindelerregender Fahrt ins Tal. Der Herzog, der von dort mit seinem Gefolge der Königin entgegenkommt, zieht geistesgegenwärtig seinen Degen, sprengt auf das Pferd los und sticht es nieder. Das zu Boden stürzende Tier bringt den Wagen zum Stehen. Der Herzog springt von seinem Roß, reißt den Schlag auf und hebt Luise galant aus dem noch schwankenden Wagen. So dramatisch schildert es jedenfalls Sophie von Voß in ihrem Tagebuch.

Nach einem Umweg über Halle und Dessau gelangt Luise zurück nach Potsdam. Hier holt der Skandal um Friederike sie wieder ein, denn es geht das Gerücht, die Prinzessin wolle bald nach Berlin zurückkehren. »Daß hier und da junge ungezogene Herren«, schreibt Luise an Georg, »sich dumme Späßchen oder Bemerkungen erlauben sollten, und mich so wenig als andere damit verschont lassen, ist sehr glaublich.« Sie weiß selbst, daß sie gegenüber Friederike zu nachsichtig ist: »Aus Güte des Herzens werde ich schwach. Ich wünsche, es ginge allen Menschen wohl, deshalb verzeihe ich leicht, vergesse gern, schelte nicht, wo ich sollte, um nicht zu betrüben, und ich fürchte, ich stifte doch nichts Gutes, weder außer mir, noch in mir.«

Die Sommermonate vergehen in heiterer Ungezwungenheit. Die Familie sucht wieder Abwechslung von der Pracht und Herrlichkeit von Schloß Sanssouci. Am 1. September 1799, einem Sonntag, hält sich das Königspaar in Charlottenburg auf. Sie stehen an einem Fenster des Sommersaales, von wo man einen schönen Blick in den Garten hat. Die wieder einmal hochschwangere Luise beobachtet dort Kinder, die alle gleichförmig gekleidet und leicht als Zöglinge eines Waisenhauses auszumachen sind. Sie freut sich, wie sauber sie aussehen. »Scheinen auch gut gezogen«, bemerkt Friedrich Wilhelm, »sie bleiben hübsch auf den Wegen, treten nicht auf den Rasen.«

Er schickt einen Diener hinaus, um zu fragen, aus welcher Anstalt die Kinder kommen. Die Antwort lautet: »Aus dem großen Friedrich-Waisenhaus.« Daraufhin läßt Friedrich Wilhelm dem Lehrer sagen, er solle mit ihnen in den Orangeriesaal kommen. In diesem Saal, der bei Hoffesten als Speise- und Tanzsaal dient, hat die Königin unterdessen ein Abendbrot auftischen lassen. Siebzig Kinder stürmen herein, und Luise freut sich mit dem König, wie gut es den kleinen Gästen schmeckt.

Ausflügler aus Berlin sind den Kindern bis in den Orangeriegarten gefolgt, aber von den Hofbedienten abgedrängt worden. Luise bemerkt ihre mißvergnügten Gesichter hinter den Fenstern und spricht ihren Mann darauf an, und Friedrich Wilhelm befiehlt, den sonst freien Zutritt zum Garten auch jetzt niemandem zu verwehren. Er ahnt natürlich, was diese generöse Geste bedeutet: »Müssen doch sehen, die Fenstergucker«, sagt er halb mürrisch, halb belustigt zu ihr, »was Du den Kindern angerichtet. Werden's wieder, als wär's Wunder was, an die große Glocke bringen« – womit er die Zeitungen meint, in denen er sich und sein häusliches Wirken nicht gern »ausgeläutet« sieht.

Paretz aber bleibt der bevorzugte Wohnort der preußischen Königsfamilie. Gewöhnlich bringt man hier den September zu, wo jahreszeitliche Vergnügungen wie Jagen, Schießen und Bootfahren zu den Abwechslungen gehören. Friedrich Wilhelm und Luise spüren, daß nicht Stadtluft, sondern Landluft sie frei macht und von einengenden Zwängen erlöst. Alles, was mit dem »Hof« zu tun hat, ist hier auf ein Minimum reduziert. In Paretz finden sich denn auch weniger die Hofleute als vielmehr die Freunde ein. Luise ist in ihrem Element als Gastgeberin, wenn sie jedem Gast den Aufenthalt so angenehm wie möglich machen kann. Und obwohl sie die einfachen Landvergnügungen über alles liebt, ist sie für das Amüsement, das diese Gesellschaft bietet, nicht unempfänglich.

Jeden Abend treten Luise und Friedrich Wilhelm, bevor sie sich zur Ruhe begeben, an die Betten der Kinder, um sie schlafen zu sehen und jedem einen sanften Kuß auf die kleine Stirn zu drücken. Am 13. Oktober 1799 erhält die königliche Familie Zuwachs. Luise kommt zum fünften Mal nieder. Die kleine Tochter erhält den Namen Friederike.

Den König drücken jedoch Sorgen. Die Staatsgeschäfte beunruhigen ihn. Befindet er sich in besorgter Gemütsverfassung, pflegt Friedrich Wilhelm mit raschen, regelmäßigen Schritten, die Hände auf dem Rücken verschränkt, auf und ab zu gehen und bisweilen, wie tief in Gedanken versunken, mehrere Minuten lang stehenzubleiben, gleichsam als zöge er mit einer schwierigen Frage sich selbst zu Rate. Häufig meidet er dann auch die Gesellschaft und streift allein durch den Schloßgarten oder setzt sich mit verschlossener Miene auf eine Bank. Gerne würde er Luise in alles einweihen, aber er traut sich nicht. Wohl fühlt er sich auch von der traditionellen Meinung abgehalten, Frauen verstünden nichts von Politik, und möglicherweise traut er seiner Frau dazu auch keine eigene Meinung zu. Luise überwacht jeden seiner Blicke, versucht in seinen Stimmungen zu lesen, und es wird ihr bang, wenn sie Sorgenfalten auf seiner Stirn sieht.

Er ist immer bei ihr, in Gedanken und in einem Miniatur-
bildchen, das sie stets bei sich trägt. Als sie einmal gebeten wird,
einem Verleger dieses wohlgetroffene Bildnis des Königs zu
überlassen, damit er es auf Wunsch seiner Leser veröffentlichen
könne, gibt sie zur Antwort:»Ich besitze kein anderes ähnliches
Bildnis vom Könige, als das, welches ich an der Brust im Medaillon trage. Es fällt mir schwer, mich davon auf eine Zeit lang zu
trennen, indes da es die Leser wünschen, so will ich mich gern
zu überwinden suchen und den Wünschen des Herausgebers
genügen.«

Sie hat an Charme, was Friedrich Wilhelm fehlt, der selten
anders als lakonisch spricht, in abgerissenen, markigen, sub-
jektlosen Sätzen, die nicht mehr Worte enthalten, als nötig sind:
»Habe gesagt ...«,»Mußte eingreifen ...«,»Beliebte zu scherzen ...« Nein, für gesellschaftlichen, höfischen Glanz hat dieser König nichts übrig. Dem Hof Glanz zu verleihen – diese
Aufgabe delegiert er ganz und gar an seine Frau.

Es ist schwierig, den Einfluß Luises auf ihren Gemahl genau
zu bestimmen. Der Umgang der Eheleute miteinander läßt vermuten, daß sie sich vieles anvertrauen. Doch Luise meidet strikt
jede Einmischung in die Politik. Wenn man sie bittet, mit ihm über
Staatsangelegenheiten zu reden oder ihm eine Bitte vorzutragen,
antwortet sie stets:»Das müssen Sie selbst Seiner Majestät dem
König sagen. Bei ihm bedarf keine gute und gerechte Sache
einer einleitenden Fürsprache.« Ähnlich zurückhaltend verhält
sie sich, wenn es um die Einstellung von Personal geht, selbst
wenn es ihr ureigenes Gebiet der Haushaltsführung betrifft.

Dennoch gibt es eine Minderheit, die mit mißtrauischem Blick
auf Luise schaut. Einige ältere Offiziere, die den Unterschied
zum preußischen Hof zur Zeit Friedrichs des Großen nur zu
deutlich wahrnehmen, sehen nun eine Königin, die ihren Mann
zwar nicht in der Hand hat, aber ihn zu beeinflussen versteht,
ohne politische Intentionen, jedoch so, daß sie die traditionellen Sitten des Hofes ungestraft umkrempeln kann. Offen geben
sie ihrer Mißbilligung Ausdruck und finden damit auch bei einigen jüngeren Männern Gehör. Zu dieser Partei gehört der später berühmte Feldmarschall Johann David Ludwig Graf Yorck
von Wartenburg, damals Oberst in der leichten Infanterie, über

den Droysen schreibt:»Zur Mode gehörten damals die Entzückungen über die Königin; alles, was sie tat und sprach, galt als bezaubernd; ihre Schönheit war unzählige Male Gegenstand enthusiastischer Gespräche. Yorck gefiel sich darin, diesen Geschmack nicht zu teilen: ihre Hand sei zu groß, ihr Fuß häßlich. Es verdroß ihn, daß man den König neben ihr in den Schatten stellte; er glaubte, daß sie einen Einfluß auf den Hof, ja auf die Geschäfte übe, den er beklagte. Allerdings war der alte, militärisch-herbe Charakter des Hofes – er meinte durch sie – im Hinscheiden.«

Bei aller Lebensfreude, die Luise in das gesellschaftliche Leben zu bringen sucht – vielen gehen die Vergnügungen und Amüsements noch nicht weit genug.»Berlin ist der langweiligste Hof geworden«, sagen sie.»Ein Tag ist gerade wie der andere; es ist genug, um vor Langeweile zu sterben.« Nach der Ansicht dieser Leute hätten König und Königin mehr in Pracht und Pomp investieren müssen. Sie sehnen sich nach Glanz ohne Unterlaß, nach Scherzen, Ränken, Intrigen, Skandalen. In dieser Hinsicht hat der preußische Hof zur Zeit der Königin Luise in der Tat nur wenig zu bieten, vielleicht schlägt deshalb der Skandal um Friederike so hohe Wellen. Und da insbesondere Friedrich Wilhelm allen überflüssigen Pomp entschieden ablehnt, bleibt es an Luise, dem Hofleben Esprit zu geben – soviel Esprit in Preußen eben möglich ist.

Viel Neues aus dem unveränderlichen Kreislauf des familiären Lebens der Königsfamilie ist nicht zu berichten. Es geht so weiter wie bisher: Winter in Berlin mit seinen Festlichkeiten, Frühjahr und Herbst in Potsdam mit Militärrevuen und -manövern, Sommer mit Reisen und Erholungstagen in Charlottenburg. Neben Paretz ist das Schloß auf der Pfaueninsel der Lieblingsaufenthalt des Königs. Auch Luise mag die idyllische Lage dieser Insel, ist dieses Schlößchen doch das abgeschiedenste von allen. Die Havel trennt das Anwesen von der geschäftigen Welt; der König hat die gesamte Insel in einen Park umgewandelt. Einige der schönen Bäume sind vier- bis fünfhundert Jahre alt. Friedrich Wilhelm II. beließ die Insel in ihrem Zustand bis auf das Areal und das kleine Schloß, das der Hofzimmermeister für ihn erbaute.

Das Schlößchen auf der Pfaueninsel wird 1797 fertig, in dem Jahr, als der König stirbt. Er hat die Insel erst wenige Jahre zuvor erworben und also kaum Zeit gehabt, viel zu verändern. Die Felder und Nutzgärten hat sein sparsamer Sohn anlegen lassen. Das kleine Schloß ist ein Idyll von purer Romantik und soll den Eindruck erwecken, es sei »ein altes verfallenes römisches Landhaus«. Einer der beiden runden Türme ist von einer Kupferkuppel bedeckt. Das Haus ist nur zweistöckig, vom oberen Stockwerk führt eine Wendeltreppe zu den Türmchen hinauf. Die Brustwehren der beiden Türme sind durch eine gußeiserne Brücke verbunden, was eine eigentümliche Wirkung hervorruft. Von hier aus die stille, friedliche Seenlandschaft zu überblicken, muß wunderbar gewesen sein. Bis nach Potsdam, das mit seinen Kirchtürmen herübergrüßt, geht der Blick. Die Zimmer im Schloß sind sehr klein und recht einfach ausgestattet, mit Ausnahme des Empfangszimmers, das größer ist und auch wertvoller eingerichtet als die übrigen Räume. Auf die Decke ist eine Aurora gemalt, und der Boden besteht aus Parkett. Unweit des Schlosses, vor dem sich ein großer Rasen ausbreitet, befindet sich ein Palmenhaus mit tropischen Pflanzen.

Dies alles ist so ganz geeignet, um hier friedliche Ruhe und bequemes Behagen zu finden. Bevor in Berlin der Tiergarten angelegt wurde, war auf der Pfaueninsel eine Menagerie. Der zahme Löwe, der ruhig wie ein Lamm wurde, wenn man ihm sanfte Musik vorspielte, erregte das Interesse des Publikums, das Zutritt zu den Anlagen hatte, wenn die königliche Familie nicht anwesend war. Die Attraktion sind die schönen Pfauen, die der Insel ihren Namen geben und die man bewundern kann, wenn sie stolz ihr Rad schlagen, und auch Fasanen werden dort gehalten.

Friedrich Wilhelm eilt, wann immer er sich besonders ermüdet oder auch verstimmt fühlt von täglichen Pflichten, von den Ansprachen, Querelen und Zudringlichkeiten, mit einem Gefühl der Sehnsucht auf diese stille, friedliche Insel, wo er Ruhe findet und die Mittags- und Abendstunden mit seiner Familie verbringt. Bischof Rulemann Eylert, der ihn manches Mal begleitet, erzählt, daß der König, sobald er das Schiff besteigt, um hinüberzufahren, unwillkürlich den engen Rock aufknöpft, um besser durchatmen zu können. Am Ufer geht er dann langsamen, schlendernden Schrittes, mit den Händen auf dem Rücken – eine Geste, die er seinem Onkel Friedrich abgeschaut hat – zu seinem kleinen Wohnzimmer, wo er die Kleidung wechselt. Hier ist Friedrich Wilhelm er selbst, hier ist er glücklich. Er durchstreift die Insel in alle Richtungen, manchmal in einem Buch lesend oder sich an einen Baum lehnend, er sucht einen der vielen Ruheplätze auf, plaudert mit den Hirten oder erfreut Kinder mit einem Scherz oder einer Süßigkeit.

Es kursieren eine Reihe entzückender Anekdoten über dieses harmonische Leben in seltener Abgeschiedenheit. Alle malen ein anmutiges Bild häuslicher Glückseligkeit und heiteren Familiensinns. Während der Sommermonate ist das kleine Landschloß oft so voll, daß viele Mitglieder der königlichen Hofhaltung in eigens dort aufgeschlagenen Zelten übernachten müssen.

HOFLEBEN

Mit dem Regierungsantritt Friedrich Wilhelms III. verliert der preußische Hof trotz aller verordneten Sparsamkeit weder an Reputation noch an Ausstrahlung. Doch die Abneigung des hochgewachsenen Hohenzollern gegen jede Art von Glanz und Gloria stimmt wenig zu dem Wesen eines preußischen Militärs, wie es der große König Friedrich II. als Ideal hingestellt hat. »Timide Offiziers«, erklärte er, wolle er nicht dulden. Friedrich Wilhelm III. aber ist eher »timiden« Charakters, erfüllt von der aufgeklärten, humanitären Strömung der Zeit. Jahre zweckloser Kriegführung haben ihn, der persönlich durchaus tapfer ist und zweifellos militärischesVerständnis besitzt, mit einer kaum überwindlichen Abneigung gegen den Krieg erfüllt.

Auch die ausgeprägte Nüchternheit und Schwunglosigkeit im Wesen Friedrich Wilhelms fällt – vor allem im Vergleich zu Friedrich II. und auch Friedrich Wilhelm II. – grell ins Auge. Gerechtigkeitssinn und Rechtschaffenheit zeichnen ihn aus, eine ausgesprochene Vorliebe für schlichte Bürgerlichkeit und ein Familienbewußtsein, das selbst noch das des Großen Kurfürsten übertrifft. Sein offenes Herz für die Nöte des »kleinen Mannes« trägt nicht wenig zur Popularität des Königs bei. Seine »Volkstümlichkeit« ist nicht gespielt, auch nicht anerzogen, sondern empfunden. Auch wenn die Berliner die glanzvolle Repräsentation vermissen, besteht doch kein Zweifel, daß Friedrich Wilhelm »ihr König« ist. Es gibt den schönen Satz eines französischen Jakobiners, der klagt:»Dieser Fürst verdirbt uns die Revolution.«

Daß ihn seine Untertanen wirklich lieben, wird Friedrich Wilhelm wohl zum ersten Mal bewußt, als er im September 1800 mit dem Pferd stürzt und sich daraufhin in der Bevölkerung rege Anteilnahme äußert. Der König ist darüber sehr gerührt.

Um die Ereignisse der folgenden Jahre zu verstehen, sollen hier die wichtigsten Mitglieder der königlichen Familie und des Hofstaates vorgestellt werden. Die beiden Brüder König Friedrichs II., Heinrich und Ferdinand, leben noch. Heinrich wohnt einsam und zurückgezogen in Rheinsberg und läßt sich nur selten bei Hofe blicken. Sein Rat ist nur wenig gefragt, doch er gehört zu den Bewunderern der jungen Königin.

Etwas öfter taucht Prinz Ferdinand am Hof auf, aber seine kränkliche Verfassung fesselt ihn oft ans Bett. Ferner ist da Ferdinands Sohn, Prinz Ludwig (»Louis«) Ferdinand, der populärste von allen Prinzen des Hauses Hohenzollern, dessen Avancen Luise unvergessen sind. Louis Ferdinand ist bei den Offizieren wie bei den Soldaten ungemein beliebt, »tapfer bis zur Tollkühnheit, freigebig bis zur Verschwendung, verzehrt von unruhigem Tatendurst, widerstandslos von den Aufwallungen eines stürmischen Charakters hingerissen«, wie sein Biograph Paul Bailleu urteilt. Er scheint »zu allem Herrlichen geboren«.

Seine Schwester Luise, die sich mit dem talentierten Komponisten Fürst Anton Radziwill vermählt, ist ihm sehr ähnlich. Sie ist sechs Jahre älter als die Königin, wohl auch gesetzter in ihrem Wesen als Luise.

Keineswegs so bedeutend wie Louis Ferdinand, aber ein ebenso aufrechter Charakter ist Prinz Wilhelm, der jüngste Bruder des Königs. Ein stattlicher, aber schweigsamer Mann mit melancholischem Gesichtsausdruck, was ihn nicht gerade zum Mittelpunkt der Gesellschaft macht.

Seine Gemahlin Marianne, eine Prinzessin von Hessen-Homburg, darf ohne Frage als die erste Frau im königlichen Hause nach der Königin selbst angesehen werden. Obwohl neun Jahre jünger als Luise, erweist sie sich ihr in puncto Bildung und Intelligenz ebenbürtig. Sie hat das Glück gehabt, daß ihr Vater, Landgraf Friedrich V. von Hessen-Homburg, sie schon früh mit Bildung und patriotischem Gedankengut vertraut machte. Marianne wird eine besondere Freundin des Freiherrn

König Friedrich Wilhelm III.

Königin Luise.

vom Stein, der auf sie große Stücke hält. Nach Luises frühem Tod wird Marianne bei den jungen königlichen Prinzen die Mutter vertreten.

Prinz Heinrich, der kränkliche andere Bruder des Königs, tritt am Hof noch weniger hervor als Prinz Wilhelm. Er bleibt unverheiratet.

Eine muntere Figur am preußischen Hof ist seine Schwester Wilhelmine, genannt »Mimi«, die Prinz Wilhelm von Oranien, den späteren König der Niederlande, heiratet.

Eine zweite Schwester, Auguste, hat als Gemahlin des hessischen Kurprinzen Wilhelm ein weniger glückliches Los.

Sophie von Voß, die Oberhofmeisterin, die bald zur Gräfin ernannt wird und über die Etikette so eifersüchtig wacht wie Frau von Noailles am Hofe Marie Antoinettes, ist die erste Instanz in Fragen des Zeremoniells am preußischen Hof. Sie ist der unerschütterlichen Überzeugung, daß vollendet strenge Formen und Förmlichkeiten wirklich einen guten Einfluß auszuüben vermögen. Diese Überzeugung wurzelt so tief in ihr, daß sie sogar das schnelle Umsichgreifen der revolutionären Tendenzen ihrer Zeit naiverweise der Mißachtung dieser strengen Anstandsregeln zuschreibt – sie vertraut auf sie und hält an ihnen umso entschiedener fest, je mehr sie vom Zeitgeist verachtet und verspottet werden.

Luise hat eine unvergleichliche Art, sich mit Leichtigkeit über die Ermahnungen der Oberhofmeisterin hinwegzusetzen, aber sie tut dies stets formvollendet und begegnet ihr keineswegs mit billiger Skepsis und simpler Aufsässigkeit, sondern mit jener Nachsicht, die sie von ihrer Großmutter geerbt hat.

Trotz aller Strenge in formalen Fragen ist Sophie von Voß eine Seele von Mensch, eine gutmütige, manchmal ein bißchen verplauderte Frau, die mit den Jahren zur Bilderbuchpreußin geworden ist. Ihre Schönheit hatte einst in Prinz August Wilhelm, dem ältesten Bruder Friedrichs des Großen, eine heiße Leidenschaft geweckt, der sie sich durch Heirat zu entziehen wußte. Als sie im Alter von vierundsechzig Jahren zur Oberhofmeisterin ernannt wird, scheint sie der jungen Kronprinzessin viel zu alt; sie weiß sich aber zu behaupten, und nachdem einige Mißverständnisse zwischen Luise und ihrer obersten

Sophie Gräfin von Voß, Oberhofmeisterin der Königin Luise.

Dienerin ausgeräumt sind, entwickelt sich zwischen den beiden im Lauf der Jahre ein herzliches Verhältnis.

Sophie von Voß wacht wie eine Mutter und nicht ohne Eifersucht über die junge Frau. Mit rührender Hingabe weiß sie in späteren Jahren das Leid Preußens mitzutragen und der Königin eine wirkliche Stütze zu sein. Noch als Greisin ist sie von geradezu unverwüstlicher Rüstigkeit, was Luise immer wieder in Erstaunen versetzt. Selbst die beschwerliche Reise nach Petersburg im letzten Lebensjahr der Königin macht sie tapfer mit.

In ihrer stattlichen Grandezza kommt sie Oberst Boyen, dem späteren Feldmarschall, wie ein »immerwährendes Menuett« vor. Manchmal bereiten die jungen Hofdamen ihr schwere

Stunden – vor allem deren Ausgelassenheit kann sie ebenso wie später der Lärm der heranwachsenden königlichen Kinderschar aus dem Gleichgewicht bringen. Sie ist das bevorzugte Objekt für übermütige Streiche der Kinder und Erwachsenen. Aber so harmlos, wie ihr Äußeres wirkt, ist die Oberhofmeisterin nicht. Gräfin von Voß – oder »Voto«, »Contessinchen«, »Madamchen«, »die Poschen«, wie sie von Luise gern tituliert oder angeredet wird – versteht es, sehr deutlich und unmißverständlich ihre Meinung zu sagen, ja ist darin oft von großer Heftigkeit. Zuweilen ruft sich die würdige Wächterin der Hofsitte in aller Stille allerdings auch selbst zur Ordnung, wofür ihr Tagebuch zahlreiche Beweise liefert. An einer Stelle bezeichnet sie es dort als Pflicht einer Oberhofmeisterin, gegenüber der Jugend nicht zu streng zu sein und nicht zu vergessen, daß auch sie einst jung gewesen sei und die Macht der Liebe gefühlt habe.

Sophie von Voß nimmt für sich keine Ausnahmeregelung in Anspruch und verfaßt auch für sich selbst eine Instruktion: »Was die äußere Haltung anbetrifft, so soll eine Oberhofmeisterin ihren Kopf aufrecht halten, gerade gehen, ein leutseliges, aber würdiges Wesen haben und sich anständig verbeugen, nicht, wie man jetzt tut, mit dem Kopfe, sondern mit den Knien sich ehrbar und feierlich herabsenken und langsam und stattlich wieder erheben.«

Die alte Dame ist tief betrübt darüber, daß der König und die Königin so lässig mit den als lästig empfundenen Einschränkungen durch die Hofetikette umgehen und daß zum Beispiel Friedrich Wilhelm so wenig Geschmack an glänzenden Hoffesten findet. Gegen die am Hof verordnete Einfachheit hat die Gräfin jedoch weniger einzuwenden – sie geht ihr nur bisweilen zu weit. So hält sie es für übertrieben, daß nichts das Königspaar dazu bewegen kann, sich bei seinen Ausfahrten der üblichen sechs Pferde und Pagen zu bedienen.

Luise und Friedrich Wilhelm sind nicht davon abzubringen, gemeinsam in demselben Wagen, zweispännig wie normale Bürger, auszufahren. Anläßlich einer großen Gratulationscour, die Friedrich Wilhelm bei seinem Großonkel, Prinz Heinrich, abhalten will, bemerkt die Oberhofmeisterin, mit allen dazu

gehörigen Formalitäten bis ins kleinste Detail vertraut, die Hin-
und Auffahrt müsse in einer der ersten Staatskarossen, mit
einem Gespann von acht angeschirrten Pferden, zwei Kut-
schern und drei Leibjägern in der besten Uniform erfolgen.
»Gut«, meint der König lächelnd, »so ordnen Sie es denn.« Als
am folgenden Tag diese glänzende Equipage vorgefahren ist,
hebt der König seine Oberhofmeisterin mit sanftem Zwang in
die prachtvolle Kutsche, schlägt schnell die Tür zu und ruft:
»Fort!« Dann springt er flugs mit Luise in seinen unmittelbar
dahinter haltenden, offenen, zweispännigen Wagen und fährt –
horribile dictu – selbst die Pferde lenkend zum Jubel der zusam-
mengelaufenen Menge hinter der prächtigen Karosse her.

Ihre »Denkwürdigkeiten« hat Sophie von Voß samt und son-
ders tagebuchartig festgehalten, und diese Aufzeichnungen sind
eine nicht unwichtige Quelle, da die Oberhofmeisterin in späteren Jahren zu einer Vertrauten Luises wird. Der Weg dorthin
war freilich beschwerlich: »Dies alles war dennoch schwer für
mich, und ich hatte damals eine trübe Zeit zu bestehen, ehe es
mir endlich gelang, das Vertrauen meiner Prinzessin in Wahrheit zu erwerben und ihr näher zu treten.«

Die Oberhofmeisterin, die ihre Pflicht gewissenhaft erfüllen
will, kann weder Luise noch Friedrich Wilhelm den nach ihrem
Dafürhalten richtigen Begriff von der hohen Würde ihrer Stellung beibringen. Auf den Lippen des Kronprinzen entdeckt sie
allzu oft ein spöttisches Lächeln, das ihre Bestrebungen zunich-
temacht, einen fast schalkhaften Mutwillen, der ihr nicht wenig
zusetzt, während Luise sich belustigt fühlt.

»Die Voß ist ein kleiner entfesselter Teufel«, berichtet Luise
ihrem Gemahl am 30. Mai 1804 aus Charlottenburg, »… und
alle, die sich nur auf drei Schritte ihrer Person nähern, sind Ziel-
scheibe ihrer Verwünschungen. Jedoch denke ich darin Ordnung zu schaffen.«

Auch Hofmarschall Valentin von Massow, früher Major beim
Regiment des Kronprinzen, ein wohlbeleibter Herr von guter
literarischer, vornehmlich französischer Bildung, macht es Spaß,
die würdevolle und auf Haltung bedachte Oberhofmeisterin
durch harmlose kleine Streiche zu reizen und aus dem Konzept
zu bringen. Nützlicher erweist er sich als Vorleser französischer

Romane – woran wiederum selbst Sophie von Voß Gefallen findet. Von den Hofdamen ist die wichtigste Henriette von Viereck, die in ernsten und kritischen Situationen eine kluge Beraterin der Königin ist. Das gilt weniger für ihre lebenslustige und harmlose Schwester Dorothea, genannt Doris, die den Spitznamen »Dondon« führt und oft Anlaß zu Neckereien und Späßen gibt. Beide sind nicht sonderlich hübsch und bei Antritt ihrer Stellung auch nicht mehr jung.

Seit Luise Königin ist, ist ihr Hofstaat größer geworden. Sechs weitere Hofdamen werden ernannt: Charlotte Gräfin Moltke, die später Friedrich August von der Marwitz heiratet, eine »exzellente Person«, wie Luise wiederholt von ihr sagt; die lebenslustige Gräfin Lisinka Tauentzien, die gern Kartenorakel befragt; die schalkhafte Gräfin Bertha Truchseß, die zum Schrecken der Königin von einer heftigen Leidenschaft zu Großfürst Konstantin, dem Bruder des Zaren Alexander, erfaßt wird; die schöne Sächsin Christiane Gräfin Lindenau; Auguste von Heinitz, später mit dem Adjutanten und Oberstallmeister des Königs, Ludwig Friedrich von Jagow, vermählt; sowie Adelheid Gräfin von Hardenberg. Die beiden letzten bleiben nicht lange in Diensten der Königin, und die Gräfinnen Lisinka von Tauentzien und Bertha von Truchseß – hübsche, muntere und etwas schwärmerische junge Damen – bringen zwar Leben an den Berliner Hof, entwickeln aber keine tiefere Beziehung zur Königin.

Unter den Hofherren gilt Oberstallmeister Karl von Lindenau bei vielen als eitel und hochmütig. Von den Kammerherren tritt am meisten der burschikose Friedrich August von Schilden hervor, der stets zu lustigen Scherzen und kleinen Intrigen aufgelegt ist, sich aber kein geringes Verdienst mit der Förderung des talentvollen Kammerdieners der Königin, Christian Daniel Rauch, erwirbt, der später als Bildhauer berühmt wird. Auch Kammerherr Georg Karl von Buch darf unter den Getreuen Luises nicht vergessen werden.

Eine eher unglückliche Rolle spielen bei den Teeabenden und den sonstigen Hoffesten die Erzieher der Prinzen: Johann Friedrich Delbrück, der Lehrer der beiden ältesten Söhne des

Königs, und Julius Reimann, der Erzieher des Prinzen Friedrich, des Sohnes von Prinz Ludwig. Sie gelten allgemein als unbeliebt. »Der Kammerdiener hält es unter seiner Würde, mir den Tee zu reichen«, bemerkt Delbrück gelegentlich mißmutig in seinem Tagebuch. Er muß nach zehnjähriger Tätigkeit seine Stellung aufgeben, weil man ihn wegen seiner sentimentalen Art und allzu unpolitischen Veranlagung für wenig geeignet hält. Über ihn äußerst Luise gelegentlich zu ihrem Bruder Georg: »Delbrück erzieht Mutter und Sohn.«

Der erste Berater des Königs ist General Karl Leopold von Köckritz, ein weiterer Vertrauter General Wilhelm von Zastrow, der ebenfalls nur über einen engen Horizont verfügt. Durch große Gewandtheit gelingt es ferner einem Mann in subalterner Stellung, dem sehr französisch gesinnten und sophistisch angelegten Geheimen Kabinettssekretär Johann Wilhelm Lombard, nicht nur in politischen Geschäften, sondern auch im Hofleben Geltung zu erlangen.

Minister Otto Karl von Voß, ein Neffe der Oberhofmeisterin, zeichnet sich durch Tüchtigkeit aus, was allein schon ausreicht, ihn hervorstechen zu lassen; jedoch gilt er als hartnäckiger Gegner jeglicher Reform. Köckritz, Zastrow, Lombard und Voß werden von den Ereignissen des Jahres 1806 hinweggespült.

Bildungshunger und Schreiblust

Den Hunger nach Bildung und Wissen, den Wunsch, Zusammenhänge zu verstehen und historische Ereignisse einordnen zu können, die Sehnsucht nach literarischer und intellektueller Unterhaltung wird Luise zeit ihres Lebens nicht los. Sie selbst kennt ihre Bildungslücken nur zu gut: »Ich weiß noch immer nicht genug«, schreibt sie einmal an ihren Bruder Georg. Und als sie bereits einige Jahre verheiratet ist: »Wenn es so fortgeht, werde ich bald nicht mehr wissen, ob London in England oder in Deutschland liegt.« Sie ist daher eifrig bemüht, so viel wie möglich an ihrer geistigen Entwicklung zu arbeiten.

Nicht immer trifft Luise ihre Auswahl an Lektüre mit dem richtigem Gespür. So lesen sie und der König besonders gern die Tugend- und Edelmutsromane August Lafontaines, eines damals höchst erfolgreichen, heute dagegen völlig vergessenen Schriftstellers. In Berlin wird dieses sentimentale Zeug, das ein eskapismusfreudiges Publikum in eine künstliche Welt des Scheins und Trugs versetzt, geradezu verschlungen. Auch Luise folgt in der Vorliebe für Lafontaine dem Zeitgeist und der Modelaune, doch mehr als Zerstreuung sieht sie in seinen Romanen nicht, während sie in Friedrich Wilhelm eine wohlige Gefühlsduselei nähren, was ihn bisweilen zu zaghafter Rücksicht veranlaßt, wo kräftiges, energisches Handeln erforderlich wäre.

Lafontaine wird für den Genuß, den er dem Königspaar durch seine Romane bereitet, reichlich belohnt. Friedrich Wilhelm III. ernennt ihn zum Kanonikus. Außerdem verdient der Schriftsteller ein Vermögen mit seinen Bestsellern: Er lebt so gut und so genießerisch, daß er sich »zu faßartiger Beleibtheit ausmästete«, wie es Varnhagen von Ense einmal ausdrückt.

Glücklicherweise fühlt Luise das Bedürfnis nach besserer Literatur, als der seichte Lafontaine sie bieten kann. Sie liest gern Friedrich Schiller und Jean Paul, zu denen sie auch in persönlichen Beziehungen steht. Jean Paul schreibt aus Hildburghausen im Mai 1799 an seinen Freund Otto: »Diese Wesen (die drei Schwestern der Königin) lieben und lesen mich und wollen nun, daß ich noch acht Tage bleibe, um die erhabene schöne vierte Schwester, die Königin von Preußen, zu sehen.« Luise kommt und gewinnt in Jean Paul einen ihrer größten Bewunderer. Bei ihrem Tod erinnert sich der Dichter dieser ersten Begegnung und legt seine Empfindungen nieder in den »Schmerzlich tröstenden Erinnerungen an den 19. Julius 1810«, die er ihrem Bruder widmet.

Als er im Frühjahr 1800 zum ersten Mal in Berlin erscheint, schenkt Jean Paul der Königin das erste Exemplar seines »Titan« mit der Widmung »Traum der Wahrheit«. Dafür erhält er am 29. Mai 1800 aus Sanssouci folgendes Dankschreiben: »Ich habe Ihren Titan erhalten und daraus mit Vergnügen ersehen, daß Sie noch immer fortfahren, Ihre Zeitgenossen mit Wahrheiten zu unterhalten, die in dem Gewande romantischer Dichtkunst, mit welchem Sie sie zu bekleiden wissen, ihre Wirkung gewiß nicht verfehlen werden. Ihr Zweck, die Menschheit von mancher trüben Wolke zu befreien, ist zu schön, als daß Sie ihn nicht erreichen sollten, und es wird mir daher auch eine Freude sein, Sie während Ihres Hierseins zu sehen und Ihnen zu zeigen, wie sehr ich bin – Ihre wohlaffectionirte Luise.«

Zu seiner Hochzeit schenkt ihm die Königin ein Kaffeeservice aus Silber: »Ich wollte, ich könnte ihr daraus einschenken«, ist die Reaktion des Dichters. Immerhin ist er schon im Frühsommer zu Besuch in Sanssouci. In einem Brief an seinen Freund Otto in Bayreuth schreibt er: »Die herrliche Königin lud mich brieflich nach Sanssouci ein, ich aß bei ihr ... Der Ton an der Hoftafel war leicht und gut.« Und am 14. Juni heißt es in einem Brief an Gleim in Halberstadt: »Ich sah die gekrönte Aphrodite, ich war an der heiligen Stelle, wo der große Geist des Erbauers sich und Europa beherrscht hatte.«

Luise allerdings wird nie zu den gerade in Berlin so zahlreichen unbedingten Verehrerinnen Jean Pauls gehören:»Ich liebe nicht dies Amalgam von Trivialem und erhabenen Ideen, diese Mischung von Heiligem und Profanem.« Vor allen bewundert Luise Friedrich Schiller.»Ach, auch in meinem Schiller hab' ich wieder und wieder gelesen! Warum ließ er sich nicht nach Berlin bewegen?« schreibt sie 1808 aus Königsberg.

Sie und ihr Mann fordern Schiller wiederholt auf, seinen Wohnsitz nach Berlin zu verlegen und ihr Hofdichter zu werden wie Johann Wolfgang von Goethe bei Herzog Karl August. Schiller kann sich, wie es scheint, nicht dazu entschließen. Berlin gefällt ihm zwar besser als Jena, aber es ist ihm wohl zu teuer. Luise sieht sich seine Theaterstücke regelmäßig an, Friedrich Wilhelms Vorliebe fürs Theater und Ballett zeigt sich ganz besonders in späteren Jahren, nachdem er – nach Luises Tod – in Paris und London einige beeindruckende Aufführungen gesehen hat. Von da an sieht man Friedrich Wilhelm oft in seiner Loge sitzen.

Die griechischen Tragödien lernt Luise durch Übersetzungen kennen. Auf Shakespeare wird sie durch ihre spätere Freundin Caroline von Berg aufmerksam gemacht. Diese und Marie von Kleist gefallen sich darin, Luise auf ihrem Bildungsweg zu begleiten und ihr stets neue Anregungen aus dem literarischen Leben zu geben. Zu beiden gewinnt die Königin ein herzlich-freundschaftliches Verhältnis.

Keine Frau besitzt so sehr das Vertrauen Luises wie Caroline von Berg, eine feingebildete, sehr kluge Frau, allerdings mit einem Einschlag zum Mystischen.»Ich habe die Berg recht oft gesehen«, berichtet Luise am 8. Juni 1804 aus Charlottenburg ihrem Bruder Georg,»und diese Bekanntschaft schmeckt nach mehr.« Caroline ist eine enge Vertraute des Reichsfreiherrn vom Stein, des späteren Staatsministers von Preußen, und das allein beweist schon, daß sie eine Frau von Geist sein muß. Luise lernt unendlich viel von ihr, und später ist sie ihr auch eine eifrige Beraterin in politischen Dingen. Friedrich Wilhelm jedoch ist alles andere als begeistert von Caroline:»Es war eine gefährliche Frau in ihrem Gemisch von Enthusiasmus und hoher Poesie mit Trivialität«, die»manches Üble gestiftet« habe.

Königin Luise, 1798.

Historisch-philosophischer Art ist Luises Beschäftigung mit den Werken Johann Gottfried Herders, vor allem mit der Lektüre der »Ideen zur Philosophie der Menschheit«, die ihr besonders verständlich sind. Nie – so bekennt sie – machte sie eine Reise, ohne ein Buch von Herder mit in ihren Wagen zu nehmen. Auch Geschichte liest sie. In ihrer Bibliothek stehen einige bedeutende historische Werke wie *Principes philosophiques politiques et moreaux* von Franz Rudolf Weiß und *History of the Decline and Fall of the Roman Empire* von Edward Gibbon, das sie in französischer Übersetzung besitzt. Dieses Werk »las und las sie, daß ihr Hören und Sehen verging«. Als sie selbst in die fürchterlichsten Wirren preußischer Geschichte gerät, interessiert sie sich auch für die deutsche Vergangenheit. Sie beschäftigt sich mit den Vorlesungen über deutsche Geschichte des Professors Johann Wilhelm Süvern in Königsberg: »Ich lese jetzt die Süvernschen Hefte«, schreibt sie einmal an Caroline von Berg, »und bin jetzt bei Karl dem Großen ...«

Einen ausgezeichneten Berater findet Luise im Schwager ihrer geistigen Vertrauten Marie von Kleist, Oberst Christian von Massenbach. Er verehrt die Königin schwärmerisch und will aus ihr eine geistig bedeutende Persönlichkeit machen. Er vermag ihre Anlagen realistisch einzuschätzen und weiß, daß alles, was sie liest, auf fruchtbaren Boden fällt. Um so mehr befremdet es ihn, daß sie den König geistig so wenig zu beeinflussen vermag. Massenbach ist es zu danken, daß Luise sich für die großen englischen Historiker interessiert. Seine Schwägerin Marie von Kleist macht die Königin auf den Dichter der »Hermannsschlacht«, ihren Neffen Heinrich von Kleist, aufmerksam. Daß dieser von der Königin von Preußen eine Pension bezogen habe, ist jedoch ein Irrtum, den die Kleist-Forschung längst aufgedeckt hat.

Johann Wolfgang von Goethe tritt erst vergleichsweise spät in Luises geistiges Leben ein, obwohl sie seine Mutter bereits als junges Mädchen kennengelernt hat.

»Die zeitgenössische Literatur«, schreibt Hartmut Boockmann, »wird in der Korrespondenz genannt. Wieland und Goethe, Schiller und Jean Paul, Herder, Kant und Pestalozzi sind in den Briefen der Königin präsent. Sie stehen gewiß nicht im Zentrum dieser Briefe, aber sie sind in ihnen doch auf fast selbstverständliche Weise anwesend. Ein fürstlicher Hof gehörte zum Publikum der berühmten unter den zeitgenössischen Autoren ebenso wie die Familien des gebildeten Bürgertums.«

Es ist erstaunlich, daß die Königin angesichts ihrer zahlreichen Verpflichtungen und auch der nicht wenigen Kinder, mit deren Wohl und Wehe sie sich beschäftigt, Zeit findet, sich ernsthaft in geistige Dinge zu vertiefen. Repräsentationspflichten und vor allem die vielen Reisen, die sie anfangs als Königin mit ihrem Gemahl unternehmen muß, lenken sie mehr davon ab, als ihr lieb ist, zumal Friedrich Wilhelm selbst sich von intellektuellen Herausforderungen kaum faszinieren läßt. Bei ihm geht es nicht zu wie bei Prinz Louis Ferdinand, in dessen Haus die bedeutendsten Männer und Frauen der damaligen Zeit verkehren. Wäre Luise nicht das geistige Band, das die Hofgesellschaft in Berlin zusammenhält, es würde um das geistige Leben am preußischen Königshof schlimm bestellt sein.

Der Radius Luises ist nicht gerade weit gesteckt – Hannover, Darmstadt, Frankfurt am Main, Niederlande, Berlin, Pyrmont, Ostpreußen, Mecklenburg und schließlich St. Petersburg sowie die kurzen Etappen auf den »Huldigungsreisen« und Staatsvisiten innerhalb Preußens – »ein Lebenskreis, über dessen geographische Enge ein Handwerksgeselle ohne Schwierigkeiten hinauskommen konnte« (Hartmut Boockmann). Luise liest aber nicht nur, sondern schreibt auch viel. Der Briefwechsel mit ihren Geschwistern, ihrem Mann, ihren Kindern, ihren Freunden und Verwandten, später auch mit Zar Alexander von Rußland, mit Künstlern und Schriftstellern ist enorm. Dazu schreibt sie Tagebuchblätter, Aufsätze und notiert sich alles, was sie sieht und hört.

Doch nicht nur die »große Welt« ist Gegenstand der Briefe Luises, es ist vor allem ihre kleine, beinahe bürgerliche Welt. Gerade in den Briefen kann man ihre charakterliche, psychische und emotionale Disposition am besten erkennen, eine Persönlichkeit, die weit entfernt ist von jeder hehren Feierstimmung. Hier tritt uns eine äußerst lebendige Frau mit Wünschen und Sehnsüchten, Ängsten und Aufgeregtheiten entgegen, mit ihrem unübersichtlichen, teils langweiligen, teils hektischen Alltag. Oft gewinnen wir den Eindruck von einem gehetzten Leben

Königin Luise, um 1798/99.

– immer wieder werden Briefe abgebrochen, liegengelassen, nach ein paar Stunden oder Tagen wieder aufgenommen. Auf diese Weise entsteht zusätzlich zu den Tagebuchskizzen oder -protokollen, die Luise gerne anläßlich bestimmter Besuche oder Reisen (Niederlande, Memel, St. Petersburg) anfertigt, ein permanent geführtes Tagebuch.

Wir erfahren aus den voluminösen, mit Luises Korrespondenz randvoll angefüllten Briefbänden unendlich viel von den kleinen Details ihres Lebens am Königshof, vom Umgang mit ihren Kindern, von Geburtstagen und Geschenken, von Mode und Schmuck, Juwelen und Preziosen, von Geldsorgen und Schulden, von Zerstreuungen und Vergnügungen, von Reisevorbereitungen und –nachwehen, vor gesundheitlichen Problemen, von Personalfragen, auch von Politik – und von Tränen, immer wieder Tränen. Luise ist »nah am Wasser gebaut«, sie bricht sehr leicht in Tränen aus, und dieses Weinen wirkt wie eine Katharsis, mit der sie Schicksalsschläge seelisch »verarbeitet«.

Die Herausgeberin der Briefe Luises, Malve Gräfin Rothkirch, schrieb 1985: »Wer einen Brief der Königin Luise in Händen hält, erspürt das einmalige Fluidum ihrer Nähe. Zunächst rührt das Äußere an; gealterte, vergilbte, behutsam zu entfaltende Papierbögen in unterschiedlichen Formaten, die Ränder mit zierlichen klassizistischen Borten und Vignetten bestanzt, auch mit pastellfarbigen Strichen umgeben. Derart geschmückte Papiere kamen in Mode, seit die Londoner Firma Dobbs 1803 eine erste Prägeanstalt gegründet hatte. Die von der Königin benutzten Briefbögen lassen sich teils als englische nachweisen, z.B. die ihres Reiseberichtes aus St. Petersburg vom Januar 1809.

Dann die Handschrift! Ihre Bildhaftigkeit läßt sich nicht in Worte übersetzen; man muß sie sehen, und man wird sie unmittelbar als Spiegelungen von Stimmungen und Gedanken empfinden. Auffallend sind die Unterschiede von ruhig oder erregt geschriebenen Zeilen, bedachtsam oder spontan gesetzten, ja gehetzten Worten. Winzig kleine Buchstaben wechseln mit erschreckend großen. Briefe an die hessische Großmutter sehen natürlich gesittet aus; dagegen flüchtig, sogar liederlich viele an den Bruder Georg. Er hob ihre Kinderbriefe auf mit den noch ungelenken Schriftzügen bis hin zu den backfischhaften mit übermütigen Karikaturen.«

Luise verfaßt ihre Briefe in einem altmodischen Französisch, mit der Orthographie steht sie auf Kriegsfuß. Immer wieder schleichen sich Fehler ein, und manchmal schreibt sie rein phonetisch. Da ihr Französisch angelernt und von der Hofetikette vorgeschrieben ist, geht es ihr nie in Fleisch und Blut über.»Es ist ganz offensichtlich, daß die Sprache ihres Herzens Deutsch ist und sie sich mit Französisch bisweilen quält. So wechselt sie stets zwischen französischen und deutschen Sätzen, ja Satzteilen.«

Dieses Fluidum einer stets changierenden seelischen Verfassung macht die Lektüre ihrer Briefe bisweilen zu einer vergnüglichen Angelegenheit. Vor allem aber tritt uns in ihnen eine Königin entgegen, die so gar nicht zu patriotischer Idealisierung taugt. In ihren ersten Jahren als Kronprinzessin ist Luise ungebändigt, »toll« (eines ihrer Lieblingswörter), übermütig. Immer wieder zeigt sich Friedrich Wilhelm, der selbst stets von dunklen Ahnungen und depressiven Anwandlungen geplagte Gemahl, überrascht und erstaunt über Luises »possierlich frohe Laune«, in der sie manchmal »schäkerte und kalberte«. Auch mit dreißig Jahren hat Luise noch etwas von »siebzehn Jahr, blondes Haar« an sich. Wendungen wie »wir fraßen« oder Titulierungen wie »das so allgemein bekannte Stinkloch« (über die Gräfin Castel) oder »kleiner entfesselter Teufel« (über Sophie von Voß) kommen nicht selten vor.

Das Familienleben und das Hofleben – die nahezu ununterbrochene Folge von Empfängen und Bällen, Besuchen und Assembleen – bildet den Mittelpunkt von Luises Schilderungen. Der Königin von Preußen machen – etwa im Unterschied zu Kaiserin Elisabeth von Österreich ein halbes Jahrhundert später – repräsentative Verpflichtungen und öffentliche Veranstaltungen nicht das geringste aus. Luise scheint das Rampenlicht zu genießen, wenn sie auch manchmal über das Angestarrt- und Beobachtetwerden klagt und zuweilen sogar darunter leidet, daß es keine Rückzugsmöglichkeit gibt. Wenn es ihr nicht gut geht, wenn sie mit den Tränen kämpft, haßt sie es, sich bei Tisch oder in einer Gesellschaft zeigen zu müssen. Daß sie aber ein »Objekt der Begierde« ist, eine Attraktion vor allem für Männer, thematisiert sie in ihren Briefen kaum; Friedrich Wilhelm jedoch spürt sehr genau, daß sie nicht »unempfänglich« ist für männliche Bewunderung. Verführbar ist sie jedoch nicht, das hatte selbst der unwiderstehliche Prinz Louis Ferdinand erfahren müssen.

Spottlust und köstliche Ironie finden sich vor allem in den Briefen der Kronprinzessin und jungen Königin. Aus Paretz schreibt sie am 10. September 1799 an ihren Mann in künstlich devot-gedrechselter Sprache: »Allerdurchlauchtigster, Großmächtigster König und Herr! Unter den vielen Bittschriften, die Ihre Königliche Majestäten täglich bekommen, möge doch der Herr wollen, daß diese mit einem gnädigen Blick beleuchtet werde, damit meine alleruntertänigste, demütigste, wehmütigste Bitte nicht unbefriedigt bleibe. Hierbei liegende Strümpfe sollen als Probe meiner Geschicklichkeit in der Strickerkunst zum Beweise dienen und mir hoffentlich mein Gesuch zu erlangen helfen, es besteht nämlich darin: ›daß Ihro Majestäten die Gnade für mich hätten und mir zukünftig alle dero Strümpfe stricken ließen und mir dabei den Titel als wirkliche Hofstrickerin allergnädigst erteilen ließen‹. Diese hohe Gnade würde ich all mein Leben in tiefster Untertänigkeit erkennen und mit dankbarem Herzen ersterben. Ew. Königl. Majestät als aller untertänigste Magd und Untertanin – Luise.« Ein entzückender Beweis, daß Luise sich eine gesunde Distanz zu den höfischen Verrenkungen bewahrt hat.

Zeile um Zeile, Blatt um Blatt, Brief für Brief ist die Korrespondenz der Königin so etwas wie ein Perpetuum mobile der Kommunikation. Bisweilen fällt es ihr selbst auf, dann bittet Luise um Entschuldigung für ihre »Geschwätzigkeit«, kokett wohlgemerkt, nicht etwa zerknirscht. Oder sie ist so in Fahrt, daß sie einen Brief nach dem anderen zu Papier bringt und lustvoll stöhnt: »Ich bin heute so im *train* zu schreiben und zu plaudern, daß ich ganze Bogen vollschmieren möchte, aber, ich muß aufhören, um an Großmama und Papa zu schreiben ...« Briefkomödien. Schreibrausch. Klatsch- und Plaudersucht. Ständig legt sie sich »zu Füßen«, umarmt, »umhalst« ihre Lieben, unterschreibt mit lustigen Namen, zum Beispiel »alte Luwatze« an ihren Bruder Georg. Selbst ihre späteren Briefe an den geliebten und bewunderten Zar Alexander I. von Rußland sind oft drängend, atemlos, von einer inneren Hetze, die sie selbst durchaus zugibt: »Verzeihen Sie dieses abscheuliche Geschmier«, bittet sie ihn in ihrem Brief vom 17. Juni 1802 aus Tilsit, »dieses grobe, gar nicht elegante Papier und die gewiß nicht übliche Aufmachung meines Briefes, aber der König drängt mich.«

Danach wird sie gleich den nächsten Brief angefangen haben ...

EIN LANGER, RUHIGER FLUSS

Die Jahre 1800 und 1801 gehen still und ohne besondere Ereignisse dahin, es ist dasselbe regelmäßige Leben wie zuvor in Potsdam, in Charlottenburg, Berlin und Paretz. Am langweiligsten scheint es in Potsdam gewesen zu sein, im ewigen Einerlei des militärischen Dienstes. Jede Stunde ist hier geregelt, ein Tag gleicht dem anderen. Die einzige Abwechslung sind die Paraden, an denen Luise manchmal teilnimmt, wie sie überhaupt ihrem Mann zuliebe immer mit zur Garnison reitet und sich um die besonderen Angelegenheiten der Regimenter kümmert, was ihre Popularität besonders unter den Soldaten ungemein fördert.

Auch in Berlin ist das Leben aufs genaueste durch Friedrich Wilhelm geregelt. Die Königin kümmert sich um »Haus und Hof«, macht sogar den Speiseplan selbst. Wie alles am Hof, so läuft auch Luises tägliches Leben in Regelmäßigkeit ab, wie am Schnürchen.

Paul Bailleu hat einen normalen, durchschnittlichen Tag rekonstruiert: »Zwischen acht und neun erwachte die Königin; die Kammerfrau Schadow, die Schwester des großen Bildhauers, kam und stellte quer über das Bett ein niedriges Tischchen, von dem Luise das Frühstück nahm, meist einige Tassen Schokolade mit Sahne und Zwieback. Dann erschien die Gräfin Voß, der Küchenzettel wurde besprochen, wobei auf die einfachen Lieblingsspeisen des Königs Rücksicht genommen werden mußte, Putz wurde vorgelegt und die Toiletten für den Tag ausgewählt. Die jüngsten Kinder, die Luise immer gern in ihrer nächsten Nähe hatte, wurden herbeigerufen, die Mutter herzte und küßte sie im Bett und ließ sie dann im Zimmer herumspielen. Luise hatte einen Hang zur Gemächlichkeit, wie sie auch trotz der Mahnungen des Königs sich wenig Bewegung machte. Noch im Bett las sie die Zeitungen, besonders die Hamburger, auch wohl Bücher. Gegen 11 Uhr genoß sie häufig etwas Gerstenschleim, den sie eine Zeitlang wie eine Kur gebrauchte, um stärker zu werden. Gewöhnlich erst nach 11 Uhr erhob sie sich und blieb in einem weißen Morgenkleid mit einem Morgenmützchen, die älteren Kinder empfangend, den Arzt, auch den einen oder anderen ihrer Lehrer im Englischen und in der Musik. Um 12 Uhr etwa kam der König, und mit Luisens Freiheit war es aus. Rasch kleidete sie sich an, um im Tiergarten mit ihm spazierenzufahren; bei ungünstigem Wetter leistete sie ihm daheim plaudernd Gesellschaft. Pünktlich um 2 Uhr ging es zur Mittagstafel, zu der Luise, die erst Toilette machen mußte, nicht immer rechtzeitig erschien, was der König schmollend zu rügen pflegte. Bei der Mahlzeit trank sie gern Stettiner Bier; von Speisen liebte sie besonders rohen Schinken und Kartoffeln. Nach der Tafel, die eine gute Stunde dauerte, machte sie es sich wohl auf einer Chaiselongue bequem, wobei sie ein Buch las oder auch ein wenig schlummerte. Dann empfing sie Besuche, die Komponisten Himmel oder Reichardt, mit denen musiziert und gesungen wurde. Die kleinen Lieder, die Luise zur Gitarre mit einer angenehmen Stimme vortrug, erfreuten auch den sonst amusischen König. Luise selbst scherzte darüber, daß sie zuweilen deutsch und französisch las, englische Stunden hatte und italienisch sang. Ging die Königin nicht ins Theater, das sie seltener besuchte als der König, so versammelte man sich um sieben zur Teestunde, wobei sie selbst fast niemals Tee nahm. Sie suchte dabei die Unterhaltung in Gang zu bringen, was ihr freilich nicht immer gelang. Meist saßen die Damen über ihren Handarbeiten, während die Herren sich mit Schach oder Kriegsspiel beschäftigten. Häufig wurde auch Karten gespielt, namentlich Rabuge. Zuweilen las das Buch (Kammerherr) vor, Memoirenliteratur; zuweilen zogen sich auch König und Königin zu eigener gemeinsamer Lektüre in ein Nebenzimmer zurück. Um neun schloß sich ein Abendessen an, bei dem es ... nicht lebhafter herging als während der Teestunde.«

Am 30. März 1800 trifft ein Schicksalsschlag die königliche Familie: Die erst ein halbes Jahr zuvor geborene kleine Prinzessin Friederike stirbt an Keuchhusten. So kurz ihre Lebensspanne war, die Eltern sind schier untröstlich. Und Friedrich Wilhelm ist in dieser Stunde nicht einmal an Luises Seite. Sie übermittelt ihm in einem kurzen Brief die schreckliche Nachricht nach Potsdam: »Lieber Freund! Unser armes Kind lebt nicht mehr seit einigen Minuten. Mein Herz ist zerrissen. Sie hat nicht mehr gelitten und ist gestorben, wie Du sie verlassen hast, nämlich immerfort schlafend. Mehr kann ich Dir nicht darüber sagen. Wenn meine Gesundheit es erlaubt, werde ich morgen abend in Potsdam sein. Ich bin wohl, aber in Tränen, das Herz von Schmerz und Traurigkeit durchbohrt.«

Dann wird auch der König krank, und Luise hat noch mehr Sorgen. Sie durchlebt düstere, sorgenschwere Wochen. Am 18. April schreibt sie ihrer Schwester Therese aus Potsdam, sie habe schrecklich gelitten: »Der grausame und herzzerreißende Verlust meiner kleinen Friederike und die Krankheit des Königs, ehe sie ihre entscheidende Wende nahm, ließen mich vor Angst sterben; alles das hat mich gleichzeitig angegriffen. Ich war in einem bedauernswürdigen Zustand, das schwör' ich Dir. Meine Tränen, die gerecht waren, stockten plötzlich vor Schreck, als ich eines morgens meinen Mann in starkem Fieber und sehr krank fand. Des Nachts weint' ich, bei Tage am Krankenbett lächelt' ich, um dem Leidenden Mut zu geben, bei den schönen Sommertagen sein Leid zu tragen.« Erst jetzt, seit einigen Tagen, fange ihre Seele an, ruhiger zu werden.

Auch eine »Affäre« ihres Bruders hält Luise in Atem. Georg, der bisher in Rostock studiert hat, war nach Berlin gekommen, um seine Bildung zu erweitern, und hatte eine Wohnung im Palais des verstorbenen Prinzen Louis bezogen. In Rostock hatte er sich in ein Fräulein Grebe verliebt, was die Königin – eingedenk der Erfahrungen mit Friederike – alles andere als entzückt. Sie rät Georg, »Herr über seine Leidenschaften« zu bleiben, sich nicht »so gehen zu lassen wie ein Romanheld«. Flehentlich sucht sie ihn auf den rechten Weg zurückzubringen, ihm seine spontanen Heiratsideen auszutreiben.»Ich bin so überzeugt, wie von meinem Leben, daß sie Dich mehr liebt als Du sie.« Immer neue Beteuerungen und Beschwörungen, um nur ja keinen Skandal heraufzubeschwören:»Gott, wodurch kann ich nur meiner Stimme Gewicht geben. Denke an meine Freundschaft, denke an die Zärtlichkeit, die ich für Dich hege.« Als Georg im Juli schließlich verzichtet, tröstet Luise das Fräulein Grebe:»Ich bin überzeugt, daß, wenn ich Sie persönlich kennte, ich Sie recht lieben würde, denn Sie wissen ja, wahre Freundschaft kann nicht ohne Achtung bestehen, und diese haben Sie ja in vollem Maße. Ich habe nur noch eine Bitte an Sie:Verzeihen Sie meinem Bruder, wenn er oft mehr der Stimme seines Herzens als der Vernunft Gehör gab.«

Mitte Juni allerdings hat Luise ihrem Bruder bekannt, es gebe nur einen Weg, glücklich zu werden, nämlich den, der Stimme seines Gefühls, seines Herzens zu folgen. Den Sommer über wird der Prinz in Berlin genügend Gelegenheit gehabt haben, die »Dinge des Herzens« mit der geliebten Schwester zu besprechen. Neben der unglücklichen Friederike (die erst nach Luises Tod Ernst August von Hannover heiratet und damit ebenfalls Königin wird, was Luise sehr gefallen hätte) steht Georg seiner königlichen Schwester besonders nahe. Seine Schwärmerei für Luise drückt sich in einem von ihm überlieferten Satz aus:»Wer sie mit jemand anders vergleicht, den morde ich.« Als er dann im Mai 1802 in die Schweiz und nach Italien reist, ist Luise – wie immer bei Abschieden ihrer Verwandten – untröstlich. In Rom hält Georg sich längere Zeit auf, schließt Bekanntschaft mit Wilhelm von Humboldt und kauft Kunst für den Berliner Hof an.

Der König, kaum genesen, nimmt an den militärischen Frühjahrsrevuen bei Potsdam teil und reist anschließend bis zum 9. Juli – begleitet von seinem Bruder Heinrich – zu weiteren Truppenbesichtigungen nach Stargard in Pommern, Graudenz, Mockerau bis nach Posen. Seine Abwesenheit gibt wieder Anlaß für einen kleinen Briefwechsel zwischen den königlichen Eheleuten. So schildert die Königin den Abschied:»Ich habe Dich gestern morgen abfahren sehen, es war fünf Minuten vor 6 Uhr; ich wachte um dreiviertel auf, ohne wieder einschlafen zu kön-

nen; mehrmals war ich in Versuchung, zu Dir zu gehen, um Dir
zum letztenmal Lebewohl zu sagen; da Du mich aber so inständig darum gebeten hattest, es nicht zu tun, widerstand ich meinen Wünschen. Immerhin habe ich Dich gesehen, denn als Du
Dein Zimmer verließest, sprang ich aus dem Bett und folgte Dir
mit den Augen bis zum Wagen. Dann ging ich in das gelbe Zimmer und in das blaue und sah Dich am Schloß vorbeifahren.
Ich habe Dir tausendfach eine glückliche Reise gewünscht ...«
Doch Luise täuscht sich, wenn sie meint, sie habe heimlich
und unbemerkt am Fenster gestanden. Friedrich Wilhelm
gesteht ihr in einem Brief aus Stargard: »Du hast also geglaubt,
daß ich nicht Deine Anwesenheit an den Fenstern ... bemerkt
hätte; nein, gewiß, ich habe Dich wohl bemerkt ...«

Diese kleine Szene zeigt, wie sehr die beiden einander zugetan sind: der Wunsch, auf tränenreiche Abschiede zu verzichten; das heimliche Zuschauen, wenn der andere abfährt; das
Hochschauen zu den Fenstern – alles das zeigt eine aufmerksame Wahrnehmung des anderen. Luise schickt dem König
Brief um Brief hinterher. »Sicherlich«, gesteht sie ihm am
29. Mai aus Sanssouci, »langeweile ich Dich bestens mit meinen ewigen Briefen, wenigstens läßt Dein Schweigen es mich
befürchten. Doch wie auch immer, es befriedigt mich sehr, mit
Dir mich zu unterhalten, deshalb mußt Du mir meine Geschwätzigkeit verzeihen.« Und so erzählt sie ihm noch die
kleinsten Begebenheiten und Vorfälle, vom Tee mit den Kleists,
vom Abendessen auf der Terrasse, von ausgedehnten Spaziergängen, von den Kindern, die »Gott sei Dank gesund und alle
sehr artig« sind. »Fritz trägt kleine Nankinghosen, die ihm sehr
gut stehen ...«

Wenn Friedrich Wilhelm dann Zeit findet, ihr zu antworten, ist
sie stets außer sich vor Freude: »Könnte ich Dir meine Seele nur
so ganz aufschließen, damit Du hineingehen könntest, sehen
und empfinden, was Du mir bist. Ja wahrlich, viel, sehr viel!
Gewiß, wenigstens fühlen wir immer uns unglücklich, wenn wir
nicht zusammen sind, und wir werden es hoffentlich noch recht
lange bleiben.« Auch aus Mockerau trifft ein »lieber Brief« vom
König ein, und vielleicht ist Friedrich Wilhelm doch ganz froh,
für ein paar Tage entwischt zu sein, angesichts solcher Nach-

richten: »Wir benehmen uns hier wie die Tollen, Mimi (Wilhelmine, ihre Schwägerin) und ich und unsere Brüder (gemeint sind Wilhelm und Georg). Gestern abend um 10 1/2 Uhr haben wir uns maskiert als Hexen und Teufel. Unter dem Vorwand, daß wir unsere Musselinumhänge anlegen wollten, um bequemer im Mondlicht spazieren zu gehen, haben wir uns maskiert, und als die Gesellschaft sich dem Ort zubewegte, wo die Hunde begraben sind, haben wir die umschlossen und einen Teufelslärm gemacht; dann zur Voß, bei der wir sangen: ›Wach auf, wach auf aus Deinem Sündenschlaf‹, aus der beliebten Oper von Ihro Königlichen Majestät, und der Spektakel dauerte bis 12 1/2 Uhr, denn die Doris (Hofdame Luises) und die Münchhausen (Hofdame Wilhelmines) mußten auch aufgeschreckt werden.«

Ausflüge nach Paretz und auf die Pfaueninsel werden in allen Details geschildert, und Friedrich Wilhelm wird sicherlich »typisch Luise« geseufzt haben, als er las: »Ein Teller gedreht und gefangen haben wir auch gespielt und gelacht, daß uns die Bäuche beinah geplatzt sind über all die Figuren, die es gegeben hat, wenn man in der Angst hinläuft, um den Teller zu haschen. Nun hast Du wohl genug von meinem Geschmier und von unserer Tollheit, mitten unter diesem allen ist Dir mein Herz so gut, als Du es kennst, und an Deinem Hals will ich Dir sagen, wie ich Dich liebe. – Deine Luise.«

Bei ihrem lebendigen Sinn für Naturschönheiten ist Luise nie in ausgelassenerer Stimmung als bei Ausflügen und Besuchen in Paretz oder auf der Pfaueninsel. Sie liebt Picknicks im Freien, am liebsten im Wald, deren Vorbereitung sie mit fast kindlicher Lust selbst in die Hand nimmt. In frischer Luft atmet sie freier, fühlt sie sich stärker, auch gesundheitlich.

Größere Reisen sind jedoch bis ins Kleinste geplant und lassen wenig Raum für spontane Einfälle. Trotzdem bietet die nun schon traditionelle Sommerreise, die das Königspaar in die verschiedensten Regionen des Reiches führt, wieder eine willkommene Abwechslung.

Im Sommer 1800 geht die Reise nach Schlesien, und auch hier reiht sich eine Huldigung an die nächste, liegen die Städte der Königin ebenso zu Füßen wie die entlegensten Dörfchen des Riesengebirges. Sobald das Volk sich jubelnd herandrängt, reagiert der König mit wohlwollendem Gruß, aber ernst, oder er drückt sich schweigsam in die Ecke des Wagens und überläßt seiner Frau das Feld:»Nun, Luise, Du machst es für mich gut mit und kannst es besser als ich. Aber wie hältst Du das so lange aus?« Sie erwidert:»Ach, sieh doch die guten, frohen Menschen mit ihren treuen Augen!« Sie ist viel zu sehr bewegt, als daß sie Müdigkeit empfinden würde.

Von Warmbrunn aus wird das Riesengebirge besucht und zunächst der Kynast bestiegen. Das sagenumwobene alte Schloß wird bei dieser Gelegenheit festlich beleuchtet; tags darauf besichtigt die königliche Gesellschaft die Ruinen.

Am 18. August ersteigen Luise und Friedrich Wilhelm mit der Familie des Grafen von Schaffgotsch die Schneekoppe. Von der Schlingelbaude an, von wo der Weg steil bergauf geht, reitet Luise – im Amazonenkostüm – auf einem Pferd. Es ist ein schöner, heiterer Augustmorgen, als sich der lange, königliche Zug hinauf zur Schneekoppe bewegt. In der Ebene breiten sich dichte Tannenwälder aus, die längs des Abhangs bis zur Vegetationsgrenze klettern. Da unter den Ästen bewegt sich, erzählt die Sage, eine ganze Völkerschaft von Gnomen, die unter dem Moos wohnen. Und hier versteckt sich auch der Berggott Rübezahl, der Herr der Wälder.

Mit jedem Schritt wird die Aussicht freier und weiter. Bald nebeneinander, bald dicht hintereinander reitend, genießen Luise und Friedrich Wilhelm die Aussicht. Den letzten Teil legen sie, gefolgt von einer größeren Menschenmenge, zu Fuß zurück. In Gedanken an die Erzählungen aus ihrer Jugendzeit erreicht die Königin den Gipfel; in schwindelerregender Höhe atmet sie die freie Luft.

Die Aussicht hier oben ist überwältigend. Luise ist ergriffen, ihre Stimmung von fast religiöser Feierlichkeit. Eine andächtige Stille tritt ein, es ist wie eine Anbetung.»Dieser Augenblick«, bekennt die Königin,»ist einer der seligsten meines Lebens gewesen, und es war mir, als wäre ich erhoben über die Erde, meinem Gott näher gerückt.«

Aber auch hier muß das Königspaar den üblichen Jubel über sich ergehen lassen. Hirtenkinder überreichen der Königin Blumenkränze, sie freut sich über die Veilchensteine, die dort zahlreich vorkommen und gerieben wie Veilchen riechen. Ein Korps uniformierter Bergleute rückt mit wehenden Fahnen heran; es gibt ein Konzert mit Blasmusik. Salut wird geschossen, wobei der mächtige Schall von Berg zu Berg in vielfachem Echo klingt. Luise ist überwältigt: »Es war zu viel auf ein Mal; mehr, als das Herz fassen konnte.«

Auf dieser Reise führt die Unvorsichtigkeit des Postillons dazu, daß der Wagen mit der Königin und den Hofdamen umkippt. Wieder kommen alle mit dem Schrecken davon, wieder weist Luise jedes Ansinnen, den Schuldigen zu bestrafen, weit von sich, ja bei der nächsten Station erhält der Postillon, der um Verzeihung bittet, sogar ein beträchtliches Geschenk. Daß es immer wieder zu solchen Unfällen kommt, ist angesichts der kaum befestigten Wege nicht verwunderlich. Berlin hatte damals nur eine Chaussee, nämlich die nach Potsdam. Erst 1799 wird die Straße nach Charlottenburg ausgebaut, und als Friedrich Wilhelm zum erstenmal mit der Königin auf der neuen Chaussee durch den Tiergarten nach Charlottenburg fährt, fragt er: »Nun, Luise, hab' ich das nicht gut gemacht?«

Tags darauf reist das Königspaar von Warmbrunn über Buchwald und Landshut nach Waldenburg, wo es in das Kohlenbergwerk einfährt. Die Besucher gelangen gewöhnlich mit einem Boot in die tiefe Höhle, die von einem Bach durchflossen wird. Für Luise und Friedrich Wilhelm hat man ein Schiff prächtig dekoriert, das von drei Nachen begleitet wird, auf denen das Gefolge Platz findet. Diese Wasserstraße tief unter der Erde, eingehüllt in dunkle, stille Nacht, vom Schimmer der Grubenlampen beleuchtet, hat etwas ganz Magisches, und nicht zuletzt die Bergleute im unheimlichen Halbdunkel rufen einen seltsamen Eindruck hervor. Aus der Ferne, tief unter der Erde, hört Luise einen von Blasinstrumenten begleiteten Choral: »Lobe den Herren, den mächtigen König der Ehren.«

Plötzlich biegt das Schiff ein in eine strahlend erleuchtete Grotte, in der ein reichhaltiges Frühstück die Gäste erwartet. Der König und die Königin, von alledem nichts ahnend, bleiben anfangs ganz still, dann bedanken sie sich herzlich für den Empfang, und Luise ruft wiederholt aus: »Ja, ja, auch unter der Erde ist's schön und prächtig. Tausend Dank! Nein, das kann und werde ich nie vergessen!« Zum Andenken nimmt sie ihren Grubenanzug und ihren Schachthut mit.

Von Waldenburg, dem Bergstädtchen, geht es weiter über Altwasser nach Fürstenstein, eine auf einen Felsen gebaute, altertümliche Burg, von deren Turm man einen großen Teil Ober- und Niederschlesiens überblickt. Auf der einen Seite schweift der Blick über die weite Hochebene bis nach Breslau, auf der anderen schaut man hinab in romantische, tiefe Täler und hinauf zum fernen, in blauen Dunst gehüllten Riesengebirge. Ein malerisch-schönes Bild, das Luise entzückt.

Ihr Entzücken steigt noch, als unter Trompetenklängen eine Ritterschar in den Burghof einreitet und ein Turnier veranstaltet. Beim Eintreten salutieren die Ritter und nennen ihre Dame. Alle rufen wie aus einem Mund, bei gesenktem Schwert: »Luise, Königin von Preußen«. Die Angebetete verneigt sich in bezaubernder Anmut.

Fröhlicher und prächtiger als dieses ist vielleicht nie ein Turnier gewesen, ausgezeichnet durch die Gegenwart der Königin, schimmernd in allen Farben, eine strahlende Vision des Mittelalters. Luise fühlt sich wie ein Ritterfräulein, als sie sich bedankt, an die Ritter den zuerkannten Preis verteilt und eigenhändig die vier Sieger mit goldenen Ketten, Bändern und Medaillen auszeichnet.

Geführt von einem Bannerträger beritt das Königspaar die Burg, wo sämtliche Ritter es auf der Brücke unter einem von ihren Lanzen gebildeten Dach empfangen. Friedrich Wilhelm, an diesem Tag ungemein heiter und froh, redet die Ritter in altertümlicher höfischer Sprache an. Auch bei der Tafel bleiben die Ritter in ihren festlichen Kostümen, mit Wein gefüllte Becher und Humpen kreisen wie in alten Zeiten. Und zwischen Bardengesängen, Minneliedern, Romanzen und Balladen muß sich die Königin immer wieder für das durch die hohen Säle der Burg schallende Vivat bedanken.

Am Abend wird das majestätische Schloß prächtig erleuchtet. Seit dieser Zeit hat Fürstenstein gleichsam wieder eine historisch-patriotische Bedeutung. Die beiden Fenster, an denen Luise lange stand und in die Nacht hinausschaute, bilden von nun an den »Luisenblick«.

Die letzte Station dieser Reise ist das Lager bei Lissa, wo das Manöver des ganzen Armeekorps stattfindet. Der König zeigt sich so zufrieden, daß er den Truppen das übliche Revuegeld in doppelter Höhe auszahlen läßt. Von Lissa aus treten Luise und Friedrich Wilhelm die Rückreise nach Charlottenburg an, wo sie am Abend des 2. September eintreffen.

Luise geht von neuem in der unveränderlichen Eintönigkeit des Daseins auf, das sich im immer gleichen Rhythmus abspielt. Auf der Reise hat sie wenigstens nicht das Gefühl gehabt, allein auf der Welt zu sein. Immerhin kann sie Anfang September endlich die schon ungeduldig erwartete Therese in Berlin empfangen. Die Schwester kommt zu einem längeren Aufenthalt, der bis Ende Oktober dauern wird, an den Hof und zieht – wie Sophie von Voß mit säuerlicher Miene bemerkt – wieder einen Kreis von Verehrern an, die ihre rassige Schönheit, ihre anmutigen Manieren und ihren Esprit in schwärmerischen Worten feiern.

Den Winter 1800 verbringt die königliche Familie nicht im Schloß, sondern im Kronprinzenpalais in Berlin, um Kosten für das Heizen zu sparen, da das Holz viel teurer geworden ist. Jeden Tag gegen ein Uhr nachmittags macht Seine Majestät einen Spaziergang in Begleitung eines Adjutanten. Zur selben Stunde fährt Luise in einer einfachen Kutsche aus, begleitet von zwei Bediensteten, die hinten auf dem Wagen sitzen, an ihrer Seite Georg oder eine Dame des Hofes – das ist alles. Die Königin wird weder von einer Leibgarde begleitet noch von einem Gefolge in einem anderen Wagen.

In diplomatischen Kreisen lächelt man über dieses unbekümmerte, mitunter klosterkarge Dasein. Manchmal träumt Luise davon, die Krone niederzulegen, eine Frau wie jede andere zu sein und nur mit einfachen, rechtschaffenen Leuten zu verkehren. Vor allem die Wochen in Potsdam werden ihr lang: Gewehr- und Kanonenschüsse, Truppenschauen, an denen sie teilnimmt, sind an der Tagesordnung. In Berlin ist der Tag angefüllt mit offiziellen Verpflichtungen und den Sorgen des Königlichen Haushalts und der Hofhaltung. Der Winter steht vor der Tür mit den gewohnten Reigen der Feste.

Januar 1801. Berlin feiert ein Nationaljubiläum, das erste

»Preußenjahr«: Am 18. Januar wird der Krönungstag Friedrichs I. im Jahre 1701 in Königsberg nicht nur bei Hofe, sondern in ganz Preußen mit Lustbarkeiten gefeiert. Diese Gelegenheit nutzen viele Fürsten zu einer Visite in Berlin. Unter anderen hält sich von Ende Januar bis Mitte März die russische Großfürstin Helena Pawlowna, Tochter des russischen Zaren Paul I., in Berlin auf. Sie steht im blühenden Alter von sechzehn Jahren und ist durch ihre Vermählung mit dem Erbprinzen von Mecklenburg-Schwerin dem preußischen Hof verbunden. Mit ihrem unwiderstehlichen Lächeln entzückt sie die ganze Gesellschaft – Friedrich Wilhelm nicht ausgenommen.

Zum Empfang der jungen Prinzessin werden große Vorbereitungen getroffen. Es gibt rauschende Bälle und Festlichkeiten, bei denen die Königin wie immer glänzt und ihre gewohnten Erfolge feiert. Besonders prunkvoll wird in diesem Jahr Fastnacht gefeiert und der preußische König von der als schöne Fee auftretenden russischen Prinzessin in nicht unerhebliche Verwirrung gestürzt. Die Schönheit der jungen Frau erregt Aufsehen. An diesen Abenden kommt Friedrich Wilhelm gar nicht auf den Gedanken, Luise ihre übertriebene Leidenschaft fürs Tanzen vorzuwerfen, so sehr ist er dem Zauber Helenas verfallen. Sophie von Voß schüttelt bedenklich den Kopf: Solche Bewunderung verletzt in ihren Augen die Würde des Hofes – und wohl auch die der Oberhofmeisterin selbst. Ja, kein Zweifel, der sonst so zurückhaltende Friedrich Wilhelm schickt sich an, einer von Helenas schwärmerischsten Verehrern zu werden. Luise lächelt nur über die naive Begeisterung ihres Mannes und läßt ihn gewähren.

Auch gegen den Briefwechsel des Königs mit Helena hat Luise nichts einzuwenden, obwohl Friedrich Wilhelm darin mit seiner Bewunderung für die schöne junge Fürstin nicht zurückhält. Später wird Luise selbst einen ähnlichen Briefwechsel mit Alexander I. führen, und da wird es an dem König sein, sie gewähren zu lassen. Helena ist ja so jung, und der König bedeutet keine Gefahr für sie; er bietet ihr vielmehr Gelegenheit, sich einer harmlosen Eroberung zu versichern, über die sie sich vielleicht heimlich amüsiert.

Auch Luise sucht die Nähe Helenas; möglicherweise sieht sie

Helena Pawlowna, die Schwester
des Zaren Alexander I. von Rußland.

in ihr einen Ersatz für Friederike, die jüngere Schwester. Jedenfalls beginnt in diesen Wintertagen des Jahres 1801 eine enge
Freundschaft zwischen den beiden Frauen. Durch die russische
Prinzessin erfährt Luise zum erstenmal Näheres über den späteren Zaren Alexander I. von Rußland, der ein Bruder Helenas
ist und schon bald einen so großem Einfluß auf die preußische
Königin gewinnen soll.

Die Anwesenheit der russischen Prinzessin zieht viele Gäste
an den Hof, unter ihnen Karl August, Herzog von Weimar und
Freund Goethes, den Herzog von Cambridge, den Prinzen und
die Prinzessin von Oranien. Karl August erfindet neue, tolle
Streiche und trägt – stets umwerfender Laune – nicht unwesentlich zur geräuschvollen und ausschweifenden Belebung der
Festlichkeiten bei. Am 10. März, dem Geburtstag der Königin,

veranstaltet er einen Spaß: Zur Abendtafel bringt er einen seiner Schützlinge mit, einen ungewöhnlich begabten Karikaturenmaler. Der Zeichner soll von allen hohen Persönlichkeiten und ihrem Gefolge ein komisches Konterfei schneiden und diese Scherenschnitte dann zu einem Gesamtbild zusammenfügen. Die Großfürstin, die Prinzessin von Oranien, der Herzog von Cambridge, der Herzog von Strelitz und andere Besucher finden sich in witziger Weise auf diesem Gemälde dargestellt, das der angeheiterte Kreis der Königin mit Glückwünschen zum Geburtstag überreicht.

Damals wird auch eine Neuerung eingeführt, die am Hof als sehr angenehm empfunden wird. Bei Festlichkeiten speist man nun nicht mehr, wie früher, an einer ungeheuer langen Tafel, sondern an kleinen Tischen. Das hat sich Graf Joseph Wengersky, der erste Kammerherr, ausgedacht, und Luise belohnt ihn reichlich für diesen Einfall, denn nun ist es viel gemütlicher in diesen Gesellschaften.

Im Frühjahr geht es wieder zu den Militärrevuen in Potsdam. Ein besonderes Anliegen ist dem Königspaar die Ausbildung der künftigen Offiziere. Sowohl Friedrich Wilhelm als auch Luise nehmen am Potsdamer Kadettenhaus lebhaften Anteil, und die Knaben fühlen es wohl, daß der König mit wachsamen Blicken ihre Entwicklung verfolgt. Am Tag des großen Examens besucht das Königspaar die Kadettenanstalt – es ist elf Uhr vormittags – und schaut den Leibesübungen und den Tanz- und Fechtstunden zu. Hauptmann Vincent von Ehrenkreutz berichtet über diesen Tag: »Es wurden zuerst die Voltigier-Übungen unter den Augen Ihrer Majestäten produziert, darauf die Tanz-Übungen von 16 Kadetten in Form einer kombinierten Quadrille ausgeführt und dann die Fecht-Übungen gereiht. Sodann wurde das ganze Kadettencorps in neuen Uniformen in Linie aufgestellt. Der König nahm die Parade ab. Danach wurde exerziert, manövriert, die Wache vorgezogen, welche mit Musik und Trommelschlag aufzog, und zuletzt die Parole ausgegeben, während die Andern abmarschierten, die Gewehre und Patronentaschen ablegten und in den Speisesaal schritten. Hier hatte ich damals meinen Platz auf dem äußersten Flügel der Tafel, neben dem Unteroffizier. Es gab (wie immer an solchen Tagen) eine Schüssel mehr, auch Wein bei Tische.«

Vincent hat das Glück, daß die Königin, als sie den Speisesaal betritt, in seiner Nähe stehenbleibt und sich an ihn wendet:»Lieber Kadett, wollen Sie mir wohl erlauben, daß ich von Ihrer Kost etwas versuche?« Er springt von seinem Sitz auf, und während ein Offizier ein neues Couvert für die Königin holt, fragt Luise ihn nach Namen, Heimat und wie lange er schon Kadett sei. Dann setzt sie sich an seinen Platz, nimmt ihren Teller und erbittet sich vom Unteroffizier eine kleine Portion Erbsen mit Pökelfleisch. Sie lädt auch den König ein, doch der lehnt dankend ab, wünscht aber guten Appetit. Sie jedoch nimmt belustigt von den Gerichten, die man ihr bietet, erhebt sich, dankt anmutig und verläßt den Saal. Die künftigen Offiziere strahlen vor Begeisterung.

Es sind diese kleinen Ereignisse, die der Luisen-Legende stets neuen Glanz verleihen. In früheren Biographien werden sie oft ausgeschmückt erzählt, in späteren geht man mit ihnen eher sparsam um. Mir erscheinen sie nicht unwichtig, denn in diesen Anekdoten und Schilderungen kommt die ungekünstelte, herzenswarme Persönlichkeit der Königin zum Vorschein.

Im Jahr 1801 wird keine große Sommerreise unternommen. Die Monate ziehen sich dahin, nur vom 24. bis 29. Mai begleitet die Königin ihren Gemahl nach Magdeburg. Die Reise verläuft »glücklich und schnell«, wie Luise ihrem Bruder berichtet, »bekam mir aber nicht allzu gut, da ich beständige Kolik, Magenkrämpfe und *dégage* hatte, welches dem Wasser, der Hitze und der *fatigue* zuzuschreiben ist. Jetzt bin ich ganz wohl, hätte aber sehr gewünscht, es auch in Magdeburg zu sein, wo ich meine Kräfte wegen dem *jolie Cour* und dem *aimable* machen gebraucht hätte.«

Dem Rest des Jahres bringt Luise noch stiller zu als sonst. In einem langen, ruhigen Fluß fließt das Leben dahin. Die Königin fühlt sich nicht ganz gesund, hat das Bedürfnis, sich Ruhe zu gönnen. In Luise zeigen sich zwei Naturen: die eines Kindes, eines Wildfangs, könnte man sagen, von Vergnügen ungesättigt; auf der anderen Seite ist sie ernst, still, aber unausgefüllt. Zu dieser Seite schlägt das Pendel nun aus.

KINDERGLÜCK

Als Luise am 29. Juni 1801 ihrem dritten Sohn, der die Namen Friedrich Karl Alexander erhält und Prinz Karl genannt wird, das Leben schenkt, ist die Familie inzwischen eine recht muntere Schar geworden. Zweifellos sind die Kinder das große Glück des Königs und der Königin. Nachdem im ersten Jahr der Ehe eine tote Prinzessin geboren wird, schenkt Luise ihrem Gemahl in der Folge fünf Söhne und vier Töchter: die Prinzen Friedrich Wilhelm, Wilhelm, Karl, Ferdinand und Albrecht sowie die Prinzessinnen Charlotte (die spätere russische Zarin), Friederike, Alexandrine (die spätere Großherzogin von Mecklenburg-Schwerin), und Luise. Prinzessin Alexandrine wird 1803 geboren, Prinzessin Luise, später mit Prinz Friedrich der Niederlande vermählt, im Jahr 1808 und Prinz Albrecht im Oktober 1809.

Zwei der Kinder, Friederike und Ferdinand (1804-1806), sterben früh, doch die übrigen wachsen glücklich auf. Die ältesten Kinder sind beim Tod ihrer Mutter schon fast Jugendliche, vor allem Friedrich Wilhelm und Wilhelm. Mit rührender Liebe hängt Luise an ihren »Schätzen«; sie vergeht oft vor Sorge, wenn eines der kleinen Wesen durch Krankheit zu leiden hat.

Nach jeder Geburt kommt Luise dem König »verjüngt und verschönt vor«. Andere meinen, die Geburten wirkten bei ihr »wie eine Frühjahrskur«. Mag sein, daß dies nur Männerphantasien sind, daß Luise es ganz anders empfunden hat, aber daß sie am Kinderkriegen nichts Besonderes findet, ist offensichtlich. Später erinnert Friedrich Wilhelm sich oft, mit welcher

Wonne und mit welchem Entzücken die Königin das Neugeborene in die Arme nahm und an ihr Herz drückte. Nach dem
»Kleeblättchen«, wie sie die drei ältesten Kinder Fritz, Wilhelm
und Charlotte, nannte, fand sie den im Juni 1801 geborenen Karl
besonders hübsch und liebenswürdig, ja unwiderstehlich.

Die Kinder wachsen in großer Freiheit auf, sie toben durch
die Gärten von Sanssouci und Charlottenburg, durchstreifen die
Wiesen und Wälder von Paretz und empfinden die Pfaueninsel
als ihr kleines Paradies. Wenn Luise von einer Reise zurückkehrt
und die kleine Schar begeistert auf sie losstürmt, schlägt ihr
Herz höher. Die Besuche des Weihnachtsmarktes, der Geburtstag der Königin, die Spielstunden im Schlafzimmer der Mutter,
das sind die schönsten Stunden des Jahres.

Die Erziehung, beflügelt von den philosophischen Ideen
Jean-Jacques Rousseaus, aber auch von den eigenen Erfahrun-
gen Luises, ist frei von jeglichem Zwang. Manchmal hält die
Königin sich selbst für zu nachsichtig.

In einem Brief an Georg hat Luise – im Mai 1803 – einmal
ihre kleine Kinderschar geschildert:»Mein klein Töchterchen,
Alexandrine Helene genannt, ist so hübsch, so fett, so rund, als
ich es nur wünschen kann … Karl ist das schönste meiner Kinder. Charlotte ist sehr groß, sanft und gut, und ihre Erziehung
wird nicht schwer, Wilhelm ist ein sehr kluges, komisches Kind,
possierlich und witzig, Fritz über alle Maßen lebhaft, oft unbän-
dig, aber sehr gescheit und ein gutes Herz. Er verspricht viel,
und Gott wird meine heißen Gebete nicht unerfüllt lassen.«

Friedrich Wilhelm, der Kronprinz, hängt besonders an seiner
Mutter. Er liebt sie schwärmerisch, bewundert vor allem ihre
Schönheit. Daß er lebhaft ist, fällt jedem auf, der ihm begegnet.
Fritz ist bisweilen so ungebärdig und tobt sich in Unarten derart aus, daß es schließlich ratsam erscheint, ihm einen eigenen
Erzieher zu geben. Doch mit Friedrich Delbrück, dem Rektor
eines Pädagogiums in Magdeburg, wird vielleicht nicht die beste
Wahl getroffen: Delbrück ist eher ernst, verträumt und schwärmerisch veranlagt, kaum in der Lage, Strenge walten zu lassen
und den Kronprinzen zu bändigen. Als er im Juli 1800 sein Amt
antritt, begleiten ihn zwar die größten Hoffnungen, aber kaum
realistische Erwartungen. Irgendwelche Direktiven erhält er sei-

Luise mit ihrem ältesten Sohn, Kronprinz Friedrich Wilhelm, um 1796.

tens des Königspaares nicht, Luise wünscht lediglich, er möge den Kronprinzen »zu einem guten Menschen und Fürsten« erziehen. Auch für Wilhelm erhält er die pädagogische Verantwortung, darüber hinaus wird er zur Teestunde geladen, wo er Luise anschwärmt, aber nur wenig zu den von der Königin aufgeworfenen wissenschaftlichen und literarischen Themen beiträgt. »Mutwillig wie ein junges Füllen« beschreibt der Erzieher den Kronprinzen schon im Jahr 1801 und bemerkt von dem vierjährigen Wilhelm in einem Brief an Gräfin Reden, dieser komme ihm dagegen vor »wie der Genius naiver Biederherzigkeit«.

Auch der König schätzt den Umgang mit den Kindern – eigentlich erstaunlich angesichts seines verschlossenen Charakters, doch mitten unter den Kleinen kann er ausgelassen und lustig sein, und dies so sehr, daß Delbrück, der vom Kronprinzen schließlich leidenschaftlich geliebte Erzieher, von »Ausbrüchen unehrbietigen Scherzes« zu berichten weiß, zu denen die Ausgelassenheit des Königs die Kinder verleitet.

So lange die Kinder noch klein sind, sucht Friedrich Wilhelm jeden Morgen das Kinderzimmer auf. Er küßt und liebkost jedes der Kinder und bleibt oft eine Weile bei ihnen, spielt, scherzt und spricht mit ihnen über ihre kindlichen Anliegen. Er versäumt es nicht, jedem Kind das Bewußtsein zu geben, es sei ihm besonders wichtig. Es ist kein gekünsteltes Mitgefühl, sondern er nimmt wirklich emotionalen Anteil an ihrer Entwicklung und geht liebevoll auf ihre kleinen Freuden und Sorgen ein.

Selten kommt der Vater nach Hause, ohne in der Tasche etwas für die Knaben und Mädchen bereitzuhalten, kleine Geschenke einfachster Art, mit denen er die Kinder erfreuen will. Und die Kleinen revanchieren sich mit hübschen, kleinen Sachen, die sie selbst verfertigen oder verzieren.

Bisweilen werden im Schloß besondere Unterhaltungen für die Jugend veranstaltet; an diesen Festen, Spielen, Tänzen und anderen Belustigungen nehmen die Königskinder unbefangen teil, wie überhaupt die Art, mit der man an diesem Hof mit Kindern umgeht, recht gelassen ist. Daß Germaine von Staëls einzige Tochter, damals neun oder zehn Jahre alt, frühreif und selbständig, bei einer der Kindergesellschaften ohne das gering-

ste Gespür, mit wem sie es zu tun hat, dem Kronprinzen kaltblütig eine Ohrfeige versetzt, als er etwas sagt, was ihr nicht
gefällt, hat keine weiteren Folgen. Das Fräulein wird allerdings
nicht wieder eingeladen, und Frau von Staël sieht sich genötigt,
ihre Tochter daheim zu behalten und ihr bessere Manieren beizubringen.

Luise geht völlig in der Sorge um ihre Kinder auf, kümmert
sich selbst um deren Wohl und Wehe. Sie will sie vor allem
»zu wohlwollenden Menschenfreunden« heranbilden. »Meine
Sorgfalt ist meinen Kindern gewidmet ... Erhält Gott sie uns,
so erhält er meine besten Schätze, die niemand mir entreißen
kann.«

Mit ihrer mütterlichen Aufgabe nimmt sie es sehr genau.
Wenn sie auf Reisen ist oder anderweitig verhindert, fordert sie,
über die kleinsten Zwischenfälle genau unterrichtet zu werden,
und schreibt den Kinderfrauen und Erzieherinnen, wie sie die
Kleinen pflegen und daß sie sie ja nicht verwöhnen und verziehen sollen. Den Kindern selbst sendet sie lange, ausführliche Briefe und nimmt an ihren kleinen Freuden und Leiden teil.
Dafür hängen sie alle mit schwärmerischer Liebe an dieser Mutter, die ihnen so viel zu geben hat.

Nicht nur in Paretz und auf der Pfaueninsel, wo die königliche Familie ohne die lästigen Rücksichten auf die Etikette leben
kann, auch in Berlin bewegen sich die Kinder weitgehend ungezwungen. »Während desselben Winters spazierten alle Tage,
wenn es das Wetter erlaubte, der junge königliche Prinz und
sein fast gleichaltriger Vetter, Sohn des verstorbenen Prinzen
Ludwig, ›Unter den Linden‹, nur von ihrem Erzieher, dem Sohn
eines Bäckers aus Magdeburg, begleitet«, weiß ein zeitgenössischer Bericht. »Die Kinder gutgestellter englischer Kaufleute
waren besser gekleidet als diese beiden Prinzen; es gibt keinen
Handelskommis, der so elend ausstaffiert wäre, wie der Erzieher, ein rechtschaffener Mann, der einen ausgezeichneten Tür-
steher in einem Waisenhaus abgegeben hätte.«

Luise kennt die kleinen Eigenarten und Charaktereigenschaften ihrer Kinder ganz genau. Sie hat durchaus ihre Gründe, wenn sie ausgerechnet die sanftmütige und hilfsbereite
Charlotte in einem Brief, den sie ihr Anfang August schreibt,

darin bestärkt, auf ihr gutes Herz zu vertrauen: »Meine gute Charlotte. Ich sende Dir hierbei einen Taler. Glaube nicht, daß ich damit die reizende kleine Girlande bezahlen will, die Du mir geschickt hast und die mir soviel Vergnügen macht. Man kann nicht bezahlen, was Liebe uns darbietet, diese Liebe, die Dich diese Girlande winden ließ und dabei denken: ›sie wird Mama Vergnügen machen, und ich mache Mama so gern Vergnügen‹. Sondern ich sende Dir diesen Taler, damit Du heute das Vergnügen haben kannst, einem Armen zu helfen und dafür zu sorgen, daß ein Familienvater mit Frau und Kind vielleicht einmal eine gute Suppe essen und sich sättigen kann. Ich weiß, daß der Gedanke, andern Gutes zu tun, ein wahrer Genuß für Dein gutes kleines Herz ist, und ich bin erfreut, ihm indirekt diesen Genuß verschaffen zu können. Deine zärtliche Mutter und Freundin Luise.«

Als die Königskinder alt genug sind, um das, was sie sehen, zu verstehen, führt man sie in Waisenhäuser, öffentliche Schulen und Ausstellungen, zeigt und erklärt ihnen alles, was nach Luises Auffassung dazu dienen kann, Herz oder Geist zu erschließen. Auch mit kleinen repräsentativen Aufgaben werden die Kinder betraut: In den Schulen werden Auszeichnungen oft von einem Prinzen oder einer Prinzessin überreicht.

Anfang September 1801 haben die Königskinder ihre Eltern überrascht: Aus ihrem kleinen Garten haben sie selbst geerntetes Gemüse zu ihren Eltern nach Paretz geschickt. Luise bedankt sich artig und hat sich auch gleich eine Belohnung ausgedacht: »Lieber Fritz! Lieber Wilhelm! Liebes Charlottchen! Guten Morgen, liebe Kinderchen. Papa küßt Euch alle in Gedanken mit mir und trägt mir auf, Euch zu sagen, daß ihm wie mir die Mohrrüben, Erbsen, Kerbel, Petersilie, Bohnen, Kohl und Salat aus Eurem Garten außerordentlich viel Vergnügen gemacht haben. Das sind recht fleißige Kinder! hat Papa gesagt, ich will alles auf ihre Gesundheit essen; und ich sagte, die guten Kinder haben es so gerne gegeben, es machte ihnen so viel Freude, es zu schicken, weil sie wußten, Papa und Mama würden sich recht freuen, und das tat ihren kleinen Herzen wohl! – Ja, liebe Kinderchen, wir haben uns recht darüber gefreut und es allen Menschen gezeigt und herbeigerufen, daß Sie Euren Fleiß bewundern sollten. Heute mittag essen wir ein Gericht Mohrrüben, das Ihr gepflanzt und gezogen habt. Das wird schmecken!

Die königliche Familie im Schloßpark zu Charlottenburg.
Links die Gruppe der spielenden Kinder: Wilhelm und Charlotte; stehend:
Friedrich Wilhelm, Alexandrine, Karl. In der Mitte und rechts, sitzend:
Friedrich Wilhelm III., Luise, Marianne (Prinzessin); hinter ihnen:
Prinz Wilhelm d.Ä. und Prinz Heinrich d.J.

Nun hört einmal recht aufmerksam zu, was nun kommt. Papa und Mama erlauben Euch, da Ihr Euch gut und folgsam aufgeführt habt, Sonntag zum Erntekranz hierher nach Paretz zu kommen, um die Freude der Bauern zu sehen ... Papa freut sich recht darauf, Euch zu küssen, und ich auch. Kommt hübsch beizeiten ... Nun lebet wohl, liebe Kinder, ich liebe Euch von ganzer Seele und von ganzem Herzen und bin immer Eure zärtliche Mutter – Luise.«

DIE KLEINE WELT

Schauen wir uns Luises kleine Welt etwas genauer an. Über ihren Mann, ihre Kinder, ihren Tagesablauf haben wir bereits einiges erfahren. Sie bringen Kontinuität in ihr Leben, Beständigkeit, Sicherheit. Darüber hinaus sind jedoch auch noch andere Personen und Umstände von großer Bedeutung.

Der Hofstaat erfährt keine größeren Veränderungen: Sophie von Voß, die 1800 ihren 71. Geburtstag feiert, amtiert stattlich und rüstig wie eh und je zusammen mit den Kammerherren Viktor von Massow (nicht zu verwechseln mit dem Obersthofmeister Valentin von Massow), Friedrich August von Schilden und Georg Karl von Buch.

Unter den Hofdamen darf sich Gräfin Charlotte Moltke schon am ehesten der Gunst Luises erfreuen, denn sie teilt deren Gefühlsschwärmerei und Bildungsliebe. Sie ist berüchtigt für ihre leidenschaftlichen Temperamentsausbrüche, und Luises freundschaftliche Empfehlung dürfte ihre Wirkung nicht verfehlt haben: »Wenn Sie fortfahren, Ihre Lebhaftigkeit zu dämpfen«, schreibt sie ihr, »und Ihre Empfindlichkeit zu mäßigen, so werden Sie sehen, wie Sie von aller Welt geliebt und verehrt werden.« Daraus spricht wohl die ureigene Erfahrung der Königin.

Sie alle kreisen um den Fixstern Luise, mal in größerer Entfernung, mal in unmittelbarer Nähe – auch der Bildhauer Christian Daniel Rauch, der eine Zeitlang ihr Kammerdiener war, gehört dazu; ebenso Christoph Wilhelm Hufeland, der königliche Leibarzt. Doch persönliche Freundschaften zu schließen, fällt Luise trotz ihres offenen und spontanen Wesens wohl eher schwer. Es ist kein Zufall, daß sie über den Umweg von Lektüre- und Bildungsinteressen zustandekommen.

Therese, Fürstin von Thurn und Taxis, die zweitälteste Schwester Luises.

Unter den Geschwistern ist Therese sicherlich die Schwester, die Luise am nächsten steht. Zwar bekommt Georg von Luise weitaus mehr Briefe als Therese, doch was Luise ihrer Schwester schreibt, erscheint tiefgründiger, lebensernster. Nicht ohne Grund wendet die Königin, die bislang ziemlich wahllos gelesen hatte, was der Zufall ihr in die Hände spielte, sich an

Therese, deren Hofdame Charlotte von Lenthe ihre Lektüre regeln soll. Auch den alten Prinz Heinrich bittet Luise gleich nach der Thronbesteigung um Lektüre-Empfehlungen – der Lesevorschlag des Prinzen umfaßt Epiktet und Marc Aurel, Montaigne und La Bruyère, Horaz, Homer, Vergil und Plutarch. Ein anspruchsvolles Programm, in dem man deutsche Autoren vergeblich sucht – und das Luise doch etwas zu ambitioniert vorkommt, jedenfalls ist von irgendwelchen Lesefrüchten nichts bekannt.

Eine enge Freundin auf Luises Bildungsweg ist Marie von Kleist aus der Offiziersfamilie, mit der sie schon als Kronprinzessin in Potsdam regen Austausch hatte. Ungewöhnlich gebildet und dazu von hinreißender Herzenswärme, gewinnt Marie von Kleist rasch Luises Vertrauen, was Sophie von Voß zu Eifersuchtsanfällen provoziert.

Wann immer sich Luise in Potsdam aufhält, läßt sie die Freundin zu sich rufen; manchmal schließen sich die beiden stundenlang im Zimmer ein. Marie von Kleist nimmt bei der Königin ungefähr die Stellung ein, die General von Köckritz beim König innehat: die eines Seelengefährten, dem man alles anvertrauen kann. Was Luise von ihr erwartet, verrät bereits ein Brief aus dem Jahr 1798: »Wenn Sie noch meine Freundin sind wie einst, so verlange ich von Ihnen die Wahrheit. Ich bitte Sie inständig, mir zu sagen, wo ich etwa fehle und was ich tun muß, um von Tage zu Tage besser zu werden, fähig die gute Meinung aufrecht zu erhalten, die man von mir hat ... Glauben Sie mir, teure Freundin, wenn ich Ihnen sage, daß ich Sie ebenso liebe wie ich Sie schätze. Diese Empfindungen fesseln mich für immer an Sie.« Und an anderer Stelle: »Ich bitte Sie aus meines Herzens Grunde, mir Ihre zärtliche Freundschaft zu erhalten, die von unschätzbarem Wert für mich ist ... Ich bin überzeugt: Sie sind *ma sympathique*.«

Mit Marie von Kleist kann Luise ihre schwärmerische Seite ausleben, das gefühlsinnige Ringen um Freundschaft, das heiße Bemühen, einander zu verstehen. Eine Gefühlsseligkeit, die die Königin stets zu schwindelerregenden Höhen der Vertraulichkeit emporhebt: »Wenn Sie nur eine Stunde mit mir zusammen gewesen sind«, versichert sie, »die wir damit hinbringen zu

plaudern und unsere Herzen auszuschütten, so finde ich mich
immer in meinen guten Entschlüssen bestärkt ... Sie sagen mir
die Wahrheit! Sie lieben mich aufrichtig! Und ich sollte Sie verlassen?«

Königin Luise. Zeichnung von Johann Gottfried Schadow.

Marie von Kleist sieht in ihrer Freundin »einen Engel« auf dem
Thron, der »die Tugend in ihrer ganzen Liebenswürdigkeit, in
ihrem ganzen Glanze« zeigt. So schwärmen die Frauen einander
an, geben sich Lektüretips, tauschen Lese- und Bildungserfah-
rungen miteinander aus. »Lassen Sie sich nicht einfallen«, sagt
Luise, »anders zu mir zu kommen als mit einem dicken Buch.«
    Seltsam, daß in dieser Zeit des Sturm und Drang Johann

Wolfgang von Goethe keinen entscheidenden Einfluß auf Luise ausübt. Vielleicht ist sie zu romantisch, hat sie eine zu ausgeprägte Phantasie.

Um die Jahrhundertwende beginnt eine Freundschaft, welche die zu Marie von Kleist in den Schatten stellen soll: Luise lernt Caroline Friederike von Berg kennen, die Tochter eines preußischen Diplomaten. Siebzehn Jahre älter als die Königin, verkehrt sie in den ersten literarischen Kreisen der Zeit, mit Goethe, mit Herder, mit Jean Paul. Eine besonders innige Zuneigung verbindet sie mit dem Freiherrn vom Stein, und auch diese Verbindung soll für Luise noch bedeutsam werden.

Die Anfänge dieser Bekanntschaft liegen im Dunkeln, möglicherweise war Marie von Kleist die Vermittlerin. Jedenfalls ist die Beziehung zwischen Caroline von Berg und Luise – aber auch Georg – im Jahr 1800 bereits recht vertraulich; Georg sagt zu ihr »Mama«, die Königin schenkt ihr einen Ring. Bald wird Caroline von Berg unentbehrlich: »Schon zwei lange Tage habe ich Sie nicht gesehen«, klagt Luise, »das ist mir unerträglich.« Und wer Luises Herz gewinnt, kann auf sie zählen: »Glauben Sie an meine Freundschaft, die ich langsam gebe, aber dann für's Leben, wenn ich ein Herz finde wie das Ihrige.«

»Frau von Berg, die viel bedeutendere«, bemerkt Paul Bailleu, »schob Frau von Kleist mehr und mehr in den Hintergrund; nach den Unglücksjahren 1806 und 1807 vollends wurde sie die Herzensfreundin, der Luise zu beichten pflegte, was sie selbst dem Bruder nicht vertraute. Niemand, auch Friedrich Wilhelm und Georg nicht, hat einen so tiefen Einblick gewonnen in das innerste Wesen Luises, in die geheimsten Regungen ihrer Seele.«

Mit ihrem Bildungsstreben trifft Caroline von Berg, die tief in der Weimarer Kultur wurzelt, bei Luise auf brennendes Interesse; sie sieht die Königin als Leitfigur eines neuen preußischen Geistes. Auch ihr schreibt Luise: »Bringen Sie ein Buch mit, etwas für Herz und Kopf.« So kommt sie in Berührung mit der Geisteswelt der Klassik, mit Goethe, Herder, Schiller. Sie fühlt sich akzeptiert, aufgenommen in diesen Zirkel hehrer Gedanken und hoher Ideale. Nach und nach legt sie durch die intensive Beschäftigung mit dieser sie intellektuell herausfordernden

Welt ihr oberflächliches, vergnügungssüchtiges, »tolles« Wesen ab. Ihr Herz schlägt für Tugend und Freundschaft, stark und kräftig, ihr Gefühl wird reiner, ihr Gemüt ernster.

Caroline von Berg, eine Vertraute Luises.

Nicht, daß dieses Vordringen in neue geistige Welten auf viel Verständnis am Berliner Hof gestoßen wäre. Friedrich Wilhelm beobachtet Luises Entwicklung mit Skepsis und Mißtrauen. Er befürchtet, sie werde ihm entgleiten, klagt, daß »unberufene Personen ihr unverständliche Schriften deutscher Modeliteratoren, exzentrischer Modeschriftsteller in die Hände spielten«. Weil er Luise ganz für sich haben will, jede Stunde ihres Lebens, jeden Schlag ihres Herzens, sucht er Caroline von Berg von ihr fernzuhalten, was ihm aber nicht gelingt. Luise setzt solchen Bemühungen einen unbeugsamen Widerstand entgegen. Sie braucht, sie will diese Freundschaft, und sie nimmt in Kauf, wenn sie sich jetzt gleichsam neben ihrem Mann her entwickelt.

Um die Königin hat sich ein kleiner Hof gebildet, wo sie den Ton angibt. Friedrich Wilhelm wagt sich kaum dorthin. Diese verschworene Gemeinschaft scheint ihm übermäßig von Jean-Jacques Rousseau beeinflußt, den er selbst ziemlich gering einschätzt – er nennt ihn einen »Modephilosophen«. Er interessiert sich sehr wenig für Diskurse über Shakespeare und die griechischen Tragödien, die diesen exklusiven Kreis häufig beschäftigen. Immerhin zeigt er genug Geistesfreiheit, seiner Frau diese Freuden nicht zu untersagen.

Luise weiß durchaus, was sie an Friedrich Wilhelm hat. Wenn er auch nicht bereit ist, ihr geistig zu folgen, seine Gefühle für sie sind wahr und aufrichtig. Sie weiß – angesichts der unglücklichen Ehen an den verwandten und befreundeten Höfen in Regensburg und Hildburghausen, Weimar und Kassel – wieviel dieses unbedingte Vertrauen wert ist, das Friedrich Wilhelm ihr schenkt, diese Liebe, die stetig und unerschütterlich da ist und ihr Sicherheit gibt.

Diese Innigkeit des emotionalen Verhältnisses des Königspaares entgeht niemandem am Berliner Hof. »Sie lieben sich täglich mehr«, schreibt Sophie von Voß in ihr Tagebuch. Immer stärker zieht der König seine Gemahlin ins Vertrauen, bespricht mit ihr – erstaunlich angesichts seiner sonstigen Verschlossenheit – selbst politische Themen und Staatsangelegenheiten, ja sogar militärische Verwaltungsfragen. Diese Gespräche empfindet er zunehmend als »eine große Erleichterung und Wohltat«. Es mag sein, daß er nicht selten nach außen hin und auch ihr gegenüber unfreundlich und wortkarg wirkt, doch Luises Fröhlichkeit und rührende Anhänglichkeit, die sich in tausend Umarmungen äußert, gelingt es immer wieder, in der Intimität des Schreibzimmers, in vertraulichen Gesprächen die düsteren Stimmungen des Königs zu verscheuchen. »Mein Geburtstag«, erinnert sich der König, »war für sie der feierlichste Tag im Jahr, meine Wünsche alsdann zu erraten und zu erfüllen, war ihr ganzes Bestreben. Wie wohl war mir an solchen feierlichen Tagen bei ihr, mit welcher liebevollen Freundlichkeit sprach sie zu mir ... Ihr ganzes Innerstes trat gleichsam hervor, und ihr Blick war wie verklärt.«

Der König scheint alle seine Energie aus dem Umgang mit seiner Frau zu schöpfen. Paul Bailleu bringt es auf den Punkt: »Was das Glücksgefühl der Königin erhöhte, war die schöne Gewißheit, daß ihr Gemahl ein Leben ohne sie schlechterdings nicht zu ertragen vermochte. Waren die militärischen Pflichten erledigt und einige Kabinettsvorträge rasch entgegengenommen, so gehörten die übrigen Tagesstunden seiner Gemahlin. Sie war die Freundin, die Vertraute, mit der er alles besprach, die über das freudlose Einerlei seines Daseins den fröhlichen Zauber ihres sonnigen Wesens breitete.«

Nie kann er ihr Wünsche abschlagen, selbst wenn sie so unerfreuliche Dinge betreffen wie die Sorgen ums Geld. Meist erreicht Luise, was sie wünscht, auch Mittel für wohltätige Zwecke erhält sie, was ihr sehr wichtig ist. Sie ist dem König dankbar dafür. An ihre Großmutter schreibt sie:»Ich bin Königin, und das, was mir die größte Freude verursacht, ist die Hoffnung, daß ich meine Wohltaten mit weniger Sorge erfüllen kann.« Ihre Schatulle leert sich, und als sie sich einmal taktvoll darüber beklagt, entdeckt sie bald darauf, daß die Schublade ihres Schreibtisches mit Goldstücken gefüllt ist. Sie läuft zum König:»Welcher Engel«, fragt sie ihn, »hat diesen Schatz hierhergelegt?« Friedrich Wilhelm antwortet mit einem Bibelzitat: »Kennst du diesen schönen Spruch nicht: Den Seinen gibt es der Herr im Schlaf.«

Im allgemeinen bemüht Luise sich um Sparsamkeit, aber mit ihrem Geld kommt sie doch nie aus. Sie soll auch als Königin von dem Budget der Kronprinzessin leben, und das geht nicht. Es treten an sie jetzt doch andere Anforderungen heran. Allein schon ihre Wohltätigkeit erfordert größere Summen. Und da sie gern gibt, schmilzt ihr Budget immer schnell zusammen. Sie hat gehofft, als Königin etwas großzügiger sein zu können, aber die tausend Taler, die ihr monatlich zur Verfügung stehen, reichen nicht weit. Bald hat sie Schulden über Schulden. Und da sie dies nicht direkt ihrem Mann zu sagen wagt, wendet sie sich an den Kabinettsrat Karl Friedrich von Beyme. Der wird dann beim König vorstellig und macht ihm klar, daß die Königin unmöglich so knapp gehalten werden könne. Friedrich Wilhelm verfügt schließlich, daß sie alles aus seiner Schatulle zahlen dürfe. Allerdings knüpft er die Bedingung daran, daß sie alle Ausgaben genau aufschreibt.

Aus den Geldnöten kann die Königin sich dennoch nie befreien. In einem Brief vom Juni 1802 wird Luise wieder bei Friedrich Wilhelm vorstellig, und die ruhige Art, ihre Argumente vorzubringen, wird nicht ohne Wirkung bleiben: »Lieber Freund, ich habe schon so oft mit Dir von meinen Geldangelegenheiten gesprochen, allein nie hat sich's treffen wollen, daß Zeit und Gelegenheit von meiner Seite recht gewählt wurden, so daß Du Muße gehabt hättest, die Sache recht zu überlegen. Ich werde mir Mühe geben, Dir alles recht deutlich auseinanderzusetzen, um Dich zu überzeugen. Alsdann kann natürlich nichts anderes als eine gerechte und gute Resolution für mich daraus folgen.

Die erste Königin von Preußen bekam Nadelgelder, 12 000 Taler. Dieses bekommt die jetzt regierende auch. Alle Gehälter von jedem Diener sind seit der Zeit erhöht worden, nur die Nadelgelder der Königin nicht. Dazumal waren 12 000 Reichstaler viel, jetzt ist es wenig, sehr wenig. Alles ist teurer. Alle Pretentionen gestiegen. Die Geschenke, die ich geben muß, sehr viele und sehr hoch im Preise, und in gar keiner Proportion mit meinen Revenuen. Daher, daß ich nicht auskommen kann und mit dem besten Willen Schulden machen muß. Ende vorigen Jahres nahm ich ein Capital auf, weil ich erfuhr, daß man darüber sprach, daß so wenig Leute bezahlt würden. Zu dem Ende, um das Capital abzubezahlen, assignierte ich 100 Fr'dor aus meiner Schatulle monatlich; bleiben mir also nun nur 100 übrig. Bis nun meine Pensionen bezahlt sind, behalte ich nichts übrig, um meine übrigen Ausgaben zu bestreiten. Ich komme also nun tiefer und tiefer ins Verderben, wenn Deine freundschaftliche Hand mich nicht herauszieht. Mein Wunsch geht dahin, Du möchtest mir 1000 Taler von Deiner Schatulle monatlich zulegen, alsdann hoffe ich, wenn ich mein aufgenommenes Capital erst einmal bezahlt habe (wozu strenge éoconomie ein paar Jahre gehört), reichlich oder wenigstens auszukommen.

Wo nicht, so bin ich wirklich autorisiert, Schulden zu machen, da ich meinen Namen soutenieren muß, ohne gehörigen Fonds zu haben. Ich hoffe also von Deiner Freundschaft und Gerechtigkeit und bin ewig Deine – treue Luise.«

Königin Luise, um 1800.
Gemälde von Alexander Macco

Trotz aller Einschränkungen weiß Luise sich stilvoll zu »soutenieren«. Sie ist durchaus modewußt, ist bei großen Anlässen elegant und immer nach der letzten Pariser Mode gekleidet – bei solchen Gelegenheiten kann sie sich nicht mit dem »Ersatz«,

wie er von preußischen Schneidern gefertigt wird, zufriedenge-
ben. Stets sind Luises Kleider schlicht und einfach, der klassizistischen Mode folgend, wie wir sie in den Romanen von Jane
Austen beschrieben finden. Am schönsten sieht sie in leichten
weißen Musselinkleidern aus, die aschblonden Locken nur mit
einem Band zusammengehalten, und um den Hals ein Samt-
band – eine Mode, der selbst Friederike folgt.

Es ist erstaunlich, wie tonangebend und stilbildend Luise in
der Öffentlichkeit wirkt. Sie wird genauestens beobachtet, und
zeigt sich eine kleine Neuerung in in ihrer Toilette oder ihrem
Verhalten, wird sie sofort nachgeahmt. Um das Ende einer
Audienz anzuzeigen, bewegt sie zum Beispiel einen kleinen
Fächer, den sie in der rechten Hand hält – sofort übernehmen
die Berlinerinnen diese Geste und statten sich mit Fächern aus,
auf welchen »Es lebe der König, es lebe die Königin!« geschrieben steht.

Luise hat an Profil gewonnen. Ihre Gesprächspartner sind
andere geworden. Sie versteht sich blendend mit Gebhard
Leberecht Fürst Blücher, dem späteren Helden der Befreiungskriege. Bei den Hofbällen beehrt sie den General oft mit ihrer
Hand, weil er ein exzellenter Tänzer ist, aber auch wegen seiner Einfachheit und Unkompliziertheit.

Ein weitaus gewichtigeres Kaliber, ja ein Staatsmann von
einigem Format ist ohne Zweifel Karl August Freiherr von Hardenberg, der sich der besonderen Gunst der Königin erfreut; er
ist für Luise schließlich nur noch der »herrliche Mann«. Nicht
nur sein Patriotismus, sondern auch die vornehme, ruhige Art
dieses feinen Diplomaten, der es meisterhaft versteht, mit Fürsten umzugehen, nimmt die Königin für ihn ein. Wenn Hardenberg ins Zimmer tritt, dann fühlt sich jeder durch seine
ungewöhnlich distinguierte Erscheinung, sein silbernes Haar
und seine ruhige Haltung sympathisch berührt. Er versteht es
vortrefflich, aufmerksam und geduldig zuzuhören und auf sein
Gesicht den Ausdruck aufrichtiger Teilnahme zu zaubern.

Während Hardenberg sich als Typ des »preußischen Geistes«
profiliert, gelingt dies Reichsfreiherr Heinrich Friedrich Karl von
und zum Stein weniger, obwohl er Hardenberg geistig überragt.
Stein kann zwar als großes Kaliber auf der politischen Bühne

Karl August von Hardenberg.

gelten, doch er lebt weit entfernt vom Hof. Er ist auch nicht der Mann, den Friedrich Wilhelm sich in seiner Nähe gewünscht hätte. Er weiß sich auf dem glatten Parkett des Hofes nicht zu bewegen, und so hat Berlin keinerlei Anziehungskraft für ihn. Im Jahr 1793 ist Stein zum Präsidenten des Gerichtshofes ernannt worden; Schloß Cleve ist sein amtlicher Wohnsitz. Sein Wirkungskreis wird 1796 erweitert, als er zum Regierungspräsidenten von Westfalen ernannt wird, worauf er seinen Wohnsitz nach Minden verlegt. Wäre Stein beim Tode Friedrich Wilhelms II. in Berlin gewesen, vielleicht hätte er eine Stellung unter den Beratern des Königs erringen können. So leistet er Preußen einen anderen wichtigen Dienst: Westfalen, ein römisch-katholischer Bezirk, der gut verwaltet wird und einigen Grund hat, auf seine Leistungen stolz zu sein, soll der preußischen Regierung unterstellt werden, gegen die ein starkes Mißtrauen herrscht. Kein leichtes Unterfangen, doch Stein löst die Aufgabe mit Bravour.

Der eigensinnige Freiherr ist allerdings nicht geschaffen für Submission, ja nicht einmal für Höflichkeit. Er versteht wenig von Menschenführung, und für die Bedürfnisse der Reichsfürsten hat er keinen Sinn. Luise, die sich zunächst für ihn erwärmt und ihn nach der Katastrophe Preußens 1806 für den Retter der Stunde hält, ängstigt sich bald vor Steins Unkontrolliertheit und Leidenschaftlichkeit. Die moralische Überlegenheit des freiherrlichen Lebenswandels fällt ihr jedoch angenehm auf. Sie hätte gern Steins Sturz Anfang des Jahres 1807 verhindert.

Neben Hardenberg und Stein steht General Ernst Philipp von Rüchel in der Gunst der Königin, »ein etwas unklarer, tatendurstiger Mann«, wie Hermann von Petersdorff urteilt.

ALEXANDER

Das eindrucksvollste Ereignis in Luises Leben ist zweifellos die Begegnung mit dem russischen Zaren Alexander I. Er bringt ihr ganzes Denken und Empfinden in Aufruhr, und er ist wohl der Mann, der ihrem Herzen entsprochen hätte, wäre nicht Friedrich Wilhelm ihr Gemahl gewesen.

Das Jahr 1802 wird jedoch nicht nur zum Wendepunkt in Luises Leben, sondern führt auch zu einem Paradigmenwechsel in der preußischen Politik: Die bislang befolgte Haltung strikter Neutralität wird aufgegeben. Mit dem jungen Zaren Alexander betritt ein Herrscher die Weltbühne, an dem Napoleon Bonapartes Projekt der Vorherrschaft in Europa scheitern wird. Bislang ist der Korse in Europa kaum auf nennenswerten Widerstand gestoßen. Sein vorerst letzter Schachzug war der Krieg gegen Österreich, der mit einem entscheidenden Sieg der Franzosen bei Marengo endete.

Mit diesem Sieg, der zu dem im Februar 1801 bestätigten Frieden von Luneville führte, hatte er Oberitalien zurückerobert. England, Holland und Spanien setzten den Krieg gegen Frankreich noch ein weiteres Jahr fort, schlossen aber dann am 27. März 1802 zu Amiens mit Napoleon gleichfalls einen Friedensvertrag.

Preußen ist mit dieser Lösung nicht unglücklich und empfängt den Gesandten Napoleons, General Michael Duroc, sehr freundlich. Nun stehen die Zeichen auf Aussöhnung mit Rußland und Frankreich. Vielleicht läßt sich sogar ein »Dreibund« zustandebringen und die Situation in Europa stabilisieren.

Napoleon ist nun der hellste Stern am Firmament der internationalen Politik – ein wunderbar begabter Mann, der sich anschickt, tatsächlich »Geschichte zu machen«. Durch ihn wird das alte Preußen zugrundegehen. Will man verstehen, wie es zusammenbrach und warum es zusammenbrach, so muß man auch den kennen, der es vernichtete. Nicht eine Biographie Napoleons gehört hierher, es kann uns gleichgültig sein, wann er geboren wurde und wie seine Mutter und seine Geschwister hießen. In diesem Zusammenhang interessieren uns nur sein Charakter und seine Fähigkeiten. Und auch Luise wird nur dies interessiert haben.

Napoleon ist italienischer Herkunft, und obwohl er später seinen Namen Buonaparte französisiert und von Frankreich als von seinem Vaterland spricht, ist er doch nie wirklich Franzose geworden, sondern immer ein italienischer Condottiere geblieben. Vielleicht hat er gerade deshalb die Franzosen so gründlich durchschaut und so sicher beherrscht, weil er im Grunde nicht zu ihnen gehörte. Seine Prahlsucht, die Neigung zur Phrase und zur Lüge ist jedoch keinerlei Nationaleigenschaft: Napoleon lügt, wo er es nötig zu haben glaubt, und lügt, wo er es ganz gewiß nicht nötig hat, er lügt privat in seinen Briefen und von Staats wegen in seinen Bulletins. Das Täuschen anderer, das Verstecken seiner wahren Pläne und Absichten, das Übertreiben ist ihm ein Bedürfnis. Nur sich selbst belügt er nicht, er selbst berauscht sich nicht an seinen Phrasen. Auch ist er nie zufrieden mit dem bloßen Schein von Ruhm und Größe, er will stets das Wirkliche, die Macht, die Herrschaft. Und die Franzosen lassen sich nur zu gern blenden von seinen Schlagworten, von »gloire« und »grande nation« und »liberté« in Begeisterung versetzen.

Lange Zeit ist Napoleon in Frankreich populär – allerdings nur so lange, wie er über Macht verfügt. Einen sieglosen Imperator können die Franzosen nicht gebrauchen: Die Nation will sich in seinem glänzenden Bild selbst verehren. Mit seinem »imperialen Traum« hat Napoleon die französischen Gemüter in seinem Bann gehalten. Es dauert lange, bis sie aus diesem Traum aufwachen und in ihrem Kaiser den Zerstörer erkennen.

Schon als Knabe ist Napoleon heftig und unlenksam – was ihm unter die Hände kommt, sucht er zu zerbrechen, wie er auch noch als Kaiser Vergnügen daran findet, kostbare Porzellanservices zu zerschmettern, die Tische zu zerkritzeln und die Überzüge der Prunksessel zu zerschneiden. Nie gesteht er ein Unrecht ein, nie bittet er um Verzeihung. Und von dem, was Liebe ist oder sein könnte, gewinnt er keine Vorstellung. Er ist echter Liebe und Treue nicht fähig. In Josephine, seine erste Gemahlin, ist er heftig verliebt – und er legt seine Verliebtheit zuweilen auch in Gegenwart anderer so drastisch an den Tag, daß jene anderen »nicht wußten, wo sie ihre Augen hintun sollten«. Bekanntlich hat er später seine Frau – übrigens in aller Ruhe und nach langer Überlegung – weggeschickt und die österreichische Kaisertochter Marie Louise geheiratet, um einen Sohn und Erben zu gewinnen. Nie ist ihm eine Frau etwas anderes gewesen als ein Spielzeug seiner Sinnlichkeit.

In Napoleon wirkt ein ungeheures Überlegenheitsgefühl – und er weiß das Gefühl der Unterlegenheit in jedem zu wecken, der in seine Nähe kommt. Irgend etwas ist in seinem Auftreten, was die Menschen zur Unterwerfung zwingt. Jeder beugt sich, Widerstand gibt es nicht. Die Anhänglichkeit seiner Soldaten und ihre todesmutige Begeisterung erklärt sich nicht dadurch, daß Napoleon stets für ihr Wohl sorgt und sie im Überfluß leben läßt. Für ein lobendes Wort oder sogar nur ein Lächeln von ihm gehen die Truppen in den Tod. Er bezaubert, wenn er liebenswürdig sein will, jeden. Selbst sein Todfeind, der preußische General Blücher, wird später nach einem Gespräch ganz begeistert von ihm sein und sich offenbar geschmeichelt fühlen, daß der »große Kaiser« sich mit ihm unterhalten hat.

Der Zauber, der von einer großen, geschlossenen, mächtigen Persönlichkeit ausgeht, ist von Napoleon in besonderem Maße ausgegangen. Jeder fühlt sich ihm gegenüber klein und unbedeutend, und darum fällt es nie einem seiner Generäle oder Minister auch nur im Traum ein, mit ihm rivalisieren zu wollen. Sie spüren alle, wie er ihnen mit seinem durchdringenden Scharfsinn und seinem Organisationstalent, im Feld durch sein blitzschnelles Erfassen der Lage und seine ebenso blitzschnellen Entschlüsse unermeßlich überlegen ist.

Nur so erklärt sich, daß er in Europa wie eine gewaltige Naturerscheinung wirkt, wie ein Gewittersturm, der mit Donner und Hagel durch die Welt tobt. Eine riesige Masse alten Gerümpels wirft er über den Haufen, morsche Throne, überlebte Staatsformen, wacklig und rostig gewordene Staatsmaschinen. Er ist »der Totengräber des alten Europa«, das ihm nicht mehr viel entgegenzusetzen hat, zumindest nicht in der ersten Dekade seiner Herrschaft. Auch Preußen hat seinem größten Feind seine Wiedergeburt zu verdanken, die Scharnhorst und Gneisenau, Hardenberg und Stein dann vollenden werden.

Doch zunächst betritt noch ein anderer Herrscher die politische Bühne Europas: Zar Alexander I. von Rußland. Ende März des Jahres 1801 schrecken furchtbare Nachrichten aus St. Petersburg die feudale Welt auf. In der Nacht zum 23. März wird Zar Paul im Michaelspalast von sechzig Verschwörern, darunter einigen Offizieren und Höflingen, ermordet. Viele Ursachen haben dazu beigetragen, den russischen Adel gegen ihn aufzubringen, und in letzter Zeit war das Verhalten des Zaren so widersinnig, daß man allgemein davon ausging, er sei geistig verwirrt. Eine nicht ungefährliche Situation, denn in Rußland ist der Wille des Zaren Gesetz. Die offensichtlichen Anzeichen von Wahnsinn, die der unglückselige Monarch gegen Ende seiner Regierung an den Tag legt, lassen die guten Zeiten seiner Reformen vergessen. Paul war hastig, unbeständig und launisch, doch bisweilen durchaus vernünftiger Handlungen fähig. Die unbändige Grausamkeit und sein Starrsinn schließen jedoch bald alle Hoffnung auf Besserung aus.

Zarin Maria Feodorowna und ihre Söhne sollen von der Verwicklung der mächtigsten Adligen in ein Komplott – mit dem Ziel, den Zaren zu entthronen – wohl Kenntnis, von der Gefährdung seines Lebens jedoch keine Ahnung gehabt haben. Die Nachricht von der Katastrophe stürzt sie daher in Todesangst und Verzweiflung.

Der Zar hinterläßt zehn Kinder: Der älteste Sohn, Alexander, ist vierundzwanzig Jahre alt, Konstantin zweiundzwanzig, dann folgen sechs Töchter; Nikolaus ist kaum fünf und Michael drei Jahre alt, als ihr Vater ermordet wird. Zarin Maria Feodorowna – als geborene Prinzessin von Württemberg mit dem preußischen Königshaus verwandt – ist auf ihre ältesten Söhne sehr stolz. Dem Wunsch der Mutter gemäß haben sich beide vermählt. Im Alter von sechzehn Jahren hat Alexander seine vierzehnjährige Braut Elisabeth zum Altar geführt, aber bereits in den ersten Ehejahren ist sie ihm kaum noch weiterer Beachtung wert. Auch sein Bruder Konstantin hat so früh geheiratet, sich dann jedoch von seiner ersten Frau scheiden lassen.

Obwohl Zar Paul den König von Preußen hart bedrängt, ja fast genötigt hat, am europäischen Krieg teilzunehmen, empfinden sowohl Friedrich Wilhelm als auch Luise seinen Tod als Unglück und nehmen an der Trauer der russischen Zarenfamilie Anteil. Als Zeichen der Dankbarkeit und Achtung verleiht die verwitwete Kaiserin von Rußland Luise die in kostbare Diamanten gefaßten Insignien des Großkreuzes des Katharinen-Ordens, die ihr durch den russischen Gesandten am Berliner Hof überreicht werden.

Die Politik des preußischen Kabinetts hat stets zwischen Rußland und Frankreich geschwankt. Nun hofft der neue Zar Alexander I. durch eine persönliche Unterredung mit dem König von Preußen eine gewisse Stabilität im Sinne Rußlands erreichen zu können. Unmittelbar nach seiner Thronbesteigung weist er in einem Brief an Friedrich Wilhelm III. auf die traditionell engen Verbindungen verwandtschaftlicher und freundschaftlicher Art hin, die zwischen Rußland und Preußen bestehen. Wäre es nicht an der Zeit, die Beziehungen zwischen den beiden Staaten zu konsolidieren und auf eine neue Stufe zu stellen?

Über Großfürstin Helena sind die Verbindungen schon geknüpft. Als die Prinzessin im Sommer 1801 nach Rußland zurückkehrt, hat sie freundlichste Grüße des Königs, Äußerungen des Interesses und der Bewunderung für den jungen Zar in Petersburg im Reisegepäck. In ihren Händen laufen die Fäden zusammen, die auch dadurch enger werden, daß sich die Schwärmerei Friedrich Wilhelms für die junge, schöne Großfürstin noch keineswegs abgekühlt hat. Nach ihrer Abreise war seine Laune für alle erkennbar rapide gesunken, dafür hatte er »der Erbprinzessin in ebenso herzlichen wie humoristischen Briefen, wohl den persönlichsten und eigenartigsten, die je aus

Friedrich Wilhelms Feder geflossen, seine Bewunderung offen ausgesprochen« (Paul Bailleu).

Als Alexanders Schwester Helena und sein Schwager, der Erbprinz von Mecklenburg-Schwerin, im Oktober 1801 bei der Rückkehr aus Petersburg wieder nach Berlin kommen, haben sie den Auftrag, Friedrich Wilhelm auszurichten, daß der Zar eine baldige Zusammenkunft wünsche. Sie soll in Memel stattfinden. Erneut überschüttet der König die Großfürstin mit den reizendsten Aufmerksamkeiten, und Luise wird wohl mit lachendem Auge die ungelenken Annäherungsversuche ihres Gemahls betrachtet haben. So soll er von Helena verlangt haben, ihn Fritz zu nennen, und sich, als sie dies ablehnt, schmollend zurückgezogen haben. Helena habe ihn darauf in die Arme genommen und »mit dem lieblichsten Ausdruck« gefragt: »Fritz, maulst du noch?«

Im Juni 1802 kommt der Plan eines Treffens mit dem Zaren zur Ausführung. Friedrich Wilhelm erhofft sich von der Begegnung eine Stärkung Preußens als »dritter Kraft« zwischen Rußland und Frankreich. Er soll jedoch gerade in dieser Hoffnung bitter enttäuscht werden, denn Preußen wird niemals etwas anderes sein als ein Spielball der Interessen, abhängig von der russisch-französischen Politik.

Doch zunächst sind die Hoffnungen gewaltig. Am 25. Mai geht die Reise los, im Gefolge die Brüder des Königs sowie die Gräfinnen Moltke und Voß. Beinahe den ganzen Sommer 1802 verbringen Friedrich Wilhelm und Luise auf dieser Rundreise im östlichen Teil des Reiches. Sie fahren durch Pommern und machen in Stargard Station, wo eine große Heerschau stattfindet, welche die Königin, die daran teilnimmt, »superb« findet. Manöver, Revuebälle, Empfänge, das übliche Programm. Dann reisen sie über Graudenz nach Königsberg. Auf dem Fluß Pregel wird für die Königin eine Ausfahrt zu dem etwa eine halbe Stunde von der Stadt entfernten Landschloß Holstein veranstaltet. Die Weiterfahrt nach Memel erfolgt auf dem Wasserweg mit einer königlichen Jacht.

Das Königspaar kommt am 8. Juni in Memel an, Friedrich Wilhelm schickt sich an, Truppenschauen abzuhalten, bei denen auch Luise wieder mit von der Partie ist. Sie sind beide, nach allem, was sie von Helena gehört haben, gespannt auf den russischen Zaren. Acht Tage werden Alexander, Luise und Friedrich Wilhelm im Juni 1802 in Memel miteinander verbringen, Auftakt zu einer ungewöhnlichen Freundschaft und einer »Dreiecksbeziehung« ganz besonderer Art. Die Einwohner der Stadt sind nicht wenig stolz darauf, gleich zwei regierende Häupter auf einmal zu beherbergen. Inkognito als *Comte de Russie* kommt Alexander an, begleitet von Ministern und Adjutanten. Die Reeder und Kaufherren geben einen glänzenden Ball, den der Zar von Rußland mit Luise eröffnet. Bereits der erste Eindruck ist bestimmend: »Das kann ich dir versichern«, sagt Friedrich Wilhelm seiner Gemahlin, »die Russen haben nie einen Kaiser gehabt wie diesen.«

Der Zar wünscht eine Annäherung an Preußen. Zu jener Zeit ist er noch einer der eifrigsten Bewunderer Napoleon Bonapartes. Er will – da bislang kein Bündnis zwischen Rußland und Preußen besteht – die Grundlagen eines dauerhaften Einverständnisses mit Preußen »auf herzlichem und innigem Vertrauen« aufbauen.

Nur auf den ersten Blick scheint Preußen für eine solche Annäherung an Rußland gerüstet. War der Krieg nicht »die nationale Industrie Preußens«, wie Mirabeau meinte? Hatte Friedrich der Große nicht daraus Vorteile gezogen: aus der Annektion Schlesiens und Ostpreußens, aus der Vergrößerung der Gebiete? Er hatte sogar mit dem Gedanken gespielt, das Reich mit Österreich zu teilen und auf das Haupt des Königs von Preußen die Kaiserkrone zu setzen.

Beunruhigt war König Friedrich II. über die Fortschritte Rußlands: Das Riesenreich war – nachdem es die orientalischen Reiche zerstört hatte – ohne Zweifel in der Lage, den Okzident anzugreifen. So schrieb er am 8. Mai 1769 seinem Bruder: »Ich sehe kein anderes Mittel, als mit der Zeit ein Bündnis der Großmächte zu schließen, um dieser gefährlichen Flut Widerstand zu leisten.«

Die Pläne Friedrichs des Großen gingen nicht über sein Jahrhundert hinaus; weitergespannte Visionen hatte er nicht. Andererseits reichten die Absichten Rußlands sehr viel weiter, aber sein Ehrgeiz schien nicht bedrohlich zu sein. »Man hätte hier«, schloß Friedrich, »nur zwei Auswege, entweder Rußland in dem Lauf seiner ungeheuren Eroberungen aufzuhalten, oder, was viel gescheiter wäre, daraus Vorteile zu ziehen.« Er neigte zu letzterer Lösung und riet seinen Nachfolgern, diesen Rat zu befolgen. Beide Völker hatten begehrliche Blicke auf Polen geworfen; sie hielten sich gegenseitig in Schach, doch wenn es notwendig wäre, sich zu verbünden, um dann »die Beute zu teilen«, würden sie es tun.

Im übrigen waren die russischen Wünsche nach dem Osten, die Preußens nach dem Westen gerichtet, und Rußland wie Preußen hatten denselben Gegner, nämlich Österreich, vor sich. So hatten die Ereignisse am Vorabend der französischen Revolutionskriege aus ihnen so etwas wie natürliche Verbündete gemacht.

Friedrich der Große hatte die Idee des starken, preußischen Reiches noch in seiner Person verkörpert. Nach ihm herrschten Phantasielosigkeit, Bürokratismus und Pedanterie. Die Armee war schlecht geführt, noch schlechter ausgerüstet und weitgehend sich selbst überlassen. Ihre Offiziere waren dünkelhaft und unentschlossen, schulmeisterlich und steif geworden.

Die Nachfolger Friedrichs II., die zu seiner Familie gehörten, konnten mit dem Erbe nichts anfangen. Die Herrscher, die ihm auf den Thron folgten, hatten keine eigenen Ambitionen mehr; sie verließen sich auf den Glanz, den Friedrichs Reich, Friedrichs Armee verkörperten. Sie berauschten sich noch immer an seinen Triumphen. Sie glaubten an seine Macht; ihre Politik schwankte abwechselnd zwischen Frankreich und Rußland.

Friedrich Wilhelm III. ist – wie wir gesehen haben – unentschlossen, unfähig, sich zu ändern. Er hat auch gar keine Lust dazu. Zur Zeit seiner Begegnung mit dem Zaren ist er zweiunddreißig Jahre alt. Zwischen den beiden wird sich rasch eine politische und mehr noch eine persönliche Vertrautheit entwickeln. Ihre Freundschaft soll sie einander näher bringen, als sie es je geahnt haben.

Alexander ist weitblickend, Friedrich Wilhelm dagegen sieht nur das Naheliegende. Seine Politik ist rein territorial, das heißt, sie hat nur die Erhaltung und Abrundung des preußischen Staatsgebietes im Blick. Der preußische König versucht sich her-

Zar Alexander I. von Rußland.
Stich nach einer Büste von Johann Friedrich Bolt.

auszuhalten, erkennt nicht die Gefahr der französischen Expansionspolitik und vermag erst recht keine Vorteile daraus zu ziehen. Dem diplomatischen Kalkül, dem politischen Ränkespiel ist er so gut wie hilflos ausgeliefert. Das einzige, was Friedrich Wilhelm interessiert, ist Hannover; er verwendet seine ganze Kunst darauf, sich Hannover anzueignen, ohne England zu verärgern; am liebsten wäre ihm, es sich von Frankreich zuteilen und durch Rußland garantieren zu lassen – und das Ganze ohne Blutvergießen, ohne Verschwendung von »Talern«, allein durch die schlauen, hinterlistigen Mittel der Neutralität.

Alexander ist von einer ganz anderen Vision beseelt: Er trachtet nach der Vorherrschaft in Europa und ist darin Napoleon nicht unähnlich. Und er denkt für die nächste Zukunft bereits an einer Wiederherstellung Polens unter seiner Oberherrschaft. Er würde König von Polen werden und damit das Unrecht der Teilungen wiedergutmachen. Das ist seine Art, die Unabhängigkeit der Nationen wiederherzustellen.

Alexander ist fünfundzwanzig Jahre alt, ausgestattet mit einem scharfen Verstand, leidenschaftlich und launisch, aber von umwerfendem Charme. Auf Frauen hat er eine hinreißende Wirkung. Schlank, hoch aufgeschossen, wird er vor Luise stehen, die Haare gewellt und gepudert, um die Augen den Schleier verstörender Melancholie. Der unsichere Blick, das offene bezwingende Lächeln, die Zerstreutheit, die sich aus einer leichten Schwerhörigkeit ergibt – all das erhöht nur seinen Charme. Er berauscht sich gern an Theorien und Visionen, traut aber eher Günstlingen als Beratern; er legt sich nur ungern fest, drückt sich daher oft unklar und unbestimmt aus, ist jedoch scharfsinnig und von klarer Entschlußkraft. Er ist fast in allem das Gegenteil von Friedrich Wilhelm. Er vermag zu bezaubern, ständig unendliche Perspektiven zu eröffnen. Wenn er seine betörenden Gedanken darlegt, findet er faszinierte Zuhörer. Er hat Instinkt, er hat Geschmack, er hat Charme. Er ist ein Genie der Verführung.

Trotz seines linkischen Wesens ist Friedrich Wilhelm dem russischen Kaiser auf Anhieb sympathisch. Ein Blick genügt Alexander, um hinter diesem schüchternen König einen ernsthaften, aufrichtigen Mann zu erkennen, der unentschlossen mit

der Macht spielt. Mehr als ein Blick ist ihm Luise, die schöne
Königin, wert.

Sie ist auf dem Höhepunkt ihrer Schönheit. Alexander ist fasziniert von ihr, wie sie zwischen den beiden Herrschern zur
Parade reitet, die *fée echanteresse*, wie Kabinettsrat Johann Wilhelm, ein Augenzeuge der »Memeler Entrevue«, sie nennt. Eine
große russisch-preußische Annäherung bahnt sich an durch
Friedrich Wilhelms Neigung für Alexanders schöne Schwester
Helena und Luises rasch wachsende Freundschaft zu dem Kaiser. Diese persönlichen Bindungen verdecken die bestehenden
politischen Differenzen. Preußen glaubt, einen politischen Bundesgenossen gefunden zu haben, doch die rückständige preußische Territorialpolitik wird sich mit der aufsteigenden russischen
Weltpolitik kaum in Einklang bringen lassen. Die Konflikte sind
also programmiert, doch der Glanz der Memeler Tage läßt davon
noch nicht das geringste erahnen.

DIE MEMELER ENTREVUE

Die Eindrücke, die Luise in jenen, ihren eigenen Worten zufolge »zauberhaften« Tagen von Memel empfängt, sind stark, was ein Tagebuch offenbart, dem sie alles anvertraut, was sie äußerlich und innerlich erlebt. Bruder Georg sendet sie die in französischer Sprache verfaßten Blätter mit den vielsagenden Worten: »16. August 1802. – Beigefügt mein Tagebuch, das seltenste Gut, das ich besitze. Schicke es mir schnellstens zurück … Ich werde es ein zweitesmal viel interessanter und viel klüger zusammenstellen; augenblicklich verfüge ich nur über dieses hier.« Obwohl sie überwältigt ist von ihren Eindrücken, findet sie noch Zeit, ihren Bruder mit seiner bevorstehenden Reise nach Italien aufzuziehen: »Du bist dann in Italien, verliebt in die schwarzen Raben-Haare und Augen einer reizenden Italienerin, die mit ihrer Lebhaftigkeit, feurigen Einbildungskraft und wohl gar – wofür dich Gott behüte – mit einer himmlischen Stimme ganz bestrickt hat, und dich taub und stumm und blind für alles andere gemacht hat, was sie nicht ist – Narri, *mon enfant*, hieraus wird nichts; erstlich bist du dazu zu solide, und dann schicke ich dir ein paar Reisegefährten, die sich gewaschen haben und die dich für alles dieses schützen werden …«

Welch ein Glück, daß Luise nicht Zeit gehabt hat, dieses erste Dokument zu verbessern oder zu überarbeiten. So erfahren wir frisch und ohne nachträgliche Korrektur, wie sie die Tage von Memel erlebt hat.

10. Juni. Zwischen zwölf und ein Uhr trifft der Zar von Rußland ein. Der unvermeidliche Triumphbogen ist errichtet wor-

den. Von diesem bis zum Schloß steher. die Truppen Spalier. Der König von Preußen reitet seinem Gast entgegen und führt für alle Fälle eine achtspännige Karosse mit, um dem Kaiser die Wahl zu überlassen. Alexander zieht es vor zu reiten, und nachdem sich beide umarmt haben, reiten sie Seite an Seite in die Stadt. Die Königin erwartet sie in sehr reicher und eleganter Kleidung mit unzähligen Diamanten geschmückt. Sie hat Alexander bisher nie gesehen. Sie geht ihm entgegen und grüßt ihn an der Tür mit einer tiefen Verbeugung. »Er küßte mir die Hände und ich beugte meinen Kopf, wie um ihn zu küssen.« In Klammern beeilt sie sich, diese Geste zu kommentieren: »Denn man muß wissen, daß es in Rußland üblich ist, wenn ein Mann einer Dame die Hand küßt, so ist sie verpflichtet ihn zu küssen.«

Ist sie nicht erregter, als sie es zeigt? Und verursacht diese erste Berührung nicht schon eine Unruhe, die sie in leichten Aufruhr versetzt? »Ich sagte ihm, daß meine Seele in dem glücklichen Augenblick zu verschiedene Gefühle bewegten, um ihm das ganze Glück, das ich bei der Bekanntschaft mit ihm fühlte, auszudrücken.« Die Haltung Alexanders findet sie liebenswürdig; er antwortet ihr sehr höflich und mit viel Anmut. Dieses Benehmen ist in den Augen der Königin von Preußen nicht unwichtig.

Nachdem die Offiziere und Hofdamen vorgestellt sind, führt sie ihn in seine Gemächer, bietet ihm einen Imbiß mit Pfirsichen an – es sind die ersten in diesem Jahr –, und die Unterhaltung beginnt: »Wir verbrachten so ungefähr eine Stunde zusammen, wo man sich schon ein wenig kennenlernte.« Diese Stunde erscheint beiden wahrscheinlich sehr kurz, doch sie reicht, um Alexander zu beeindrucken. Er ist entzückt von ihr. Um zwei Uhr findet die gemeinsame Mittagstafel statt. Mit nur schlecht verborgener Koketterie gesteht sie ihre Verwirrung: »Sechs Russen – die Offiziere des Zaren – starrten mich unausgesetzt an und beobachteten mich in einer solchen Art, mit so unnachsichtlichen Blicken, daß ich fast nichts essen konnte.«

Kritisieren sie etwa die an diesem Hof gebräuchliche Tradition größtmöglicher Einfachheit und Unkompliziertheit? Aber nein, Luise ist von ihrer Freundin Helena darauf aufmerksam gemacht worden, daß Alexander »den Zwang nicht liebe; daß er es lieber hätte, mit uns allein zu sein und so viel als möglich vom König und mir zu haben«. So teilt er ihre Vorliebe für möglichst wenig Aufhebens, dieser mächtige Mann, vor dessen Ankunft sie fast ein bißchen Furcht empfunden hat. Sofort gewinnt ihr Wunsch zu gefallen die Oberhand: Sie weiß, wie schön sie ist in ihrem prächtigen Schmuck.

Sie kämmt sich einfacher, nicht ohne vorher die Erlaubnis des Zaren einzuholen, die er ihr »sehr höflich« gibt. Der Hof versammelt sich um acht Uhr. Alexander kommt um halb acht zu ihr, und sie bereitet ihm selbst den Tee. Der Kaiser liebt Tee, »von dem er oft und viel zu sich nimmt«. Der Abend vergeht mit Plaudern, Kommen und Gehen, Komplimenten, das Königspaar, »Höflichkeitswendungen zu den Russen machend«, nimmt angeregt daran teil. Vom Park herauf steigen die Klänge der Janitscharenmusik; die Laternen werfen ihr Licht im purpurnen Widerschein in die Wellen.

Luise vernachlässigt keine ihrer Pflichten. Sie weiß genau, daß der Zar von offiziellen Zeremonien nicht viel hält, für private Dinge aber sehr empfänglich ist. Aber man muß Seiner Majestät doch ungefähr fünfzehn Persönlichkeiten, die sich ihm zu nähern wünschen, vorstellen. Alexander gibt sich mit guter Laune dazu her. »Er kommt zu mir, um mir zu sagen, daß er sehr entzückt war, die Bekanntschaft dieser Herren zu machen.« Kommt ihr vielleicht in den Sinn, daß Friedrich Wilhelm weniger Eifer bekundet hätte? »Sire«, sagt sie zum Zaren, »um Sie liebenswürdig zu finden, muß man eben so gut, eben so geduldig sein, wie Sie.« Und er erwidert: »Ah, ich liebe diese Art sich zu geben sehr; wenn es doch bei uns auch so wäre! Wir sind davon noch weit entfernt!«

Manchmal hat er eine Art, Sätze auszusprechen, die unvermutete Tiefen erkennen lassen. Luise kann sich leicht vorstellen, daß Alexander sich von seiner Umgebung unverstanden fühlt und in ihr so etwas wie eine schwesterliche Seele entdeckt. Sie möchte, daß auch Preußen diese Ehre zugute kommt: »Dies zeigt, daß er fühlt, mit welchem Volk er es zu tun hat.« Das Abendessen um neun Uhr unterbricht die Plaudereien. Es herrscht bereits ein vertrauter Ton. Luise notiert einfach: »Diese Mahlzeit war viel ungezwungener als die erste« und fügt hinzu: »Man zog sich zurück, entzückt, sich am nächsten Tag wieder zu sehen.«

Der zweite Tag verläuft fast im gleichen Rhythmus. Früh um halb acht Uhr Revue, die Luise nicht versäumt. Der König marschiert an der Spitze seiner Truppen, grüßt den Zaren mit dem Degen, der »außer sich ist vor Anerkennung und Bewunderung«. Übertreibt sie nicht ein wenig? Die Worte sind schneller als die Gedanken und schäumen über »Das war eine wirklich prächtige Szene, rührend und bewunderungswürdig« – das Wort »rührend« läßt eine Note von besonderer innerer Bewegung mitschwingen.

Begegnung mit Alexander I. von Rußland in Memel am 10. Juni 1802.
König Friedrich Wilhelm III. stellt dem Zaren seine Gemahlin vor;
hinter der Königin steht Gräfin Voß, die Oberhofmeisterin.

Schon hat sich die Gewohnheit eingespielt, daß der Zar während seines Aufenthalts mit seinen Gastgebern das erste Frühstück gemeinsam einnimmt. »Er nimmt Tee, manchmal Schokolade« – und in Klammern betont Luise: »den ich jedesmal selber bereite«. Dieses Detail scheint ihr als Hausfrau wichtig zu sein. Die Unterhaltung, die diesen »Freundschaftsmahlen« folgt, ist ohne Zweifel interessant, aber sie könnte es für die Königin noch mehr sein. Die beiden Herrscher unterhalten sich »lange« über militärische Fragen, so daß Luise sich vernachlässigt fühlt. Dann zieht sich jeder zurück, »um Toilette zu machen«, und alle drei, die Königin, der Zar und der König, treffen sich um zwei Uhr zum Mittagessen, dem ein Spazierritt folgt, »den ich auch mitmachte«.

Die drei Reiter besuchen die Stadt und treffen sich beim Abendessen wieder. »Der König«, erzählt Luise, »sprach lange allein mit dem Kaiser; dieser hörte nicht auf, leise zu ihm zu sprechen.« An den politischen Gesprächen nimmt sie nicht teil, sie vernimmt nur das Echo. Endlich entwickelt sich eine Szene, die diesmal wirklich »rührend und bewundernswert« ist. Hat Friedrich Wilhelm nicht bemerkt, unter welchem Zauber Alexander steht? Vielleicht ist der Kaiser von Rußland längst sein Rivale um die Gefühle der Königin. Der König kommt zu ihr, den Zaren an der Hand, und sagt: »Er hat mit mir gesprochen, und er hat Grundsätze geäußert, welche ihm viel Ehre machen und die mich für das Leben an ihn binden!«

Hätte Friedrich Wilhelm Sympathie bei seiner Frau erregen wollen, er hätte es nicht besser treffen können. Luise gefällt diese überschwengliche Lobrede auf einen Mann, der ihr sogar noch besser gefällt als ihrem Gemahl. Wie schön, daß auch Friedrich Wilhelm sich so gut mit ihm versteht. Denn daß Alexander für ihre Reize nicht unempfänglich ist, setzt sie in Entzücken. Wenn er nur nicht immer über so distanzierte Dinge mit ihr reden würde: »Der Kaiser sprach lange mit mir«, notiert Luise, »bezeigte jeden Augenblick sein gutes Herz und seine edle Denkungsart, wie er sich über die Soldaten und die Militärs im allgemeinen ausdrückte.« Er nutzt jede Gelegenheit, um seiner Gesprächspartnerin gegenüber seinen Charme spielen zu lassen. »Er billigte die Höflichkeit sehr – und Freundlichkeit (das letzte Worte schreibt Luise deutsch), mit welcher ich sie alle behandelte, er sagte, es sei wirklich rührend anzusehen.«

12. Juni. Das Programm erfährt keinerlei Änderungen. Die verläßliche Routine bereitet Luise wohl ein gewisses Vergnügen. Es scheint, als würde sie gerade an dieser *ménage à trois* Gefallen finden. Sie genießt die militärischen Übungen und Paraden

und läßt keine einzige aus. Wie angenehm der Umgang mit ihm ist. »Der Morgen war lustig.« Die nebensächlichsten Ereignisse bleiben in ihrem Gedächtnis haften, sie schreibt alles auf. Dann ist sie wieder mit ihrer »großen Toilette« für den Ball beschäftigt, den die Kaufleute von Memel zu Ehren des Königspaares veranstalten.

»Er sucht uns auf«, notiert sie und meint damit Alexander, »und wir fuhren mit dem Wagen zu dem Festspielhaus.« Sie fahren durch den zum Empfang errichteten Triumphbogen, der beleuchtet »eine gute Wirkung hatte«. Das Orchester spielt auf, Lichter funkeln in den Kronleuchtern. »Der Ball war sehr belebt.« Leider ist die Hitze ziemlich beklemmend, so daß die Königin, plötzlich unpäßlich, gezwungen ist, den Saal zu verlassen. Ihre Indisposition dauert gerade lange genug, um einige Augenblicke Unruhe zu verursachen. Bald darauf steht sie wieder neben dem Zaren. Er »tanzte nicht jeden Tanz und blieb neben mir …« Diese Pausen müssen sie mehr entzücken als alles andere. Dennoch »tanzte ich noch einen Walzer mit ihm«. Nach dem Abendessen »fuhren wir spazieren, um uns die Beleuchtung anzusehen, die ganz hübsch war und zumindest den guten Willen der Bewohner bewies«.

13. Juni. Eine Änderung in der Ordnung der Dinge: Luise läßt sich nach einer ziemlich schlechten Nacht bei den Morgenmanövern nicht blicken und zieht es vor, sich auszuruhen. Sobald er frei ist, sucht Alexander sie zu treffen; es ist »riesig« heiß. Während des Frühstücks spricht der Zar seine bevorstehende Abreise an. Vielleicht will er auch nur hören, daß der König ihn beschwört, seinen Aufenthalt zu verlängern, und die Königin sogar darauf besteht. Womöglich fleht sie ihn auch mit den Augen an, mit diesen schönen großen Augen, deren Bitten man nicht widerstehen kann. Auch Alexander kann ihnen nicht widerstehen. Er willigt ein, noch einen Tag in Memel zu bleiben.

Die Unterhaltung wird wieder aufgenommen: »Wir setzten uns auf ein Maroquinsofa, um uns zu erfrischen. Das Sofa stand zwischen zwei Vorhängen, wovon der Kaiser einen drapierte, der Kronprinz von Schwerin und ich saßen nebeneinander.« Alexander geht scherzend auf und ab, er fühlt sich in seinem Element. Keine Einzelheit entgeht der Königin. Man ist »außerordentlich lustig«, schließt sie, und der König läßt sich von der guten Laune anstecken, ja sich sogar wegen seiner Aufmerksamkeit für Prinzessin Helena necken. Schlagfertig antwortet er, Alexander wiederum beglückwünscht ihn zu seinen Erfolgen bei gewissen Damen, namentlich erwähnt werden Fräulein von Blanckenhagen und von Corbailly, die er beide flüchtig in Riga gesehen habe.»Man lachte und war glücklich.«

Bei dem kleinen Ball – die Musik ist schlecht – sind an die fünfzehn Paare versammelt.»Ohne viel Etikette« unterhält man sich.»Ein Tanz war beendet, Kaiser Alexander saß neben mir, um sich auszuruhen, wir sprachen zusammen.« Plötzlich stockt die Unterhaltung.»Sofort stürzten alle zum Fenster, man fragt nach der Ursache des Schreiens, und wir erfahren, daß einer ertrunken ist. Wie der Wind ist Alexander natürlich unten, um zu helfen; es war ein kleiner Junge, welchen man schon herausgezogen hatte. Ich schaue aus dem Fenster und sehe den Kaiser, der mit einem etwa neunjährigen Jungen an der Hand zurückkommt. Im Hause gibt er ihm selber Tee, den der Kleine mit Vergnügen nimmt, der Kaiser kommt herauf, wie wenn nichts gewesen wäre; ich sage ihm, wie gut er wäre und wie gerührt ich sei. Er antwortete mir: ›Jeder würde das genau so tun.‹ – ›Es wäre zu wünschen, Sire‹«, ist die Antwort.

Sie klingt sehr unschuldig, diese Antwort. Der Zwischenfall ist vorbei, der Ball geht weiter.»Man tanzte Polonaise ohne Ende und ohne Unterlaß, man unterhielt sich in stummen Wendungen, man tanzte eine Ecossaise und dann eine Polonaise, man vergnügte sich wie die Kinder und sprang herum wie die Böckchen, alles war glücklich und zufrieden.« Die Munterkeit hat, scheint es, selbst Friedrich Wilhelm erfaßt. Er ist so fröhlich – und wahrscheinlich so erstaunt es zu sein –, daß er für den nächsten Morgen Dienstfreiheit verkündet. Ausnahmsweise mal kein Manöver.

14. Juni. Es schlägt elf Uhr, als der Zar zum Frühstück kommt. Die gute Laune vom Vorabend dauert an. Luise singt, sie trägt französische Lieder vor,»welche sehr gefielen«, und man begibt sich fröhlich zu Tisch. Kaum sitzen sie, wird die Königin von Krämpfen erfaßt und von plötzlichen Angstzuständen gepeinigt. Man ruft hastig ihren Arzt, ebenso den des Zaren, welcher

ihr Erleichterung verschafft. Sie bleibt sehr schwach, »doch machte ich den Tee selbst«.

Luise verdankt dieser Unpäßlichkeit einen geruhsamen Nachmittag: Eine kurze Spazierfahrt im Wagen entspannt sie, dann beeilt sie sich, den größten Teil ihres Gefolges zu beurlauben, um sich auf ihrem Kanapee auszustrecken. »Der Kaiser hatte die Güte bei mir zu bleiben«, ebenso der Prinz von Mecklenburg-Schwerin, auf dessen Gegenwart – die Annahme ist nicht unwahrscheinlich – sie vielleicht gerne verzichtet hätte. Da sie sich sehr müde fühlt, wird kurzerhand umdisponiert: Das Abendessen findet in ihrem Salon statt, und »man unterhielt sich sehr gut«. »Onkel Georg war mit von der Partie, und der Kaiser fand Gefallen an ihm.«

15. Juni. Die Königin fühlt sich viel besser. Sie liegt auf ihrer Chaiselongue »in Nachthaube und Morgenrock« und wird wohl ziemlich verführerisch ausgesehen haben. Ihre Haltung ist ungezwungen und anmutig. Um neun Uhr öffnet sich die Tür, und Friedrich Wilhelm tritt bei ihr ein, unmittelbar gefolgt von Alexander. »Ich war in äußerster Verwirrung«, bekennt sie. Der Zar schenkt ihrem Négligé keinerlei sichtbare Aufmerksamkeit – »er ist so nachsichtig« –, und er bleibt bei ihr; es regnet ununterbrochen, die Paraden sind verschoben worden. Später muß er sie verlassen; eine Stunde später kehrt er von der Parade, die doch stattgefunden hat, zurück.

»Diesmal war ich angezogen … Er ging so spät fort, daß ich kaum Zeit hatte, mich für das Mittagessen fertigzumachen.«

Es ist der letzte Tag vor der Abreise, vor der Trennung. »Nach dem Essen kam er zu sehr früher Stunde, man war begierig jeden Augenblick auszunützen. Langsam wurden wir von Traurigkeit befallen. Gegen acht Uhr unternahm man noch einen Spazierritt, den ich auch mitmachte.« Luise streift mit Alexander durch den Park. Um sie von ihrer melancholischen Abschiedsstimmung abzulenken, unterhält Alexander sie damit, sie nach russischen Kommandoworten exerzieren zu lassen. Dieses kindliche Spiel zerstreut sie ein bißchen, sie lacht und fühlt sich glücklich. Dann reiten sie Seite an Seite. Der Zar hält eine Lobrede auf den König. er sagt, »wie sehr er ihn liebe, wie er ihn schätze«.

Viel Zeit bleibt nicht mehr, Luise nimmt die erste Gelegenheit wahr, »um ihm wohl das, was ich auf dem Herzen hatte, zu sagen«. Sie verhält sich jetzt wie eine ältere Schwester, eine Ratgeberin, bei der jedoch die Ängstlichkeit einer Verliebten durchschimmert, die sich nicht verraten und sich vielleicht über sich selbst nicht klar sein will. »Ich bat ihn, so zu bleiben, wie er war; ich stellte ihm vor, wieviel Klippen er zu umschiffen hätte, und warnte ihn vor den Gefahren, die die jugendliche Unerfahrenheit mit sich bringe; er nahm diese verschiedenen Überlegungen nicht übel auf, weil er wohl erkannte, daß ich ihm das alles nur aus Freundschaft zu sagen wagte.«

Luise und Alexander haben in ihrem Gespräch das politische oder militärische Terrain längst verlassen. Sie essen im Freien; schon dieses Abendessen ähnelt nicht den anderen. Nach der Mahlzeit muß sich das preußische Königspaar den Vorschriften der Etikette unterwerfen und die Abschiedsbesuche der Offiziere, Minister, Kammerherren aus dem Gefolge des Zaren empfangen. Luise schreibt sorgfältig ihre Namen auf. Nach diesen Zeremonien zieht Alexander sich mit dem Königspaar in dessen Gemächer zurück. Mit Friedrich Wilhelm hat er ein langes Zwiegespräch, dessen Ende von Luise ungeduldig erwartet wird. »Alle waren traurig, man sprach wenig, dachte viel und seufzte von Zeit zu Zeit.« Diese einfachen Worte, welche in ihrer Nüchternheit die Atmosphäre beschreiben, geben die Gefühle Luises viel ausdrucksvoller wieder als die Schilderungen des nächsten Morgens.

16. Juni. Kurz nach sieben Uhr stellt sich Alexander bei Luise ein. Es ist, als habe er nicht länger schlafen können. Sie berichtet nicht, ob Friedrich Wilhelm anwesend ist. Sie beendet Briefe, die an die beiden russischen Zarinnen – Maria Feodorowna, die Mutter des Zaren, und Elisabeth, seine Gemahlin – gerichtet sind, und macht sich daran, sie in den Umschlag zu stecken. Alexander nimmt sie ihr aus den Händen. »Er steckte sie in den Umschlag, um mich der Mühe zu entheben« – das sind diese kleinen Galanterien, die sie so erstaunen und entzücken. Danach setzt er sich neben sie: »Wir sprachen von vielen Dingen«, man weiß nicht von welchen, denn Luise verrät nur:»Wir waren ganz traurig.«

Um halb zehn Uhr ist der Augenblick des Abschieds gekommen. Die Leere vertieft sich. Die Königin meistert ihre Erregung. Sie bleibt allein mit ihren Gedanken. »Er fuhr fort, große Tränen hatte er in den Augen, ebenso wie der König ... Alle begleiteten ihn hinunter; ich allein blieb oben an einem Fenster, das nach dem Hofe ging, wo sein Reisewagen hielt. Von hier nickte er uns zum letztenmal aus seinem Wagen zum Abschied zu. Ich fühlte, welche Wehmut es ihm bereitete, uns zu verlassen.«

Am 19. Juni abends erstattet General Friedrich Adolf Graf Kalckreuth, der den Zaren bis nach Polen begleitet hat, seinem Monarchen Bericht über die letzten mit Alexander gewechselten Worte. Er habe immer wieder den König und auch die Königin erwähnt; er habe voller Bewunderung über Preußen gesprochen. »Er beauftragte ihn mit tausend Dingen und mit seinen letzten Abschiedsgrüßen an uns.«

Luise und Friedrich Wilhelm verlassen Memel. Der König nimmt Truppenschauen ab, die Königin folgt ihm. Das Tagebuch Luises endet mit einem Seufzer: »Alle lieben den Kaiser, der König als erster. Er ist gar nicht schwach und von Grund aus gut und rechtschaffen. Ich bin überzeugt, daß er mit den wahren Werten alle liebenswürdigen Eigenschaften verbindet, die ihn so beliebt machen.«

Noch enthusiastischer über Alexander spricht Luise sich in einem Brief an ihren Bruder Georg vom 13. Juli 1802 aus. Sie findet kaum Worte vor Begeisterung über diesen »Einzigen«: »Ach wie viel ist mir diese Bekanntschaft wert! Nicht ein Wort, welches man zu seinem Lobe ausspricht, kann je in Schmeichelei ausarten, denn er verdient alles, was man nur Gutes sagen kann ... Die Memeler Entrevue war göttlich, die beiden Monarchen lieben sich zärtlich und aufrichtig, gleichen sich in ihren herrlichen Grundsätzen, der Gerechtigkeit, Menschenliebe und Liebe zum Wohl und Beförderung des Guten. Auch der Geschmack ist gleich. Viel Einfachheit, Haß der Etikette und Gepränge des König- und Kaisertums. Alles ging erwünscht und gut, und es wird immer so gehen. Mein guter König läßt Dir tausend Schönes sagen, benahm sich wie ein Engel und verbreitet Enthusiasmus, so aber auch der Kaiser ...«

UNGEFÄHRLICHE LIEBSCHAFTEN

Memel, so scheint es, hat zwei Männer zu Freunden gemacht, und beide sind bemüht, aus ihrer persönlichen Freundschaft ein Bündnis zwischen ihren Staaten zu formen. Doch Friedrich Wilhelm gibt sich gerne unbestimmten Visionen hin, er läßt sich von seinen Utopien gefangennehmen. Und Luise, die Dritte im Bunde, schwebt verträumt in den Wolken. Luises Freundschaft zu dem liebenswürdigen Zaren ist nicht einseitig. Auch Alexander nimmt aus den Memeler Tagen Erinnerungen mit, die ihm unvergeßlich bleiben werden. Die »Zauberin«, wie Johann Wilhelm Lombard, der Kabinettssekretär, sich ausdrückt, hat den Zaren so gefangengenommen, daß er die Zeit – so oft es nur geht – in ihrer Gesellschaft verbracht und sich nur ungern von Luise getrennt hat. Ihr inneres Glück über diese Bekanntschaft, die bald alle ihre Gedanken und Gefühle auszufüllen beginnt, erhöht ihre äußere Schönheit noch mehr. Sie soll in Memel ganz besonders hübsch und anziehend gewesen sein, bezaubernd und geistreich und so lustig und fröhlich wie nie zuvor. Luise ist sechsundzwanzig Jahre alt, in der Blüte ihrer Weiblichkeit. Vor dem Zaren hat sie ihre ganze Anmut und Liebenswürdigkeit entfaltet. »Der Arme«, stellt Sophie von Voß in ihrem Tagebuch fest, »ist ganz begeistert und bezaubert von der Königin.«

Und doch gewinnt man den Eindruck, daß er zwar von ihrer hinreißenden Erscheinung gefesselt ist, ihr aber eher in ritterlicher Freundschaft gegenübersteht als in bewundernder Verliebtheit.

Alles ist »göttlich« – eines der Lieblingswörter Luises – in dieser erstaunlichen Freundschaft: Sie ist der Ausdruck glühender Empfindsamkeit und Schwärmerei, eine Religion der Liebe, die bis zum Überschwang gesteigert ist. »Die Entfernung, die Abwesenheit und die Intrigen«, berichtet Lombard, »können vielleicht auf die Dauer diese stummen Gefühle abkühlen, aber ich bezweifle, daß es gelingt, die einmal geschlossene Verbindung je ganz zu lösen. Niemand hätte die Bande, die jetzt die beiden Fürsten vereinigt, enger knüpfen können als die eine, die alles mit der Macht ihres Zaubers bezwang.« Doch hier schreibt Lombard der preußischen Königin eine politische Rolle zu, die sie in Wirklichkeit erst 1806 spielen soll.

Anderen wiederum ist der platonische Charakter der Beziehung zwischen Luise und Alexander verdächtig. Trotz der glühenden Bilder und Begriffe, die dem Briefwechsel mit Alexander und ihrem Tagebuch ein hitziges Temperament geben, läßt sich keinerlei Beweis finden, daß es wirklich Liebe ist, was sie für ihn empfindet. Sie scheint Angst vor sich selbst zu haben, vertraut sich ihm aber an. Wenn sie seine Geliebte gewesen wäre, hätte sie ihn nicht so lange an sich gefesselt. In ihrer Phantasie lebt Luise in Verbindung mit Alexander – ein Wunschbild, das sie in ihren Wachträumen begleitet.

In der Zeit der Trennung wächst wieder Luises Schreiblust. Manchmal sind es kurze Karten, manchmal ausführliche Briefe. Kaum ist er fortgefahren, ruft Luise die Erinnerung an ihn wach. Bereits am 17. Juni – einen Tag, nachdem er abgereist ist – schreibt sie ihm: »Ich würde vergeblich versuchen, Ihnen zu schildern, wie schmerzlich mir Ihre Abreise war! Es war schrecklich. Nur die Hoffnung, Eure kaiserliche Majestät in zwei Jahren wiederzusehen, tröstete mich ein wenig ... Seien Sie glücklich, zufrieden, und möge Gott sie mit allen Gütern segnen. Der König zählt sehr darauf, daß unsere Wünsche, uns in zwei Jahren wiederzusehen, Erfolg haben; er hat unterwegs viel mit mir darüber gesprochen; ich begleitete ihn bis zu einer Meile von hier, dann nahm ich meinen Wagen, ich war halb erstarrt vor Kälte und unbarmherzig durchnäßt ... die Güte, mit der Sie Anteil an meiner Gesundheit nehmen, verpflichtet mich, Ihnen zu sagen, daß es mir besser geht.«

Und sie schließt:»Nehmen Sie hiermit die Gefühle der Freundschaft und der Achtung, die ich Ihnen für immer gewidmet habe, entgegen.«
Diese rasche Reaktion verrät alles. Luise hat niemanden, dem sie sich anvertrauen könnte. Friedrich Wilhelm hätte ihr vielleicht zugehört, aber sie kaum verstanden. Er erlaubt ihr zu schreiben, und sie spricht in den Briefen auch von ihm. Für den König ist diese Freundschaft vor allem eine politische Angelegenheit, und so eng die Vertrautheit zwischen Alexander und seiner Frau auch ist, er entdeckt darin nichts Ungebührliches. Unwichtig, was die beiden Briefschreiber für einander empfinden. Hauptsache, der König von Preußen wird den Zaren in zwei Jahren wiedersehen. Wie sie darauf besteht, auf diesen zwei Jahren, die arme Königin! Sicherlich zählt sie die Tage.
Die Antwort des Zaren ist nicht bekannt geworden. Wir wissen von ihr nur durch die Anspielungen, welche Luise macht:»20. Juli 1802 – Sire, Sie werden erstaunt sein über mein langes Schweigen« – es ist drei Tage her, daß er von ihr Abschied genommen hat –,»besonders nachdem Sie mir einen so göttlichen Brief geschrieben haben; aber gerade dieser teure letzte Brief, der so gut und freundschaftlich, so tröstend klang, trägt Schuld daran … Er erschien mir wie ein Bote des Trostes, sein Inhalt erinnert mich in den schmeichelhaftesten Ausdrücken, ja in den zartesten Ausdrücken aufrichtiger Freundschaft an die so glücklichen Zeiten. Im gleichen Augenblick antwortete ich und traurig zugleich aus vollem Herzen; und nachdem ich es einige Tage nachher wieder durchgelesen habe (ich hatte keinen geeigneten Platz es zu schreiben), habe ich gefürchtet, Sie möchten es kindisch finden. Hier liegt die Antwort vor mir und ich habe nicht das Herz, sie Ihnen zu schicken; ich werde den Brief zerreißen, ohne die Gefühle, die ihn diktierten, zu zerreißen. Sie sehen, mein teurer Vetter, wie ich auf Ihre Güte zähle und hoffe, daß Sie die Geduld haben, einen langen Schwall von Worten zu lesen, welche nur mich betreffen. Tausend Dank für Ihren letzten Brief; das ist ein Schatz, den ich ewig aufbewahren werde.«
Wieder und wieder hat Luise wohl diesen Brief Alexanders gelesen. Er belebt ihre Erinnerung an die Begegnungen und

Gespräche. Sie weiß, daß alles, was sie betrifft, Alexander interessiert; wäre es nicht so, würde sie sich nicht entschuldigen, ihm von sich zu erzählen. In ihrer Zurückhaltung liegt nicht nur Schüchternheit, sondern auch Koketterie.

Von Charlottenburg aus schreibt sie am 31. Juli 1802 an Alexander: »Da Sie mir, mein lieber Vetter, versichern, daß Sie sich über Nachrichten von mir freuen, schreibe ich Ihnen voller Vertrauen und ohne Sorge, indiskret zu sein. Die Erinnerung an Memel, die Sie in mir wachgerufen haben, entzückt mich! Und ich knüpfe daran dieselber Versprechen wie Sie – wie die Zeit hingeht, das ist unerhört und unbegreiflich.

Der König hat Ihr Gedenken sehr empfunden, er trägt mir alle Versicherungen wärmster und unwandelbarer Freundschaft auf … Ich wünschte, Sie hätten besseres Wetter als wir hier, denn auf einen schönen Tag haben wir fürchterliche Gewitter und unerträglichen Regen. Wenn ich nicht ausreiten oder ausgehen kann, gehe ich aus Verzweiflung ins Schauspiel, und ich nehme an, daß Sie es ebenso machen.

Ich danke Ihnen aufrichtig für das Interesse, das Sie an meiner Gesundheit nehmen, es geht mir besser, wenn meine Gesundheit auch noch nicht beständig ist; ich hoffe, daß es rasch besser wird.«

Es ist keine Sünde, einen Mann zu bewundern, nicht wahr? Ein neuer Abschnitt ihres Lebens öffnet sich vor Luise und stürzt sie in eine Krise. Liebt sie oder liebt sie nicht? Doch warum sich diese Frage stellen?

Von dieser Zeit an werden sich die betörenden Talente Alexanders und die Schwärmerei Luises immer wieder aneinander entzünden. Es bereitet dem Zaren viel Vergnügen, »der Freund der Frauen« zu sein, und die Königin braucht diesen Freund. Gefährlich kommt ihr diese unschuldige Schwärmerei nicht vor, denn ihr genügt diese weiche Stille, und er gibt sich damit zufrieden.

Der Briefwechsel zwischen der Königin und dem Zaren ist Ausdruck einer großen Zuneigung und einer nur unvollkommen zurückgedrängten Leidenschaft. Luise schreibt nicht für die Nachwelt, sie ist von Grund auf ehrlich, sie erzählt die Geschehnisse, wie sie sich zutragen, immer im hastigen Bemühen, ihre Erinnerungen in eine Form zu bringen. Man stellt sich Luise vor, wie sie zuweilen eine Träne vom Rand ihrer Wimpern wischt, wie sie sich unterbricht, die Augen nachdenklich auf das Fenster oder ein Bild an der Wand gerichtet. Allein mit ihren Briefen öffnet sie ihr von Alexander übervolles Herz. Die Korrespondenz enthält keinerlei diplomatischen Austausch, sondern beschränkt sich ganz auf die vertrauliche Mitteilung persönlicher Gedanken. Alexander fühlt sich durch solchen Charme angenehm berührt. Und kommen einmal politische Interessen zur Sprache, so scheinen sie nur Pflichtübungen zu sein. Hält Luise die Freundschaftsversicherungen von seiten Friedrich Wilhelms wirklich für notwendig? Alexander erwartet Nachrichten über die Frau, die ihm so gefällt, und sie berichtet ihm über den Gatten. So seltsam dies erscheint, Luise hat das Bedürfnis, Friedrich Wilhelm an ihren vertraulichen Freuden teilhaben zu lassen.

Früher hatte sich der König eifersüchtig gezeigt; er war über die Aufmerksamkeiten und häufigen Besuche, die Louis Ferdinand seiner Frau zuteil werden ließ, nicht erfreut. Alexander scheint er die Gunst der Königin nicht zu neiden. Vermutlich ist er selbst von ihm zu sehr eingenommen. Diesmal bewundert er die Geschicklichkeit der Königin, Alexander um den Finger zu wickeln. Das schmeichelt ihm. Er ist stolz, der Gemahl einer Frau zu sein, die über eine solche Macht verfügt. Er hat Vertrauen zu Luise, sie gehört ihm. Sie zu überwachen wäre eine Beleidigung und ein taktischer Fehler. Er hält sich für sehr klug und denkt, daß diese zarten Bande doch der Sache des Staates dienen können. Luise erleichtert ihm nur seine Aufgabe: Sie verwandelt die protokollarischen Verbindungen in vertraute und bürgerliche Beziehungen. Ohne Zweifel hätte der König auch selbst mit dem Zaren korrespondieren können, aber das ist Sache der Kanzlei und keine persönliche Angelegenheit. Eine Frau kann in einem vertraulichen Brief viel weiter gehen.

In dieser sentimentalen Atmosphäre, die der aus einem Roman von Rousseau ähnelt, kommen Luises Gefühle zur vollen Entfaltung. Ihre Briefe beweisen, daß sie Alexander anbetet. Unter seinen Blicken blüht sie auf. Wie oft hat sie gehört, daß man sie für »unwiderstehlich« hält, jetzt glaubt sie es selbst. Ist sie nicht kokett, auf eine sittsame Weise charmant? Zwei Jahre wird Alexander von der schönen Luise getrennt sein. Zwei Jahre ... Er denkt an sie mit einem skeptischen Lächeln und vielleicht mit einer gewissen Melancholie. Und Luise, die sich vorstellt, in ihm einen Seelenfreund gefunden zu haben, verfaßt ein prächtiges Gedicht, dessen großmütiger Held Alexander und dessen keusche Heldin sie selbst ist. Sie sieht ihn immer nur vor sich, wie er ihr gegenüber in Memel war – galant, reizend, voller Komplimente für ihre weibliche Schönheit. Sie hat keine Vorstellung von den Frauen, mit denen er verkehrt, von den Einflüssen, die auf ihn einstürmen, für das, was er fern ihrer Gegenwart empfindet.

Sie gibt sich Mühe, ihre Leidenschaft zu bezähmen, der sie in gewissen Stunden ausgeliefert ist, und gerade die kleinen Geschehnisse nehmen dann eine besondere Bedeutung an. Sie hängt sich an die unwichtigsten Dinge, die sie mit ihrer Phantasie entzündet, damit sie umso heller leuchten, an die geringfügigsten Ereignisse, um wenigstens in der Phantasie an ihr Glück zu glauben.

Die Wochen und Monate gehen dahin, eine ungewöhnliche Zeit ohne Briefe, ohne Nachrichten. Luise verbringt einige Tage in Berlin. Am 30. Oktober rafft sie sich auf, Alexander wieder zu schreiben. Wie soll sie diesmal den Namen des Königs erwähnen? Ein kurzer Satz spricht von der Güte, die er ihrer Schwester gegenüber gezeigt hat. *C'est tout*, das Gewissen der Gemahlin ist beruhigt.

Und dann öffnet Luise die Schleusen für die zu lange verschwiegenen Gefühle: »Wie werde ich Ihnen jemals beweisen können, wie ich Sie liebe, wie sehr ich alle Ihre seltenen und ausgezeichneten Eigenschaften schätze.« Hat sie Angst, zu weit gegangen zu sein? Nein, sie übertreibt scherzend ihr Geständnis: »Ich schmeichle mir, daß der liebenswürdige Vetter davon wohl überzeugt ist; es würde ihm gänzlich des gesunden Verstandes mangeln, wenn er es nicht wäre.«

Überschwenglich ist der Dank für ein Geschenk, daß er ihr gemacht hat: »Der Lapislazuli ist von großer Schönheit, seine schöne blaue Farbe bleibt für immer meine Lieblingsfarbe, und ich werde ihn niemals anlegen, ohne mich mit unendlicher Dankbarkeit der Hände, aus denen ich dieses schöne Geschenk erhalten habe, zu erinnern.«

Luise ist allein mit sich selbst viel einsamer, als sie es vor ihrer Begegnung mit Alexander gewesen ist. Nun weiß sie, wie empfindsam und mitfühlend ein Mann sein kann. Sie bewundert ihn von ganzem Herzen. Und immer ist sie aufs höchste entzückt, wenn seine Geschenke aus Petersburg eintreffen, nicht nur exotische Steine, sondern auch kostbare Pelze, orientalische Tücher. Ihre schwärmerische Veranlagung findet in dieser Freundschaft den höchsten Ausdruck, aber sie soll auch von weittragender Bedeutung für das Schicksal Preußens sein. Seit Juni 1802 erwartet Luise wieder ein Kind. Es wird am 23. Februar 1803 geboren und – in Erinnerung an die Begegnung mit dem russischen Zar – Alexandrine genannt. Im Jahr 1822 wird Prinzessin Alexandrine den Erbprinzen Paul Friedrich, den Sohn der Großfürstin Helena, heiraten.

WETTERLEUCHTEN

Die Geburt ihres siebten Kindes richtet Luises Aufmerksamkeit wieder stärker auf die Familie. Die größeren Kinder haben nun schon ein Alter erreicht, in dem sie in die Welt der Vergnügungen und Lustbarkeiten am Hof eingeführt werden können. Veranstaltungen werden eigens für sie organisiert: Wir lesen von Zauberern, Bauchrednern, Seiltänzern, Riesen und Zwergen, die ihren Auftritt vor der königlichen Familie haben. Kinderbälle – zumeist Kostümbälle – werden in Berlin in großem Umfang und Stil veranstaltet. Auch allegorische Aufführungen sind sehr in Mode: Junge Damen stellen in ihren Kleidern und Accessoires Jahreszeiten oder Monate, Tag oder Nacht dar. Oft sind es auch klassische Figuren und Motive: Juno, Minerva, Venus, Cupido und sämtliche Musen und Grazien treten in den Salons der Berliner und Potsdamer Paläste und Adelshäuser auf. Die Königin genießt diese Dinge sehr, und selbst der König findet daran Vergnügen, regen sie doch seine spöttische Ader an.

Das stille, friedliche Paretz wird wieder zum Mittelpunkt der königlichen Familie. Abends pflegt Friedrich Wilhelm im Dorf auf- und abzugehen. Spielende Kinder nähern sich ihm in fröhlicher Unbefangenheit – sie versammeln sich stets mittags vor dem Garten- und Speisesaal, um Kuchenreste und Früchte von der königlichen Tafel mitzunehmen. Üppig dürfen wir uns diese Tafel jedoch nicht vorstellen, denn des Königs notorische Sparsamkeit unterbindet allzu ausgefallene kulinarische Genüsse. Aufgetragen wird hier kaum mehr als auf jeder normalen bürgerlichen Tafel – es sei denn, ein Hoffest mit Souper steht auf dem Programm. Obwohl Friedrich Wilhelm unnötigen Ausgaben – oder solchen, die er für unnötig hält – abgeneigt ist, ist er nicht geizig. Er spart kein Geld, wenn es sich für wohltätige Zwecke ausgeben läßt. Er selbst spendet gern und viel, setzt auch der Königin große Summen dafür aus – bis der Geheime Kämmerer Wolter, der Luise vierteljährlich die Geldmittel aushändigt, klagt: »Majestät, Sie geben sich noch arm.« Der Königin werden oft Bittschreiben zugesandt, und sie hilft, wo sie kann. Immer wieder finden wir in Briefen an Friedrich Wilhelm Passagen wie diese aus Charlottenburg vom 18. August 1803: »Ich danke Dir noch tausendmal, lieber bester Freund, für die Liebe und Freundschaft, welche Du mir heute morgen in der Bezahlung meiner Schulden bewiesen hast. Ich werde nie die Délicatesse vergessen, die Du für mich hattest, schon vor zwei Jahren eine beträchtliche Summe für mich zu bezahlen, ohne Dich zu nennen; und meine Dankbarkeit wird nie enden mit meinem Leben und meiner Liebe.«

Im Mai 1803 steht wieder die obligatorische Sommerreise auf dem Programm. Luise nimmt an den großen Manövern teil, die nahe Magdeburg stattfinden. Drei Tage später begibt sie sich mit Friedrich Wilhelm nach Cörbelitz; ihre Anwesenheit begeistert die Armee. Indessen werden wie ein Wetterleuchten die ersten Anzeichen der Tragödie am Horizont sichtbar.

Zwischen Frankreich und England ist kein Friede in Sicht, und Preußen kann sich wieder nicht entscheiden. Napoleon ist darüber nicht wenig irritiert: »Diese Preußen«, schreibt er, »haben es zwanzig Jahre lang verstanden, zum Frieden mit ihren Feinden, zum Krieg mit ihren Freunden geneigt zu sein.« Mit der ebenso entschlossenen wie raschen Besetzung Hannovers eröffnet er schließlich die Feindseligkeiten, die vor allem England empören. Das hannoversche Heer wird überrumpelt und geschlagen, dann löst es sich auf, und die Soldaten zerstreuen sich.

Indem Napoleon von Hannover Besitz ergreift, besetzt er einen Teil des Deutschen Reiches, bricht also mit einem Schlag die Verträge von Luneville und Amiens. Ohne die geringsten Gewissensbisse erobert er Hamburg und Bremen und schließt die Elbe- und Wesermündungen für britische Handelsschiffe. Preußen protestiert zwar, aber sein Bündnis mit Frankreich macht es nicht gerade manövrierfähig. In der Zeit von Juli bis Dezember wird Napoleon nicht weniger als siebzehneinhalb Millionen Franken Kriegskontributionen erpressen. Wie immer ist Friedrich Wilhelm unentschlossen. Er versucht, die Ruhe zu bewahren. Allein die Vorstellung einer kriegerischen Auseinandersetzung mit Frankreich treibt ihm den Angstschweiß auf die Stirn. Eigentlich müßte die Besetzung Hannovers die preußischen Truppen auf den Plan rufen. In Cörbelitz hatte Christian August Graf Haugwitz einen Erlaß an die preußische Gesandtschaft in Paris vorgelegt, in dem Frankreich aufgefordert wird, auf den Einmarsch in Hannover zu verzichten, andernfalls würde Preußen zur Mobilmachung rüsten. Friedrich Wilhelm hält dies für eine viel zu deutliche Reaktion; er erklärt kurzerhand, der Minister sehe zu schwarz. Nur wenige Truppen sollen an der Grenze zu Hannover aufgestellt werden. Am nächsten Tag setzt der König – in ziemlich schlechter Laune – mit Luise die Reise fort. Aus Erfurt schreibt Kabinettsrat Lombard am 31. Mai an Haugwitz: »Nichts wird uns verhindern, nach Wilhelmsbad zu reisen.«

Während die französischen Truppen das Kurfürstentum Hannover besetzen, reist der König, der seine gute Laune bald wiederfindet, mit der Königin über Hildburghausen, Coburg und Ansbach nach Wilhelmsbad, wo ein großes Familientreffen fast alle Brüder und Schwestern Luises und Friedrich Wilhelms zusammenführt. Luise ist in ihrem Element, was sie auch in einem Brief an Georg, der sich noch in Italien aufhält, zum Ausdruck bringt: »Ich war also wieder in den glücklichen Gefilden, wo wir unsere ungetrübte Kindheit und Jugend zubrachten. Ach! Ich kann es nicht beschreiben, mit welchen Gefühlen ich sie durchlief. Doch das schwöre ich, daß Du immer unter uns warst, wo die vier Schwestern waren, und daß unser Ausruf aus allen Kehlen gleich war: ›Gott, was sind wir doch glücklich, wäre George nur bei uns, so wäre es vollkommen‹, und was am sonderbarsten war, ist, daß diese Wahrheit sich bis auf die Kammerfrauen erstreckte; wie oft beim Ausgehen in Wilhelmsbad sagte mir die Schadow nicht: ›Es fehlt niemand, wie der Herr

Erbprinz, der macht alles schöner und lebendiger.‹ Ich kam den
1. Juni nach Hildburghausen. Unten am Schloß standen die zwei
ältesten Schwestern, alle Kinder, die sich der Reihe an meinen
Hals, Kleider und Schleppe hingen. Das war wieder ein himm-
lischer Augenblick!«

In Fürth trifft sie Friederike wieder: »Diese Zusammenkunft
war beinahe mehr schmerzlich als erfreulich. Ich glaube, wir
empfanden im Augenblick des Wiedersehens und der ersten
Umarmung den ganzen Umfang des Unglücks, voneinander
getrennt zu sein, denn sie weinte so heftig, daß sie sich nicht
erholen konnte, und ich, als sie mich aus ihren Armen losließ,
beinah ohnmächtig.«

Auch die Kinder werden auf dieser Reise keineswegs vergessen. Aus Ansbach schreibt Luise am 9. Juni einen kleinen
Brief an ihren Sohn, Kronprinz Friedrich Wilhelm: »Lieber Fritz.
Ich danke Dir herzlich, liebes bestes Kind, für deinen Brief; mit
sehr viel Freude hab' ich bemerkt, daß deine Hand viel besser
und hübscher geworden ist, welches mir ein Beweis deines
Fleißes und deiner Aufmerksamkeit ist, fahre so fort, mein lieber Fritz, so wirst du Papa und mir viel Freude machen, und wir
werden dich immer lieber bekommen …«

Am 12. Juni kommen alle wieder in Wilhelmsbad zusammen,
sowohl die preußische wie die mecklenburgische Familie,
»42 Prinzen und Prinzessinnen waren wir bei Tisch«. Dann geht
es weiter nach Darmstadt, alle vier Schwestern fahren in einem
Wagen durch die dichtgedrängten Straßen, bis zum Palais – eine
Fahrt, die Luise Tränen der Rührung in die Augen treibt.

Am 30. Juni ist das Königspaar zurück in Potsdam, und gleich
stürmen politische Sorgen auf Friedrich Wilhelm ein. Eine
Allianz mit Rußland und gegen Frankreich lehnt er ebenso ab
wie ein Bündnis mit Frankreich, das Rußland ausschließt. Er will
sich einfach nicht festlegen. Auch Graf Haugwitz – skeptisch,
ob man diese beiden »Freundschaften« auf die Dauer miteinander in Einklang werde bringen können – gelingt es nicht, den
König zu einer Entscheidung zu drängen.

Die Geschichtswissenschaft hat das Zögern und die Unentschlossenheit Preußens, jetzt einzugreifen und Hannover
Frankreich wieder zu entreißen, als taktischen Fehler gewertet.

Aber Friedrich Wilhelm will auch nicht einfach für England die Kastanien aus dem Feuer holen. Seine Friedensliebe schließt jegliches martialische Manöver aus, und so findet er sich mit dem Verlust Hannovers ab. Luise nimmt am Neujahrstag 1804 sogar ein prachtvolles Spitzenkleid als Geschenk von Josephine Bonaparte entgegen.

Bevor wir uns der weiteren politischen Entwicklung zuwenden, sollten wir einen Blick auf die Männer werfen, die Friedrich Wilhelm und Luise als Berater zur Seite stehen und die preußische Politik beeinflussen.

General Karl Leopold von Köckritz, vertrauter Gast des Königspaares und Friedrich Wilhelms bester Freund, stets guter Laune, ein amüsanter Erzähler und ein charmanter Plauderer, wurde bereits erwähnt. Gutes Essen und Trinken, eine Pfeife Tabak, ein Glas Bier und eine Partie Whist, mehr braucht er nicht zu seiner Zufriedenheit. Er steht so sehr in der Gunst Friedrich Wilhelms, daß stets die größte Rücksicht auf seine Vorlieben genommen werden muß. Luise kann ihrem Mann keinen größeren Gefallen tun, als Köckritz mit Behaglichkeit zu verwöhnen. Er ist täglicher Gast an der Tafel des Königs, versäumt nie eine Mahlzeit und erscheint stets pünktlich – was Friedrich Wilhelm angesichts der notorischen Unpünktlichkeit seiner Frau besonders zu schätzen weiß. Sobald Köckritz aber den letzten Bissen gegessen hat, verschwindet er merkwürdigerweise sofort wieder. Das fällt nicht nur Luise auf. Sie fragt deshalb eines Tages den König, was denn den General jeden Tag zu solcher Eile veranlasse, und erhält die Antwort:»Laßt nur den alten Mann in Ruhe. Der muß nach Tisch seine häusliche Bequemlichkeit haben.«

Luise gibt sich nicht damit zufrieden und erfährt durch andere, was den General so unwiderstehlich in seine Wohnung treibt. Als Köckritz sich nun eines Tages in Paretz wieder eiligst verabschieden will, tritt die Königin lachend auf ihn zu. In der einen Hand hält sie seine Tabakspfeife, die sie sich beim Kammerdiener des Generals verschafft hat, in der anderen einen brennenden Wachsstock und einen Fidibus.»Hier«, sagt sie,»mein lieber Köckritz. Sie sollen uns heute nicht wieder durchbrennen. Rauchen Sie nur Ihre gewohnte Pfeife bei uns.«

Der gutmütige Köckritz hat leider den Fehler, ein unglaublicher Schwätzer zu sein. Unabsichtlich plaudert er alles aus und schadet damit seinem König unendlich. Lange Zeit weiß man am Hof nicht, wie es kommt, daß kein einziges Geheimnis bewahrt bleiben kann. Nichts bleibt verborgen, selbst die kleinsten persönlichen Angelegenheiten kursieren am Hof. Der König und die Königin zerbrechen sich den Kopf darüber, bis endlich herauskommt, daß Köckritz den Mund nicht halten kann. Friedrich Wilhelm und Luise sind so daran gewöhnt, in seiner Gegenwart über alles offen zu sprechen, daß sie gar nicht auf den Gedanken kommen, der biedere Köckritz würde jemals etwas davon ausplaudern.

Aber auch diese Entdeckung ändert nichts an dem Vertrauen des Königs. Friedrich Wilhelm weiß zu schätzen, wie treu ergeben ihm der General im Grunde seines Herzens ist. Gleichwohl sehen kluge Diplomaten eine große Gefahr in dieser Freundschaft. So schreibt Freiherr vom Stein noch kurz vor seinem Abschied, am 22. November 1808: »Eines der Hauptwerkzeuge der inländischen Kabale ist der General Köckritz, er ist der Vereinigungspunkt, an dem sich eine Menge, teils schwache, teils furchtsame, die Ruhe liebende, teils unter fremdem Einfluß stehende Menschen anschließen ...«

Überall ist Köckritz beliebt, keiner wendet sich vergeblich an ihn, wenn er befördert werden will. Der General ist aber weder ein Menschenkenner noch ein Diplomat, und zumeist sind es nicht die Fähigsten, denen er zu Ämtern, Würden und Pensionen verhilft. Schließlich gibt es so viele pensionierte Beamte und Offiziere »von Köckritzens Gnaden«, daß die Staatskasse ein Defizit aufweist. Der österreichische Gesandte, Fürst Reuß, hatte sich bereits im Jahr 1798 abfällig geäußert: »*C'est un bon militaire, rien de plus.*« Doch Köckritz ist nicht einmal ein sehr guter Soldat, zumindest nicht im Krieg. Er ist genauso unentschlossen und zaghaft wie sein König.

Im Gegensatz zu Köckritz erteilt der andere Vertraute des Königs, Kabinettsrat von Mencken, dem jungen Herrscher manchen guten Rat. So vielen »unnützen Subjekten« Köckritz auch den Weg in die Verwaltung ebnet, Mencken ist bestrebt, alle unfähigen Leute aus dem Staatsdienst zu entfernen. »Der

Staat ist nicht reich genug«, heißt es in einer der ersten Kabinettsordern von 1797, »um untätige und müßige Glieder zu besolden. Wer sich also dessen schuldig macht, wird ausgestoßen, und sind hierzu keine großen Umstände und Prozeduren notwendig, sobald die Sache ihre Richtigkeit hat.«

Im Jahr 1800 folgt der Geheime Kabinettsrat Karl Friedrich Beyme Mencken im Amt des Beraters, und als zweiter Kabinettsrat wird Lombard ernannt. Beyme ist ein talentierter, rechtschaffener Mann. Er eignet sich indes wenig für den Posten, weil er viel zu sehr Jurist und zuwenig Politiker ist. 1808 wird er Kammergerichtsrat; er erhält sich die Gunst des Königs und der Königin bis zum Eintritt Steins und Hardenbergs in die preußische Politik.

Johann Wilhelm Lombard ist von bescheidener Herkunft; sein Vater – »pudrigen Angedenkens«, wie er sagt – übte den Beruf eines Perückenmachers in der französischen Kolonie von Berlin aus. Dem Sohn, der mit einer spielerisch leichten Auffassungsgabe begabt scheint, bezahlen die Verwandten die Erziehung, fördern ihn allenthalben und helfen ihm, wo sie können. Dennoch erwirbt er sich nur die Kultur und die Bildung eines Emporkömmlings. Er tritt in das Kabinett Friedrich Wilhelms II. ein und bringt es hier bis zum Attaché. Friedrich Wilhelm fand ihn gleichsam im Nachlaß seines Vaters vor und beauftragt ihn mit der französischen Korrespondenz, bis er ihn zu seinem Berater ernennt. Lombard halten viele für mächtiger als den Minister Graf Haugwitz. Sie sind der Meinung, daß er die preußische Politik in den Jahren 1805 und 1806 maßgeblich beeinflußt, wenn nicht sogar bestimmt hat.

Lombard steht im Ruf, ein Wüstling zu sein. Luise durchschaut bald sein Doppelleben und mag ihn nicht. Der König jedoch ahnt nicht, welches geheime Leben sein zweiter Kabinettsrat, der in Haugwitz einen gewichtigen Fürsprecher hat, führt.

Auch Marchese Girolamo Lucchesini, Preußens Gesandter in Paris, schadet dem Staat durch seine ungeschickte Diplomatie. Man geht wohl nicht fehl in der Annahme, daß er, um sich zu behaupten, gewisse Depeschen gefälscht hat mit dem Ziel, das Land, das er vertritt, nicht zu beunruhigen. Als Napoleon auf das Spiel Lucchesinis aufmerksam wird, rückt er von dem Marchese ab.

Die unmittelbare Umgebung Friedrich Wilhelms ist geneigt, Lucchesinis Rat zu folgen. Beharrlich sucht der Marchese Ausflüchte, verliert kostbare Zeit, in der vielleicht die gegen Preußen gerichtete Bedrohung hätte abgewendet werden können. Ebenso bleibt er den Warnungen von Hardenbergs, Steins und Gentz' gegenüber taub, denen die nächste Zukunft recht geben soll. Die Ansichten Hardenbergs stehen in schroffem Gegensatz zu denen der Wortführer im preußischen Kabinett.

Lucchesinis »Freund« Talleyrand hat für den preußischen Gesandten nur beißenden Spott übrig: »Zuviel Geist, das heißt nicht genug Geist.« Zu allem Unglück steht dieser Gesandte auch noch ganz unter dem Einfluß seiner Frau Charlotte. Ihr gefällt es im eleganten Paris, und sie bringt ihren Mann dazu, seine Depeschen nach Berlin stets so abzufassen, wie es seinen oder besser ihren persönlichen Interessen entspricht. Sobald auch nur erwähnt wird, er müsse Paris verlassen, fällt sie in Ohnmacht. Von ihrer Seite wird alles getan, den Aufenthalt in der französischen Hauptstadt zu verlängern. Napoleon kann den Gesandten gleichwohl nicht ausstehen und verlangt schließlich seine Abberufung. Aus Rache rät Lucchesini dem König und der Königin daraufhin zum Krieg mit Frankreich.

Die politische Ungeschicklichkeit des gesamten preußischen Kabinetts veranlaßt Napoleon später zu der rücksichtslosen Behandlung Preußens. Zum Glück stehen dem König Männer wie Hardenberg, Stein und Gentz zur Seite, aber das Unglück von 1806 vermögen sie nicht abzuwenden, nicht zuletzt deshalb, weil der König gerade in den schwierigsten Augenblicken Hardenberg und Stein entläßt.

Karl August Freiherr von Hardenberg stammt aus einer niedersächsischen Familie und leitet seit 1804 das Preußische Ministerium des Auswärtigen mit Christian August Graf von Haugwitz, der seit 1792 amtiert. Er ist ein persönlicher Freund von Wilhelm Fürst zu Sayn-Wittgenstein, dem preußischen Gesandten bei den hessischen Höfen, der zum König wie zur Königin ebenfalls freundschaftliche Beziehungen unterhält. Beide stehen bei Luise hoch im Kurs, vor allem Hardenberg, dem sie

Anfang Januar 1806 attestierte: »Unmöglich können Sie in diesem Augenblick den Dienst des Königs und Ihren Platz im Kabinett verlassen wollen. Wenn Sie auch nicht all das Gute, das Sie gewiß wünschen, tun können, so können Sie doch vieles tun, und es ist mir sehr tröstlich, die Politik in Ihren Händen zu wissen, in den Händen des achtbarsten und reinsten Mannes, den es gibt. Fürst Wittgenstein wird Ihnen sagen können, wie sehr mich allein der Gedanke niederdrückt; seien Sie gewiß, daß meine Wertschätzung nur mit meinem Leben enden wird.« Vom Tag seiner Thronbesteigung an hat Friedrich Wilhelm das Bestreben, neutral zu bleiben. Er will sich nicht in die Streitigkeiten der europäischen Staaten mischen und hält Preußen für stark genug, gegen die siegreich vordringenden französischen Truppen Neutralität wahren zu können. Während ringsum die Welt bereits in Flammen steht, während England, Rußland, Schweden und Österreich ihre Rechte in heftigen Kriegen verteidigen, scheint es, als nähme ausgerechnet Preußen keinerlei Anteil an den welterschütternden Ereignissen. Paretz ist wie durch eine dicke Mauer von der politischen Welt getrennt. Allen Ernstes scheint Friedrich Wilhelm überzeugt zu sein, die Wellen aufhalten zu können, die gegen Preußen heranfluten.

Jedenfalls ziehen Napoleon und seine überaus klugen Minister den größten Vorteil aus der Unentschlossenheit Preußens, die sie als ein Zeichen von Schwäche empfinden, und weder Friedrich Wilhelm noch seine Minister und Diplomaten sehen die Gefahr für das kleine Preußen.

Auch Luise empfindet Napoleon gegenüber zunächst keine Gefühle der Ablehnung oder gar des Hasses. Sie beobachtet ihn mit einer gewissen Neugier, interessiert sich für ihn wie für ein gefährliches Tier im Käfig. Doch die Art und Weise, wie Napoleon Bonaparte, der die Revolution gebändigt hat, zum Kaiserthron schreitet, wie seine Bajonette Terror verbreiten, ängstigt sie – eine Angst, die auf ihrem Schicksal und auf dem Preußens mit der Schwere eines Gewitterhimmels lastet. Ihr Stolz liegt im Widerstreit mit diesem uneingestandenen Entsetzen. Sie will sich nicht von vornherein geschlagen geben. Sie will an die Kraft von Recht und Gerechtigkeit glauben, an den Triumph Preußens.

So kommt es, daß Luise mit der Zeit immer stärkere Zweifel an der Richtigkeit der Politik ihres Mannes und seines Kabinetts hegt. In den ersten Jahren ihrer Ehe hat sie sich nicht oder wenig um politische Angelegenheiten gekümmert. Auch die Ereignisse der jüngsten Vergangenheit – wie das Schicksal ihrer Heimat Hannover – berühren sie noch nicht sonderlich. Erst als sie sieht, daß Preußen an Ansehen verliert, während Napoleons Stern an Glanz gewinnt und sein Einfluß die ganze Welt zu beherrschen droht, faßt sie den Entschluß, sich mit politischen Dingen näher zu befassen.

Den Rest des Sommers 1803 verbringen Friedrich Wilhelm und Luise nicht auf Reisen, sondern auf ihren ruhigen und idyllischen Landschlössern. Unter den Launen und Verstimmungen des Königs hat Luise in dieser Zeit noch mehr als sonst zu leiden. Von der instabilen politischen Situation genervt, stellt ihr Gemahl, den schon Kleinigkeiten reizen können, ihre Geduld immer öfter auf die Probe. Darauf bedacht, ihm stets zu gefallen, wechselt sie, bevor sie in Gesellschaft erscheint, die Kleider und zieht stets eines an, das ihm gefällt. Oft wechselt sie noch im letzten Augenblick ihren Schmuck.

Zunächst aber halten private Sorgen Luise davon ab, sich in die Politik einzumischen. Das Schicksal ihrer Freundin Helena Pawlowna geht ihr nahe wie kaum etwas anderes in diesen Monaten: Kurz nach ihrem letzten Besuch am preußischen Hof erkrankt die Prinzessin, wie es heißt an einer Erkältung, die sie sich in Potsdam zugezogen hat. Keiner weiß so recht, warum die Kräfte Helenas so rapide schwinden. Verzweiflung spricht aus den Zeilen, die Luise am 13. August an Georg richtet: »Der Zustand der armen Prinzessin zerreißt mir das Herz. Sie ist sehr, sehr übel. Brown findet sie elend und sagt, es wäre viel mehr Wahrscheinlichkeit zum Tod als zum Leben!« Sie muß selbst nach ihr sehen. Der Brief, in dem sie am 20. August aus Charlottenburg dem Leibarzt Dr. Brown ihr Kommen ankündigt, ist voller Fragen und Ratschläge: Helena soll auf keinen Fall wegen der Etikette inkommodiert werden, sie soll behutsam auf die Ankunft des Königspaares vorbereitet werden: »Sie zu sehen wird für uns ein wirkliches Glück und Ziel der ganzen Reise sein ... Sie haben mir oft gesagt, daß die Prinzessin uns liebt und von uns immer nur mit Zärtlichkeit spreche ... Deshalb beschwöre ich Sie, lieber Herr Brown, tun Sie alles auf der Welt, damit sie sich auf diese Zusammenkunft vorbereitet, um nicht in Anbetracht ihrer großen Schwäche und Reizbarkeit ihrer Nerven einen Rückfall zu erleiden. Ich würde verzweifeln, wenn sich ihr Zustand verschlechtern würde, und mir mein Leben lang Vorwürfe machen.«

Ende August reist Luise nach Ludwigslust, der mecklenburg-schwerinschen Residenz, in der Helena mit ihrem Mann und den Kindern wohnt. Der Besuch in dieser »abscheulichen, grauenhaften und unseligen Stadt«, die Helena zutiefst deprimiert, stimmt sie nicht optimistisch. Sie brennt darauf, die Prinzessin an einen Ort bringen zu lassen, an dem sichere Chancen auf Heilung und Genesung bestehen. Sanssouci scheint ihr dazu am besten geeignet, hier könnte sie sich um die Freundin kümmern: »In Sanssouci wird sie viel Ruhe haben«, versichert Luise dem Leibarzt, »sie wird nur Menschen sehen, die sie liebt und bei denen sie beliebt ist, ihre Seele wird Ruhe finden, da ihr nicht von Personen Vorhaltungen gemacht werden, die sie nicht sehen will. Das Klima hier ist gesund, die Zimmer haben den ganzen Tag über Sonne, sind groß und angenehm kühl. Sie liebt diesen Ort. Wenn es kälter wird, wird man dort Teppiche auslegen, Öfen aufstellen usw. Sie wird alles gut finden. Sie wird hier auch so lange bleiben, wie sie will; dann kann sie, wenn sie wieder neue Kräfte geschöpft und während dieser Tage und Wochen die Fürsorge ihrer besten Freunde genossen hat, ihre große Reise fortsetzen.«

Sie beschwört Dr. Brown, keine Zeit zu verlieren, und auch Helena sucht sie mit allen nur erdenklichen Versprechungen zu überreden: »Liebstes Hähnlchen! Nachdem ich Dich in Gedanken eine Million mal umarmt und Dir mit aller Inbrunst die Hände gedrückt habe, Dir auch alles gesagt habe, was dankbare Freundschaft mitzuteilen hat, um Dich davon zu überzeugen, welch übergroße Freude mir Deine reizende, wundervolle Vase gemacht hat, komme ich jetzt doch auf ein anderes Thema, das mich ziemlich beschäftigt. Der König und ich nämlich möchten Dich in Sanssouci sehen, das Du liebst und wo man Dich mit aufrichtiger Herzlichkeit empfangen würde. Wenn Du also Deine große Reise in die südlichen Länder antreten wirst, dann ist es absolut unumgänglich, daß Du für acht oder vierzehn Tage bei uns bleibst, um hier die beste Luft, die es gibt, mit uns zu teilen. Man wird alles so gut wie möglich zu Deiner Bequemlichkeit arrangieren. Ich selbst würde die Hofmeisterin sein, auch selbst die Vorkehrungen treffen … Liebes Hähnlchen, Engel meines Herzens, komm! … Ich würde Dir ein Lager aus Pfirsichen und Trauben bereiten, wenn Du Dich nach der einen Seite wendest, würde ein Pfirsich in Deinen Mund fallen, und wenn Du Dich dann zur anderen wendest, präsentierte sich Dir eine Traube, damit Du sie ißt. Welch herrliches Leben! … Ich würde Dir die tollsten Geschichten erzählen …«

Doch alles Flehen bleibt vergeblich. Dr. Browns Briefe verheißen nichts Gutes. Helena kommt nicht nach Sanssouci, von Tag zu Tag geht es ihr schlechter. Zum Trost erbittet sie sich von der Königin ein Porträt, »um es an ihr Herz zu drücken«. Am 5. September schreibt Luise dem Arzt aus Paretz: »Die Leiden, die Schwächezustände dieser teuren, ausgezeichneten Prinzessin gehen mir unaussprechlich nahe. Nur meine Tränen erleichtern mir manchmal die Last, die mich unaufhörlich niederdrückt, denn ich sehe nur Unglück und Betrübnis voraus. Ich weiß nicht, worauf man wartet, bis sie reist, seit neun Wochen wird davon gesprochen, und sie fährt nicht. Warum haben Sie sie nicht reisen lassen, lieber Herr Brown, als es ihr kürzlich sechs Tage besser ging? … Ich verhehle Ihnen nicht, die Ablehnung von Sanssouci schmerzt mich mehr, als ich Ihnen sagen kann.«

Der Tod Helenas stürzt Luise in tiefe Verzweiflung. »Ich glaube«, schreibt sie Georg am 27. Oktober, »ich sagte Dir schon einmal, daß sie sich im letzten Jahr ganz besonders an mich geschmiegt hatte … Sie war so gut gegen mich, der König war ihr mit so viel Wohlwollen zugetan, wir verlebten so angenehme Stunden in ihrer Gesellschaft … Unter welchen Leiden gab sie ihren Geist auf! Ja, sogar die Agonie, die bei dieser Krankheit nie, nie stattfindet, war fürchterlich … Gerade an dem Tag, wo Du mir zum letztenmal schriebst, daß Du überzeugt wärest, sie könne nicht sterben, starb sie. Am 24. September um halb zehn. Und ich, ich tanzte den ganzen Tag. Dieses ist mir eine so horrible Vorstellung, die mich quält und plagt. Du begreifst es gewiß.« Diese rührende Tragik eines viel zu frühen Todes überschattet alles. Friedrich Wilhelm ist erschüttert, Luise vor Schmerz außer sich. Nur langsam finden Sie zurück in die Routine des Hoflebens, das immerhin durch die sich nun vertiefende Freundschaft zwischen Luise und Großfürstin Anna von Rußland sowie durch eine unvorhergesehene Romanze eine Aufhellung erfahren soll.

Im Sommer 1803 lernt Friedrich Wilhelms jüngerer Bruder, Prinz Wilhelm, die zwei Jahre jüngere hessische Prinzessin Amalie Marianne (geboren 1785) in Wilhelmsbad bei Hanau kennen, sieht sie kurz danach in Frankfurt am Main auf einem Ball im Bethmannschen Haus ein zweites Mal und beginnt nach seiner Rückkehr nach Potsdam um sie zu werben. Luise schreibt am 13. August an ihren Lieblingsbruder Georg: »Du weißt doch, daß Wilhelm sich *standepe* in Prinzessin Marianne von Homburg verliebt hat, daß er dem Könige es vertraute, daß dieser mit Freuden bewilligte, daß sie gefordert wurde und er keinen Korb bekommen hat und daß die Heirat im Januar sein wird? Prinzessin Marianne ist regelmäßig schön, gut und sanft und wird gewiß eine angenehme Gesellschaft mehr für mich sein.«

Dies ist eine Hoffnung, die in der Tat sehr schnell in Erfüllung gehen soll. Marianne gehört zu den Frauen, die Luise als wirkliche Freundinnen empfunden hat. Freiherr vom Stein hat ein beeindruckendes Bild dieser Prinzessin entworfen:»Sie verbindet mit Schönheit und Würde einen kräftigen, gebildeten, besonnenen Geist und ein edles, großes, tiefes Gemüt. Ihre Gestalt ist der Abdruck ihrer Seele, Reinheit, Ebenmaß, Würde. Sie ist geboren zu einem Thron, aber sie wird auch jede Lage des Lebens verschönern und veredeln, und wäre sie die niedrigste ... Eine Folge ihrer Besonnenheit und Würde, mit der sie jedem seine Stelle anweist, ist die Verschwiegenheit, die sie in einem hohen Grade besitzt. Sie hat einen unwiderstehlichen Hang zur Einsamkeit, zu einem innern, in sich gesammelten Leben, das ihre äußeren Verhältnisse mehr als gut ist befördern. Ihre Liebe zur Kunst ist verbunden mit einem ausgezeichneten

Talent im Zeichnen, das sich durch sich selbst, weniger durch Unterricht entwickelt hat.«

Die Bedeutung Mariannes in Preußen darf nicht unterschätzt werden. Nach dem frühen Tod Luises wird sie die erste Frau am Berliner Hof. In den Befreiungskriegen übernimmt sie zusammen mit Prinzessin Luise Radziwill die Leitung der Wohltätigkeit. Ihr mitfühlendes Herz wird auch ihr Neffe Wilhelm zu schätzen wissen, der in den langen Jahren seines Werbens um die schöne, aber nicht für ebenbürtig erklärte Prinzessin Elisa Radziwill stets auf die Unterstützung seiner Tante zählen kann.

In den letzten Tagen des Jahres 1803 tritt die junge Prinzessin ihre Brautfahrt nach Berlin an. Es geschieht nicht leichten Herzens – hat sie doch nicht lange zuvor ein romantisches Erlebnis gehabt und dies noch keineswegs vergessen.»Meine Trennung von Homburg war schrecklich«, hat sie später bekannt,»resigniert reiste ich, gänzlich zernichtet von dem ungeheuren Schmerz, mein Vaterland zu verlassen und nie wieder in denselben Verhältnissen dort sein zu können, ab.«

Am 13. Januar 1804 vermählt sich Prinz Wilhelm mit der neunzehnjährigen Tochter des Landgrafen von Hessen-Homburg. Die Hochzeit wird am Berliner Hof gebührend gefeiert, was dazu beiträgt, die Wintersaison zu beleben. Im Schloß an der Spree findet die Vermählungsfeier mit dem ganzen ehrwürdigen Zeremoniell des preußischen Hofes statt, zu dem auch wieder der Fackeltanz gehört. Alles läuft glanzvoll und wie am Schnürchen ab; als jedoch der jungen Braut in der herkömmlichen Weise die Prinzessinnenkrone aufs Haupt gesetzt wird, sinkt sie ohnmächtig nieder.

Das Einleben in die strenge preußische Hofetikette fällt dem Kind aus süddeutschem Hause unendlich schwer – nicht anders als seinerzeit Königin Luise. Was die Prinzessin unternimmt, tut sie gezwungen und halbherzig:»Mit welchem Zepter man unter solchen Umständen regiert wird, kannst Du Dir kaum vorstellen«, klagt Marianne ihrem Bruder Ludwig.»Da bleibt wenig Zeit übrig, weil man immer zu Befehl sein muß, spazieren gehen muß *bon gré mal gré*; denn so gern ich in Homburg spazieren ging, da ich immer mit Euch und in einer göttlichen Gegend ging, so ungern gehe ich hier, da ich verdammt bin, mit mir

gleichgültigen Personen zu stolzieren (Wilhelm ist nicht dazu
zu bringen) und in einer häßlichen Gegend – das ist nun so ein
Schicksal!«

Marianne von Preußen, die Gemahlin Prinz Wilhelms
von Preußen, ist eine enge Vertraute Luises.

Anders hätte es Luise seinerzeit auch nicht ausgedrückt. Und
den abfälligen Bericht über einen Tageslauf in Potsdam, den
Marianne in einem Brief an ihre Mutter schildert, hätte die Königin sicherlich auch unterschrieben: »Den ganzen lieben Morgen hört man nichts als den Lärm der Waffen, der Kanonen und
Gewehre, nicht zu vergessen das ewigen Rufen der Offiziere.
Dies könnten Sie noch gern ertragen. Der Prinz exerziert von
sieben bis zehn, geht dann zur Parade, dann muß er sich anziehen für das Mittagsmahl, so daß ich ihn nicht sehe. Von halb elf
bis zwölf ist die Königin bei mir oder ich bei ihr. Um zwölf ziehn
wir uns für das Mittagsmahl an. Genau zehn Minuten vor ein

Uhr muß man bei der Königin sein, und wenn das langweilige Glockenspiel sagt, daß es ein Uhr sei, setzt man sich zu einem sehr einfachen Mahl mit vier oder fünf Offizieren. Nach dem Essen langweilt man sich im Zimmer bis drei Uhr. Um vier Uhr bin ich im Wagen zu zweien mit der Königin. Gewöhnlich gehen der König und seine Brüder und sein Schwager zu Fuß, und wir treffen uns in der Allee von Sanssouci, wo wir nach Belieben spazieren gehen, bei einer sehr schneidenden Kälte. Vorgestern ist die Königin ins Wasser gefallen, was unsern Spaziergang abgekürzt hat. Um sechs Uhr präzis muß man wieder in dem Gelben Zimmer sein, wo Sie auch nach dem Mittagsmahl gewesen sind. Jetzt naht der schreckliche Augenblick: wir sitzen um einen Tisch, um zu arbeiten und den Tee zu nehmen. Wenn er genommen ist, beginnen der König und seine Brüder zu lesen; so sind wir natürlich verpflichtet zu schweigen. Manchmal setzen die Königin und ich uns in ein anderes Zimmer; das geht denn sehr gut, aber das ist dem König nicht recht. Niemand geniert sich; man bleibt sitzen, wenn die Majestäten stehn. Um halb neun setzt man sich zum Nachtessen, ich immer zwischen den Majestäten an einem kleinen runden Tisch mit der lieben Familie zu sechsen; die Damen und Herren sind an einem andern Tisch. Gewöhnlich spricht niemand, und man unterhält sich mit dem Lesen der Speisekarte. Um neun tritt der wachhabende Offizier ein mit dem Rapport; man steht auf, zieht sich durchs Zimmer oder arbeitet noch bis halb elf; das ist die ersehnte Stunde, in der man sich zurückzieht.«

Angesichts der ablehnenden innerlichen Haltung, die aus diesen Zeilen spricht, kann der Eindruck, den die junge Prinzessin bei Hofe und in der Öffentlichkeit macht, zunächst nicht günstig sein. »Die neue Prinzessin gefällt nicht«, trägt die strenge Oberhofmeisterin Sophie von Voß in ihr Tagebuch ein, und drei Tage später, ebenfalls in französischer Sprache: »Die Prinzessin Wilhelm sprach etwas mehr, aber ich glaube, sie hat nicht viel im Kopf.«

Zu Luise jedoch gewinnt Marianne überraschend schnell ein gutes, ja sogar ein inniges Verhältnis. Bereits wenige Wochen später, am Gründonnerstag desselben Jahres, schreibt sie an ihren Vater: »Eben komme ich zurück von der Königin, mit der

ich allein zu Mittag gegessen habe. Wir hatten eine sehr ernst-
hafte Unterhaltung, erstlich, welche der Tag mit sich brachte,
dann auch ausgedehnter übers Leben usw. Wirklich recht
zufrieden kam ich zurück.«

Am 7. April, kaum ein Vierteljahr nach ihrem Einzug in Berlin, schreibt Marianne, die neun Jahre jünger ist als Luise, aus
Potsdam an ihre Mutter nach Homburg:»Die Schwestern des
Königs kommen erst morgen an, so sind wir immer ganz allein;
sie hat sich gewöhnlich über die Launen des Königs zu beklagen, die hier unerträglich sind.« Das läßt mit ziemlicher Deut-
lichkeit darauf schließen, wie groß das Vertrauen ist, das Luise
ihrer Schwägerin nach so kurzer Zeit schon entgegenbringt.

Der erste – undatierte – Brief der Königin an Marianne, der
erhalten ist, stammt aus einer Zeit einige Monate später, als die
Prinzessin auf ihr erstes Kind hofft. Mit diesem erwarteten
Ereignis hängen sowohl der im Brief erwähnte Aderlaß zusammen als auch die Kanonen, die zur Ankunft des neuen Prinzen
oder der Prinzessin »brüllen« sollen. »Wimps« ist die Koseform
für Wilhelm, Mariannes Gemahl; sie wird später im Familienkreis auch für Luises gleichnamigen zweiten Sohn, den späteren Kaiser, üblich. Der Brief zeigt die ganze Innigkeit des Verhältnisses zwischen den beiden Frauen, offenbart aber auch,
daß die junge Prinzessin mit zunehmender Sicherheit immer
mehr Beifall am Hof findet:»Ich wollte Dich heute bitten lassen, mit mir auszufahren, um nun mal wieder ein herzlich Wörtchen mit meiner lieben Marianne zu sprechen, als die Nachricht Deines Aderlaß ankam. Ich hoffe, es war nicht
Notwendigkeit, sondern Vorsicht! Rühr Dich nur nicht!

Ich kann Dir nicht genug sagen, welchen *applausum* Du jedesmal gehabt hast, daß Du öffentlich erschienst! Alt und jung finden Dich liebenswürdig und gütig gegen einen jeden. Adieu,
beste Schwester, ich hoffe, daß bald die Kanonen brüllen sollen. Der König und ich machen tausend Wünsche für Dich und
sagen dem Wimps viel Schönes, Liebes und Gutes. – Deine Luise.«

Die Hoffnungen des jungen Paares, von denen dieser Brief
spricht, sollen jedoch schwer enttäuscht werden: Am 15. Juli 1804
erleidet die Prinzessin eine Fehlgeburt. Luise beweist ihr ihre

Liebe und Anhänglichkeit, denn es vergeht kein Tag, an dem sie ihrer deprimierten Schwägerin nicht einen Besuch macht und sie zu trösten versucht. Mariannes Schwester, Erbprinzessin Amalie von Dessau, kommt nach Berlin, um die Wöchnerin zu pflegen; sie erhält eine Wohnung im Schloß.

Kaum hat die Genesende ihren ersten Spaziergang unternommen, trifft ein Brief der Königin bei ihr ein:»Der König und die Frau Gemahlin (die ich bin) hoffen, daß der gestrige Ausgang Dir nicht geschadet hat und daß Du heute wohl bist. Auch haben wir das Projekt, wenn es Dir und Wilhelm nicht inkommodiert, heute den Tee bei Euch einzunehmen, um das Vergnügen zu haben, Deine Schwester zu sehen, welche wir aus Diskretion nicht zum Essen herausgebeten haben (von Berlin nach Charlottenburg), weil wir glaubten, sie bliebe lieber bei Dir. Allein wir hoffen, daß sie uns das Vergnügen auf morgen machen wird, da wir sonst so wenig oder eigentlich gar nicht das Vergnügen hätten, sie zu sehen. Adieu, wir kommen um halb sieben mit Sack und Pack, aber ohne Kegel, welches die Kinder sind. Viel Schönes der Erbprinzeß, aber um Gottes willen kein Staat machen mit *habillements*!«

Dieser muntere Briefton ist eines der Kennzeichen der Lebenswärme und des Humors, die Luise auszeichnen. Auch gegenüber Sophie von Voß regiert nicht kühle Ehrerbietung, sondern ein verschmitzt-ironischer Umgangston.»Da Sie nicht nur die Oberhofmeisterin, sondern auch die Oberaufseherin des königlichen Gesichtshäutchens sind«, bekommt die Gräfin in einem Brief aus Potsdam am 1. November 1803 zu lesen,»würden Sie sehr schelten, wenn Sie wüßten, daß ich nach Tische, erhitzt, mit geröteter Nase schreibe. Aber meine kindliche Ergebenheit zwingt mich dazu. Ich bitte Sie, schicken Sie diesen Brief durch einen Boten an Papa und Großmama; da es ein Jahrhundert her ist, daß ich ihnen geschrieben habe, kümmere ich mich nicht um gerötete Nase, Erhitzung, verdorbenen Teint usw. … Leben Sie wohl, liebe Gräfin, ich mache heute unerhörte Sachen; ich habe schon vier Briefe geschrieben, habe gelesen, gegessen und will jetzt spazierengehen.« Andererseits kann sie sehr präzise in ihren Anweisungen sein:»Sagen Sie Lentz (dem Hofrat), wenn die Kopfkissen für mein Bett noch nicht gemacht sind, so bitte ich ihn, sie rosafarbig zu machen, aus Taft oder Atlas, das ist gleich. Dann die Decke von weißem Atlas, gesteppt. Ich würde Sonnabend in Charlottenburg gern die Teppiche in den Galerien sehen. Wenn meine gute Gélieu dies alles lesen würde, würde sie mit recht sagen: ›Das sind sehr viele nichtsnutzige Einfälle.‹«

Zum Geburtstag, an dem die Königin ihr achtundzwanzigstes Lebensjahr erreicht, wird im Theater zu Berlin ein großartiges Fest gegeben. Es ist wieder – wie gewohnt – ein Masken- und Kostümball, an dem Quadrillen zum Vergnügen des Geburtstagskindes aufgeführt werden.

Königin Luise in der Verkleidung als Statyra, Tochter des König Darius und Gemahlin Alexanders des Großen, auf dem Maskenfest im Schauspielhaus am 10. März 1804 aus Anlaß ihres 28. Geburtstages.

Schauen wir uns ein solches Fest einmal genauer an. Die erste Quadrille wird von Mitgliedern des königlichen Hauses dargestellt: Meder, Skythen und Ägypter erscheinen im »Nationalkostüm«, um den siegreichen Alexander den Großen (dargestellt von Prinz Heinrich von Preußen) zu empfangen. Statyra (Luise), Tochter des Darius, bringt ein Opfer für das Leben Alexanders. Als dieser sie sieht, bietet er ihr, von ihrer Schönheit entzückt, seine Hand. Sein Admiral Nearch (Prinz Wilhelm) hat seinen großen Auftritt mit Kapitänen und gefangenen Indern. Alexander wählt ihnen unter den Hofdamen des Darius Gemahlinnen aus. Die Gefangenen übergibt er der huldvollen Statyra, die ihnen nun die Freiheit schenkt, worauf die hier dargestellten Völker ihrer Freude durch charakteristische Tänze Ausdruck verleihen. Diese überaus glänzende Aufführung, deren historische Bezüge im wahrsten Sinne des Wortes unübersehbar sind, hat einzig und allein den Zweck, der Königin zu huldigen und ihr zu gefallen.

Dann folgen weitere Tänze. Ein Zug von fünf Dutzend Bergschotten, die der Königin unter Gesang und Tanz ein Gedicht überreichen, erregt allseitige Bewunderung. Auch die anderen Aufführungen dieses Festes vermitteln eine Erinnerung an vergangene Tage, so daß sie hier kurz beschrieben werden sollen. »Verwandlung der Puppe« heißt die erste Darbietung: Sechzehn junge, in graue Decken gehüllte Damen stellen Raupen im Zustand der Puppe dar. Mit gewundenen Bewegungen drehen sie sich langsam. Als die Königin sich nähert, legen sie ihre äußere Hülle ab und entlarven sich als bunte Schmetterlinge mit Flügeln. Sie flattern im hellen Licht umher und führen nach einer sanften Melodie einen Tanz auf, der den Eindruck bewegter Leichtigkeit und Freiheit versinnbildlichen soll.

Dann öffnet sich ein Tempel, in dem fünf Oberpriester auf dem Altar ein Opfer für die Königin darbringen. Zwölf geflügelte Gestalten, die Horen, schweben in den Saal, tanzen um die Königin herum und streuen Blumen auf ihren Weg. Schließlich treten neun Kegel auf, mit einem Kegeljungen und einer goldenen Kugel: Die Kegel werden aufgestellt, die Kugel wird Luise überreicht, welche sie prompt ins Rollen bringt. Alle Kegel wackeln, platzen dann auf, und in eindrucksvoller Metamor phose erscheinen nacheinander eine travestierte Venus, ein Küchenmeister, ein Harlekin, ein neckischer Armor, ein Blumengärtner, ein Tanzmeister, ein Nachtwächter usw., die ihren Auftritt mit lustigen Versen erklären.

Die Gesellschaft tanzt die ganze Nacht hindurch, bis das Licht des anbrechenden Tages hereinströmt und die künstlichen Lichter überwältigt. Am Schluß des glänzenden Geburtstagsfestes umarmt Friedrich Wilhelm seine glückliche Frau.

Niemand ahnt, daß dieser fröhliche Geburtstag vorerst der letzte sein soll, der mit einem solchen Aufwand an Phantasie gefeiert wird. Fünf Tage nach diesem Geburtstagsfest, am 15. März, deckt Napoleon ein Komplott zum Sturz der bestehenden Regierung in Frankreich und zum Anschlag auf das Leben des ersten Konsuls auf. Einige Verschwörer werden verhaftet. Ihre Geständnisse verleiten die Behörden zu der Annahme, der Herzog von Enghien sei ein Mitschuldiger. Dieser wird daraufhin in Ettenheim – also gegen alles Völkerrecht auf neutralem Boden – verhaftet und als Gefangener in die Zitadelle von Straßburg gebracht. Am 13. März überführt man ihn im Schutz der Dunkelheit insgeheim nach Vincennes, wo sich mitten in der Nacht ein Kriegsrat versammelt, um ihn zu verhören, des Hochverrats anzuklagen und abzuurteilen. Drei Tage später wird der Herzog erschossen.

Ganz Europa ist entsetzt über dieses Verbrechen an dem wegen seiner Tapferkeit und Liebenswürdigkeit überaus beliebten Fürsten. Es erschüttert auch das Vertrauen, das Alexander I. bislang in Napoleon gesetzt hat. Mit Nachdruck versucht der Zar Preußen zu bewegen, gegen dieses Unrecht aufs schärfste zu protestieren. Immerhin sieht sich der König durch die Ereignisse persönlich berührt: Ettenheim, wo der Herzog verhaftet wurde, liegt in Baden, einem Land, das unter dem Schutz Preußens steht. Unwillig über die ihm bezeigte Mißachtung und empört über die barbarische Tat schreibt Friedrich Wilhelm an Napoleon einen sehr erregten Brief, in dem er sich über die Verletzung der Neutralität beklagt. Napoleon reagiert unbeeindruckt und kühl: »Wenn der Markgraf von Baden aufgebracht ist, so soll er uns den Krieg erklären, wir werden schon bald mit ihm fertig werden.« Die selbstbewußte Frage, welche Berechtigung der Absender habe, sich in etwas einzumischen, was ihn nichts angehe, genügt, um Preußen zum Schweigen zu bringen. Vielleicht ist es diese Affäre, die Luise endgültig die Augen öffnet. Die Königin ist von nun an weit davon entfernt, blindes Vertrauen in die politischen Talente ihres Mannes zu setzen. Sie hält ihn für einen Diplomaten mit nur bescheidenem Talent. Der Tod des Herzogs von Enghien hat sie aufgeschreckt, wie es das Krachen einer Granate getan hätte, und sie denkt sogar daran, Trauer anzulegen, um öffentlich ihre Empörung zu demonstrieren. Friedrich Wilhelm rät ihr davon ab.

Ablenkung in dieser politisch so unruhigen Zeit bietet ihr Friedrich Schiller, den Luise am 13. Mai 1804 in Berlin empfängt und dem sie bei dieser Gelegenheit Kronprinz Friedrich Wilhelm und Prinz Wilhelm vorstellt. Über diesen Empfang schreibt Schiller an Körner: »Es ist dort eine große, persönliche Freiheit und eine Ungezwungenheit im bürgerlichen Leben. Musik und Theater bieten mancherlei Genüsse dar, obgleich beide bei Weitem nicht das leisten, was sie kosten. Auch kann ich in Berlin eher Aussichten für meine Kinder finden und mich vielleicht, wenn ich erst dort bin, noch auf manche Art verbessern. Auch meine beiden Jungen waren mit, und Carl hat mit dem Kronprinzen Freundschaft geschlossen.«

Im Frühjahr 1804 reist Friedrich Wilhelm wieder zu Truppenbesichtigungen nach Stargard und Mockerau. Luise bleibt zu Hause, versichert ihrem »besten Freund«, daß sie »bei unserem Schlaraffenleben stets und oft und gerne« an ihn denke. Es ist die kleine Welt, in der sie immer leben und von der sie einander berichten: die Abende in der Komödie, die Diners, die Konzerte bei den musikalischen Radziwills (»die Hitze war groß, aber die Musik gut«), die Besuche von »Mama«, der Königin-Witwe, »die heute hier übernachten will; wie lange sie bleibt, weiß Gott«. Auch »die Kinderchen sind wohl«.

Die Sommerreise des Jahres 1804 ist kaum mehr als ein Ausflug – Ende August geht es für ein paar Tage nach Schlesien. Leben und Tod, Freud und Leid prägen das Königshaus im Winter. Am 13. Dezember beschenkt die Königin ihre Familie wiederum mit einem Sohn, der am 6. Januar des folgenden Jahres auf die Namen Friedrich Julius Ferdinand Leopold getauft und Prinz Ferdinand genannt wird. Noch bevor Luise sich von den Strapazen der Schwangerschaft erholt hat, wird sie durch die gefährliche Krankheit der Königin Friederike auf eine harte Probe gestellt. Luises Schwiegermutter erleidet nur wenige Wochen später, am 26. Januar, einen Schlaganfall, von dem sie sich nicht wieder erholt. Das darauf folgende Fieber zehrt alle ihre Kräfte auf.

Nach dem Tod ihres Gemahls residiert Königin Friederike gewöhnlich in Potsdam oder in Freienwalde, wo sie sich mit großem Interesse dem Entwurf, dem Bau und der Einrichtung eines Schlosses und der Bepflanzung eines Gartens widmet. Sie neigt zur Verschwendung, was ihren sonst so sehr auf Sparsamkeit bedachten Sohn nicht hindert, sich freigebig zu zeigen. Vermutlich hat Friedrich Wilhelm sich gefreut, seine Mutter neue Lebenskräfte schöpfen zu sehen. Nie läßt er sie die Folgen der Verschwendung spüren, tut vielmehr sein Möglichstes, um ihre späten Jahre glücklicher zu gestalten als die ihrer Ehe. Nie äußert sie ein Wort bitterer Erinnerung. Unter den Enkeln ist sie besonders dem Kronprinzen zugetan, der oft zu Besuch nach Freienwalde kommt – ein anziehendes Kind, etwas zu empfindlich, aber lebhaft.

Königin Friederike stirbt am 25. Februar 1805, vierundfünfzig Jahre alt. Ihr Begräbnis fällt – ihrem Wunsch gemäß – ohne jegliche Prachtentfaltung aus; sie wird am 4. März im Berliner Dom beigesetzt.

Das Ultimatum

Trotz der Achtung und auch Bewunderung, die Zar Alexander für Napoleon empfindet, tritt im Laufe der Zeit eine gewisse Ernüchterung und Abkühlung der russisch-französischen Beziehungen ein, die schließlich zum offenen Bruch führt. Die gewissenlose Haltung Napoleons, auch dessen Mißachtung der Verträge, empört Alexander ebenso wie Friedrich Wilhelm. Die Ermordung des Herzogs von Enghien wirkte wie eine Initialzündung zu einer kriegerischen Stimmung auf dem Kontinent.

Die Nachricht von Napoleons Absicht, den Kaiserthron zu besteigen, löst allgemeine Bestürzung aus – nur zu deutlich wird hinter dieser »Adelung« der nicht zu bändigende Machtwille des Korsen spürbar. Der Kaiser von Rußland weigert sich, Napoleons neuen Titel anzuerkennen, obwohl Franz II., der Kaiser des deutschen Reiches, die Anerkennung bereits vollzogen hat. Dabei verfolgt er mit einiger Geschicklichkeit sein eigenes Ziel: eine Kaiserkrone für Österreich. Und obwohl dieser Schritt, der den Titel erblich macht, unter den kleineren Fürsten des Reiches Eifersucht erregt, dauert es nicht lange, und alle europäischen Herrscher geben dazu ihre Zustimmung.

Napoleon, der den unmittelbar bevorstehenden Bruch mit Rußland ahnt, erkennt nur zu deutlich, wie wichtig es nun ist, sich wenigstens die Neutralität Preußens zu sichern und damit den Durchmarsch russischer Truppen durch den Norden Deutschlands zu verhindern. Es gelingt ihm, Preußen zu einem Abkommen zu bewegen, wonach strikte Neutralität einzuhalten und »fremden Truppen« der Marsch durch preußisches Gebiet nicht zu gestatten ist.

Ende des Jahres 1804 erfolgt im preußischen Ministerium ein Wechsel, der zu einer wesentlichen Änderung der auswärtigen Politik führt. Christian August Graf Haugwitz, als Leiter der diplomatischen Beziehungen durchaus der französischen Sache zugeneigt, zieht sich aus Gesundheitsgründen auf seine Güter in Schlesien zurück. Die Führung der auswärtigen Geschäfte übernimmt Karl August Freiherr von Hardenberg, ein klar denkender und weitsichtiger Diplomat, maßvoll und vorsichtig. Er ist so klug, keine großen, unmittelbaren und plötzlichen Veränderungen in der politischen Haltung Preußens herbeizuführen, sondern lieber abzuwarten. Natürlich stört es ihn, daß französische Truppen Hannover besetzt halten; er meint, Hannover müsse als Kurfürstentum von allen anderen Staaten des Reiches beschützt werden, und vertritt die Idee, sächsische oder hessische oder preußische Truppen in Hannover Quartier beziehen zu lassen, bis ein Friedensvertrag zustandegekommen ist.

Doch Napoleon zeigt einen ausgesprochenen Widerwillen, das eroberte Hannover wieder frei zu geben. Friedrich Wilhelm ist noch immer ernstlich bemüht, den Krieg mit Frankreich zu vermeiden. Die vergangenen Jahre der Ruhe und des Friedens haben die innere Lage des Reiches stabilisiert, Zeit und Klugheit ließen den Staatsschatz wachsen, aber Preußen ist bei weitem nicht so wohlhabend, daß es die Kosten eines großen Krieges auf sich nehmen könnte. Gleichwohl gibt es nicht wenige, die den König zu eben diesem Krieg drängen, unter anderen Prinz Louis Ferdinand, dessen flammende Begeisterung an der kühlen Nüchternheit des Königs abprallt. In Augenblicken des Unmuts gibt der Prinz sich keine Mühe mehr, seine Unzufriedenheit mit der Regierung zu verheimlichen, ja er schwingt sich sogar zu einem Anführer der »Kriegspartei« auf und scheint damit auch bei Luise Zustimmung zu finden.

Trotz aller Abneigung gegen den Krieg sieht Friedrich Wilhelm ein, daß Preußen angesichts der unsicheren Lage in Europa zu jeglicher Art von Auseinandersetzung gerüstet sein muß. Immer hat er sich darum bemüht, seine Truppen ordentlich zu führen, weshalb auch im Frühjahr 1805 mehrere Manöver in Magdeburg und Cörbelitz angesetzt werden. Das Programm dieser Manöver-Reise ist strapaziös, Luise selbst listet es in einem Brief an Georg auf: Vom 29. Mai bis 9. Juni fast jeden Tag ein anderer Ort – Wernigerode, Blocksberg, Elberich, Erfurt, Hildburghausen, Beyersdorf, Fürth, Bayreuth. »Nun hoffe ich, habe ich nichts vergessen; ich kann nix me, nix me, ach Gott, ich bin matt.«

In Magdeburg feiert die Königin wieder einen Triumph. Später, in den Gesprächen mit Napoleon, wird immer wieder deutlich, wie sehr ihr gerade diese Stadt am Herzen liegt. Unter Salutschüssen und Glockengeläut zieht das Königspaar ein, man steigt im Rathaus ab. Karl Immermann berichtet von diesem Besuch Luises in seinen Erinnerungen: »Die Wirkung der anwesenden Königin auf die Männerwelt war nun wirklich so, daß sich ein jeder für einen Champion der schönen Majestät hätte halten dürfen ... Man sprach nur von der Königin; sie wurde, wo auf sie die Rede kam, die ›admirable Frau‹ genannt. Das Volk lief im wildesten Rennen nach dem Brücktor, ich mit den Nachzüglern. Aber in der Nähe des Tores kamen uns glänzende Equipagen entgegen gefahren, das Volk strömte zum Füstenwall, von diesen Wogen wurde auch ich erfaßt.« Der kleine Karl schiebt sich durch die Menschenmassen, wird gedrängt und gestoßen, bis er endlich gegenüber der großen Salontür steht: »Da stand ich denn also an der glücklichsten Stelle. Aber ich mußte mich vor den roten Kammerhusaren in acht nehmen, welche die Brücke nach dem Salon gegen den Andrang zu schützen hatten ... Aber bald löste ein reizendes Schauspiel alle Angst auf und jedes herbe Wesen. Die Königin trat in die Salontür. Ich erinnere mich ihres Anzuges noch ganz deutlich; sie trug einen stahlgrün seidenen Überrock und war übrigens ohne Schmuck, einfach gekleidet. Das Volk begrüßte sie jubelnd, Mützen und Hüte schwenkend.«

Von Magdeburg aus reist der König in Begleitung Luises über Quedlinburg nach Wernigerode, von wo man einen Ausflug durch das Ilsetal in den Harz macht. Es ist Ende Mai, aber kalt und naß. Regenfälle und Frost vermiesen den königlichen Reisenden das Vergnügen der Besteigung des Brockens erheblich. Etwas komfortabler verläuft die weitere Reise durch Thürin-

gen und Franken bis nach Alexandersbad am Fuß des Fichtel-
gebirges. Hier trinkt der König drei Wochen lang den Eger-
brunnen, während die Königin das Bad besucht. Es sind heitere, glückliche Wochen, die beide hier verleben. Als sie zum
ersten Mal die Luxburg besichtigen, den etwa eine halbe Stunde von Alexandersbad entfernten Berg mit seinen Granitmas-
sen und Felsengrotten, werden sie von Chören mit Musik
begrüßt: In der Nähe der Ruine haben sich Sängerinnen und
Sänger mit Spielleuten aufgestellt – sie empfangen die sich
nähernden Majestäten mit einem von Jean Paul auf Anregung
Hardenbergs gedichteten Wechselgesang zwischen Oreaden
und Najaden. Seitdem heißt die Luxburg, der prominenten
Besucherin zu Ehren, Luisenburg.

Die Gesundheit der Königin läßt zu wünschen übrig. Luise
fühlt sich schwach, das Reisen strengt sie an, die vielen Schwan-
gerschaften haben spürbar Kraft gekostet. Die Kur in Alexandersbad scheint ihr aber gut zu tun; am 22. Juni schreibt sie
ihrem Bruder:»Dir das ganze Schöne zu schreiben ist unmöglich. Sonst gäbe es ein wahres Archiv. Und jeweils mangelt mir
die Zeit. Aber das muß ich dir noch sagen, daß die Natur hier
wirklich unbegreiflich schön und groß ist, und daß das Bay-
reuther Land ganz göttlich ist, ein wahres Eden!«

Mit der Zeit hat sich auch Prinzessin Marianne am Hof ein-
gewöhnt:»Eines muß ich Dir auch noch sagen«, schreibt sie
ihrer Mutter,»daß ich viel *aimabler* geworden bin und viel *succès*
habe.« Am 4. Juli 1805 schenkt sie ihrem Töchterchen Amalie
(genannt Amalla) das Leben, am 31. Juli wird es getauft. Die
junge Mutter fühlt nichts als Seligkeit:»Wie glücklich ist deine
Marianne geworden«, schreibt sie am 17. August an ihren Bruder Ludwig.»Sie war es immer und dachte nicht, es noch mehr
werden zu können, sie ist es so unverdient!«

Den Sommer bringt Luise noch stiller zu als sonst. Ende Juli
hat sie in Charlottenburg die Freude, ihren Bruder Georg zu
empfangen. Am 3. August wird der 35. Geburtstag des Königs,
am 12. August der 26. Geburtstag Georgs gefeiert. Es ist das letzte heitere Fest, das Charlottenburg sieht: Orangenbäume
schmücken die Schloßterrasse, die Festgäste tanzen in Kostümen italienischer Bäuerinnen und Bauern.

Inzwischen hat sich Napoleon zum Kaiser der Franzosen gekrönt. In Boulogne, dem Hauptquartier seiner Armee, veranstaltet er ein überaus prächtiges, kriegerisches Schauspiel und gibt auf diese Weise nach außen seinem Machtanspruch Ausdruck; nach innen arbeitet er an weittragenden Entwürfen und Strategien, die vor keiner europäischen Grenze mehr Halt machen.

Die Nachrichten, die den preußischen Hof erreichen, sind beunruhigend. Großbritannien, Österreich und Schweden haben sich gegen Frankreich verbündet und rüsten zum dritten Koalitionskrieg. Luise hat das Gefühl, sich nun nicht länger aus den politischen Belangen heraushalten zu können. Sie vermeidet es aber zunächst geflissentlich, irgendeine Partei zu ergreifen. Erst als der Ehrgeiz des Korsen offensichtlich wird, entzündet sich ihre Phantasie an dem Gedanken, der drohenden Vergewaltigung Preußens Widerstand entgegenzusetzen.

Luise leidet unter derselben Angst wie der König, wie das ganze Volk. Der Augenblick ist für Preußens Schicksal entscheidend. Die stürmischen Kundgebungen der Truppen kommen ihr wieder in den Sinn, als sie zusammen mit Friedrich Wilhelm Truppenschauen abnahm. Doch die Paraden, an denen sie teilgenommen hat, haben sie geblendet; sie täuscht sich über die Stärke der preußischen Armee, die weitgehend aus Freiwilligen und Bauern besteht. Wohl gibt es eine Art allgemeiner Dienstpflicht, und zu Hause warten die Wehrfähigen auf ihre Einberufung, doch die Berufssoldaten, die vom zwanzigsten bis zum dreißigsten Jahr dienen, sind kläglich ausgerüstet und werden schlecht behandelt. Es sind tapfere Soldaten, aber sie müssen den Befehlen von Generälen gehorchen, die in der Zeit Friedrichs des Großen stehengeblieben sind und weder von der Armee Napoleons noch von moderner Taktik und Strategie einen blassen Schimmer haben.

Das ist die große Täuschung, der auch Luise anheimfällt, wie sie später selbst vor Napoleon zugeben wird: Die preußische Armee ist weder vorbereitet noch gerüstet, ein schwerfälliger Koloß, der glänzend aussieht, aber sich nicht zu bewegen und zu behaupten versteht. Noch kurz vor dem Feldzug, im August 1806, wird der Kommandeur des Regiments Zweifel nach Ber-

lin melden, die Flintenläufe seiner Soldaten seien von dem ewigen Putzen und Polieren in einen so betrüblichen Zustand geraten, daß sie das Schießen mit scharfen Patronen nicht aushalten
würden. Die Prachtgewehre sind ein Sinnbild für den Zustand
der gesamten Armee. Man versteht es wundervoll zu exerzieren, zu chargieren und zu paradieren, aber der größere Teil der
Soldaten – so unglaublich es klingt, so sicher bezeugt ist es –
hat noch nie eine scharfgeladene Flinte abgefeuert. Mit solchen
Truppen gedenkt man gegen Napoleon und sein schlacht-
erprobtes Heer zu Felde zu ziehen.

Die preußische Armee ist kaum mehr als ein Haufen ange-
worbener Bauern, Landsknechte und Strolche aus dem Aus-
land, denen man die preußische Disziplin regelrecht barbarisch
einzuprügeln versucht. Prügel, Spießrutenlauf, Schläge und Trit-
te gibt es zu jeder Gelegenheit; der auf Lebenszeit Angewor-
bene wird durch den Fahneneid einfach zum Sklaven, der kaum
jemals die Erlaubnis erhält, die Tore der Garnisonsstadt zu verlassen. Und in der militärischen Ausbildung läßt alles zu wünschen übrig: Das höchste Ziel ist die Parade, das gesamte Heer
ist ein Paradeheer. Jetzt rächt sich die Verliebtheit des Königs in
Uniformen, Marschmusik und Exerzierreglements. An Waffen
und Ausrüstung ist die Armee kaputtgespart worden: »Im Zeug-
hause zu Berlin wurde die Ausrüstung der Artillerie mit einer
Sorgfalt aufbewahrt, daß jeder Strick und jeder Nagel vorrätig
war, aber Stricke und Nägel waren gleich unbrauchbar«, befindet Clausewitz.

In der Tat war alles vernachlässigt, alles armselig oder nicht
vorhanden, was der Ernstfall erforderte. Aber die Griffe klap-
pen, und der Parademarsch sieht prächtig aus. Wenn auf dem
großen Exerzierplatz bei Potsdam die Bataillone an ihrem
Kriegsherrn und oft genug auch an der Königin in schnurgeraden Linien defilieren, im stampfenden Gleichschritt von tausenden Soldaten, dann freut sich jedes Preußenherz seiner glor-
reichen Armee. Und wenn vollends bei der großen Herbstrevue
alle Bataillone und Schwadronen »mit der Regelmäßigkeit eines
Uhrwerks« sich auf einen bestimmten Punkt zubewegen und
den markierten Feind durch einen Massenangriff überrennen,
so steht es für alle fest, daß dieses Heer die französischen Wind-

beutel in Grund und Boden stampfen werde. Die Manöver sind letztlich nichts als eine glänzende Spielerei, weil fast jede Bewegung vorher ausgerechnet, ausgetüftelt und vorgeschrieben ist. Doch Napoleon wird wohl kaum auf einem bestimmten Punkt stehenbleiben. So präsentiert sich die preußische Armee als schlecht, ja erbärmlich ausgerüstet und ausgebildet. Man hat sie zur Parade dressiert, doch im Feld werden die Künste des Exerzierplatzes keinen Wert haben. Was die neue Zeit von einem Soldaten verlangt, das ahnen diese wackeren Krieger nicht. Und wie hätten die alten Zopf- und Pudergeneräle aus dem Nachlaß Friedrichs des Großen einem Napoleon widerstehen sollen, der im Zenit seiner Kräfte und Möglichkeiten steht, und einer ausgezeichneten Truppe, die in jeder Weise kriegstüchtiger, erprobter und erfahrener ist als das preußische Heer? Zwar fechten auch die französischen Soldaten für einen ihnen fremden Zweck, nämlich für den unersättlichen Ehrgeiz eines einzigen Mannes, aber sie bilden sich doch wenigstens ein, »*pour la gloire de la patrie*« zu kämpfen. Und dazu wissen sie, daß dem Tapferen und Tüchtigen der Weg zu höchsten Ehren offensteht. Es ist keine leere Redensart, wenn es heißt, in Napoleons Armee trage jeder Soldat den Marschallstab im Tornister. Der Befehlshaber versteht es, den Ehrgeiz seiner Franzosen in unvergleichlicher Weise anzustacheln. Vor allen Dingen besitzt er die wunderbare Gabe – die auch Friedrich der Große besaß –, jedem einzelnen Soldaten den Glauben einzuflößen, er sei dem Feldherrn persönlich bekannt. Dadurch fesselt er sie ganz besonders fest an sich.

Viele Roheiten, die in Preußen aus der »Franzosenzeit« erzählt werden, dürfen nicht nur den Franzosen, sondern müssen vor allem den Rheinbundtruppen zur Last gelegt werden. Im Heer Napoleons sind wenigstens die Offiziere stets bemüht, Gewalttaten, Brutalitäten und Plünderungen zu verhindern, wie es der Wille ihres Feldherrn ist – obwohl es dann trotzdem zu unzähligen Übergriffen kommt. Auf der preußischen Seite herrscht dagegen gerade im Offizierskorps ein unglaublicher Dünkel. Was den Offizieren an Kenntnissen fehlt, scheinen sie oft durch Überheblichkeit auszugleichen: Bürger, die es ablehnen, ihnen Platz zu machen, müssen es sich gefallen lassen, mit Fußtritten traktiert zu werden. Junge Frauen werden bloßgestellt, wenn sie sich weigern, die verschuldeten Offiziere zu heiraten. Luise hätte sich gegen solches Offiziersgebaren streng zeigen müssen, statt dessen übt sie Nachsicht und nimmt die jungen Männer gegen Vorwürfe und Anklagen stets in Schutz. Während Preußen mobilisiert, so gut es kann, richtet Napoleon von Paris aus einen entwaffnend freundlichen Brief an Friedrich Wilhelm. Noch liegen in Preußen gegensätzliche Meinungen im Wettstreit – der Herzog von Braunschweig, der Herzog von Hohenlohe, der Herzog von Württemberg – sie sind sich nicht einig. Dann führt der Korse seine Truppen in das Herzogtum Braunschweig, verletzt dessen Neutralität. Die Franzosen stehen nicht mehr weit von Ansbach, dringen in die Stadt ein, und die deutschen Husaren, welche an der Grenze Wache halten, müssen das Gebiet räumen. Friedrich Wilhelm, der sich mit seiner Familie in Sanssouci aufhält, ist von der Nachricht bestürzt. Sorgfältig erwägt er Für und Wider, kann aber nicht umhin festzustellen, daß die Neutralität verletzt ist. Gemäß dem mit Napoleon geschlossenen Vertrag hat er selbst den Russen die Erlaubnis verweigert, durch Schlesien zu marschieren und die Verbindung mit den österreichischen Truppen herzustellen. Damit hat er die Möglichkeiten der Gegner Napoleons entscheidend beeinträchtigt. Er beruft das Kabinett ein: Hardenberg, den Herzog von Braunschweig und Marschall Möllendorf. Nach heftigen Diskussionen ist allen klar: Der Konflikt zwischen Frankreich und Preußen ist nicht mehr zu verhindern, er ist nahezu unausweichlich; nur eine Mobilmachung der preußischen Armee könnte Napoleon noch veranlassen, einen Frieden ins Auge zu fassen. Man einigt sich, dem Kaiser der Franzosen ein Ultimatum zu stellen.

Antoine Graf von Laforest, der französische Botschafter in Berlin, wird davon in Kenntnis gesetzt, daß der König von Preußen eine Verletzung der Neutralität sowie eine Trübung der bisher freundschaftlichen Beziehungen zu Frankreich festgestellt habe. Er werde die notwendigen Schritte tun. Am 7. September wird Napoleon das Ultimatum übermittelt: Preußen mobilisiert seine Armee. Am Tag darauf schickt Napoleon dem

König eine Botschaft, in der er ihn vor den Gefahren warnt, denen Preußen nun ausgesetzt sei. Zwischen dem 24. und dem 26. September überschreiten französische Truppen den Rhein, am 1. Oktober 1805 erklärt Napoleon Preußen den Krieg. Die Rettung erwarten Friedrich Wilhelm und Luise aus Rußland. Am 25. Oktober trifft Alexander I. in Berlin ein.

SCHICKSALSSCHWUR

Mitten in der europäischen Krise, Ende Oktober 1805, hat der Besuch Kaiser Alexanders beim preußischen Königspaar keinen anderen Zweck, als sich eines – wie es scheint nicht ganz stabilen – Verbündeten zu versichern. Vorausgegangen war eine Einladung des Zaren zu einem Besuch in Sankt Petersburg, die Friedrich Wilhelm unter dem Vorwand abgelehnt hatte, er könne in dieser so angespannten Situation seine Hauptstadt nicht verlassen. Alexander hatte damals energisch darauf gedrungen, seinen Truppen den Durchmarsch durch Preußen zu gestatten, ja er hatte sogar gedroht, daß er sich diesen Durchmarsch erzwingen werde, wenn er nicht freiwillig gewährt würde.

Friedrich Wilhelm zeigt sich über diese Forderungen »seines guten Freundes« ziemlich pikiert und weigert sich hartnäckig, auf dessen so nachdrücklich vorgetragenen Wunsch einzugehen. Er bleibt in Paretz, und Sophie von Voß notiert in ihr Tagebuch: »Er ist störrisch wie ein Maultier.« Als dann Alexander den Wunsch äußert, selbst nach Berlin zu kommen, hält sich die Freude Friedrich Wilhelms in Grenzen. Er spielt sogar mit dem Gedanken, plötzlich »krank zu werden«, nur um der gefürchteten Zusammenkunft mit dem russischen Zaren zu entgehen.

Luise dagegen macht die Aussicht auf eine Begegnung mit dem Freund ungemein glücklich. Als Alexander dann in einem weiteren Schreiben kurz entschlossen seine Ankunft ankündigt, reagiert Friedrich Wilhelm zwar zurückhaltend, doch nicht mehr abgeneigt.

Wird dieser Besuch für Preußen etwas bewirken? Die ver-

hängnisvollen Ereignisse scheinen bereits ihren Lauf zu nehmen, seit am 3. Oktober 1805 die Nachricht eingetroffen ist, daß
Franzosen preußisches Gebiet verletzt haben. Was Friedrich
Wilhelm dem Zaren nicht gewähren wollte, nämlich den Durchmarsch seiner Truppen, hat Napoleon sich einfach genommen.
Preußen ist mit seiner Neutralitätspolitik gegenüber Frankreich
gescheitert.

Die zwei Jahre der Trennung sind vorüber. Bis zum letzten
Augenblick hat Luise bei dem Gedanken, daß das »Wunder« –
der erneute Besuch Alexanders – doch noch ausbleiben würde,
gezittert. Vor den Fenstern breitet sich der graue und trübe
Herbsthimmel über den fallenden Blättern, die sich in den
Alleen des Parks häufen. Am 25. Oktober, gegen zwei Uhr nachmittags, trifft der Zar in Berlin ein ... Die Räder seines Wagens
knirschen vor der Freitreppe des königlichen Schlosses ... Er
steigt aus ... Da ist er! Der Stadthauptmann und der Kom-
mandant haben sich zur Begrüßung am Tor aufgestellt, auch
eine große Menschenmenge ist auf den Straßen, um den Gast
aus Rußland vorbeifahren zu sehen. Man spürt die Bedeutung
des historischen Augenblicks.

Die gesamte königliche Familie und der Hof empfangen den
Gast im Schloß. Zwischen drei und vier Uhr begeben sich die
Majestäten nach Potsdam, die Königin an der Seite Alexanders.
Als sie beide durch die langen, schattigen Alleen nach Sanssouci fahren, müssen sie ein imposantes Bild abgegeben haben:
Alexander, geistreich und kühn, voll Gefühl und Phantasie,
mächtiger Beherrscher der halben Welt, und Luise, die Königin
der Herzen, glücklich wie selten. Luise scheint von Alexander
noch begeisterter zu sein als beim ersten Mal, ebenso ihre
Damen, besonders die sehr russisch gesinnte Gräfin Moltke und
die Oberhofmeisterin Voß. Nur der König und seine Berater sind
nicht mehr so enthusiastisch.

Am 27. Oktober kehren der Zar und das preußische Königs-
paar nach Berlin zurück. An diesem Abend wird in der Oper
»Armida« von Gluck aufgeführt. Die Zuschauer jubeln den
Monarchen zu. Die Anwesenheit des Zaren und anderer hoher
Persönlichkeiten in Berlin zieht rauschende Feste nach sich:
Paraden, Bälle, Theateraufführungen. Noch einmal tanzen

Luise, ihre zu Besuch weilenden Schwestern und die schönen jungen Hofdamen mit den glänzenden Kavalieren des russischen und österreichischen Hofes die Nächte durch. Auch Franzosen, die mit Duroc, dem Bevollmächtigten Napoleons, gekommen sind, und Engländer von der Suite Lord Harrowbys nehmen an den Hoffesten teil, den prächtigsten, die Berlin und Potsdam je gesehen haben.

Alexander gewährt den Gesandten Englands, Österreichs und der Türkei Privataudienzen und empfängt Vertreter weiterer befreundeter Staaten. Er besucht das Zeughaus und andere öffentliche Gebäude in Berlin, doch werden über all den Festen und Bällen die politischen Geschäfte keineswegs vernachlässigt. Die Mitglieder seines Gefolges sind beständig mit schriftlichen Arbeiten oder der Ausführung seiner Befehle beschäftigt, Eilboten treffen täglich aus seiner Hauptstadt ein und werden mit Aufträgen zurück nach Sankt Petersburg oder zum russischen Heer geschickt. Der Zar hat schon Anstalten zu seiner Abreise getroffen, als unerwartet Fürst Metternich eintrifft, um den König von Preußen zu benachrichtigen, Erzherzog Anton, der Bruder des österreichischen Kaisers, sei auf dem Weg nach Berlin. Alexander bleibt und erwartet ihn.

Wieder reiht sich ein Fest an das andere. Friedrich Wilhelm verfolgt das Treiben mit verschlossenem Gesicht, ist zurückhaltend bis zum äußersten und schweigt. Luise tanzt mit dem Zaren und vergißt dabei den Lärm der Kriegsvorbereitungen. Doch immer drängender wendet Alexander sich an sie. Man muß handeln, sich entscheiden.

Kein Zweifel, daß Alexander mit diesem Staatsbesuch den Zweck verfolgt, Friedrich Wilhelm zum Bruch mit Frankreich und zum Anschluß an die Koalition gegen den französischen Expansionsdrang zu überreden. Viel braucht es dazu nicht mehr, seit französische Truppen durch Ansbach marschiert sind.

Luise schaltet sich ein. Sie erklärt dem französischen Gesandten, »der König würde sich selbst an die Spitze der Armee stellen und der Nation Gut und Leben wagen, um ihre Unabhängigkeit zu behaupten«. Unter diesen Umständen wird schließlich zwischen Rußland, Österreich und Preußen eine Übereinkunft getroffen, in der Preußen die Bereitstellung von hundertfünfzigtausend Mann für den Fall verspricht, daß Napoleon die Annahme der Bedingungen seitens der Verbündeten verweigert. Am 3. November unterschreiben die drei Mächte diesen Pakt. Preußen wird beauftragt, bei Napoleon zu intervenieren und ihm Friedensvorschläge zu unterbreiten. Alexander verbürgt sich dafür, von England die Rückgabe Hannovers an Preußen zu erlangen.

Diese Wende der Politik entspricht völlig der Stimmung im Land: Die Erleichterung in der Bevölkerung über das Ergebnis dieses Gipfeltreffens ist allenthalben spürbar. Bis zur Nacht vom 4. auf den 5. November bleibt der Zar von Rußland in der preußischen Hauptstadt. Während er mit Luise und Friedrich Wilhelm in Potsdam zu Abend speist, drückt er sein Bedauern aus, das Grab Friedrichs des Großen nicht besucht zu haben. »Dazu ist es noch Zeit«, sagt der König und gibt Befehl zur Beleuchtung der Garnisonkirche.

Die königliche Gruft ist eine klosterartig kahle Zelle mit niedrigem Gewölbe. Sie ist so klein, daß man beim Eintritt gerade Platz findet, zwischen dem schwarzen Marmorsarkophag Friedrich Wilhelms I. zur Linken und dem äußerst schlichten Zinnsarg Friedrichs des Großen hindurchzugehen. Die schmucklose Einfachheit der Gruft steht in auffallendem Gegensatz zur feierlichen Pracht der Kirche.

Alexander und Luise stehen neben dem Grabmal, während der König hinzutritt. Im mystischen Licht, das die Wachskerzen verbreiten – wodurch das Feierliche dieses Augenblicks noch erhöht wird – tritt Alexander Hand in Hand mit Luise an den Sarkophag, verbeugt sich und berührt ihn mit den Lippen. Dann reicht er über den Sarg hinweg dem König die Hand und schwört ihm ewige Freundschaft. Friedrich Wilhelm erwidert den Schwur, ihr aller Leben lang der Tyrannei zu widerstehen und die Freiheit zu verteidigen.

Einen Augenblick bleiben die drei Majestäten in dieser düsteren Gruft im Widerschein der rauchigen und zitternden Lichter stehen. Unter dem mächtigen Eindruck, den eine solche symbolträchtige Szene notwendig hervorbringen muß, kehren sie schließlich in die Kirche zurück. Luise ist ergriffen und kann die

Tränen nicht zurückhalten. Beeindruckt und berührt von der dramatischen Geste des Zaren, in höchster Begeisterung über eine solche Besiegelung ihres Freundschaftsbundes, berauscht sie sich an dem demonstrativen und symbolisch überhöhten Akt. Der erste Gedanke zu dieser erhebenden Feier, zu diesem Freundschaftsschwur soll von ihr ausgegangen sein, aber das kann nicht sicher festgestellt werden und ist letztlich nicht entscheidend. Wie auch immer das Ganze zustandegekommen sein mag, es entspricht jedenfalls Luises Gefühlen.

Am Sarg Friedrichs des Großen in der Garnisonkirche zu Potsdam
am 5. November 1805, kurz nach Mitternacht.
Von links nach rechts: Zar Alexander I., Königin Luise
und König Friedrich Wilhelm III.

In der dunklen Novembernacht wartet der Reisewagen des Zaren am Portal der Garnisonkirche. Alexander nimmt Abschied von seinen Gastgebern, besteigt den Wagen und reist zunächst nach Weimar und Dresden, froh, das preußisch-russische Bündnis doch noch unter Dach und Fach gebracht zu haben. Er befindet sich auf dem Weg nach Prag, als er Nachrichten erhält, die ihn zur Änderung seiner Reisepläne und zu einem Treffen mit Kaiser Franz II. von Österreich in Olmütz bewegen. Dann zieht es ihn voller Ungeduld zu seinem in Galizien stationierten Heer, das den Franzosen, die nach der Einnahme Münchens rasch in Richtung Osten vorrücken, Einhalt gebieten soll.

Prinzessin Marianne ist wie Luise und alle anderen Zeitgenossen mächtig beeindruckt von Alexander. »Du kannst Dir nichts Lieblicheres vereint mit Edlem vorstellen wie ihn«, schreibt sie noch drei Wochen später an ihren Bruder Ludwig, »es ist ein herrlicher Mann, so gut, einfach, höflich, aimable!« Auch ihrem Tagebuch vertraut sie ihre Schwärmerei an: »Ich kann sagen, daß ich beinahe geweint hätte, wie er von mir schied, so sehr hatte ich mich an seine freundliche, sanfte Leutseligkeit gewöhnt.« »Er ist diese Nacht nach ein Uhr abgereist«, berichtet sie am 5. November der Mutter, »wir haben nach dem Abendessen Abschied von ihm genommen. Er war sehr bewegt; vom König und der Königin hat er am Grabe Friedrichs des Großen Abschied genommen.«

Die mitternächtliche Verbrüderungsszene in der Gruft der Potsdamer Garnisonkirche findet ihren devoten Niederschlag auch in der Presse. Die »Königlich Privilegierte Berlinische Zeitung von Staats- und gelehrten Sachen«, die später berühmte Vossische Zeitung, berichtet im Stil der Zeit: »Die Garnisonkirche war mit Wachslichtern erleuchtet; tiefes Schweigen herrschte rings umher: es war ein Augenblick der Weihe. Die anziehende Kraft eines großen Geistes wirkte mit ihrer ganzen Magie auf Alexanders edles Gemüt. Überwältigt von seinen Empfindungen, küßte er den Sarg, der die teuren Überreste des Einzigen umschließt. Alle Anwesenden waren von dem Anblick gerührt, erschüttert ...«

Für Luise ist das am Sarg Friedrichs des Großen geschlossene Freundschaftsbündnis zugleich die feierliche Weihe der Liebe, die sie an Alexander bindet, gleichsam der symbolische Ausdruck einer mystischen Vermählung. Als der Wagen mit dem angebeteten Zaren vor Luises Augen in der Nacht verschwindet und sie allein zurückbleibt, ist sie ruhig und gesammelt in der festen Überzeugung: Früher oder später muß der Krieg ausbrechen, die Neutralität hätte Preußen ins Unglück gestürzt, nur die Unterstützung Rußlands kann ihr Land und auch sie selbst schützen.

Einige Briefe, die Luise nach dieser Begegnung mit Alexander schreibt, sind so schwärmerisch und so voll rückhaltloser Bewunderung für diesen »edlen Menschen«, daß man sie für Liebesbriefe halten könnte. Die Königin ist jedenfalls fest davon überzeugt, in Alexander den treuesten Bundesgenossen für einen kommenden Krieg gegen Napoleon gewonnen zu haben. Rußland und Preußen Seite an Seite gegen Frankreich – ist das nicht eine wahrlich unschlagbare Kombination? Ein Bündnis für alle Zeiten, das jegliche Anfechtungen und Anfeindungen überdauern wird? Ein historischer Pakt, unauflösbar, erfolgversprechend, siegreich?

Das geht deutlich aus dem ersten Brief hervor, den sie an den Zaren nach dieser Zusammenkunft schreibt. Am Schluß heißt es: »Sie, mein vielgeliebter Vetter, werden aus diesem Geschmiere sehen, daß trotz ein wenig Boshaftigkeit die Freundschaft für Sie in meinem Herzen stets vorherrschen wird. Ich setze alle meine Hoffnungen nur auf Sie, denn ich bin überzeugt, daß das wahre Wohlergehen Ihres Freundes Ihnen mehr am Herzen liegt als die Interessen Englands, das alles in Bewegung setzt, um uns mit der gutgesinnten Partei auseinander zu bringen ... Bleiben Sie unser Freund, unsere Stütze gegen alle Böswilligkeit, und zählen Sie stets auf die Gefühle derjenigen, die mit Herz und Seele ganz die Ihre ist.«

Luise schaut durchaus mit Besorgnis in die Zukunft. Wie immer von ihren Gefühlen überwältigt, steigert sie sich in Aufregung hinein. Doch welche Empfindungen sie auch bewegen, sie läßt den Dingen, soweit sie von ihr abhängen, ihren Lauf. Und als Großfürst Konstantin zehn Tage in Berlin zubringt, werden der Hofsitte gemäß ihm zu Ehren Bälle und andere Feste veranstaltet. Berlin tanzt über alle Angst und Furcht hinweg.

In diesem Herbst 1805 tritt Luises ältester Sohn in das Heer ein. Der König wählt für ihn dasselbe Bataillon, in das auch er, im Jahre 1777, eintrat. General Knesebeck und Oberst Scharnhorst werden mit der militärischen Ausbildung des Kronprinzen betraut. An seinem zehnten Geburtstag, am 15. Oktober 1805, wird er zum Offizier ernannt und trägt von da an Uni-

König Friedrich Wilhelm führt den an seinem zehnten Geburtstag –
15. Oktober 1805 – zum Offizier ernannten Kronprinzen
der Mutter und den Schwestern zu.
Von links nach rechts: Alexandrine, Charlotte, Luise, Friedrich Wilhelm III.,
Friedrich Wilhelm (Kronprinz). Rechts im Hintergrund:
Wilhelm und Karl, das Offizierspatent studierend.
Gemälde von Heinrich Anton Dähling.

form. Friedrich Wilhelm schenkt ihm einen Offiziershelm und einen Degen. Als er im Laufe dieses Tages seiner Mutter vorgestellt wird, sagt Luise ihrem kleinen, auf seine neue militärische Kleidung stolzen Soldaten in Erinnerung an die jüngsten Ereignisse:»Ich hoffe, mein Sohn, daß an dem Tage, wo du Gebrauch machst von diesem Rocke, dein einziger Gedanke der sein wird, deine unglücklichen Brüder zu rächen.«

Für Luise gilt es jetzt, moralisch aufzurüsten. Mit den »unglücklichen Brüdern« sind die Österreicher und die Russen gemeint. Das Bedürfnis nach Rache kann sie nicht unterdrücken. Von nun an werden sich alle ihre Gedanken auf dieses Ziel richten: den anmaßenden Eroberer Napoleon in seine Schranken zu weisen. In ihrer Offenherzigkeit macht sie keinerlei Hehl mehr daraus, wo ihr Herz schlägt: Widerstand, keine Unterwerfung.

Öffentlich läßt Luise dazu nichts hören. Vor nicht allzu langer Zeit hatte Luise für die französische Kaiserin Josephine noch Vasen in der Königlichen Porzellanmanufaktur anfertigen und mit einem Brief nach Paris schicken lassen. Doch als sich Prinz Louis Ferdinand und seine Schwester Luise von Radziwill an die Spitze der »Kriegspartei« stellen, ist es für die Bevölkerung nur folgerichtig, auch die Königin dazuzurechnen. Die Brüder des Königs, die Prinzen Wilhelm und Heinrich, stimmen mit Louis Ferdinand, Stein und General Rüchel völlig überein, als diese trotz der Gefahr, in Ungnade zu fallen, eine Denkschrift an den König richten, in der sie ihn drängen, Graf Haugwitz und die Friedenspolitik aufzugeben und gegen Napoleon aufzurüsten.

In Gentz, Stein und Hardenberg findet Luise Unterstützung, sie bestärken sie in ihrem Denken. Doch sie sind unfähig, selbst Einfluß auf den hartnäckigen und schwachen Friedrich Wilhelm auszuüben; sie zählen auf die Vermittlung seiner Frau, um ihn auf ihre Politik einzuschwören.

So drehen sich die politischen Interessen des Landes mit einem Mal um die Königin. Zwei Gruppen bilden sich: die eine, mit Louis Ferdinand an der Spitze, zählt den Herzog von Hohenlohe, die Generäle Blücher und Phull, die Minister Hardenberg und Stein zu ihren Anhängern. Sie will, daß Preußen und Österreich sich verbünden. Die zweite Partei, unter der Führung von Lombard und Haugwitz, lehrt es strikt ab, die Verpflichtung zur

Neutralität aufzugeben, und zeigt sich Frankreich zugeneigt. Es wäre günstig, meint die frankophile Partei, den Wünschen Napoleons entgegenzukommen und ihm gegenüber keine gegnerische oder gar offen feindselige Position einzunehmen. Während der König umsichtig Vorbereitungen für alle Eventualitäten trifft, gewinnt Napoleon rasch an Boden. Am 13. November ziehen seine Truppen in Wien ein. Das unweit der Stadt gelegene Schloß Schönbrunn wird so schnell in Besitz genommen, daß Kaiser Franz mit seiner Familie sozusagen gerade noch durch die Hintertür entwischen kann.

Der Zar und der Abgesandte des Kaisers von Österreich, Erzherzog Anton, haben Luise dringend vor der Gefahr gewarnt, in die ihr Land sich durch seine Neutralität stürzen würde. Immer wieder haben die beiden Staatsmänner versucht, Preußen für einen Krieg gegen Frankreich zu gewinnen. Nun scheint der Erfolg dieser Politik zum Greifen nah.

Doch Preußen manövriert sich selbst ins Aus. Graf Haugwitz trifft mit einem Brief des preußischen Königs im französischen Hauptquartier ein. Die feindlichen Armeen stehen sich am Vorabend einer großen Schlacht gegenüber: Rußland und Österreich haben ihre Streitkräfte vereinigt, und die beiden Kaiser befinden sich auf den vier Stunden östlich von Brünn gelegenen Höhen, während Napoleon sie auf der gegenüberliegenden Höhe erwartet. Die Schlacht, die hier geschlagen wird, soll unter dem Namen »Dreikaiserschlacht« in die Geschichte eingehen.

An einem der Flüßchen, auf die der französische Kaiser herabblickt, liegt das Dorf Austerlitz. Von seinem Zelt aus kann er seine Schlachtlinie in ihrer ganzen Ausdehnung überblicken. Als Haugwitz im Lager eintrifft, empfängt Napoleon ihn wohl, erklärt aber, er sei zu sehr in Anspruch genommen, um auf eine Verhandlung eingehen zu können, und verweist den preußischen Gesandten an Talleyrand, seinen Minister, in Wien. Haugwitz ist, wie sich zeigen wird, weder einem Talleyrand noch einem Napoleon gewachsen. Der Diplomat schaut sich um, und seine Beobachtungen bringen ihn auf den Gedanken, daß es angezeigt sein dürfte, das Ergebnis des Kampfes abzuwarten, bevor er sich seines Auftrags entledigt.

Am 2. Dezember 1805, einem klaren, hellen Wintertag, dem ersten Jahrestag seiner Krönung, eröffnet Napoleon die mörderische Schlacht. Für die russischen und die österreichischen Streitkräfte endet sie in einem fürchterlichen Desaster. Zehntausende Soldaten fallen im Getöse des Kampfes. Kanonen, Standarten, alles geht verloren. Das Regiment des Großfürsten Konstantin wird vernichtet, seine Rettung verdankt er einzig der Schnelligkeit seines Pferdes. Napoleons Sieg bei Austerlitz ist vollkommen.

In Berlin überschlagen sich die eintreffenden Nachrichten. Gerüchte kursieren, Alexander sei gefallen, die russische Armee geschlagen. Ebenso unrichtig die Information, die Franzosen hätten nur neunhundert Mann verloren und etwa tausend Verwundete. Tatsächlich ist der Preis, den Napoleon für diesen Sieg bezahlt, sehr hoch, unbestreitbar aber auch, daß sich die Verbündeten eine bittere Niederlage eingestehen müssen.

Als sich der Rauch verzogen hat, wird Haugwitz wieder zur Audienz bei Napoleon zugelassen. Er beglückwünscht den Eroberer zu seinem glänzenden Sieg, doch anstatt den Brief seines Königs – der den Verzicht auf alle seit dem Vertrag von Luneville gemachten Eroberungen verlangt – zu überreichen, schlägt der Gesandte vor, einen Vertrag zwischen Frankreich und Preußen zu schließen. Er hat sogar die Kühnheit, Hannover für Preußen zu reklamieren. Napoleon gerät über diese Unverschämtheit und Anmaßung in Zorn, doch wenige Tage später läßt er Haugwitz rufen und deutet ihm an, er würde nur Cleve, Neuchâtel und Ansbach beanspruchen, wenn die preußische Regierung wirklich ein festes Bündnis mit Frankreich eingehen wolle. Haugwitz, der Hannover nun sozusagen in der Tasche hat, nimmt diese Bedingungen an und unterzeichnet am 15. Dezember einen Vertrag.

Auch das völlig geschlagene und hilflose Österreich nimmt Friedensverhandlungen mit Napoleon auf. Alexander zieht sich mit dem Rest seines Heeres zurück. Friedrich Wilhelm zeigt ihm sein Mitgefühl. Das Berliner Kabinett rät ihm allerdings, auf den Vorschlag des russischen Kaisers, Preußen die gesamte übriggebliebene Streitmacht zur Verfügung zu stellen, falls es den Krieg fortsetzen wolle, nicht einzugehen. Als Graf Haugwitz in

Berlin Bericht erstattet, herrscht offene Enttäuschung und allgemeine Erbitterung. Der von dem Gesandten mit Napoleon in
Wien abgeschlossene Vertrag erregt den Unwillen des Königs,
erst recht den Luises. Friedrich Wilhelm erklärt kurzerhand, ihn
nicht unterzeichnen zu wollen.

Das preußische Kabinett zögert. Man spürt, daß man das Heft
des Handelns nicht mehr in der Hand hat und den Launen
Napoleons ausgeliefert ist. Das weckt sogar in Friedrich
Wilhelm Widerspruchsgeist. Er scheint jetzt zwar entschlossen,
den Kampf gegen Napoleon aufzunehmen, doch fühlt er sich
noch nicht ausreichend gerüstet, um den neuen Bündnisver-
pflichtungen nachzukommen.

Nicht nur die Königin findet die Ungeschicklichkeit des Ministers Haugwitz tadelnswert. Besonders Louis Ferdinand ist darüber empört. Der Prinz hält Preußen von diesem Augenblick an
für verloren. An Luise von Radziwill schreibt er bereits im
Dezember 1805: »Liebe Schwester, soeben erhalte ich Deinen
Brief mit den Nachrichten über Österreich und die russische
Armee. Der Abfall Österreichs und der unwürdige Frieden, den
es geschlossen hat oder wenigstens drauf und dran ist zu
schließen, erstaunt mich um so weniger, als ich die unglaub-
liche Schwäche kenne, die überall herrscht. Sie mußte natürli-
cherweise gegenseitiges Mißtrauen erregen und zu einer solchen Katastrophe führen. Ich habe ein derartiges Ereignis schon
lange vorausgesehen, ja es sogar dem König und Hardenberg
gesagt. Ich stützte mich darauf, daß man unbedingt jemand
nach Wien schicken müsse, der die Gemüter beruhigen könnte, der ihnen Vertrauen einflöße und der weniger zweideutige
Grundsätze besitze als Herr von Haugwitz und sein Genosse
Lombard. Als ich diesen Sommer den Brief von Gentz erhielt,
zeigte ich ihn Hardenberg und Zastrow. Ich sagte ihnen, es sei
zu fürchten, wenn alle Versuche zu einer Annäherung der beiden Höfe und zu positiven Maßnahmen gegen Bonaparte
unserseits abgelehnt würden, daß das Wiener Kabinett eines
Tages die Partei Frankreichs ergreife. Anstatt vorzurücken,
anstatt eine energische Erklärung abzugeben, einen Entschluß
zu fassen, tasten wir zaghaft überall herum und wagen nicht
das Wort Krieg auszusprechen. Es scheint alle Leute in Berlin

in Schrecken zu jagen. Muß man sich daher wundern, was geschehen wird? Wir werden Krieg bekommen. Aber statt ihn glänzend zu führen, wie wir es gekonnt hätten, wird die ganze Last auf uns allein ruhen. Wenn hingegen die Russen uns nicht im Stich lassen und wir die Angreifenden sind, können wir uns der Oberpfalz und der Länder zwischen Main und Donau bemächtigen. Die russischen, preußischen, englischen, hessischen, sächsischen Heere umfassen ungefähr vierhunderttausend Mann, und es ist gewiß, daß er (Napoleon) es nicht so leicht haben wird wie mit diesem Mack und den ungeschickten Generalen, die die Schlacht bei Austerlitz befehligten. Überbringe der Königin meine ergebensten Empfehlungen und die Versicherung meiner aufrichtigsten Zuneigung. Und sage ihr, sie solle den Mut nicht verlieren.«

Unter der Bedingung, daß England in die Trennung von Hannover einwilligt, unterzeichnet Friedrich Wilhelm schließlich doch den mit Napoleon ausgehandelten Vertrag. Graf Hoym gegenüber äußert er sich skeptisch: »Ich habe unterzeichnet, mein lieber Graf, aber mein Gemüt ist in äußerster Unruhe; ich zittere vor den Folgen.« Er hat ihn jedoch nur bedingt angenommen und sendet Haugwitz nochmals zu Napoleon nach Paris, um ihm seine Gegenvorschläge zu unterbreiten. Am 2. Februar 1806 trifft der Diplomat in der französischen Hauptstadt ein. Napoleon schäumt vor Wut. Er wittert Luises Einfluß und spricht von verderblichem »Weiberregiment« am preußischen Hof, schimpft über Hardenberg, der für die vollständige Ablehnung des Vertrages votiert hatte, und verlangt dessen Entlassung. Am Ende nimmt er den Vertrag nicht an mit der Begründung, er sei zu spät unterzeichnet worden, und drängt Haugwitz am 15. Februar 1806 einen neuen Vertrag auf, der Preußen sogar zur Teilnahme am Krieg gegen England zwingt.

Preußen bleibt nichts anderes übrig, als entweder diese Bedingungen anzunehmen oder seinerseits den Krieg zu erklären. Die Truppen, die nun von Berlin aus in Marsch gesetzt werden sollen, nehmen Aufstellung auf einem großen, freien Platz am Ostende der Linden. Fast alle Mitglieder der königlichen Familie begeben sich dorthin, um von den Soldaten Abschied zu nehmen. Die Königin findet herzliche Worte.

VORBEREITUNGEN

Während des Winters 1805/06 erfreut sich Luise keiner kräftigen Gesundheit. Mehrere Male wird sie krank, und das ganze folgende Frühjahr hindurch fühlt sie sich ernstlich angegriffen. Zu den großen Sorgen treten private Katastrophen: Mitten in der politischen Hochspannung dieser Zeit trifft die Königin die Krankheit von Prinz Ferdinand, ihrem jüngsten Sohn, besonders schwer. Das Kind wird trotz der zärtlichsten mütterlichen Fürsorge immer schwächer und stirbt am 1. April 1806 im Alter von gut einem Jahr. Luise verbringt schmerzvolle Tage, läßt ihren Tränen freien Lauf. Johann Gottfried Schadow formt die Totenmaske und die Hände des kleinen Prinzen, um danach ein Marmorbild zu meißeln, das seinen Platz in der Schloßkapelle in Charlottenburg findet.

Auch der König sieht sich in immer größere Schwierigkeiten verwickelt. Er fühlt, daß das Land zur Aufnahme des Kampfes gegen Frankreich nicht stark genug ist. Zum Krieg kann er sich nicht entschließen, was wiederum Luise zunehmend erbittert. Sie will eine Entscheidung, und sie kann nicht verstehen, warum Friedrich Wilhelm sich nicht aufrafft. Sie geht sogar so weit, ihm seinen schwachen Charakter vorzuhalten: »Überhaupt ist mehr Selbstvertrauen das einzige, was Dir fehlt. Hast Du das erst einmal gewonnen, so wirst Du sehr viel schneller zu einem Entschluß kommen. Und ist der Entschluß einmal gefaßt, so wirst Du strenger darauf halten, daß Deine Befehle befolgt werden.«

Die politische Lage zerrt an Luises Nerven. Die Niederlage von Austerlitz hat auch sie aufgewühlt: Wo ist Alexander? Was wird er unternehmen? Und der überstürzte Rückzug seiner Armee … In den Wochen und Monaten, die dem Entschluß Preußens, in den Krieg einzutreten, vorangehen, beherrscht sie eine fieberhafte Furcht, als ob alle Macht des Himmels und der Erde in den Händen des Zaren von Rußland läge. Nicht umsonst hat sie ihn ihren »Schutzengel« genannt. Er wacht über ihr, versteht sie, errät ihre Gedanken. An ihn richten sich ihre Gebete. An seine Macht glaubt sie. Wie nie zuvor mischt sich Luise in die Politik ein. Sie wird nicht mehr davon lassen können. Ihr politisches Handeln wird stets emotional sein, so rückhaltlos gefühlsbetont, wie ihre ganze Art ist. Die Auseinandersetzung mit Napoleon schreckt sie nicht, so lange sie Alexander an ihrer Seite weiß. Immer stärker wird der Gedanke, daß dieser Krieg mit Frankreich unausweichlich ist. Ihn nicht zu beginnen, wäre für sie die größte Schmach des Landes.

Zum erstenmal in ihrer Ehe gibt es zwischen Luise und Friedrich Wilhelm heftige Auseinandersetzungen, häusliche Szenen, bei denen sie sich über die Politik und Diplomatie Preußens streiten. Alle Waffen, über die sie verfügt – Zärtlichkeit und Koketterie, Tränen und Ungestüm – führt Luise ins Feld. Sie kennt nur noch ein Ziel: »das Monstrum« niederzuschlagen; sie vertritt ihr Anliegen in den leuchtendsten Farben, Friedrich Wilhelm schüttelt den Kopf. Luise weint bittere Tränen, daß sie ihren Mann nicht überzeugen und umstimmen kann. Doch es nutzt nichts. Kein Zeichen des Verständnisses, nur ein zwischen Hilflosigkeit und Überlegenheit spielendes Lächeln setzt Friedrich Wilhelm ihrer wachsenden Erregung entgegen.

Sieht er denn nicht, daß Preußen am Rande der Katastrophe steht? Nur energisches Eingreifen kann ihrer Meinung nach helfen. Ein Bündnis mit Österreich, vereint mit Rußland, scheint ihr die Rettung zu sein, doch nach dem Sieg Napoleons bei Austerlitz ist es zu spät dafür. Preußen muß selbst handeln. Eine Äußerung, die Luise Graf Hoym gegenüber macht, wirft ein bezeichnendes Licht auf die aufgewühlte Gemütsverfassung, in der sich die Königin befindet. »Majestät, ich wünschte, daß sich alles Ihren Wünschen gemäß arrangiere, aber der König ist in größter Sorge darüber«, meint der Graf. »Wieso in

Sorge! Hören Sie, mein lieber Hoym, es ist nur eines nötig zu tun. Man muß das Ungeheuer niederschlagen, man muß es erschlagen, und dann erst sprechen Sie mir von Sorge.«

Königin Luise, 1806.

Die russische Niederlage bei Austerlitz hat die Königin aufs tiefste erschüttert, noch mehr aber enttäuscht sie die Flucht Alexanders nach der Schlacht, und daß er sein Heer nach Rußland zurückkehren läßt. Erbittert muß sie feststellen, daß keiner »ihrer Männer« nun Kraft und Entschlossenheit zeigt. Sie geht sogar so weit, Friedrich Wilhelm für all das Unglück verantwortlich zu machen, das durch seine Schwäche, seine Unentschiedenheit, seine Illusionen eintreten werde.

Manchmal ist Luise es einfach leid: »Übrigens ist auch alles so *affreux* um und über mir«, gesteht sie am 18. Februar ihrem Bruder Georg, »der Horizont so schwer und grau, weil die Teufel Macht haben und die Gerechten untergehen sollen, daß ich mehr als jemals das Glück erkenne, einen solchen Mann und solche Geschwister zu haben. Ach ja, bester George, das Diadem ist schwer, wenn man gut und ehrlich bleiben will, wenn man nicht schlecht mit Schlechten werden will, wenn einem nicht alle Mittel gleich sind, um das Beste zu erlangen und zu erhalten. Ich bin wieder einmal recht herunter an Leib und Seel', und gerne gäbe ich zwanzig Jahre meines Lebens hin, und hätte ich nur noch zwei zu leben, wenn dadurch die Ruhe in Deutschland und Europa zu erlangen wäre.«

Im März 1806 passiert das unter Friedrich dem Großen berühmt gewordene Dragonerregiment Ansbach-Bayreuth Berlin. Es defiliert vor dem Königspaar, und der Kommandeur sucht um die Gunst nach, dem Regiment den Namen der Königin zu geben. Plötzlich hat Luise einen militärischen Rang, sie trägt die Uniform mit den brandenburgischen Farben, den Tschako mit dem Federbusch. Stolz reitet sie vor »ihrem« Regiment her und wird begeistert umjubelt.

Im Offizierskorps gärt es. Die jungen Offiziere schließen sich zusammen gegen Herzog Karl von Braunschweig, der dem Krieg zu zögerlich gegenübersteht. Luise läßt sich über die Vorbereitungen und die militärische Stärke der Franzosen bis ins Detail unterrichten. Einige Generäle unterstützen die Haltung des Herzogs und übertreiben die Stärke des Gegners gewaltig. Doch der Prinz von Hohenlohe, Blücher und andere, die nur auf das Signal zur Erhebung warten, zucken mit den Schultern, wenn man ihnen von den Truppen Napoleons berichtet: »Mit Fußtritten werden wir sie verjagen.«

Es fehlt nicht an Ereignissen, die heroischen Empfindungen der Königin anzuheizen. Russische Truppen unter General Tolstoi durchqueren Pommern; der König besteht darauf, sie zu begrüßen. Es sind fünftausend Mann in Schwedt an der Oder. Was für eine Begegnung wäre das!

Am 6. März reist Friedrich Wilhelm mit seiner Frau Luise nach Schwedt, einen Tag später nach Stettin, wo ihnen ein triumphaler Empfang bereitet wird. Bis zum 12. März bleibt das Königspaar in der Stadt, um das russische Korps zu besichtigen. Es nimmt die Parade ab: Da stehen diese Tapferen in ihren zerfetzten Uniformen und werden ergriffen beim Anblick der Königin, die ihnen zulächelt. Unter diesem schon weniger winterlichen Himmel glaubt Luise an ihr Land wie nie zuvor.

Das Königspaar wohnt im Landständehaus am Paradeplatz. Im Schloß residiert Prinzessin Elisabeth, die erste Gemahlin Friedrich Wilhelms II. Bei einem Ball, der ihr zu Ehren im Börsensaal veranstaltet wird, bewundert die Königin die kostbaren Kleider der Tänzerinnen, woraufhin Friedrich Wilhelm angesichts der leuchtenden Augen seiner Gemahlin mit einem Lächeln meint:»Ja, liebe Luise, das kann wohl eine Stettiner Kaufmannsfrau, aber nicht eine einfache Soldatenfrau wie du.«

In diesem Jahr, einem so verhängnisvollen für die preußische Monarchie, feiert Luise ihren Geburtstag erstmals nicht in Berlin. Niemandem ist zum Feiern zumute. Am 16. März kehrt sie in die Hauptstadt zurück. Nach dem Tod ihres jüngsten Sohnes am 1. April sinkt ihre psychische Verfassung auf den Nullpunkt. Mit jedem Tag fühlt sie sich schlechter, so daß die Ärzte ihr schließlich zu einer Badekur in Pyrmont raten, wo auch ihr Schwiegervater, König Friedrich Wilhelm II., einst zu Gast war.

Wenn Friedrich Wilhelm unterwegs ist, bekommt er wie immer kleine Briefe mit Nachrichten aus dem Familienkreis: »Ich kann den Tag nicht verstreichen lassen, ohne Dir Nachricht von mir und den Kindern zu geben, die Gott uns geschenkt hat. Sie befinden sich wohl. Von mir kann ich nicht dasselbe sagen; die Nacht war nicht gut, ich habe Migräne und eine unbegreifliche Schwäche. Ich hege tausend Wünsche für Dich, mein lieber Freund, und hoffe, daß es Dir gut geht. Ich will auf eine Stunde mit dem Wagen ausfahren ... und dann werde ich ganz ruhig bleiben mit meinem grausamen Schmerz und Kummer. Der arme kleine Ferdinand hat sich im ganzen nicht verändert, er sieht aus, als ob er schläft und ein Engel ist.«

Sie hat Angst um ihre Gesundheit, wie sie auch im Brief vom 12. April an ihren Gemahl gesteht:»Tue ich nichts Ernstliches dieses Jahr, so wird mein Zustand der Schwäche und Entkräftung mit jedem Monat ärger, und ich werde Dir in einem Jahr vielleicht schon zur Last, ein Gedanke, der mir manche bittere Träne kostet. Es ist also besser, ich gehe, wohin der Ausspruch der Ärzte mich schickt; es ist besser, daß wir uns auf einige Zeit trennen, als bald auf immer. Bin ich gestärkt, geheilt, so bin ich die alte wieder, Dir eine heitere Gesellschafterin und Freundin (denn mein frohes Gemüt ist jetzt mit einem Nebel umzogen), und meinen Kindern eine nützliche Stütze. Vergib diese Zeilen, die Dir vielleicht einen Augenblick Mißmut verursachen werden, allein die Notwendigkeit meines Zustandes machte sie nötig.« Und in einem P.S.: »Die Ärzte kommen um zehn Uhr, um mit Dir zu sprechen.«

Trotz aller Sorgen gibt es Zeiten anscheinend unbeschwerter Heiterkeit, wie ein Brief, den Prinzessin Marianne am 13. Mai 1806 an ihre Mutter über einen Besuch auf der Pfaueninsel schreibt, belegt: »Nach meinem Geschmack ist das die schönste Wohnung, die der König hat, aber auch berühmt durch das schlechte Wetter, das dort immer ist. Wir aßen denn unter einer riesigen Linde von der größten Schönheit, [...] unter dem Hügel sieht man die Havel, die an kleinen Bergen und an Wäldern vorbeifließt. Nach dem Essen war das Wetter immer noch so schön, so daß die Königin und ich uns in einen kleinen Kahn setzten und Wilhelm und der Fürst August Neuwied uns fuhren. Schon fing es zu donnern an, und nach dem Tee um sechs hatten wir drei Gewitter und einen strömenden Regen, der bis neun Uhr abends währte, so daß uns kein andrer Rat blieb als uns um acht Uhr während des Gusses in Bewegung zu setzen. Zuerst muß man den Hügel hinabsteigen, dann im Kahn übers Wasser fahren; natürlich ging uns das Wasser bis an die Knöchel, so daß Sie sich den Zustand, in welchem wir waren, denken können, zumal ich, die ich ein Kleid von Battist-Musselin anhatte ohne Schal! Ich war vollständig wie im Bade! Glücklicherweise waren wir im Wagen gekommen, und der König und die Königin im Whisky. Wir nahmen dann sie und den Fürsten Neuwied zu fünfen mit uns, und so hielten wir unsern ruhmvollen Einzug in Potsdam. Nein, das war eine Vergnügungspartie, die ich so bald nicht vergessen werde!«

Der Ernst der politischen Lage stellt jedoch zunehmend alles, wofür Luise sich sonst interessiert, in den Schatten. Im Mittelpunkt steht – wie immer – die Korrespondenz mit dem Zaren. Ihre Briefe an Alexander verraten, wie leidenschaftlich ihr Denken von der Politik beeinflußt ist. Der Grundton ihres Briefwechsels hat sich nicht geändert, es werden auch weiterhin »private« Töne angeschlagen.

Als von einer Heirat des Prinzen Heinrich von Preußen, eines Bruders Friedrich Wilhelms, mit der Großfürstin Katharina, der Schwester Alexanders, die Rede ist, wartet Luise mit Ungeduld auf die Entscheidung der Zarenmutter. »Sie kennen mein Herz«, schreibt sie an Alexander, »Sie werden mir glauben, daß eine Schwester von Ihnen, die in eine Familie, welche Sie zärtlich liebt, heiratet, Gegenstand unserer Aufmerksamkeit und meiner Liebe sein wird.«

Aus einem Bericht des Herzogs von Braunschweig vom 7. März erfährt sie, daß der Zar den Plan billigt, daß er versprochen hat, bei Maria Feodorowna, seiner Mutter, zu intervenieren. Er versichert Luise: »Meine Schwester, die ich zärtlich liebe, würde es nirgends besser haben als in Berlin; ich habe übrigens die beste Meinung vom Prinzen Heinrich.«

Es ist Frühling, die ersten schönen Sonnentage in Berlin. Luise läßt ihre Feder wandern: »Ich wünschte sehr, Sie könnten hier sein und den Zauber des entzückenden reizenden Charlottenburg genießen und sehen, wie schön es wirklich ist. Mein geliebter Balkon, den Sie leider mit Schnee und Eiszapfen bedeckt sahen (25. Oktober 1805), ist von neuem wunderschön; ich lade Sie nochmals ein, herzukommen und hier mit mir zu frühstücken. Der Tee wird vortrefflich sein und die Eier ganz frisch. Wenn das möglich wäre, wie glücklich wäre ich! ... Sehen Sie«, fügt sie hinzu, »ich bin außer mir vor Freude, wenn ich denke, ich könnte hier eine Saison mit Ihnen verleben ..., und ich schmeichele mir, daß Sie mit Ihren Freunden zufrieden sein würden. Im Grunde finde ich in mir und um mich wenig Glück.«

Alexander antwortet nicht gleich auf den von Prinz Heinrich an ihn gerichteten Heiratsantrag. Er hat ihn der Zarenmutter vorgetragen; sie hat einen im besten diplomatischen Stil geschriebenen Brief an ihn gesandt, den er am 3. Juli 1806 an Luise weitergibt: »Sie haben mich, mein lieber Alexander, nach meiner Ansicht über die Vorschläge gefragt, die Ihnen der Herzog von Braunschweig wegen einer Verbindung zwischen meiner Tochter Katharina und dem Prinzen Heinrich von Preußen gemacht hat; ich habe es vorgezogen, sie Ihnen schriftlich zu geben. So sagt jedes Wort, was es sagen soll und muß. Sie wissen, daß ich meine Einwilligung zu einem Heiratsprojekt für eine meiner Töchter nur dann gebe, wenn es mit der freien Wahl meiner Tochter vereinbar ist, deren Neigungen ich bei einer so überaus wichtigen Angelegenheit kein Hindernis entgegensetzen will. Ich möchte dementsprechend, daß ihre Einwilligung nach einer persönlichen Bekanntschaft mit dem Gatten, den man ihr bestimmt, der meinen vorangeht. Indessen kann diese persönliche Bekanntschaft zwischen meiner Tochter Katharina und dem Prinzen Heinrich von Preußen nicht vor einem Jahr stattfinden: der jetzige Augenblick einer allgemeinen Krise würde dafür nicht günstig sein; zudem wird der Zeitraum von einem Jahr uns den Grad der Zuneigung, der Loyalität und die Aufrichtigkeit der Gefühle des Berliner Hofes dem unseren gegenüber übersehen lassen. Und wenn dann die Neigungen noch dieselben sind, wenn meine Tochter, nachdem sie die Bekanntschaft des Prinzen gemacht hat, die Hoffnung mit ihm glücklich zu werden, hegt, wird sie über ihr Geschick entscheiden und die Wahl treffen, welche meiner Einwilligung sicher ist.«

Diesem Brief seiner Mutter fügt Alexander folgende Zeilen bei: »Ich habe das Glück gehabt, teuere Cousine, Ihren so liebenswürdigen Brief vom 17. April zu erhalten. Es ist mir unmöglich die Freude, zu gleicher Zeit aber auch die Bestürzung auszudrücken, die er mir verursacht hat ... Meine teuere Cousine hat das Herz zu sehr am rechten Fleck, um nicht die Schwierigkeit meiner Stellung in der ganzen Sache zu fühlen. Meiner Mutter kann ich den Fall nur vortragen, ihr Einfluß als Mutter bleibt heilig; gleichzeitig fühle ich, daß ich bloßgestellt bin ...« Dann versichert er: »Niemand außer meiner Mutter hat Kenntnis von Ihrem Brief ..., so kann er Sie nicht in ein falsches Licht setzen.« Und wie um anzudeuten, daß die Zarin nicht zwischen sie treten kann, fährt er fort: »Ich öffne meine Seele und spreche zu Ihnen, wie ich es zu meinem zweiten Ich täte. Wenn ich sehe, daß die Entscheidung im Sinne unserer Wünsche verläuft,

wollen Sie mir erlauben, daß ich Sie davon benachrichtigen darf. Es scheint mir, daß es so besser ist.« Friedrich Wilhelm schiebt er elegant beiseite. »Ich kann diesen langen und kompromittierenden Brief nicht beenden, ohne Ihnen, liebe Cousine, zu sagen, daß meine Anhänglichkeit zu Ihnen unverletzlich ist und mein Leben lang dauern wird.«
Der Krieg rückt drohend näher. Jeder Tag sieht die Königin aufgeregter als der vorige. Luise feuert den stetig wachsenden Patriotismus an. In Luise von Radziwill findet sie eine Verbündete; auch die Schwester des Prinzen Louis Ferdinand verabscheut Napoleon, dem sie hochmütig seine bescheidene Herkunft vorhält, aus der kein genialer Mann hervorgehen könne. Die Prinzessin ist gebildet, kühn im Denken, aber auch durchdrungen von Vorurteilen. Sie fühlt sich berufen, das Volk für den Krieg zu entflammen, eine Sache, für die auch ihr Bruder kämpft. Als Friedrich Wilhelm ihm eines Tages seine unmäßige Kriegslust vorwirft, nimmt der Prinz kein Blatt vor den Mund: »Aus Liebe zum Frieden nimmt Preußen gegen alle Mächte eine feindliche Stellung an und wird noch einmal von einer Macht schonungslos überstürzt werden, wenn ihr der Krieg gerade recht ist. Dann fallen wir ohne Hilfe, vielleicht auch gar ohne Ehre.« Ähnlich würde es wohl auch Luise ausdrücken.

Prinz Louis Ferdinand umgibt sich gern mit debattierfreudigen Schriftstellern und Künstlern. Seine Gesellschaft ist anregend und geistig vielseitig: Gelehrte, junge Offiziere und Diplomaten, mit denen er heftige Diskussionen über die preußische Politik führt. In der näheren Umgebung des Prinzen befinden sich die bedeutendsten Männer der Zeit, die sich alle für den Krieg aussprechen: Friedrich von Gentz, Johannes von Müller, Wilhelm von Humboldt, der Komponist Dussek, auch militärische Größen wie Blücher, Kleist, Phull sind seine Freunde. Frauen, vorausgesetzt, daß sie schön sind, sind ihm hoch willkommen; auch viele kluge Frauen teilen seine Gesellschaft, wie die von ihm zärtlich geliebte Pauline Wiesel, die Freundin von Rahel Varnhagen, und diese selbst.

Sein Adjutant und Freund, Karl Freiherr von Nostitz, beschreibt sehr interessant die Gesellschaften des Prinzen in Berlin und auf seinen Gütern. Wenn man von der Jagd kommt, die

Louis Ferdinand sehr liebt, »ging man um sechs Uhr zur Tafel. Hier erwarteten uns Frauen und die Gesellschaft munterer Männer, die, während wir auf der Jagd waren, sich versammelt hatten. Ausgewählte Speisen und guter Wein, besonders Champagner, den der Prinz besonders liebte, stillten Hunger und Durst. Doch das Mahl, in antikem Stil gefeiert, wurde durch Musik und den Wechsel heiterer Erholung weit über das gewöhnliche Maß verlängert. Neben dem Prinzen stand ein Piano. Eine Wendung, und er fiel in die Unterhaltung mit Tonakkorden ein, die dann Dussek auf einem anderen Instrument weiter fortführte. So entstand oft zwischen beiden ein musikalischer Wettkampf, ein musikalisches Gespräch konnte man es nennen, das alle durch Worte angeregte Empfindungen der Seele in bezaubernden Tönen lebhafter fortklingen ließ. Unterdessen wechselten Getränke und Aufsätze, auf der Tafel zur freien Wahl hingestellt ... Die Frauen auf dem Sofa, in antiker Freiheit gelagert, scherzten, entzückten, rissen hin und verliehen dem Symposion jene Zartheit und Weichheit, die einer Gesellschaft von Männern unter sich durch ihre Härte und Einseitigkeit abgeht. Die Stunden verflogen uns an solchen Abenden und die Nächte hindurch unangemessen, und es geschah wohl, daß wir uns erst des Morgens um fünf, sechs, sieben, auch wohl um acht Uhr trennten, viele von demselben Stuhle aufstehend, auf dem sie sich den Abend vorher niedergesetzt hatten.«

In dieser animierenden Gesellschaft Louis Ferdinands glaubt man, es sei einfach, Napoleon aus dem Weg zu räumen oder ihn in seine Schranken zu weisen, obwohl er mehrfach bewiesen hat, daß mit ihm nicht gut Kirschen essen ist. Und ein Krieg in diesem Augenblick ist für Preußen ein gewagtes Unternehmen, da es keiner Koalition hat beitreten wollen und ganz allein ohne Verbündete dasteht; der gute Freund Alexander läßt mit seinem Beistand auf sich warten. Durch seinen großen Sieg bei Austerlitz hat Napoleon die russisch-österreichische Koalition, von der man sich so viel versprochen hatte, gesprengt. Louis Ferdinand und seine Anhänger täuschen sich gewaltig über die Stärke Napoleons gegen das kleine Preußen.

In den Offizierskreisen herrscht bald die größte Erbitterung gegen Frankreich. Bei Theateraufführungen wird für den Krieg

Propaganda gemacht. Alle Plätze sind von Soldaten und Unteroffizieren besetzt, die vom Offizierskorps Freikarten erhalten. So sehr man früher für Frankreich gewesen ist, so sehr ist man jetzt dagegen. Auch aus den Briefen Rahel von Varnhagens geht deutlich hervor, wie sehr man in gewissen Kreisen für den Krieg eingestimmt ist. Wiederholt hört sie in der Gesellschaft des Prinzen Louis Ferdinand von den jungen Berliner und Potsdamer Offizieren den leichtsinnigen Ausspruch:»Mit den Österreichern kann Napoleon schon fertig werden. Aber mit uns Preußen soll er nur anbinden. Da wird er schön ankommen.«

Diese Zuversicht entbehrt jeder Grundlage, denn die offizielle preußische Politik steht unter dem für das Land äußerst verhängnisvollen Einfluß von drei Personen: Haugwitz, Lombard und Marchese Lucchesini, dem preußischen Gesandten in Paris. Die Unfähigkeit dieser drei preußischen Politiker erkennt besonders Friedrich von Gentz – damals Hofrat in der Staatskanzlei zu Wien, später die rechte Hand Metternichs – gleich im ersten Augenblick seiner Berufung ins Hauptquartier. In seinem »Beitrag zur geheimen Geschichte des Anfangs des Kriegs von 1806« benennt er unverhohlen die Fehler der preußischen Diplomatie, besonders die Unsinnigkeit, daß Preußen den Krieg ohne jeden Bundesgenossen beginnt, weil das Land es sich mit allen Freunden verscherzt hat. Weder England noch Schweden hat man auf seiner Seite, mit Österreich und Rußland ist zu jener Zeit nicht mehr zu rechnen.

Auch die preußischen Oberbefehlshaber unterzieht Gentz einer scharfen Kritik, besonders der Oberstkommandierende, Karl von Braunschweig, kommt dabei schlecht weg. Gentz behauptet, der Herzog habe gar keine genaue Kenntnis von der Lage der Dinge, besonders sein Defensivplan sei vollkommen falsch angelegt. Der König und die Königin dürften dem General in nichts hineinreden, sie müßten alles tun, was er will, und ließen ihn gewähren. Gentz behauptet weiter, der Herzog habe immer gehofft, von Napoleon einmal das Herzogtum Cleve zu erhalten, das der Kaiser aber schon längst für seinen Schwager Murat reserviert hat.»Dieser Umstand«, fügt Gentz hinzu,»hatte wohl keinen geringen Einfluß auf das Benehmen des Herzogs.«

Der einzige, den Gentz im preußischen Hauptquartier gelten läßt, ist Graf Kalckreuth. Es wäre für Preußen ein Glück gewesen, wenn dieser General die militärische Führung übernommen hätte. Aber es liegt nicht in seiner Macht. Äußerst verhängnisvoll erscheint Gentz auch die Ansicht Lucchesinis, der dem Herzog von Braunschweig immer wieder versichert, Napoleon werde gewiß den bösen Schein des Angriffs vermeiden und den Krieg gar nicht eröffnen. So verharrt man in der Defensive und gibt sich der Illusion hin, Napoleon werde – wenn überhaupt – aus der Richtung von Erfurt kommen, während er in Wirklichkeit von Franken her marschiert, noch bevor es sich das preußische Hauptquartier träumen läßt. Es verfügt eben nicht über so ausgezeichnete und geschickte Spione wie Napoleon, der über alles, was bei seinen Feinden vorgeht, bestens informiert ist.

Das Problem Preußens sind die widerstrebenden Kräfte, die sich zu keiner Einigung aufraffen können und nur ein Bild heilloser Verwirrung bieten. Es ist klar, wo hier die »Fronten« verlaufen: auf der einen Seite Luise, Hardenberg, Gentz, Louis Ferdinand, auf der anderen Seite Friedrich Wilhelm und seine subalternen Berater. Immer stärker wird die Partei der Königin. Außer Louis Ferdinand stehen auf ihrer Seite schließlich der Minister vom Stein, die Generäle Phull und Rüchel, Prinz August von Preußen, der Prinz von Oranien, die Brüder des Königs, viele hohe Offiziere und Diplomaten. Immer wieder versuchen sie den König zu einer klaren Entscheidung zu drängen. Wenn sie nicht selbst an ihn herankommen, wird Luise eingespannt.

Louis Ferdinand läßt von Johannes von Müller eine Denkschrift verfassen, in der er auf die Verabschiedung von Haugwitz, Beyme und Lombard drängt. Sie trägt ihm und General Rüchel, der sie mit unterzeichnet, nichts als den heftigen Unmut Friedrich Wilhelms ein. Und die kritisierten Mitarbeiter des Königs bleiben selbstverständlich im Amt. In Ungnade gefallen, bricht Louis Ferdinand zur Armee auf, ohne daß ihn der König zum Abschied empfängt. Auch von Luise darf der Prinz sich nicht verabschieden. Und sie hat nicht den Mut, für ihn einzutreten. Aber einen Brief schreibt er ihr, worin er die

Befürchtung ausspricht, daß er »sein Blut wohl lassen müsse, ohne Preußens Heil herbeiführen zu können«. Eine düstere Vorahnung, die bald Wirklichkeit werden soll.

Hardenberg unterbreitet Friedrich Wilhelm einen geheimen Bericht über die Begegnung des Herzogs von Braunschweig mit Zar Alexander; nun muß sich Preußen endgültig für Frankreich oder für Rußland entscheiden. Die Beziehungen Preußens zu Frankreich erscheinen kaum mehr reparabel, das Vertrauen ist von Grund auf gestört. Zu viel hat man taktiert. Aber man will den Gegner nicht herauszufordern, auch wenn Friedrich Wilhelm bereits mit dem Gedanken spielt, sich definitiv für Alexander zu entscheiden.

In der Zwischenzeit hat Haugwitz die Forderungen Napoleons übermittelt, die zur Verabschiedung Hardenbergs führen. Luise verabscheut ihn jetzt noch mehr als zuvor, diesen Bonaparte, diesen Emporkömmling, der die Stirn hat, den preußischen König herauszufordern.

Hardenberg muß aus der vordersten Linie genommen werden. Er reicht seine Demission als Außenminister ein. Luise ist erschüttert, sie weiß, daß ohne ihn alles verloren ist. In der Geheimdiplomatie mit Rußland, sagt Hardenberg, könne er nützlich sein, doch da Napoleon ihn ablehne, sei es besser, mit den übrigen auswärtigen Angelegenheiten Graf Haugwitz zu beauftragen. Friedrich Wilhelm bewilligt kurzerhand den gewünschten Urlaub auf unbestimmte Zeit. Am 21. April zieht Hardenberg aufs Land, nach Tempelberg, seinem zwischen Berlin und Frankfurt an der Oder gelegenen Gut in der Nähe von Fürstenwalde, wo der russische Gesandte Maxim Maximowitsch Alopeus, der Vertraute des russischen Zaren, sich ebenfalls zurückzieht, praktischerweise nach Friedrichsfelde, nicht weit entfernt von Tempelberg. So können die beiden Minister in aller Stille miteinander verhandeln, während sie nur frische Landluft zu atmen scheinen.

Napoleons Willen gemäß übernimmt wieder Graf Haugwitz die auswärtigen Angelegenheiten des Staates Preußen. Die Königin und ihr Hof sind ihm gegenüber nach wie vor peinlich zurückhaltend und kühl, einige Mitglieder der Regierung lehnen den geschäftlichen Umgang mit ihm sogar ab. Einmal versammelt sich auf der Straße eine Menschenmenge und wirft ihm mit Steinen sämtliche Fenster seines Hauses ein. Sogar die Freunde des verrufenen Ministers sind in der Versenkung verschwunden, keiner läßt sich zu einer Rechtfertigung oder Unterstützung herab.

Die Königin übernimmt nun die Rolle der Vermittlerin zwischen dem König und Hardenberg. Leidenschaftlich und mit ganzem Herzen verfolgt sie die Verhandlungen mit Rußland. Doch das gewünschte Ziel ist nicht so leicht zu erreichen. Dem englischen Bündnis treu, verlegt sich Rußland erst einmal aufs Taktieren und will die Ergebnisse der letzten Verhandlungen Preußens mit Frankreich prüfen.

Melancholisch schreibt Luise dem Zaren, sie müsse zur Kur, »um zu sehen, ob es ein Mittel gegen die Leiden der Seele gibt«. Friedrich Wilhelm erwähnt sie nur am Rande: »Mit Bedauern verlasse ich den König, welcher mir mehr denn je die rührendste Freundschaft bezeigt.« Sie fügt hinzu: »Ich sage es Ihnen, weil ich weiß, daß es Sie interessiert.«

Inwiefern könnte den Zaren die Haltung des mißtrauischen und beflissenen Gemahls interessieren? Luise hält Alexander stets auf dem laufenden, »um das Gerede zu berichten«, als ob es in dieser Beziehung irgendeine nennenswerte Änderung gegeben hätte. Ist Alexander der Grund »dieses Geredes« gewesen, oder betrachtet der König die Aufmerksamkeiten des Verbündeten seiner Frau gegenüber mit Argwohn? Ein dumpfer, schmerzlicher Groll taucht auf: »Das ist wirklich ein bißchen barbarisch, mir auf meinen Brief vom 19. März nicht zu antworten.« (Dieser Brief ist seltsamerweise nicht publiziert worden; eine Notiz verzeichnet lakonisch: »nicht zu veröffentlichen«.)

Ferner gemahnt Luise den Zaren an seine ganz persönliche Verpflichtung Preußen gegenüber. »Meine ganze Hoffnung setze ich in Sie und bin überzeugt, daß das wirkliche Wohlergehen Ihrer Freundin Ihnen mehr am Herzen liegen wird als das Einverständnis mit England, das alles in Bewegung setzt, damit wir uns mit der guten Partei überwerfen ..., denn der König von Schweden ist wohl sicher ein mächtiger Bundesgenosse ... Bleiben Sie unser Freund, unsere Stütze gegen die Böswilligkeit und zählen Sie immer auf die Gefühle der Frau, die mit dem Herzen und der Seele ganz die Ihre ist.« Dann folgt Luise dem Rat ihrer Ärzte und bricht am 15. Juni 1806 nach Bad Pyrmont zu einer Kur auf.»Wie war mein Herz beengt heute früh, als ich Dich abreisen sah«, gesteht Friedrich Wilhelm an diesem Tag,»ein Gefühl, das noch lange nachher anhielt ...«

Die Reise, die über Magdeburg und Braunschweig führt, ist auch gemessen an den damaligen Bedingungen anstrengend. Luises Gemahl erhält aus Braunschweig eine anschauliche Beschreibung der Strapazen:»Das Schauspiel hier ist reizend, aber ich habe es nur halb genossen, da es mir gar nicht gut geht. Die Reise von Magdeburg hierher war die unangenehmste meines Lebens. Der Staub war so schrecklich, das ich dreimal fast erstickt wäre, und das ist keine Redensart, sondern bei Gott gewiß, ich glaubte zu sterben. Meine Kräfte waren erschöpft, und die Gala von gestern, die Kälte, die Zugluft und die Strapazen haben mir Kopfschmerzen auf der rechten Seite, Schnupfen und Erkältung zugezogen, abgesehen davon, daß mir mehrere Male fast übel geworden wäre ... Heute herrscht ein Sturm und eine Kälte, die der Pfaueninsel würdig wären.«

Am 19. Juni erreicht Luise den Kurort.»Du glaubst nicht, wie glücklich ich bin, angekommen zu sein, denn die Reise hat mich grausam erschöpft, und meine Kräfte, ach sie gaben mir einen neuen Beweis ihrer Unzulänglichkeit. Ich hoffe alles von den Bädern, der Luft und den Spaziergängen ... Morgen fange ich mit einem Glas Wasser an.« Gewissenhaft befolgt sie die Anordnungen ihrer ärztlichen Berater, um möglichst bald wieder nach Berlin zurückkehren zu können. Da ein Nervenfieber ihre Kräfte geschwächt hat, wird es für notwendig erachtet, alles, was sie beunruhigen oder aufregen könnte, in Pyrmont von ihr fernzuhalten.

Einen Tag später berichtet sie schon stolz:»Guten Tag, teurer Freund, nachdem ich mein erstes Glas Pyrmonter Wasser getrunken, einen Spaziergang von einer guten Stunde gemacht, gefrühstückt und geruht habe, bist Du derjenige, mit dem ich gern sprechen möchte.«

Luise ist nicht allein in Pyrmont. Ihr Vater und ihr Bruder

Georg, aber auch Onkel Ernst kommen, um beständig in ihrer
Nähe zu sein, »und ihre Anwesenheit bereitet mir großes Vergnügen, da sie von bezaubernder Laune sind, heiter und närrisch«. Auch ihre Freundin, Maria Pawlowna, die Gemahlin des
Erbprinzen Karl Friedrich von Weimar, besucht sie in dem idyllischen Kurstädtchen. Das Klima, der Ortswechsel und die Gesellschaft von Verwandten und Freundinnen üben einen heilsa-
men Einfluß auf die Königin aus und heitern sie auf.

Luise langweilt sich, wen wundert's, obwohl ihr Tag angefüllt
ist von den kleinen Aufregungen des Badelebens: »Die Komödie war abscheulich, feucht, kalt, ein schlechtes Stück«, berichtet sie Friedrich Wilhelm am 23. Juni. »Um 8 Uhr ging ich in den
Kursaal. Die Gesellschaft war sehr wenig zahlreich, besonders
an Tänzern und jungen Damen; mit der größten Mühe der Welt
stellte man 2 Anglaisen von 5 Paaren auf. Um 9 Uhr aß ich zu
Haus zu Abend, ein wenig Suppe und etwas kaltes Fleisch und
um 10 Uhr auf Wiedersehen, gute Nacht … Es regnet, ist kälter als gestern, und alle Welt schimpft, friert und fühlt sich unbe-
haglich. Was mich betrifft, so fühle ich mich heute sehr wohl,
habe morgens 3 Gläser getrunken, und das Wetter war wenigstens trocken, wenn es auch während meines Spazierganges
schrecklich kalt war.«

Ein paar Tage später liest es sich nicht viel anders: »Ach, das
sind schwere Zeiten. Ich trinke meinen Tee jeden Abend im
Salon, ziehe mich um 8 1/2 Uhr zurück, nehme abends nur ein
wenig Bouillon und eine Scheibe kalten Bratens zu mir, gehe
um 10 Uhr zu Bett und bin vor 8 Uhr an der Quelle. Ich bin jetzt
auf fünf Gläser gekommen.«

Die Langeweile treibt Luise immer wieder an den Schreibtisch. Eine Sturzflut von Briefen ergießt sich über Friedrich
Wilhelm, die nichts enthalten als diese kleinen Details eines
ereignislosen Badelebens, die Besuche, die Gedanken, das Wetter und die Avancen ihrer Bewunderer: »General Blücher näherte sich mir gestern beim Frühstück und beglückwünschte mich
zu Charlottens (8.) Geburtstag, wie es die ganze Gesellschaft
tat, und brachte mir eine künstliche Rose mit einem Knopf, die
er mir mit den Worten übergab eine frisch aufgeblühte Rose ist
das Sinnbild der Mutter und der Tochter. Ein Nebenbuhler mehr,

teurer Freund, vor dem Du Dich hüten mußt.« Und doch hält sie es für nötig, sich zu entschuldigen, wenn sie sich einmal ein paar Tage »im Rückstand« befindet, »aber ich bin auch während dieser Zeit bombardiert worden« – ein Bombardement aus Picknicks, Spazierritten, Konzerten, Tänzen, Tees, Ausflügen, Spielen auf dem Rasen, Bällen –, obwohl sie sich bei den Bällen zurückhält, »und ich werde nichts tun als zusehen und die anderen beneiden, da ich nicht tanzen kann. Wie kannst Du glauben, daß ich noch länger hierbleiben möchte. Nein, sicher nicht, am 31. bin ich bei Dir in Potsdam, ohne Verspätung.«

In seinen Antwortbriefen gibt Friedrich Wilhelm natürlich immer Nachrichten aus der Welt der großen Politik, zum Beispiel, daß er den preußischen Gesandten Friedrich Wilhelm von Krusemarck mit einem persönlichen Brief an den Zaren nach Sankt Petersburg geschickt habe. Der König berichtet aber auch von den Kindern, so zum Beispiel am 24. Juni: »Wilhelm hat etwas geschwollene Mandeln gehabt, aber es ist nichts. Die anderen Kinder finden sich alle miteinander wohl, Gott sei Dank. Ich sagte der Bock (Kinderfrau), daß sie auf den (5.) Geburtstag des kleinen Carl achten möge. Er wünscht sich eine Taschenuhr, sie wird einige kommen lassen, und ich werde eine davon auswählen ...«

In die kleine Kurstadt dringen unablässig Nachrichten von den politischen Ereignissen. Nicht nur der Rheinbund, den Napoleon zustandebringt, ist Gegenstand des politischen Tagesgesprächs. Vor ihrer Abreise, noch im Mai, hat der Freiherr vom Stein der Königin ohne Wissen des Königs seine »Darstellung der fehlerhaften Organisation des Kabinetts und der Notwendigkeit der Bildung einer Ministerialkonferenz« unterbreitet. Luise hat sie im Prinzip gebilligt. Nur findet sie manches zu scharf im Ausdruck. Stein hat dann diese erste Fassung gemildert, aber weder er noch die Königin oder Hardenberg haben damals dem König etwas darüber gesagt.

Luise korrespondiert in Pyrmont mit Hardenberg über die Denkschrift Steins, nicht ohne mit dem ängstlichen Befehl zu schließen, ihre Briefe zu verbrennen. Zugleich bemüht sie sich, den König zu einem Bündnis mit Sachsen zu bewegen und Kurhessen mit fünfundzwanzigtausend Mann auf die preußische

Seite zu ziehen. Darüber schreibt sie an Friedrich Wilhelm am Schluß eines Briefes aus Pyrmont:»Ich schmeichle mir, daß seine Truppen vereint mit den unseren Wunder tun werden, um die infamen Franzosen, die nur Unglück über die Erde verbreiten, zu Boden zu schlagen ...«

Über alle politischen Angelegenheiten weiß die Königin ziemlich genau Bescheid, und daß Oberstleutnant Krusemarck nach Petersburg gesandt worden ist, entzückt sie, keine Frage. Rußland soll die Sympathie Schwedens für Preußen gewinnen. Als Krusemarck später aus der Stadt an der Newa zurückkehrt, ist sie froh, sich mit ihm über den Zaren unterhalten zu können.»Wie ich ihn jetzt liebe, diesen Krusemarck«, schreibt sie dankbar dem Zaren,»wie ich mit ihm schwätze, ihn über alles ausfrage, was mir am Herzen liegt und was mich am meisten interessiert. Sie erraten schon, was es ist. Er betet Sie an. Er schätzt Sie so sehr, und wir sind so ganz einer Meinung.« Wenn sie sich da nur nicht täuscht.

Von neuem bricht ihre unverhohlene Zuneigung und Bewunderung für den Mann durch, den sie seit ihrer ersten Begegnung im Jahr 1802 nicht mehr vergessen kann. Sie sehnt ihn herbei. Sie beneidet die Herzogin von Kurland, weil sie das Glück hatte, Alexander bei sich zu sehen.»Wenn Sie mir doch auch einmal einen (Besuch) machen könnten«, schreibt sie dem Zaren.»Soll ich Ihnen meine Schwäche gestehen? Denken Sie, alle Vorbereitungen zum Krieg haben mir – nein, ich wage den Satz nicht zu vollenden –. Aber ich habe mir gedacht, daß das mir vielleicht das Glück verschaffen könnte, Sie wiederzusehen. Ein Glück, an das ich schon nicht mehr geglaubt habe. Ich bin jetzt, seitdem ich dreißig Jahre alt geworden bin, so vernünftig – eine vollkommen vernünftige Frau, ich versichere es Ihnen. Sie würden sehr zufrieden mit mir sein. Und damit Sie es glauben, kommen Sie und überzeugen Sie sich selbst davon.«

In diesem kokett-lockenden Tonfall geht es munter weiter. Luise setzt alle Hoffnung in den Zaren und sein Heer, sieht in ihm eine so starke Stütze, daß sie vollkommen vom Sieg der preußischen Truppen überzeugt ist.

In der Zwischenzeit vollbringt der französische Kaiser aber mit dem»Rheinbund« das Meisterstück seiner Politik. Mit außerordentlicher Geschicklichkeit zieht er fünfzehn deutsche Fürsten auf seine Seite, nutzt Spaltungen aus, bietet Schutz an. Viele Staaten, die sich schwach fühlen und zu ihren großen Nachbarn kein Vertrauen haben, schätzen sich glücklich, zu solch einem Bündnis mit dem mächtigsten Herrscher der Zeit eingeladen zu werden. Am 12. Juli 1806 wird in Paris die Bundesakte unterzeichnet. Der Vertrag erklärt die verbündeten Staaten für immer vom deutschen Reich getrennt und unter den Schutz des französischen Kaisers gestellt; mehrere Verbündete können sich über eine Erhöhung ihrer Würde – so werden zum Beispiel aus einigen Landgrafen Großherzöge – oder über Gebietszuwachs freuen. Damit die Kaiserkrone nicht an Napoleon fällt, verzichtet Franz II. auf seinen Titel als deutscher Kaiser und begnügt sich mit dem eines Kaisers von Österreich. Das Heilige Römische Reich deutscher Nation, ins Herz getroffen, bricht in Stücke.

Als Luise aus Pyrmont heimkehrt, ist der Rheinbund geschlossen. Es ist falsch, zu behaupten, sie habe während ihres Aufenthalts in der Kurstadt keine Ahnung von den politischen Ereignissen gehabt, die sich inzwischen abspielten. Die Briefwechsel mit ihrem Mann, mit ihrem Vater, mit dem Fürsten Wittgenstein (dem preußischem Gesandten in Kassel), mit Hardenberg, Stein, dem Zaren und mit ihrem Bruder Georg belegen eindeutig ihren Anteil an der damaligen Politik oder wenigstens ihr Interesse daran.

Sophie von Voß berichtet aber auch, daß Luises Pyrmont so rasch wie möglich wieder verlassen wollte: »Vor allem, wenn sie Briefe vom König oder von ihren anderen Angehörigen erhielt, war sie von einer strahlenden Freude und beeilte ihre Rückkehr auch so viel als möglich, um nur zum Geburtstag des Königs wieder mit diesem vereint zu sein. Das Bad tat ihr sichtlich gut. Ihre Freude bei dem endlichen Wiedersehen mit dem König, der ihr bis mehrere Meilen hinter Potsdam entgegenkam, war wahrhaft rührend.«

Friedrich Wilhelm – der ihr am 31. Juli entgegenfährt – hat Luise in Charlottenburg eine Überraschung bereitet: Der große, sandige Platz vor dem Hoftor des Schlosses ist in Rasen umgewandelt und mit Sträuchern bepflanzt worden.

So sehr die Königin sich in Pyrmont auch darum bemüht hat,

mit sämtlichen Details der preußischen Politik und der Arbeit des Kabinetts ist sie bei ihrer Rückkehr doch nicht vertraut. Haugwitz hat von Lucchesini so alarmierende Nachrichten erhalten, daß er dem König die sofortige Mobilmachung rät. Nun scheint auch er zum Krieg entschlossen.

Mit neuer Kraft übernimmt Luise ihre Pflichten und erfährt, daß der Krieg mit Frankreich beschlossene Sache, die Rüstung in vollem Gange ist und die Truppen in Marschbereitschaft gesetzt worden sind. So wenig Einfluß hat die Königin auf diesen Krieg, von dem Napoleon die Welt glauben machen will, er sei ihr Werk und sie habe leidenschaftlich dazu gedrängt, daß sie überhaupt erst davon erfährt, als er schon unabwendbar ist. Jedenfalls ist sie nun über alle politischen und militärischen Dinge wieder auf dem laufenden. Der französische Gesandte schreibt damals nach Paris, ihm fehle die Überzeugung, daß sie von Pyrmont »bekehrt« zurückgekommen sei. Sie scheine zwar *également reservée*, entfalte jedoch eine lebhafte Tätigkeit.

Was die Gründung des Rheinbundes für Preußen bedeutet, scheint Luise schneller und deutlicher bewußt zu werden als dem König. Sie ist weit davon entfernt, über dieses Ereignis so optimistisch zu denken wie die Partei Friedrich Wilhelms. Zunächst sieht der König und sehen seine Vertrauten im Rheinbund keinen feindseligen Akt, sondern nur die Bestätigung längst vollzogener Tatsachen, zumal Napoleon wiederholt versichert hat, daß er seine Truppen in Deutschland nur gegen Österreich gehalten hätte und nicht im geringsten daran denke – wie das Gerücht lautet –, Hannover England zurückzugeben.

Der französische Kaiser aber hat weder dem preußischen Kabinett noch dem König vergessen, daß sie seinem ersten Allianzvertrag so großes Mißtrauen entgegengebracht haben. Und eines Tages trifft die Nachricht ein, er habe nun doch England Hannover angeboten. Seine Heere stünden längst kampfbereit an den Grenzen und warteten nur auf den Befehl zum Vormarsch.

Nun endlich gibt Friedrich Wilhelm dem Ansturm der »Kriegspartei« nach. Die Rückgabe Hannovers erbittert ihn so sehr, daß ihm der Entschluß zum Krieg weniger schwerfällt als zuvor. Preußen hat schon viel zu lange gezögert und damit seine Lage beständig verschlechtert. Am 9. August die Mobilmachung befohlen. Der Krieg hängt nur noch von der offiziellen Erklärung ab.

Die militärischen Vorbereitungen laufen bald auf Hochtouren. Die Mobilmachung entzündet die Phantasie der Dichter und Schriftsteller: Sie greifen zur Feder, um für die gerechte Sache der Freiheit und der Ehre zu streiten; die Königin gibt den Ton an. In Berlin gärt es. Alles fiebert loszuschlagen, obwohl Preußen keine Verbündeten hat. Und was wird Alexander tun? Wird er sich mit Napoleon verständigen? Selbst Haugwitz wechselt nun auf Luises Seite. Da er von Napoleon in Paris wenig schmeichelhaft behandelt worden ist, will er sich nun rächen. Er rät Friedrich Wilhelm, die Königin an den Konferenzen der Ministerräte teilnehmen zu lassen, denn er hält ihre Einschätzung nun für äußerst wichtig. Luise spricht sich daraufhin wiederholt günstig in ihren Briefen über ihn aus, wenn sie auch nicht wünscht, daß er zu den Verhandlungen mit dem Zaren herangezogen werde. Dazu scheint ihr nur Hardenberg der geeignete Mann, denn sie traut Haugwitz doch nicht ganz. Hardenberg steht als politische Ratgeberin die Vertraute der Königin, Caroline von Berg zur Seite.

Die preußische Armee strotzt vor Selbstvertrauen, die älteren Offiziere erinnern an den Siebenjährigen Krieg und die Siege, die Preußen unter Friedrich dem Großen errungen habe. Junge Offiziere versammeln sich vor dem Haus des französischen Botschafters und schleifen ihre Degen provokativ auf seiner Türschwelle und seinen Fensterbänken.

Daß es jetzt endlich losgehen soll, dürfte auch Luise neue Kraft verliehen haben. Nach ihrer Rückkehr aus Pyrmont bleibt sie sechs Wochen in Charlottenburg, sie kommt wieder zu Kräften. Bei ihrem ersten Erscheinen im Theater – anläßlich einer Aufführung von »Wallensteins Lager« – wird sie mit Jubelrufen empfangen; jedes Stichwort ruft eine politische Kundgebung hervor. Friedrich Wilhelm drängt sie, bei Truppenmusterungen an seiner Seite zu reiten; er weiß sehr genau, welchen Eindruck seine schöne Frau auf die kampfdurstigen Soldaten macht.

AM VORABEND DES KRIEGES

Am August 1806 erreicht die Krise für Preußen ihren Höhepunkt. Luise ist völlig in Anspruch genommen von der nervenzerreißenden Politik ihres Landes. Sie kann ihre Angst vor der Zukunft nicht unterdrücken. Voller Vertrauen streckt sie Alexander ihre Hände entgegen: »Ihre Freundschaft ist eine große Quelle des Trostes für mich. Wir haben noch einen sicheren Freund in dieser häßlichen Welt, wo alles wider den Strich und schief geht für die anständigen Leute.« Ganz natürlich, ohne Übergang schließt sie: »Ich bin im Leben und im Tod ganz die Ihre.«

Noch immer hofft Friedrich Wilhelm, Napoleon werde seine Truppen freiwillig aus Deutschland zurückziehen. Vielleicht hätte der Kaiser es sogar getan, wenn Alexander den Frieden mit Frankreich am 3. September ratifiziert hätte. Doch der Zar, der nur sein und nicht Preußens Interesse im Auge hat, weigert sich, den Friedensvertrag zu unterzeichnen.

Friedrich Wilhelm läßt Alexander schließlich ausrichten, er sei jetzt entschlossen, den Krieg zu führen. Er fordert eine Unterstützung von sechshunderttausend Mann. Österreich bietet er Bayern an, England Hannover; aber sie müssen ihm Beistand leisten. Auch Schweden und Dänemark werden um Unterstützung gebeten.

General Knobelsdorff, der zu Napoleon gesandt worden ist, kommt unverrichteter Dinge aus Paris zurück. Napoleon hatte am 7. September erklärt, nur wenn Alexander Frieden schließe und den Vertrag mit Frankreich unterschreibe, werde er seine

Truppen aus Deutschland zurückziehen – und nur, wenn Preußen die Kriegsvorbereitungen einstelle. Mit diesen Nachrichten im Gepäck trifft Knobelsdorff am 16. September 1806 in Berlin ein. Der Krieg wird definitiv beschlossen.

Einen Tag später marschiert das Regiment der Königin, die Ansbach-Bayreuther Dragoner, durch Berlin und wird dort vor dem Abmarsch ins Feld gemustert. Bei dieser Gelegenheit trägt die Königin über ihrem Reitkleid einen mit Aufschlägen in den Farben des Regiments besetzten Spencer. Luise begrüßt die Truppe, fährt ihr im Wagen bis zur Stadtgrenze voran. Napoleon wird bald davon in Kenntnis gesetzt und sie mit einer Amazone vergleichen. Doch die Königin trägt keine Waffen, weder Bogen noch Köcher, weder Schild noch Speer. Sie trägt nur ein brennendes Herz.

In ihrem Haß ist Luise ebenso groß wie in ihrer Liebe. Die Verachtung, die sie gegen Napoleon empfindet, wächst mit jedem Tag. Fast der gesamte Hof bestärkt sie darin:»Man sprach hier mit einer Art inneren Abscheus von Kaiser Napoleon und betrachtete ihn als ein Wesen, vor dem alles, was rein und heilig ist auf dieser Welt, sich verhüllen mußte.« Luise nennt ihn einen»gemeinen Thronräuber«. Allenthalben ist man nach wie vor der festen Überzeugung, daß dieser Bonaparte leicht zu besiegen sein wird. Es weht ein Wind in Preußen, der wie ein Sturm alles mit sich fortreißt. Die Truppen formieren sich. Auch die Reserven werden mobilisiert.

In einem Brief an Napoleon formuliert Friedrich Wilhelm seine Anklagen, Haugwitz schickt seinerseits eine für Talleyrand bestimmte Forderung an Knobelsdorff: Es verlangt die Räumung Deutschlands, den Rückzug der Franzosen von diesseits des Rheins, die grundsätzliche Zustimmung zu einem Nordbund. Talleyrand erhält diese Eröffnung, als Bonaparte schon bei seiner Armee ist. Die Postsachen werden ihm in Bamberg durch den Kurier ausgehändigt. Hier erfährt er auch das Ergebnis der Entscheidung Friedrich Wilhelms: den Bund mit Alexander, die Bildung der vierten Koalition. Spätestens jetzt weiß auch er: Der Krieg ist unausweichlich.

Luise ist Feuer und Flamme für die Sache und von den schönsten Hoffnungen beseelt. Noch am selben Tag wird Leutnant

Krusemarck wieder zu Alexander gesandt, damit er dem Zaren den Entschluß des Königs von Preußen mitteilte. Luise schreibt ihrem Freund: »Krusemarck hat ein unerhörtes Glück, Sie dreimal in einem Jahr zu sehen ... Er wird Ihnen sehr ernste Dinge zu sagen haben, da es für unsere künftige Existenz davon abhängt, auf welche Weise sich das Glück entscheiden wird. Ich habe gar keine Angst, das gestehe ich Ihnen offen. Denn unmöglich kann ein Heer von größerem Eifer beseelt sein als das unsere. Das ist höchst wichtig. Das Nächstwichtige ist Ihre beständige Freundschaft, mein geliebter Vetter, die sich bei dieser Angelegenheit wieder in ihrer ganzen Selbstlosigkeit zeigt. Könnte ich Ihnen doch mündlich alles sagen, was ich fühle ...«

Auf nichts dürfte der russische Zar weniger erpicht gewesen sein als darauf, sich in dieser äußerst prekären Situation Luises Gefühlsstürmen auszusetzen. Die Königin sieht nicht, welches Spiel der »Freund« mit ihr und dem König treibt. Sie ist so von der aufrichtigen und unerschütterlichen Zuneigung des Zaren überzeugt, weil sie selbst unfähig ist, sich zu verstellen. Deshalb erkennt sie auch nicht, wie problematisch diese »Freundschaft« für Preußen in Wirklichkeit ist, und auch ihrer Hofgesellschaft fehlt dafür jedes Gespür. Erst viele Jahre später, als man durch Schaden klug geworden ist, dämmert in Preußen die Erkenntnis, daß Alexander keinen Augenblick die Interessen Preußens im Sinn gehabt hat, sondern einzig und allein auf seinen Vorteil bedacht war. Im Jahre 1809 kommt Gneisenau in einem Brief an den Freiherrn vom Stein auf das schändliche Verhalten des Zaren zurück: »Im Jahre 1805 läutet er die Sturmglocke, bevor alles zum Kriege vorbereitet ist. Mit Übermut wird der Krieg angekündigt, mit Übermut geht er, nach Österreichs Unfällen, in Mähren vor – mit Übermut zurück, nachdem er sich seine Lektion geholt hatte ... Seine Hilfe ist späterhin dem Lande, das er schützen will, ebenso verderblich als des Feindes Angriff. Und er endigt damit, daß er einen Bundesgenossen plündern hilft. Ich frage, ob dieser Alexander, wenn er Preußens bitterster Feind gewesen wäre, sich sinnreicher hätte benehmen können, um unseren Untergang zu befördern?«

Friedrich Wilhelm selbst hat kein Vertrauen, weder zu sich selbst noch zu seiner Armee. Er zweifelt an allem, die Vorstellung eines schweren Unglücks quält ihn Tag und Nacht. Und niemand ist da, der ihn ermutigt. Alle reden nur ständig auf ihn ein. Unfähig, sich aufzuraffen und mit einer klaren Entscheidung reinen Tisch zu machen, verzweifelt er: »Es herrscht eine unbeschreibliche Verwirrung.« Hinter vorgehaltener Hand flüstern die Minister und Generäle, der König sei zu jung und verstehe nichts vom Krieg. Auch Luise wiederholt ihren Vorwurf, seine Vorbereitungen seien ungenügend.

Einige Wochen nach der Mobilmachung, unmittelbar bevor der Sturm über Preußen losbricht, kommt es in einer Frage der Politik zu einer Meinungsverschiedenheit zwischen Luise und Marianne. Am 2. September läßt die preußische Oppositionspartei jene bereits erwähnte Denkschrift überreichen, in der die Entlassung der Kabinettsmitglieder Lombard, Beyme und Haugwitz gefordert wird – zu ihren Unterzeichnern gehört mit anderen Generälen und Prinzen auch Prinz Wilhelm, Mariannes Gemahl. Friedrich Wilhelm ist über diesen ungewöhnlichen Schritt aufs höchste aufgebracht, er erteilt den Unterzeichnern einen scharfen Verweis und schickt die Prinzen aus Berlin fort. Luise macht der Schwägerin am 7. September heftige Vorwürfe wegen der Beteiligung des Prinzen, mit der Marianne durchaus sympathisiert, wenn sie die Petition freilich auch nicht mit unterschrieben hat. Es kommt in dieser Unterredung zu keiner Verständigung zwischen den beiden Frauen.

Es ist das erste Mal, daß Luise und Marianne nicht in Einklang miteinander sind. Ist dies ein Wendepunkt für die Freundschaft der beiden Schwägerinnen? Ist die Besorgnis Mariannes, daß dieses Gespräch »in der Folge vielleicht Einfluß haben könnte auf unser Verhältnis«, berechtigt? Erst viel später soll die Prinzessin eine Antwort auf diese Frage finden.

Beim Abschied des Königspaares aus Charlottenburg haben sich die Schatten bereits wieder verzogen: Der König »schien ordentlich bewegt«, schreibt Marianne ihrem Mann, »so daß er auch mich rührte und Deine Empfindungen für ihn, wie Du mir schreibst, sich auch meiner bemächtigten, nämlich daß er mir leid tat. Darauf gab er mir die Hand, worauf eine zärtliche Umarmung folgte ...«

Am 20. September bricht Friedrich Wilhelm von Berlin aus zu

seinen Truppen auf, begleitet von der Königin. Es hat schon vorher Frauen in der Familie der Hohenzollern gegeben, die mit ihren Männern in den Krieg zogen. Die in der Wilhelmstraße aufgestellten Truppen marschieren mit klingendem Spiel aus dem Potsdamer Tor. Das Volk hat volles Vertrauen zu seiner Armee, die noch immer im ruhmreichen Schatten Friedrichs des Großen steht. Ein Augenzeuge schreibt: »Noch einmal sahen wir in ihren alten Uniformen die Truppen des Siebenjährigen Krieges ins Feld ziehen ... Welche Festtage, als die glänzenden Truppen in den Krieg zogen, die prächtigen Garden kriegerische Lieder anstimmten, als sie unter den Augen des Königs und der Königin durch die Tore Berlins marschierten.«

In der Begleitung der Königin – bei Gräfin Voß und einigen der Hofdamen – erregt die traurige Miene des Königs Mitleid. Er ist sehr blaß und aufgeregt, Luise jedoch zuversichtlich – sie verströmt puren Enthusiasmus. Der Abschied von ihren Kindern fällt ihr zwar schwer, aber es muß sein, denn ihr schwacher Gemahl hat ihre Gegenwart nötiger als die Kinder. Just in dem Augenblick, als die Königin in Charlottenburg aufbricht, trifft ihre Schwester Friederike dort ein. Die Begrüßung ist zugleich ein Abschied. Luise bleiben wieder nur die Briefe: »Liebe Friederike, der Schmerz, den ich empfunden habe, als ich Dich sah, um Dich im gleichen Augenblick wieder zu verlieren, läßt sich nicht beschreiben. Mehr als zwei Stunden danach habe ich nicht ein Wort gesprochen. Erst als ich mich Brandenburg näherte, habe ich die Sprache wiedergefunden und mich von meiner Bestürzung ein wenig erholt. Nun fühle ich mich hundeelend, ich habe schreckliche Kopfschmerzen, vermischt mit Zahnschmerzen. So habe ich die Nacht verbracht und den Tag, mit dem Unterschied, daß die Nacht wirklich unerträglich war. Der König, der die Befestigungen besichtigt, hat mir die Zeit gelassen, diese Zeilen an Dich zu schreiben. Nun nehme ich von Dir Abschied und bitte Dich, wenn möglich, mir einen oder zwei Näpfe Salbe für den Teint, von Thime, und eine Flasche Kölnisch Wasser zu schicken. Und wenn Du Wiener Waschwasser hast, auch ein Fläschchen, ich habe nichts davon.« Und am Rand des Briefbogens: »Warum hab'ich Dich nicht gesprochen, wärest Du doch die Nacht gekommen, Dein Bett war fertig.«

Der Weg führt nach Naumburg an der Saale, wo Friedrich Wilhelm die erste russische Heeresabteilung trifft, die Alexander ihm schickt. Luise, die den Ehrendienst des Hofes im Zelt ebenso wie in den Gemächern versieht, empfängt die russischen Offiziere mit der ihr eigenen gewinnenden Höflichkeit und zeigt sich für den Beistand, den sie ihrem Gemahl bringen, herzlich dankbar. Trotzdem wird der erste Stoß des Angriffs Preußen fast ganz allein treffen.

Naumburg ist überfüllt. Nicht nur der König und die Königin haben mit ihrem gesamten Gefolge in der Stadt Quartier genommen, auch jede Menge Prinzen, Generäle und Offiziere aller möglichen Ränge sowie etliche Diplomaten. Luise und Friedrich Wilhelm wohnen im Schloß, wo sie der Kurfürst von Hessen empfängt, und machen, vom freundlichen Herbstwetter ermuntert, täglich Ausflüge in die Umgegend. Sie gehen auch, ohne sich den mindesten Zwang anzutun, unbefangen durch die Straßen der Stadt. Morgens um elf hält Friedrich Wilhelm Paraden auf dem Markt ab. Geschichtchen wie die, der König sei, als seine Gemahlin ihr Tuch vergessen habe, selbst in das Schloß zurückgelaufen, um es ihr zu holen, entzücken die Naumburgerinnen. Die zahlreichen Fürstlichkeiten und hohen Militärs, Prinzessinnen und Hofdamen wollen unterhalten sein, daher gibt es Abendgesellschaften, Ausflüge, Paraden in ununterbrochener Folge. Im Vorgefühl des sicheren Sieges gibt man sich sorglos dem Vergnügen hin und trinkt sich Mut an. Besonders die jungen Offiziere sind kampflustig und siegesfroh gestimmt.

Zehn weitere Tage verliert das Königspaar mit Nichtigkeiten in Naumburg. Friedrich Wilhelm hat den französischen Kaiser nochmals aufgefordert, seine Truppen bis zum 8. Oktober aus Preußen zurückzuziehen, obwohl kein Mensch daran glaubt, daß Napoleon auf dieses letzte Ultimatum eingehen und ihm den Wunsch erfüllen wird.

Anfangs ist die Rede davon, daß Luise den König nur so lange ins Feld begleiten solle, bis die Armee den Vormarsch begonnen habe. Aber die Königin folgt ihrem Gemahl von Naumburg weiter nach Erfurt, das man auf die Nachricht von Napoleons Ankunft in Würzburg zum Hauptquartier erwählt hat. Sie will so lange wie möglich in der Nähe Friedrich Wilhelms bleiben. »Der König hat mir zum Glück erlaubt, ihn zu begleiten«, sagt sie zu Herrn von Goetzen vor ihrer Abreise nach Erfurt, »und ich werde ihn nicht eher verlassen, als er es wünscht ... Wie wäre es auch möglich, daß man mich nach Berlin verbannt? Ist es denn so wünschenswert, daß ich von den Kriegsvorgängen durch Herrn von Bray (den bayerischen Gesandten) erfahre?«

Unmittelbar vor Beginn der Feindseligkeiten richtet Luise einen letzten politischen Brief an den Zaren. Er ist aus dem Hauptquartier von Naumburg und trägt das Datum 29. September 1806: »Ich möchte Ihnen, mein teurer Vetter, indem ich von hier an Sie schreibe, eine Freude machen, nicht daß ich mir einbildete, der Anblick meines Gekritzels würde Sie beeindrucken, aber der Ort, von dem mein Brief datiert ist, die Gründe, die uns hierhergebracht haben, und die feste Überzeugung, daß wir in kurzer Zeit vorrücken werden, all das, weiß ich, wird Sie freuen.

Das muß gut gehen, die Truppen sind von schönstem Eifer beseelt und brennen darauf, sich zu schlagen und vorwärts zu gehen, niemals hat es einen solchen Elan gegeben, der mit dem vergleichbar wäre, von dem unsere Soldaten heute erfüllt sind. Aber nicht nur der Soldat, sondern die ganze Nation denkt ebenso und preist den König für den Entschluß, den er gefaßt hat ... Sie können sich nicht vorstellen, wie sehr mich das bewegt, wie ergriffen der König auf seiner Reise hierher war, als die Bauern an seinen Wagen herankamen, um ihm zu huldigen und um ihm all ihr Hab und Gut anzubieten, zur Unterstützung der guten Sache; das war ihr eigener Ausdruck.«

Luise spricht ganz freimütig: »Wenn wir unterliegen« – sie scheint es kaltblütig ins Auge zu fassen – »dann werde ich mein Unglück mit Ergebung tragen, weil wir es nicht verdient und durch Feigheit und Gemeinheit verschuldet haben. Wir gehen den Weg der Ehre; sie ist es, die uns unsere Schritte vorschreibt, und lieber unterliegen als zurückweichen ...« Dann zeigt sich ihre preußische Seele wieder: »Der König«, erzählt sie, »ist heute morgen zu sehr früher Stunde nach dem Schlachtfeld von Roßbach gefahren. Die ruhmreiche Erinnerung, welche sich an jenen berühmten Tag knüpft, lebt im Herzen eines jeden guten

Preußen, und jeder beeilt sich, seine Schuldigkeit zum Ruhme seiner Vorfahren zu tun, und besucht den heiligen Boden mit den Gebeinen der Toten, die hier für das Vaterland gefallen sind.« Mit solchen, von Generation zu Generation vererbten Empfindungen und Gefühlen schwingt sich Luise zu patriotischem Pathos auf. Und dann schließt sie müde und erregt zugleich: »Leben Sie wohl, mein teuerer Vetter, die Zukunft wird sehr von Ihnen abhängen, und ich bin ganz ruhig, da ich Sie kenne. Ich würde Ihnen lieber mündlich sagen, wie sehr ich Ihnen zugetan bin, wie sehr ich Sie liebe, weil Sie so gut sind, und daß es ausgeschlossen ist, daß sich meine Gefühle Ihnen gegenüber je ändern.« Noch immer ist sie blind vor Zuneigung.

»Die Königin von Preußen ist bei der Armee, eine Amazone in der Uniform ihres Dragonerregimentes«, verkündet Napoleon am 8. Oktober, um sie seinen Truppen als die fürchterlichste Feindin hinzustellen und sie in den Augen seiner Soldaten in Mißkredit zu bringen: »Sie schreibt zwanzig Briefe am Tag; man möchte glauben, sie lege in ihrer blinden Wut Feuer an ihr eigenes Schloß.«

In dem von Friedrich von Gentz damals regelmäßig geführten Tagebuch finden wir Einzelheiten aus der kurzen Zeit, in welcher Luise mit ihrem Gemahl dem preußischen Heerzug folgt. Es sind im ganzen gerade drei Wochen. In einem geschlossenen Wagen fährt sie mit ihm inmitten des marschierenden Heeres. Gentz beschreibt die Königin, »die große, die unglückliche, die unvergeßliche Luise im ganzen Zauber ihres Herzens und der vollen Hoheit ihrer Gesinnung und Haltung, wie sie in das Hauptquartier neben Friedrich Wilhelm einzieht; der König und die Königin saßen in einem geschlossenen Wagen, von zwanzig andern und von allen Seiten von Truppen, Kanonen und Geschützwagen umringt ... großartig war der Anblick ... sie eilten einer Schlacht zu, deren glücklicher Erfolg eine europäische Umänderung hervorbringen mußte.«

Gentz sucht um eine Audienz bei der Königin nach und erhält auch eine Einladung für Donnerstag, den 9. Oktober: »Um neun Uhr morgens erhielt ich Zutritt zu Ihrer Majestät der Königin. Schon seit einem Jahre hörte ich beständige Lobpreisungen dieser Fürstin; ich war daher ganz darauf vorbereitet, sie anders zu finden, als ich sie mir früher gedacht. Die feinen, erhabenen Eigenschaften aber, die sie während einer dreiviertelstündigen Unterhaltung jeden Augenblick entwickelte, hatte ich nicht erwartet. Sie beratschlagte mit Präzision, Selbständigkeit und Energie, zugleich eine Klugheit offenbarend, die ich selbst bei einem Mann bewunderungswürdig gefunden hätte. Und doch zeigte sie sich bei allem, was sie sagte, so voll tiefen Gefühls, daß man keinen Augenblick vergessen konnte, es sei ein weibliches Gemüt, dem man hier Bewunderung zolle. Nicht ein Wort, das nicht zum Zwecke gehörte – keine Reflexion, keine Gefühlsäußerung, die nicht in vollkommenstem Einklang gestanden mit dem allgemeinen Gegenstand der Unterredung, so daß eine Vereinigung von Würde, Wohlwollen und Eleganz, wie ich mich etwas Ähnliches nie zuvor entsinne, das Resultat war ... Ich erstaunte über die Genauigkeit, mit der sie jedes Ereignis kannte, jedes Datum zitierte und selbst auf die unbedeutendsten Umstände aufmerksam machte. Unerlöschlichen Eindruck machten aber auf mich die liebenswürdigen, tiefen Gefühle, die sie offenbarte, als sie auf das Mißgeschick des Hauses Österreich anspielte. Mehr als einmal sah ich dabei ihre Augen voll Tränen.«

Die Begeisterung, die Luise entgegenschlägt, ist tatsächlich grenzenlos. Die Königin ist die Seele Preußens.»Der Wille ganz Deutschlands ist es«, beteuert Gentz,»daß Preußen an dem Krieg teilnimmt.« – »Ich weiß«, antwortet Luise,»daß die anderen Länder unseren Entschluß mißbilligt haben ... Sie kennen ja die Vergangenheit besser als ich.« Im Gespräch über die Schlacht von 1805 beweist sie, daß ihr kein Detail fremd ist. Sie fragt Gentz, ob er Kenntnis von einem Artikel im»Publicisten« habe, der sich kritisch mit ihr auseinandersetze und in dem sie nicht gut wegkomme. Gentz kennt ihn nicht:»Gott weiß es«, ruft sie aus,»daß ich nie über öffentliche Angelegenheiten zu Rate gezogen worden bin. Wenn man mich aber befragt hätte, dann gestehe ich, würde ich allerdings für den Krieg gewesen sein. Ich glaube, er war unvermeidlich. Unsere Lage war so schief geworden, daß wir uns unbedingt daraus befreien mußten. Nicht aus Berechnung, sondern der Ehre und Pflicht halber mußte ein solcher Entschluß gefaßt werden.«

Nur mit großer innerer Erregung schneidet sie das Thema Rußland an. Gentz spricht mit Bewunderung von den Tugenden und der Gerechtigkeit des Zaren Alexander. Doch Rußland liegt so weit entfernt; es kann nur die letzte Zuflucht sein. In einem engen Zusammenschluß aller Deutschen sieht Luise das einzig mögliche Heil. Das ist ihr Credo: der Glaube an die Kraft der Nation, an den Patriotismus, an die gerechte Sache.

Ihre Anwesenheit im Lager der preußischen Armee wird jedoch schon damals von verschiedenen Parteien stark kritisiert. Auch unter den Freunden und Beratern Friedrich Wilhelms sind die Meinungen darüber geteilt. Gentz stellt Luise – allerdings ohne ihre Handlungsweise voll und ganz zu billigen – das Zeugnis aus, daß ihr Verhalten während ihrer Anwesenheit bei der Truppe »über den leisesten Tadel erhaben gewesen sei«.

Auch General Kalckreuth vertritt die Ansicht, sie solle bleiben: Durch ihren Mut gebe sie den Soldaten ein schönes Beispiel, außerdem feuere sie die Kühnheit ihrer Truppen an. Friedrich Wilhelm selbst scheint gegen ihre Anwesenheit nichts einzuwenden zu haben.

Als die Soldaten in der herbstlichen Landschaft zum letzten Mal zur Parade antreten, träumt die Königin im Dämmerlicht vom Sieg.

DER FELDZUG

Tapfer und mutig zieht der friedliebende König von Preußen in den Kampf, obwohl sich zunächst nur zwanzigtausend Mann um die Kriegsfahnen gesammelt haben. Das Heer bewegt sich auf Erfurt zu, das Friedrich Wilhelm als Hauptquartier ausgewählt hat. Luise hat keinerlei Verlangen, sich in militärische Dinge oder Kriegsstrategien einzumischen, sondern lediglich den Wunsch, bei ihrem Mann zu sein und ihm beizustehen, wo sie nur kann.

Die preußische Armee hatte seit langer Zeit keine Königin gesehen. Weder die Gemahlin Friedrichs des Großen noch die Friedrich Wilhelms II. haben ihre Männer auf militärischen Reisen begleitet. Nun erscheint Luise an der Seite des Königs inmitten einer Armee. Mit weiblicher Intuition geht sie auf die Gefühle der Soldaten ein, und ihr Talent, ihnen Mut zuzusprechen, ist beträchtlich. Sicherlich hat sie die Krieger nicht angefeuert, dem Tod die Stirn zu bieten; jegliche übertrieben martialische Gesinnung liegt ihr fern. Caroline von Berg berichtet, Luise habe bei aller Unerschrockenheit oft geweint beim Gedanken an die Witwen und Waisen, denen trostlose Verlassenheit bevorstehe.

In Erfurt wird wieder viel kostbare Zeit verloren. Militärische Beratungen, Unterhandlungen, Palaver. Man kommt zu keinem Entschluß, weiß nicht, wie man die Sache anpacken soll. Luise nimmt ihrem Mann alle repräsentativen Verpflichtungen ab, versammelt die anwesenden Fürsten, Damen und Herren um sich, so den Erbprinzen von Weimar mit seiner Frau, die Prinzen und Prinzessinnen von Hessen-Kassel und von Oranien. Auch ihre Schwester Therese ist mit von der Partie. Luise freut sich, daß sie mit ihrem fröhlichen Charakter viel zur Unterhaltung beiträgt. Und Lucchesini, der Salonlöwe von Erfurt, besitzt so viel Geist und Witz! Er kann herrliche Gespenstergeschichten erzählen. Die Königin und ihre Gäste sind begeistert. Wieder wird Luise gefeiert. Wo sie sich sehen läßt, umringt man ihren Wagen und jubelt ihr zu. Sie besitzt ja die Gabe, alle Menschen mit ihren Gefühlen anzustecken und mitzureißen. Und hier ist sie in ihrem Element. Sie versteht so glänzend zu repräsentieren. Es ist dem König jetzt ganz besonders angenehm, daß er dieser gesellschaftlichen Sorgen enthoben ist. Luises Ungezwungenheit und Herzlichkeit kommen auch in Jena zur vollen Geltung. In ihren Blicken, in ihrem Lächeln liegt keine Herablassung, nichts Huldvolles, nichts Angelerntes. Es ist ihr innerstes Wesen, das hier zum Vorschein kommt.

Um die Soldaten anzufeuern, zeigt sie sich zu Fuß auf der Landstraße den vorbeimarschierenden Regimentern und »begeisterte durch ihren Mut und durch ihre Gegenwart, was zu begeistern war«. Es ist kein Wunder, daß alle sie verehren, und daß sie Napoleon verfluchen, der sie so sehr beleidigt hat. Kurz, alles deutet für sie darauf hin, daß der Krieg sehr populär zu sein scheint. An die Opfer, die er fordern wird, denkt kaum jemand.

Am Freitag, 10. Oktober, soll das Hauptquartier von Erfurt nach Blankenhain, zwei Meilen südwestlich von Weimar, verlegt werden. Damit ist es nur drei Stunden von Rudolfstadt entfernt, wo die Franzosen am Abend dieses Tages einrücken, nachdem sie die von Prinz Louis Ferdinand geführte Avantgarde bei Saalfeld geschlagen und dann die Husaren aus Blankenburg zurückgetrieben hatten. So kommt es, daß das preußische Hauptquartier schon rasch in die größte Gefahr gerät: Es ist ohne Deckung.

Am frühen Morgen um sechs Uhr besteigt der König sein Pferd. Die Königin folgt ihm – begleitet von zwei Regimentern – in zwei Wagen, in denen auch ihre Begleitung Platz findet: die Oberhofmeisterin Sophie von Voß, die beiden Hofdamen Henriette von Viereck und Gräfin Lisinska von Tauentzien, Frau

Übersichtskarte zum Krieg gegen Preußen mit der Aufstellung der Truppen.

von Buch, die Frau des Oberstkämmerers, und zwei Damen zu ihrer Bedienung.

Vor dem Stadttor von Erfurt halten die Majestäten zwei Stunden an, um die marschierenden Truppen zu sehen, unter anderem das Dragonerregiment der Königin. Die Oberhofmeisterin vermerkt in ihrem Tagebuch:»Auf entsetzlichen Wegen bis Blankenhain. Es scheint, die Franzosen sind schon überall. Wir blieben bis spät in der Nacht alle zusammen; von allen Seiten hörte man Geschützfeuer. Niemand von uns ging zu Bett, denn wir mußten bereit sein, im Notfall augenblicklich abreisen zu können. Endlich früh fünf Uhr wurde aufgebrochen, die Wege waren grundlos; in Weimar stiegen wir aus, aber unsere Sachen blieben gepackt auf dem Wagen. Hier erhielten wir die Schreckensnachricht, daß Prinz Louis Ferdinand gefallen sei. Das Hauptquartier ist jetzt hier in Weimar; unsere Majestäten wohnen im Kavalierhause und wir andern im Forsthause.«

Als einer der ersten muß Prinz Louis Ferdinand sein Leben lassen. Er und Luise hatten die größten Hoffnungen auf das Gelingen des Feldzugs gesetzt. Obwohl Louis Ferdinand wußte, daß Friedrich Wilhelm keine Sympathie für ihn hegte, hielt er doch große Stücke auf seinen König:»Ich kenne nur einen Mann im preußischen Staate, der uns zu retten imstande wäre, wenn er nur sich selbst vertrauen wollte, und dieser ist Friedrich Wilhelm der Dritte.«

Drei Tage vor seinem Tod hatte der Prinz allerdings längst jede Hoffnung auf einen Sieg begraben. Nach einer zweistündigen Unterredung mit Friedrich Ludwig Fürst zu Hohenlohe, dessen Heer unter dem Oberbefehl des Herzogs von Braunschweig stand, rief Louis Ferdinand:»Ach, es steht schlecht um uns, schlecht um die ganze preußische Armee. Ich halte sie für verloren; aber ich werde unsern Fall nicht überleben.«

Dennoch zieht er verwegen, ja todesmutig in die Schlacht. Er reitet ein Pferd, welches ihm die Königin geschenkt hat und das ihn zum Sieg tragen soll. Am 10. Oktober wird er mit seinen sechstausend Mann von den französischen Marschällen Lannes und Augureau bei Saalfeld umzingelt. Unbesonnen, tollkühn zieht er die Aufmerksamkeit des Gegners auf sich: Er trägt den Ordensstern des Schwarzen Adlers, der in der Sonne funkelt. Einer seiner Adjutanten versucht zwar, ihm die verräterische Auszeichnung abzunehmen, doch er lehnt das ab und begnügt sich damit, den Hut vom Kopf zu ziehen und sie gegen den Orden zu drücken.

Tod des Prinzen Louis Ferdinand von Preußen bei Saalfeld.

Louis Ferdinand ist ein äußerst tapferer Soldat und verteidigt sich glänzend. Fünf Stunden lang hält er den Kampf gegen die viel stärkeren Franzosen aus, dann muß er der Übermacht weichen. In wilder Flucht wird der Rückzug angetreten und der Prinz von den fliehenden Truppen und nachdrängenden Franzosen mit fortgerissen. Sein Pferd, mit dem er über einen Graben setzen will, wird ihm unter dem Leibe weggeschossen. Louis Ferdinand springt ab und sieht sich einem französischen Wachtmeister und einem Husaren gegenüber. Es entwickelt sich ein erbitterter Kampf. Die Franzosen fordern den Prinzen auf, sich zu ergeben. Er aber antwortet mit kräftigen Säbelhieben, bis er plötzlich schwankt: Der Husar hat ihm den Säbel durch die Brust gebohrt.

Zu Tode getroffen sinkt Louis Ferdinand nieder und seufzt: »*Est-ce possible?*« Das sind seine letzten Worte. Als man später den Leichnam findet, entdeckt man dreizehn Hieb- und Stichwunden.

Im Laufe der ungastlichen Nacht des 10. Oktober erhält das Königspaar und die Nachricht vom Tod des »preußischen Achilles«. Der Krieg hat seinen ersten Helden. Die Franzosen wissen anfangs nicht einmal, wer der hohe Offizier ist, den sie getötet haben. Wohl ist ihnen seine äußerst prächtige Uniform mit den Orden und dem federgeschmückten Hut aufgefallen, aber sie halten ihn für einen General. Gentz schreibt an Adam Müller über den Tod des Prinzen: »Der Graf Mensdorff-Pouilly, ein französischer Emigrant, ... war mit dem Coburgschen Hofe in Saalfeld, als der Krieg anfing und die unglückliche Affaire vom 10. Oktober vorfiel. Er hatte den Prinzen noch am Tage der Schlacht gesprochen und begleitete ihn, ... um den Franzosen entgegenzureiten. Wie der fatale Ausgang immer entscheidender wurde, ritt er zurück, um der Coburgschen Familie beizustehen ... Da kommt der General Lannes ins Schloß und zeigt ihm den Ordensstern und das Kreuz des Prinzen und fragt ihn, wem das gehört haben könne. Mensdorff sagt ihm, welchen Feind er besiegt hat. Lannes ruft erstaunt: ›*Diable! Voilà qui est bon; cela fera une grande sensation à l'armée!*‹«

Als Luise vom Tod Louis Ferdinands erfährt, ist sie am Boden zerstört. Friedrich Wilhelm, der Kronprinz, erhält Post von Mama: »Von diesem Augenblick an hatte ich die schlimmsten Vorahnungen über diesen Krieg, der gerade erst begann, und ich fürchtete, daß er nur unglücklich enden könne, nachdem das erste Gefecht so unheilvoll war und uns einen Prinzen des königlichen Hauses gekostet hatte, auf den die größten Hoffnungen gerichtet waren. Die Nacht, die diesem furchtbaren Abend folgte, war auch ganz schrecklich ... Es ist verständlich, daß ich nicht einschlafen und kein Auge schließen konnte, und daß ich die ganze Nacht angezogen und gequält war von Sorgen, was in dieser Nacht und am nächsten Tag geschehen würde; man hatte den Plan, den Feind anzugreifen.«

Zum ersten Mal kommt Luise mit dem Entsetzlichen in Berührung, das ein Krieg mit sich bringt. Besonders bedauert sie, den letzten Brief des Prinzen, in dem er von ihr Abschied nahm, nicht beantwortet zu haben. Der König war damals so sehr erbittert gegen ihn gewesen, da hatte sie es nicht gewagt. Der Tod des Prinzen erweckt überall die größte Teilnahme. Man weint und klagt aufrichtig über diesen Verlust.

Die Ereignisse sind nicht mehr aufzuhalten. Es gibt kein Zurück. Um sechs Uhr am Morgen besteigt der König sein Pferd und zieht in die Schlacht. Die Dinge stehen schlecht für Preußen. Der Herzog von Braunschweig hat die Absicht, kämpfend den Rückzug anzutreten, das Herrscherpaar zur sofortigen Rückkehr zu bewegen und es in einem Schloß in der Nähe Berlins unterzubringen. Am 13. Oktober, einem nebligen Morgen, erschüttert Kanonendonner die Luft. Der Herzog fordert die Königin auf, abzureisen. Friedrich Wilhelm stimmt ihm zu und erreicht, daß auch Luise gegen die Rückfahrt nichts mehr einzuwenden hat. Wenn sie ohne Halt führe, würde sie bald außerhalb der Gefahrenzone sein. Luise will nicht den Anschein erwecken, daß sie Angst habe; sie besteht darauf, in Weimar zu bleiben und von dort erst um drei Uhr nachmittags weiterzufahren. Napoleon berichtet an die Kaiserin Josephine: »Die Königin ist mit dem König in Erfurt. Wenn sie eine Schlacht sehen will, kann sie dieses grausige Vergnügen haben.«

In der Nähe von Auerstedt erhält Luise vom Herzog von Braunschweig eine Nachricht: Die Schlacht stehe unmittelbar bevor, es sei unbedingt nötig, daß sie umkehre. Schon habe General von Zastrow Feindkontakt mit den französischen Vortruppen, die die Gegend von Kösen besetzen; ihren Weg weiterverfolgend, würde sie sich der schwersten Gefahr aussetzen. Luise kehrt um. Die Truppen erkennen sie und jubeln ihr zu. Die erste Dämmerung fällt über Erfurt. Die Armeen rücken gegen Jena und Auerstedt vor.

Am 15. Oktober schreibt Napoleon an Talleyrand den lakonischen Satz: »Die Königin von Preußen wurde von einer Schwadron Husaren verfolgt, sie war gezwungen, nach Weimar zurückzukehren und ist von da drei Stunden, bevor unsere Truppen dort eindrangen, wieder fortgefahren. Sie ist auf einer Straße gefahren, auf der wir viele Truppen haben; es ist möglich, daß sie gefangen ist.«

Den Gefallen tut sie ihm nicht. Spät in der Nacht erreicht Luise wieder Weimar. Sie ist durch die Aufregung erschöpft und wie zerschlagen. Um die Ruhe im Schloß nicht zu stören, steigt die Königin in der Herberge ab, wo sie die Herzogin von Weimar trifft. Ihre Unterhaltung wird durch einen Boten unterbrochen, welcher der Herzogin ein Schreiben überreicht:»Von wem ist die Botschaft?« fragt Luise aufgeregt.

»Vom Herzog.«

»Sie verheimlichen mir etwas ... Was schreibt Ihnen der Herzog? Sagen Sie es mir, ich beschwöre Sie.«

»Ich kann Ihnen nur das eine sagen: Es ist kein Augenblick zu verlieren, beeilen Sie sich, Berlin zu erreichen.«

Der Königin wäre der Aufenthalt mitten im Schlachtenlärm und Kriegsgetümmel beinahe teuer zu stehen gekommen. Sie selbst schreibt über ihre Flucht aus der Stadt Goethes:»Als ich Auerstedt schon beinahe erreicht hatte und vor mir Schloß Eckartsberga sah, kam der Herzog von Braunschweig, der den Kolonnen mit dem König folgte, an meinen Wagen mit ernster Miene – der König ging mit sorgenvollem, traurigem und ängstlichem Gesicht vorbei – und (der Herzog) sagte sehr bestimmt ...:›Was tun Sie hier, Madame? Um Gottes willen, was tun Sie hier?‹ Darauf sagte ich ihm:›Der König glaubt, daß ich nirgends sicherer bin als hinter dem Heere, da der Weg, den ich nach Berlin einschlagen müßte, auch nicht mehr sicher ist, weil die Franzosen in Ahrenstadt berittene Jäger haben.‹ – ›Mein Gott‹, erwiderte der Herzog, ›sehen Eure Majestät das Schloß Eckartsberga vor sich? Nun wohl, dort sind die Franzosen. Sie befinden sich vor uns auf dem Wege nach Naumburg, und morgen wird es eine blutige Entscheidungsschlacht geben. Hier können Eure Majestät unmöglich bleiben.‹ – ›Ich werde es dem König sagen. Er soll entscheiden‹, sagte ich ihm, ›aber welchen Weg soll ich einschlagen?‹ – ›Durch den Harz, über Blankenburg, Braunschweig und Magdeburg nach Berlin. Übrigens ist General Rüchel in Weimar. Der wird Ihnen den weiteren Weg vorschlagen.‹ – Darauf ließ ich den König bitten, an meinen Wagen zu kommen. Ich teilte ihm mit, was der Herzog mir gesagt hatte, und daß er mich in größter Gefahr glaube. Der König erwiderte:›Wenn es so ist, reise ab.‹ – Er gab mir die Hand, drückte sie mir zweimal, ohne ein Wort hervorbringen zu können. Und so stieg ich aus seinem Wagen auf die Chaussee und hinein in meinen Wagen, von Infanterie, Kanonen, Bagage und anderen kriegerischen Dingen umgeben. Von einem Offizier und acht Kürassieren begleitet, machte ich mich traurig wieder auf den Weg nach Weimar, das ich wenige Stunden vorher, ohne zu ahnen, daß mir diese Treffung bevorstand, verlassen hatte.«

Als die preußischen Truppen in Weimar die Königin zurückfahren sehen, sind sie überzeugt, den Feind unmittelbar vor sich zu haben. Sie sind tatendurstig und guter Dinge, singen patriotische Lieder und rufen ihr begeistert zu. In Weimar rät auch General Rüchel ihr, schleunigst die Reise nach Berlin anzutreten. Alle Straßen sind besetzt. Der General arbeitet einen Reiseplan aus, den einzig möglichen: »Bei der wachsenden Gefahr bat ich die Königin Majestät inständigst, nur abzureisen und sich nicht in eine, bei den größten Vorsichtsmaßregeln dennoch nicht zu berechnende Verlegenheit zu versetzen. Ihre Majestät nahm meinen Vorschlag gnädigst an, und ich entwarf nach der bei mir habenden Karte Allerhöchstdero Reiseroute und Quartier: über Mühlhausen, die Chaussee von Sesen, Braunschweig und Magdeburg nach Berlin ...«

Rüchel bemüht sich um Pferde für die Flucht der Königin, doch sie sind alle von der Armee requiriert worden. Er bietet ihr seine eigenen an und gibt einer Kavallerieabteilung – sechzig Kürassieren – den Befehl, die Königin zu begleiten. Die Kanonen donnern. Luise hat keine Furcht. Verwegen durchquert sie Weimar zu Fuß und wird von den Truppen begrüßt; sie ballt die Fäuste, um die Erregung und Rührung, die sie erschüttern, in Schach zu halten. Früh am nebligen Morgen verläßt die Königin mit ihrem Gefolge Weimar. Woran denkt sie inmitten des Nebels, durch den sie fährt? Sie sieht ihre Armee in Auflösung, Flüchtlinge, die die Straßen verstopfen – flüchtende Preußen! Verwundete in den Gräben, Tote unter dem Leichentuch. Und der König ... wo ist er, was macht er? Ist er gefangen? Tot? ... Der Wagen führt sie fort. Schweren Herzens und voll banger Sorgen beginnt Luise ihre abenteuerliche Reise auf der von General Rüchel ausgearbeiteten Route. Er hat Nebenwege, also die rauhesten Straßen und abgelegensten Gebirgspässe ausgewählt.

Der Morgenfrost dringt durch die Decken, mit denen sich die reisenden Damen vor der Kälte schützen. Die Landschaft zieht im perlmuttfarbenen Morgenlicht an ihnen vorüber, kaum sichtbar – ein Baum, altes Gemäuer, ein baufälliges Haus taucht aus dem undurchsichtigen Nebel auf, in dem eine bleiche Sonne ohne Strahlen schwimmt. Es klappern die Hufe des Gespanns, das ihren Wagen zieht, und die der Pferde der Soldaten, die sie mit gesenktem Kopf begleiten. Am Abend des 14. Oktober weiß sie noch nichts vom Ausgang der Schlacht.

Der denkwürdige 14. Oktober 1806! Der Kanonendonner der Schlacht von Jena dringt an Luises Ohr, als sie in ihrem Reisewagen bangen Herzens und doch voller Hoffnung auf den Sieg über Mühlhausen, Göttingen, Braunschweig und Tangermünde Kurs auf Berlin nimmt. An diesem Tag wird das preußische Heer vollständig geschlagen: Bei Jena führen Napoleon, Ney und Murat die französischen Truppen gegen Fürst Hohenlohe, und bei Auerstedt führt sie Davoust gegen den König von Preußen und den Herzog von Braunschweig.

Wie ein böses Zeichen mutet Luises eigener kleiner Unfall an: »Gleich hinter Weimar«, erzählt Gräfin Lisinska Tauentzien, »erlitt der Wagen der Königin einen Unfall. Wir stiegen in die offene Kalesche des Kammerherrn Buch, der sich auf den Kutschbock setzte. Frau von Voß und die Fräulein von Viereck folgten mit den Kammerfrauen. Die stolze Königin blieb still, niedergeschlagen, bedrückt.«

Zuerst klingt das Geschützfeuer wie das Rollen fernen Donners, aber bald verstummt auch dieses. Das Ausbleiben des Kriegslärms wirkt auf die kleine Reisegruppe vielleicht noch beängstigender. Zuverlässige Meldungen von den wirklichen Vorgängen werden ihnen nicht zugetragen, nur ab und zu hören sie einzelne, oft widersprüchliche Nachrichten an den am Wege liegenden Raststellen.

»Ich reise weiter zwischen den Bergen der Hoffnung und den Abgründen des Zweifels«, sagt Luise. Erfurt steht vor dem Fall, zwei Tage später wird die Stadt kapitulieren. Mutlos ziehen die Flüchtlinge weiter. Spät am Abend, die Eskorte hat sie bei Langensalza verlassen, kommt Luise in Heiligenstadt an, wo sie übernachten wird. Auch an diesem Tag keine Nachricht. Ein

Kurier kommt, meldet:»Wir haben gesiegt!« In Braunschweig, wo Luise mit ihrer kleinen Reisegesellschaft gegen sechs Uhr am Abend eintrifft, kommt ihr in der Dunkelheit der Hof in Trauer entgegen. Ist es wegen Preußen? Nein, man hat Trauer angelegt, weil Prinz Louis Ferdinand bei Saalfeld gefallen ist. Wie lang ist das schon her!

Sie steigt im »Englischen Hof« ab, wo die in der Stadt weilenden Prinzessinnen ihrer Majestät ihre Aufwartung machen. Alle sind auf neue Nachrichten vom Kriegsschauplatz gespannt, und Luise versucht, von dem, was sie unterwegs gesehen und gehört hat, Bericht zu erstatten. Aber sie ist zu erschöpft, bringt kaum einen zusammenhängenden Satz heraus.

Die Prinzessin von Oranien erzählt, daß Luise »über die Maßen aufgeregt und angegriffen war, weil sie in dem Augenblicke, wo eine Schlacht bevorstand, vom König hatte Abschied nehmen müssen; und *entre nous*, Ihrer Majestät war durch den Anblick des Krieges, den sie in solcher Nähe gesehen, der Kopf ein wenig verdreht, und es wäre besser gewesen, wenn sie nicht hingegangen wäre.«

Nur eine Nacht Rast in Braunschweig, am nächsten Morgen schon setzt Luise ihre beschwerliche Reise fort.

Aus Sömmerda ist mit dem Datum des 15. Oktober die angefangene Abschrift eines Briefes von Friedrich Wilhelm an seine Gemahlin überliefert. Man weiß nicht sicher, ob sie ihn je erhalten hat:»Der gestrige Tag ist einer der unglücklichsten und traurigsten meines Lebens gewesen, wir haben Bataille gehabt, und zwar an drei Orten zugleich. Unsere Armee stieß gleich hinter Auerstedt zwischen Rehausen und Poppel auf den Feind. Ein starker Nebel, der die ganze Gegend verhüllte, begünstigte alle bereits vorbereiteten Bewegungen des Feindes, den man für weit schwächer allen Nachrichten zufolge hielt, als er leider war. Man glaubte anfänglich, nur mit drei Regimentern Chasseurs zu tun zu haben. Dies verleitete Blücher mit seiner Kavallerie zu rasch vorzugehen, wobei gleich viel Menschen durch Kartätschfeuer verloren gingen, die Kavallerie durch das viel zu lange Halten kopfscheu gemacht wurde und zwei reitende Batterien fast gänzlich in wenigen Augenblicken vernichtet wurden ...«

Ab und zu erfährt sie von den Vorgängen auf dem Schlachtfeld. Einmal sind es gute, dann wieder schlechte Nachrichten, die sie von vorüberreitenden Soldaten, von Kurieren oder von der Bevölkerung in den Dörfern erhält. Alles liegt im Ungewissen. Vier Tage ist sie unterwegs, ohne Nachrichten über das Schicksal ihres Mannes oder den Ausgang der Schlachten, ohne irgendeine Gewißheit zu bekommen. Die Angst schnürt ihr das Herz ab. Da endlich, kurz vor Brandenburg – es ist der 17. Oktober 1806 – erreicht sie ein von General von Kleist gesandter Kurier. Hastig nimmt Luise dem Boten das Papier aus der Hand und liest die Bestätigung all ihrer Befürchtungen. Alle ihre Hoffnungen schwinden in diesem Augenblick. Der Brief informiert knapp, daß alles verloren sei, daß die Franzosen rasch vorrückten, daß sie mit ihren Kindern fliehen müsse und daß das ganze Königreich in größter Gefahr sei. Das Schicksal Preußens scheint besiegelt. Vom Schicksal des Königs enthält diese erste Depesche nichts.

Ein Taumel, ein Sturz in den Abgrund … Mit äußerster Anstrengung richtet Luise sich auf und seufzt:»Wir wollen uns nur recht zusammennehmen, um nicht diesen Schreck in Berlin zu verbreiten.« Ihr Land hat keinen Verbündeten mehr; und sie selbst, sie hat keinen Freund mehr.

In größtmöglicher Eile wird noch am selben Abend die Reise Richtung Berlin fortgesetzt. Ankunft in Potsdam. Wo sind die Kleinen? Die Kinder sind schon nach Schwedt an der Oder vorausgeschickt und auf dem ehemaligen Schloß Friederikes in Sicherheit gebracht worden.

Dann Berlin. In Windeseile hat sich das Gerücht verbreitet, daß sich die Franzosen der Hauptstadt nähern. Vor dem Schloß wächst die Menge an, ruft nach der Königin. Luise fleht, man solle ihr Ruhe gönnen.»Sagen Sie der Menge draußen, ich sei erschöpft. Und meine Tränen seien keine Tränen des Schmerzes, sondern Tränen der Dankbarkeit für diesen Empfang.« Sie kann nicht mehr. Nein, wirklich, man soll sie allein lassen, vor allem allein.

Die Hauptstadt steht vor einer Panik. Am Tag zuvor hatte sich eine Siegesnachricht verbreitet, ein Bankett war angesetzt worden. Hört die Königin den Lärm? Luise läßt Major von Dorville, den Kurier der Armee kommen:»Wo ist der König?«

»Ich weiß es nicht, Eure Majestät.«

»Mein Gott, wäre der König nicht mehr bei der Armee?«

»Die Armee besteht nicht mehr.«

Die Nachricht vom niederschmetternden Angriff Napoleons, von der Zermalmung der preußischen Armee bei Jena und Auerstedt bereitet Luise die bittersten Stunden ihres Lebens; jetzt zerrinnen alle ihre Illusionen. Die preußische Armee, deren Offiziere damit geprahlt hatten, Napoleon mit Fußtritten zu verjagen, hat der Taktik der Franzosen nichts entgegenzusetzen. Graf Hardenberg, der Ministerpräsident, trifft ein, um Luise persönlich Bericht zu erstatten, daß der König in Sicherheit sei. Erst jetzt werden erste Details über den so kurzen, aber so entscheidenden Krieg bekannt. Luise kann die Wahrheit kaum fassen, geschweige denn ertragen.

Ein unglaublich wüstes, wirres Durcheinander bietet Preußen nach der Schlacht von Jena. Die Armee hat verloren, ja sie ist vollkommen vernichtet worden, nicht nur durch Napoleon und seine Armee, sondern auch durch die Unentschlossenheit der Heerführer, durch Unvernunft und Langsamkeit. Gegenüber der neuen französischen Fechtweise sind die preußischen Truppen vollkommen wehrlos. Es hat sich bitter gerächt, daß man Paraden abgehalten hat, statt den Felddienst zu üben, daß man den Feind verachtet hat, statt von ihm zu lernen.

Auch die Zersplitterung der Kräfte hat ihren Tribut gefordert: Vereinzelt standen die Heeresteile und mußten vereinzelt schlagen. Noch am Morgen hätte ein Sieg erfochten werden können, als Napoleon nur dreißigtausend Mann auf der Höhe hatte. Als am Nachmittag achtzigtausend Franzosen oben standen, war es freilich zu spät, wenn auch der Kaiser dieser Massen gar nicht mehr bedurfte, weil er schon vorher gesiegt hatte.

Die französischen Verluste betragen fünf- bis sechstausend Mann – eigentlich sind sie sehr hoch, wenn man bedenkt, daß höchstens fünfunddreißigtausend Mann ins Gefecht gekommen sind. Die preußischen Verluste können gar nicht berechnet werden, weil die Armee zersprengt ist, ganze Truppenteile sich auflösen. Man kann aber wohl annehmen, daß mehr als ein Drittel der Armee tot, verwundet oder gefangen ist. Von vierzigtausend gefallenen preußischen Soldaten ist die Rede.

Geradezu peinlich und beschämend ist die preußische Niederlage bei Auerstedt. Man war geflohen, obwohl man noch gar nicht besiegt war, man hatte den Sieg aus der Hand gegeben, obwohl noch starke, frische Kräfte zur Verfügung standen. Dabei hat das preußische Heer auch hier enorme Verluste zu verzeichnen. Der Rückzug in der Nacht, das Zusammentreffen mit den Geschlagenen von Jena lösen die Armee auf. Alles stürzt zusammen. Auch für Luise gibt es nichts mehr, nichts, nur Leid, keine Nachricht vom preußischen König. Es gibt keine Hauptstadt mehr, kein Vaterland, keine Familie.

Die moralischen Folgen werden so ungeheuerlich und überraschend sein, daß der übermütige Sieger schon zehn Tage später an einen seiner Brüder schreiben kann: »*J'ai écrasé la Monarchie Prussienne.*« Die Monarchie Friedrichs des Großen, das alte Preußen ist bei Jena und Auerstedt ausgelöscht worden.

DER FEIND IN BERLIN

Furchtbar ist die Enttäuschung der Königin, unermeßlich der Schmerz über das Unglück. Noch bevor sie von Weimar geflüchtet ist, hat sie ihrem Mann ans Herz gelegt, doch selbst das Kommando des Heeres zu übernehmen. Aber Friedrich Wilhelm traut sich das nicht zu. Nun gibt Luise alle Schuld an der Niederlage dem unfähigen Herzog von Braunschweig. »Nur einen anderen Heerführer«, das ist ihr einziger Gedanke. Fürst Hohenlohe scheint ihr am geeignetsten, und der König befolgt ihren Rat.

Sie lebt in ständiger Angst und Sorge. Was soll werden? Schon stehen die Franzosen vor den Toren Berlins. Der König selbst ist auf der Flucht und hat Luise nach dem schrecklichen Gemetzel bei Jena geschrieben, daß fast seine gesamte Armee in dieser furchtbaren Schlacht verblutet sei. »Ich weiß nicht, was aus ihnen geworden ist. Alles, was noch lebt, läuft einzeln herum.«

Am 18. Oktober verläßt der König die Festung Magdeburg, zieht in der Nacht zum 20. Oktober an Berlin vorüber und erreicht am Vormittag Küstrin, wo er im »Goldenen Hirschen« am Markt absteigt. Beim Empfang durch den Kommandanten, die Präsidenten der Regierung und die Kriegsräte sind seine ersten Worte: »Ein sehr unglückliches Ereignis führt mich hierher.« Küstrin ist bereits von Flüchtlingen überschwemmt. Adlige, Bauern und die Bewohner des Umlands bringen ihre eilig zusammengeraffe Habe in die Festung: Wagen vollgepackt mit Möbeln, Betten und Kisten verstopfen die Straßen; es herrscht ein unglaubliches Durcheinander.

Nur einen Tag bleibt Luise in Berlin. Am 18. Oktober bestellt die Königin ihren Hofarzt, Doktor Hufeland, zu sich. Es ist sechs Uhr in der Frühe. Er findet die Königin mit verweinten Augen, aufgelösten Haaren und in voller Verzweiflung vor. »Alles ist verloren«, ruft sie ihm zu. »Ich muß fliehen mit den Kindern, und Sie müssen uns begleiten.« Doktor Hufeland besteigt, nachdem er »sein Arbeitszimmer abgesperrt hat«, um zehn Uhr bedrückt den Wagen. Die Flucht geht weiter. Luise hat ihre Fassung verloren, sie kann an nichts mehr denken als an ihre Kinder, ihre Kleinen, die vielleicht den Vater verloren haben. Wenn sie nur Nachricht vom König hätte …

In Schwedt findet sie die Kinder wohlbehalten und in Sicherheit vor. Sie drängen sich um sie, Luise drückt sie an ihre Brust, eines nach dem anderen, immer wieder. Das Wiedersehen überwältigt ihre ohnehin schon erschütterten Kräfte. Ein solches Glück in einem solchen Elend … Sie weint, und ihre innere Bewegung ist so groß, daß die Kleinen, die gewohnt sind, ihre Mutter stets froh und glücklich zu sehen, sie erschrocken anblicken. Als Luise nach einiger Zeit ihre Fassung wiedergewinnt, sagt sie zu den Kindern: »Ihr seht mich in Tränen, ich beweine den Untergang der Armee. Sie hat den Erwartungen des Königs nicht entsprochen.«

Friedrich Adami erzählt, Luise habe diese Worte zum Kronprinzen und zu Prinz Wilhelm gesprochen: »An einem einzigen Tag haben wir ein Bauwerk einstürzen sehen, an dessen Errichtung große Männer zwei Jahrhunderte gearbeitet hatten. Es gibt keinen preußischen Staat mehr, keine Armee, keinen nationalen Ruhm mehr; sie sind verschwunden wie der Nebel, der auf den Schlachtfeldern von Jena und Auerstedt die Gefahr und das Entsetzen dieser unheilvollen Schlacht verbarg! Meine Söhne, Ihr seid schon in dem Alter, wo Ihr die schweren Heimsuchungen fassen könnt. Wenn Eure Mutter und Königin nicht mehr leben wird, gedenket oft dieser unheilvollen Stunde. Weinet Tränen, wenn ihr an mich denkt, wie ich sie in diesem schrecklichen Augenblick über das Unglück meines Vaterlandes vergieße! Aber begnügt euch nicht mit Tränen! Handelt!«

Sie nimmt ihre Kinder mit. In atemloser Hast macht sie sich auf den Weg nach Stettin, der stark befestigten Stadt an der

Oder. Die Straßen sind von Flüchtlingen überfüllt, die sich auf der Landstraße hinschleppen, hohlwangig, hungrig, die Gesichter von der Niederlage gezeichnet.

In Stettin findet Luise endlich Nachrichten von Friedrich Wilhelm vor, welcher der Gefahr entronnen ist. In Auerstedt hatte er mit dem Dragonerregiment der Königin angegriffen, ein Todesritt. Das Pferd des Königs war unter seinem Reiter zusammengebrochen. Verloren irrte Friedrich Wilhelm auf dem Schlachtfeld umher, bis ihn Major Knesebeck wieder in die rechte Richtung führte. Friedrich Wilhelm folgte dem Rückzug der Truppen nach Sömmerda. Er sah nur eine Lösung, um den endgültigen Untergang zu vermeiden: die Reihen der Feinde zu durchbrechen. Blücher sollte die Attacke führen. Der benachrichtigte seine Offiziere, daß sie beim ersten Schuß ungestüm angreifen sollten. Sie zogen in Sömmerda ein, ohne angegriffen worden zu sein. Fassungslos sah der König dem Rückzug der Armee zu.

Unterdessen rücken die Franzosen weiter vor, treiben die Flüchtenden vor sich her. Der König kommt nach Magdeburg; er begibt sich zum herzoglichen Schloß, zu Fuß, ein Unteroffizier begleitet ihn. Er wird erkannt, man winkt ihm zu. Diese Beweise der Treue, welche an glückliche Tage erinnern, diese tröstenden Rufe, auf die er nicht antworten kann, erschüttern ihn. Tränen treten ihm in die Augen. Er ist schließlich auch nur ein Mensch, dieser besiegte König, gegen den sich das Schicksal verschworen hat. Aber man soll ihn nicht weinen sehen. Er hält sich ein Taschentuch vor den Mund, dann zieht er es mit einer ruckartigen Bewegung weg. Ein verzweifelter Gruß an sein Volk.

Friedrich Wilhelm durchquert die von Flüchtlingen überfüllte Stadt; mit Kisten, Betten, Sesseln, Tischen sind die Straßen verbarrikadiert, im Rinnstein treiben Kleider und Fetzen.

Als Luise auf ihren Wunsch hin die Liste der Toten und Verwundeten vorgelesen wird, scheint es ihr wie ein furchtbarer Alptraum. Die wenigen in Stettin zugebrachten Stunden müssen voll banger und schmerzlicher Erregung gewesen sein. Hier spielt sich noch ein kleines Intermezzo ab. Unversehens findet sich Lombard, der frühere Ratgeber des Königs, bei Luise ein. Er ist in Berlin davongejagt worden, als man erfuhr, daß er die

Übergabe einer wichtigen Depesche zwölf Tage aufgeschoben hatte; diese Verspätung hat die Nicht-Intervention Rußlands verschuldet. Einige Damen des Hofes, besonders die Erbprinzessin von Weimar und die Schwägerin der Königin, Prinzessin Marianne, reden ihr nun zu, den Kabinettsrat verhaften zu lassen. Luise sträubt sich zunächst gegen die Verhaftung, doch dann gibt sie nach. Mit der Begründung, Lombard werde sich nach ihrer Abreise von Stettin nicht mehr vor der Wut der Menge schützen können, erteilt sie ihm den Rat, sich unter militärischer Eskorte zur Wache zu begeben. Dort wird Lombard bis aufs Hemd visitiert, alle seine Papiere werden konfisziert, die Personen seiner Begleitung verhaftet. Als man keine Beweise für Hochverrat und Kollaboration mit dem Feind findet, läßt man ihn zwar in Ruhe, behält ihn aber in Haft. Erst ein Befehl des Königs aus Küstrin befreit ihn aus seiner üblen Lage. Lombard flüchtet weiter nach Königsberg.

Am 20. Oktober in der Frühe bringt ein Kurier der Königin eine Botschaft von Friedrich Wilhelm, der sie nach Küstrin ruft. Vor ihrer Abreise schreibt Luise ihrem Gemahl: »Es wäre vergeblich, die Empfindungen schildern zu wollen, die ich empfand, als ich Potsdam und Berlin wiedersah. Das Volk in Berlin, welches glaubte, ich sei gefangen, begleitete meinen Wagen und sammelte sich zu Tausenden am Palais unter meinem Fenster und schrien immer nach mir ... Die Nachricht der unglückseligen Bataille, statt sie niederzuschlagen, hat sie nur noch mehr erbittert gegen den Feind und ihre Anhänglichkeit, ihre Ergebenheit für Dich, für ihren König und Vaterland noch mehr vermehrt. Es ist unbeschreiblich, wie sie Dich lieben, alle Aufopferung bereit zu bringen, ihr Blut und Gut; Kinder und Väter, alles steht auf, Dich zu schützen! Nutze die Gelegenheit ja, es kann etwas Großes herauskommen. Nur um Gottes willen keinen schändlichen Frieden ... Ebenso ist die Stimmung hier in Stettin. Willst Du mich haben, sprecke, ich fliege zu Dir!«

Die Kinder setzen ihre Reise nach Danzig fort, Luise macht sich auf den Weg nach Küstrin. Bei Wildenbruch begegnet sie einer durch die flüchtende Menschenmenge aufgehaltenen Postkutsche. Sie erkennt Hardenberg. Er steigt aus dem Wagen zu ihr hinüber. Das Gespräch, das die beiden nun führen, gleicht einer Beichte. Die Königin erleichtert ihr Herz, sie erklärt ihre Haltung Lombard gegenüber, sie will sich ihrem Gesprächspartner gegenüber rechtfertigen.

Auch auf dem Weg nach Küstrin wimmelt es von Flüchtlingen. Mit ihrer ganzen Habe, mit Betten, Möbeln und Haustieren suchen sie in der Festung Schutz. Das Menschengewühl und die Angst der Flüchtenden sind unbeschreiblich. Die Unmöglichkeit eines Pferdewechsels eine Stunde vor Küstrin setzt die Königin der Gefahr der Gefangennahme durch eine Schwadron französischer Husaren aus. Ein Platzregen hat den lehmigen Erdboden aufgeweicht, überflutet die festgestampften Felder, Morast bildet sich. Die Königin trifft mit ihrer Hofdame, der Gräfin Truchseß, und mit dem Kammerherrn von Buch in einem leichten offenen Wagen um zehn Uhr am Abend in der Festung Küstrin ein, wo der König sie erwartet.

Es ist ein trauriges Wiedersehen. Nur eine Woche ist seit ihrer Trennung vergangen, und in dieser kurzen Zeit haben sie alles verloren. Die Brüder des Königs, die Prinzen Heinrich und Wilhelm, sind verwundet. Luise findet ihren Friedrich Wilhelm viel weniger erschüttert vor, als sie vermutet hat. Sie selbst dagegen ist es, als er ihr erzählt, welche kaltblütige Unerschrockenheit er bei Auerstedt an den Tag gelegt hat; bei den wiederholten Angriffen, die er an der Spitze seiner Truppen unternommen habe, seien ihm zwei Pferde unter dem Leib weggeschossen worden.

Unmittelbar nach der Schlacht von Jena hat Friedrich Wilhelm Napoleon ein Friedensangebot gemacht; der Mißerfolg seiner Armee hat ihn in seiner Abneigung gegen den Krieg nur noch bestärkt. Nun will er so schnell wie möglich Frieden schließen. Aber Napoleon geht nicht darauf ein. Er will in Berlin einziehen und dann seine Forderungen stellen.

Einige Zeit bleibt das Königspaar in Küstrin, wo Friedrich Wilhelm die Verteidigungsanlagen inspiziert und die nötigen Befehle zur Verteidigung erteilt. Ein trauriges Bild, wie die Königin, in einen großen Reisemantel gehüllt, mit ihrem Gemahl auf den Wällen der Stadt auf und ab geht. Friedrich Wilhelm hat vor, sich nach Königsberg zurückzuziehen; er scheint entschlossen, lieber den Krieg fortzusetzen, als die von

Napoleon jetzt angebotenen harten Friedensbedingungen anzunehmen.

In Küstrin jagt eine Schreckensnachricht die andere: Bei Jena ist der Herzog von Braunschweig verwundet worden; der Prinz von Oranien ist gefangen; Erfurt hat am 16. Oktober kapituliert. Die Franzosen sind am 24. in Berlin eingerückt, und Spandau hat dem Feind die Tore geöffnet. Alles scheint unter der Gewalt eines über dem ganzen Land schwebenden düsteren Verhängnisses zu stehen. Ein Unglück folgt auf das andere, eine Stadt nach der anderen kapituliert, Festung um Festung fällt. Am 26. Oktober müssen der König und die Königin Küstrin verlassen. Acht Tage später wird sich auch diese Festung den Franzosen ergeben.

In mehreren aufeinanderfolgenden Bulletins prangert Napoleon die Politik und die Haltung Preußens, den eigentlichen Urheber dieses Krieges, und die kriegerische Haltung der Königin, die ihr Land in diese Schlachten hineingestoßen habe, an. Er ist ein Meister der Prophetie: »Ich werde sie am 10. Oktober bei Saalfeld schlagen; sie werden sich nach Jena und Weimar zurückziehen, wo ich sie noch einmal schlagen werde; am 14. oder 15. werde ich die preußische Armee vernichtet haben. Vor Ende des Monats werden meine Fahnen siegreichen Einzug in Berlin halten.«

Am 17. Oktober, nach der Übergabe von Erfurt und der Eroberung der Siegestrophäen, frohlockt Napoleon stolz: »Das sind die Fahnen, die der große Friedrich seinen Soldaten gegeben hat, Fahnen der Garderegimenter und die vom Regiment der Königin; viele sind dabei, die sie mit eigener Hand gestickt hat.« Höhnisch läßt er sich in diesem »Bulletin der Großen Armee« zu einem geringschätzigen Urteil über Luise herab: »Der Kaiser ist in Weimar einquartiert, wo einige Tage vorher die Königin von Preußen wohnte. Es scheint, als ob das, was man von der Königin sagt, wahr ist; sie war hier, um den Hauch des Krieges zu atmen; sie ist eine Frau mit hübschem Gesicht, aber wenig Geist, unfähig die Folgen dessen, was sie tat, zu überblicken. Man muß sie heute, statt sie anzuklagen, bemitleiden, weil sie wohl Gewissensbisse empfindet über das Unheil, das sie über ihr Vaterland gebracht, über den verderblichen Einfluß, den sie auf den König, ihren Mann, ausgeübt hat, denn dieser war ein ehrlicher, anständiger Mann, der nur den Frieden und das Wohl seines Volkes wollte.«

Dem Marsch seines siegreichen Heeres folgend, zieht Napoleon über Weimar, Naumburg, Wittenberg und Potsdam Richtung Berlin. Die Staatskasse und der Schmuck der königlichen Familie werden auf Anordnung von Steins nach Stettin gebracht. Ansonsten nimmt die preußische Bürokratie die verheerende Niederlage wie einen unbedeutenden Zwischenfall hin, arbeiten die Beamten zumeist an ihren Akten weiter. Der General-Gouverneur von Berlin, Graf von der Schulenburg-Kähnert, erläßt, als die Nachricht von Jena und Auerstedt eintrifft, an die Bevölkerung der Hauptstadt die denkwürdige und berüchtigt gewordene Verfügung: »Der König hat eine Bataille verloren. Jetzt ist Ruhe die erste Bürgerpflicht. Ich fordere die Einwohner Berlins dazu auf. Der König und seine Brüder leben!«

Mit dieser kaltschnäuzigen Ankündigung wird den Berlinern die Zertrümmerung ihres Staates mitgeteilt. Sie bedarf keines Kommentars; in ihrer seelenlosen, barschen Knappheit ist sie ein unübertreffliches Zeugnis der Mentalität, wie sie im höheren altpreußischen Beamtentum lebte. Genauso schwerfällig und genauso ernst werden die hohen und niederen Schreiber auch für den Feind arbeiten, wie sie vorher für ihren König gearbeitet haben. Die Regierungsmaschinerie geht ihren altgewohnten Gang.

Es ist nicht die allgemeine Volksmeinung, aber doch bezeichnend, wenn der »Telegraph« am 28. Oktober schreibt: »Wie gut stände es mit dem Könige von Preußen, hätte er nicht sein Ohr den verführerischen Worten einer unvorsichtigen Fürstin geliehen.« Königin Luise, noch vor kurzem das angebetete Idol, werden jetzt öffentliche Schmähungen nachgerufen – und nirgends regt sich Widerspruch.

In Potsdam angekommen, führt Napoleons erster Weg nach Sanssouci. In den Gemächern Friedrichs des Großen findet er alles in dem Zustand, in dem es sich bei dessen Tod befand: Das Buch, daß er zuletzt gelesen hat, liegt auf dem Tisch, auch die Möbel stehen noch so da, wie er sie hinterließ. Die kleine Uhr soll in dem Augenblick, als der König starb, von selbst stehengeblieben sein.

In Potsdam, wo er am Grab Friedrichs des Großen die letzten Spuren der zwischen Alexander, Friedrich Wilhelm und Luise gewechselten Freundschaftsschwüre hinwegfegt, ihren Treuepakt für nichtig erklärt, nimmt Napoleon den Degen, den Hut und die Schärpe, die Zar Peter III. Friedrich geschenkt hatte, auch den berühmten Degen des großen Soldaten, den dieser im Siebenjährigen Krieg getragen hat, eigenhändig vom Sarg. Er läßt die Fahnen der siegreichen Regimenter Preußens aus der Kirche holen und sie in den Invalidendom nach Frankreich bringen. Als er das Potsdamer Schloß aufsucht, entdeckt er das Bild der Königin in der Uniform eines Obersten ihres Regiments: Herausfordernd scheint Luise ihn aus dem Rahmen anzuschauen und den »Emporkömmling« und Revolutionshelden von oben bis unten mit ihren Blicken zu messen.

Die Nacht vor dem Einzug in Berlin verbringt Napoleon im Schloß Charlottenburg, wo er im Zimmer der Königin schläft. Im Nebenzimmer steht eine Pendeluhr, die auf einer Spieldose einen Militärmarsch erklingen läßt, in dem Querpfeifen den Ton angeben. Napoleon wird von dieser Musik aus dem Schlaf geschreckt, springt aus dem Bett und kleidet sich hastig zu schleunigem Aufbruch an.

Am nächsten Morgen – erst vierzehn Tage sind seit Ausbruch des Krieges vergangen – zieht der Kaiser in die preußische Hauptstadt ein. Der Magistrat von Berlin befiehlt der Bürgerschaft »bei Leibes- und Lebensstrafe, sich beim etwaigen Einzug der französischen Truppen ruhig zu verhalten und keinen Widerstand zu leisten«. Auf den Gesichtern der meisten Berliner zeichnen sich Gefühle der Wut und der Verzweiflung ab. Sprachlos blicken sie auf das stolz durch ihre Tore einziehende feindliche Heer.

Die goldenen Epauletten, die Helme mit den Federbüschen, die rauhe Klangfülle der tiefen Trommeln – anstatt des hagelnden Wirbels der flachen preußischen –, die riesigen Soldaten mit ihren weißen Uniformen und großen Pelzmützen – und dann hinter dieser majestätischen und theatralischen Spitze der Kolonne die kleinen, mageren Männer, die die »stolzen Krieger

Einzug Napoleons in Berlin am 27. Oktober 1806.

des Nordens« geschlagen haben: schlecht gekleidet, die Uniformen derangiert, schlecht marschierend, die Mütze phantastisch über dem Ohr, Brote auf die Bajonette gespießt.

Nach dem Parademarsch der Legionen erscheint der Kaiser der Franzosen selbst, um die Stadt seine Macht fühlen zu lassen. Welch eine Ordnung bei der Parade, welch ein Glanz von Uniformen – Garden, Kürassiere, Regimentsstäbe – beim Klang der »Marseillaise« und des »Ça ira«.

Dann läuten plötzlich alle Glocken der Stadt, die Minister und die Spitzen der Behörden erscheinen am Tor in Uniform, und der Magistrat überreicht dem »Triumphator« auf Anordnung von Hulin de Vincennes, der zum Platzkommandanten ernannt worden ist, die Schlüssel der Stadt. Hier in Berlin darf sich Napoleon auf der Höhe seiner Macht fühlen. Er zeigt sich großherzig: Gegen Frau von Hatzfeld, deren Mann als Spion und Verräter ertappt und zum Tode worden verurteilt ist, läßt er Gnade walten. Er verzeiht Hatzfeld, erhört dessen flehende, auf die Knie fallende Frau und fordert sie auf, den ihren Mann bloß- stellenden Brief selbst ins Feuer zu werfen. Als Antwort auf die Vorwürfe, welche Josephine ihm wegen seiner Unbeugsamkeit Königin Luise gegenüber macht, fügt er der Schilderung der Szene mit Frau von Hatzfeld in einem Brief an die Kaiserin hin- zu: »Du siehst doch, daß ich die guten, naiven und sanften Frauen liebe, aber diese allein sind es, die Dir ähneln.«

Am Abend müssen die Bürger auf Befehl des Kommandan- ten ihre Häuser illuminieren. Doch diese Illumination soll schwach ausgefallen sein.

Nein, Freude kommt beim Einzug Napoleons in der preußi- schen Hauptstadt nicht auf; die Mehrzahl der Bevölkerung ver- hält sich kalt und ablehnend. Zwar sind in diesen Tagen viele Menschen aus Neugier auf der Straße, aber nur vereinzelt ist das »*Vive l'empereur*« zu hören. Über der Stadt liegt »eine dumpfe, totenähnliche Stille«. Niedergeschlagenheit ist zu spüren, ein paar Tränen fließen, und doch fehlt jede große Emo- tion, die der Bedeutung dieses tragischen Augenblicks ange- messen wäre. Berlin nimmt es hin, daß Napoleon alles tut, was die Unterlegenen reizen und erbittern könnte: Er veranstaltet im Lustgarten eine glänzende Parade seiner siegreichen Garde, er läßt die erbeuteten preußischen Feldzeichen wie zum Hohn durch die Stadt tragen. Doch eine Wirkung bleibt aus – die Ber- liner verharren in Gleichgültigkeit. Die Junker und die Solda- ten des Königs sind geschlagen worden – was geht das den ehr- baren Bürger und Handwerksmeister an? Hauptsache, die ewige Beunruhigung hört auf. Der Krieg, was ist das anderes als eine Privatsache des Königs? Fast nirgends wird den ver- sprengten Offizieren geholfen, Deserteure verlassen die Fahne und gehen nach Hause. Sie denken: Ich habe lange genug gedient, der König mag es nun allein ausrichten.

An Preußen verschwendet Napoleon kaum noch einen ernst- haften Gedanken; er weiß, daß der wahre, der furchtbare Feind noch unbesiegt ist: England. England muß isoliert werden, rund um die Insel muß eine vollständige und lückenlose Blockade geschaffen werden. Die Koalition auf dem Kontinent muß weg, und dazu soll als erstes Preußen von Rußland getrennt, ein Pufferstaat zwischen dem Reich des Zaren und dem französischen Reich geschaffen werden. Napoleon genügt es nicht, das Land niedergeschlagen zu haben, er will es aufteilen. Wir müssen uns fragen, wie die Abneigung, ja der Haß des französischen Kaisers auf Luise zu erklären ist. Damit kommt Napoleons Frauenbild ins Spiel, das wir uns etwas genauer anschauen sollten. »Bonaparte speit Beleidigungen und Gemeinheiten gegen mich aus«, beklagt Luise sich nicht zu Unrecht bei ihrer Oberhofmeisterin, die sich bereits in Königsberg befindet, während sie selbst noch in Graudenz weilt. »Seine Flügeladjutanten haben sich mit ihren Stiefeln auf meinen Sofas in meinen Gobelinsalons in Charlottenburg breitgemacht. Das Palais in Berlin ist noch respektiert worden. Er wohnt im Schloß. Es gefällt ihm in der Stadt Berlin, aber er hat gesagt, er wolle keinen Sand, er werde diese Sandgruben dem König lassen. Und man lebt und kann die Schmach nicht rächen!«

Die Entrüstung ist begreiflich. Napoleon hat Luise in ihrer weiblichen Ehre, in ihrer Ehre als Landesfürstin und Patriotin angegriffen! Er hat nicht nur geduldet, daß der »Moniteur«, das offizielle Pariser Blatt, und der »Telegraph« Schmähungen gegen sie loslassen, sondern er selbst überhäuft sie in seinen Kriegsbulletins, in seinen Briefen und Unterhaltungen mit Ministern und Marschällen mit Beleidigungen.

Das »Ungeheuer« schlägt zurück. Beißender Spott und triefende Ironie sprachen schon aus den Worten, die das 1. Bulletin der Großen Armee vom 8. Oktober 1806 über die Königin enthielt. »Marschall«, sagte darin der Kaiser zu Berthier, »man gibt uns für den 8. ein Ehrenrendezvous; niemals hat ein Franzose ein solches verfehlt. Und da, wie man sagt, eine schöne Königin Zeuge des Kampfes sein will, so seien wir höflich und marschieren wir, ohne uns Ruhe zu gönnen, nach Sachsen ...« Und weiter höhnte das Bulletin: »Die Königin ist bei der Armee als Amazone gekleidet, in der Uniform ihres Dragoner-Regiments. Sie schreibt täglich zwanzig Briefe, um von allen Seiten den Brand zu schüren. Man meint Armida zu sehen, die in ihrer Verblendung den eigenen Palast anzündet ... Nach dem Beispiel dieser beiden großen Persönlichkeiten

(Luises und des Prinzen Louis Ferdinand) schreit der ganze Hof nach Krieg.«

Das berühmt-berüchtigte 19. Bulletin aus Charlottenburg vom 27. Oktober ist jedoch der Gipfel der Geschmacklosigkeit. Darin spielt Napoleon auf die Beziehung zwischen Luise und Alexander an: »Die Empörung gegen die Urheber dieses Krieges«, verkündet er, »hat den höchsten Grad erreicht ... Jedermann ist überzeugt, daß die Königin an allen Leiden, die das preußische Volk zu erdulden hat, schuld ist. Überall hört man sagen: ›Sie war so gut, so sanft vor einem Jahr. Aber wie hat sie sich seit der verhängnisvollen Zusammenkunft mit dem Kaiser Alexander verändert!‹ ... In den Gemächern, die die Königin in Potsdam innehatte, hat man das Bild des Kaisers von Rußland gefunden, das er ihr geschenkt hatte. In Charlottenburg fand man auch ihren Briefwechsel mit dem König während der letzten drei Jahre sowie von Engländern verfaßte Schreiben, die erklärten, daß man den mit dem Kaiser Napoleon geschlossenen Verträgen keinerlei Rechnung tragen dürfe, sondern sich ganz an Rußland halten müsse. Diese Stücke besonders sind historische Dokumente. Sie beweisen – wenn es überhaupt in diesem Fall eines Beweises bedürfte –, wie unglücklich die Fürsten sind, die Frauen Einfluß auf die politischen Angelegenheiten gestatten. Die Noten, die Berichte und die Staatspapiere rochen nach Moschus und fanden sich unter Bändern und Spitzen und anderen Toilettengegenständen der Königin. Sie hat allen Berlinern die Köpfe verdreht; heute aber sind sie anderer Meinung.«

Für Napoleon steht fest: Die Verbindung Preußens mit Rußland hängt an dem empfindsamen Band, das Königin Luise an Zar Alexander fesselt. Auf ihre Bezauberung führt Napoleon die ganze Katastrophe zurück. Keinen Augenblick ist er im Zweifel über die Macht seiner politischen Gegnerin, glaubt er doch zu wissen, daß sie heimlich die Politik Preußens führt. Das ist ihr Werk – und das muß zerstört werden.

Der französische Kaiser erspart der preußischen Königin nichts. Er vergleicht sie nicht nur mit Tassos Armida, sondern auch mit der schönen Helena, die Trojas Unglück heraufbeschworen hat. In seinem Haß auf Preußen und die schwachen

Männer, die zu jener Zeit die Politik des unglücklichen Staates in Händen haben, richtet sich seine ganze Wut gegen Luise, die den Schwachköpfen Entschlossenheit und tatkräftiges Handeln beizubringen sucht.

Napoleon lehnt jegliche Einmischung von Frauen in die Politik ab, er verabscheut jedes »Weiberregiment« und verachtet die Fürsten, die unter dem Einfluß von Frauen stehen. Von dieser Haltung ist sein Urteil über Preußens Königin, von deren Anmut und Schönheit die ganze Welt fasziniert ist, geprägt. Er hält sie für eine jener Frauen, die ihre Weiblichkeit vergessen und sich mit männlicher Energie und männlichem Ehrgeiz, doch ohne jegliche politische und staatsmännische Erfahrung auf die Politik stürzen. Das ist die einzige Erklärung für seine haßerfüllten Wutausbrüche gegen diese Frau, seine Feindin. An seinem Hof sind die Frauen nur Dekoration. Kaiserin Josephine hat nicht unrecht mit der Bemerkung, daß die Frauen am französischen Hof allenfalls fünf oder sechs Tage im Jahr Einfluß auf Napoleon ausüben.

In Berlin beruft Napoleon die preußischen Staatsmänner und andere hohe Würdenträger zusammen und bezichtigt auch bei dieser Gelegenheit die Königin, die eigentliche Kriegstreiberin und Hauptschuldige am Untergang Preußens zu sein. Wohl sind die Anwesenden über diese anmaßende Äußerung überrascht und verletzt, doch aus Angst vor dem Jähzorn Napoleons wagt keiner eine Erwiderung. Nur der Geistliche Erman, der zur französischen Kolonie gehört, begehrt auf: »Majestät, das ist nicht wahr.«

In den Gemächern der Königin in Potsdam und Charlottenburg finden die Franzosen – wie Napoleon berichtet – nicht nur Luises Briefwechsel mit dem König, sondern auch Notizen und andere Papiere. Luises Flucht ist zu überstürzt gewesen, als daß sie Zeit gefunden hätte, wichtige Unterlagen in Sicherheit zu bringen und die übrigen zu vernichten. Eine unbezähmbare Neugier treibt Napoleon in Charlottenburg sogar dazu, im Schlafgemach der Königin den Geheimschrank zu durchsuchen. Dabei findet er weitere Privatbriefe, in denen wenig Schmeichelhaftes über den französischen Kaiser steht. Hier ist die Ursache seines Zorns auf Luise zu finden, der Grund für die niederträchtigen, in den Tagesberichten der Großen Armee veröffentlichten Anspielungen und Beschimpfungen. Die Besprechungen zwischen Duroc, Zastrow und Lucchesini bestärken den Kaiser in dem Beschluß, Preußen kampfunfähig zu machen. Es darf nicht mehr zu Kräften kommen, sonst würde es nur furchtbare Rache nehmen. Am 6. November empfängt Kaiser Napoleon Zastrow und willigt in einen Waffenstillstand ein, nachdem er das rechte Ufer der Oder besetzt hat. Am 22. November unterzeichnet er das Dekret von Berlin: Gegen England wird die »Kontinentalsperre«, die Blockade verhängt. »Ich will das Meer auf dem Kontinent erobern«, sagt der Kaiser.

Auf der Flucht

Während Napoleon sich in Berlin aufhält, ist die Königin auf der Flucht nach Königsberg. Sie sieht bleich aus, verliert Gewicht. Die Tränen, die Angst, die Unruhe und der Kummer zehren an ihrer Gesundheit. In den Blicken ihrer Umgebung bemerkt sie den stummen Vorwurf, daß sie nicht schuldlos ist an all dem Unglück. Später wird sie Georg in einem Brief gestehen, daß sie die Folgen des Krieges bitter bereue.

In Graudenz an der Weichsel erfahren Luise und Friedrich Wilhelm von der Übergabe Prenzlaus und all der kleinen Festungen zwischen Weser und Oder, schließlich vom Zusammenbruch des Hohenloheschen Korps. Als auch die Festungen Stettin und Magdeburg fallen, bleibt Friedrich Wilhelm nichts anderes übrig, als sich in den äußersten Winkel seines verheerten Landes zu flüchten. In Osterode beginnen die Verhandlungen mit Napoleon.

Ihrer Oberhofmeisterin schreibt Luise unter dem Datum des 13. November 1806 aus Graudenz:»Mir geht es gesundheitlich gut, und nachdem die Unglücksbotschaften nicht mehr so niederschlagend sind, wird es wieder ruhig in meiner Seele. Ich bin sehr abgemagert, und ich finde mein Aussehen schlecht, eine Folge der Tränen, der in Aufregung und Unruhe jeder Art verbrachten Nächte und des verzehrenden Kummers.«

Die Äußerungen Napoleons haben Luise in helle Empörung versetzt. Wie sehr sie unter diesen Kränkungen gelitten hat, läßt ein Eintrag des Kammerherrn Friedrich Heinrich Leopold von Schladen in seinem Tagebuch unter dem Datum des 14. November erahnen:»Ich erfuhr heute leider wieder, daß Ihre Majestät die Königin sich in der höchsten Aufregung befindet, da man so unbesonnen war, ihr schonungslos all die schmutzigen Verleumdungen mitzuteilen, welche Napoleon allenthalben gegen sie verbreiten läßt, und die auf seinen Befehl öffentlich in Berlin gedruckt worden sind. Mit strömenden Augen wiederholte die erhabene Frau jene Ausdrücke dieser Schmähschriften. ›Nein‹, ruft sie häufig aus, ›ist es diesem boshaften Menschen nicht genug, dem König seine Staaten zu rauben? Soll auch noch die Ehre seiner Gemahlin geopfert werden, indem er niedrig genug denkt, über mich die schändlichsten Lügen zu verbreiten?‹«

Graudenz an der Weichsel. Am 15. November um vier Uhr kommt die Alarmmeldung, daß die Franzosen gegenüber der Stadt, jenseits des Flusses stehen. Ein Trompetensignal ruft zu den Waffen, der König und die Königin, die Minister, Beamten und Diener ziehen schleunigst nach Marienwerder ab, wo sie für zehn Tage Unterschlupf finden und dann nach Ortelsburg weiterreisen. Während die Oberhofmeisterin mit den Königskindern – darunter dem kranken Karl – in Königsberg bleibt, folgt Luise ihrem Gemahl nach Ortelsburg.

Ortelsburg scheint der vorläufige Tiefpunkt dieser königlichen Odyssee zu sein. In der Stadt herrschen Seuchen und Not. Die Majestäten verfügen nur über ein kleines, spärlich möbliertes Zimmer in einem der elenden Häuser. Das Wetter ist kalt und feucht. Luise kann nicht vor die Tür treten, ohne bis an die Knöchel im Morast zu versinken. Friedrich Wilhelm jedoch macht jeden Morgen einen Spaziergang. Verdrossen verläßt er das Haus, während in der als Wohn- und Schlafzimmer dienenden Stube das Frühstück zubereitet wird. Die Hofdame schläft in einem Kämmerchen, und was die Minister und Hofherren betrifft, so müssen sie zu fünft mit einem kleinen Zimmer mit zwei Betten vorliebnehmen; sie wechseln mit den Betten ab, drei müssen immer auf dem Stroh schlafen. An Lebensmitteln herrscht großer Mangel, Fleisch ist kaum noch zu bekommen, auch Wein nicht. Und doch ist diese elende Unterkunft noch erträglich gegen das, was sie zehn Tage zuvor in einer schmutzigen Bierschenke in Marienwerder durchgemacht haben.

Tiefe Niedergeschlagenheit erfüllt das Königspaar. Es sind überaus deprimierende Tage, die Luise in Ortelsburg verbringt, und doch verliert sie den Mut nicht völlig. Mit dem König ist hingegen kaum etwas anzufangen. Er ist depressiv und unzugänglich. Dazu kommt die beständige Angst vor dem herannahenden Feind.

In den trostlosen Tagen des Zusammenbruchs und der Flucht erlebt auch Prinzessin Marianne, die Schwägerin Luises, ihren absoluten Tiefpunkt: Am 3. November wird sie von einer Tochter entbunden, der sie den Namen Irene gibt, doch dieses Kind soll ihr, ohne die Taufe empfangen zu haben, bereits elf Tage später wieder genommen werden. Bei der Überfahrt nach Pillau trifft sie ein weiterer schwerer Verlust: Auf der Flucht vor den nachdrängenden französischen Truppen stirbt auch Amalla, Mariannes Liebling Amalie. In Danzig finden beide Kinder ein gemeinsames Grab.

Aus diesem erschütternden Anlaß schreibt Luise aus Ortelsburg der unglücklichen Freundin einen Trostbrief. Er ist um so bewegender, als Luise selbst gerade Sorgen um ihre Kinder, die sich in Königsberg befinden, hat, denn Alexandrine ist an Ruhr, Karl an Typhus erkrankt. Luise ist am Ende ihrer Kräfte. Wie um das Unglück voll zu machen, wird nun auch sie selbst krank.

»Es würde schwer sein«, schreibt die Königin, »das zu beschreiben, was ich empfand, als ich die traurige Nachricht von dem Tode Deines Kindes erfuhr. Traue es meinem Mutterherzen zu, liebe Marianne, daß vielleicht wenige Deinen Schmerz so wahr und innig empfinden und teilen als ich! Bittere Erfahrungen haben mich ihn kennen lernen lassen, und ich setzte mich so lebhaft in Deine Lage, empfinde so ganz die Größe Deines Verlustes, daß meine Tränen Dir aufrichtig fließen. Wie gerne eilte ich nicht zu Dir, um Dich zu trösten – doch dies vermag keiner in der ersten Zeit! Aber mit Menschen umgeben sein, die einen lieben, ist doch ein sanftes Gefühl, und dieses könnte ich Dir geben; denn ich liebe Dich heiß und wahr. Allein mein eisernes Schicksal gibt mir diese Linderung nicht, so wenig als meinen kranken Karl zu sehen ...

Ach Gott, Marianne, auch mein Auge wendet sich oft zum Himmel, tränenschwer, und fällt zur Erde zurück ohne Trost. Ich glaube! Ich hoffe! Aber es gibt Momente, wo man alles vergißt, nur das Unglück nicht, welches ein schweres Verhängnis über einen brachte und was einen zu erdrücken droht. Möge der Schöpfer Dir all den Trost gewähren, den Du bedarfst! Das wünsche ich Dir aus der Fülle meines Herzens. Ich schreibe Wilhelm nicht, um mich nicht zu wiederholen. Ich hoffe, er kennt mich genug, und meine Freundschaft zu ihm ist von zu langer Dauer, als daß er in den schwersten Augenblicke des Lebens nicht ganz auf mich rechnen könnte. Sage ihm das und tausend Grüße von mir! ...

Ich küsse Dich innig und wünsche Dir alles, was ein treues Schwesterherz Dir nur Trostwürdiges wünschen kann. Gott stehe Dir bei und verlasse Dich nicht. – Deine treue Freundin und Schwester Luise.«

Am 5. Dezember bricht sie zur Weiterreise auf, sie zieht von Ortelsburg nach Wehlau am Pregel und von dort nach Königsberg, wo sie vier Tage später mit hohem Fieber eintrifft. Hardenberg ist von Memel herbeigeeilt, um mit ihr über die Bildung eines Ministeriums zu sprechen, das nicht zustandekommen soll. Sie fühlt sich schwach, das Fieber zehrt an ihren Kräften. Und Hufeland, der Hofarzt, ist nicht da: Er ist durch die Niederkunft von Prinzessin Marianne aufgehalten worden.

Der Vorschlag zum Waffenstillstand erreicht Friedrich Wilhelm in Osterode in Ostpreußen, wohin er sich geflüchtet hat. Hier laufen die Verhandlungen an, doch sie gehen Luise gründlich gegen den Strich, entsprechen sie doch so gar nicht ihren Vorstellungen von einem gerechten Frieden. Napoleon hat nämlich den in Graudenz vom König angenommenen Friedenspräliminarien nicht zugestimmt, statt dessen neue Forderungen für einen Waffenstillstand gestellt. Und nun weigert sich Friedrich Wilhelm, ihn anzunehmen. Zweifellos in Übereinstimmung mit Luise. Der König weiß nicht recht, was er tun soll angesichts eines Gegners, der so hohe Forderungen stellt, andererseits würde er den Krieg gern beenden.

In Osterode scheint es, als gingen ihn die Ereignisse gar nichts an. Er ist mit nichtigen Dingen beschäftigt und von einer Gleichgültigkeit, die auf alle höchst befremdlich wirkt. In seinen Entschlüssen ist er noch zögerlicher als sonst. Die meisten seiner Generäle und Minister sind für den Abschluß des Waffenstillstands. Man lehnt sich gegen die Anwesenheit der Königin in Osterode auf, denn man glaubt nicht ohne Grund, daß sie den König beeinflussen könne. Nicht wenige sprechen sich für ihre Abreise aus. Aber sie bleibt. Immer wieder bedrängt sie Friedrich Wilhelm, das Dokument nicht zu unterschreiben. Der König teilt General Duroc seinen Entschluß mit, den Waffenstillstand abzulehnen. Er ahnt nicht, welche Folgen diese Entscheidung nach sich ziehen soll. Aber lieber hätte er auf seine Krone verzichtet, als gegenüber Rußland wortbrüchig zu werden.

Friedrich Wilhelm bleibt nichts anderes übrig, als seine Ehre für einen Rest preußischer Erde preiszugeben. Alexander sichert ihm noch einmal hundertvierzigtausend Mann zu. Der König trifft in Pultusk, dem Hauptquartier des russischen Kommandanten von Bennigsen, ein, während Napoleon eine Absetzungserklärung für ihn vorbereitet; für ihn ist der preußische König nur noch eine Marionette Rußlands. In seinen strategischen Gedanken spielt Preußen längst keine Rolle mehr. Er hält sich an Rußland. Wie wäre es, überlegt er, eine Interessengemeinschaft mit dem türkischen Reich zu gründen, die im Einverständnis mit Frankreich handelt? Beim Verlassen Berlins am 27. November schreibt Napoleon an Josephine:»Meine Geschäfte gehen gut. Die Russen flüchten.«

Doch die Russen flüchten nicht. Entschlossen, sich zu schlagen, sucht Alexander wieder Kontakt zu seinem»Bundesgenossen« Friedrich Wilhelm und nimmt Verhandlungen mit Österreich auf, während Napoleon Unterhändler in die Türkei schickt und weitere Teile Polens erobert. Am 28. November stehen die ersten französischen Truppen in Warschau. Der Enthusiasmus der Polen erfüllt Napoleon mit Mißtrauen. Unterdessen beschäftigt er sich damit, in Deutschland neue Staaten zu schaffen.

Und Luise? In den Augen Napoleons scheint Alexander ganz in dem Bemühen aufzugehen, die unglückliche Königin von Preußen zu befreien, ihre Schmach zu rächen, ihre Tränen zu trocknen. Und tatsächlich schließt das Kalkül Alexanders Preußen ein: Friedrich Wilhelm, sein Waffenbruder, wird sein

Soldat im neugebildeten Europa werden. Aber um Magdeburg und Berlin zu befreien, muß man Warschau und Polen passieren.

Am 10. Dezember ist die Familie in Königsberg wieder vereint. Der erste Gang führt Luise zu ihren kranken Kindern, die sie zu ihrer Freude bereits auf dem Weg der Besserung antrifft. Die eigene Krankheit hindert Luise vorläufig an allen politischen Geschäften. Endlich trifft Hufeland ein. Er ist über den Zustand der Königin besorgt:»Sie lag sehr gefährlich darnieder«, schreibt er in sein Tagebuch.

Friederike, die in Königsberg ein Haus besitzt, nimmt ihre Schwester mit den Kindern mit Freuden auf. Luise ist froh, ihre Schwester wiederzusehen, und findet bei ihr Trost. Hufeland notiert in seinem Tagebuch die Erlebnisse einer dramatischen Nacht:»Nie werde ich die Nacht des 22. Dezember 1806 vergessen, wo sie in Todesgefahr lag, ich bei ihr wachte und zugleich ein so fürchterlicher Sturm wütete, daß er einen Giebel des alten Schlosses, in dem sie lag, herabriß, während das Schiff, welches den ganzen, noch übrigen Schatz und alle Kostbarkeiten enthielt, auf der See war. Indes auch hier ließ Gottes Segen die Kur gelingen, sie fing an, sich zu bessern.«

Drei volle Wochen dauert die Krankheit. Die dürftigen Nachrichten über Luise in diesem wohl düstersten Lebensabschnitt, die sich aus zeitgenössischen Aufzeichnungen ermitteln lassen, überraschen nicht. Sie ist deprimiert, tritt aber nach ihrer Genesung scheinbar so leutselig und liebenswürdig auf wie immer. Doch wer sie kennt, dem fällt eine gewisse Zurückhaltung auf. Sie will nicht aufgeben, spricht sich selbst Mut zu, denn Friedrich Wilhelm ist dazu nicht in der Lage. Es scheint, daß die Königin mit der Situation besser fertig wird als der König. Voller Rührung nehmen sie eine Spende der Königsberger Mennoniten an, Luise bekommt dazu einen Korb voll frischer Butter.

Alexander ist kein großartiger Stratege, eher ein lässiger Fatalist. Er sucht nach Vorwänden, um den Krieg wieder zu beginnen. So kommt es zu jener erbarmungslosen Winterschlacht, zu dem Feldzug über morastige Straßen und Felder, wo Pferde und Soldaten durch den Schlamm waten müssen, wo der Marsch durch die Nachzügler und die Toten aufgehalten wird, wo die Verwundeten ohne Schutz, fast ohne Proviant schließlich in Eis und Schnee zurückbleiben.

Langsam, wie in Zeitlupe, bewegt sich die Armee Napoleons vorwärts, verirrt sich in diesem zunächst von Schlamm und dann von Eis bedeckten Land. In Pultusk stößt sie auf die russischen Truppen, die wie Schatten aus dem Nebel auftauchen und wieder verschwinden. Nicht ein einziger Gefangener. Napoleon ist fassungslos. Dennoch schlägt er am Neujahrstag 1807 sein Hauptquartier in Warschau auf und denkt nun daran, sich Königsbergs, der letzten dem König von Preußen noch gehörenden Stadt, zu bemächtigen. Das Wetter läßt keine Kampfhandlungen zu, trotzdem drängen die Russen hartnäckig auf eine Schlacht, winden sich unbemerkt aus der Einkreisung des Feindes heraus und überraschen am 8. Februar – siebzigtausend Russen gegen fünfzigtausend Franzosen – die Armee Napoleons in Preußisch-Eylau Es gelingt den russischen und preußischen Truppen, die Franzosen zurückzuschlagen. Große Verluste schwächen beide Seiten. »Das war«, sagt Napoleon, »ein unnützes Gemetzel.« Im Schnee versickert das vergossene Blut, und der Kampf endet mit einem unentschiedenen Waffenstillstand.

TAKTISCHES SPIEL

Am Neujahrstag 1807 ist Friedrich Wilhelm mit seiner Familie immer noch in Königsberg, obwohl das Vorrücken der Franzosen eine weitere Flucht nach Osten notwendig erscheinen läßt. Am Morgen, als die Kinder ihren Eltern Glück für das neue Jahr wünschen, richtet der König das Wort an seinen zweiten Sohn: »Wilhelm, du gehst nach Memel, und da es mir vielleicht nicht möglich sein wird, die Ernennung an deinem Geburtstag zu vollziehen, ernenne ich dich deshalb jetzt schon zum Offizier.« Der kleine, noch nicht ganz zehnjährige Prinz, freut sich über die Garde-Dienstuniform, die ihm angelegt wird: blauer Rock mit rotem Kragen, dunkle Hosen und hohe, bis an die Knie reichende Stiefel; ein Spazierstock vervollständigt die Ausrüstung. Es ist gut, daß so der zehnte Geburtstag vorweggefeiert wird, denn als der Festtag kommt, wird Prinz Wilhelm von demselben Fieber befallen, das auch seine Mutter und seinen Bruder Karl heimgesucht hatte.

Die Nachrichten vom Vormarsch der Franzosen werden immer bedrohlicher. Luise ist in Königsberg nicht mehr sicher. Sie muß fort. Sie selbst will es so und sagt: »Ich will lieber in die Hand Gottes als dieser Menschen fallen.« Am Tag vor ihrer Abfahrt schreibt sie ihrem Vater: »Es sind nun einundzwanzig Tage, daß ich krank bin ... Ich habe viel gelitten. Augenblicklich bin ich im Begriff, nach Memel zu fahren. Mein Wagen ist in ein Bett verwandelt, Hufeland folgt, und so hoffe ich, mit Gottes Hilfe vor Tagesende anzukommen ... Ich drücke Georg an mein Herz ... Gott segne Euch, Euch und Euer Land.«

Gräfin Sophie von Voß ist einige Stunden zuvor mit General Köckritz vorausgereist, um für ihre Herrin ein einigermaßen annehmbares Quartier in Memel zu suchen. Aber sie kommen des entsetzlich schaurigen Wetters wegen nicht weiter. In einem der nächsten Dörfer bleiben ihre Wagen stecken. Der kleinmütige Köckritz verzweifelt fast. Er jammert und hat Angst, die Franzosen könnten ihn einholen und mitsamt der Oberhofmeisterin gefangennehmen oder gar »massakrieren«. »Nun«, sagt die Gräfin ungerührt, aber bissig zu ihm, »dann haben sie eben zwei alte Weiber gefangen.« Sie kann den alten Hasenfuß nicht ausstehen und verwünscht seinen Einfluß auf den König.

Königin Luise im Reisewagen auf der Flucht nach Memel, Januar 1807.

Am 5. Januar 1807 wird die schwerkranke Luise bei heftigster Kälte, im fürchterlichsten Sturm und Schneegestöber in einen offenen Wagen – einen anderen kann man nicht auftreiben – getragen und zwanzig Meilen über die Kurische Nehrung nach Memel gefahren. Die Kinder sind bereits vorausgeschickt worden. Drei Tage und drei Nächte ist sie unterwegs. Es ist bitter kalt. Der Sturm und das Unwetter sind so schrecklich, daß die Pferde kaum weiter können. In Luises Begleitung befinden sich nur ihre Kammerfrau Schadow, die Hofdame Bertha von Truchseß und Hufeland, der Leibarzt. Es ist ein Alptraum: In der ersten Nacht der Reise liegt Luise in einer Stube, deren Fenster zerbrochen sind. Der eisige Wind treibt Schneeflocken bis auf ihr Bett. Es ist eisig kalt, und man hat weder Feuer noch etwas Warmes zu essen für die Kranke. »So hat noch keine Königin die Not empfunden«, vertraut Hufeland seinem Tagebuch an. Er hat die größten Befürchtungen, daß Luise einem Schlaganfall erliegen könne. Aber sie übersteht auch diese fürchterliche Reise, scheint alle ihre heimlichen Reserven zu mobilisieren. Zumindest verschlimmert sich das Fieber nicht.

Endlich, am 8. Januar, taucht die Küste von Memel im Sonnenlicht auf. Die Sonne ... Sie sind gerettet.

In Königsberg sind vom Hof der Königin nur Friederike und ihr Gefolge und die Fürstin Luise Radziwill zurückgeblieben, deren älterer Sohn schwer erkrankt und nicht transportfähig ist. Sie erwarten täglich die Schreckensnachricht, daß Napoleon in die Stadt einziehen werde. Aber er läßt sich vorläufig nicht blicken, sondern verlegt sein Hauptquartier nach Osterode. Luise von Radziwill erzählt, welche Todesangst sie in jenen Tagen ausgestanden hat. Nur einer List Rüchels, den die Franzosen den Don Quichotte des preußischen Heeres nennen, ist es zu danken, daß sie sich noch einige Tage halten können: »Die Stadttore waren verrammelt. Jede Nacht näherten sich die französischen Vorposten und schlugen Alarm. Aber der etwas wunderliche Rüchel, der sehr eitel und von lächerlichen Prätentionen erfüllt war, ohne daß er große Kenntnisse besaß, denn er war nur oberflächlich gebildet, imponierte den Feinden durch seine Prahlereien. Jeden Tag ließ er die Tore der Stadt durch die wenigen Soldaten besetzen, die uns noch geblieben waren. Sie mußten immer in ganz verschiedenen Uniformen auftreten, so daß man glauben konnte, Königsberg habe eine ziemlich starke Garnison behalten, um einem Handstreich des Feindes Widerstand entgegensetzen zu können.«

Erst in Memel kann Luise sich ein wenig Ruhe gönnen. Aber welcher Unterschied zwischen ihrem Aufenthalt in dieser Stadt ein paar Jahre zuvor und jetzt! Wohin sind die heiteren Tage des

Glücks? Wohin die Hoffnungen? Es sind wieder dieselben Zimmer, die sie damals bewohnte, in denen sie den jungen Zaren zum Tee empfangen hatte. Sie liegt auf demselben Sofa, aber diesmal seelisch und körperlich krank und gebrochen. Wehmütig ruft sie sich die Vergangenheit in Erinnerung. Wenigstens sind ihre Kinder da; Delbrück hat die beiden ältesten Prinzen sicher nach Memel gebracht. Zum Glück verstehen sie die Tragweite des Mißgeschicks noch nicht, das ihre Eltern getroffen hat. Sie spielen, toben und sind trotz aller Entbehrung glücklich, so daß der Erzieher dem König melden kann, die Prinzen seien »gesund und wohlbehalten und ohne die mindesten Nachwehen des erlittenen Ungemachs in Memel angekommen.«

Luise atmet auf. Langsam erholt sie sich. Der Januar 1807 bringt zunächst milderes, sonniges Winterwetter. Die ärgsten Stürme scheinen überstanden. Aber im Herzen der Königin ist Finsternis. Sie ist traurig und deprimiert. Vielleicht empfindet sie in dieser Stadt eine besondere Art Wehmut, ist sie hier doch Alexander zum ersten Mal begegnet. Die Nachricht vom Waffenstillstand zwischen Rußland und Frankreich nach der Schlacht vom 8. Februar, dieser erste »Sieg« über Napoleon, belebt Luise. Überschwengliche Hoffnung erfüllt ihr Herz. Die erste von den ostpreußischen Husaren eroberte französische Fahne erscheint ihr wie ein glückverheißendes Symbol.

Ende Januar will Friedrich Wilhelm in Memel einen Vertrag mit England unterzeichnen, das wegen der preußischen Politik Hannover gegenüber argwöhnisch geworden ist. Und Napoleon zeigt sich nach der Schlacht bei Preußisch-Eylau zum Frieden geneigt. Besonders Talleyrand hat den Wunsch, eine Verständigung mit Preußen herbeizuführen. Am 16. Februar empfängt Friedrich Wilhelm General Bertrand, den Gesandten Napoleons, in Memel. Der Empfang ist wie immer einfach und schlicht. Bertrand trägt pflichtgemäß eine kleine, von seinem Kaiser verfaßte Rede vor, die er vielleicht mit mehr Scharfsinn erläutert, als es seine Weisung zuläßt. Er sagt, Europa wünsche, daß Polen kein unabhängiger Staat werde, daß Napoleon vielmehr die Rückkehr des Königs auf den preußischen Thron mit all seinen Rechten und Vorrechten anstrebe. Preußen könne alle verlorenen Gebiete wiedererlangen, wenn es sich zum sofortigen Frieden mit Frankreich bereit erkläre.

Hätte Friedrich Wilhelm in diesem Augenblick die ihm entgegengestreckte Hand ergriffen, ihm wäre vieles erspart geblieben. Doch der König fühlt sich seinem Bundesgenossen Alexander so verbunden, daß er die Hand ausschlägt und damit sein Schicksal besiegelt. Auch Luise ist überzeugt, es wäre schädlich, jetzt schwankend zu werden und Frieden zu schließen, und besser, seine ganze Zuversicht auf Alexander zu setzen, der ihnen ja Hilfe versprochen hat und bringen muß. Dies ist sicherlich der riskanteste Punkt der preußischen Geschichte, an dem sich alles entscheidet.

Friedrich Wilhelm antwortet mit einem nichtssagenden Brief: Als Verbündeter Rußlands müsse er sich erst mit Alexander abstimmen. Er will keinen Frieden schließen, dem er das Bündnis mit Alexander opfern müßte. Alle Friedensvorschläge Napoleons, die unter den gegebenen Verhältnissen nicht unvorteilhaft für Preußen sind, schlägt er aus. Er hält treu zum Zaren, der ihn später so schmählich im Stich lassen wird.

Auch Luise kommt wieder ins diplomatische Spiel. Nach dem Empfang bei Friedrich Wilhelm bittet Bertrand noch am Abend desselben Tages die Königin um eine Audienz. Er hofft, sie persönlich für seinen Friedensvorschlag gewinnen zu können und rechnet auf ihren Einfluß. Doch sie hört ihm nicht zu, und als er zu weiteren Erklärungen ansetzt, unterbricht sie ihn und erinnert ironisch an die beleidigenden und verletzenden Worte, die Napoleon über sie geäußert hatte: »Frauen haben nicht über Krieg und Frieden mitzusprechen.« Bertrand läßt dennoch nicht locker und behauptet, Napoleon selbst sei über das Geschwätz der französischen Presse unzufrieden.

Preußen macht also wieder einmal seine Entscheidung von der Ansicht des Zaren abhängig. Hardenberg wird zur Beratung hinzugezogen und steht auf der Seite der Königin. Sie ist glücklich, als die Antwort Alexanders auf den Brief ihres Mannes über diese Angelegenheit eintrifft. Der russische Zar steht den Vorschlägen Napoleons ebenfalls abgeneigt gegenüber. Er meint, der Krieg könne weitergeführt und zum Erfolg gebracht werden, besonders da die an der Memel stationierte russische Garde die günstigsten Chancen dafür böte. Daraufhin sendet Friedrich Wilhelm den General von Kleist mit einer Absage zu Napoleon.

Wie immer schenkt Luise Alexander Glauben, vertraut ihm blind. Noch immer klammert sich ihr leidgeprüftes Herz an den Mann, den sie für stark und aufrichtig, für den Inbegriff alles Edlen hält. Er würde sie, er kann sie nicht verlassen! Sie sehnt ihn herbei, denn nur von ihm erhofft sie sich, was sie selbst nicht mehr zustandebringt: dem völlig verzweifelten König von Preußen sein Selbstvertrauen wiederzugeben. Friedrich Wilhelm ist mehr denn je pessimistisch und hoffnungslos und in düsteren Stimmungen gefangen. Von Lombard und Lucchesini hat er sich zwar befreit und Hardenberg wieder in Gnaden aufgenommen, aber er hat kein Konzept, keine Strategie. Und er versteht es nicht, die neuen Männer so einzusetzen, wie es für die Politik Preußens von Vorteil wäre. Alles Heil erwartet er – wie Luise – von der russischen Allianz.

Seit Preußisch-Eylau spürt die Königin, daß Napoleon nicht unbesiegbar ist, und ihre Maxime ist ebenso klar wie unerschütterlich: Sie unterstützt die russische Politik. Mit ihrem Freund Hardenberg ist sie einig: Ein Sonderfrieden bedeutet die endgültige Unterjochung Preußens. Napoleon soll sich auf die andere Seite des Rheins zurückziehen. Dieser Rückzug soll ihm so schwer wie möglich gemacht werden, und er soll dazu gebracht werden, unter gerechten Bedingungen zu verhandeln.

Die Verwirklichung dieses Plans hängt von Alexander ab; am 19. Februar nimmt Luise an der Sitzung des Ministerrats teil, in dessen Verlauf die Frage eingehend besprochen wird. Mit Gesten und Blicken unterstützt sie Hardenberg. »Haltet aus«, flüstert sie ihm ins Ohr. Hardenberg hält aus und bleibt standhaft.

General von Kleist kehrt mit widersprüchlichen Eindrücken aus dem Hauptquartier Napoleons zurück: Einerseits scheint der Kaiser geneigt zu sein, Preußen zu reorganisieren und mit England und Rußland zu unterhandeln. Andererseits herrscht auf der französischen Seite eine wachsende Unzufriedenheit. Der Kaiser ist nervös; die Schlacht bei Preußisch-Eylau hat seinem Ansehen schwer geschadet. Er droht, im Falle der Ablehnung eines Sonderfriedens mit Preußen nach seinem Sieg über Rußland abzurechnen – entschlossen, sogar zehn Jahre Krieg zu führen, sollte es nötig sein. Hardenberg begehrt auf. Er beginnt Verhandlungen, die zur Einigung mit England, Schweden und Österreich führen. Er sieht weiterhin keinen Anlaß, an der unerschütterlichen Freundschaft Rußlands mit Preußen zu zweifeln. Alexander allein kann Preußen aus dieser Verwirrung nicht retten. Hardenberg erhofft sich viel von ihm, und seine Königin ist wie immer mit ihm einer Meinung. Der Zar von Rußland setzt Friedrich Wilhelm in einer Botschaft vom 4. März 1807 über seine Absichten in Kenntnis, den Feind frontal anzugreifen, während Preußen ihn von der Flanke fassen und über den Rhein zurückdrängen solle. Gleichzeitig kündigt er einen Besuch in Memel an. Der weitblickende Alexander denkt sogar daran, seine Flotte an die Küsten von Frankreich zu senden und den Gegner vom Meer her zu bedrohen. Napoleon ist sich dieser Gefahr bewußt und erwägt einen Gegenschlag. Der Plan, Alexander im Orient Schwierigkeiten zu bereiten, schlägt fehl; die Verhandlungen mit der Türkei werden ergebnislos abgebrochen.

In Memel und Königsberg lebt der Hof abseits dieses politischen Tauziehens in der größten Stille und Zurückgezogenheit. Dem König sagt dies viel mehr zu als seiner Frau, die sich wegen der allgegenwärtig herrschenden Kälte aus dieser Gegend fortsehnt. Seit 20. Januar ist auch Marianne in Memel. Schon am folgenden Tag berichtet sie ihrem Mann: »Um sechs Uhr ging ich zum Tee bei der Königin, die sehr erfreut schien, mich zu sehen.« Luise hat sich inzwischen erholt und leistet bald Marianne, die nun selber von einer – wenn auch leichten – Krankheit befallen wird, gerne Gesellschaft.

In ihren Briefen an den Gemahl, Prinz Wilhelm, gibt Marianne einen Einblick in das Leben in diesem hintersten Winkel Preußens: »Ich bin abends allein mit der Königin, die Voß ist viel da und später die Kinder. Hufeland ist auch manchmal da, der König geht ab und zu« (23. Januar). »Gestern aß ich allein mit der Königin, heute trank ich den Tee bei ihr, ohne den König zu sehen. Es fallen sonderbare Sachen vor in der Welt!«

(30. Januar). »Ich war gerade bei der Königin auf einem von den ennuyanten Tees ... Ich werde schrecklich gequält, auch einen ennuyanten Tee zu geben. Da ich aber nur eine brauchbare Stube habe, so wird wohl nichts daraus werden ...« (5. Februar) »Die Königin kam gefahren, mich abzuholen, um Schiffe kommen zu sehen. Wir sind sehr weit am Meer nachher zu Fuß gegangen ... Und eben, Gott sei Dank, lange ich in meiner Stube wieder an, aber nicht auf lange, denn ich muß wieder hin zum Tee.«

Der Hof ist aus dem Tritt gekommen. Langweilige Gesellschaften, ausgedehnte Spaziergänge am Ufer, eintönige Tees und immer wieder Tees. Am 8. Februar schreibt Marianne an Wilhelm: »Wie unendlich sehne ich mich nach Dir, mein Geliebter, heut abend so sehr, denn ich bin mir selbst unleidlich, weil ich so viel gelacht habe und mich so lustig habe stellen müssen. Es war nämlich der fameuse große Tee bei mir, dem König zu Gefallen, der es sehr wünschte, um jemand noch einmal vor dem Abschied zu sehen. Er war ganz gerührt beim Weggehen (daß mich's ordentlich freute, ihn gefühlvoll zu sehen) ... Ich war äußerst aimable. Meine schönen Schmiereien und Leos Bilderchen füllten einen Teil der Soiree. Glaube nicht, daß ich mir etwas einbilde auf meine einfältgen Zeichnungen! Aber man spricht so viel davon, um *matière à parler* (Gesprächsstoff) zu haben, so daß mich die Engländer so lange quälten, bis daß ich sie zeigte. Hernach spielten wir das Potsdamer Spiel, wo man immer mit Monsieur, Madame usw. Namen und andere Sachen darunter schreiben muß. Der König war den ganzen Abend in der andern Stube. Und so ging alles eigentlich so weit sehr gut.«

Mit Luise ist längst alles wieder im reinen. »Wir sind jetzt sehr gut zusammen, sie liebt mich sehr, und ich gebe mich hin ...« Bei Spaziergängen mit der Königin an der Meeresküste gibt es »große Gedanken«. Luise sucht sich eng an sie anzuschließen, doch Marianne scheint es schwerzufallen, der Freundin ihre Liebe und Freundschaft ganz zu schenken; eine letzte, geheime Reserve aufzugeben, scheint sie nicht bereit zu sein. Am 11. März, einen Tag nach Luises Geburtstag, vertraut Marianne ihrem Mann an: »Die Königin war eine Stunde bei mir heut auf meinem Sofa. Mein Herz kämpft gegen die Hingebung zu dieser Freundschaft – wohl ihm, daß es noch nicht unterlag …« Luise scheint es zu spüren, sie verdoppelt ihre Anstrengungen, das Herz der Freundin zu gewinnen; am 22. März notiert Marianne, die Königin komme »zweimal den Tag«.

Aus dem Februar 1807 ist ein Brief Mariannes an Luise erhalten, der mit großer Offenherzigkeit ein Zeugnis ablegt für die tiefe Sympathie, mit der die Prinzessin schließlich doch die Liebe der Königin in der Tiefe ihres Herzens und trotz allen Widerstrebens erwidert: »Statt zu lesen sitze ich da, mit dem Buch auf dem Schoß, und sehe auf einen Platz und denke an unsere Unterredung, lieber Engel! Wie unendlich viel gäbe ich für ein paar Stunden mit Dir bei meinem Kamin in der lieblichen Dämmerung! So viel möchte ich Dir so gerne sagen, Du weißt noch gar nicht recht, wie arg und tobend das Leben in mir ist. Du siehst mich gewöhnlich kalt, aber bei Gott, meine Liebe, das ist mein Charakter nicht! Aber weil's zu arg ist, drum schweige ich. Versteh' mich nicht falsch! Ich mußte mit Dir so reden, es war mir ein Bedürfnis in dem Augenblick, und zeige dies niemals jemand! Denke mein! Schreibe mir, wenn Du allein bist, ich würde gern von Dir hören. Adio, meine Geliebte! – Marianne.«

Der Tonfall dieses Briefes geht weit über das hinaus, was der Zeit gemäß in freundschaftlich gehaltenen Briefwechseln möglich ist. Er offenbart eine seelische Not, die von Luise gewünschte und womöglich auch geforderte emotionale Nähe zuzulassen und die Gefühle, welche die Königin ihrer Schwägerin entgegenbringt, zu erwidern. Die ängstlich vorgetragene Bitte, den Brief »niemals jemand« zu zeigen, unterstreicht noch die nahezu erotische Bedeutung dieses Schreibens.

Angesichts der komplizierten politischen und diplomatischen Großwetterlage scheint Luise der Mut in gewissen Stunden zu verlassen. In ihrer Liebe bleibt sie verwundbar. Am 16. März schreibt sie an Kaiserin Maria: »Ich werde grausam gequält, ich leugne es nicht. Ihre Majestät, die eine so zärtliche Mutter ist, urteile selbst darüber. Kaum zeigt sich an meinem Sohn Wilhelm das typische Fieber, so bricht auch bei meinem ältesten Sohn das Scharlachfieber aus. Denken Sie sich hinzu, daß es mir unmöglich ist, ihn zu pflegen, da ich diese Krankheit nicht gehabt habe und es nicht wage, mich der Ansteckungsgefahr auszusetzen, weil ich noch zu schwach bin, um eine neue Krankheit zu ertragen. Nur die Anteilnahme der Mitfühlenden kann einen in diesem trostlosen Augenblick trösten, und ich wiederhole, daß Euere Majestät ein Engel des Trostes sind.«

Am 1. April hat sich Napoleon in dem prächtigen Barockschloß der Dohnas in Finckenstein nahe Elbing niedergelassen. Luxuriös sind die ostpreußischen Schlösser alle nicht. Bezeichnend, daß Napoleon angesichts Finckensteins gesagt haben soll: »*Enfin un château!*« Nachdem er erfahren hat, daß die Kundgebung der englischen Flotte bei Konstantinopel keinen anderen Zweck hatte, als ihm einen Schrecken einzujagen, und daß sich die Schiffe wieder zurückgezogen haben, ist seine gute Laune zurückgekehrt. Seine Begeisterung ist unerschöpflich, sein Kampfesmut unerschütterlich; er entwirft neue geniale Riesenpläne: Eine Schlacht in Indien – zusammen mit den Persern und Russen – würde England ablenken. Der Kaiser von Frankreich durchdenkt immer neue Varianten der Weltarchitektur.

Mit banger Sorge verfolgt Luise von Memel aus die politischen Auseinandersetzungen, die das Geschick Preußens – ihr Geschick – entscheiden sollen. Ihr Tagebuch wird der stumme Zeuge durchweinter, sorgenvoller Nächte. Nur langsam erholt sie sich von den Strapazen der heftigen Typhus-Erkrankung. Memel ist ein sauberes Städtchen von sechstausend Einwohnern und bietet dem Hof angemessenere Unterkunft als das alte Königsberg. Um die königliche Familie sammelt sich ein befreundeter Kreis, eine geistig anregende Gesellschaft. Alle leben auf möglichst einfache Weise, sehr zurückgezogen. Luise sorgt mit ansehnlichen Unterstützungen für die Verwundeten, spendet den Notleidenden. Sie besucht kein Schauspiel, bei ihr werden keine Konzerte und Bälle gegeben. Aus ist es mit den rauschenden Festen. Dreimal wöchentlich empfängt Luise, und die sich bei ihr versammelnden Damen üben sich im Zupfen von Verbandsstoff für die Verwundeten. Nach und nach folgt der gesamte Hof dem Königspaar nach Memel, wo man wie in einer Enklave lebt.

Nicht nur die Kriegskasse ist leer. Der preußische Hofstaat ist gezwungen, sich aufs äußerste einzuschränken. Der König selbst zeigt sich – wen wundert's – am sparsamsten und opferwilligsten. Er gibt das goldene Tafelgeschirr seines Onkels, Friedrichs des Großen, im Wert von mehr als einer Million zur Einschmelzung in die Münze, desgleichen das königliche Silbergeschirr, auch im Wert von Millionen. Außerdem werden die Juwelen der Krone im Wert von acht Millionen veräußert; nur der Schmuck der Königin wird zurückbehalten. In seinen ohnehin geringen Bedürfnissen schränkt der König sich jetzt noch weiter ein. Hochherzig zeigt sich auch sein Bruder Wilhelm, der freiwillig auf ein Drittel seiner Apanage verzichtet. Prinz Heinrich gibt im Verhältnis ebensoviel. Am wenigsten Neigung sich einzuschränken zeigt Friederike, deren Etat Stein am liebsten gestrichen hätte, zumal der preußische Hof durch nichts verpflichtet ist, sie zu unterhalten. Der geliebten Schwester muß Luise mit der gebotenen Behutsamkeit ins Gewissen reden. Schließlich findet die lebenslustige Prinzessin sich bereit, immerhin jährlich dreitausend Taler beizusteuern.

Der Rotstift führt ein unerbittliches Regiment. Leichteres Spiel als mit Friederike hat Stein, als er die Streichung von drei Kammerherren, vier Kabinettsbeamten, sechs Hofärzten, ja sogar der außerordentlichen Zuwendungen für die verschiedenen Gardetruppen vorschlägt. Bitterer ist, daß auch zahlreiche wohltätige Stiftungen, die bislang vom Hof unterstützt worden sind, jetzt nichts mehr erhalten. Die Mahlzeiten werden so einfach hergerichtet, daß die Königin klagt: »Wir leben von Luft.«

Der Erzieher des Kronprinzen wird wie die Offiziere auf halben Sold gesetzt und bekommt statt zwölfhundert nur noch sechshundert Taler, eine Summe, die angesichts der großen Teuerungsraten in Ostpreußen rasch dahinschmilzt.

Am 26. März berichtet Luise ihrem Bruder, sie sei wieder »ganz hergestellt, aber noch nicht völlig wohl; sehr empfindlich für alle Einwirkung der Luft. Das Klima ist schrecklich. Eis und Schnee überall, kein Veilchen gibt es nicht, doch grünt es noch in meinem Herzen.« Kaum fühlt Luise sich wieder einigermaßen gesund, kehrt auch ihr angeborener Optimismus zurück. Die Dinge scheinen sich zum Besseren zu wenden. Ein Brief, den sie am 15. Mai 1807 an ihren Vater richtet, gibt von ihrer damaligen seelischen Verfassung ein anschauliches Bild. Sie schreibt:»Der Sieg bei Pultusk war das erste glückliche Ereignis nach drei Monaten schrecklicher Leiden; es ist viel entscheidender als Preußisch-Eylau; das zweite Glück verdanke ich unserem aufrichtigen Freund, dem Kaiser von Rußland. Jetzt fühle ich neuen Mut mit der Zunahme meiner körperlichen Kräfte, die auch meine geistige Kraft stärkt. Ich hoffe wieder.«

Doch auch in der Schlacht von Preußisch-Eylau sieht Luise einen großen Erfolg, eine Schwächung der durch erbärmliche Verpflegung und Mangel aller Art allmählich demoralisierten französischen Truppen. Blücher steht mit drei Bataillonen in Pommern; Hardenberg wird an die Macht gerufen. Alles ist dazu angetan, neue Hoffnungen zu wecken.

Luise glaubt an die unerschütterliche Widerstandskraft von Volk und Heer, und doch hätte die Erfahrung sie lehren müssen, den Menschen und manchmal auch sich selbst zu mißtrauen:»Gott! ... Welche Menschen haben wir kennengelernt«, seufzt sie.»Solange wir unter den Folgen eines traurigen Kampfes litten, habe ich sie geduldig ertragen; man hatte schon ähnliche Fälle gesehen und mit der Zeit an eine Besserung glauben können. Aber da die Schändlichkeit der Menschen zu weit ging, war ich – ich gestehe es – untröstlich. Denn dann mußte man mit allem rechnen. Die festen Plätze, die uns doch beschützen sollten in unserer Not, fielen durch Feigheit, Niedertracht oder Verrat. Doch genug von den vergangenen Übeln, wenden wir unsere Blicke zu Gott, der unsere Schicksale lenkt, der uns nie verläßt, wenn wir ihn nicht verlassen.«

Es regt sich neue Zuversicht. Preußen hat ein Freischärlerkorps organisiert; die vaterländische Propaganda setzt wieder ein.

Friedrich Wilhelm geißelt die Schmach der Armee, gibt die unfähigen Heerführer der öffentlichen Schande preis. Seine Staatsmänner erkennen die Notwendigkeit einer Reform: Der König soll künftig von sachkundigen und verantwortlichen Ministern beraten werden, statt von untergeordneten Vertrauten, die keine Kompetenzen und keine Verantwortung haben. Stein und Hardenberg in der Regierung, Scharnhorst und Gneisenau in der Armee – das wäre ein Konzept.

Stein ist der berufene Reformer. Nur höchst ungern erinnert sich der König seiner Note vom September 1806, in der er die Auflösung des Kabinetts befohlen hatte. Friedrich Wilhelm zögert, dieses schwerwiegende Zugeständnis zu machen und sich von seinen Beratern zu trennen. Wie immer sucht er Ausflüchte, wie immer läßt er sich eine Tür offen. Gleichwohl will er das Volk und die Königin zufriedenstellen. Also beruft er Stein ins Kabinett, ohne damit jedoch dessen Reformplänen zuzustimmen, und vertraut ihm die auswärtigen Angelegenheiten an. Das ist der Deckmantel, unter dem Hardenberg mit Rußland und England zusammenarbeiten soll.

Wieder beginnt ein Kompetenzgerangel: Stein will einen Ministerrat, mit dem der König direkt, unter Ausschaltung des Kabinetts, regieren soll. Er weist darum das Portefeuille, das ihm angeboten wird, zurück. Der Geheime Kabinettsrat Beyme – den die Reformer gerne losgeworden wären – rät dagegen zu einem Ministerrat, an dem ein Berater des Kabinetts teilnimmt, welcher auch das Protokoll führen soll. Das Ministerium wird mit Stein als Innenminister, General Rüchel als Kriegsminister und Hardenberg als Außenminister gebildet. Napoleon läßt diese Zusammensetzung jedoch nicht zu. Er will Hardenberg, den er zu Recht fürchtet, nicht, und so muß dieser durch Zastrow ersetzt werden. Stein wiederum lehnt ab, mit diesem zu sprechen.

Da platzt Friedrich Wilhelm der Kragen, er schreibt dem Freiherrn einen geharnischten Brief, in dem er ihm maßlosen Stolz vorwirft. Stein antwortet mit seiner Demission, und der König erklärt:»Da sich Herr Baron vom Stein selbst gerichtet hat, habe ich nichts hinzuzufügen.« Beyme geht aus dieser Krise als Gewinner hervor, weil er das Vertrauen des Königs besitzt, doch weder er noch Zastrow sind ihrer Aufgabe gewachsen. Der König gibt sich jedoch mit ihnen zufrieden.

TAUZIEHEN IN KÖNIGSBERG

Endlich, an ihrem Geburtstag im März, erhält die Königin durch den Fürsten Trubetzkoi die Gewißheit, daß der Zar bald eintreffen werde. Ein wunderbares Geburtstagsgeschenk! Sie ist glücklich, daß »ihr Retter, ihre Stütze, ihre Hoffnung« auf dem Weg zu ihr ist. Nun kann alles noch gut werden. Die Russen sind davon überzeugt, die »Große Armee« Napoleons zerschlagen zu können. In dieser festen Überzeugung fährt der Zar nach Memel. Am 2. April trifft er ein und trinkt wieder wie einst Tee mit der Königin. Aber welch ein Wiedersehen und unter welchen Umständen! Er sieht Luise den Tränen nahe. Sie vermag kaum zu sprechen. Und doch fühlt sie sich durch den Besuch des Zaren belebt. Sie bewundert sein selbstbewußtes Auftreten, seine Energie. Er ist so liebenswürdig zu ihr und tröstet sie. Aber alle Ratschläge, Frieden mit Napoleon zu schließen, schlägt er in den Wind. Das liegt vorläufig nicht in seiner Absicht und auch nicht in seinem Interesse. Zur Fürstin Radziwill meint er: »Alle, die den König umgeben, wollen den Frieden mit Napoleon ... Sie sind im Herzen Franzosen – sie möchten den König von mir abwenden.« Als er sich später selbst von Preußen abwendet, findet er nichts dabei.

Wenige Tage später erhält General von Zastrow auf Wunsch des Zaren den Abschied. Es wird ihm verboten, sich mit dem König am selben Ort oder in dem vom Feind besetzten Gebieten aufzuhalten. Ebenso energisch wie auf die Entlassung des Generals hat Alexander auf die Ernennung Hardenbergs zum

Kabinettsminister gedrungen. Friedrich Wilhelm betraut Hardenberg schließlich mit den auswärtigen Angelegenheiten. Das ist eine weittragende Entscheidung für Preußen, die sich jedoch erst später zum Vorteil auswirken soll.

Der Zar wird als Freund des Hauses und als Retter des Staates empfangen. Der Zauber scheint ungebrochen. Dieser Besuch ist ein einziges Entzücken: Im Salon, wo Luise wieder selbstbereiteten Tee einschenkt, und im Arbeitszimmer, wo er mit Hardenberg die Geheimabmachungen des Bündnisses, mit Phull die militärischen Bewegungen, mit dem englischen Gesandten Hutchison die Frage der Hilfsgelder bespricht, auf den Spazierritten mit den empfindsamen Koketterien Luises und auf den Truppenschauen der abgehetzten, geschlagenen preußischen Armee hebt sich Alexander glänzend vor dem unheilschwangeren Hintergrund ab – als kraftvolle strahlende Persönlichkeit, wie ein Gralsritter, der das Recht wiederherstellt und die um ihre Throne trauernden, aus ihren Reichen geflüchteten Fürsten beschützt. Hardenberg ist ihm ergeben; um Frankreich zum Rückzug hinter den Rhein zu nötigen, befürwortet er einen österreichisch-preußischen Staatenbund.

Alexander hält sich nur zwei Tage in Memel auf. Am 4. April folgen ihm König und Königin nach Kydullen ins russische Hauptquartier an der Memel, der preußisch-russischen Grenze, wo seine Garde steht. An den Gesprächen nimmt auch Hardenberg teil. Dann muß man sich von neuem trennen. Luise weint, als der Zar sich von ihr um vier Uhr morgens verabschiedet; noch einmal trifft sie ihn mit Friedrich Wilhelm um sieben Uhr bei Kydullen. Alexander stellt seinen Verbündeten eine von Sankt Petersburg mitgebrachte Division zur Verfügung. Nachdem er an der Spitze seiner Truppen vorbeidefiliert ist, übergibt er das Kommando an Friedrich Wilhelm. Beide umarmen sich, und der Zar ruft ergriffen aus: »Keiner von uns beiden wird allein fallen, entweder wir beide zusammen oder keiner von uns!«

Rückhaltlos zeigt Luise ihm ihre Gefühle, wenn sie zum Beispiel schreibt: »Das ungeheure Vergnügen, das ich empfinde, mit Ihnen zu plaudern, macht mich egoistisch. Ich denke nur an mich und meine Zufriedenheit, wenn ich Ihnen schreibe.

Verzeihen Sie mir, guter, lieber, unvergleichlicher Vetter. Sie sind gewöhnt, nur Gutes zu tun und großmütig Geduld zu üben; seien Sie auch gegen mich geduldig und *besonders, besonders* recht nachsichtig. Welch himmlischen Brief haben Sie mir geschrieben! Wie teuer sind mir diese Federzüge, die Ihre Freundschaft für mich ausdrücken! Sie haben mich sehr glücklich dadurch gemacht. Ach, wie sind Sie interessant, wenn Sie sich ganz sich selbst überlassen, und wie sehr achte ich diese Klugheit bei einem Mann, der einen solchen Reichtum an Gefühlen wie Sie besitzt und so tief empfindet. Es ist freilich schwer, dabei vernünftig zu bleiben. Und doch, wenn man von Güte und einem so englischen Zartgefühl geleitet wird, ist alles möglich. In Ihnen sieht man die Vollkommenheit verwirklicht, die man zweifellos immer als schönes Ideal seines Herzens schätzt, ohne jemals daran zu glauben, daß es sich verwirklichen könnte. Um an eine solche Vollkommenheit zu glauben, muß man Sie kennen. Aber leider kennt man Sie nicht, ohne Gefahr zu laufen, sich fürs Leben an das Sinnbild der Tugenden anzuschließen. Und was wäre der Mensch, wenn er nicht das Glück hätte, die Fähigkeit zu besitzen, um mit Begeisterung das Gute zu erfassen? – Wie unglücklich wären wir dann – unsere Genüsse würden recht geschmälert und zu einem Nichts zusammenschmelzen. Aber ist es denn ein Unrecht? Nein, es ist eine Wohltat, denn ein wirklich empfindendes Herz fühlt sich von dem schönen Eifer, einem guten Beispiel zu folgen, angeregt. Und ich kann der Wahrheit gemäß sagen, Sie, mein teurer und vielgeliebter Vetter, haben einen glücklichen Einfluß auf mein Leben gehabt.

Wie glücklich bin ich, Ihnen das alles einmal sagen zu können. Sie müssen mich während der wenigen Tage, da ich Sie wiedersah, ganz besonders blöde und dumm gefunden haben. Nachdem ich aber seit Jahren so glücklich war, mich nur schriftlich mit Ihnen auszusprechen, und zeitweilig reden konnte, wie es mir ums Herz war, ohne Zwang, nur wie ich fühlte, sah ich mich plötzlich genötigt, alle Tage (während einer ganzen Woche) anders, aber auch ganz anders zu erscheinen, als ich bin. Ich bin es so wenig gewöhnt, mich zu verstellen, daß ich infolgedessen gänzlich verstummte, völlig verwirrt und aufgelöst war, kurz, eine jämmerliche Rolle spielte ... Alle besaßen Geist, nur ich nicht. Er war im Innern meines Herzens verschlossen, und es wagte nicht zu sprechen, aus Angst, von allzu vielen Leuten verstanden zu werden. Nur um eins bitte ich Sie: Verbrennen Sie diesen Brief nicht, denn er beweist Ihnen, wie sehr ich Sie liebe. So lange ich selbst gut bin und die Tugend liebe, werde ich Ihnen mit allen Gefühlen zugetan sein, die mich mit der Vorsehung selbst verknüpfen.«

Während der König den Zaren nach Bartenstein begleitet, um die Allianz zu schmieden, fährt Luise frischen Mutes nach Königsberg, wo sie am 12. April eintrifft. Sie will dort so lange bleiben, bis sie entweder die Reise nach Memel ohne Gefahr für ihr Leben unternehmen kann – die Flüsse sind über die Ufer getreten und die Wege so schlecht, daß die Wagen und Pferde im Schlamm stecken bleiben – oder bis ein Sieg der Preußen und Russen ihre Rückkehr nach Berlin gestattet.

Auch die Fahrt nach Königsberg ist abenteuerlich und gefährlich: »Jeden Augenblick lief ich Gefahr, umgeworfen zu werden und zweimal in der Arge zu ertrinken, die in einigen Stunden so schrecklich über die Ufer getreten ist«, liest Friedrich Wilhelm in einem ihrer Briefe von unterwegs. »Man kann sich nicht vorstellen, was das für Wege sind, und ich bin so müde und erschöpft, daß ich Gott dankte, als man sich weigerte, mich weiterzufahren.« Und aus Königsberg, gleich nach ihrer Ankunft: »Nachdem ich die schrecklichste Reise meines Lebens hinter mir habe, bin ich hier mehr tot als lebendig angekommen, ich habe gar keine Lust, mich ohne Grund in den Schmutz, Schlamm und das Wasser zurückzubegeben, außerdem brauche ich etwas Ruhe nach den verschiedenen Reisen, die ich gemacht habe (die ersten nach meiner Krankheit, die mich sehr geschwächt haben). Ich beabsichtige deshalb, noch einige Tage hier abzuwarten, bis der Schmutz trocknet ... Friederike ist zu Deinen Füßen, und ich an Deinem Halse, lieber Freund. Ich bin ärgerlich, weil ich die Abende nicht bei Dir verbringen kann, um Dir den Tee zu bereiten und Dich zu zerstreuen. Behalte mich immer lieb ...«

Diesmal wohnt Luise nicht im Schloß, sondern in dem bescheidenen Haus ihrer Schwester. Aus der Übernachtungsrast wird ein zweimonatiger Aufenthalt. Bis Anfang Juni bleibt Luise in Königsberg. Nach und nach treffen hier Soldaten versprengter Truppenteile ein, die der französischen Gefangennahme entkommen konnten. Nach wie vor glaubt Luise an die Möglichkeit eines Sieges.

Sie schreibt einen Brief an ihren Vater, der sich nach Stralsund einschifft, um den Krieg in Pommern zu führen; Blücher soll ihn dem Herzog überbringen.

»Ja, bester Vater, ich bin überzeugt, es wird noch alles gut gehen, und wir werden uns noch einmal wieder glücklich sehen. Die Belagerung von Danzig geht gut, die Einwohner benehmen sich unbegreiflich (sie meint hervorragend), die Soldaten haben unfaßbare Lasten zu tragen, aber die Einwohner geben ihnen Wein und Fleisch, um sie zu stärken. Sie wollen von keiner Übergabe reden hören, lieber unter Schutt begraben werden, als untreu an ihrem König handeln. Ebenso benimmt sich Graudenz und Kolberg. Gottlob, daß man einmal wieder auf ehrliche, ihrer Pflicht getreue Menschen stößt! Gott, was haben wir für entsetzliche Erfahrungen gemacht, was für Menschen haben wir kennengelernt!«

Und in einem anderen Brief, den sie zwei Tage später an ihn schreibt, heißt es: »Der König ist mit dem Kaiser bei der Armee, er geht in ein paar Tagen auf einige Wochen nach Memel, dann zurück zur Armee, und bleibt bei der Armee so lange mit Alexander, als dieser bleibt. Diese herrliche Einigkeit, auf unerschütterliche Standhaftigkeit im Unglück gegründet, gibt die schönste Hoffnung zur Ausdauer. Nur durch Beharrlichkeit kann man siegen, davon ist nun alles überzeugt.«

Wieder – wie immer, wenn sie von Friedrich Wilhelm getrennt ist – ein Trommelfeuer an Briefen und Nachrichten. »Ich werde mit einem Mut, den ich jedem Artilleristen wünschen möchte, das Bombardement mit meinen Briefen fortsetzen.« Dabei ist ihre Lebensweise, »wie es sich in einer Wochenstube gehört. Damen, die zu mir wollen, kommen so, wie sie sich anmelden lassen. Ich habe nicht Hof halten wollen, und wie es die Höflichkeit gebietet, warte ich mit einer Tasse Tee auf; das vertreibt die Zeit. Es wäre nicht Dein Geschmack; aber bei Frauen liegt die Sache ganz anders.«

Auch Friedrich Wilhelm ist nicht müßig – »vier Briefe in drei Tagen, das nennt man einen charmanten Gemahl«. Ihr eigenes »Gekritzel« ist nichts für die Ewigkeit – »das ist ein schrecklicher Brief, wird ins Feuer spazieren«. Luise versucht, sich ihrem Mann nahe zu fühlen, schaut zu, wenn die russischen Garden exerzieren. Dann kommen ihr die Tränen, wie sie gesteht, und die bange Frage: »Wird diese Zeit wiederkommen?«

Im Hauptquartier unterzeichnen Alexander und Friedrich Wilhelm am 26. April einen Allianzvertrag, der in Wirklichkeit nur ein Fetzen Papier ist. Die Verbündeten verpflichten sich, während des Krieges keine Eroberung zu machen. Hardenberg wird mit umfassenden Vollmachten ausgestattet. Die beiden Völker verbrüdern sich nicht, Österreich zeigt sich unentschlossen, und England dürfte kaum bereit sein, den Vertrag zu unterzeichnen, wenn Frankreich in seine alten Grenzen zurückgedrängt ist.

In Memel und auch später in Königsberg erfüllt Luise gewissenhaft und mit dem ihr eigenen Charme alle Pflichten einer Königin und Landesmutter. Außerdem darf sie das Zusammensein mit der geliebten Schwester Friederike nach Herzenslust genießen; sie führt gepflegte Gespräche mit Kriegsrat Scheffner, der ihre Bildung zu fördern sucht, hört Borowskis Predigten, die ihr religiös viel bedeuten. Am 27. April 1807 schreibt sie an die »liebe Marianne«: »Jackson brachte mir heute morgen Deinen Brief. Unaussprechlich hat er mich gefreut. Dein zärtliches Andenken, welches Du mir so treu erhältst, hat mich mit der innigsten Dankbarkeit durchdrungen. Wie gern wär' ich bei Dir alle Tage einige Stunden, wie gern bin ich aber auch bei Friederike! Nach unserer langen Trennung, wo wir soviel füreinander fürchteten, uns jetzt wieder heiterer und ruhiger zu sehen, ist freilich ein großer Gewinn … Wie Friederike leidet und ich mit ihr, begreifst Du edle Seele gewiß. Doch ich bin ihr Trost. Ich helfe nicht nur tragen, sondern ich tröste, ich heitere auf, ich zerstreue das arme, gebeugte Weib nach Kräften, und der zärtlichen Freundin gelingt es besser als alle Bücher der Welt.« Der Brief endet: »Dein auf ewig. Luisens Herz liegt vor Dir in diesem Augenblick. Warum kann ich Dir nicht zu Füßen fallen und Dir für Deine Engelsnachsicht danken? Mit nassen

Augen würdest Du mich an Dein Herz ziehen. Wir verstehen uns.«

Und eine Woche später, am 8. Mai, schickt ihr die schreiblustige, nein -wütige Luise folgenden Brief: »Beste Marianne! Verzeihe, wenn ich Dir nicht eher schrieb, allein meine Korrespondenz mit dem Hauptquartier ist so heftig und so anhaltend, daß gestern Ihre Majestät von Preußen wirklich den dreizehnten Brief anfingen, und es mit großer Zufriedenheit also bemerkten. Nun weißt Du, gute Marianne, daß unsere Tyrannen (die Männer) in allem vorgehen müssen, und so mußtest Du hintenan stehen, obgleich Du in meinem Herzen gewiß ein Plätzchen hast, mit dem Deine treue Freundschaft zufrieden wäre, wenn Du so alles wüßtest und ich es Dir auch recht sagen könnte. Hier im Zimmer treiben zwei Leute ihr wahres Spektakel, nämlich ein Gitarrenmeister und ein Musikdirektor, wovon der letztere mich zum Singen akkompagniert.

Unsere Tage verleben sich recht angenehm. Prinz Radziwill kann Dir die Soireen beschreiben … Das dolce far niente war ganz bei uns eingekehrt, und mit jedem Augenblick wollten wir uns nur recht und aufs neue versichern, daß nach so manchen kummervollen Tagen Gott uns diese Vereinigung wieder zum Trost und Belohnung für unsere Herzen zugelassen hatte. So geht es Euch ja auch in Homburg … Die Leute spielen wie die Götter, die Gitarre und das Klavier wechseln sich ab mit Variationen, und ich soll klug schreiben! Nicht möglich, beste Marianne! Deshalb denn diesen unvernünftigen Wisch!

Ich habe ganz das Opfer zu würdigen gewußt, was Du mir brachtest, nämlich Deine Briefe nicht zu lesen und mir zu schreiben. Antworte mir bald, beste, gute Schwester, und lang und ausführlich! Ich hätte Dir recht viel zu sagen noch, allein die edle Zeit! Der Luise (gemeint ist Luise Radziwill) tausend Schönes! Ihrer wird oft von Friederike und mir gedacht …, ich bitte Dich, teile es der Luise mit und glaube mir, wenn eine andere Luise Dir sagt, daß sie Dich aufrichtig liebt!«

Daß sie nun wieder mit Friederike zusammen ist, empfindet Luise als eine große Erleichterung in dieser Unglückszeit. Sie teilt mit ihrer Schwester eine bescheidene Wohnung im Hause des Grafen von Schlieben, schläft mit ihr in einem Zimmer und ist keinen Augenblick ohne sie. Es ist fast wie in ihren Mädchentagen. Sie ist so unendlich glücklich und froh darüber, daß jemand in dieser grauen Zeit an ihrer Seite ist.

Theater, Konzerte und Bälle stehen zwar noch nicht wieder auf dem Programm, doch Luise kann sich wieder etwas sorgloser dem Leben hingeben. Sie richtet keine großen Gesellschaften aus, lädt aber doch bisweilen Gäste zu sich ein. Es werden musikalische Abendunterhaltungen und reizende Wasserpartien veranstaltet. Russen, Engländer, deutsche Fürsten und Verwandte bilden ihre Gesellschaft. Hardenberg und Graf Dohna, der Kriegsrat Scheffner und die Familie des Grafen L'Estocq bilden den engeren Kreis der Königin. Täglich unternimmt sie ausgedehnte Spaziergänge mit Friederike.

Gemeinsam mit der Schwester widmet Luise sich den repräsentativen Aufgaben, die ihr gestellt werden, bemüht sie sich, das Elend zu lindern; aufopferungsvoll pflegt sie die Verwundeten. Indessen versagt sie sich nicht einige kleine, beschauliche Freuden. Die Lektüre historischer Bücher wechselt mit Teegesellschaften, bei denen sie doch immer einigen Persönlichkeiten begegnet, mit denen sich ein Gedankenaustausch lohnt. Besondere Zuneigung entwickelt sie für Gräfin Dohna von Finckenstein, deren Söhne bei der Armee dienen.

Beruhigt ist sie darüber, daß Hardenberg wieder an der Spitze der Politik steht. Sie hofft, daß Preußen dadurch von neuem das Vertrauen der fremden Kabinette gewinnt und ein neuer, großzügigerer Charakter in die preußische Politik kommt. Hardenbergs Rückkehr erscheint ihr wie »eine neue Epoche für die Monarchie«. Zastrows Entlassung hat übrigens später noch ein kleines Nachspiel zwischen dem König und der Königin. »Ich will nicht der Sekretär des Ministers Hardenberg sein«, hatte der General gepoltert. Luise meint, Friedrich Wilhelm könne das nicht unbestraft lassen, »ohne Deine Autorität, ohne das bißchen guten Geist, der noch in unseren Truppen ist, zu ersticken ... Er ist ein beleidigter, stolzer, eigensinniger Mann, der Dir jetzt soviel schadet, als er kann.« Und da Zastrow das Kommando abgelehnt habe, »hat er den Haß der Nation, aller Rechtlichen gegen sich«. Luise hatte schon empört darauf gedrängt, den Minister wegen der Unterzeichnung des Charlottenburger Vertrags in die Verbannung nach Rußland zu schicken, weil er mit Napoleon in Charlottenburg einen vorläufigen Friedensvertrag mit ungewöhnlich harten Bedingungen unterzeichnet hatte. Aber der König und auch Hardenberg halten eine solche Strafe für zu hart, obwohl die Königin am 22. Mai sehr energisch an ihren Mann schreibt: »Ich glaube also, Du schickst ihn zurück, weit von der Armee ins Russische ... Strafst Du ihn nicht, wie er es verdient und wie es Deine Ehre, die Ehre des Dienstes und Deine Autorität verlangt, so hast Du eine nie endende Kabale gegen die gute Sache, gegen Hardenberg ... Ich bitte Dich, sei fest, sei standhaft, ganz Mann in der Sache ...«

Schließlich knüpft sie auch wieder die briefliche Unterhaltung mit Alexander an, und nichts scheint sich in dieser Korrespondenz geändert zu haben: »... Den göttlichen Brief, den Sie mir geschrieben haben ... Sie haben mich glückliche Augenblicke erleben lassen ...« Mit dem Datum des 2./14. Mai erhält er einige Worte, die noch vertrauter klingen: »Ah, wie interessant, wenn Sie über sich selbst schreiben, welch einen Reichtum an Gefühl besitzen Sie. Es ist sehr schwer, dann vernünftig zu sein, wenn man indessen von der Güte und einem engelhaften Zartgefühl geleitet ist, ist alles möglich. Man muß Sie kennen, um an die Vollkommenheit zu glauben, aber man kennt Sie auch nicht, ohne Gefahr zu laufen, sich fürs Leben der Einheit Ihrer Tugenden anzuschließen. Und was wäre der Mensch, wenn er nicht das Glück hätte, die Fähigkeit zu besitzen, das Gute mit Begeisterung in sich aufzunehmen – wie wären wir unglücklich – weil dann unsere Freuden arg gemindert wären und in Nichts zusammenschrumpften. Aber ist das ein Übel? Nein, es ist gut, weil ein wirklich gefühlvolles Herz sich von dem schönen Eifer angefeuert fühlt, einem solchen Beispiel zu folgen, und ich kann wahrhaftig sagen, daß Sie, mein teurer und sehr geliebter Cousin, einen glücklichen Einfluß auf mein Dasein ausgeübt haben.«

Dann plötzlich jedoch unterbricht sie den Brief, um an Friedrich Wilhelm zu schreiben, mit derselben Feder, die noch feucht von der Tinte ist, mit der sie an Alexander ihre Herzensergüsse verfaßt hat. Fühlt sie sich ihm gegenüber noch attraktiv?

»In einigen Jahren wird man bei meinem Anblick auch sagen: Ist das jene Königin von Preußen, die in dem Ruf einer gewissen Schönheit stand?« Jedenfalls ist ihre Sehnsucht ungebrochen, sie denkt daran, dem König nach Pillau zu folgen, »ich möchte dabei sein, wenn es möglich ist, und wenn Du es nicht unpassend findest, daß eine Frau in einem so ernsten Moment zu ihrem Vergnügen die Nase in eine Festung steckt ... Ich erkläre Dir, lieber Freund, ich setze den Fuß nicht nach Memel ohne Dich. Was soll ich allein an diesem Herd der Unzufriedenheit, in diesem kleinen Moskau?«

Am 18. Mai berichtet Friederike dem Zaren, daß die Masern der Prinzessin Alexandrine Luise sehr viel Sorgen bereiten (»das Kind ist in unmittelbarer Lebensgefahr«), und am selben Tag zeigt die Königin sich bestürzt darüber, daß Napoleon sich Danzigs zu bemächtigen drohe: »Sie können nicht zulassen, daß Napoleon diese Stadt erobert – das ist eine Bitte und ein Gebet – ich glaube, daß eine Regung Ihrer großen Seele sehr viel Gutes tun könnte ... Entschuldigen Sie, aber Sie sind zu gerecht, um mir dieser Bitte wegen zu grollen.«

Doch aufs neue werden Luises Hoffnungen enttäuscht. Danzig fällt. Feldmarschall Kalckreuth kapituliert am 26. Mai vor dem Ansturm der Truppen Marschall Lefèbvres; auch die Festungen Weichselmünde und Neufahrwasser ergeben sich, Napoleon stößt in das Herz der Koalition vor. Danzig und Neiße unterhandeln wegen Übergabe. Am 28. Mai schreibt Luise ihrem Bruder Georg: »Danzig! Danzig ist dahin, seit gestern in französischen Händen, in diesen verhaßten, über alles gräßlichen Händen ... Nein, das ist entsetzlich! Der Ort hätte gerettet werden können, es hätte genügt, wenn Bennigsen ein Scheinmanöver gemacht hätte, um die Aufmerksamkeit der Belagerer abzulenken. Der Sieg wäre ihm gewiß gewesen ...«

Luise schiebt Levin Graf Bennigsen die Verantwortung zu; sein Rückzug hinter das russische Hauptquartier in Bartenstein habe zu dem Unglück geführt. Man hätte vormarschieren müssen, um die geschwächte Armee Napoleons anzugreifen. Bennigsen – was für ein Dummkopf und Narr! Der General palavert ständig von einem neuen Schlag, den er vorbereite, aber die Königin hat kein Vertrauen mehr zu ihm, ja sie unterstellt ihm sogar Böswilligkeit, um die Pension aus mehreren Ämtern in Anspruch nehmen zu können. »Oh! edle Begeisterung«, seufzt sie, »wo bist du geblieben, wo sind die Führer, die sich während des Siebenjährigen Krieges unsterblich gemacht haben? Ich bin außer mir, aber vielleicht ist meine Vision zu düster. Danzig war von seinen Bürgern verteidigt worden, es vollbrachte Wunder an Tapferkeit, nach einundfünfzig Tagen des Widerstandes hat es würdig kapituliert ... Selbst inmitten meines Schmerzes bekenne ich, daß diese Kapitulation die ehrenvollste ist, die man sich vorstellen kann, mit Gesang und Glockengeläute, mit Waffen und Gepäck und freiem Abzug: Kalckreuth gebührt durchaus alle Ehre. Er hatte kein Pulver mehr, und so hörte jeder Widerstand auf. Und jetzt ist das Ende dieser fürchterlichen Tragödie da.«

Auch in ihrem Brief an den Zaren beschuldigt sie Bennigsen: »Der Instinkt der Rache beherrscht selbst die Not.« Immerhin fürchtet sie, damit einen Schritt zu weit gegangen zu sein, und legt den Brief, bevor sie ihn abschickt, Hardenberg vor: »Beim nochmaligen Lesen meines Briefes an den Kaiser (Alexander) bin ich darüber erschrocken, daß mein Eifer für die gute Sache und meine Verstimmung gegen den General Bennigsen viel zu offen und stark ausgesprochen sind; ich sende Ihnen das Schreiben zur Einsicht und wünsche Ihre Meinung über seinen Inhalt zu wissen. Ich glaube wahrhaftig, daß es den Kaiser nicht verdrießen und nicht mehr schaden als es nützen werde, da es etwa geradeheraus gesagt ist, und daß es mir die Freundschaft des Kaisers nicht entzieht, auch wenn er findet, ich solle mich lieber um meine eigenen Angelegenheiten kümmern; dann anbei mein Petschaft zum Versiegeln des Briefes; wo nicht, so verbrennen Sie ihn oder schicken Sie ihn mir zurück. – Ihre Freundin Luise.« Als Postskriptum steht darunter: »Sagen Sie mir Ihre offene Meinung.«

Luise will dem Zaren vorschlagen, sich selbst an die Spitze der Truppen Bennigsens zu stellen, ja, sie hoffe sogar, daß er seinen Oberkommandierenden erschießen lasse. So empört ist sie. Doch mit dem Vorschlag, Alexander möge die Führung der Armee selbst übernehmen, läuft sie Gefahr, ihn zu verletzen; die Idee müßte von ihm selber kommen. Hardenberg rät ihr daher, den Satz zu streichen, und Luise ändert den Text: »Ihre mit Ruhm bedeckte Armee würde überall Lorbeeren ernten, wenn sie besser geführt werde.« Hardenberg trägt den Brief am 3. Juni ins russische Hauptquartier. Alexander versichert, er werde Bennigsen zunächst noch Vertrauen schenken, aber ihn beim nächsten Anlaß zur Unzufriedenheit ersetzen.

»Alle meine Hoffnungen auf ein recht glorreiches Ende müssen schwinden«, klagt Luise ihrem Bruder, »wenn hier nicht große Veränderungen vorgenommen werden oder wenn nicht das Glück unbegreifliche Dinge hervorbringt, Resultate herzaubert, welche stärker, mächtiger wirken, als die Dummen begreifen oder vollbringen können ... Glaube aber deshalb nicht, daß mein Geist auf der Erde liegt, so gebeugt, daß ich den Kopf nicht mehr heben kann. Bewahre Gott, der Mut verläßt mich nicht.«

Sie ist die einzige, die nicht die Zuversicht verliert, wenigstens rafft sie sich immer wieder auf, wenn die Sorgen überhand nehmen. Großen Anteil daran hat ihre Schwester. An Georg schreibt sie: »Ich wohnte bei Friederike, schlief mit ihr in einem Zimmer, war alle Momente mit und bei ihr, lebte wirklich so glücklich und froh, wie man es im jetzigen Augenblick sein kann, mit und durch ihr ... Manchmal lach' ich noch, es wird mir aber hart eingesalzen.«

Die Tage von Tilsit

Napoleon hat seine Armee verstärkt und bedroht Königsberg von neuem. Luise muß die Stadt verlassen und begibt sich erneut nach Memel. Vor der Abreise dorthin beschwört sie, von ihren Erinnerungen bewegt, Alexander gegenüber noch einmal die Stunden des Glücks:»Königsberg – 10. Juni. – Heute sind es fünf Jahre her, daß Sie in Memel ankamen und daß wir zum erstenmal, der König und ich, das Glück hatten, Sie zu sehen. Und das, was ich fühle, wenn ich an diesen Augenblick denke, an den glücklichen, aber kurzen Aufenthalt, der dieser Zeit folgte, kann man nicht beschreiben, aber ich glaube ..., daß Sie die Empfindungen, von denen ich durchdrungen bin, ein wenig mit mir teilen, wenn ich alles das, was sich seit fünf Jahren zugetragen hat, bedenke, seit jenem glücklichen Augenblick, wo ich Sie sah, wo ich Sie kennenlernte und Sie für immer einen tiefen Eindruck in meinem Herzen hinterließen. Seit diesem Augenblick sind Sie immer der gleiche geblieben. Sie haben stets die gleiche Freundschaft dem König gegenüber bewiesen, und diese Freundschaft ist heute unsere einzige Hoffnung. Wenn Sie nicht gewesen wären, hätten der König und ich zu hoffen verlernt, das einzige Glück der Unglücklichen! ... Eine der größten Grausamkeiten Napoleons ist, ein Mittel gefunden zu haben, uns zu trennen und mich des Glückes zu berauben, die Gäste in meinem eigenen Land zu bewillkommnen. Ich muß mich über diese Grausamkeit, solange Sie in Tilsit wohnen, beklagen, denn es wäre meine Aufgabe, selbst dort zu sein, aber wie dieses Ungeheuer Mittel gefunden hat, uns zu entzweien, die unschuldigsten Freundschaftsbande zu zerreißen, so hält er mich wie auch genug andere Opfer unter dem Druck seiner eisernen Hand.«

Daß Luise nach wie vor alle ihre Hoffnungen auf Rußland setzt, geht auch aus einem Brief vom Juni 1807 an ihren Bruder Georg hervor:»Der König hat sich nach Pillau begeben, um die Verschanzungen zu besichtigen. Ich war ihm eine Wegstunde mit Friederike entgegengefahren; nach Holstein, einem entzückenden Landhaus …, von wo man eine prächtige Aussicht hat. Hier haben wir uns in eine Laube von Grün gesetzt und Deinen Brief mit einer unbeschreiblichen Rührung gelesen. Ich konnte leider nicht mehr den Ausdruck in meinem Brief vom März wiederholen, der Dir so viel Freude verursacht hat. Wir hoffen noch immer.«

Ihre einzige Hoffnung ist die russische Armee.»Sie braucht eine starke Führung, sie muß geleitet und zweckvoll eingesetzt werden.« Die Übergabe von Danzig, das Herannahen der durch vierzigtausend Mann verstärkten Armee Napoleons erscheint ihr wirklich ernst und düster, aber zur Verzweiflung sieht sie keinen Anlaß:»Gegen die Ehre Preußens wird nichts unternommen. Ein Teilfriede ist unser unwürdig.«

Wie immer ist es bei Luise vom Traum zur Wirklichkeit – und umgekehrt – nur ein kleiner Schritt. Ein paar kleinere preußisch-russische Erfolge, und ihre Illusionen wachsen ins Unermeßliche. Aber die Russen weichen zurück.

Hardenberg dagegen sieht hier klar: Alexander ist wohl oder übel gezwungen, Frieden zu schließen. Ohne Umschweife klärt der preußische Minister ihn über die Intrigen und die Unzulänglichkeit Bennigsens auf. Der Zar pflichtet ihm schließlich bei und schickt seinen Bruder, den Großfürsten Konstantin, zur Armee. Am 14. Juni reist Alexander ab, einen Tag später macht Friedrich Wilhelm sich auf den Weg nach Memel.

Luise ist inzwischen in Memel eingetroffen.»Meine Reise war gut, aber so heiß, daß ich manchmal glaubte zu sterben. Nicht ein bißchen Wind, das Meer sah aus wie ein kleines Bächlein, ganz klar und rein, der Sand war so heiß wie die Sonne«, berichtet sie Friedrich Wilhelm. Einen Tag später macht sie einen Seeausflug, auf dem alle ihre Begleiter – die Prinzessinnen

Marianne und Luise Radziwill und einige Hofdamen – an Übelkeit leiden, noch schlimmer als sie:»Madame war elend krank, als ich ging und den Fuß auf die Erde setzte, habe ich alles, was ich im Leibe hatte, ausgespien, angesichts der Garde, die mir die Honneurs machte, und eines sehr schönen Offiziers. Das war ein Zustand.«

Am 14. Juni, am Jahrestag von Marengo, wo er die Österreicher besiegte, vernichtet Napoleon in Friedland – fünf Wegstunden von Königsberg entfernt – die letzten Illusionen der Verbündeten.»Meine Kinder haben den Sieg bei Marengo würdig gefeiert«, berichtet er wenige Tage später Kaiserin Josephine.»Die Schlacht bei Friedland wird ebenso berühmt und glorreich für mein Volk sein ... Sie reiht sich würdig an Marengo, Austerlitz und Jena.«

Der Sieg der Franzosen bei Friedland macht alle preußischen Hoffnungen zunichte, dennoch überlegt Luise:»Vielleicht braucht auch Napoleon den Frieden und macht ihn billig. Das ist jedoch nicht das richtige Wort. Denn dieser Mensch kennt keine Gerechtigkeit. Aber vielleicht tut er aus Laune Dinge, die man von ihm nicht erwartet.«

Nach der verlorenen Schlacht bei Friedland zeigt sich auch Alexander mit den militärischen Leistungen seines Generals Bennigsen alles andere als zufrieden. Er schreibt dem geschlagenen Feldherrn in geharnischtem Ton:»Als ich Euch ein schönes Heer anvertraute, das so viele Beweise der Tapferkeit gegeben hat, war ich weit entfernt, Nachrichten zu erwarten, wie Ihr sie mir mitteilt. Wenn Ihr außer einem Waffenstillstand kein anderes Mittel kennt, um aus dieser drückenden Lage zu kommen, so erlaube ich Euch, dazu zu schreiten, aber nur unter der Bedingung, daß Ihr in Eurem Namen unterhandelt.«

Friedrich Wilhelm ist über das Schicksal Königsbergs aufs höchste beunruhigt. Sogar Hardenberg ist fassungslos und weiß ihm nicht zu raten. Er sieht wohl, daß Rußland nicht mehr lange gewillt sein wird, seine Zukunft mit dem Unglück Preußens aufs Spiel zu setzen. Als dann aus Königsberg immer schlechtere Nachrichten eintreffen, ist Friedrich Wilhelm völlig gebrochen. In seiner Verzweiflung kann er die Tränen nicht mehr zurückhalten. Luise versucht ihn zu trösten, doch er meint nur niedergeschlagen: »Ein Unstern ist für mich aufgegangen. Es ist alles zu Ende.«

Er hat recht. Königsberg, die zweite Hauptstadt Preußens, wird am 16. Juni von den Truppen Marschall Soults besetzt. General Rüchel muß die Stadt räumen, Preußen und Russen ziehen sich hinter den Fluß Memel zurück. Schon nimmt Rußland mit den vorrückenden Franzosen erste Friedensverhandlungen auf. Die russische Politik scheint sich Napoleon anzunähern.

Luise kann es nicht fassen. Sollte sie sich in ihrem Vertrauen auf Alexander so getäuscht haben? Nein, die Wende Rußlands muß auf das Konto des Großfürsten Konstantin gehen, der auf seinen Bruder Alexander einen ungünstigen Einfluß ausübt. Der Zar befindet sich auf einer Inspektionsreise, sonst hätte der Kampf sicher mit seinem Sieg geendet, davon ist Luise überzeugt. Der König muß Alexander nach seiner Rückkehr treffen. Sie würde, wenn es nötig wäre, sofort nach Riga fahren.

Luise ist um eine Hoffnung ärmer – »*Je me flatte de rien*«, sagt sie zum König – aber ihren Glauben und ihr Gottvertrauen hat sie nicht verloren. In den traurigen Tagen von Memel schreibt sie ihrem Vater am 17. Juni, nach den Ereignissen von Friedland: »Wir sind dabei, das Reich zu verlassen, vielleicht für immer ... Zwei Gründe habe ich, die mich über alles erheben; der erste ist der Gedanke, wir sind kein Spiel des Schicksals, sondern wir stehen in Gottes Hand und die Vorsehung leitet uns; der zweite, wir gehen mit Ehren unter. Der König hat bewiesen, daß er nicht die Schande, sondern die Ehre will. Preußen will nicht Sklavenketten tragen ... Gott wird mir helfen, den trüben Augenblick zu bestehen, wo ich über die Grenzen meines Reiches muß ... Ich ertrage alles mit Ruhe und Gelassenheit, die nur der Frieden des Gewissens und eine reine Zuversicht geben kann. Seien Sie davon überzeugt, mein bester Vater, wir werden nie, nie ganz unglücklich sein; mancher, der das Gewicht der Krone und des Glückes zu tragen hat, ist nicht so glücklich wie wir. Gott schenke jedem guten Menschen den Frieden des Herzens, dann wird er immer glücklich sein.«

Georg gegenüber schlägt Luise einen ähnlichen Ton an: »Glaube an uns, denn wir glauben an Gott und an die Tugend

... Ich denke an alle, die mich lieben und über mich weinen. Georg – alles ist ruhig in mir ...«

Am 18. Juni zieht Napoleon in Tilsit ein. Er ist nun sehr nahe an Luise herangerückt. Ob der bedrängten Lage reagiert die Königin wie stets mit körperlichen Beschwerden: »Meine Gesundheit ist nicht sehr gut, Herzbeschwerden und schreckliches Unwohlsein und Unruhe um Dich und die gute Sache«, schreibt sie Friedrich Wilhelm am 21. Juni, der sie stets »mit Nachrichten über den Stand der Dinge« versorgt. Zwei Tage später: »Es gibt eine Menge Engländer hier, viele Russen und Fremde im allgemeinen; es gibt unendliche Streitigkeiten um die Unterkünfte. Die ganze Kinderschar ist zu Deinen Füßen; die Voß beschwört mich, Dir zu sagen, daß Sie Dich anbetet; das ist nicht so gefährlich, als es lautet. Wenn diese Kommission doch aus Kurland (gemeint ist Herzogin Dorothea von Kurland mit ihren Töchtern) zu Dir käme, ach, Majestät, das wäre etwas anderes. Lieben, singen, lachen, trinken wir ...« Sie scheint ihren Humor noch nicht völlig verloren zu haben, ebensowenig die Sehnsucht nach ihrem Gemahl: »Ich wollte, Du könntest bei uns sein und vor allem, Du würdest Geschmack an unserer Lebensweise finden. Mittags speist man sehr regelmäßig um 2 Uhr, abends ist Tee bei Luise (Radziwill) oder Marianne, und man spielt das Ringspiel, das erheitert im Augenblick und läßt das Unglück vergessen. Bei mir habe ich erst einen gehabt, und es geht auch nicht so in den Abend hinein wie bei den anderen. Seit zwei Tagen bin ich weniger unpäßlich ...«

Am 22. Juni begibt sich Alexander nach Tauroggen, wohin Friedrich Wilhelm ihm folgt. Noch steht der Waffenstillstand zwischen Frankreich und Preußen aus. Am 24. Juni sind beide Herrscher in Piktupönen, ganz nahe beim Hauptquartier Napoleons in Tilsit. Breit und mächtig strömt der Fluß Memel dahin und trennt die beiden Lager. Er krümmt sich noch einmal und mündet dann am Horizont ins Meer. Der Nordwind breitet die Wolken aus; er streut sie über das verblassende Firmament, auf dem leichte Nebel treiben. Das Licht dieser Landschaft wirkt, als falle es durch Kirchenfenster. Von der Böschung des Ufers steigt aus dem schwarzen feuchten Boden Teergeruch auf. Längs des Hafens liegen die Barken. Die Nacht bricht herein. Die Laternen flammen auf und deuten durch helle Punkte den Lauf des Ufers an; Schweigen und Stille hüllen die Stadt ein. »Der Kaiser von Rußland«, schreibt Napoleon am 24. Juni, »hat sich bis eine Meile von hier genähert; man versichert mir, daß er eine Zusammenkunft wünscht. Ich kümmere mich nur wenig darum, werde mich aber nicht weigern. Der Ton ist sehr verändert heute.«

Die Armee des Zaren ist demoralisiert. Für militärische Manöver fehlen die taktischen und materiellen Voraussetzungen. Alexander mag auch den Vorschlägen einiger seiner erfahrenen Offiziere, Napoleon in die Steppen zu locken, hier seine Truppen zu zerstreuen und sie langsam zu erschöpfen, nicht folgen. Der Zar, der sich für einen Meister der Kriegskunst hält, verfolgt ein anderes Kalkül: Er wird all sein diplomatisches Talent aufbieten, um Napoleon auf seine Seite zu ziehen.

Der König von Preußen kommt zu spät, um – von Hardenberg unterstützt – seinem russischen Verbündeten einen für Preußen günstigen Friedensplan zu unterbreiten. Der Waffenstillstand zwischen Rußland und Frankreich ist bereits am 21. Juni unterzeichnet worden. Napoleon wünscht, den Frieden schnell herbeizuführen. »Genug vom Krieg, man muß die Welt sich ausruhen lassen.«

Wieder fliegt dem Zaren ein herzergreifender Brief zu. »Meine Seele ist tief betrübt, mein lieber Vetter«, schreibt Luise, »und ich wäre ganz hoffnungslos, wenn Sie nicht die Führung unseres Geschicks übernommen hätten. In einem so furchtbaren Augenblick werden Sie einen Freund und eine Sache nicht im Stich lassen, die Ihrem Herzen stets teuer gewesen sind. Auf dieses Herz, das alle Tugenden besitzt, setze ich meine ganze Hoffnung für die Zukunft! Mein Gott, was wäre sie ohne Sie! Was würde aus dem König, aus meinen Kindern werden! Ich wäre die unglücklichste Gattin und Mutter, denn ich hätte diesen armen Geschöpfen nur das Leben gegeben, damit sie das Unglück kennenlernen ... Meine Gesundheit hat durch die vielen Sorgen ein wenig gelitten. Aber was macht's! Wenn nur der König allem standhält. Ich bin ein so uninteressantes Wesen.

Wenn ich erliege, schadet es nichts. Die Hauptsache ist, daß der König davonkommt, daß die Zukunft meiner Kinder gesichert ist, daß der König unabhängig und glücklich lebt. Wie glücklich wäre ich, könnte ich mich für das alles opfern!« Die Allianz, die am 26. April 1807 in Bartenstein zwischen Rußland und Preußen geschlossen worden war, stürzt wie ein Kartenhaus in sich zusammen und reißt die Grundpfeiler der preußischen Politik ein. Von den Unterhandlungen, die durch Labanoff in die Wege geleitet werden, wird Preußen ausgeschlossen. Am 25. Juni sucht Friedrich Wilhelm seinerseits um einen Waffenstillstand nach.

In ihren düstersten Augenblicken wird Luise von der Furcht gequält, von Alexander im Stich gelassen zu werden. Sie ist zu allem bereit, das zu verhindern. Doch das, wovor sie Angst hat, ist längst eingetreten. Der Zar ist ihrer überdrüssig geworden, er kennt nur noch seine eigenen Interessen. Am 25. Juni wird er mit Napoleon zusammentreffen, das erfährt Luise durch einen Brief Friedrich Wilhelms. Diese Nachricht bringt die Königin außer Fassung:»Wenn Du gezwungen bist, den ›Teufel‹ vielleicht mit dem Kaiser (Alexander) zu sehen, so meint man hier, daß das am Ende gut sein könnte. Ich gestehe Dir jedoch, daß ich eher glaube, je mehr man seiner Eitelkeit schmeichelt, desto größere Forderungen wird er stellen.« Wie besorgt sie ist, verheimlicht sie auch ihrem Vater nicht:»Bennigsen hat sich hinter die Memel zurückgezogen und führt hier eine Waffenruhe von vier Wochen durch. Von der russischen Seite her ist alles so gespannt, daß sie alle nach dem Olivenzweig lechzen, der uns vielleicht gegeben wird, uns und ihnen, aber ich zweifle sehr, ob er jemals grünen und blühen wird … Leben, sterben, Brot und Salz auf dem rechten Wege essen, nie, nie werde ich unglücklich sein. Es ist nur zu befürchten, daß ich nicht mehr weiter kann. Wer so wie ich aus seinem Himmel gefallen ist, kann nicht mehr hoffen!«

Luise ist heilfroh, bei dieser Zusammenkunft nicht dabei sein zu müssen. »Wohin sind wir gekommen nach den ungeheuren Verlusten der Tapferen«, schreibt sie Friedrich Wilhelm empört, »und nur durch den Fehler der Dummheit, der Unfähigkeit und des schlechten Willens … In diesem Augenblick weiß ich dem armen Alexander sehr viel Dank, mich aus Zartgefühl von ihm und von Dir entfernt zu haben, weil ich wenigstens nicht in die Lage kommen werde, das Ungeheuer zu sehen.«

Während Luise noch immer auf ihren lieben Freund Alexander setzt und ihn so rührend um Beistand anfleht, verrät er sie und die Sache Preußens kaltlächelnd. Eine große Menschenmenge drängt sich am 25. Juni 1807 um die Mittagszeit an den Ufern des Flusses zusammen. Es sind die Einwohner der kleinen Stadt Tilsit und die Landleute aus der Gegend, die ein Gefühl der Neugier und freudigen Erregung hier zusammenführt. »Der Krieg ist vorbei«, diese Worte gehen von Mund zu Mund. Der langersehnte Frieden kommt so plötzlich, daß man es kaum glauben mag.

Die Begegnung der beiden Kaiser findet mitten auf der Memel statt: Auf Flößen hat man zwei Zelte aufgebaut; das zweite ist für das Gefolge bestimmt. Französischen Berichten zufolge soll Alexander unter vier Augen zu Napoleon gesagt haben: »Ich hasse die Engländer ebenso sehr wie Sie, und ich werde Ihr Sekundant sein in allem, was Sie gegen diese unternehmen.«

»Wenn das so ist«, antwortet Napoleon, »so kann sich alles ausgleichen, und der Friede ist fertig.« Und weiter: »Wir werden uns beide verständigen. Ich werde Ihr Sekretär sein, und Sie der meinige. Gewähren Sie mir so viel« – er zeigt die Länge eines Fingers – »so werde ich für Sie das tun« – er streckt den Arm aus.

Auf beiden Ufern der Memel haben die Truppen der Herrscher Aufstellung genommen und verfolgen das Schauspiel. Die Franzosen singen; die Russen verhalten sich still. Als sich die beiden Kaiser umarmen, gibt es auf beiden Ufern Vivat-Rufe.

Friedrich Wilhelm hat seinen Verbündeten bis zur Memel begleitet; er muß sich das Spektakel als Randfigur vom Ufer aus anschauen, unter dem Mantel eines russischen Offiziers verborgen. Nach seiner Rückkehr ist Alexander zurückhaltend; er behandelt seinen Freund mit der kalten Rücksicht, die man einem armen Verwandten gegenüber zur Schau trägt.

Napoleon zeigt sich von der Unterredung und erst recht vom Zaren entzückt. Alexander hat offensichtlich den richtigen Ton getroffen. Er fühlt sich wie in einem Theater, dessen Inszenierung er in der Hand hat; der Gedanke, alles mit einem Schlag mit Napoleon zu regeln, und zwar zwischen ihnen beiden, den Herren der Welt, steigert seinen bis jetzt im Zaum gehaltenen Ehrgeiz. Dazu kommt seine Neugierde, seine Selbstverliebtheit, seine Koketterie, die ihn so anziehend und so gefährlich macht. Das Tagebuch Napoleons gibt davon einen Eindruck:»Er gefiel mir und ich liebte ihn.« Aber er wird an anderer Stelle sagen: »Er war ein echter Grieche aus dem Zeitalter der Dekadenz. Immerhin ist er nicht ohne wahre oder gespielte Ideologie ... Vielleicht hat er mich auch zum besten gehalten, denn er ist fein, falsch und geschickt ...« Da haben sich die Richtigen getroffen. Zar Alexander von Rußland verhandelt also separat mit Napoleon. Sein Freund Friedrich Wilhelm, dem er noch vor nicht allzu langer Zeit feierlich Treue geschworen und Hilfe versprochen hat, muß im strömenden Regen am Ufer stehen und zusehen, wie die beiden Kaiser sich anschicken, gemeinsame Sache zu machen.

Luise gibt sich bösen Vorahnungen hin:»Ich kann mich des Gedankens nicht erwehren«, schreibt sie Friedrich Wilhelm am 25. Juni,»daß wir am Vorabend großer Ereignisse stehen. Ich bin in Deiner Seele fast verzweifelt, und einen Augenblick habe ich schon alle Hoffnung verloren.«

Einen Tag später darf endlich auch der König von Preußen an den Verhandlungen teilnehmen. Alexander stellt ihn vor, doch der französische Kaiser hat nur einen abschätzigen Blick für ihn. Er hat dem König die Hardenbergsche Politik nicht verziehen und fordert nun unverblümt die Entlassung des Ministers. Er wünscht stattdessen ein Ministerium Zastrow – Schulenburg – Stein. Den Freiherrn vom Stein vermag er allerdings kaum einzuschätzen, denn er scheint ihn lediglich für einen begabten Steuereinnehmer zu halten. Napoleon erspart dem König von Preußen auch nicht die Demütigung, in seiner Gegenwart den Zaren von Rußland zum Essen einzuladen, Friedrich Wilhelm jedoch nicht. Mit gesenktem Kopf nimmt der König die Beleidigung hin.

In den langen Unterhaltungen der beiden Kaiser entfaltet Napoleon seine ganze Magie, Alexander seinen ganzen Zauber. Napoleons Strategie ist klar: Er will Preußen und Rußland endgültig auseinanderbringen. Er bietet Vorteile zum Nachteil Preußens an, doch ein Rest von Anstand hindert Alexander, sofort zuzugreifen. Die beiden Kaiser treffen sich jedoch in einer gemeinsamen Intention: England zu demütigen und in die Schranken zu weisen.

Friedrich Wilhelm wird keiner weiteren Beachtung gewürdigt: »Der größte Dummkopf auf der Erde«, erklärt Napoleon abfällig, »ein Mann ohne Talent, ohne Bildung, unfähig, eine Unterhaltung von fünf Minuten zu führen. Er sieht aus wie der leibhaftige Don Quichotte.«

Rußlands Politik gerät zunehmend in den Bann Frankreichs; Alexander nennt Napoleon plötzlich einen »Menschenfreund«. Immer neue Forderungen des Siegers ziehen jedoch den Friedensschluß immer weiter hinaus. Der König ist über die maßlosen Ansprüche, die Napoleon stellt, verzweifelt. Er hängt an den Besitzungen linksseitig der Elbe und an Magdeburg, die ihm genommen werden sollen, und er will auch an Hardenberg und Rüchel unbedingt festhalten. Luise vergeht vor Angst, ihr Gemahl könne doch noch schwach werden und Napoleon nachgeben.

Friedrich Wilhelm packt die Sache auch völlig falsch an und richtet in Tilsit durch seinen kalten Stolz und sein wortkarges Wesen gegen Napoleon gar nichts aus. Der französische Kaiser vermeidet es, mit ihm über die drängenden Angelegenheiten zu sprechen, und behandelt ihn alles andere als gleichrangig. Mit Friedrich Wilhelm führt er nur banale Gespräche über Uniformknöpfe oder Tschakos und spottet bei jeder Gelegenheit über ihn.

Luise ist begreiflicherweise empört: »In meiner Angst habe ich mich nicht getäuscht«, schreibt sie Friedrich Wilhelm am 26. Juni. »Du hast das Ungeheuer gesehen, und eine Deiner schwersten Stunden hat also geschlagen. Ich ersticke in Tränen, ich kann nicht mehr.«

Und einen Tag später: »Ich beschwöre Dich, eines gut zu beherzigen: Wende bei diesem ganzen Handel alle Energie auf, deren Du fähig bist, und gib in keinem Punkt irgend etwas auf, was Deine Unabhängigkeit zerstören würde ... Ich möchte mich immer verstecken, wenn es mir möglich wäre, so unglücklich und trostlos bin ich. Und doch empfange ich Menschen, weil man es will, weil der Arzt es will, und weil ich leider nicht allein leide und an das kleine Wesen denken muß, das ich unter dem Herzen trage; es hat ein Recht auf meine Fürsorge. Ich soll mich zerstreuen, aber ein Dolch steckt mir im Herzen, und niemals bin ich ohne den tödlichsten Kummer. Gestern hatte ich geweint wie eine Unglückliche ..., da setzte ich mich in ein Schiff mit Marianne, Luise und Wilhelm; wir fuhren auf See spazieren, aber ich habe beinahe alle Gedärme ausgebrochen; ich glaube indessen, es war gut, denn die Nachrichten der Post von dieser infamen Zusammenkunft hatten mich so ergriffen, daß ich mich sehr schlecht fühlte. Ein stürmischer Ausbruch, der mich recht geschüttelt hat, war mir heilsam.«

Luise täuscht sich gründlich, wenn sie meint, für Friedrich Wilhelm gebe es noch großartig etwas zu verhandeln. Stattdessen wird über seinen Kopf hinweg verhandelt, Napoleon und Alexander machen die Sache unter sich aus. Auf preußischer Seite ist der Realitätsverlust groß, vor allem bei Luise, die jeden Tag mit anderen körperlichen Symptomen auf die für sie unerträgliche Situation reagiert. Am 28. Juni ist es Migräne: »Ich habe solche Kopfschmerzen, daß ich alles doppelt sehe.«

Vergeblich bemühen sich die preußischen Minister und Berater, den König zu veranlassen, seine Abneigung gegen Napoleon zu überwinden und ihm etwas mehr entgegenzukommen. Doch Friedrich Wilhelm läßt sich – wie Luise – völlig von seiner Aversion gegen den Kaiser bestimmen. Es ist ihm nicht möglich – nicht einmal in der verzweifelten Lage, in der er sich befindet – auch nur das kleinste Entgegenkommen zu zeigen. Diplomatisch klug wäre es, wenn er sich wenigstens liebenswürdig zeigte. Niemand verlangt, daß er sich unterwürfig anbiedert. Doch das selbstbewußte, herrische Auftreten Napoleons erfüllt den König mit solchem Widerwillen, daß er seine Abneigung nicht verbergen kann.

Diese Aversion geht deutlich aus dem Brief hervor, den er Luise von Piktupönen aus am 26. Juni 1807 schreibt: »Ich habe ihn gesehen«, heißt es darin, »ich habe mit diesem von der Hölle ausgespienen Ungeheuer, das von Beelzebub gebildet wurde, um die Plage der Erde zu werden, gesprochen! Es ist mir unmöglich, den Eindruck zu beschreiben, den sein Anblick auf mich gemacht hat. Nein, niemals habe ich eine härtere Prüfung erfahren; mein ganzes Innere empörte sich während dieser entsetzlichen Zusammenkunft. Er war jedoch sehr kühl, höflich, aber durchaus nicht entgegenkommend, und ohne die geringste persönliche Aufmerksamkeit. Im allgemeinen schien er mir durchaus nicht für uns geneigt. Er ist übrigens in keiner Weise auf die Angelegenheiten unseres zukünftigen Schicksals eingegangen und hat es vermieden, diese Seite zu berühren.«

Nicht nur die ausgebliebene Einladung zum Essen hat ihn gedemütigt; Napoleon hat es nicht einmal für nötig gehalten, ihm sein Gefolge vorzustellen, und über dem Pavillon an der Memel prangen wohl ein großes N und ein A, aber kein FW. Maßlose Erbitterung über eine solche Nichtachtung durch den »Fürsten der Unterwelt« spricht aus Luises Tiraden vom 29. Juni. Sie nennt Napoleon einen »würdelosen, niederträchtigen Mörder« und »ein sich aus dem Kot emporgeschwungenes höllisches Wesen, das nicht weiß, was es den Königen schuldig ist«. »Nein, es ist in der Tat zu stark, und ich habe nichts gesehen, das diesem unwürdigen und infamen Mörder gleicht.« Ihr Zorn und ihre Verachtung kennen keine Grenzen mehr. Und doch nützt alles Wüten, alles Empörtsein nichts. Es gilt zu handeln, um sich »den Krallen des Vogels Roc zu entwinden«, wie der König sich ausdrückt.

Fast täglich reiten Napoleon, Alexander und der preußische König aus. »Friedrich Wilhelm« – notiert ein zeitgenössischer französischer Beobachter in sein Tagebuch – »war sehr ungeschickt, sehr unglücklich … Die Preußen litten sichtlich darunter. Napoleon war ständig zwischen den beiden Herrschern: der König konnte kaum folgen, war Napoleon ständig im Weg. Kehrte man zurück, waren die beiden Kaiser mit einem Sprung auf der Erde und faßten sich bei der Hand, um die Treppe emporzusteigen. Aber da Napoleon der Gastgeber war, wollte er nicht eintreten, ohne den König vorangehen zu lassen, zur großen Unzufriedenheit aller Zuschauer … Alexander war seines Waffengefährten manchmal so überdrüssig, daß er, von seinen eigenen Sorgen vollauf in Anspruch genommen, eine Ver-

abredung einfach nicht einhielt, oder brüsk abbrach.« Auch
Napoleon bedient sich dieser Taktik: »Man trennte sich sofort
nach dem Essen unter irgendeinem nichtigen Vorwand, jedoch
Alexander und ich trafen uns bald wieder, um den Tee bei dem
einen oder dem andern zu nehmen und wir blieben dann bis
Mitternacht oder darüber hinaus beisammen, um zu plaudern.«
Man diskutiert die großen Perspektiven, auf irgendwelche
Verpflichtungen legt man sich jedoch nicht fest. Alexander und
Napoleon entwerfen die Grundlinien eines Vertrages, der auch
Preußen einschließen soll. Friedrich Wilhelm jedoch ist unfähig,
daran mitzuwirken. Er kann nicht aus seiner Haut, zeigt sich
ungeschickt und linkisch und trägt stets eine verdrießliche,
ängstliche Miene zur Schau. Vergeblich ermutigen ihn seine
Berater, sich aufzuraffen, doch er schmollt weiter.

Auf preußischer Seite wächst die Verzweiflung über die de-
saströsen Friedensbedingungen und die festgefahrenen Verhandlungen von Tag zu Tag. Angesichts der Unfähigkeit des
Königs verfallen die Diplomaten auf die Idee, die Königin zu
bitten, nach Tilsit zu kommen. Sie ist noch immer in Memel.
Am 30. Juni erhält sie einen Brief von Friedrich Wilhelm, dem
ein entsprechendes Einladungsschreiben des Generalfeldmar-
schalls von Kalckreuth beigefügt ist. Als sie von dem Ansinnen
hört, ihre persönliche Begegnung mit Napoleon könnte von
Nutzen sein, ist Luise zunächst fassungslos. Sie vermag nicht
zu glauben, daß man ihr das zumutet. Nach all dem, was
geschehen ist, verlangt man ein solches Opfer von ihr – das
schwerste.

Sie ist der einzige, der letzte Trumpf, den Preußen noch hat.
Sie habe »den ganzen großen Gegenstand, auf den es ankam,
umfaßt«, schreibt General von Kleist an seine Schwester, »sie
versammelt alle unsere großen Männer um sich, die der König
vernachlässigt, und von denen uns doch nur allein Rettung
kommen kann; ja sie ist es, die das, was noch nicht zusam-
mengestürzt ist, hält!« Und wie Kleist, so erhofft auch der Hof
alles von Luise. Vielleicht würde es ja ihrer »bewunderungs-
würdigen Affabilität« gelingen, günstigere Bedingungen von
Napoleon zu erlangen, so hatte sich General Kalckreuth am
28. Juni dem König gegenüber ausgedrückt. Auch der kluge Har-

denberg hält die Anwesenheit der Königin für einen klugen taktischen Zug. Und Alexander? Er sucht seinen eigenen Vorteil bei den Verhandlungen und denkt nicht im entferntesten daran, sich für Preußen mit Napoleon anzulegen, tut aber dem König gegenüber so, als leide er unendlich unter den harten Bedingungen, die Napoleon Preußen auferlegt. Es ist ihm jedenfalls lieber, wenn Luise für sich selbst und für Preußen spricht, und er nicht mehr Gefahr läuft, durch eine energische Vermittlung den Zorn Napoleons auf sich zu laden.

Der Druck auf Luise ist groß, dem so wenig großmütigen Sieger, der sie tief beleidigt hat, als Bittstellerin gegenüberzutreten. Anfangs empfindet sie das als eine Zumutung, ihr ganzer Stolz bäumt sich dagegen auf. Sie will sich krank stellen, ins Bett legen, ihre Fensterläden schließen, nur um nicht nach Tilsit reisen und Napoleon gegenübertreten zu müssen. Hufeland, ihr Leibarzt, hält ihre erste Reaktion fest: »Dies hatte sie nicht erwartet. Sie war außer sich.« Zum General Kessel sagt sie: »Es ist mir, als wenn ich in den Tod ginge; als wenn dieser Mensch mich würde umbringen lassen.« Ihrem Gemahl gegenüber klingt es schon weniger skeptisch: »Wie soll ich heiter, liebenswürdig sein (Kalckreuth hatte ihren Charme gerühmt), wenn mein Herz verwundet ist gerade durch den Mann, den ich sehen werde?«

Was soll sie antworten? Allenthalben wird sie bedrängt, in den Vorschlag einzuwilligen. Erst einmal zieht sie eine nüchterne Bilanz: Hardenberg, den Napoleon als Bevollmächtigten zurückgewiesen hat, ist durch Kalckreuth ersetzt worden, der dem Wunsch des Kaisers von Frankreich entsprechend den Waffenstillstand angenommen hat, aber leider nicht die Fähigkeit zu besitzen scheint, die Verhandlungen zu führen. Der Verlust Magdeburgs hat sie besonders tief getroffen – vielleicht könnte sie Napoleon wenigstens diese Stadt entreißen? Friedrich Wilhelm spielt in ihren Gedanken keine größere Rolle, sie ist besorgt, daß sein matter Widerspruch allzu rasch in sich zusammenfallen werde, und irrt sich darin nicht. Er entschuldigt sich, ihr diese »Unannehmlichkeit« zu verursachen, und erinnert Luise an die Beleidigungen, die Napoleon ihr zugefügt hat.

Schließlich trägt ein entscheidendes Argument den Sieg davon: Alexander rät ihr, an die Großzügigkeit des Kaisers zu appellieren. Der charmante Zar ist es wieder, der Luise Vertrauen zu sich selbst einflößt. So entschließt sie sich, »dem Ungeheuer zu trotzen«, dem »Emporkömmling der Revolution« stolz entgegenzutreten und ihn mit ihrer verführerischen Anmut zu besiegen. Wird es nicht seiner Eitelkeit schmeicheln, die erbitterte Feindin zu seinen Füßen zu sehen? Napoleons Mitleid jedenfalls will sie nicht, schließlich hat sie ein berechtigtes Anliegen. Sie wird nicht um Gnade flehen. Dieses äußerste Zugeständnis fällt ihr schwer. Aber bei aller Überwindung ist sie auch neugierig auf diesen Mann. Sie sind sich noch nie begegnet, kennen einander nur aus Berichten und von Bildern. Napoleon war schon immer überzeugt, daß Friedrich Wilhelm ein »Tölpel« und daß die Vertraulichkeit zwischen Luise und Alexander nicht platonischer Natur ist. »Ich glaube«, wird ein Ausspruch von ihm überliefert, »daß er mit ihr sehr vertraut war.« Auch er ist gespannt auf die Frau, die seinen neuen Freund betört hat.

Luise begreift, daß sie ihrem Volk und ihrem Mann ein Opfer bringen muß, und bringt es schließlich ohne zu murren. Was die drei Monarchen bislang zustandegebracht haben, ist wenig dazu angetan, ihr Vertrauen oder gar Hoffnung einzuflößen. Am 27. Juni hat sie an ihren Gemahl geschrieben: »Ich mißtraue diesem Aufenthalt in Tilsit sehr. Du und der Kaiser (Alexander), die ihr die Rechtschaffenheit selbst seid, mit der Schlauheit, dem Teufel, ›Doktor Faust und sein Famulus‹ (mit dem Famulus meint sie den Minister Talleyrand) – nein, das wird nie gehen, und keiner ist dieser Schlauheit gewachsen!«

Dann steht ihr Entschluß fest: »Ich komme, ich fliege nach Tilsit, wenn Du es wünschst, wenn Du glaubst, daß ich irgend etwas Gutes bewirken kann.« Verwundert, ja verärgert konstatiert sie jedoch, daß Friedrich Wilhelm offensichtlich auf die Taktik Rußlands hereinfällt: »Der Wechsel Rußlands setzt mich in Erstaunen, mehr aber noch, daß Du ihn als ›notgedrungen‹ entschuldigst. Erstens hat Rußland keinen Fußbreit Land verloren, es hat seinen Truppen keinen Sou gezahlt, da sie von unserem Gelde bezahlt sind ... Schöne Ersatztruppen sind auf dem Wege, und die Armee kann bald um 60 000 Mann verstärkt werden; also sehe ich nicht die Notwendigkeit ein, Sammetpföt-

chen zu machen, zu streicheln und von seiner Größe aufzugeben, während man die Möglichkeit hat, Gesetze zu geben und
aufzuerlegen, statt sie zu empfangen.«

Sie weiß nur zu gut, daß Friedrich Wilhelm den taktischen
Spielen der beiden anderen Monarchen nicht gewachsen ist. Ihr
wird schwindlig bei dem Gedanken, durch sein hölzernes
Benehmen manövriere er sich selbst ins Aus. Sie sieht Anlaß für
eine kleine Standpauke, eine pädagogische Lehrstunde: »Ich
finde, Du machst wirklich unbegreifliche Fortschritte zur Eleganz, nur die Ausdrücke wählst Du noch nicht gut. Zum Beispiel: zu sagen, Du ißt um halb eins mittags, ist sehr gewöhnlich; sage: ein Gabelfrühstück, dann bist Du auf der Höhe der
Eleganz.« In dieser Hinsicht hat Friedrich Wilhelm tatsächlich
noch eine Menge zu lernen.

Die Aussicht auf die Begegnung Luises mit Napoleon erleichtert Friedrich Wilhelm, nimmt etwas den Druck von ihm. Anfang
Juli schreibt er etwas günstiger über den Kaiser: »Was ist er doch
für ein gutorganisierter Kopf! Und, wie ich schon oft gesagt habe,
könnte er, wenn er wollte, Gutes damit schaffen. Er mit seinen
Mitteln könnte der Wohltäter der Menschheit sein, wenn er bis
jetzt durch seine ehrgeizigen Pläne die Geißel der Menschen
gewesen ist.« Ein andermal wiederum charakterisiert er Napoleon mit geistreicher Schärfe: »Man braucht ihn nur reiten zu
sehen, so erkennt man den ganzen Mann. Er geht immer in Karriere, unbekümmert um das, was hinter ihm fällt und stürzt.«

Als der Besuch in Tilsit näher rückt, schreibt Luise in ihr Tagebuch: »Welche Überwindung es mich kostet, das weiß mein
Gott: Denn wenn ich gleich den Mann nicht hasse, so sehe ich
ihn doch als den an, der den König und sein Land unglücklich
gemacht. Seine Talente bewundere ich, aber seinen Charakter,
der offenbar hinterlistig und falsch ist, kann ich nicht lieben.
Höflich und artig gegen ihn zu sein, wird mir schwer werden.
Doch das Schwere wird einmal von mir gefordert, Opfer zu
bringen bin ich gewohnt.«

In Hufelands Tagebuch findet sich die Bemerkung: »Unter
tausend Tränen sagte sie: ›Das ist das schmerzhafteste Opfer,
das ich meinem Volke bringe, und nur die Hoffnung, diesem
dadurch nützlich zu sein, kann mich dazu bringen.‹«

EINE UNMÖGLICHE MISSION

Ob sie Napoleon überhaupt willkommen ist? Schließlich hat er sie nicht einmal offiziell eingeladen. Zwar hat der Kaiser sich einmal bei Friedrich Wilhelm teilnehmend nach ihrem kranken Kind, der Prinzessin Alexandrine, erkundigt und auch bei Tisch auf die Gesundheit der Königin von Preußen getrunken, aber es ist keine offizielle Einladung von seiner Seite an sie ergangen. Im Gegenteil: Talleyrand hat alles getan, um das Erscheinen der Königin in Tilsit zu hintertreiben. Napoleon bekam von ihm zu hören: »Sire, wollen Sie um ein paar schöner Augen willen Ihre größte Eroberung aufs Spiel setzen?«

Doch der Kaiser hat seinem Minister kein Gehör geschenkt, wohl eher Alexander – oder seinem Schwager, General Murat, der Luise allerdings weniger aus politischen als vielmehr aus gesellschaftlichen Gründen zu sehen wünscht. Er langweilt sich ohne Damen, und da er weiß, daß die Königin eine schöne, elegante Frau ist, sieht er ihrer Ankunft mit erhöhtem Pulsschlag und wachsender Erregung entgegen. Noch kurz vor der Abreise schreibt Luise an ihren Mann: »Vielleicht, daß Murat meine Ankunft wünscht, um mir den Hof zu machen.«

Am 4. Juli macht Luise sich begleitet von den Gräfinnen Voß und Tauentzien auf den Weg nach Piktupönen, dem Hauptquartier Friedrich Wilhelms, und steigt im Pfarrhaus, dem ehemaligen Quartier Alexanders, ab. Anfangs hat der Zar in Piktupönen gewohnt, aber Napoleon ist es schließlich gelungen, ihn zu überreden, zu ihm nach Tilsit zu übersiedeln. Auch Friedrich Wilhelm hat dort Quartier, kehrt jedoch jeden Abend nach den Verhandlungen nach Piktupönen zurück, um nicht der Gast Napoleons zu sein. Auch das ist unklug. Denn dadurch gibt er den beiden Kaisern um so mehr Gelegenheit, »bilaterale Beziehungen« zu knüpfen und vieles unter vier Augen zu besprechen.

Vor der Abreise hatte Friedrich Wilhelm seiner Gemahlin noch einen seiner nichtssagenden Briefe geschrieben. Aller möglicher Klatsch aus dem Hauptquartier, Tratsch über die verschiedenen Regimenter, Neues aus der Welt der Uniformen. Und daß Alexander sich besonders für die hübschen kleinen Mädchen in Tilsit interessiere – diese Spitze muß er noch loswerden. Es kommt dem König, wie es scheint, gar nicht zum Bewußtsein, wie seiner Frau vor diesem schweren und entscheidenden Schritt zumute sein muß.

Am nächsten Tag, am 5. Juli, sprechen Großstallmeister Caulaincourt und Marschall Duroc bei der Königin vor, heißen sie willkommen und bitten sie im Namen Napoleons um Entschuldigung, daß er ihr keinen Besuch in Piktupönen machen könne, da er die Neutralitätsgrenze nicht überschreiten dürfe. Er lade jedoch die Königin ein, zu ihm nach Tilsit zu kommen und mit ihm zu dinieren. An selben Tag schreibt Napoleon an Josephine nach Paris: »Die schöne Königin von Preußen soll heute mit mir speisen.«

Am 6. Juli geht »der Morgen mit Überlegungen hin, was ich zu Napoleon sagen wollte«, schreibt Luise in ihren Aufzeichnungen über die Zusammenkunft in Tilsit, »und eine Menge russischer Generäle kam und machte mir den Hof«. Nachdem sie sich von Hardenberg einige Instruktionen hat geben lassen und einiges aufgeschrieben hat, bricht sie gegen vier Uhr nach Tilsit zum französischen Kaiser auf. Welche Gedanken wird sie beim Blick aus dem Kutschenfenster gehabt haben? Angst verspürt sie nicht, wohl aber ein Gefühl der Beklemmung und vielleicht der Überforderung. Ihr ist alles andere als behaglich zumute bei der Aussicht, bald dem Mann gegenüberstehen zu müssen, gegen den sie so viel Abneigung hegt. Noch vor kurzem hat sie ihrem Gemahl verraten, wie glücklich sie sei, bei der Zusammenkunft mit dem »Ungeheuer« nicht zugegen sein zu müssen. Und nun soll sie vor ihm erscheinen. Schon der

Gedanke daran verursacht ihr Kopfschmerzen. Ihr Herz ist zerrissen, und sie soll die Liebenswürdige spielen. Doch beim besten Willen mag sie sich nicht vorstellen, daß ihr Erscheinen in Tilsit ohne Erfolg bleiben soll.

Als sie an der Fähre eintrifft, versucht General Kalckreuth ihr ins Gewissen zu reden und sie für das so wichtige Gespräch zu präparieren: Sie solle das Vergangene einfach vergessen, nicht mehr an die persönlichen Beleidigungen denken, die Napoleon ihr zugefügt habe, sondern nur an den König und die Rettung Preußens. Der armen Königin schwirrt der Kopf, verzweifelt ruft sie:»Ach, jetzt bitte ich, schweigen Sie, daß ich zur Ruhe komme und meine Gedanken sammle.«

Um fünf Uhr abends zieht Luise feierlich in Tilsit ein in einer mit acht Pferden bespannten Karosse; die Garde bildet die Ehreneskorte. Die Königin hat große Toilette angelegt und trägt ein wundervolles weißes silberbesticktes Crêpe-de-Chine-Kleid, das ihren Körper weich umfließt. Im Haar funkelt ein Diadem, um den Hals glitzert eine große Perlenkette, ihr Lieblingsschmuck.

Unter dem klingenden Spiel der Militärmusik steigt sie ab. Die enge Wohnung, in welcher der König haust, befindet sich in einem kleinen Haus mit einem einzigen Stockwerk am Rande eines dörflich anmutenden Platzes, nicht weit von der Memel. Dunkle Zimmer mit niedrigen Decken, eine enge Stiege, deren Holzstufen unter jedem Schritt knarren, führt sie zu ihren Gemächern. Alles ist hier so armselig, so ganz und gar nicht repräsentativ. Die beiden Gräfinnen und ihr Kammerherr quälen sich hinter ihr die Treppe hinauf. In dieser düsteren Atmosphäre soll sie dem Herrn Europas die Stirn bieten und mit ihm über ihr geschundenes Land verhandeln?

Alexander, Friedrich Wilhelm und der Graf von der Goltz, Hardenbergs Nachfolger, erwarten sie in der bescheidenen Wohnung. Der Zar spricht auf sie ein:»Die Dinge gehen nicht gut, alle unsere Hoffnungen ruhen auf Ihnen. Nehmen Sie es auf sich, und retten Sie den Staat!« Luise antwortet mit einem nervösen Kopfnicken. Überhaupt ist jedermann bemüht, sie für den peinlichen Augenblick, dem sie entgegengeht, zu ermutigen.

Kaum eine Viertelstunde später ist vor dem Haus Hufge-
klapper zu vernehmen. Napoleon reitet ein weißes Araberpferd,
eine glänzende Eskorte begleitet ihn. Er springt zu Boden und
tritt mit einer Reitpeitsche in der Hand auf das Haus zu. Die
Gräfinnen Voß und Tauentzien gehen hinunter, um Napoleon
gemeinsam mit Alexander und Friedrich Wilhelm am Fuße der
Treppe zu empfangen. Nach einem schnellen Gruß zum König
steigt der Kaiser die enge Treppe hinauf, wo Luise ihn empfängt. Schon ihre ersten Worte verraten ihre innere Anspan-
nung. Sie entschuldigt sich für den kläglichen Zustand, in dem
sich die Stiege befindet. Der Kavalier faßt sich rasch und antwortet:»Was tut man nicht, um ein solches Ziel zu erreichen?«
und beginnt die Unterhaltung mit höflichem Geplänkel und allgemeinen Redensarten. Jeder versucht, sich rasch ein Bild vom
anderen zu machen. Napoleon bewundert ihren Schmuck,
schön genug, um ihr einige Komplimente zu machen. Dann
sprechen sie lange miteinander. Kein Zeuge hat die Unterhaltung, die sich zwischen dem französischen Kaiser und der
preußischen Königin entspinnt, mit angehört. Und doch wissen wir so einiges aus den Berichten der beiden.

Die Königin sieht in diesem Augenblick vermutlich schöner
aus denn je. Ihr Gesicht ist blaß, ihre schönen großen Augen
leuchten im Vorgefühl einer guten Tat, die sie vollbringen wird,
denn sie ist jetzt sicher, das Herz des Siegers zu erweichen.
Ohne Zweifel: Sie macht so großen Eindruck, daß Napoleon im
ersten Augenblick ein wenig verlegen ist.Vielleicht zum erstenmal in seinem Leben scheint er die Situation nicht zu beherrschen.

Der Königin ist »ganz erfüllt von dem großen Gedanken ihrer
Pflicht« und überhaupt nicht verlegen. Ihr klarer Verstand läßt
sie in diesem Augenblick alles Vergangene vergessen.

Auf Luise macht die Erscheinung des »Gefürchteten« keinen
ungünstigen Eindruck. So schlecht, wie die Menschen, die ihr
nahestehen, behaupten, sieht er gar nicht aus. Friedrich
Wilhelm hatte ihn ihr als »äußerst gemein aussehend« beschrieben, Sophie von Voß als »auffallend häßlich mit einem dicken,
aufgedunsenen, braunen Gesicht, korpulent, klein und ganz
ohne Figur«. Die Oberhofmeisterin befindet, er sehe aus wie

»die Inkarnation des Erfolges«, allerdings habe er einen schönen Mund und auch schöne Zähne.

Das Haus in Tilsit, in dem die erste Begegnung zwischen Königin Luise und
Kaiser Napoleon stattfand.

Luise glaubt, ein Cäsarenhaupt vor sich zu haben, edel und vornehm im Ausdruck. Ihrem Bruder berichtet sie später: »Sein
Kopf ist schön geformt; die Gesichtszüge kündigen den den-
kenden Mann an. Das Ganze erinnert an einen römischen Kaiser. Beim Lächeln hat er um den Mund herum einen Zug von
Güte; überhaupt kann er sehr liebenswürdig sein.«

Kurz, als Napoleon in seiner schlichten grünen Uniform,
ohne allen Prunk vor ihr steht, da mag sie kaum glauben, daß
dieser kleine, unscheinbare Mann ihrem Land durch seinen
Ehrgeiz so viel Unglück zugefügt hat. Sie muß alles auf eine
Karte setzen, das weiß sie. In dieser versöhnlichen Stimmung
bringt sie es gleich in den ersten Augenblicken über sich, von
den Dingen zu sprechen, die ihr Herz bedrücken. Sie sagt Napoleon, er möge sie nicht verkennen. Wenn sie sich in die Politik
mische, so geschehe es nur, weil sie sich als Landesfürstin und
Mutter ihrer Kinder verpflichtet fühle, alles zu versuchen, um

ihnen Leid und Not zu ersparen. Napoleon scheint jedoch nicht besonders geneigt zu sein, sich mit ihr in ein politisches Gespräch einzulassen. Er unterbricht die Königin mit Beteuerungen und höflichen Phrasen und lenkt die Unterhaltung absichtlich immer wieder auf nebensächliche Dinge, genau wie bei der Zusammenkunft mit Friedrich Wilhelm. Ihn hat er über Uniformen befragt, und mit ihr glaubt er sich über Toilettenfragen unterhalten zu können. »Ist es Crêpe oder italienische Gaze«, fragt er, indem er den Stoff ihres schönen Kleides berührt, das seine Bewunderung erregt. Und wo sie das herrliche Kleid habe machen lassen. Und ob man in Schlesien auch Crêpe-de-Chine verfertige. »Sollen wir in einem so wichtigen Augenblick von so unbedeutenden Dingen reden?« fragt Luise.

Es ist wenig taktvoll, daß Napoleon die Königin gerade in diesem für sie so bedeutsamen Augenblick dermaßen oberflächlich einschätzt. Wie kann er annehmen, daß sie jetzt Interesse für Mode und Tand habe? Und wäre es auch nur ein Trick gewesen, um sie von einer politischen Unterhaltung abzubringen, so muß man ihr ebenfalls zugeben, daß diese List von ihm weder geistreich noch taktvoll ist.

Luise läßt sich nicht beirren. Sie beherrscht die Situation vollkommen. Mit ihrer Gegenfrage hat sie Napoleons Achtung gewonnen. Er hört ihr jetzt aufmerksamer zu. Je weiter die Unterhaltung fortschreitet, desto größere Zuversicht gewinnt Luise, desto mehr Vertrauen setzt sie in sein Verhalten. Auch Napoleon scheint sehr von ihr eingenommen zu sein. Vielleicht wäre er diesem unwiderstehlichen Zauber weiblicher Schönheit erlegen, doch bereits in den ersten Augenblicken der historischen Begegnung zeichnet sich ab: Wäre die Königin zu Beginn der Friedensverhandlungen gekommen, hätte sie das Ergebnis noch beeinflussen können. Jetzt scheint bereits alles zu spät zu sein. Jedenfalls erteilt er Antworten, die sie zu gewissen Hoffnungen berechtigen, ihn aber zu nichts verpflichten. Es scheint, als gebe er sich ganz dem angenehmen Gefühl hin, mit einer schönen, geistreichen Frau zusammenzusein, ohne sich ihrem Zauber auszuliefern. Er ist liebenswürdig und zuvorkommend, weiter nichts.

Luise spürt das und schweift ins Grundsätzliche ab, schlägt einen pathetischen Ton an. Sie langweilt den Kaiser. Es nützt nichts, daß sie ihre Sache rhetorisch eindrucksvoll verteidigt, den von Preußen mit der Kriegserklärung begangenen Irrtum zugibt, ihm schmeichelt, es sei sicherlich übermütig gewesen, »es gewagt zu haben, einen Helden zu bekämpfen, statt seine Freundschaft anzunehmen«. Napoleon hört nur mit halbem Ohr zu, während er sie betrachtet. Eine Stunde lang redet Luise auf ihn ein. Schließlich bittet sie um Magdeburg, beschwört den Kaiser, sich jetzt großzügig zu erweisen.

Napoleon hat zusehends Mühe, ihrem ungestümen Drängen, das er in dieser Heftigkeit und Leidenschaftlichkeit nicht erwartet hat, zu widerstehen und seinen Standpunkt zu verteidigen.

Da werden sie unterbrochen: Friedrich Wilhelm tritt gerade in dem Augenblick ins Zimmer, als Napoleon der Königin beinahe schon Zugeständnisse machen will. Der König ist ungeduldig geworden, als sich die Unterhaltung, von der er ausgeschlossen ist, in die Länge zieht. Er hat die Begabung, immer im falschen Augenblick aufzutauchen. Wie seinerzeit schon bei Alexander, scheint er auch diesmal seiner Gemahlin nicht zu trauen und beschließt, sich einzuschalten.

Napoleon ist erleichtert, die Unterbrechung kommt ihm wie gerufen. »Die Königin verwies ihn (ihren Gemahl) mit einem ausdrucksvollen Blick und zeigte schlechte Laune.« Natürlich mißbilligt sie das Erscheinen Friedrich Wilhelms. Nur wenig später, und sie wäre am Ziel ihrer Wünsche gewesen. Napoleon gibt zu: »Der König versuchte sein Wort in die Unterhaltung zu werfen und verdarb die ganze Sache; ich war befreit.« Später resümiert er: »Das ist eine Frau, die Geist und Haltung hat, sie ist ihrem Mann hundertmal überlegen.«

Der schwedische Gesandte von Brinckmann hat die Unterredung nach den mündlichen Mitteilungen, die die Königin ihm gemacht hat, rekonstruiert. Unter anderem soll Napoleon zu ihr gesagt haben: »Warum haben Sie mich gezwungen, die Dinge aufs Äußerste zu treiben? Wie oft habe ich Ihnen Frieden angeboten. Österreich, das sich ungefähr in der gleichen Lage befand wie Sie nach der Schlacht von Auerstedt, glaubte ver-

Empfang der Königin Luise durch Kaiser Napoleon
vor dessen Quartier in Tilsit, 6. Juli 1807.
Von links nach rechts: Napoleon, Alexander, Luise und Friedrich Wilhelm.
Gemälde von Nicolas Louis François Gosse.

nünftige Bedingungen nicht zurückweisen zu können, obwohl es noch zwei intakte Königreiche besaß. Sie aber haben stets jedes freundschaftliche Abkommen abgelehnt.«

Die Königin habe geantwortet: »Nach der Schlacht von Auerstedt war es gewiß nicht der König, der die Unterhandlungen abgebrochen hat, und in letzter Zeit hing es nicht mehr von uns ab, auf Sonderverhandlungen einzugehen.«

Napoleon fragt sie, was sie eigentlich für den Frieden wünsche.

»Nun«, antwortet Luise, »ich gebe mich über unsere Lage keiner Täuschung hin. Ich weiß, daß wir Opfer bringen müssen. Wenigstens aber trenne man von Preußen nicht Provinzen, die ihm seit Jahrhunderten gehören. Man nehme uns nicht

Untertanen, die wir wie Lieblingskinder lieben … Der Krieg ist nicht zu unseren Gunsten ausgefallen, aber er hat die Anhänglichkeit unserer Völker an uns nicht vermindert – ich rufe Sie selbst zum Zeugen auf – und das ist ein großer Trost für mich.«
»Leider, Majestät, stehen die allgemeinen Kombinationen oft den persönlichen Rücksichten entgegen.«
»Ich verstehe nichts von den großen politischen Kombinationen. Aber ich glaube, meiner weiblichen Würde nichts zu vergeben, wenn ich den grausamen Schmerz des Königs betone, falls er einige der ältesten Provinzen seines Landes abtreten müßte. Trotzdem Sie mir einen Vorwurf wegen der Verlängerung des Kriegs gemacht haben, so kann ich mir noch nicht denken, daß Standhaftigkeit im Unglück in Ihren Augen eine Schande ist … Aber«, fährt sie fort, als Napoleon nicht reagiert, »Sie lassen mich immer allein sprechen, ohne auf meine Hauptfrage etwas zu erwidern. Und doch kostet es Sie nur ein Wort, um einen vernünftigen Frieden zu schließen.«

Daraufhin habe Napoleon beteuert, es liege nicht in seiner Absicht, Preußen zu vernichten.

Als er sich dann von ihr verabschiedet, flackert im Herzen der unglücklichen Königin ein Hoffnungsschimmer auf. Sie ist so reizend in ihrem Charme gewesen und hat alles aufgeboten, um Napoleon zu gewinnen. Und er hat gesagt: »Wir werden sehen! Wir werden sehen!« Das sind seine letzten Worte gewesen. Dann hat er Luise für den Abend zum Diner eingeladen und ist gegangen.

Sollte Napoleons eiserner Wille beim Anblick dieser liebenswürdigen Frau wirklich schwach geworden sein, so hat seine Schwäche jedenfalls nur sehr kurze Zeit angehalten. Denn längst hat er einen fertigen Plan für Preußens Schicksal im Kopf. Seine politischen Ambitionen hätte er wohl kaum von einem inneren Gefühl abhängig gemacht. Später – auf Sankt Helena – sagt er General Gourgaud: »Die Königin Luise kam zu spät nach Tilsit. Alles war bereits entschieden … Ich konnte Magdeburg nicht hergeben, weil ich es brauchte, um den König von Sachsen zu schützen.«

Marschall Berthier macht seine Aufwartung, um Luise zum Galadiner des Kaisers abzuholen. Sie steigt die dunkle Treppe hinab, schreitet den Gang entlang, betritt den Platz, wo der achtspännige Staatswagen Napoleons auf sie wartet. Die Königin steigt ein, Berthier reitet zu Pferde voran. Sophie von Voß sitzt neben ihr, der König und Prinz Wilhelm folgen. Die Oberhofmeisterin ist nicht eingeladen, da aber die Königin die einzige Frau an der Tafel ist, mußte man sich entschließen, ihre Ehrendame bei Tisch zuzulassen.

Um acht Uhr hält der kleine Zug vor dem Haus an der Tilsiter Straße, kein Palast, sondern ein behagliches Gutshaus, zwei Stockwerke hoch mit hohen Fenstern, die auf die Straße gehen. Die Tafel ist zu Ehren der Königin gedeckt worden. Luise ist bester Laune. Nach langer Zeit kann sie wieder ein wenig lachen. Die Anwesenheit zahlreicher Gäste – außer Alexander und dem König sind noch Prinz Heinrich von Preußen, Großfürst Konstantin, Murat, der Kronprinz Ludwig von Bayern und Gräfin Voß zugegen – verleiht dieser Begegnung mit Napoleon einen mehr gesellschaftlichen Charakter. Und wären die traurigen Ereignisse nicht gewesen, die eben diese Zusammenkunft der Fürsten veranlassen, Luise hätte meinen können, sie befände sich in einer glänzenden Abendgesellschaft und gleich würde die Musik zum Tanz aufspielen.

Sie strahlt wieder in ihrer anmutigen Schönheit. Ein hochrotes, goldbesticktes Gazekleid läßt sie besonders jung und hübsch erscheinen. Als Kopfschmuck trägt sie einen Turban aus rotem Seidenchiffon, der ihr sehr gut steht. Napoleon macht ihr über diesen Turban ein witziges Kompliment und sagt, er könne vielleicht dem Zaren, der mit den Türken auf Kriegsfuß stehe, nicht gefallen. Schlagfertig gibt Luise zurück, daß ihr Turban aber Rustan gefallen würde – dem Mamelucken, der stets hinter Napoleons Stuhl steht. So verläuft die Mahlzeit in sehr angenehmer Stimmung. Napoleon ist gegen Luise äußerst ritterlich und aufmerksam und unterhält sich auch mit ihrer Oberhofmeisterin.

Freundliche Tischgespräche, oberflächliche Plaudereien. Luise sitzt zwischen Napoleon und Alexander. Sie überbieten sich in Zuvorkommenheit und Liebenswürdigkeit. Die Kerzen verbreiten ein warmes Licht, das Silber glänzt, die Gläser funkeln. Luise, die sich stark fühlt, weil Alexander an ihrer Seite ist, entfaltet »all ihren Glanz …, ihre Art war sehr angenehm«. Doch obwohl Napoleon sich bezaubern läßt, bleibt er vorsichtig und zurückhaltend.

Nur einmal wird es mitten in der leichten Tischplauderei etwas ernster: als Napoleon den König auf seine ironische Art über die Zumutung des drohenden Verlusts preußischer Provinzen hinwegtrösten will; solche Verluste gehörten nun einmal zu den gewöhnlichen Wechselfällen des Krieges. Friedrich Wilhelm gibt dem arroganten Sieger darauf schlicht zu verstehen, er, Napoleon, könne sich leicht über dergleichen hinwegsetzen, denn er wisse nicht, was es heiße, angestammte Länder zu verlieren, in denen die teuersten Jugenderinnerungen wurzelten: »Die kann man so wenig vergessen wie seine Wiege.«

»Was Wiege«, ruft Napoleon spöttisch auflachend. »Wenn der Junge ein Mann ist, hat er keine Zeit mehr, an die Wiege zu denken.«

»Doch, doch«, entgegnet der König, »seine Jugend kann man so wenig vergessen als verleugnen, und ein Mann von Herz wird sich dankbar der Wiege erinnern, in der er als Kind lag.«

Nach Tisch entnimmt Napoleon einer der Vasen eine besonders schöne Rose und überreicht sie galant der Königin. Luise zögert zuerst, sie anzunehmen, dann aber sagt sie lächelnd, ja, sie wolle sie nehmen, aber nur mit Magdeburg. Napoleon macht sie darauf aufmerksam, daß er am Geben sei und sie am Nehmen, und fragt die Königin, wie Preußen es eigentlich habe wagen können, mit ihm Krieg zu führen. Luise gibt ihm die berühmt gewordene Antwort: »Sire, der Ruhm Friedrichs des Großen hat uns über unsere Macht getäuscht.«

Napoleon ist sehr höflich, vermeidet es jedoch, bestimmte Versprechungen zu machen, und weicht der Antwort geschickt aus. »Sie entwickelte«, sagt er später auf Sankt Helena, »mir gegenüber ihren ganzen Geist, und sie hatte sehr viel. Alle ihre Manieren waren sehr angenehm, aber ich war entschlossen, festzubleiben, obgleich ich meine ganze Aufmerksamkeit zusammennehmen mußte, um mich auf keinerlei Verpflichtungen und zweideutige Versprechungen einzulassen, um so mehr, da ich aufmerksam beobachtet wurde, ganz besonders von Zar Alexander.«

Als Luise sich zurückzieht, fühlt sie sich fast glücklich. Es ist schwarze Nacht, als die Barke über die rauschenden Wasser der Memel fährt. In dem Wagen, der sie zurück nach Piktupönen bringt, träumt sie von der Befreiung Preußens. Sie ist nicht unzufrieden über das Ergebnis ihrer Unterhaltung mit dem Kaiser. Zum Schluß hat Napoleon noch zu ihr gesagt: »Madame, man hat mir immer erzählt, Sie mischten sich in die Politik, und nun bedauere ich, nach allem, was ich gehört habe, daß dies nicht der Fall ist.«

Die Euphorie, die auf preußischer Seite nach dem Gespräch Luises mit Napoleon herrscht, läßt ein Tagebucheintrag des Kammerherrn von Schladen erahnen: »Heute kehrte die Königin, mit den süßesten Hoffnungen erfüllt, von Tilsit nach Piktupönen zurück. Nach der Tafel wurde bald von vielen die Hoffnung geteilt, daß, durch die schreckliche Demütigung der unglücklichen Monarchin gerührt, dieser stolze Eroberer seine Forderungen mäßigen werde. Schon träumten Knobelsdorff, Kalckreuth und ihr Anhang von den Erfolgen und verkündeten, wie wichtig es sei, jetzt ja nichts durch Mißtrauen und feindselige Abneigung zu verderben. Da erschien Graf Goltz, um dem König von einer Audienz Bericht zu erstatten, die er beim Kaiser Napoleon hatte, und wo derselbe ihm mit dürren Worten erklärte: Alles, was er der Königin gesagt hatte, wären nur höfliche Phrasen gewesen, die ihn zu nichts verpflichteten, denn er sei entschlossen, dem König die Elbe als Grenze zu geben. Es sei nicht die Rede davon, noch zu unterhandeln, indem er bereits alles mit dem Zaren verabredet habe, auf dessen Freundschaft er Wert lege.«

Alles, was Luise für mehr oder weniger versteckte Zeichen der Zustimmung gehalten hatte, ist nichts als Gerede gewesen. Der Frieden, der vor ihrer Ankunft in Tilsit zu keinem Abschluß hat kommen können, ist plötzlich innerhalb von nicht einmal vierundzwanzig Stunden unterzeichnet, ohne daß Napoleon noch eine Zusammenkunft mit Luise gewünscht hätte.

Napoleons ehrgeizige Pläne und seine Politik gestatten nicht, daß in seinem Herzen Gefühle Platz nehmen. Noch am Vorabend hatte er zum Zaren gesagt: »Die Königin von Preußen ist eine reizende Frau; ihre Seele entspricht ihrem Geist, und wahrhaftig, anstatt ihr eine Krone zu nehmen, möchte man versucht sein, ihr eine andere zu Füßen zu legen ... Der König von Preußen ist zur rechten Zeit dazu gekommen, denn eine Viertelstunde später hätte ich der Königin alles versprochen.« Nun muß Luise zu ihrem Schmerz erfahren, daß seine Forderungen sogar noch weit härter sind als vor ihrer Ankunft. Sie fühlt sich erniedrigt, persönlich getroffen, wenn auch sein eiliges Handeln darauf schließen läßt, daß er sich ihr gegenüber doch nicht ganz sicher und fest fühlte. Zu seinem Großstallmeister Caulaincourt sagt er: »Mein Plan stand fest, und weißt Gott, die schönsten Augen der Welt – und sie waren sehr schön, Caulaincourt – können mich nicht einen Finger breit davon abbringen!«

An Kaiserin Josephine schreibt Napoleon am Tag darauf: »Die Königin von Preußen hat gestern mit mir gespeist. Ich mußte tüchtig auf der Hut sein, um ihr nicht einige Konzessionen für ihren Mann zu bewilligen, zu denen sie mich nötigen wollte. Aber ich war galant und hielt mich an meine Politik. Die Königin ist sehr liebenswürdig ... Wenn Du diese Zeilen erhältst, ist der Frieden mit Preußen und Rußland geschlossen und Jérôme als König von Westfalen mit drei Millionen Untertanen anerkannt. Aber dies nur für Dich.« Im zweiten Brief heißt es: »Die Königin von Preußen ist eine entzückende Frau. Sie ist sehr liebenswürdig gegen mich. Du brauchst aber nicht eifersüchtig zu sein. Ich bin wie ein Wachstuch, an dem alles abgleitet ... Es würde mich übrigens teuer zu stehen kommen, den Galanten zu spielen.«

Die Bedingungen des Friedensvertrages sind für Preußen eine Katastrophe: Das Königreich muß alle Provinzen westlich der Elbe mit der Altmark – und mit Magdeburg – sowie einen Teil Polens, Neu-Ostpreußen, Südpreußen und Danzig mit einem Umkreis von einer Meile abtreten. Es behält Pommern, Schlesien, ein Stück von Westpreußen mit Ermland und Alt-Ostpreußen. Danzig wird Freistaat. Memel ist für den Zaren bestimmt, aber er nimmt es nicht an. Friedrich Wilhelm muß Jérôme als König von Westfalen anerkennen. Aus den polnischen Besitzungen wird das Großherzogtum Warschau für Napoleons Bundesgenossen, den König von Sachsen. Als

Friedrich Wilhelm anzumerken wagt, daß das wohl für den Verrat ist, den Sachsen an ihm geübt habe, wird Napoleon maßlos wütend, beide Monarchen schreien sich an. Alexander erhält den Bezirk Bialystok. Außerdem bemerkt Napoleon in dem Friedensvertrag ausdrücklich, daß Preußen die wenigen Vorteile, die es im Frieden von Tilsit davontrage, »nur aus Achtung für den Kaiser von Rußland« gewährt bekomme – nicht etwa, weil die Königin vermittelnd gewirkt habe. Überdies verpflichtet sich Preußen, der Kontinentalsperre gegen England beizutreten und seine Häfen für englische Schiffe zu schließen. Kurz, es gibt sich vollkommen in die Hände des Siegers.

Da Preußen nicht nur auf Hannover, sondern auch auf die Länder zwischen Rhein und Elbe und im Osten auf seinen nach der Dreiteilung Polens annektierten Landesteil verzichten muß, verliert das Reich den größten Teil seines Gebietes. Die Kriegskontribution beträgt 154 Millionen Taler, wovon ein Drittel sofort bar zu bezahlen ist, die Hälfte der übrigen hundert Millionen soll es durch Schuldverschreibungen, die andere Hälfte durch den Verkauf von Staatsgütern aufbringen. Um sicher zu sein, daß die Fälligkeiten eingehalten werden, verlangen die Sieger als Garantien fünf Festungen. Diese sollen durch vierzigtausend Mann französischer Truppen besetzt sein, davon zehntausend Mann Kavallerie. Man wird ihnen Güter zur Verfügung stellen müssen. Friedrich Wilhelms Güter in Magdeburg und in der Mark werden an Napoleon abgegeben.

Für Luise ist dieser Friede die größte Schmach, die man ihrem Land antun konnte. Sie ist nach Tilsit gekommen, hat all ihren Stolz und alle Rücksicht aufgegeben, die sie sich selbst und ihrer Stellung schuldig war, um Napoleon für ihr Land um bessere Bedingungen zu bitten. Und nun hat sie nicht das geringste erreicht. Alles war umsonst. Kalt gibt Napoleon dem Grafen von der Goltz zu verstehen, daß Preußen seine weitere Existenz nur dem Zaren verdanke, denn ohne diesen hätte er seinen Bruder Jérôme auf den preußischen Thron gesetzt. »Die Königin Luise«, fuhr er fort, »ist nie meine Freundin gewesen …, aber ich verzeihe es ihr. Als Frau hatte sie es nicht nötig, die politischen Interessen genau zu erwägen. Sie ist für ihre Herrschsucht bestraft, aber schließlich hat sie viel Charakter im Unglück bewiesen … Man muß ihr die Gerechtigkeit lassen, daß sie sehr verständige Dinge gesagt hat . . . Sie hat mir wenigstens mehr Vertrauen entgegengebracht als der König, der es nicht für nötig hielt, mir das seine zu schenken.«

Die Unterhaltung mit der Königin, davon ist die französische Seite überzeugt, hat den Friedensschluß um Tage, wenn nicht Wochen beschleunigt. Napoleon beschließt, »damit aufzuhören«, Luise anzuhören. Er beruft Talleyrand zu sich. Leidenschaftlich verteidigt er seine Friedensbedingungen und erklärt: »Schließlich können und dürfen eine Frau und die Galanterie nicht ein für die Geschicke eines großen Volkes entworfenes System verschlechtern«, und er ordnet an, sofort zu unterzeichnen. Er scheint sehr nahe daran gewesen zu sein, Luise Zugeständnisse zu machen.

Napoleon lädt die Königin zu einem Abschiedsessen ein. Nein, sie geht nicht. Hartnäckig weigert sie sich. Alexander fährt persönlich zu ihr nach Piktupönen, redet auf sie ein, versucht sie umzustimmen. Nur jetzt keinen Affront. Friedrich Wilhelm ist nicht da. Der Zar frühstückt mit ihr, wie damals in Memel, als sie sich über seine Schulter beugte, um ihm Tee einzuschenken, den sie selbst zubereitet hatte. Er läßt seinen unwiderstehlichen Charme spielen, und Luise gibt nach – ein letztes Mal. Im Laufe des Nachmittags schwächt sich die Aufregung der Königin ab, die den ganzen Tag lang ihrer Empörung über die Unterzeichnung des Vertrages freien Lauf gelassen hat. Sie klagt Napoleon an, daß er sein Wort nicht gehalten habe. Diesen Augenblick nutzt Alexander, um sie zu unterbrechen: »Er hat Ihnen nichts versprochen; wenn Sie mir das Gegenteil beweisen können, so verbürge ich mich, daß er es von Mann zu Mann einlöst, und er wird es tun, ich bin davon überzeugt.«

»Aber er hat mir zu verstehen gegeben …«

»Nein«, sagt Alexander, »und Sie haben ihm nichts vorzuwerfen.«

Als sie in Tilsit ankommt, erblickt sie einen humpelnden Mann. Das muß Talleyrand sein, den sie bislang noch nicht kennengelernt hat, den sie aber nach den Beschreibungen, die man ihr gegeben hat, erkennt. Sie betreten das Haus Napoleons. Wieder ist die Tafel festlich gedeckt, wieder nimmt sie zwischen den beiden Kaisern Platz. Napoleon vermeidet jede unerfreuliche Frage, er muß sich ja nicht mehr verteidigen und ist um so liebenswürdiger zu ihr. Mit keiner Miene gibt Luise ihre Niederlage zu erkennen. Stolz und unerschütterlich sitzt sie da und läßt das Diner vorübergehen, als sei sie eine völlig Unbeteiligte. Dieses letzte Festmahl gleicht einem Leichenschmaus. Die Gesellschaft ist schweigsam und niedergeschlagen. Napoleon scheint verlegen zu sein. Auf allen Anwesenden lasten die Ereignisse wie ein Alb, und die Unterhaltung schleppt sich dahin, obgleich der ritterliche Murat in seiner lebhaften Art versucht, einen leichteren Ton anzuschlagen. Es gelingt ihm nicht.

Dann unternimmt die Königin noch einen letzten Versuch, das Gespräch auf die Politik zu bringen. Bis zum letzten Augenblick will sie nichts unversucht lassen. Barsch schneidet Napoleon ihr das Wort ab: »Sie haben mich bis auf den letzten Augenblick ausgepreßt!«

Nach dem Essen begleitet er die Königin bis zur Mitte der Treppe, und ein letztes Mal blickt sie ihn an: »Ist es möglich«, seufzt Luise, während sie ihm die Hand reicht, »dem Mann des Jahrhunderts und der Geschichte so nah gewesen zu sein, und er läßt einem nicht das Glück und die Befriedigung, ihm versichern zu können, daß man ihm fürs Leben verbunden ist?«

»Madame, ich bin es, der zu bedauern ist«, antwortet Napoleon. »Das ist mein Unglücksstern.«

Er steigt die Stufen wieder hinauf, und Luise geht die paar Schritte zur Kutsche, erregt und bedrückt zugleich. Als sie sich endlich vor neugierigen Blicken geschützt fühlt, bricht sie in Tränen aus. Sie ruft Duroc herbei, zeigt auf die Wohnung Napoleons und sagt: »Hier sehen Sie ein Haus, in dem man mich grausam getäuscht hat.«

Mit grenzenloser Trauer im Herzen fährt die Königin davon. Später sagt sie: »Wenn man mein Herz öffnen könnte, würde man darin den Namen Magdeburg eingegraben finden.«

In der Verbannung

Luise hat Napoleon niemals wiedergesehen, obwohl sie in späteren Jahren noch zweimal die Absicht hat, mit ihm zusammenzukommen. Seit Tilsit spricht der Kaiser, wenn die Rede auf die Königin von Preußen kommt, in den höchsten Tönen von ihr und findet stets lobende Worte. Selbst seine Abneigung gegen Luises politische Leidenschaft schwindet. Gegenüber Alexander äußert er nach den Ereignissen von Tilsit, er glaube wohl, daß die Königin die öffentlichen Angelegenheiten besser führen würde als der König. Wenn Luise dennoch, trotz aller klugen Diplomatie, nichts hat ausrichten können, so liegt das nicht an ihrem Ungeschick, sondern daran, daß Napoleon Frauen gegenüber keine Schwäche zeigen will: »Die Staaten sind verloren, sobald Frauen die öffentlichen Angelegenheiten in die Hand nehmen ... Mir würde es schon genügen, wenn eine Frau etwas wollte, um gerade das Gegenteil zu tun!« Das ist sein Grundsatz, und von dem weicht er nie ab.

Gleichwohl war es nicht klug von ihm, vielleicht sogar ein entscheidender Fehler seiner Politik, Preußen nicht auf seine Seite zu ziehen. Hätte er in Tilsit den Bitten der Königin nachgegeben und das besiegte Land auch nur einigermaßen geschont, er hätte sich diesen Feind zum Freund gemacht oder sich fortan wenigstens auf Preußens Neutralität verlassen können. Im Scheitern der Mission Luises ist der eigentliche Anfang von Napoleons Untergang zu suchen, denn das Elend und die Bedrückung Preußens schaffen erst die Grundlage zur Einigung und Befreiung Deutschlands.

Der furchtbare Krieg ist zu Ende. Es herrscht wieder Frieden. Aber unter welchen Opfern ist er erkauft worden, und welche Folgen zieht er nach sich! Napoleon hat kein Erbarmen gezeigt. Der Bittgang der Königin ist umsonst gewesen. Traurig und enttäuscht ist Luise nach Piktupönen zurückgekehrt.

Nun hat sie ihn gesehen, den Titanen, hat einsehen müssen, daß sich seiner Gewalt alles beugen muß, aber resigniert hat sie trotzdem nicht. Ihre Blicke richten sich in die Zukunft. Es wird der Tag kommen, an dem sich das Glück wenden wird. Gleichwohl ist ihr naiver Glaube an das Gute und Edle im Menschen, an Herzensgüte und Selbstlosigkeit tief erschüttert. Wie schmerzhaft ist die Erkenntnis, daß ausgerechnet die Großen der Welt sich am wenigsten von edlen Gefühlen leiten lassen. Diese Erfahrung bleibt nicht ohne Wirkung auf ihre Psyche. Die Sorglosigkeit und – sagen wir es nur – Oberflächlichkeit, die ihr eigen war, ist verschwunden. Erst jetzt kommt alles zur Entfaltung, was an seelischer Größe in ihr schlummert: Luise ist groß im Unglück!

Sie bleibt in Piktupönen bis zur endgültigen Unterzeichnung des Friedensvertrages. Am 8. Juli sendet Napoleon seinen Marschall Duroc zu Luise, um ihr seine Abschiedsgrüße zu überbringen. Niedergeschlagen meint die Königin zu dem Besucher, sie habe nicht geglaubt, daß man sie so furchtbar täuschen könnte. Der Vertraute des französischen Kaisers weiß darauf nichts zu erwidern.

Am folgenden Tag reist Friedrich Wilhelm zur Unterzeichnung des Friedensvertrages nach Tilsit. Wieder muß er sich allerlei Spott gefallen lassen, unter anderem weist der Kaiser lächelnd auf seine langen, an den Seiten in voller Länge geknöpften Hosen: »Die müssen Sie jeden Tag zuknöpfen? Fangen Sie da oben oder unten damit an?« In diesem verletzenden Ton geht die Unterhaltung den ganzen Abend fort.

Alexander hingegen erhält die schönsten Komplimente. Er hege eine ganz besondere Vorliebe für Rußland, sagt Napoleon, der einige Tage zuvor den russischen Hofmarschall Tolstoi angewiesen hat: »Wiederholen Sie Ihrem Kaiser nur immer wieder, mein lieber Graf, daß alles, was ich für Preußen tue, nur seinetwegen geschieht und durchaus nicht der schönen Augen der Königin wegen, oder gar für den König.«

Solche Aussprüche Napoleons werden natürlich prompt Luise und Friedrich Wilhelm zugetragen und sind nicht dazu angetan, Friedrich Wilhelm für Napoleon einzunehmen. Immer wieder gibt der Kaiser ihm zu verstehen: »Eure Majestät vergessen, daß es Ihnen nicht zukommt, mit mir zu unterhandeln und daß ich allein mit dem Zaren verhandle«.

Endlich reist Napoleon nach Königsberg ab, und alle Qual hat ein Ende. Alexander bricht nach Petersburg auf, und Friedrich Wilhelm begibt sich wieder nach Piktupönen. Dort ordnet er für den nächsten Tag die Abreise nach Memel an, wo man so lange bleiben will, bis die Truppen Napoleons Königsberg geräumt haben. Am 10. Juli gegen Mittag verläßt das Königspaar den Ort.

Das Unglück ist geschehen. Durch den am 8. Juli geschlossenen Vertrag zwischen Napoleon und Alexander erkennt Rußland die in Italien und in Deutschland vollzogenen Veränderungen an, bietet England seine Vermittlung an und erklärt sich bereit, im Falle einer Weigerung einem Bündnis mit Napoleon gegen Großbritannien beizutreten. Damit trennt Alexander sich von England. Napoleon wiederum bietet der Türkei seine Vermittlung an. Die beiden Kaiser teilen sich Europa.

Napoleon fühlt sich nun als Herr über Preußen. Alexander rät seinem alten Verbündeten Friedrich Wilhelm, »alles zu vermeiden, was Frankreich Grund zum Argwohn geben könnte«.

Luise fühlt sich niedergeschlagen, weil ihre Bemühungen so offensichtlich fehlgeschlagen, so nutzlos geblieben sind. Tiefe Enttäuschung legt sich über ihren Zorn. Als eine der Hofdamen über Napoleon schimpft, weist sie sie mit den Worten zurecht: »Nicht doch, Liebe! So werden wir nicht fertig mit unserem Schmerz; Heftigkeit drückt seinen Stachel tiefer, nur Ergebung kann ihn mildern.«

Warum die Zeit mit trübsinnigen Betrachtungen zubringen? Gleich nach ihrer Rückkehr aus Tilsit befaßt Luise sich mit der Vorbereitung eines einfachen Abschiedsmahls, eines Gabelfrühstücks, für die russischen Soldaten. Zwei Infanterieregimenter mit einer Abteilung Kosaken, die seit einiger Zeit in Memel stationiert sind, rücken aus, um zu ihrer etwa vier Meilen entfernten Grenze zurückzumarschieren. Ungefähr auf der

Hälfte der Strecke passieren sie ein sehr schönes Landhaus mit einem im englischen Stil angelegten Park. Hier sind lange Tische aufgestellt mit Erfrischungen für die Offiziere und die Mannschaften, Gäste sind eingeladen, unter ihnen der englische Diplomat George Jackson, der über die Art und Weise, mit der die Leute sich gleichsam im Sturmangriff auf die Speisen stürzten, eine muntere Beschreibung gibt:

»Im Nu wurden das kalte Fleisch, eingemachte Obst, Sahne und Kuchen verzehrt. Die Offiziere traten dann vor, jeder den Weinhumpen in der Hand und tranken auf das Wohl ihrer königlichen Wirte. Die Mannschaften, denen auch reichlicher Trunk verabreicht wurde, fielen augenblicklich in ihrer vollklingenden Sprache und anscheinend mit einer einzigen, mächtigen und tieftönenden Stimme ein. Die Königin freute sich über das Fest, bei dem auch das Wetter schön war, eine Ausnahme von der allgemeinen Regel, denn in Memel ist das Klima über alle Begriffe rauh und kalt. Bis vor wenigen Tagen konnten wir das Heizen nicht entbehren und die heftigen Stürme an dieser ausgesetzten Küste erschüttern die Häuser beständig bis auf den Grund. Jetzt gerade führen wir ein ziemlich einförmiges, aber zugleich bang besorgtes Leben. Es ist unmöglich, nicht tiefe Teilnahme für den König zu fühlen, und nur gerecht, von der Würde seiner Haltung bei den letzten traurigen Ereignissen zu sprechen, die ihn seines halben Königsreiches beraubten, während der Rest entvölkert und bis aufs Blut ausgesaugt ist. Wir sehen ihre Majestäten fortwährend; die Königin ist so liebenswürdig und schön als je und fast jeden Abend haben wir die Ehre, mit ihr spazieren zu gehen oder zu reiten oder Tee mit ihr zu trinken.«

In der Seele der Königin vollzieht sich ein Umschwung. Während des Sommers 1807 schreibt sie an ihren Vater einen Brief, in welchem ihr sentimentaler Stolz durchklingt: »Trotz allem ist der König viel größer als sein Gegner.« Sie stellt ihn an den ersten Platz – was bleibt ihr auch anderes übrig –, obwohl sie ihn bisher im Schatten des Zaren gesehen hatte. »Nach Preußisch-Eylau«, fährt sie fort, » hätte er einen günstigen Frieden machen können, aber dann hätte er auf schlechter Grundlage verhandeln und einen Bund mit Napoleon schließen müssen – jetzt hat er unter dem Zwang der Notwendigkeit gehandelt und wird sich nicht mit ihm verbünden. Wir sind moralisch frei geblieben, das wird zur politischen Freiheit führen. Ich bin gewiß, lieber Vater, eines Tages, auch wenn ich es nicht mehr erlebe, über kurz oder lang wird dieser Friede, so schmählich er auch geschlossen wurde, Segen bringen ..., diese Haltung des Königs wird Preußen einst Glück bringen, das ist mein fester Glaube.«

Jede Zeile stellt stillschweigend das Verhalten des Königs dem Alexanders gegenüber. Luise läßt ihren Mann größer erscheinen, als sei die Erinnerung an den Zaren ausgelöscht. Ihrer Schwester Friederike, die sich im Badeort Teplitz aufhält, versichert sie, mit welcher Zärtlichkeit und ehelichen Liebe sie zu ihrem Gemahl stehe. Irgend etwas scheint die Königin dazu zu treiben, Ordnung in ihren Gefühlshaushalt zu bringen und sich zu vergewissern, wofür wirklich ihr Herz schlägt: »Was für Schritte ich getan habe und wie wenig sie mir gelungen sind, das weiß die Welt, aber ich war sie als liebende Gattin dem König, als zärtliche Mutter meinen Kindern, als Königin meinem Volke schuldig. Das Gefühl, meine Pflicht erfüllt zu haben, ist mein einziger Lohn.«

Ein schwacher Trost, die Pflicht. Keine hochfliegenden Pläne, keine romantischen Träumereien, keine politischen Illusionen mehr. Luise stürzt sich in angestrengte Aktivität; spätestens jetzt wird sie Preußens Seele. In ihr manifestiert sich alles: der Stolz dieses Volkes, die Katastrophe, der Untergang, das Weiterleben. Luise ist es, die Preußen auf die harten Realitäten vorbereitet, die das Land nun erwarten. Und dies ist die Methode, die sie empfiehlt: die Einigung um einer großen Sache willen durch Arbeit und Liebe. Aus dem Rampenlicht zieht sie sich nun zurück. Ihrem Bruder Georg schreibt sie: »Ich ziehe es vor, darüber nicht zu sprechen, damit mein Name in dieser Affäre nicht erscheine, sei es, um bejubelt oder getadelt zu werden.« Sie bringt Friedrich Wilhelm ihre Ideen in einer solchen Weise nahe, daß er sie annimmt, als wären sie spontan seinem eigenen Geist entsprungen.

In der Verbannung lebt die königliche Familie wieder mehr als bescheiden. Oft ist nicht einmal Geld für die Bestreitung der nötigsten täglichen Ausgaben da. Die königliche Haushaltung ist einfach, ja fast kärglich. Einmal ist Luise gezwungen, ihre Betten im Korridor aufzuschlagen, weil der Wind so heftig durch die Fenster pfeift, daß sie es vor Kälte nicht aushalten kann. »Wie rührend erschien sie mir«, schreibt die Herzogin Dorothea von Kurland, als sie Luise in jenen Unglückstagen in Memel sieht, »wie groß im Unglück.«

Das Brot des Friedens schmeckt bitter. Auch die Not und das Elend der Bevölkerung sind erschreckend. Memel und Königsberg sind überfüllt von Bettlern und Erwerbsunfähigen. Um den vielen brotlos gewordenen Beamten und Offizieren über die bitterste Not hinwegzuhelfen, werden für sie Spenden organisiert. Mancher Offizier spaltet Holz für ein Stück Brot. Luise kann nicht helfen. Sie hat selber nichts. Sie besitzt nicht einmal mehr das Nötigste. Ihre Wäsche ist durch die vielen Reisen ruiniert und aufgebraucht, so daß sie glücklich ist, in ihrem Besitz noch ein paar Hemden ihrer Tante zu finden. Sie hat sie bis dahin nicht angerührt, weil sie nicht ihr gehören. Aber jetzt muß sie die Tante darum bitten, daß sie sie ihr schenkt. Und Luise findet nicht genug Worte des Dankes, daß die Prinzessin ihr diese armseligen Hemden überläßt.

In der Stadt herrscht Hungersnot, die Verwaltung verfügt täglich neue Einschränkungen, regiert wird mit Notverordnungen. Unter solchen Verhältnissen kann sich Luise kaum erholen, weder körperlich noch seelisch. »Gott bewahre alle Menschen vor solch einem Leben. Es ist nicht zu beschreiben, denn es hat noch nie existiert!« seufzt sie einmal in einem Brief an Therese, die um diese Zeit in Paris lebt. Viele Zeitgenossen bestätigen, daß der Hof sich in Memel in einer verzweifelten Lage befindet, aber sie erwähnen auch die Kraftlosigkeit und Unentschlossenheit, mit der noch immer alles gehandhabt wird. Luise sei zwar immer noch »göttlich schön und liebenswürdig«, stellt Graf Karl Lehndorff fest, als er aus französischer Kriegsgefangenschaft nach Memel zurückkehrt, aber man sehe ihren Augen an, daß sie viel geweint haben. Und noch ist sie nicht am Ende ihres Leidenswegs.

Während des Jahres 1807 lebt der preußische Hof teils in Königsberg, teils in Memel. In Memel ist für die königliche

Familie zunächst kein passendes Haus vorhanden, und das, welches sie bewohnt, ist so klein, daß der Kronprinz und Prinz Wilhelm mit ihrem Erzieher im Haus des reichen Kaufmanns Argelander untergebracht werden müssen. Die Kinder fühlen sich trotz dieser bescheidenen Verhältnisse nicht unglücklich, und Luise zeigt an einem Kranz aus Kornblumen, den einer ihrer kleinen Söhne ihr gewunden hat, ebensoviel Freude wie an einer mit Edelsteinen besetzten Kette. Die blauen Blumen, vor allem die Veilchen, hat sie ja am liebsten.

Nach dem Friedensvertrag wird die Königin, erst recht aber der König von einer tiefen Niedergeschlagenheit erfaßt. Die französischen Truppen bleiben weiter im Land und treiben die Bevölkerung in den Ruin. Die Kriegssteuern sind so hoch, daß der König den Staatsbankrott erklären könnte. Aber ein solches Ansinnen weist Friedrich Wilhelm weit von sich.

»Die Herrschaften sind beide recht leidend«, notiert Sophie von Voß im September in ihr Tagebuch. »All dieser Kummer muß ihre Kräfte erschöpfen. Wie sollen sie das Maß von Leid ertragen! – Die arme Königin weint zuviel «

Die namenlose Angst vor immer neuem Unglück hat Luises physische und seelische Kräfte aufgebraucht. In den Augenblicken tiefster seelischer Zerrissenheit findet sie in Georg eine Stütze. Ergreifend ist der Brief, den sie ihm am 5. August 1807 aus Memel schreibt: »Reich an Erfahrung, arm an Glauben, lege ich mein müdes Herz an Deine Brust. Ach! George, welches Schicksal, welche Zukunft, welche Vergangenheit! ... Denn war ich mit mir so ziemlich fertig, das heißt, schleppte ich mich so halbwegs fort an Geist und Leben, so kam der Zustand des Königs dazu – Nein, was dieser Mann gelitten, beschreibt sich nicht. Vierzehn Tage in der Folter gespannt, und sich die ärgsten Sachen sagen zu lassen, wenn er alles aufbot aus reiner Vaterlandsliebe, um seine ältesten Provinzen wenigstens aus Teufelsklauen zu reißen. Darauf, auf solche gewagte Stürme auf das Herz desjenigen, der keins hat –, erfolgten dann den anderen Tag jedesmal ärgere Infamien ... So recht empor kann ich doch nicht kommen, da Schwäche, Sorglosigkeit, Mangel an Vertrauen in sich selbst, üble Gewohnheiten (beim König) usw. leider immer die Oberhand behalten, und da Ungeschicklichkeiten vorgehen werden, die ärger als arg sind. Aus der Haut möchte man fahren, wenn man das so sieht und nicht helfen darf – doch dies alles sei Dir allein gesagt.«

Trotz seiner Schwäche oder gerade deswegen hat Luise das tiefste Mitleid mit ihrem Mann. Sie bedauert ihn und sucht ihn in den trüben Tagen zu trösten und aufzurichten. Aber er will keinen Trost, schiebt sie beiseite. Jeden Morgen macht sie mit ihm einen Spaziergang. Kein Diener, keine Kammerfrau oder Hofmeisterin begleiten sie. Auf diesen Spaziergängen versucht sie, ihm Mut zuzusprechen und überlegt mit ihm die Dinge, die geschehen müssen. Es ist für Luise nicht leicht, einem so schwachen Charakter wie dem König Ausdauer und Selbstvertrauen einzuflößen. Er ist von all den Aufregungen, Sorgen und Enttäuschungen körperlich und seelisch krank und trägt sich mit dem Gedanken abzudanken.

Als Luise die Rede auf die Rückkehr nach Berlin bringt, meint Friedrich Wilhelm bitter, er könne wohl nur noch heimlich, bei »Nacht und Nebel«, in seine Hauptstadt zurückkehren und seinen Untertanen nie wieder unter die Augen treten. Anstatt zu handeln, läßt er sich von den Ereignissen treiben. Die Zeichen unübersehbarer Schwäche heizen die Gerüchteküche an. So kolportiert man sogar, er sei mit der Königin nach England geflüchtet. Wenn ihn die Anwandlungen von Schwäche überkommen, können ihm auch seine Minister und Berater kaum Kraft zu neuer Hoffnung auf eine bessere Zukunft geben, sind sie doch nicht weniger verzweifelt als er. Der schwache Köckritz ist immer noch bei ihm, später dann Hermann von Boyen. Als auswärtiger Minister fungiert weiterhin Graf Goltz. Auch Beyme ist in der ersten Zeit noch mit in Memel, bis ihn Stein endlich verdrängt. Kalckreuth will am liebsten Staatskanzler werden und zettelt Intrigen an.

Im August verziehen sich die dunklen Wolken. Über eine Landpartie am 12. August schreibt Luise ihrem Bruder:»Das *Dejeuné* war heiter, das Wetter, welches bezogen und trübe war, hellte sich auf, und mir kam der Gedanke, da (in Teuerlaken) zu essen; so gesagt, so geschehen. Nun kam die Sonne hervor, und als wir auf das Gras gelagert, im Schatten göttlicher Eichen, auf deine Gesundheit tranken, war eine göttliche Hitze und alle

Gemüter so heiter, so froh, daß der Gram verscheucht, alle Trauer aus den Gemütern gewischt war. Der König war auch einmal recht heiter. Nach Tisch wurden Töpfe geschlagen, und er alleine traf! Da die Augen doch schon einmal verbunden waren, so entstand ein unwillkürliches ›Binde Kuh!‹ daraus, im Kreise, und unter Lachen, Jubeln und tausend Gedanken an Dich, bester George, ging die frohe Caravane nach der Stadt.« Dort wird Sorbet gegessen, der König hat eine *surprise de musique* bestellt, Gedichte werden vorgetragen, und am Ende dieses heiteren Tages in der allgemeinen Malaise sinkt eine müde und wieder einmal glückliche Königin ins Bett.

In dieser Zeit stehen der Königin Kriegsrat Scheffner und Caroline von Berg nahe, mit der sie korrespondiert. Caroline klärt sie über die Mißstände auf, an denen der Staat krankt. Luise begreift, daß alles einer gründlichen Reform bedarf, sowohl die Armee als auch die Verwaltung, die Diplomatie, die Finanzen. Die alte Feindschaft gegen Österreich muß verschwinden. Man braucht Verbündete gegen Napoleon. Deutschland muß sich zu einer starken Einheit und zu einer selbständigen politischen Stellung emporarbeiten.

Sobald Luise sich die desaströse Finanzlage vergegenwärtigt, in der sich Preußen infolge der Kontributionsverpflichtungen befindet, erfaßt sie jedoch lähmende Mutlosigkeit. Dann wäre sie am liebsten weit, weit weg von allem, um nichts mehr zu sehen, nichts mehr zu hören. »Auch mich verläßt nun bald alle Kraft«, gesteht sie einmal Caroline. »Es ist furchtbar, entsetzlich hart – besonders, da es unverdient ist! Meine Zukunft ist die allertrübste. Wenn wir nur Berlin behalten! Aber manchmal preßt mein ahnungsvolles Herz der Gedanke, daß er es uns auch noch entreißt und zur Hauptstadt eines anderen Königreichs macht. Dann habe ich nur einen Wunsch – auszuwandern, weit weg, als Privatleute zu leben und zu vergessen – womöglich! ... Savary hat versichert, daß Rußlands Verwendung auch nichts helfen würde; hat uns aber den guten Rat geben lassen, unsere Juwelen und Kostbarkeiten zu veräußern.«

Am schwersten wird ihr Herz durch die Enttäuschung getroffen, die Alexander ihr bereitet. Eine Proklamation des Zaren in der Petersburger Zeitung besagt, der Frieden von Tilsit habe ihm den Gewinn eines Teils von Preußen eingebracht. Luise und die ihn sonst hochverehrende Sophie von Voß finden es über die Maße schändlich, daß er sich dessen auch noch rühmt. Das hat Luise von ihm nicht erwartet. In einem kleinen Buch, dem sie ihre innersten Gefühle anvertraut, vermerkt sie später:»Wer da gesagt hat, daß nichts schrecklicher sei, als die gute Meinung, die man von einem Menschen hat, zurücknehmen zu müssen, der hat recht gesagt. Es schmerzt fürchterlich.«

Unter der kalten feuchten Luft in Memel leidet Luises Gesundheit,»in diesem Sumpf und in diesem Norden, wo die Blätter erst im Juni sprießen und die Früchte nie reifen«. Außerdem ist alles so primitiv, so kümmerlich in dieser kleinen Stadt an der See, daß sie sich wirklich aufrichtig danach sehnt, wieder einmal in einigermaßen geordneten Verhältnissen zu leben.

Ende September schreibt sie an Caroline von Berg:»Wie gerne wäre ich so irdisch, wenn ich nur könnte, allein seit meiner Nervenkrankheit bin ich nie wieder recht ordentlich gewesen. Und nun gar schwanger und keine Hoffnung, wann Berlin für mich wieder zu erreichen ist. Ende Januar oder Anfang Februar glaub'ich entbunden zu werden, und Gott allein weiß, wann wir reisen.«

Luise zieht sich ganz in ihr häusliches Leben zurück. Aus Memel schreibt sie an ihren Vater:»Ich lese viel und denke viel, und wenngleich von Leiden und Leidenden umringt, gibt es Tage, mit denen ich zufrieden bin, besonders dann, wenn ich aus den Begebenheiten der Vergangenheit, selbst der unglücklichsten und verhängnisvollsten, lerne, wie gerade sie das Mittel und der Weg zu Größerem, zur in der Hitze gereiften Tugend geworden sind. Es ist wahr, daß die Menschen und die Gegenwart keinen Anteil daran haben, in meinem Innern bereitet sich Alles. Das Bedürfnis, in Idealen zu leben, war mir von jeher eigen und gehört zu meiner Natur. Vor allen Dingen ist es die Freundschaft des Königs, Sein Zutrauen und Seine liebevolle, zarte Begegnung, welche mein Glück ausmachen. Der König ist herzlicher und besser als je für mich. Großes Glück und große Beruhigung für mich nach vierzehnjähriger Ehe; wir sind uns neu geblieben und unentbehrlich geworden.«

Ihren Kindern erteilt Luise nun selbst Unterricht. Obwohl sie

ein junger Mann der französischen Kolonie namens Chambeau
auf der Flucht begleitet und den Unterricht notdürftig aufrecht-
erhält, hat die Bildung der Kinder in letzter Zeit arg gelitten.
Delbrück, der bis dahin für die Erziehung des Kronprinzen
zuständig war, wird verabschiedet. Man zeigt sich ihm gegenüber dankbar, jedoch erfordere die Erziehung des jungen Mannes jetzt einen Lehrer mit größerer Allgemeinbildung, den
Friedrich Wilhelm und Luise in General Yorck zu finden glauben. Der strenge Offizier, ein mehr soldatischer als höflicher
Charakter, ist bekannt für seine Neigung, streng zu tadeln und
schroffe Urteile zu fällen. Es gab Zeiten, da hatte er auch Vorbehalte gegen Luise, aber die haben sich in Luft aufgelöst. Die
Königin schätzt ihn, weil er ihr nie billige Komplimente gemacht
oder geschmeichelt hat; sie setzt ihr ganzes Vertrauen in ihn,
doch Yorck lehnt die ehrenvolle Aufgabe ab.

Die Königin selbst kümmert sich auch um die religiöse Erziehung der Kleinen. Ihre älteste Tochter wird später sagen, die
biblische Geschichte, die ihr von der Mutter erzählt worden sei,
sei »mehr wert gewesen als irgendetwas anderes«. Trost spenden die Psalmen, überhaupt die Bibel, nicht zuletzt die Mutter
selbst. Als eines Tages ihr Beichtvater Erzbischof Borowski Luise
allein in ihrem Wohnzimmer antrifft, steht sie schnell auf und
eilt ihm freundlich entgegen: »Nun habe ich mich hinein-
gedacht und hineingefühlt in den köstlichen 126. Psalm, über
den wir letzthin miteinander sprachen. Je mehr ich nachdenke
und zu fassen suche, desto mehr zieht er in seiner Erhabenheit
und Lieblichkeit mich an ... Der Seelenschmerz, der sich darin einfach ausspricht, ist tief und doch gelassen, ruhig und
sanft.«

Vergeblich hat der König noch einmal General Knobelsdorff
zu Napoleon gesandt. »Wie es uns geht, ist nicht zu glauben«,
klagt Luise am 13. September 1807 in einem Brief an Caroline
von Berg. »Gestern erhielten wir Nachrichten von Knobelsdorff
aus Paris, wo er behandelt wird wie ein Lakai. Seine Vorstellungen an Napoleon zu bringen ist ihm unmöglich, da er nur
einmal und von ungefähr vorgelassen wurde. Der Prinz von
Baden und Cambacérès waren im Zimmer, und Napoleon hat
ihn aufgenommen wie – ein Krümchen Brot!«

In der Familie geht bald alles seinen geregelten Gang, doch innenpolitisch bleibt vieles zu tun. Luise setzt ihre ganze Hoffnung auf die Rückkehr Steins in das preußische Kabinett. Zwar verschmerzt sie noch immer nicht den Verlust Hardenbergs; sie »heule« Tag und Nacht um ihn, wie sie zugibt. Hardenbergs vornehme Zurückhaltung macht ihn für Friedrich Wilhelm wie geschaffen. »Er machte seine Vorstellungen mit einer Art, daß der König immer König blieb.« Eine Zukunft ohne Hardenberg erscheint Luise trostlos. Kein Opfer wäre ihr zu groß gewesen, um ihn wieder an den Hof zu holen. Aber er kommt nicht zurück.

Als seinen geeignetsten Nachfolger hat Hardenberg den Reichsfreiherrn vom Stein ins Gespräch gebracht, im Wesen und Charakter das vollkommene Gegenteil von ihm, aber von ähnlicher Intelligenz, Tatkraft und Durchsetzungsfähigkeit. Luise war bereits 1806 der Ansicht gewesen, daß Stein Minister des Auswärtigen werden sollte, und sie hatte sehr engagiert darauf hingewirkt, aber vergebens. Im Juni 1807 hat der König Stein, der mit ihm nach Königsberg geflohen war, als Finanzminister wegen einiger Differenzen mit dem geliebten Beyme entlassen. Er hat ihn damals »einen widerspenstigen, trotzigen, hartnäckigen und ungehorsamen Staatsdiener« genannt, »der, auf sein Genie und seine Talente pochend, weit entfernt, das Beste vor Augen zu haben, nur durch Kaprizen geleitet, aus Leidenschaft und aus persönlichem Haß und Erbitterung handle«.

Die Königin dagegen sieht in Stein den Retter, einen anderen gibt es nicht. Mit seinem starken Charakter und seiner Inspiration würde er sicher einen Ausweg aus der Krise wissen! Dennoch ist sie nicht ganz ohne Sorge, daß dieser harte Kopf von neuem den Unwillen Friedrich Wilhelms herausfordern könnte. So starke, unbeugsame Charaktere sind dem König verhaßt. Aber sie setzt es durch, daß Stein kommt. Die Königin bittet um die Vermittlung von Caroline von Berg, die seit langem mit Stein freundschaftlich verbunden ist.

Caroline nimmt es also auf sich, vermittelnd auf ihren Freund einzuwirken und Luise in den höchsten Tönen zu loben. Sie schreibt ihm: »Ich bitte Sie, sich der Königin zu nähern. Wenn Sie die Reinheit ihres Wesens kennen, so werden Sie ihr beistimmen und sie lieben. Sie verschmäht die kleinen Mittel, welche ihr Macht geben könnten, man muß sie um so höher achten. Es ist in dem Gefühl ihrer Pflicht als Gattin, daß sie sich hingibt und alle Neigungen und Meinungen des Königs teilt, und daß sie diejenigen verteidigte, welche er verteidigte. Könnte man ihr daraus einen Vorwurf machen? Indessen ist das Unglück der Zeiten so groß und so grausam gewesen, daß ihre Augen über viele Dinge geöffnet sind … Die Königin ist nicht geeignet, in das Einzelne der Verwaltung einzudringen, was auch im allgemeinen für die Frauen nicht paßt, denn es bringt sie in zu viele Verhältnisse und schadet dadurch, ohne irgendeinen Vorteil der Einfachheit und Gleichmäßigkeit des Lebens, dieser Quelle so vieler Tugenden. Aber die Königin muß eine Stütze finden, sie muß sie finden für jeden sittlichen Zweck, für Sicherung der Umgebung des Königs gegen Menschen, die seine und des Landes Wohlfahrt und Ehre in Gefahr bringen, für die Erziehung ihres Sohnes und für jeden Zweck, der die Würde des königlichen Hauses und das Wohl des Staates zu erhalten dient. Seien Sie also diese Stütze. Lassen Sie sich durch die ersten Unbequemlichkeiten nicht aufregen und abstoßen …«

Stein ist ein Mann, der mit weitem Blick und genialer Großzügigkeit die äußerste Gewissenhaftigkeit verbindet. Er ist ein Mann, den der Staat jetzt braucht. Luise erwartet ihn mit Ungeduld. Jedes Zögern erscheint ihr ein Verhängnis. »Wo bleibt nur Stein, wo bleibt er?«, ruft sie verzweifelt aus, als sie wochenlang nichts von ihm hört.

Aber er kommt. Er vergißt die Ungnade des Königs, für den er trotz aller seiner Schwächen Sympathie empfindet. Stein liegt mit Fieber im Bett, als Friedrich Wilhelm ihn zu sich ruft. Dennoch macht er die weite Reise von Nassau nach Memel, um nicht einen Augenblick zu versäumen, in dem er dem König nützlich sein könnte. Am 5. Oktober findet die entscheidende Besprechung zwischen Friedrich Wilhelm und Stein statt. Der Geheime Kabinettsrat Karl Friedrich von Beyme, der eine andere Richtung als der Freiherr verfolgt, soll Kammergerichtspräsident in Berlin werden. Stein übernimmt die Aufgabe, eine Staatsreform durchzuführen und erhält wieder das Amt des Staatsministers, wobei ihm unmittelbarer Vortrag beim König zugesichert wird. Er verzichtet sogar auf die Hälfte des Ministergehalts, das der König ihm anbietet. Friedrich Wilhelm bewilligt ihm zehntausend Taler, Stein nimmt nur fünftausend. Luise berichtet ihrem Bruder, daß der Start alles andere als unproblematisch war: »Die Ankunft Steins beruhigt mich aus vielen Gründen, aber es hat schon häßliche Auftritte wegen Beyme gegeben.« Mit Nachdruck wendet sie sich an den Staatsmann selbst: »Ich beschwöre Sie, haben Sie nur Geduld in den ersten Monaten. Der König hält gewiß sein Wort. Beyme wird entlassen, aber erst in Berlin. So lange geben Sie noch nach. Daß um Gotteswillen das Gute nicht um drei Monate Geduld und Zeit über den Haufen falle. Ich beschwöre Sie um des Königs, des Vaterlandes, meiner Kinder, meiner selbst willen. Geduld!« Luise glaubt an Stein, er wird im Umgang mit dem König »zarte, respektvolle Formen« zu gebrauchen wissen. Und diese Rücksichtnahme Steins wird ihm die Sympathie des Herrschers eintragen.

Sie nimmt an allem teil, was Stein plant. Sie befragt ihn um seine Meinung, holt sich bei ihm sogar Rat über die Erziehung ihrer Kinder. Aber der Freiherr hat manche Kämpfe zu bestehen, bevor sich seine Position festigt. Er hat Feinde, viele Feinde in der Umgebung des Königs. Man versucht, Friedrich Wilhelm und Luise durch alle möglichen Intrigen gegen ihn aufzubringen, besonders weil er auf die Entlassung von Kabinettsrat Beyme bestanden und sie durchgesetzt hat.

Stein erlebt seinen König mutlos und niedergedrückt, beständig von dem Gedanken gequält, dem Thron zu entsagen und als Privatmann zu leben. Mehr als einmal ist der Freiherr nahe daran, die Geduld zu verlieren und in seiner heftigen Art alles an den Nagel zu hängen. Wieder ist es die Königin, welche die Wogen glättet. Und Stein läßt sich besänftigen. Wie Scharnhorst für die Heeresreform, so sorgt er nun für die Neubildung der Staatsverwaltung. Er ist jetzt – so nennt ihn Gentz – der »erste Staatsmann Deutschlands«.

Alles geschieht nach der Formel Hardenbergs: »Demokratische Grundsätze in einem monarchistischen System«. So paßt sich der Zeitgeist schließlich an die Traditionen Preußens an: Friedrich Wilhelm hebt die Leibeigenschaft auf; er billigt die Plä-

Reichsfreiherr Karl vom und zum Stein.

ne Scharnhorsts und Gneisenaus; er stellt ein Milizheer auf und schafft die Privilegien für die Wahl der Offiziere ab – Maßnahmen, die die bürgerliche Freiheit und allgemeine Militärdienstpflicht zur Folge haben.

In der Neuorganisation Preußens ist die vermittelnde Hand Luises deutlich zu spüren. Sie vermag es, ihrem Volk neue Hoffnung zu geben. Längst ist sie eine legendäre Gestalt geworden, fast ein Idol. Auch Stein verehrt sie, und indem er seine Intelligenz in den Dienst des Landes stellt, hebt er die Heldin noch höher auf den Sockel.

Ganz in ihrem Sinne macht sich der Freiherr vom Stein daran, die deutsche Einheit zu begründen. Die Intellektuellen stehen auf seiner Seite. Alles wird reformiert: der Unterricht, die Armee, die Steuern, die nationale Wirtschaft. Preußen hat es bitter nötig, angesichts der grassierenden Not. Durch die Last der Steuern und Kontributionen ist das Land völlig ausgeblutet. Längst sind die Güter Friedrich Wilhelms mit Hypotheken belastet.

»Eine Sache, die mir besonders am Herzen liegt«, gesteht Luise ihrer in Paris lebenden Schwester Therese am 7. Oktober, »ist die Rückkehr nach Berlin. Unter allen erdenklichen Gesichtspunkten wünsche ich diese Rückkehr mehr als alles andere, sowohl als Königin wie als Frau und Mutter.« Neben dieser Sehnsucht gibt es auch die kleinen Dinge des Lebens, an denen ihr Herz hängt: »Du fragst nach meinen Bestellungen, ich habe Dir schon in meinen früheren Briefen einige angegeben und mache mir Vorwürfe, daß ich noch an all diesen Lappalien hänge, aber was willst Du, die gebrechliche Menschheit läßt sich treiben zu den lieben Überflüssigkeiten, von denen wir so oft gesprochen und geschrieben haben, und doch kommen wir immer dahin zurück, das ist bei mir der Fall. Schicke mir etwas Hübsches ...«

Mit Napoleon kommt man keinen Schritt weiter. Luise weiß sich keinen Rat mehr und überlegt, ob es nicht sinnvoll sei, ein zweites Mal persönlich vor Napoleon zu erscheinen und an sein Gefühl zu appellieren. Obwohl sie in Tilsit so wenig auszurichten vermocht hat, will sie nichts unversucht lassen. »Die Achtung des Kaisers ist mir gewiß«, sagt sie, »er spricht stets Gutes und Liebes von mir … Es ist wohl ein großer Entschluß und eine Königin, die selbst bittet, etwas Unerhörtes! Aber ich tue es, sobald ich hoffen kann, etwas Gutes zu stiften.« Sie hat recht: Napoleon spricht sich neuerdings nur lobend über sie aus; er hält sie »für die liebenswürdigste, interessanteste Frau«, wobei er nur zu sehr bedauert, »sie nicht früher kennengelernt zu haben«.

Glücklicherweise widersetzt sich Stein energisch diesem Vorhaben, das ohne ihn vielleicht in die Tat umgesetzt worden wäre. Man kommt schließlich zu dem Entschluß, Prinz Wilhelm, den Bruder des Königs, im Sonderauftrag nach Paris zu schicken, um bei Napoleon mildere Bedingungen zu erwirken, vor allem aber die Räumung Preußens. Er soll Napoleon das Bündnis mit Preußen anbieten, mit dreißig- bis vierzigtausend Soldaten. Sollte der Kaiser es verweigern, so wird er ihm den Anschluß an den Rheinbund vorschlagen. Als Zeichen des guten Willens ruft Friedrich Wilhelm seinen Botschafter aus London zurück. Die Preußen kommen und bieten sich zur freiwilligen Dienstleistung an.

Luise ist mit der Mission des Prinzen einverstanden, doch große Hoffnungen setzt sie darauf nicht; vielleicht ist sie auch enttäuscht, daß man sie nicht damit betraut hat. Sicherheitshalber läßt sie ihrem Schwager einen Brief an Napoleon folgen, und merkwürdigerweise hat Stein nichts dagegen einzuwenden. Man greift in Preußen eben nach jedem Strohhalm, und sei er auch noch so brüchig.

Wie naiv anzunehmen, Napoleon werde sich durch den Brief einer Frau in seinen Plänen beeinflussen lassen, nachdem Luise in Tilsit eine so gewaltige Niederlage erlitten hat! Die Erfahrung allein hätte sie klug machen sollen. Sogar der König sieht hier ausnahmsweise einmal klarer als sie und bemerkt: »Man glaubt ja so gern an das, was man hofft.« Luise freilich gibt sich immer noch der Illusion hin, Napoleon werde sich durch sie erweichen lassen: »Sire, Prinz Wilhelm … ist mit Vorschlägen für Eure Majestät beauftragt, deren glücklicher Ausgang uns vor allem am Herzen liegt. Die Herstellung eines guten und dauernden Einvernehmens zwischen Frankreich und Preußen ist in jeder Hinsicht wünschenswert … Der glühendste Wunsch meines Herzens ist die Räumung des Landes, das unter der Anwesenheit der Truppen entsetzlich leidet. Seine Hilfsquellen werden unwiederbringlich vernichtet, wenn das so fortgeht. Es wird sich nie wieder erholen können, und weder wir noch unsere Freunde können etwas von ihm erhoffen. Da Eure Majestät einer der Unseren sein können, so berauben Sie sich selbst einer Hilfsquelle, auf die Sie sicher rechnen dürfen.

Die baldige Rückkehr nach Berlin ist außerdem eine natürliche Folge dessen, was ich soeben Eurer Majestät dargelegt habe. Sie ist besonders wünschenswert für mich, die mehr als irgendein anderer körperlich und seelisch leidet. Als zärtliche Mutter liegt mir die Erziehung meiner Kinder sehr am Herzen. Hier aber kann nicht dafür gesorgt werden. Meine Gesundheit ist völlig zerstört, da ich das feuchte und kalte nordische Klima nicht vertragen kann. Ich wage das als einen der Gründe bei Eurer Majestät geltend zu machen, denn ich weiß aus eigener Erfahrung und aus allen Ihren Äußerungen über mich, daß Sie Anteil an mir nehmen. Eure Majestät kennen mein Vertrauen zu Ihnen. Ich habe mit Ihnen darüber in Tilsit gesprochen und schmeichle mir, daß Sie diesmal der Stimme Ihres Herzens folgen und Preußen dem König und mir das Glück zurückgeben werden, ein Glück, das wir um so höher schätzen werden, wenn wir es aus den Händen Eurer Majestät empfangen.«

Wieviel Kraft mag Luise dieser Brief gekostet haben! Es ist eine von den verzweifelten Taten, die sie meint, sich abringen zu müssen. »Was bleibt uns anders übrig. Und – hört alles auf –, nun so haben wir uns nichts vorzuwerfen. Die Nachwelt wird richten.«

Die Nachrichten aus Paris sind zunächst weniger grau und trostlos als gewohnt. Luises Schwester Therese berichtet, es sei eine allgemeine Veränderung festzustellen, man »behandle sie seit einigen Tagen mit mehr Rücksicht«. Aber die Königin bewegt nur eine einzige Frage: »Wann kommen wir wieder nach Berlin?« Auch Georg bietet sich an, nach Paris zu fahren, doch sie schlägt ihm diesen Gedanken aus dem Kopf, »weil ich sicher bin, daß alle diese Reisen zu nichts führen und man nur viel Geld dabei verbraucht«.

Dafür hat Luise Graf Alexej Tolstoi, dem russischen Botschafter in Paris, aufgetragen, Napoleon das Elend Preußens in glühenden Worten zu schildern. Tolstoi gelingt es denn auch, einige wenige Vorteile zu erreichen. Ein Tropfen auf dem heißen Stein. Im großen und ganzen nützen alle diese Schritte fast nichts.

Innenpolitisch aber ist dies eine Zeit des Aufbruchs. Luise ist glücklich über die Gegenwart Steins: »Das ist für mich ein Beweis, daß Gott uns nicht vollkommen verlassen hat.« Aber nach so vielen Prüfungen, nach so vielen Kämpfen, nachdem sie so viel gehofft und gebetet hat, gibt es noch immer Tage, an denen ihr die Zukunft düster erscheint.

Im Oktober schickt Herzog Karl von Mecklenburg-Strelitz seinen Sohn Georg nach Paris, um seinen Eintritt in den Rheinbund anzubieten. Napoleon gewährt ihm eine besondere Audienz; für Luise findet er nur lobende Worte, während er für Friedrich Wilhelm nach wie vor nichts als beißenden Spott übrig hat. Er spricht anerkennend über die Königin, bewundert ihre Tugenden und bedauert, daß ihr Einfluß die Situation kompliziert habe anstatt sie zu vereinfachen. Zum Schluß bewilligt er den Eintritt Mecklenburgs in den Rheinbund, der im Mai 1808 erfolgt.

Auf die Rückkehr ins geliebte Berlin muß Luise vorläufig verzichten. Napoleon erhält ihren Brief erst nach seiner Rückkehr nach Frankreich; der preußische Gesandte hat ihn solange in seinem Schreibtisch aufbewahrt, anstatt ihn dem Kaiser durch einen Kurier zu übermitteln.

Ein Schreiben der Gräfin von Voß, die sich ebenfalls ins Zeug gelegt hat, und die – ohne Wissen der Königin, jedoch mit der Zustimmung Steins – an Napoleon geschrieben hat, ist überhaupt nicht in die Hände des Kaisers gelangt. Der Gesandte hat es nicht gewagt, Napoleon diesen Brief zu übergeben; er weiß, daß der Kaiser auf die resolute Gräfin nicht gut zu sprechen ist.

Ende November trifft in Memel endlich ein zwar höfliches, aber trockenes Schreiben Napoleons ein. Er verspricht, Ost- und Westpreußen zu räumen. Dann könne Luise nach Königsberg, das als Residenz für das preußische Königspaar bestimmt wird, gehen und dort ihre Niederkunft erwarten; die Rückkehr nach Berlin gestattet er ihr nicht.

Auch aus Berlin kommen Unglücksbotschaften: Die Franzosen haben die Bestände der Königlichen Porzellanmanufaktur verkauft und die Einkünfte des Staates für ihre Rechnung erhoben. Das Vorgehen Pierre Darus', des Bevollmächtigten Napoleons, gilt als maßlos. Die nach Memel Verbannten stürzen ob solcher Nachrichten in noch tiefere Verzweiflung.

Georg gegenüber klagt Luise in einem Brief über die Zustände in ihrem Exil: »Das Klima ertrage ich nicht; es ist unerträglich, feucht und kalt, seit neun Wochen andauernd Regengüsse, mit einigen Stunden Unterbrechung, in denen man sich der Gefahr aussetzt, im Schmutz ertränkt zu werden, umgeworfen zu werden und Arme und Beine zu brechen. Das sind die Vergnügen von Memel.« Und Mitte Dezember: »Ich gehe nach Königsberg zu meinen Wochen in das infame Schloß, aber wenigstens sind die Räume weit und tief, und die Zugluft kann einen nicht im Bett töten wie hier in Memel, wo die Häuser aus Papier und die Fenster nur zum Spott da sind … Ich bin trostlos darüber, nicht nur meinetwegen, sondern wegen des Landes; was das leidet, was es erduldet, das übersteigt alle Begriffe.« Es fehlt an allem, selbst »zwei recht hübsche Nachtmützen« muß Luise sich von ihrem Bruder erbitten. »Dieses ist wahrlich nicht Luxus, sondern Notwendigkeit; ich muß welche haben, meine sind Lumpen, hier kriege ich nichts, und das infame Zeug kostet hier Friedrichdors, was in Berlin und Paris Taler kostet.«

AUFATMEN

Den Verrat Alexanders empfindet Prinzessin Marianne noch heftiger als Luise, die ihn zunächst nicht glauben mag: »Nachdem wir ehrenvoll so lange mit Mut und lobenswerter Ausdauer alles ertragen haben, bösen Willen und Betrug der Russen, so stürzte uns zum Dank Alexander selbst hinab in den Abgrund – und läßt uns liegen!«

Caroline von Berg bekommt zu lesen: »Die gute Marianne will mich nicht verlassen und treu aushalten und nur mit mir zurückkehren.« In dieser Zeit entwickelt sich eine tiefe Vertrautheit und Liebe zwischen den beiden Frauen wie nie zuvor. »Du glaubst nicht, welche gute Frau sie ist«, schreibt Luise im Dezember an ihren Bruder Georg, »wie tief sie fühlt, wie warm! Sie ist so klug, weiß so viel, beschäftigt sich anhaltend gut und ernsthaft – wer das doch auch getan hätte! Doch ich bin auch recht fleißig, und die Einsamkeit macht mich um ein paar Jahre weiter schreiten.«

»Wir sehen uns täglich«, berichtet Marianne ihrerseits aus diesen Tagen, »und haben uns gegenseitig herzlich lieb.« Am 20. Januar notiert sie: »Sie rührt mich immer, wenn ich sie so gut sehe, so vortrefflich gegen den König, daß ich sie herzlich liebe.«

Endlich kann Luise die »schreckliche Stadt« verlassen. Nach Abschluß des Vertrages mit Danzig räumen die Franzosen das rechte Weichselufer. Luise und Friedrich Wilhelm verlassen Memel am 15. Januar 1808 und fahren zunächst bis nach Rositten, wo sie im Pfarrhaus übernachten und am folgenden Tag in

aller Frühe nach Königsberg aufbrechen. Die Fahrt des Königspaares in die Residenz wird vom Jubel der Bevölkerung begleitet. Eine Deputation überreicht der Königin bei ihrer Ankunft
in Königsberg eine mit grünem Samt bezogene Chaiselongue.
Luise ist gerührt über die Äußerungen tiefer Anhänglichkeit, die
ihr zuteil werden. Doch wie krampft sich ihr das Herz zusammen beim Anblick so grenzenlosen Elends. Nur Verfall und
Trostlosigkeit, »man findet überall die Ruinen der von den Franzosen niedergebrannten Dörfer«, schreibt Sophie von Voß in ihr
Tagebuch. »Ach lieber Gott, wie ist das alles traurig.« Es ist eine
tränenreiche Fahrt durch ein verheertes Land.

Caroline von Berg kommt für einige Zeit nach Königsberg,
und Luise hat nicht nur ihre geistige und politische Beraterin
endlich wieder in ihrer Nähe, sondern auch eine treue Freundin, der sie ihre innersten Gefühle, alle ihre Enttäuschungen
und Hoffnungen mitteilen kann.

Am 1. Februar 1808 schenkt die Königin in Königsberg einem
Töchterchen – ihrem neunten Kind – das Leben; es wird auf
den Namen Luise Wilhelmine getauft. Am nächsten Tag berichtet Marianne ihrem Bruder Ludwig über dieses Ereignis:
»Gestern Abend um neun Uhr war ich noch bei der Königin
zum Tee. Sie vertraute mir, es sei ihr nicht ganz wohl, aber sie
könnte doch noch nichts gewiß sagen; bestätigte es sich aber,
so würde sie mich wieder rufen lassen, wenn der König zu Bett
wäre, um ihn nicht zu beunruhigen. Aber gerade um halb elf,
wie er zu Bett gehen will, ist die kleine Tochter schon da! Heute ist die Königin so wohl, als wäre nichts vorgefallen, so auch
gleich die Nacht, wie ich sie sah.«

Der Tag der Taufe gestaltet sich zu einem wahren Volksfest,
Marianne jedoch fühlt sich an den Verlust ihrer Kinder und manche fehlgeschlagene Schwangerschaft erinnert; ihr geht es bei
diesem Freudentag für die königliche Familie ziemlich übel:
»Sonntag«, berichtet sie ihrer Mutter, »war ein verhängnisvol-
ler Tag für mich, die Taufe der kleinen Luise. Schon lange beunruhigte ich mich wegen des Tages, es war die erste königliche
Taufe. Alle diese Vorbereitungen machten mich schon übel. Niemals seitdem hatte ich ein Kind angerührt (außer bei der Taufe eines Kindes meines Wirts in Memel, die kaum erbaulich

*Königin Luise mit ihren beiden ältesten Söhnen Friedrich Wilhelm
und Wilhelm in Königsberg.*

war), und doch mußte ich dies Kind über der Taufe halten. Als endlich das Mahl vorüber war, tritt man ins Zimmer, ich stelle mich an den Altar unter den Baldachin ... wohlan, ich halte das Kind sehr gut, nicht ohne Tränen, aber ich hielt mich wenigstens auf den Füßen. Alles ist zu Ende, aber ehe ich einige Schritte getan, spüre ich, daß jedes Glied starr wird und seine Kraft verliert, und da liege ich vor dieser ganzen versammelten Welt und kriege schreckliche Krämpfe! Aber es war auch gar nicht anders möglich, wenn man das alles in sich verschließt, alle seine Kümmernisse und Schmerzen, wie ich es beständig getan – und wenn das alles im Herzen sich konzentriert, da müssen wohl in einem solchen Augenblick die moralischen Kräfte mit den physischen unterliegen.«

»Meine Gesundheit ist über alle Beschreibung gut«, schreibt Luise ihrem Vater am 24. März. »Ich bin dick und fett aus meinen Wochen gekommen, und meine kleine Luise ist wirklich ein Engel. Sie ist ordentlich schön und ruhig, ihr Blick ist süß und schön, alle Züge fein und angenehm, mit einem Wort, sie ist göttlich.«

Luise stürzt sich wieder in Gesellschaft. Sie ist kaum eine Stunde allein am Tag, sie sammelt alle ihre Lieben und Vertrauten um sich – nicht nur ihre Freundinnen, die regsamen Prinzessinnen Luise und Marianne. Ihr Leibarzt Hufeland steht ihr nahe; Caroline von Berg ist einige Monate bei ihr und liest viel mit ihr, von Borowski hört sie Predigten über die alles bezwingende Kraft des lebendigen Glaubens, mit Abt Josef vom Kloster Oliva führt sie tiefgründige religiöse Gespräche. Stein, Scharnhorst, Gneisenau sind ebenso oft Gäste des Königspaares wie Wilhelm von Humboldt, der die Abteilung Kultus und Unterricht im Innenministerium übernimmt.

Marianne ist immer in ihrer Nähe. Ein Brieflein an Luises Bruder wird rasch unterbrochen – »jetzt adieu, ein traulich Wörtchen mit Marianne und dann wieder zu Dir, mein bester, guter, lieber George ...« Doch Luise wendet sich auch ernsteren Dingen zu. Im Frühling 1808 bildet sich eine Bewegung, deren Urheber Professor Lehmann, Major von Both, Kriegsrat Velhagen, Rektor Cliffland und Assessor von Bardeleben sind. Der grundlegende Artikel dieser Vereinigung – die sich »Tugend-

bund« nennt – verlangt von den Mitgliedern Gemeinschafts-
gefühl und Vaterlandsliebe, Rechtschaffenheit, Familiensinn,
Treue zur Dynastie, religiöses Empfinden, Achtung vor der Wissenschaft und der Menschheit – Ausdruck reinsten deutschen
Wesens. Man fordert Brüderlichkeit, Mut, körperliche Wider-
standsfähigkeit und verwirft den Luxus und die Verleumdung
»als Ursache von Erniedrigung und Menschenhaß«. Der König
ist begeistert von diesem Programm, und auch die Königin
scheint es zu schätzen, läßt sie doch die jungen Prinzen von
General von Eisenhart nach diesen Grundsätzen erziehen.

Der Frühling in Königsberg läßt auf sich warten. »Unser Klima ist trostlos«, schreibt Luise am 27. April ihrem Bruder, »seit
zwei Tagen erst habe ich Veilchen, die Sonne scheint, aber noch
nicht eine Knospe ist an den Bäumen, geschweige denn Blumen oder Blätter, die haben wir hier erst Ende Mai! Und wenn
man in Frankreich und im Reich Trauben ißt, dann reifen hier
die Kirschen ... Infolgedessen kannst Du Dir wohl denken, daß
deine arme Luise friert und daß sie dauernd Bedarf hat an wattierten Kleidern, Überröcken, Mänteln oder wie man sonst diese Maschinen zum Warmhalten nennt. Ich bitte Dich deshalb,
lieber Georg, mir einen wattierten Überrock zu schicken, wie er
jetzt in Paris Mode ist zum Spazierengehen.« Daß Caroline von
Berg sie bald wieder verlassen wird, vertieft die melancholische
Stimmung noch: »Heute bin ich traurig, weil unsere Freundin
morgen nach Berlin zurückkehrt; sie hinterläßt eine große Leere bei mir, die durch Tätigkeit nicht ausgefüllt werden kann. Du
weißt, welchen Genuß eine Viertelstunde der Unterhaltung mit
einer Frau von Geist und Gemüt bietet.«

»Gern werden Sie hören«, schreibt sie ihrem Vater im selben
Monat, »daß das Unglück, welches uns getroffen, in unser ehe-
liches und häusliches Leben nicht eingedrungen ist, vielmehr
dasselbe befestigt und es uns noch werter gemacht hat. Der
König, der beste Mensch, ist gütiger und liebevoller denn je. Oft
glaube ich in ihm den Liebhaber, den Bräutigam zu sehen ...,
es ist mein Stolz, meine Freude, mein Glück, die Liebe und
Zufriedenheit des besten Mannes zu besitzen, und weil ich ihn
von Herzen wiederliebe, und wir so miteinander eins sind, daß
der Wille des einen auch der Wille des andern ist, wird es mir

*Luises Kinder: Friedrich Wilhelm, der spätere König Friedrich Wilhelm IV.
(geb. 1795); Wilhelm, der spätere Kaiser Wilhelm I. (geb. 1797); Charlotte,
die Nikolaus I. von Rußland heiratete (geb. 1796) und Karl (geb. 1801). Auf
Karl folgen die Töchter Alexandrine (geb. 1803) und Luise (geb. 1808).*

leicht, dies glückliche Einverständnis, welches mit den Jahren inniger geworden ist, zu erhalten. Mit einem Wort, er gefällt mir in allen Stücken, und ich gefalle ihm, und uns ist am wohlsten, wenn wir zusammen sind.«

Luise ist zu ihrem Mann zurückgekehrt und will es sich immer vor Augen halten: Er ist der Einzige, der ihr bleibt. Dies sind ihre zweiten Flitterwochen. Es folgt eine längere Briefpassage, die wie keine andere die zärtliche Liebe erkennen läßt, die Luise für ihre Kinder empfindet: »Unsere Kinder sind unsere Schätze, und unsere Augen ruhen voll Zufriedenheit und Hoffnung auf ihnen. Der Kronprinz ist voller Leben und Geist. Er hat vorzügliche Talente, die glücklich entwickelt und gebildet werden. Er ist wahr in allen seinen Empfindungen und Worten, und seine Lebhaftigkeit macht Verstellung unmöglich ... Für das Witzige hat er viel Empfänglichkeit, und seine komischen, überraschenden Einfälle unterhalten uns sehr angenehm ... Ich habe ihn sehr lieb und spreche oft mit ihm davon, wie es sein wird, wann er einmal König ist.

Unser Sohn Wilhelm ... wird, wenn mich nicht alles trügt, wie sein Vater, einfach, bieder und verständig. Auch in seinem Äußeren hat er die meiste Ähnlichkeit mit ihm; nur wird er, glaube ich, nicht so schön. Sie sehen, lieber Vater, ich bin noch in meinen Mann verliebt. Unsere Tochter Charlotte macht mir immer mehr Freude; sie ist zwar verschlossen und in sich gekehrt, verbirgt aber, wie ihr Vater, hinter einer scheinbar kalten Hülle ein warmes, teilnehmendes Herz. Scheinbar gleichgültig geht sie einher; hat aber viel Liebe und Teilnahme. Daher kommt es, daß sie etwas Vornehmes in ihrem Wesen hat ...

Carl ist gutmütig, fröhlich, bieder und talentvoll; körperlich entwickelt er sich eben so gut als geistig. Er hat oft naive Einfälle, die uns zum Lachen reizen. Er ist heiter und witzig. Sein unaufhörliches Fragen setzt mich oft in Verlegenheit, weil ich es nicht beantworten kann und darf; doch zeugt es von Wißbegierde – zuweilen, wenn er schlau lächelt, auch von Neugierde. Er wird, ohne die Teilnahme an dem Wohl und Wehe anderer zu verlieren, leicht und fröhlich durchs Leben gehen.

Unsere Tochter Alexandrine ist, wie Mädchen ihres Alters und Naturells sind, anschmiegsam und kindlich. Sie zeigt eine rich-

tige Auffassungsgabe, eine lebhafte Einbildungskraft und kann
oft herzlich lachen. Für das Komische hat sie viel Sinn und Empfänglichkeit. Sie hat Anlage zum Satirischen und sieht dabei
ernsthaft aus, doch schadet das ihrer Gemütlichkeit nicht.

Von der kleinen Luise läßt sich noch nichts sagen. Sie hat das
Profil ihres redlichen Vaters und die Augen des Königs, nur
etwas heller …

Da habe ich Ihnen, geliebter Vater, meine ganze Galerie vor-
geführt. Sie werden sagen: das ist einmal eine in ihre Kinder
verliebte Mutter, die an ihnen nur Gutes sieht und für alle Män-
gel und Fehler keine Augen hat. Und in Wahrheit, böse Anlagen, die für die Zukunft besorgt machen, find ich an allen nicht.
Sie haben, wie andere Menschenkinder, auch ihre Unarten; aber
diese verlieren sich mit der Zeit, so wie sie verständiger werden. Umstände und Verhältnisse erziehen den Menschen, und
für unsere Kinder mag es gut sein, daß sie die ernste Seite des
Lebens schon in ihrer Jugend kennenlernen. Wären sie im
Schoße des Überflusses und der Bequemlichkeit groß geworden, so würden sie meinen, das müsse so sein. Daß es aber
anders kommen kann, sehen sie an dem ernsten Angesicht ihres
Vaters und an der Wehmut und den öfteren Tränen der Mutter.«

Vor allem aus einem Grund aber ist dieser wohl berühmte-
ste Brief Luises von Bedeutung: Er enthält ihr politisches Glaubensbekenntnis: »Es wird mir immer klarer, daß alles so kommen mußte, wie es gekommen ist. Die göttliche Vorsehung leitet
unverkennbar neue Weltzustände ein, und es soll eine andere
Ordnung der Dinge werden, da die alte sich überlebt hat und
in sich selbst als abgestorben zusammenstürzt. Wir sind eingeschlafen auf den Lorbeeren Friedrichs des Großen, der, der Herr
seines Jahrhunderts, eine neue Zeit schuf. Wir sind mit derselben nicht fortgeschritten, deshalb überflügelt sie uns. Das sieht
niemand klarer als der König. Noch eben hatte ich mit ihm eine
lange Unterredung, und er sagte in sich gekehrt wiederholt:
›Das muß auch bei uns anders werden‹. Auch das Beste und
Überlegteste mißlingt, und der französische Kaiser ist wenigstens schlauer und listiger. Wenn die Russen und die Preußen
wie die Löwen tapfer gefochten haben, müssen wir, wenn auch

Die Kinder des preußischen Königspaares 1808/09.
Von den zehn Kindern, die Luise zur Welt bringt,
erreichen sieben das Erwachsenenalter.
Von links nach rechts: Karl, Charlotte, Friedrich Wilhelm, Wilhelm, Alexand-
rine und im Steckkissen Luise. Es fehlt noch der 1809 geborene Albrecht.

nicht besiegt, doch das Feld räumen, und der Feind bleibt im Vorteil. Von ihm können wir vieles lernen, und es wird nicht verloren sein, was er getan und ausgerichtet hat ... Ich glaube fest an Gott, also auch an eine sittliche Weltordnung. Diese sehe ich in der Herrschaft der Gewalt nicht; deshalb bin ich der Hoffnung, daß auf die jetzige böse Zeit eine bessere folgen wird. Diese hoffen, wünschen und erwarten alle besseren Menschen, und durch die Lobredner der jetzigen Zeit und ihres großen Helden darf man sich nicht irremachen lassen. Ganz unverkennbar ist alles, was geschehen ist und was geschieht, nicht das Letzte und Gute, wie es werden und bleiben soll, sondern nur die Bahnung des Weges zu einem besseren Ziele hin. Dieses Ziel scheint aber in weiter Entfernung zu liegen; wir werden es wahrscheinlich nicht erreicht sehen und darüber hinsterben ... Hier, lieber Vater, haben Sie mein politisches Glaubensbekenntnis, so gut ich als eine Frau es formen und zusammensetzen kann.«

Dies ist in der Tat ein Dokument ihrer politischen Überzeugung – und zwar eines mit prophetischer Kraft. Alles, was die Königin voraussagt, trifft ein. Doch obwohl das alles tatsächlich sehr nach Luise klingt, muß die Echtheit dieses Briefes Malve Gräfin Rothkirch zufolge bezweifelt werden. In den Archiven ist das Schreiben nicht nachweisbar, es gibt nur zahlreiche Nachdrucke, teils mit falscher Datierung – »mit Überarbeitung und Interpolationen des Textes muß gerechnet werden«. Auch den Zeugnissen der Caroline von Berg ist nicht ganz zu trauen: Wie in der Gedächtnisschrift von Bischof Eylert über Friedrich Wilhelm sind auch die bei Caroline zitierten Briefe zum Teil frei überarbeitet und willkürlich umgestaltet, mit erfundenen Satzteilen ausgeschmückt.

Der Brief an Caroline vom 4. Mai 1808 dürfte jedoch authentisch sein: »Das Wetter, das so schön ist, macht mich ganz heiter auf Momente, aber nur auf Momente. Ich lebe ganz in der Luft. Morgens um zwölf fahren wir aus, um zwei nach Hause.« Am Abend geht sie mit dem König und einem Teil der Hofgesellschaft in den Garten, »wo es unbegrenzt schön war. Der philosophische Gang war des Morgens schon rund herum besucht worden, so daß ich nach neun mein liebes Bett anbetete, um für meine matten Glieder Ruhe zu finden.«

Da auch Königsberg nicht das geeignete Klima für Luise bietet, verspricht man sich viel von einem Aufenthalt auf dem Lande und siedelt Ende Mai aus dem Innern der Stadt auf eines der alten Bauerngüter vor dem Steindammer Tor über, auf die sogenannten Huben. Luise und ihre Familie bewohnen dort das Busoltsche Gut, ein ehemaliger Besitz Theodor Gottlieb von Hippels, des Humoristen und Verfassers der »Lebensläufe in aufsteigender Linie«. Das Landhaus in diesem Tal nicht weit von Königsberg hat eine reizende Lage, »gesunde Luft, Stille, schöne Aussichten ins Freie, schattengebende Bäume, Blumen, eine Laube«, aber es ist so klein und räumlich beschränkt, daß die große Familie nur knapp unterkommen kann. Luise erhält zwei winzige Zimmer. Es ist kein Raum vorhanden, wo die königliche Familie gemeinsam speisen kann.

Das Landhaus »Auf den Huben« vor den Toren Königsbergs.

Den ganzen Sommer des Jahres 1808 verbringt der König mit seiner Familie auf den Huben. Das Haus, die Landschaft, das alles erinnert in mancher Weise an Paretz, obwohl hier alles viel beengter ist. Luise ist überglücklich: »Um zufrieden zu sein in seinem Innern, bedarf man nicht viel des Äußern; gesunde Luft, Stille, Aussichten ins Freie, einige schattengebende Bäume, ein paar Blumenbeete, eine Laube reichen hin. Mein Mann und ich, wir sind uns mit den Kindern selbst genug; und dann habe ich gute Bücher, ein gutes Gewissen, ein gutes Pianoforte, und so kann man unter den Stürmen der Welt ruhiger leben, als diejenigen, welche die Stürme erregen.«

Sie beklagt sich nicht, daß sie viel entbehren muß. In dem hübschen kleinen Landhaus fühlt sie sich wohl. Das einfache, zurückgezogene Leben ohne alle Etikette behagt ihr und besonders dem König nach der unendlich aufregenden, wechselvollen und stürmischen Zeit, die sie durchgemacht haben. Sie ist viel an der frischen Luft, trinkt Pyrmonter Brunnen, kurz: Es ist Frieden, sie kann aufatmen.

Die schreckliche Zeit hat die Eheleute fester zusammengeschweißt. Auf dem Lande erleben sie Stunden, in denen Luises alte Fröhlichkeit wieder durchbricht. Sie schmückt sich und hat Freude daran, ihrem Mann und den Kindern zu gefallen. Sie beschäftigt sich mit Literatur und Musik, sie liest und vervollständigt ihre Kenntnisse, obwohl Hufeland ihr jede Überanstrengung aufs strengste verboten hat. Johann Georg Scheffner – unter der Regierung Friedrichs des Großen preußischer Kriegs- und Steuerrat – und Johann Wilhelm Süvern – Professor an der Königsberger Universität – sind ihre Lehrer, Caroline von Berg und Marie von Kleist ihre Freundinnen, durch die sie in Briefen vielseitige Anregungen findet.

Abends zum Tee liest sie ihrer kleinen Gesellschaft französische Novellen vor. Allerdings werden auch alle unwichtigen Neuigkeiten, aller Klatsch in diesen Runden erörtert. Pamphlete, Tageszeitungen und Flugblätter werden geradezu verschlungen, aber auch ernste Werke. Friedrich Schillers »Geschichte des Dreißigjährigen Kriegs« findet Luises besonderes Interesse, und Lombards »Materialien zur Geschichte der Jahre 1805, 1806 und 1807« arbeitet sie gewissenhaft durch. Lange Unterhaltungen führt die Königin mit Kriegsrat Scheffner, eingehend diskutiert sie die Ausbildung der königlichen Prinzen.

Auf alle nur erdenkliche Weise versucht sie sich abzulenken von der allgegenwärtigen Not. Am 20. Juni 1808 schreibt sie an Scheffner: »Habe ich recht verstanden, so löste sich das Zeitalter der Germanen auf, weil sie mehr ihren Gefühlen und ihrer Phantasie folgten, als dem Verstande, der – wie man sagt – richtiger wägt, Gehör gaben.« Sie glaubt an eine Vorsehung, zeigt aber doch kritischen Verstand. Scheffner weiß sich der Wißbegier seiner prominenten Gesprächspartnerin kaum zu erwehren. »Wenn ich so die Cahiers ansehe, wie sie mit Bleistift besudelt sind, so schäme ich mich schon wieder, weil Stein sie so lesen wird. Er kennt mich noch weniger als Sie, was wird er denken. Die Hieroglyphen meines Herzens kann der nur raten, der mich genau kennt. Vergangenheit, eigene Erfahrungen und Schicksale, Gegenwart, Zukunft, Hoffnung, alles hab' ich darin angedeutet, und hätt' noch viel mehr getan, wüßt' ich nicht, daß außer Ihnen noch jemand sie sehe. Doch einige Fragen. Welche Kriege nennt man die punischen Kriege? Gingen diese alle gegen Karthago? Die Gracchischen Unruhen, welche sind die?« usw. Luise weiß selbst nur zu genau, wie lückenhaft ihr Wissen ist, und drückt es einmal Friederike gegenüber so aus: »Ich habe die Bekanntschaft des Professors Süvern gemacht. Er sagte mir ein Lob, von dem ich fühle, wie wenig verdient es ist – sagte mir, mein Urteil über seine Geschichte sei so treffend als schmeichelhaft für ihn. Doch unwissend, wie ich bin, kann nur die Majestät ihn über mein Urteil geblendet haben.«

Also »belästigt« sie lieber den Kriegsrat mit Fragen, denn »fragt man nicht und schämt sich seiner Einfalt gegen jeden, so bleibt man immer dumm. Und ich hasse entsetzlich die Dummheit«. Luise lernt von allen Menschen in ihrer Umgebung und zieht aus dem Erlernten Nutzen. Sehr nahe steht ihr in dieser Zeit auch Gerhard von Scharnhorst, der die Ansicht vertritt, Luise sei in Königsberg »unendlich größer und liebenswerter geworden, als sie jemals gewesen«. Ferner finden sich August Wilhelm Graf von Gneisenau und Hardenberg zeitweise in ihrem Kreis ein, später treffen Wilhelm von Humboldt, Barthold Georg Niebuhr und Heinrich Theodor von Schön ein, alles Männer der Tat und des Geistes. Wie wäre es möglich, von dieser intellektuell anregenden Gesellschaft nicht zu profitieren?

Luise begreift, daß Geschichte nicht nur Bildung sein, sondern auch das Herz des Menschen ergreifen soll. Sie studiert deutsche Geschichte vor allem, um ihre eigene Zeit zu begreifen. »Ich bin jetzt bei Karl dem Großen«, berichtet sie Caroline, »der doch eigentlich Gründer des germanischen Zeitalters war. Er steht lebhaft vor mir in aller seiner Größe, Glanz und Tapferkeit. Er zieht mich sehr an, aber minder als Theoderich. Dieser war ein echter Deutscher; seine Gerechtigkeitsliebe, die Gradheit seines Charakters, die Tiefe seines Gemüts und die Großmut seines Herzens bezeugen es. Der Charakter Karls des Großen trägt schon ein Gepräge des Frankentums, welches mich etwas abschreckt.«

Um auf andere Gedanken zu kommen, öffnet sie den Flügel und spielt. Die Luft ist ihrer Gesundheit sehr zuträglich. Durch die geöffneten Fenster schaut Luise auf die friedliche Landschaft. Nichts erinnert hier mehr an den Krieg, das Grauen, die Vernichtung. Ihr Gewissen ist ruhig bei diesem Ausruhendürfen. Sie weiß, daß sie ihre Pflicht erfüllt hat – und sie ist so müde. Noch immer schmerzt sie der Verrat Alexanders, aber wenn sich der Aufruhr in ihrem Innern gelegt hat, genießt sie das große Schweigen der Natur; Eindrücke aus einer anderen Zeit werden wach, und sie atmet frei. Vielleicht träumt sie von jenen sehnsüchtigen Stunden, in denen die Welt für sie nicht existierte und sie nur wußte, daß es Liebe gab.

Jetzt kehren die Empfindungen von Paretz zurück, der Aufenthalt auf dem Land ist wie eine Rückkehr in die ersten Jahre ihrer Ehe. Friedrich Wilhelm läßt sie in seinen Armen Vergessen finden, aber auch die Freude, dem Herzen eines anderen noch etwas zu bedeuten und in ihm uneingeschränkt den ersten Platz einzunehmen. Ja damals, als noch Stürme der Leidenschaft in ihr tobten … Jetzt, in diesem Frühling und Sommer 1808, will sie glücklich aussehen, glücklich in ihrer häuslichen Liebe.

Wie fern liegen die Tage von Tilsit – und doch kommen sie in ihrer Erinnerung immer wieder hoch. Am 8. Juli 1808 schreibt sie in einem Brief an Caroline von Berg: »Vorgestern war es ein Jahr seit der ersten Zusammenkunft mit Napoleon, und gestern die letzte zwischen ihm und mir. Oh welche Erinnerung, was habe ich gelitten für mich und andere. Ich habe geweint, gefleht im Namen der Liebe und der Menschlichkeit, im Namen unseres Unglücks und der Prinzipien, die die Welt regieren. Ich war nur eine Frau, physisch schwach und doch viel größer als der Gegner, der so arm und so weit unter mir in seinem mangelnden Mitgefühl stand.«

Bewundern und lieben, darauf kommt Luise immer wieder zurück. Lieben, ohne zu bewundern, setzt ebensoviel Mitleid voraus, wie bewundern, ohne zu lieben, Verachtung erzeugt. Nur ein einziger Mensch hat Bewunderung und Liebe zugleich in ihr geweckt, und von ihm kann sie sich immer noch nicht lösen. Trotz aller Widersprüche, trotz aller grenzenlosen Enttäuschung kann sie nicht anders – ihre Gedanken wandern immer wieder zu Alexander.

Im Juni 1808 entwirft sie einen Brief an ihn, weil sein hartnäckiges Schweigen ihr unerträglich ist.»Ich wollte Ihnen nicht schreiben, mein lieber Vetter, da Ihr langes Schweigen mich befürchten läßt, Sie hätten mich gänzlich vergessen. Wer wahre Freundschaft für seine Freunde hegt, findet immer einen kleinen Augenblick, um Ihnen ein tröstliches Wort zu sagen. Sie haben keinen solchen Augenblick mehr für mich übrig! Ich wage es, mich darüber zu beklagen, weil meine Gefühle für Sie unverändert die gleichen sind. Diese Wahrheit drückt mir heute die Feder in die Hand, denn ich weiß aus sicherer Quelle, daß man versucht, Sie vom Gegenteil zu überzeugen ...«

Es folgt eine regelrechte Anklage gegen die Verleumdung. In den Papieren der Caroline von Berg, so besagt eine Notiz von Paul Bailleu, der diesen Briefwechsel herausgegeben hat, findet sich ein Billet, das sich auf diesen Brief beziehen muß:»Schicken Sie mir den beigelegten Brief zurück, er war für Zar Alexander bestimmt, und ich habe während des Schreibens bittere Tränen vergossen, aber ich habe ihn keineswegs abgeschickt, denn er verdient keinen Brief mehr von mir, da er mich so vernachlässigen konnte zu einem Zeitpunkt, da alles sich vereinigt, mich auf so grausame Weise unglücklich zu machen, da es kein Leid gibt, das mir unbekannt geblieben wäre. Nein, es ist wahr, daß diese Welt nicht die schönste der Welten ist, noch die Männer die Besten ...«

Friedrich Wilhelm indes, »der beste Mann«, überhäuft seine Frau mit Aufmerksamkeiten, umgibt sie mit Zuvorkommenheit. Luise scheint alle glauben machen zu wollen, daß sie unendlich glücklich ist. Doch entspricht das auch der Wahrheit? Am 12. August jedenfalls wird ein munterer Geburtstagsbrief an Georg abgeschickt: »Ich wollte heute zwei Meilen von hier ein Diner geben in einem Wald, wo das Moos unsere Stühle und unsere Gebeine die Tische sein sollten. Allein das Wetter ist nicht schön genug, weil es den ganzen Tag gepladdert hat. Aber was aufgeschoben ist, ist nicht aufgehoben, und es wird nachgeholt werden. Der König ... hat zur Tafel Musik bestellt und einige Gäste gebeten, und heute Abend gebe ich einen Tee, wo auch Menschenkinder eingeladen werden, die sich mit mir freuen werden. Was wird heute in Strelitz los sein, wär' ich doch da! Gott, wie würd' ich jubeln! Ich putze mich heute, ich tue ein Kreppkleid an, mit blauem Band garniert und auf dem Kopf eine Girlande von blauen Winden ...« Und Caroline liest in einem Brief vom 20. August von einem Abendessen auf einer Barke im Schloßteich, jeder muß ein Gericht mitbringen, das Königspaar steuert Speisen bei, Marianne den Wein ... ein »herrlicher Gedanke«.

EINE EINLADUNG MIT FOLGEN

Die französische Flotte ist bei Trafalgar vernichtet worden, also muß Napoleon England auf wirtschaftlichem Gebiet schlagen, seinen Handel einschränken. Die »Kontinentalsperre« funktioniert aber nur, wenn er sich seiner Verbündeten vollkommen sicher sein kann. Mit Rußland, Österreich, Preußen, Dänemark hat er Bündnisse geschlossen. Nur Schweden trennt sich nicht von England. Also macht er Druck, veranlaßt den Zaren, sich Finnlands zu bemächtigen. Und da sich Portugal weigert, alle Bedingungen der Kontinentalsperre zu akzeptieren, tritt der Kaiser an Spanien heran mit dem Ziel, Lissabon zu besetzen, einen der wichtigsten Märkte für Großbritannien. Er führt sich dabei auf wie immer – großspurig, als hätte er unumschränkte Macht.

Napoleon fährt – mit einem perfiden Plan im Gepäck – nach Bayonne, um, wie er sagt, die Angelegenheiten Spaniens zu ordnen. In Wahrheit will er alle romanischen Völker unter seiner Herrschaft vereinigen. Das Angebot seiner Vermittlung zwischen dem unglücklichen König Karl VI. von Spanien, der zugunsten seines Sohnes Ferdinand VII. abgedankt, diese Abdankung jedoch nach zwei Tagen widerrufen hatte, ist nur eine Pose. Napoleon lockt den jungen König nach Bayonne – eine perfekte Falle. Trotz aller Warnungen seiner Getreuen folgt Ferdinand dieser »Einladung«. Napoleon empfängt ihn mit allen Ehren, lädt ihn zur Tafel und läßt ihm nach Tisch – eine »kaiserliche Henkersmahlzeit«, wie es in Spanien heißt – durch Savary sagen, das Haus Bourbon habe aufgehört, in Spanien zu regieren. Zu spät erkennt Ferdinand das falsche Spiel, das Napoleon mit ihm getrieben hat. Er will in sein Königreich zurück, wird jedoch wie ein Staatsfeind gefangengehalten. Karl VI. verzichtet im Bayonner Vertrag, den ihm der französische Kaiser aufzwingt, auf die Krone, und auch Ferdinand – vor die Wahl Abdankung oder Tod gestellt – gibt klein bei. Am Ende dieser von Napoleon fein gesponnenen Intrige wandert die entthronte spanische Königsfamilie demütig nach Frankreich aus.

»Was sagen Sie zu den Nachrichten aus Spanien?« schreibt Luise ihrer Freundin Caroline. »Sind Sie nicht ein neuer Fingerzeig der eisernen Hand, die schwer auf der gebeugten Stirn Europas ruht, ein warnender Fingerzeig nicht auch für uns? Mitten im Frieden seinen ersten Bundesgenossen zu entthronen! Die Saat der Zwietracht zwischen Vater und Sohn zu säen! Den Infanten vom Vaterherzen zu reißen, ihn aus dem Vaterhaus, aus dem Vaterland zu verjagen!

Was haben wir, wir in unserer Lage zu erwarten? Ach, mein Gott! Wann kommt die Zeit, wo die Hand des Verhängnisses endlich das Mene Tekel an diese Mauer schreibt? Ich beklage mich dennoch nicht, daß meine Lebenstage in diese Unglücksepoche fielen. Vielleicht gab mein Dasein Kindern das Leben, die einst zum Wohle der Menschheit beitragen werden.«

Unterdessen gelingt es Prinz Wilhelm im September 1808, Napoleon zu einem Vertrag zu bewegen – und zu der Zusage, Preußen von den französischen Truppen zu räumen. Noch aber ist dieser Vertrag nicht unterschrieben, und Kaiser Franz II. von Österreich beginnt seine Truppen zu mobilisieren, verzögert die Maßnahmen jedoch, als er erfährt, daß Alexander mit Napoleon zusammenkommen will. Alles ruht.

In dieser Zeit richtet Luise nach langem Schweigen wieder einige längere Briefe an den Zaren. Warum läßt Alexander so lange nichts von sich hören? »Ich weiß nicht«, schreibt sie an ihren Vater, »ob er lebt oder tot ist … Er hat zwar immer guten Willen. Wer aber den Tilsiter Frieden unterschrieb, kann auch müde werden im Guten.« Die Bande der Freundschaft sind doch bedenklich gelockert, aber als er ihr endlich schreibt, nimmt er die Königin wieder ganz für sich ein.

Es ist beinahe unbegreiflich, daß Luise, nach all den Enttäuschungen, die sie durch ihn erfahren mußte, mit so unverhohlener Bewunderung am Zaren hängt. Sie kann es nicht ändern, daß ihr Herz immer noch Gefühle für ihn hegt. Die Angst, daß Alexander sich mit Napoleon in Erfurt allzusehr anfreunden könnte, veranlaßt sie, ihm Ratschläge zu erteilen, die er wahrscheinlich nur belächelt. »Mit jedem andern Mann, weiß ich, würde ich viel riskieren, denn ich habe kein anderes Recht, so zu Ihnen zu sprechen als durch die zarte Freundschaft und das aufrichtige, unveränderliche Interesse, das Sie stets in mir erweckt haben. Nur allein das veranlaßt mich, Ihnen zu sagen, welche Sorgen mein Denken und mein Herz bewegen.

Sie werden also Napoleon wiedersehen, diesen Mann, der Ihnen, wie ich weiß, ebenso zuwider ist wie mir, ihn, der alle unterdrücken will, der diejenigen, die er nicht zum Sklaven machen kann, zu Schritten verführen möchte, durch die sie etwas sehr Vorteilhaftes einbüßen, was er nie besessen hat: die öffentliche Meinung. Lieber Vetter, ich beschwöre Sie mit aller Zärtlichkeit, deren meine Freundschaft fähig ist, seien Sie auf der Hut vor diesem geschickten Lügner und hören Sie auf mich. Ich spreche nur für Sie und für Ihren Ruhm, mir teuer wie der meine. Lassen Sie sich nicht hinreißen, etwas gegen Österreich zu unternehmen.« Ein deutscher Bund mit Österreich ist von jeher ihr Lieblingswunsch gewesen. »Ich bin sicher, er will, daß Sie sich gegen die Österreicher erklären. Um Gottes willen, tun Sie das nicht! Sie würden damit ein in jeder Beziehung nicht wieder gutzumachendes Unrecht tun. Ich weiß wohl, Sie haben sich seit dem letzten Krieg gerechterweise über den Kaiser von Österreich zu beklagen. Vergessen Sie das. Seien Sie groß, verzeihen Sie, vergessen Sie das Persönliche und denken Sie an die Rettung Europas. Ist Österreich vernichtet, dann ist die Unterjochung Europas gewiß ... Ich bin sicher, Napoleon hat Pläne im Kopf, die Sie unterschreiben sollen. Tun Sie das nicht! Widerstehen Sie ihm, wenn Sie dabei das Geringste finden, das Ihnen widerstrebt. Folgen Sie Ihrem Herzen, Ihren Neigungen. Immer wieder wende ich mich an dieses Herz, das alle guten Eigenschaften besitzt, das das Gute will und das Böse und Ungerechte verabscheut. Zeigen Sie ihm diese Eigenschaften mit Festigkeit und Energie. Sie sind mächtig, Sie müssen, Sie können noch Gott sei Dank Absichten und Wünsche haben, die Sie verwirklicht sehen wollen … Ach lieber Vetter, warum kann meine Seele Sie nicht unsichtbar begleiten, um Ihr schützender Genius zu sein? Hören Sie auf meine Stimme. Es ist die einer Freundin, wie Sie auf der Welt keine zweite haben.« Dies ist ein Briefentwurf vom 8. September. Ob das Schreiben jemals abgeschickt wurde?

Sie täuscht sich auch diesmal in ihm. Auf der Reise nach Erfurt macht Alexander am 18. September in Königsberg Station. Mit bangen Gefühlen hat Luise ihn erwartet. Der Zar, weiß sie, genießt in der deutschen Öffentlichkeit kaum noch Ansehen. Aber wieder fliegt ihm all ihre Zuneigung zu; er hingegen fühlt sich wohl nicht so ganz sicher ihr gegenüber; vielleicht plagt ihn ein schlechtes Gewissen. Er scheint verlegen und vermeidet es, mit der Königin allein zu sein. Sophie von Voß findet ihn wie immer sehr liebenswürdig, jedoch unentschlossener als früher. In einer Besprechung mit Stein, Goltz und dem König lehnt er entschieden ein gegen Napoleon gerichtetes Bündnis mit Preußen und Österreich ab. Dennoch setzt man wieder alle Hoffnung auf ihn, und er verspricht, in Erfurt alles zu tun, um Preußens Situation zu erleichtern. Dann reist er weiter nach Thüringen zu seinem neuen Freund Napoleon! Das preußische Königspaar begleitet ihn ein Stück im offenen Wagen.

Luise bleibt in größter Sorge zurück. Wie, wenn Alexander sich doch von Napoleon zu einem Bündnis gegen Österreich verleiten ließe? Ihr Vertrauen in den Zaren ist bei weitem nicht mehr so unerschütterlich wie früher, wenn sie den Mann Alexander auch immer noch anschwärmt. Aus dem Tagebuch der Oberhofmeisterin erfahren wir, daß die Königin die Ansicht teilt, der Charme Napoleons und das amüsante Leben in Erfurt würden sicher nicht günstig auf das Gemüt des »armen Kaisers Alexander« wirken und für die Sache des unglücklichen Preußen eher von Nachteil sein. Wie sehr sie recht behalten soll, beweisen die eintretenden Ereignisse.

Unterwegs teilt ein Kurier Napoleons dem Zaren mit, daß Prinz Wilhelm in Paris nachgegeben und sämtliche Bedingungen des Kaisers angenommen habe. Alexander sendet den französischen Kurier sofort zum König. Noch eine weitere schlechte Nachricht ereilt den Hof in Königsberg: Ein sehr unvorsichtiger Geheimbrief des Ministers vom Stein an den Fürsten von Wittgenstein ist von den Franzosen abgefangen worden. Stein äußert sich darin zu den geheimen Verbindungen in Hessen und Westfalen und zu den Voraussetzungen eines Befreiungsplans für Deutschland. Napoleon ist maßlos wütend und veröffentlicht das Schreiben mit den schärfsten Randbemerkungen im »Moniteur«.

Der Einschlag einer Bombe hätte am Hof in Königsberg keine größere Verwirrung und Aufregung auslösen können, als diese Nachricht. Luise ist verzweifelt, der König außer sich. Besonders die Königin fürchtet, Napoleon werde ihnen nun auch diesen Minister wieder nehmen. Sofort keimen am Hof wieder die Intrigen gegen Stein auf. Doch zunächst sitzt der Freiherr noch fest im Sattel. Friedrich Wilhelm gestattet ihm nicht einmal, sich während der Unterhandlungen in Erfurt in die Festung Pillau zurückzuziehen.

Vom 27. September bis zum 14. Oktober 1808 finden die Verhandlungen zwischen Napoleon und Alexander statt. Luise ist mit ihren Gedanken ständig in Erfurt. Sie schickt ihre heißesten Gebete zum Himmel und erwartet ungeduldig Alexanders Rückkehr. Dann kommen die ersten Nachrichten: Unzertrennliche Freundschaft scheint zwischen Alexander und Napoleon in Erfurt zu herrschen. Die Monarchen sind fast den ganzen Tag zusammen und erweisen sich die größten Aufmerksamkeiten. Das trägt nicht dazu bei, die Königin zu beruhigen. Alexander hat also alle ihre Ratschläge in den Wind geschlagen. Friedrich Wilhelm hat inzwischen den Vertrag, den Napoleon ihm geschickt hat, ratifiziert – aus Furcht vor den unberechenbaren Folgen, die eine Weigerung nach sich gezogen hätte. Luise sieht jedoch keine Möglichkeit, die ungeheuren Schulden an Napoleon zu bezahlen. Sie bittet Alexander daher noch einmal, alles zu tun, was in seiner Macht stehe, um Napoleon für Preußen etwas günstiger zu stimmen.

Aus Königsberg schreibt sie ihm unter dem Datum des 17./29. September 1808: »Seit Dienstag, dem Tag Ihrer Erfurter Zusammenkunft, bin ich in Gedanken immer bei Ihnen … Der König und ich unterhalten uns unaufhörlich über Sie, und manchen Seufzer schicken wir hinauf zu Gott, der sicher Verständnis dafür hat; handelt es sich doch immer nur um Sie, mein sehr lieber Vetter. Die Sendung des Kuriers heute wird veranlaßt durch die Ankunft eines Feldjägers von Prinz Wilhelm aus Paris, der Nachrichten brachte, die den König zur Änderung seines Entschlusses bewogen. Er ratifiziert den Vertrag ... Aber es ist uns unmöglich, den Vertrag zu erfüllen. Sie wissen das ebensogut wie wir ... Deshalb flehe ich Sie an, mit allem Nachdruck, wie man es in der fürchterlichsten Not nur vermag, einen Ausweg aus diesem Unglück zu finden und alles zu unseren Gunsten zu ändern, was Ihre liebevolle und anhaltende Freundschaft, ebenso wie Ihr persönliches Interesse Ihnen rät. Ich wage nicht noch zu wiederholen, daß die drei Festungen« – Napoleon hatte Magdeburg, Stettin und Küstrin als Pfand in Besitz genommen – »dabei eine wesentliche Rolle spielen. Prinz Wilhelm, der die Ehre haben wird, mit Ihnen zusammenzukommen und zu sprechen, wird Ihnen mündlich alle Gründe aufzählen, die den König zur Ratifikation bestimmen.

Anscheinend will Napoleon uns den Freiherrn vom Stein lassen und nicht seine Entfernung fordern, was mich ungemein tröstet und beruhigt. Erhalten Sie ihn uns! Sie werden hier mit unbeschreiblicher Ungeduld erwartet, vom König und von mir, mit einem Gefühl, das weit inniger noch ist als Ungeduld. Leben Sie wohl, mein lieber Vetter, und erlauben Sie mir, hinzuzufügen: lieber Freund.«

Je beredter Luise die elende Lage schildert, in der Preußen sich befindet, desto mehr scheint ihre Rührung zu wachsen. In den ersten Zeilen ist der Ton ihres Briefes herb und zurückhaltend, nach und nach jedoch scheint Alexander vor ihrem inneren Auge aufzuleben. Sie erinnert sich seines Lachens, seines Charmes, und man spürt, wie diese Eindrücke sie wieder gefangennehmen. Ein Ton der Zuneigung läßt sich nicht verbergen und verrät ihre Liebe, die sie sich vermutlich selbst nicht eingestehen würde.

Auch Friedrich Wilhelm schreibt an den Zaren: »Wenn Eurer Majestät hochherzige Fürsorge uns nicht aufrecht erhält, so ist es aus mit Preußen.«

Der König wird krank und muß »ein Brechmittel nehmen, welches ihn sehr angriff und schwächte«, wie Luise am 10. Oktober ihrem Vater berichtet. »Ich leistete ihm Hilfe, verkältete mich und habe zur Zeit ein starkes Kathar-Fieber mit Husten verbunden, welches mich in mein Bett fesselte. Sie, bester Vater, werden sich über diese Krankheit nicht wundern, da der Geist immer entschiedenen Einfluß auf den Körper hat, und da unsere Seelen sehr leiden in diesem Augenblick, da sich alles entscheiden soll, und da der Himmel wie immer trübe ist.«

Endlich, am 20. Oktober 1808, trifft Alexander selbst wieder in Königsberg ein. Er zeigt keine Spur mehr von Verlegenheit, sondern tritt so selbstsicher auf wie einst, ist liebenswürdig und läßt seinen Charme spielen. So wird der Zar wieder aufs herzlichste aufgenommen. König und Königin sind »schrecklich glücklich«, ihn wiederzusehen. Man freut sich seiner Gegenwart und gibt trotz der Armut Feste und Bälle.

In ausführlichen Gesprächen mit Stein berichtet der Zar von seinen Unterhaltungen mit Napoleon und Talleyrand und zeigt sich besonders von Talleyrand ganz entzückt. Stein darf bleiben; Napoleon hat nichts dagegen. Die Zusammenkunft der beiden Kaiser in Erfurt hat bewirkt, daß Napoleon Preußen eine geringe Erleichterung der Kriegskontributionen bewilligt – die Summe wird auf 120 Millionen Franken herabgesetzt – und zusichert, die preußischen Staaten bis zum 5. Dezember zu räumen. Damit ist der für Preußen schmähliche Vertrag von Tilsit zwischen Alexander und Napoleon bestätigt.

Das kränkt Friedrich Wilhelm und trifft Luise empfindlich, da es ihr zeigt, wie wenig Einfluß sie auf die Politik des Zaren ausübt. Nur mühsam bewahrt sie Haltung, überspielt ihre Wut und Enttäuschung.

Alexander besucht mit dem Königspaar das Schlachtfeld von Eylau und bemüht sich redlich, seine Gastgeber Frankreich gegenüber gefügig zu stimmen, zur größten Enttäuschung der beiden preußischen Patrioten.

Nach einem Ball, den das Königspaar für ihn gibt, reist der Zar in der Nacht vom 23. zum 24. Oktober nach Petersburg ab. Zum Abschied lädt er Luise und Friedrich Wilhelm zu einem Besuch an seinem Hof ein.

Aus dem September 1808 kennen wir einen Brief der Königin an Caroline von Berg, der offenbart, wie schwer es Luise fällt, innerlich von Alexander Abstand zu gewinnen, obwohl ihre engsten Vertrauten ihr in dieser Hinsicht schwer zusetzen: »Ach Gott, Marianne ist ein Engel an Tugend und Güte, aber sie ist ihm (Alexander) gegenüber sehr kalt und und sagt Dinge, die mir das Herz entzweischneiden. Sie ist ja nie in meinem Fall gewesen, sie ist erst seit kurzem verheiratet und war in dieser kurzen Zeit meistens getrennt, so daß sie noch nicht weiß, woran sie ist und wie man leidet, wenn die Illusion, der Morgentau der Verhältnisse, Lügen gestraft wird.«

Ausgerechnet die Einladung nach Petersburg wird der Grund dafür sein, daß Preußen seinen geschicktesten Staatsmann verliert. Stein und Friedrich Wilhelm erwägen, ob man eine solche Reise, die große Ausgaben erfordert, überhaupt machen solle, und kommen schließlich überein, sie zu unterlassen. Das Geld soll lieber in den Wiederaufbau der preußischen Provinzen investiert werden. Stein stellt sich außerdem auf den Standpunkt, daß man den Besuch am Petersburger Hofe mit allen Ehren und auch mit einem gewissen Aufwand mache, oder gar nicht, auf keinen Fall aber als heruntergekommene arme Schlucker.

Auch Caroline von Berg und Prinzessin Marianne raten von der Reise ab. Marianne ist der festen Überzeugung: »An Alexander ist Hopfen und Malz verloren«. Luise jedoch ist anderer Meinung. Sie sieht diese Reise nach Petersburg – neben allen privaten und persönlichen Aspekten – als letzte Chance, noch irgendeine Hilfe für das Land zu mobilisieren. Sie glaubt allen Ernstes, es könne politisch von Vorteil für sie sein, als Gast des Zaren in Petersburg empfangen zu werden. Und sie will Alexander in seiner Umgebung kennenlernen; der Gedanke, wieder einige Wochen mit ihm zusammen zu sein, verlockt sie ungemein. Nicht zuletzt erscheint ihr eine solche Reise nach zwei Jahren Not und Entbehrung wie eine Befreiung von dem schweren Druck, den sie auf ihren Schultern fühlt. Einmal für längere Zeit nichts zu hören und nichts zu sehen, was ihr Herz mit bangen Ahnungen für die Zukunft erfüllt, davon träumt sie.

Schon bald denkt Luise an nichts anderes mehr. Sie besteht hartnäckig darauf, der Einladung des Zaren zu folgen. Den Frei-

herrn vom Stein, der sich in dieser Sache gegen sie stellt, läßt
sie fallen. Unterstützung findet sie bei dessen notorischen Gegnern, die natürlich nichts unversucht lassen, gegen ihn und seine Intentionen zu intrigieren. Und da sie noch wegen des Briefes an Wittgenstein eine Handhabe gegen ihn haben, setzen sie
sich durch. An der Entschlossenheit Luises prallen auch die üblichen Zweifel des Königs ab.

Es scheint, daß Luise Steins Rücktritt nicht sonderlich bedauert. Sie hofft, Hardenberg bald wieder am Ruder zu sehen. Er
begegnet ihr und dem König in der Nähe von Königsberg auf
einem Spaziergang. Schon am nächsten Tag findet eine Zusammenkunft statt. Da auch Hardenberg dafür ist, Stein zu entlassen, redet Luise sich erfolgreich ein, daß der Rücktritt des Freiherrn nötig sei. Sie, die ihn so herbeigesehnt hat, nennt ihn jetzt
einen eitlen Mann. Weder Caroline von Berg noch Prinzessin
Luise Radziwill vermögen sie umzustimmen.

Der König gibt Stein zu verstehen, daß es besser wäre, wenn
er ginge, das hätte eine beruhigende Wirkung auf Napoleon.
Der Minister läßt sich das nicht zweimal sagen, nimmt seinen
Abschied und zieht sich im November auf seine Güter zurück.
Luise sieht ihn nie wieder. Seine Feinde triumphieren. Yorck zum
Beispiel frohlockt nach Steins Entlassung: »Unsere äußeren Verhältnisse fangen an günstig zu werden ... Ein unsinniger Kopf
ist schon zertreten; das andere Natterngeschmeiß wird sich in
seinem Gift selbst auflösen.«

Offiziell wird die Entlassung des Ministers als »politisch notwendig« hingestellt. Privat jedoch schreibt Friedrich Wilhelm an
Stein: »Es ist gewiß ein höchst schmerzliches Gefühl für mich,
einem Mann Ihrer Art entsagen zu müssen, der die gerechte-
sten Ansprüche auf mein Vertrauen besaß und der gleichzeitig
auch das Vertrauen der Nation so lebhaft für sich hatte. Auf
jeden Fall müssen Ihnen diese Betrachtungen und das Bewußtsein, den ersten Grund, den ersten Impuls zu einer neuen, besseren und kräftigeren Organisation des in Trümmern liegenden
Staatsgebäudes gegeben zu haben, die größte und zugleich
edelste Genugtuung und Beruhigung gewähren.« Später behauptet der König, er habe Stein nicht ausstehen können. Dieser bekommt noch den langen Arm Napoleons zu spüren, des-

sen Zugriff er sich nur durch die Flucht nach Österreich Anfang 1809 entziehen kann.

Bevor Stein seinen Hut nimmt, macht er den König in einem Schreiben auf die Zustände am Hof, besonders aber in der engeren Umgebung der Königin aufmerksam. Es gebe Intrigen ohne Ende und gefährliche Schwätzereien, Dinge von größter Wichtigkeit und Vertraulichkeit würden im Kreis der Familie besprochen und dann am Teetisch Luises weitergesponnen. Im Wohnzimmer der Oberhofmeisterin geben sich Offiziere und Geschäftsleute die Klinke in die Hand. Ein Intrigantenstadel. »Wie ist bei einer solchen Einrichtung«, empört er sich, »ein Geheimhalten möglich, und die wichtigsten Dinge werden zu Stadtgesprächen … Es ist also nötig, daß der Hof nur aus Personen von vollkommener Rechtschaffenheit und Verschwiegenheit bestehe, die es verdienen, dem Regenten nahezustehen …« Stein spielt dann direkt auf Nagler, Hofmarschall Massow und Köckritz an und fährt fort: »Man entferne diese Menschen, man gebe den Visiten, welche die Gräfin Voß annimmt, eine andere Richtung – sie bestimme gewisse Tage und Stunden, wo sie Leute empfängt – und die übrige Zeit sei sie unzugänglich.«

Der Reise nach Petersburg steht nichts mehr im Wege. Möglich, daß sowohl Luise als auch Friedrich Wilhelm sie wünschen, weil Napoleon jetzt ihre Anwesenheit in Berlin fordert und bereits durch Davoust hat mitteilen lassen, er betrachte den weiteren Aufenthalt des Königs in Königsberg als eine Kampfansage. Um keinen Preis der Welt ist Friedrich Wilhelm bereit, unter den herrschenden Umständen in das von den Franzosen besetzte Berlin zurückzukehren. Er hätte sich dort »wie in einer Mausefalle befunden, worin ihn die Franzosen festzuhaken versuchten«. Die Reise nach Rußland ist daher ein willkommener Vorwand, die Rückkehr nach Berlin noch einige Zeit hinauszuschieben.

Wie auch immer, diese Reise ist und bleibt ein Politikum. Selbst in Rußland gehen die Wogen hoch; in Petersburg äußert man sich in den Kreisen der einflußreichen und von Alexander geliebten Prinzessin Narischkin unverhohlen kritisch über die preußische Königin. Auch der französische Gesandte geniert sich wenig, seiner Mißbilligung des Reisevorhabens Ausdruck zu geben. Frivol meint er gegenüber der Prinzessin Dolgoruki: »Bei dieser Reise ist keinerlei Mysterium, die Königin kommt nur, um ihren Geliebten zu sehen.« Das alte französische Vorurteil!

Friedrich Wilhelm hält es für nötig, seine Beweggründe offen klarzustellen, und verfaßt für die Gesandten ein Zirkularschreiben. Er beruft sich auf höfische Gepflogenheiten, auf die Verpflichtung, sich an den russischen Hof zu begeben, da der Zar viermal am preußischen Hof geweilt habe. Gleichzeitig erwägt er die Möglichkeit einer Allianz, um Maßnahmen zu treffen, die er mit den Franzosen vereinbart hat. Endlich kündigt er an, daß er in Kürze wieder in Berlin sein werde. Er ist bemüht, den Eindruck zu vermeiden, seine Reise habe politischen Charakter, und motiviert sie ausschließlich mit freundschaftlichen Gefühlen und höfischen Konventionen.

Die Abreise wird auf den 27. Dezember 1808 festgesetzt. Ein kleines Gefolge soll das königliche Paar begleiten, darunter Graf Tauentzien und General Scharnhorst. Scharnhorsts Wahl ist ganz spontan erfolgt und erregt nicht wenig Eifersüchteleien. Einige Marschälle versuchen, ihn anzuschwärzen. Diese Verleumdungen haben zur Folge, daß der arg beunruhigte König beschließt, Scharnhorst lieber in Preußen zu lassen, was dieser ihm nicht übel nimmt. Dann aber schickt ihm der wankelmütige Friedrich Wilhelm ein Billet mit der Aufforderung, ihn doch zu begleiten.

Auch Prinz Wilhelm hat von seinem Bruder die Erlaubnis zur Reise nach Petersburg erhalten, jedoch unter der Voraussetzung, daß er die Mittel dafür selbst aufbringt. »Da ich nun glaube, Du könntest in Verlegenheit sein«, schreibt ihm die stets aufmerksame Luise, »so offeriere ich Dir dreitausend Taler dazu, die ich bar liegen habe. In besseren Zeiten gibst Du sie mir wieder. Ich würde sie Dir gern schenken, wäre ich reich ...«

Petersburger Schlittenfahrt

Es ist ein Märchen aus Tausendundeiner Nacht, das Luise im folgenden Monat, im Januar 1809, erlebt. Zum ersten Mal seit mehr als zwei Jahren unternimmt das Königspaar wieder eine Reise, die ihm nicht aufgezwungen wird, eine Reise, die es gern und zu seinem Vergnügen macht. Es kommt den beiden wie ein Traum vor, daß sie Königsberg verlassen und der russischen Grenze entgegenfahren, ohne befürchten zu müssen, von Napoleons Armeen verfolgt zu werden.

Sie reisen nur mit einigen ihrer Vertrauten. Die inzwischen achtzigjährige Sophie von Voß ist natürlich dabei, trotz ihres hohen Alters. Außer ihr begleiten den König und die Königin Gräfin Moltke, General Graf Tauentzien, General Scharnhorst und einige jüngere Offiziere des Hofes. Prinz August und Prinz Wilhelm reisen etwas später ebenfalls nach Petersburg.

Zunächst geht es nach Memel, das Haff wird auf Schlitten überquert. Der Weg führt durch Eis und Schnee. Es herrscht eine bittere Kälte. Während der Wagen dahineilt, kann Luise die rauhe Wirklichkeit vergessen, kann sich ausmalen, daß sie den russischen Hof entzücken, daß sie mit der Leichtigkeit besserer Zeiten tanzen – und daß Alexander ihr zu Füßen liegen wird wie einst. An den Fenstern zieht die verschneite Landschaft vorbei, so poetisch, so friedlich, als wollte sie sie über die Welt, wie sie wirklich ist, hinwegtäuschen.

Schon lange vorher hat sie sich die verschiedenen Etappen dieser Reise – ihrer ersten großen Auslandsreise – in ihrer Phantasie ausgemalt. Was sie dann in Petersburg erleben wird, soll

bei weitem alle Vorstellungen, die sie sich gemacht hat, übertreffen. Was sie in sich aufnimmt, überwältigt sie: Geschichte,
Mythologie, Träume, das Klirren der Waffen der salutierenden
Soldaten, die Pracht der Uniformen, alles das gilt ihr, nur ihr,
der schönsten und geliebtesten Königin. Und es ist so, als sei
es nur dazu da, die Erinnerung an das Elend weit, weit aus ihren
Gedanken zu verbannen. Die folgenden vier Wochen lebt
Luise wie in einem Rausch. Sie führt Tagebuch, versucht jede
kleinste Einzelheit festzuhalten: den Reichtum des Zarenhofes
mit seinen Festen und Gastmählern, seinem wahrhaft orientalischen Prunk und seiner Gastfreundschaft. Und doch ist alles
zu viel.

Am zweiten Tag der Reise, dem 28. Dezember, macht sich das
Herrscherpaar bei dreizehn Grad Kälte um acht Uhr morgens
auf den Weg und erreicht abends die russische Grenzstadt
Polangen. Der Wagen hält vor dem »besten Haus«. Bei der Ein-
fahrt in die Stadt werden die Reisenden von einer Abteilung
Kosaken zu Fuß feierlich empfangen, vor der Wohnung von
berittenen Kosaken. Graf Christoph Lieven ist vom Kaiser
(Alexander) beauftragt worden, sich der Gäste anzunehmen
und sie auf russischem Boden zu begrüßen. Er überreicht ihnen
einen Brief seines Herrn. Sie steigen einen Augenblick aus,
»Vorstellungen, Versicherungen, Liebenswürdigkeiten aller Art
… Das Husarenregiment Sumecks«, trägt Luise in ihr Tagebuch
ein, »das uns von Polangen bis eine Station vor Riga begleitete, hat in sechs Tagen achtzig Meilen zurückgelegt, um diesen
Dienst zu verrichten, vierzehn Meilen täglich, und das nur, weil
der Kaiser es schön und würdig fand, den König eskortieren zu
lassen.«

An jeder Station, wo die Pferde gewechselt werden, steht eine
neue Abteilung Kavallerie, »und jedesmal zeigen sich die
Generäle«. Zwei Diener, die ihnen der Zar schickt, stehen zu
ihrer Verfügung, ferner sechs Köche und ein Küchenchef. In
Oberbartau wohnen sie bei der Familie Offenberg in einem
Postgebäude, das »schlecht und kalt« ist. Frau von Offenberg
will der kaiserlichen Küche partout nicht erlauben, die »Honneurs« zu machen. Sie selbst kocht und bestreitet auch die
Kosten der Bewirtung. Lieven überreicht im Auftrag des Zaren

dem Königspaar sowie dem Gefolge herrliche Zobelpelze, damit die Reisenden der fürchterlichen russischen Kälte widerstehen können. Luise erhält Kleider, damit sie in Petersburg auftreten kann, darunter ein herrliches blaues Samtkleid mit Zobelpelz, das ihre aschblonde Schönheit vorteilhaft hervorhebt.

Am folgenden Morgen bricht man um neun Uhr auf. Graf Christoph Johann Medem, der Bruder der Herzogin Dorothea von Kurland, empfängt das Königspaar auf seinem Landgut »mit einer Freude ohnegleichen … Wir mußten dort dinieren, was uns zwei Stunden aufhielt«. Gegen acht Uhr treffen sie in Frauenburg, ihrem Nachtquartier, ein: »Wir speisten einfach zu Abend, ohne uns zu Tisch zu setzen und ohne uns mit unseren Reisegefährten zu unterhalten. Jeder war erfreut, sein Bett zu finden.«

Am 30. Dezember erreichen sie Riga. Bürgergarde zu Pferde, Begrüßung, Parade, »endlose Kanonenschüsse, eine ungeheure Menschenmenge, Fackeln, um vier Regimenter in Parade zu sehen, unaufhörliches Rufen, Hurra, Hurra, alle Generäle, Kommandanten und Obersten zu Pferde um unseren Wagen herum – all das machte unseren Einzug prächtig und eindrucksvoll.«

Ihr Gepäck ist noch nicht da, und so müssen sie »in Reisekleidern und mit bloßem Kopf« zum Ball gehen. Der Kaiser (Alexander) läßt sich entschuldigen, daß er seinen Gästen nicht entgegenkommt. Er ist durch »griechisch-katholische Feiern« verhindert. Das tut der Feierstimmung keinen Abbruch. Eine Menge Menschen sind da, der Saal ist hübsch mit grünen Girlanden geschmückt, »Blumen und Flieder in Massen, schöne Spiegel, eine Marmorstatue und ein schönes Sofa. Ermüdet, angegriffen, erhitzt, tanzte ich neun oder zehn Polonaisen.«

Am darauffolgenden Tag findet ein zweiter Ball statt, »großer Luxus in Blumen rings um den Diwan, den ich einnahm; reizende Gesellschaft, schöne Frauen, reich und gut gekleidet, viel Diamanten und Perlen; ich tanzte noch eine Reihe Polonaisen, eine Ecossaise mit General Lieven und einen Walzer mit Fürst Czetwertinsky, dem Bruder von Frau Narischkin«. Weiß Luise um deren Liaison mit Alexander?

Als sie in Riga das »Gildenhaus der schwarzen Häupter« besichtigen, sagt der König zu Luise düster: »Hätte zu dieser

Gilde gehören sollen. Du hättest dann nicht so traurige Erfahrungen gemacht.«

»Und hätten wir noch zehnmal traurigere gemacht«, antwortet Luise, »und hättest du mir alles Unglück vorhergesagt, nein, Meister dieser Gilde hättest du mir doch nicht werden dürfen.«

Von Riga an eilen die Schlitten rasch dahin. An jeder Station – Wolmar, Dorpat, Narva, Opolje – erlebt das Königspaar einen begeisterten Empfang. In der Städten, die sie passieren, gibt man ihm zu Ehren Theatervorstellungen, hält Paraden ab, führt sie zu den Sehenswürdigkeiten. Überall wird der größte Aufwand getrieben. Die Damen der russischen Aristokratie erscheinen in kostbaren Kleidern und im Glanz ihrer Diamanten. Die Gastfreundschaft kennt keine Grenzen. Es ist überwältigend.

Überall erregt Luise Aufsehen und Bewunderung. »Die Reise ist sehr kalt und anstrengend. Den Bedienten sind allen Nasen, Backen und Kinn gefroren ... Die Kälte ist enorm: 22 Grad, 21 in der Nacht und am Tag 18 Grad. Im Wagen hatten wir bei geschlossenen Fenstern 14 Grad. Es übersteigt jede Vorstellung. Die schönen, guten Pelze des Kaisers (Alexander) tun uns sehr wohl. Seine Aufmerksamkeiten übersteigen alle Begriffe. Auf seinen ausdrücklichen Befehl ist für uns ein sehr eleganter Kibitki bereit; jeden Abend gibt es Petersburger Bier für den König und mich, weil der Zar weiß, daß wir gern Bier trinken. Kurz, nichts ist vergessen.«

Inzwischen überläßt sich der König, der kaum auf die Landschaft achtet, seinem Pessimismus und seinen trüben Gedanken. Die Bäuerinnen und Bauern, die die Reisenden in ihren Sonntagskleidern bei der Durchfahrt begrüßen, der Königin Geschenke überreichen und ihnen zu Ehren wehmütige Lieder anstimmen, können ihn auch nicht aufmuntern, ja erinnern ihn möglicherweise an seine Bauern in Paretz. Er friert, und auch Luise zieht sich den Pelz enger um die Schultern. Der Zar ist so zuvorkommend gewesen, ihrem Gefolge Doktor Wiebel zuzuteilen. Nicht die geringste Kleinigkeit läßt Alexander außer acht.

Bei ihrer Ankunft in Strelna, dem drei Meilen vor Petersburg gelegenen Lustschloß des Großfürsten Konstantin, wird abermals deutlich, daß der Zar alles aufzubieten gedenkt, um seine Freunde mit der größten Pracht in Petersburg zu empfangen. In der wohligen Atmosphäre der im Kamin brennenden und knackenden Holzscheite, dem warmen Licht der Kerzen verfliegt die Kälte, die die Gäste durchdringt. Der Zar überrascht das Königspaar bei der Tafel, bleibt bis zum Abend und begibt sich dann wieder nach Petersburg, um es dort tags darauf mit allen militärischen Ehren begrüßen zu können.

Muß dieser ungeheure Reichtum des glücklichen Rußlands auf das preußische Königspaar, dem man alles genommen hat, nicht wie ein Affront wirken? Muß es sich nicht bedrückt fühlen und immer wieder daran denken, wie es dagegen in Preußen, in Berlin aussieht? Luise vergißt ihr armes Land keineswegs. Oft kommt ihr mitten in all der Pracht in den Sinn, was hinter ihr liegt. Doch es scheint weder bei ihr noch beim König ein bitteres Gefühl aufzukommen, daß das Schicksal mit ihnen so grausam umgegangen ist. Beide sind so einfach und schlicht in ihrem Empfinden, daß sie sich aufrichtig über den verschwenderischen Reichtum und herzlich über jede Aufmerksamkeit freuen, die man ihnen erweist. Sie sind entzückt und begeistert von dem Neuen, Fremden, das sich ihnen öffnet. Nur eines bedauert Luise: diese großzügige Gastfreundschaft nicht erwidern zu können.

Noch einmal steigt die Königin am nächsten Morgen in die Karosse, in einen mit weißem Atlas gefütterten Zobelpelz gehüllt. Zu ihrer Linken, zu Pferd, Großfürst Konstantin mit blinkendem Säbel, dann eine Reihe von Staatskarossen, die sich mit dem Gefolge anschließen. Folgen wir ein wenig Luises reizvollen Aufzeichnungen aus jenen Tagen der sorglosen Freude.

»Am 7. Januar 1809 brachen wir von Strelna um 11 Uhr auf und kamen in einem Garten vor den Toren der Stadt an. Dort fanden wir den Zaren, sein ganzes Gefolge und die Kammerherren der Zarinnen, Großfürstinnen und Großfürsten, um uns zu begrüßen. Wir nahmen eine Bouillon zu uns und machten uns auf den Weg, um unseren Einzug zu halten. Ein achtspänniger Galawagen mit sieben Spiegelscheiben nahm mich auf, und so zogen wir durch die mit Militär besetzten Straßen bis zum Schloß. Sechsundvierzig Infanteriebataillone und vier Kavallerieregimenter standen Parade! Oben im Schloß (dem Winterpalast) angekommen, empfingen uns die Kaiserinnen

(Maria Feodorowna und Elisabeth) und die anderen Hoheiten in einem Saal des riesigen Schlosses. Die Hofdamen kamen, um mich zu begrüßen, bis an den Fuß der Treppe. Der Kaiser (Alexander) reichte mir den Arm, und so wurden wir oben von dem ganzen Hof und der Stadt auf die reizendste und liebenswürdigste Weise von den Zarinnen usw. empfangen.

Nachdem wir ein paar Minuten geplaudert hatten, bat der Kaiser den König, mit hinunterzukommen, um die Truppen vorbeimarschieren zu sehen, was über zwei Stunden dauerte. Die Zarinnen und ich standen am Fenster auf einer Estrade, die mit scharlachrotem Samt und Gold überdeckt war. Nach Beendigung der Parade führte man mich mit wahrhaft rührender, unvergleichlicher Liebenswürdigkeit, Höflichkeit und Zuvorkommenheit in meine Gemächer.«

Luise gewinnt sofort alle Herzen. Ihre Schönheit, ihre Anmut, ihre Bescheidenheit und vor allem ihre große Liebenswürdigkeit machen Eindruck. Man hat am russischen Zarenhof so viel von dieser preußischen Königin gehört, und nicht immer nur Gutes. Es gab Gerüchte, sie sei gefallsüchtig, geziert, wolle stets die erste Geige spielen. Sie habe mit dem Zaren sehr auffallend kokettiert und sich ihm an den Hals geworfen. Und nun erscheint Luise in ihrer reizenden, natürlichen Art und überrascht alle, die vorher skeptisch gewesen waren. Nicht nur die Herren, auch die Damen sind von ihr entzückt. Eine russische Hofdame ruft begeistert aus: »Sie ist die Schönste der Schönen, sie hat keine Nebenbuhlerin auf der Welt.«

Friedrich Wilhelm hingegen macht keinen guten Eindruck. Man findet ihn steif und ungeschickt; die Diplomaten hören von ihm keine Komplimente, wie sie es von Alexander gewöhnt sind, und beim höflichen Geplauder tut er sich schwer.

In der Eremitage hat man für Luise zwölf Zimmer reserviert und glanzvoll ausgestattet: Blumenvasen, Arm-, Wand- und Kronleuchter, Uhren, Spiegel. Eines der Prunkgemächer ist mit rosenroter Seide ausgeschlagen, zarte Gewebe und malerische Falten verwandeln das Zimmer geradezu in einen Feenpalast. Auf dem Bett liegt ein Kleid aus schwerem Gold für die Königin bereit, und in einem Blumenkorb daneben ein halbes Dutzend der schönsten türkischen Shawls.

Das Schloß von Sankt Petersburg, der sogenannte Winterpalast, zieht sich entlang des südlichen Ufers der Newa. Das Schepelew-Palais, das in diesem Monat dem preußischen Königspaar als Wohnung dient, ist wie die Eremitage ein Teil dieses weitläufigen Gebäudekomplexes, der die Königin schon durch seine enormen Ausmaße überwältigt.

»Meine Wohnung ist entzückend«, schreibt Luise. »Der Kaiser hat sie aus Freundschaft für mich mit jeder nur möglichen Eleganz, prächtig und geschmackvoll neu möblieren lassen. Atlasdraperie, Samt und Goldbordüren, Musselinvorhänge, alles war an seinem Platze. Es ist jedoch ein langer Weg bis zu meiner Wohnung. Todmüde von der Reise, dem Einzug, den neuen Bekanntschaften und dem Weg bis zu meiner Wohnung, hundeelend mußte ich Toilette machen.«

Luise zieht das Kleid mit dem Schal an, das die Kaiserin-Mutter ihr geschenkt hatte. Mittags große Tafel bei Maria Feodorowna, am Abend französisches Schauspiel im Hoftheater, das mit der Eremitage durch eine Galerie verbunden ist. Nach der Vorstellung speisen die Herrschaften in den Zimmern des Königs und der Königin, dann schauen sich alle die festliche Beleuchtung der Stadt an, die den Eindruck macht, als würde sie in Flammen stehen.

Völlig erschöpft notiert Luise: » ... endlich zu Bett. Tot! Wenig Schlaf, leidend, Brechreiz, Zahnschmerzen und ›alle Übel‹. Am achten gegen zehn Uhr aufgestanden. Der Kaiser kommt gegen 11 Uhr mit dem Großfürsten. Tee, wie gewöhnlich. Dann Besuch bei den Zarinnen, um zu fragen, wie sie geschlafen haben. Das Gemach der jungen Zarin ist entzückend. Sie selbst ist gut und sanft, sehr zuvorkommend und interessant ... Das Schloß nimmt kein Ende, die Säle sind ungeheuer groß und sehr schön, schrecklich für müde Beine ... Während ich mich ankleidete, kam alle Welt zu mir. Goldgestickter Musselin, im Haar Perlen. Diner bei Kaiser und Kaiserin. Prächtiger Saal, schöne Musik, Theater. Mademoiselle George als Amelie in ›Cinna‹, wundervoll, ein vollendetes Meisterwerk der Kunst und Natur. Ein Kopf wie Niobe. Dann Souper bei uns. Endlich im Bett ohne Schlaf. Ich bin krank und fürchte den Anfang einer Schwangerschaft. Es ist hart. – Ich leide sehr viel und sehe ›*affreus*‹ aus.« (Marguerite George, eine berühmte französische Schauspielerin, war einst die Geliebte Napoleons gewesen und wird nun von den Russen mit Aufmerksamkeiten aller Art überhäuft).

Vielleicht hatte Luise etwas Angst vor der Begegnung mit der jungen Zarin Elisabeth (der früheren Prinzessin Luise von Baden), von der sie fürchtet, sie könne sie ablehnen wegen der innigen Freundschaft, die sie für Alexander empfindet. Doch Elisabeth sieht in ihr nicht die gefährliche Rivalin, die sie bekämpfen muß. Ihre gegenseitige Sympathie ist spontan und aufrichtig. Elisabeth ihrerseits schreibt ihrer Mutter nach der Ankunft des preußischen Königspaares: »Man muß unbedingt die Königin eine schöne Frau nennen, sie ist eher stark als mager.« Der Schluß ihres Briefes vom 13./19. Januar klingt fast so, als hätte sie doch Angst vor dieser Begegnung gehabt: »Tatsächlich, liebe Mama, die Königin scheint wirklich nicht mit der einzigen Absicht, hier zu glänzen, hergekommen zu sein …, doch, um damit Schluß zu machen, ich bin wirklich entzückt sie kennengelernt und *mit eigenen Augen gesehen zu haben*« (diese letzten Worte sind unterstrichen). Am 24. Januar fügt sie hinzu: »Es wird uns nicht zuviel, unsere guten und ungemein anspruchslosen Gäste den ganzen Tag hindurch zu sehen.«

Nein, zwischen Luise und Elisabeth gibt es keine Probleme; sie freunden sich rasch an. Auch die Zarinnen-Mutter und Zarin-Witwe Maria Feodorowna, die frühere Prinzessin Sophie von Württemberg und zweite Frau von Zar Paul I., der 1801 ermordet wurde, empfängt die Königin mit offenen Armen. Sie kennt ihren Sohn und weiß nur zu gut, wie nahe Alexander und Luise sich stehen. »Sie war von einer so mütterlichen Güte zu mir, wie ich es gar nicht beschreiben kann«, berichtet Luise.

Die warme Atmosphäre tut ihr gut, warum kann sie sich nicht auch körperlich so leicht und frisch fühlen? Ständig muß sie sich Mühe geben, die größte Müdigkeit zu überwinden. Sie fühlt sich »wie Mademoiselle Sansfacon in der Hundekomödie«. Die Zarin schenkt ihr ein Kleid, der Zar auch, »es ist unerhört«. Leider bleibt Alexander nur einen Augenblick, dann muß sie ihre Toilette beenden und Cour halten für Militär- und Zivilprominenz, den Hof und die Damen der Stadt. »Es regnet hier Diamanten; ich hatte ein weißes Samtkleid und meine Perlenketten an, was großen Applaus bei der Kaiserin-Mutter fand. Nach dieser Cour, die geschlagene zwei Stunden dauerte, Diner in der Eremitage … Konzert bei uns …« Und so geht es ohne Unterbrechung weiter und weiter.

Nach einem Souper, das Luise gibt, findet sie in der Nacht nicht einen Augenblick Schlaf. Sie fühlt sich krank. Doch trotz ihres elenden Zustandes muß Luise am nächsten Tag ermüdende Festlichkeiten mitmachen. Die Verlobung der Großfürstin Katharina Pawlowna mit dem Prinzen Georg von Oldenburg soll am 13. Januar gefeiert werden, und die Vorbereitungen, Bälle, Empfänge und Diners, die Feste im Winterpalast und im Taurischen Palais und die allabendlichen Theatervorstellungen in der Eremitage erfordern eine Anstrengung, der die Königin kaum gewachsen ist. Sie ist zum Umfallen erschöpft und schläft doch kaum eine Nacht durch; auch klagt sie über Fieber und fürchterliche Zahnschmerzen. Aber unerbittlich wird sie im Strudel dieses lebhaften Hofes mit fortgerissen. Es ist alles einfach eine Nummer zu groß für sie.

Voller Staunen schreitet sie durch diese Pracht. Es ist ein Reichtum, wie sie ihn nie zuvor gesehen hat. Was es hier an Silber, Bronzen, Spiegeln, Kristallen, Gemälden und Marmorstatuen gibt – unglaublich.»Und alle Größenverhältnisse dem Kaiserreich entsprechend, das heißt kolossal, enorm! Wilhelm sagt, Paris und seine Pracht sei nichts, aber auch gar nichts dagegen! …« Und dann geht es schon weiter zum nächsten Ereignis, »sehr heiteres Frühstück … kleines Diner ohne Toilette … Souper in einer ungeheuren Galerie, märchenhafter Blick über die gedeckte Tafel und die Beleuchtung des Saales … Hörnermusik bei der Tafel … Nach dem Souper ein wenig Tanz, um 12 Uhr ist alles vorbei.«

Zu ihrer persönlichen Gesellschaft hat Alexander der Königin Persönlichkeiten der Petersburger Aristokratie ausgewählt: die Fürstin Wolkonsky, die Fürstin Bieloselsky und die bereits erwähnte Gräfin Tolstoi. Ferner gehören zu ihrem Gefolge außer Großkammerherr Narischkin und Fürst Bieloselsky noch ein Page und verschiedene Offiziere der Hausgarde Alexanders. Man verwöhnt Luise mit Geschenken und Überraschungen. Fast täglich erhält sie entweder von der Zarinnen-Mutter, von

Elisabeth oder auch vom Zaren selbst irgendein kostbares Kleid, einen Schal, einen Schmuckgegenstand. Für ihre Spazierfahrten in der Stadt hat Alexander ihr einen entzückenden Wagen geschenkt.

Eines Tages will die Zarinnen-Mutter ihr den Schmuck der Krone zeigen. Luise wird in einen Salon geführt mit zahlreichen Tischen, auf denen die Edelsteine ausgebreitet liegen – und welche »Ungeheuer von Steinen«! Sie ist gehörig beeindruckt. Alles ist für sie neu und seltsam: die feenhafte Beleuchtung der Speisesäle, die Kosakentänze, die unerhörte Pracht bei der Verlobung der Großfürstin, zu der die Zarinnen-Mutter in einem mit purem Gold durchwirkten Kleid erscheint.

Bei dem Verlobungsfest sieht man nur russische Farben. Auch Königin Luise kleidet sich »russisch«. Immer noch ist sie von den Toiletten geblendet, als man beim Diner, das auf goldenem Geschirr serviert wird, auf das Wohl des preußischen Königspaares trinkt. »Hundemüde« notiert sie noch vor dem Einschlafen, daß beim Ball achtunddreißig Polonaisen aufeinander folgten; wahrscheinlich hat sie alle getanzt.

Wie schrecklich aber sind die Nächte, in denen sie von Schlaflosigkeit gequält wird. Tagsüber kann sie sich nur mit äußerster Energie aufrechthalten, weil sie alles sehen und mitmachen will. Manchmal jedoch, wenn sie gut geschlafen hat, fühlt Luise sich so wohl beim Erwachen, daß sie es kaum erwarten kann, sich wieder in den Trubel zu stürzen. Sie steht spät auf und empfängt Zarin Elisabeth, jeden Tag sind sie zusammen. Der Zarenhof feiert sich selbst: »Kleines Diner bei uns, Ruhe, ein Augenblick Schlaf. Große Toilette, diamantgesticktes Ballkleid. Prächtiges Fest bei der Kaiserin-Mutter. Weißer, märchenhaft erleuchteter Saal. Spiele. Souper im Saal der Chevaliers-Garden. Die Kaiserin-Mutter macht unübertreffliche Honneurs. Der Ball wird bis zwei Uhr dauern. Todmüde.«

Auch in Petersburg bleibt Luise mit Prinzessin Marianne so gut es geht in Kontakt. Nach einer Woche Aufenthalt, am 15. Januar 1809, schreibt Luise trotz der vielen Feste, Empfänge, Besichtigungen und Bälle an die »beste Marianne« und zieht bereits eine ernüchternde und alles andere als zuversichtliche Zwischenbilanz: »Wenn ich Dir nicht so heilig versprochen hätte, ein apartes Zettelchen zu schreiben, so würde ich es nicht tun, denn Stilles habe ich nicht zu melden. Er (Alexander) ist gut, freundlich, das ist alles ... Die Pracht, die hier herrscht, ist groß – aber oft unter Tausenden, die mit Gold, Edelsteinen und Perlen bedeckt sind, sage ich mit der Johanna: ›Wie ist mir in dieser menschenreichen Leere?‹ Ach Marianne, mein Herz ist voll von trauriger Zukunft für uns! Es geht zu gut für Napoleon in Spanien, und er wird auch mit Österreich fertig, dann über unsere Leichen hierher, wo noch viel zu holen ist ... Doch etwas von meinem Verhältnis! Die Kaiserin Elisabeth ist ganz einfach und natürlich, von einer Höflichkeit, Würde, Güte, die ihr die Herzen anziehen; sie buhlt nicht um Beifall keiner Art, was recht ist. Sie gefällt mir sehr ... Jetzt ist es beinah vier, kein Mensch zum Essen noch und heute Abend Ball bei der Kaiserin-Mutter. Der König ist wohl und zufrieden, gottlob! Du mußt mir viel Dank wissen, daß ich Dir schreibe, denn die Lebensart ist unbegreiflich hier, das Schloß mit der Hermitage gewiß eine halbe Stunde zum Gehen, und die Visiten reißen nicht ab.«

Marianne versteht sehr wohl, daß nicht alles Gold ist, was glänzt in dem Journal, dem »Tagebuch der Reise von Königsberg nach Petersburg«, von dem Luise ihr einen Teil zugeschickt hat. In einer Aufzeichnung der Prinzessin vom 22. Januar 1809 heißt es: »Die Königin schreibt mir ein ganzes Journal ihres glänzenden Lebens in Petersburg und ihres schönen Einzugs und der liebreichen Art der Behandlung, aber sie ist dabei recht vernüftig geblieben und denkt an hier. Oh, gut ist sie doch von Herzen!«

Wegen all der Festlichkeiten hat sie noch keine Gelegenheit gehabt, den Zaren allein zu sprechen. Alexander hat sich nur einige Minuten zum Tee bei ihr eingefunden und war ansonsten stets in Begleitung. Dabei liegt Luise so viel daran, mit ihm über die Dinge zu sprechen, die ihr Herz bedrücken. Alexander dagegen scheint darauf am wenigsten erpicht. All die Zuvorkommenheit, all die Prachtentfaltung soll vielleicht sein schlechtes Gewissen beruhigen.

Endlich, am 15. Januar, erfüllt sich ihr Wunsch. Der Zar trifft bei Friedrich Wilhelm ein, als Luise sich gerade im Zimmer ihres Gemahls befindet. Da ergreift sie die Gelegenheit, mit ihm über

»Geschäfte« zu sprechen. Aber ihre Stimmung bleibt auch nach dieser Unterredung gedrückt. »Ach, Zukunft, warum beklemmst du mein Herz! Und warum steigen Tränen der Wehmut in meine Augen?« Da trifft ein Brief ihres Vaters ein. Welches Glück! »Ich küsse ihm in Gedanken seine wohltätigen Hände und bete ihn an wie immer. Großmama, der Onkel, meine Schwestern, vereint und abwesend, Georg, Karl, euch alle habe ich lieb und denke oft an euch!«

Nein, sie ist dankbar für die Güte der Zarenfamilie. »Sie sind so sanft, ach so zartfühlend für ein vom Unglück gebrochenes Herz. Die Kaiserin-Mutter ist wahrhaft wie eine Mutter zu mir … Die Kaiserin Elisabeth ist gut, sanft, wie eine Freundin.«

Am 18. Januar findet das Fest der Wasserweihe auf der Newa statt. Es ist eines der höchsten Kirchenfeste Rußlands. In einer traditionellen Zeremonie, die mit größter Prachtentfaltung der Geistlichkeit vor sich geht, gedenkt man der Taufe Christi. In das Eis der Newa wird ein Loch gehauen, darüber eine Art Tempel gebaut, geschmückt mit grünen Tannenzweigen und ausgestattet mit Heiligenbildern. Vom Palast bis zu diesem Tempel führt ein aus Holzdielen gezimmerter Weg, an dem Paradetruppen Aufstellung nehmen. Der gesamte Zarenhof beteiligt sich an dieser Prozession aus dem Winterpalast zum Fluß hinunter. Diesmal ist der Andrang jedoch weniger stark als sonst – die grimmige Kälte schreckt viele ab. Auch Luise schaut dem »schönen Schauspiel« bei minus achtzehn Grad lieber vom Fenster aus zu. »Todmüde, krank. Diner bei uns. Abends Schauspiel, russisches Ballett. Nationalgesänge; der Kaiser (Alexander) gelangweilt. Schließlich zu Bett.«

Am folgenden Tag feiert der Hof das Geburtsfest der Großfürstin Anna. Am Vormittag führt die Zarinnen-Mutter Luise zu dem von ihr gegründeten Smolnij-Institut, einem Internat zur Erziehung adliger Töchter, das dreihundertsechzig Mädchen besuchen. Beim Frühstück machen zwölf von ihnen der Königin ihre Aufwartung, darunter die Tochter eines georgischen Fürsten. Luise freut sich über die gute Erziehung, welche die Stiftsmädchen offensichtlich genießen. »Ach, wäre ich doch so vermögend, so etwas auch in unserem Königreich ins Leben zu rufen.« Sie wird die Verwirklichung dieses Wunsches nicht erleben. Aber am ersten Jahrestag ihres Todes wird in Preußen die Luisenstiftung, eine weibliche Bildungsanstalt, gegründet.

Mit gleichem Interesse besichtigt Luise bei dreißig Minusgraden in Petersburg das von Katharina II. gestiftete Erziehungshaus für Waisen- und Findelkinder.

Nur flüchtig bekommt die Königin Alexander zu Gesicht, der Ausflüchte macht, wenn sie mit ihm ernstlich »über alles« reden will. Ob Luise eine Ahnung von der Treulosigkeit des Mannes hat, den sie für ihren besten Freund hält? Fühlt sie sich abgestoßen durch den Verrat, den der ehebrecherische Alexander an seiner Gemahlin, der Zarin Elisabeth, beging? In Elisabeth sieht sie eine Leidensgenossin: »Je öfter ich sie sehe, desto mehr liebe ich sie.«

Dann berichtet sie, daß sie mit Alexander eine »interessante Unterhaltung hatte, die mich für einen Menschen, den ich liebe, betrübte«. Als sie wegen eines bösen Hustens im Bett bleiben muß, macht er ihr einen Besuch, jedoch nicht allein. Er hütet sich überhaupt davor, mit ihr allein zu sein.

Trotz aller Liebe und Aufmerksamkeit – erholsam ist dieser Petersburger Aufenthalt für Luise nicht. Sie ist fast immer krank und erkältet, hustet und hat oft Brustschmerzen. Die bittere Kälte in Rußland bekommt ihr schlecht, und außerdem ist sie unvorsichtig: Bei dreißig Minusgraden fährt sie im offenen Schlitten durch Petersburg. Eine böse Erkältung holt sie sich bei einem Feuerwerk, das am 19. Januar im Taurischen Palast abgebrannt wird – es wird entzündet von einer aus dem Gefolge der Majestäten auffliegenden Taube und brennt sehr lange. So etwas Prächtiges hat Luise noch nicht gesehen: Flammenspiele, Feuer in allen Farben, über dreißigtausend Raketen steigen zum Schluß in den Nachthimmel, die Leuchtkugeln bilden erst einen feuerroten Glutstrom, dann einen goldenen Sprühregen. Luise kann den Blick nicht von diesem Schauspiel wenden, sie bleibt in der bitteren Kälte stehen bis zum Schluß.

Am nächsten Tag steht sie heiser auf und hustet stark. Wieder Familiendiner, wieder Komödie, wieder Ballett. Sie läßt nichts aus, obwohl »recht leidend« und »im Pelz ins Schauspiel, da ich fieberte«.

Dann fesselt sie das Fieber doch ans Bett und erzwingt eine

Pause in diesem Perpetuum mobile. Rheumatische Schmerzen stellen sich ein. Ein Ball, der auf dem Programm steht, wird abgesagt. Alle kommen sie besuchen: Alexander, Elisabeth, Maria Feodorowna. Nach einigen Tagen – am 25. Januar – fühlt sie sich wieder so weit hergestellt, daß sie auf dem Maskenball, den Elisabeth gibt, erscheinen will. Die Zarin wird dreißig Jahre alt. Nach unruhigem Schlaf und noch immer schwach auf den Beinen quält Luise sich aus dem Bett und macht nach »kleiner, eleganter Toilette« und bei »schauerlicher Kälte« den Geburtstagsbesuch bei Elisabeth. Zum Ball haben sämtliche Damen russische Trachten und Kostüme angelegt, Luise hat sich als russische Bäuerin verkleidet. »Große Maskerade von achtzehntausend Personen. Souper im Eremitagen-Theater, reizende Ausschmückung. Um drei zu Bett.«

Ein Souper bei dem französischen Gesandten Armand Graf Caulaincourt, anschließend ein Ball ihr zu Ehren, es reißt nicht ab. Die Abendtafel biegt sich unter den kulinarischen Köstlichkeiten. Das zum Nachtisch gereichte frische Obst – von größter Seltenheit im strengen Winter Rußlands – soll allein an die zwölftausend Rubel gekostet haben.

In ihrem Tagebuch äußert Luise sich lobend über Caulaincourt, nennt ihn »einen Gastgeber von immer gleichbleibender Höflichkeit und Aufmerksamkeit«. Der Abend ist einzigartig nicht nur wegen der exquisiten Speisen, sondern auch wegen des Orchesters und der Eleganz der geladenen Gäste. Und doch bemächtigt sich ihrer eine Sehnsucht nach ihrer armen Heimat, derer sie sich nicht erwehren kann.

Am 28. Januar besucht Luise das Katharinenstift, in dem fünfundsechzig bürgerliche Mädchen erzogen werden, dann ein Institut, in dem junge Frauen den Beruf der Hebamme erlernen. Wieder staunt sie über die vorzüglichen pädagogischen Einrichtungen in Petersburg. Doch die Feste, Paraden, Theateraufführungen, Soupers überstrahlen alles. Am 30. Januar notiert Luise über einen großen Ball: »Gesellschaft von fünfzehnhundert Personen, ein hübsches *compositum mixtum*, ziemlich hübsche Frauen. Schöner Souper, währenddessen italienische Lieder. Nach dem Essen noch Ball; um drei Uhr zu Bett. Abgehetzt, hundsmüde, zu nichts mehr fähig.«

Dann ist der Tag der Abreise gekommen, der den Zauber der Illusionen zerreißen wird. Nur noch kurze Zeit, bis die Stunde des Abschiednehmens schlägt. Unter dem Datum des 31. Januar Abschiedsszenen, wie nur Luise sie beschreiben kann: »Kurze Nachtruhe bis fünf Uhr. Aus dem Bett vor acht Uhr. Gepackt … Schließlich verließ ich mein Zimmer mit einem tiefen Seufzer und kam nicht wieder dahin zurück. Ich begab mich zum König; der Kaiser kam dazu. Er brachte mir sieben Schals: einen für mich, drei für Therese und drei für Friederike. Die Kaiserin Elisabeth erwartete mich im Korridor. Als man es mir sagte, flog ich in ihre Arme. Sie war sehr traurig. Sie schenkte mir einen Ring und ein Siegel … mir war das Herz recht schwer. Darauf begaben wir uns alle zur Kaiserin-Mutter, wo sich auch der Großfürst Nikolaus befand … Als wir zurückkamen, legten mir die Großfürstinnen meine Pelze an, und der traurige Abschied begann. Ich weinte und fühlte mich einer Ohnmacht nahe …

Vor dem Diner noch eine kurze Unterredung mit dem Kaiser. Politik … Nach dem Diner kam der schreckliche Abschied … Tränen allerseits. Die Kaiserin-Mutter segnete mich; ich glaubte ihr zu Füßen sinken zu müssen. Kaiserin Elisabeth schloß mich in ihre Arme und benetzte mich mit ihren Tränen. Der Kaiser hatte alle Mühe, Haltung zu bewahren. Die Großfürstinnen überhäuften mich mit Zärtlichkeiten. Marie weinte und war bleich wie der Tod. Ich war aufgelöst vor Dankbarkeit, und nur ein Gedanke, du gehst in dein Unglück wieder hinein, störte mich manchmal. So stiegen wir die Treppe hinab. Die Kaiserin-Mutter und alle kamen mit bis zum Wagen. Es war schrecklich. Alexander konnte kaum mehr sprechen. Ich konnte nur noch die Worte hervorbringen: ›Ich lege unser Schicksal und das meiner Kinder in Ihre Hand und empfehle Ihnen alles, was mir teuer ist. Sie sind unsere Stütze‹.

Kaiserin Elisabeth verging vor Schmerz, die Kaiserin-Mutter segnete uns, weinte und schlug das Kreuz über dem Wagen und über uns, als wir das Fenster noch einmal fanden, um zu winken; so ging es endlich fort. Der König weinte, ich schluchzte. An der Seite des Wagens ritt der Großfürst. An der Stelle, wo unsere Eskorte gewechselt wurde, hielten wir, und er nahm Abschied von uns. Der Kaiser war uns ebenfalls gefolgt, und stieg aus dem Schlitten, um uns noch ein letztes Mal zu umarmen. Dann wurde die Wagentür geschlossen – und alles war zu Ende. Wir sahen diese reizende Familie nicht wieder. Tränen der Dankbarkeit rollten uns über die Wangen. Hinter uns lag Petersburg mit seiner Pracht, seinem Reichtum, aber unsere Herzen werden niemals vergessen, was man uns dort Gutes getan hat als wahre Freunde und Verwandte.«

Ein tränenseliger Abschied, wie Jean-Jacques Rousseau ihn nicht gefühlvoller hätte beschreiben können. Es hat wohl niemals davor oder danach herzzerreißendere Tränenausbrüche unter gekrönten Häuptern gegeben.

Eine Freundschaft zerbricht

In keiner Weise – dieses Fazit muß man ziehen – ist die Petersburger Reise für Luise von Vorteil gewesen, am allerwenigsten für ihre Gesundheit. Die Hetze von einem Ball zum anderen, von einer Sehenswürdigkeit zur anderen in dem kalten Klima Rußlands hat ihrer schwachen Konstitution zugesetzt. Sie kommt am 10. Februar krank und elend zurück und muß sich gleich am dritten Tag nach ihrer Ankunft in Königsberg zu Bett legen. Von den Anstrengungen der vergangenen Wochen, den vielen schlaflosen Nächten, den Schmerzen und der Übelkeit, die ihre Schwangerschaft mit sich bringt, sieht sie elend und blaß aus. Ihre schönen großen blauen Augen haben den Glanz eingebüßt. Um ihren Mund, den früher ein bezauberndes Lächeln umspielte, zeigt sich jetzt ein schmerzlich-bitterer Zug.

Am Tag nach ihrer Ankunft trägt Schenkendorf im Theater ein Gedicht vor, in dem er die »süße Königin, der Herzen Meisterin« und ihre Vaterlandsliebe feiert. Luise hört die Lobeshymnen, doch sie ist noch zu aufgewühlt, »im Herzen klingt noch die geliebte Stimme nach«. »Ich bin gekommen, wie ich gegangen«, bekennt sie Caroline von Berg, »nichts blendet mich mehr, und ich sage Ihnen noch einmal: Mein Reich ist nicht von dieser Welt!« Georg bekennt sie: »Ganz Petersburg und seine Feste waren mir Pein und Strafe.«

Paul Bailleu zieht eine ernüchternde Bilanz dieser Reise: »Luise hatte nun den bewunderten Kaiser in seiner Welt gesehen und beobachten können, in der kalten Pracht seiner Umgebung, zwischen seiner unglücklichen Gemahlin und seiner Geliebten, der Gräfin Narischkin, die bei dem großen Empfang der Königin am 9. Januar schmucklos, nur in dem Licht ihrer dunklen Schönheit geglänzt hatte. Mit voller Klarheit empfand sie jetzt, daß dies nicht ihre Welt war, sie war ihr zu ›materiell‹, nicht ›geistig‹ genug, und dieser Kaiser war nicht ihr Kaiser, nicht das einst verehrte Ideal, nicht der Kaiser ihrer Träume, ihres Schwärmens … Und wie in ihrem Verhältnis zu Kaiser Alexander persönliche und politische Beziehungen immer untrennbar verbunden sind, so war auch ihre Enttäuschung jetzt zugleich persönlich und politisch.«

Das Tagebuch, das Luise über die Reise nach Petersburg geführt hat, ist die umfangreichste und vollständigste Aufzeichnung, die sich von ihr erhalten hat. In atemloser Hast sind die auf sie einstürzenden Eindrücke festgehalten worden, vor allem für Georg und die anderen Geschwister, ja »*pour tous ceux que j'aime*«, wie sie selbst in der Überschrift schreibt. Alles wird penibel notiert, jedes glanzvolle Fest beschrieben, der Luxus, mit dem man sie überschüttet. Was in ihrem Innern vorgeht, erfahren wir nicht. Zwischen den Zeilen aber ist nur zu deutlich zu spüren, daß sie sich – wie betäubt von der Wucht der auf sie einstürzenden, überwältigenden Eindrücke – ihrer innersten Gedanken und Empfindungen gar nicht bewußt ist, daß sie – fast ununterbrochen leidend – die Flut der Vergnügungen mehr über sich ergehen läßt, als sie zu genießen. Erst nach der Rückkehr, als sie tagelang in völliger Erschöpfung im Bett bleibt, wird sie sich über die wahre Bedeutung der Reise klar. Es ist ernüchternd, ja deprimierend.

In Königsberg warten wieder Kummer und Sorgen auf sie. Von neuem beginnt das Leben voller Entbehrungen. Und worin besteht das Ergebnis ihres Petersburger Aufenthalts? Wie einst in Tilsit bei Napoleon hat Luise auch jetzt in Rußland beim Zaren nichts, rein gar nichts erreicht. Alexander hat nicht verhehlt, daß er am französisch-russischen Bündnis festhalten und, wenn es sein muß, gegen Österreich zu Felde ziehen wird. General Caulaincourt, der Gesandte Napoleons, hat noch während der Anwesenheit des Königspaares von ihm zu hören bekommen: »Ich habe beiden zu verstehen gegeben, daß sie sich unbedingt der Politik Frankreichs anschließen müßten, denn nur dadurch könnten sie ihre Ruhe sichern, wieder in den Besitz ihrer Staaten gelangen und einen gewissen Einfluß auf die politischen Ereignisse gewinnen ... Der König und die Königin werden Petersburg nicht verlassen als mit dem festen Entschluß, der Richtschnur zu folgen, die ihnen ihr eigenes Interesse, ebenso wie das Interesse ihrer Kinder, vorschreibt. Und ich kann Ihnen versichern, daß sie beide so denken, besonders aber der König.«

Einige Tage später wird Alexander gegenüber Caulaincourt noch deutlicher: »Der König und ich haben uns nur zweimal über Politik unterhalten. Was er das erstemal sagte, habe ich Ihnen bereits mitgeteilt. Heute hat er die gleichen Ansichten ausgesprochen. Alles, was er hier gesehen und gehört hat, hat ihm bewiesen, wie eng ich mich der Politik des Kaisers Napoleon angeschlossen habe. Der König ist mehr denn je überzeugt, daß es sein Interesse erfordert, sich ebenfalls dieser Politik unwiderruflich anzuschließen.«

Noch weniger als zuvor kann Luise eine Wende für ihr Land durch die Hilfe des Zaren erwarten. Grau und ohne Hoffnung liegt die Zukunft vor ihr. Ein neuer, wohl unvermeidbarer Krieg steht bevor, und das Gespenst, Preußen könne zu einem Bund gegen Österreich gezwungen werden, quält und bedrückt sie Tag und Nacht. Zar Alexander lehnt den Vorschlag einer Defensivallianz mit Österreich und Preußen kaltlächelnd ab, betont vielmehr mit Nachdruck seine Verpflichtungen Frankreich gegenüber. So erbittert Gneisenau, Scharnhorst und ihre Freunde über diese Antwort sind – an Friedrich Wilhelms politischer Haltung ändert sie tragischerweise nichts. Es scheint eine Art Nibelungentreue zu sein, die ihn an Rußland bindet, erstaunlich schon deshalb, weil sie in der Königin keinen Rückhalt mehr findet. »Er sieht nur durch die Augen Kaiser Alexanders«, wird allenthalben geklagt.

Man ist zutiefst entmutigt in Königsberg. Nach Berlin zurückzukehren, kann der König sich nicht entschließen. Während Friedrich Wilhelm vermeiden will, durch seine Anwesenheit in der preußischen Hauptstadt möglicherweise ungewollt in den drohenden Krieg hineingezogen zu werden, herrscht in Berlin die größte Bereitschaft, jederzeit mit den Österreichern ins Feld zu ziehen. Der Gedanke einer Erhebung gegen die Fremdherrschaft hat bereits große Teile der Bevölkerung erfaßt, aber noch ist in Deutschland der Augenblick zum Losschlagen gegen Napoleon nicht gekommen.

Die Botschaft, die Luise dem Zaren unmittelbar nach ihrer Rückkehr aus Königsberg schickt, ist nur noch der Höflichkeit geschuldet und dürfte Alexander zweifellos gelangweilt haben: »Ich kann unmöglich Worte finden, Ihnen zu sagen, was ich fühle. Meine Dankbarkeit für Ihre Güte, für Ihre unaufhörlich wachsende Freundschaft während unseres glücklichen Aufenthaltes wird Ihnen immer ein Geheimnis bleiben. Es sei denn, Sie sehen in mein Herz, das Sie seit sechs Jahren kennen und das – wie Sie wissen, Sie unaussprechlich liebt ... Ich bitte Sie, weiter die Interessen des Königs zu wahren und an das Glück meiner Kinder und das Preußens zu denken. Ich wünschte so sehr, Sie gingen auf die Ideen des Königs ein in bezug auf eine Verständigung Rußlands, Preußens und Österreichs. Möge die unterzeichnete Konvention die Existenz Ihrer aufrichtigen Freunde in Berlin sichern. Ich umarme Sie, in Gedanken wenigstens.« In einem Postskriptum fügt sie hinzu: »Alles war herrlich in Petersburg, nur hab' ich Sie zu wenig gesehen.«

Sie erinnert ihn daran, daß sie sich sechs Jahre kennen – es ist nur noch eine blasse Reminiszenz. Gewiß, er war sehr zuvorkommend zu ihr, doch seine großzügigen Geschenke gemahnen daran, daß überreichen Gaben Zerwürfnisse vorausgehen. Luise hat nach diesen sechs Jahren keine Illusionen mehr. Und so mißmutig, ja geringschätzig sie sich von Alexander abwendet, so sehr schenkt sie seiner Mutter und vor allem seiner Gemahlin nun ihre ganze Herzlichkeit.

Elisabeth gegenüber beteuert Luise, ihre Freundschaft habe sie »so glücklich gemacht, daß ich nur hoffen kann, Sie bleiben immer so gut, so liebevoll zu mir, wie Sie es in Petersburg waren ... Ich glaubte mit einer Schwester zusammen zu sein, als ich mit Ihnen zusammen war, und mein Herz ist Ihnen auf Tod und Leben zugetan. Schmieden Sie das Eisen, solange es heiß ist, und erinnern Sie den Kaiser daran, daß er Ihnen in meiner Gegenwart einen Besuch bei mir versprochen hat. Kommen Sie dann Anfang Juli ... und bleiben Sie wenigstens zwei Monate bei uns.«

Nichts von diesen Träumen geht in Erfüllung. Alexander kommt nicht zu Besuch und auch Elisabeth nicht. Trotz aller Feste und allen Glanzes, trotz der überbordenden Gastfreundschaft, mit der sie empfangen wurde – in Luise bleibt ein bitterer Nachgeschmack zurück. Zwar ist sie dankbar und gerührt über die Herzlichkeit, mit der die Zarinnen Maria und Elisabeth sie aufgenommen haben; die Freundschaft, die sie mit diesen beiden verbindet, entschädigt sie ein wenig für die Enttäuschung, die Alexander ihr bereitet hat. In Petersburg, im Trubel des Zarenhofes hat sie seine Oberflächlichkeit erkannt. Jene Liebenswürdigkeit und Ritterlichkeit, die Luise für Ausdrucksformen seines Charakters gehalten hat, sind nichts als Äußerlichkeiten. Luise hat ihn zu ernst genommen. Diese Erkenntnis ist bitter für sie.

Das ist nicht mehr ihr Alexander, das Idol der Memeler Tage, das sie angebetet und verehrt hat. Wie hat er sich verändert! Der Traum, in dem sie sich so lange gewiegt hatte, daß Alexander alles für sie und Preußen tun werde, zerrinnt. Kaum vermag sie diese Enttäuschung zu überwinden. Aber aus ihrem Herzen ist Alexander ein für allemal verschwunden. Nie wieder wird sie ihm Briefe wie früher schreiben, nie wieder über Politik mit ihm sprechen. Fast verächtlich behandelt sie ihn jetzt, befreit sich von ihm wie von etwas, das ihr unangenehm ist. Während der König sich nach der Petersburger Reise fester an den Zaren anschließt, sind die Gefühle der Königin für Alexander erkaltet, ja erloschen.

Wie ein verwundetes Tier zieht Luise sich in ihre »Höhle« zurück, richtet sich in ihrer Häuslichkeit ein, in diesem langweiligen Alltag, dessen Eintönigkeit nur von Plauderstunden mit den Prinzessinnen Marianne und Luise und zuweilen durch eine kurze Ausfahrt unterbrochen wird. Es ist ein schweres Frühjahr für die Königin. Für ihr so hart erkämpftes seelisches Gleichgewicht zahlt sie einen hohen Preis: körperliche Leiden, Depression. Fast scheint es, als sei ihr Mut gebrochen, ihre Lebenskraft erloschen. Teilnahmslos, erschöpft schleppt sie sich durch die Tage, auf denen nicht zuletzt infolge der politischen Situation eine schwüle Spannung, ein unerträglicher Druck lasten.

Immer ernster und verzweifelter wird die Lage in Preußen, und schließlich muß sich das ausgemergelte Land um Hilfe an Rußland wenden. In glücklicheren Zeiten, als die Königin noch Macht über Alexander besaß, wäre es ihr ein Leichtes gewesen, ihn um etwas zu bitten. Doch heute wagt sie nicht einmal mehr, ihm ihre Not zu gestehen; er würde nur die Achseln zucken. Sie braucht sich nur die ausweichende Haltung Alexanders vorzustellen, gewisse Blicke, deren Bedeutung sie nur zu gut kennt, die aber nun der Prinzessin Narischkin gelten, die ihn durch ihre Schönheit bezaubert und die wie eine in klarem Licht aufsteigende Aurora jede junge Beauté am Hof in den Schatten stellt. Das Gesicht der Königin von Preußen aber, das die Spuren vergeblich geweinter Tränen nicht zu verbergen vermag, hat er längst vergessen. Dabei war er es doch selbst, der diese Tränen verursacht hat. Vor dem Freund und Geliebten hat sie sich gedemütigt, solange sie sich geliebt glaubte. Jetzt kann sie es nicht mehr.

»Nein, glücklich war ich nicht …, nicht in Memel, nicht in Königsberg, nicht in Petersburg, nirgends«, gesteht Luise ihrem Bruder Georg. »Ach Gott, mit Tränen seh' ich dem 10. März (ihrem dreiunddreißigsten Geburtstag) entgegen, der mir sonst immer so viel Freude machte.« Alles hat sie versucht, nun kann sie nichts mehr tun für ihr Land. An ihren Bruder Georg schreibt die unglückliche Königin: »Ist es denn nicht ganz fürchterlich, daß wir den Enthusiasmus und die Liebe der guten Pommern, Märker und Berliner so müssen verrauchen lassen?«

Auch Caroline bekommt zu lesen, daß sie in Petersburg »krank, tot gejagt und gehetzt war«. Ein wahrer Gewinn sei nur, eine »neue treue Freundin«, Zarin Elisabeth, gefunden zu haben. Innige Beziehungen habe sie in Petersburg zu Alexanders unglücklicher Gemahlin und zu seiner Mutter geknüpft. Fast scheint es, als hätten sich die drei Frauen gegen den Zaren verbündet. In den Briefen an die neuen Freundinnen in Rußland spricht Luise von Alexander und von dem, was er für die Zukunft der Völker tun könne. Mit Elisabeth kann sie sich in ihrer Vereinsamung aussprechen; sie wird sie immer verstehen. Vielleicht wird sie Alexander von ihren Klagen, ihrem Elend berichten, und möglicherweise wird er sogar gerührt sein. Aber das alles ist nicht mehr von Bedeutung.

An Zarin Maria schreibt sie: »Der König und ich wagen mit der Freundschaft des Zaren zu rechnen, daß er nichts unternehmen wird gegen uns Unglückliche, von allem Leid Verfolgte. Wir bauen fest auf Ihre Freundschaft, liebe und geliebte Kaiserin, Sie sind der Engel aller Unglücklichen. Glauben Sie mir, niemals waren ein König und eine Königin so unglücklich wie wir ...«

Der Zar hat sich verrechnet – und überschätzt: Trotz aller Ratschläge und allen Drängens wird Preußen kein Bündnis mit Napoleon gegen Österreich unterzeichnen. Die Königin weiß längst, daß ein weiterer Krieg so gut wie sicher ist und schreibt Elisabeth: »Napoleons unvermutete Rückkehr und der unvermeidliche Krieg mit Österreich machen mir große Angst. Doch ich bin in Gottes Hand ... Mir kommen die Tränen, wenn ich an die Zukunft denke, meine armen Kinder!«

Für depressive Gefühle bleibt jetzt keine Zeit, der »nahe Ruin« ihres Landes zwingt sie zu handeln. Sie rechnet mit dem Schlimmsten, beginnt an Gegenmaßnahmen zu denken. »Auf jeden Fall«, schreibt sie am 11./23. Februar 1809 wiederum an die Zarin, »wenn wir nach Berlin zurückkehren, werde ich mich von meinen Söhnen trennen, die unter dem Vorwand hier bleiben, sie müßten an der Universität studieren, damit – im Falle man die Eltern beseitigt – die Kinder da sind, uns zu rächen, – wenn es eine Rache gibt.« Das ist keine Klage, das klingt wie ein Kriegsruf.

Im Prinzip ist das Bündnis zwischen Preußen und Österreich bereits beschlossene Sache. Das bringt eine deutliche Abkühlung der russisch-preußischen Beziehungen mit sich, ja eine Entfremdung. »Der Kaiser (Alexander) könnte Europa retten«, heißt es im April in einem Schreiben an Elisabeth, »ich war im Begriff, ihm in diesem Sinn zu schreiben. Aber nach reiflicher Überlegung habe ich mir gesagt, daß neben der Denkschrift eines Rumanzow (russischer Reichskanzler) meine Briefe verschwinden würden wie die Sterne vor der Sonne ...« Sie weiß nur zu genau, daß er ihre Ratschläge nicht mehr hören will. »Urteilen Sie selbst, was geschehen würde, fielen die Russen und Franzosen gemeinsam über die armen Österreicher her. Es wäre um sie geschehen. Und was würde dann aus Deutschland werden und aus Rußland, wenn Napoleon nichts mehr zu befürchten hätte? Da gibt es nur eine Antwort: Sie finden sie in einer Erklärung, die Napoleon vor einigen Jahren im ›Moniteur‹ abgab: ›In kurzer Zeit‹, schrieb er, ›wird meine Dynastie die älteste auf dem Thron sein.‹ Wenn ich keine Kinder hätte, so würde ich mich damit trösten, daß auch die schrecklichste Not in der Zukunft einmal ein Ende hat. Ich persönlich bin nicht von Ehrgeiz besessen.«

Welche Not in ihr ist, sieht man, wenn sie einmal den Vorhang, der ihr Innerstes verbirgt, lüftet und Licht auf ihre Seele fallen läßt. »Ich habe heute wieder einen Tag erlebt, einen Tag, wo die Welt mit allen Sünden auf mir liegt«, schreibt sie im März an Caroline von Berg. »Ich bin krank, und ich glaube, so lange die Dinge so gehen, werde ich auch nicht wieder genesen. Der Krieg mit Österreich wird losbrechen, das weiß alle Welt … Was soll aus Deutschland werden? Ich bin außer mir, wenn ich denke, daß alles Gute erstickt ist. Nein, ich kann es nicht aussprechen, was ich fühle, wie es in mir tobt, die Brust zerspringt mir fast. Und wir hier in dieser Verbannung, in diesem Klima, wo die Stürme seit vierzehn Tagen wüten, entfernt von allen Lieben! O Gott, ist es der Prüfungen noch nicht genug?«

Und dann die elenden gesellschaftlichen Verpflichtungen: Sie muß an dem großen Fest im Börsensaal teilnehmen, das man ihr zu Ehren veranstaltet. Doch die Zeit unbeschwerten Lachens und durchtanzter Nächte ist unwiderruflich vorbei. »Mein Geburtstag war schrecklich für mich. Am Abend ein überaus prächtiges Fest, vorher ein großes Diner im Schloß. Nein, wie war das alles traurig. Mein Herz war zerfleischt. *J'ai dansé, j'ai souri. J'ai dit des choses honnêtes, et je ne savais* vor Unglück nicht wohin. Wem wird Preußen in einem Jahr gehören? Wo werden wir alle zerstreut sein?«

Auch Elisabeth im fernen Petersburg erreichen Zeichen ihrer Verzweiflung: »Die Krone hat für mich nicht den großen Reiz, welchen sie wohl für andere hat, ich wage zu sagen: es ist nicht mein einziger Vorzug, verstehen Sie mich recht, es ist nicht der größte Vorzug, den ich glaube zu besitzen, und wenn es doch etwas stolz und anmaßend klingt, so verzeihen Sie es einer sehr unglücklichen Königin, die zu deutlich voraussieht, daß sie bald in die Lage versetzt sein wird, ganz allein auf einen inneren Wert beschränkt zu sein.«

Diese Aussage wirft auf Luises seelische Verfassung ein bezeichnendes Licht: Ihre Persönlichkeit ist stark durch das Bewußtsein, auch ohne die Krone, auch ohne Glanz und Gloria ein eigenes Ich zu besitzen. Nur so ist zu erklären, daß Luise, obwohl sie stets so gefühlsgeladen, so emotional agiert und argumentiert, beherrscht und völlig ruhig bleibt, wenn sie wirklich schwierige Situation durchstehen muß.

Die schwierige Situation steht bereits vor der Tür. »Erzherzog Karl«, schreibt Luise an Zarin Elisabeth, »hat Wien am 6. April verlassen. Noch vor seiner Abfahrt ließ er eine Proklamation veröffentlichen, die … geeignet ist, alle Geister zu versöhnen. Suchen Sie sich dieselbe zu verschaffen, aber ohne mich zu erwähnen, denn wieder einmal hat Napoleon sein infames Gift über mich ausgegossen …«

Am 10. April 1809 ergreifen die Österreicher ohne vorherige Kriegserklärung an Frankreich die Offensive. Der Zar als Freund Napoleons steht jetzt unter Zugzwang: Er muß gegen Österreich vorgehen, versichert aber Kaiser Franz, daß er alles tun werde, was von ihm abhänge, »Gewalttätigkeiten gegen ihn zu verhüten«. Erzherzog Karl ruft zu den Waffen – ein Ruf, der die Berliner entflammt. Große Worte werden kühn ausgesprochen: »Freiheit«, »Einigkeit«, »deutsche Nation«. Es herrscht großer Jubel. Diese Wogen der nationalen Erregung tragen nicht unwesentlich dazu bei, daß zahlreiche preußische Offiziere zu den österreichischen Fahnen eilen. Im April verläßt Major Ferdinand von Schill mit seinem Reiterregiment Berlin, um auf eigene Faust den Kampf für Norddeutschlands Freiheit zu eröffnen – was zu einer Art Staatsaffäre führt und Napoleon zutiefst erbittert.

Bis nach Königsberg schwappt die Woge patriotischer Begeisterung. Sophie von Voß ist ganz angetan von der Erklärung des österreichischen Kaisers Franz: »Sie ist ganz wundervoll, er spricht zu seinem Volke wie ein echter Vater und ein echter Monarch.«

Obwohl ihn die »deutsche Bewegung« nicht wenig beeindruckt und er sich dem Sog der Ereignisse nicht ganz entziehen kann, bleibt Friedrich Wilhelm entschlußlos wie eh und je. »Der jetzige Krieg«, berichten Minister und Generäle dem König aus Berlin, »wird von allen Untertanen als eine die Ehre und Freiheit der gesamten deutschen Nation interessierende große Nationalangelegenheit angesehen.« Man erwartet den König in Berlin, hofft auf ein Zeichen der Solidarität mit Österreich. Als die ersehnte Antwort aus Königsberg ausbleibt, drängt der sonst so kühle Minister des Auswärtigen, August Friedrich Graf von der Goltz, der seit Ende März mit dem österreichischen Gesandten in Berlin verhandelt, die Königin: »Es besteht die größte Gefahr für die öffentliche Ruhe ..., wenn der König noch schwankt, im Sinne der für den Krieg mit Frankreich entflammten öffentlichen Meinung einen Entschluß zu fassen ... Alles ist verloren, wenn der König sich nicht entschließt, sofort nach Berlin zurückzukehren.« Doch der König entschließt sich nicht, er weiß einfach nicht, was er tun soll. Die Vorgänge in Berlin, der Abmarsch Schills, all das erschüttert ihn. »Fast nie habe ich«, schreibt Johann Friedrich Gottlieb Delbrück, der Erzieher des Kronprinzen, »auf dem Gesicht des Königs einen solchen Ausdruck des Schmerzes gesehen.«

Innerhalb von fünf Tagen, vom 19. bis 24. April, hat Napoleon den Feldzug auf bayerischem Boden beendet. Erzherzog Karl ist von Davoust auf das linke Donauufer zurückgedrängt worden. In Berlin setzt man mehr denn je auf ein Bündnis mit Österreich. Wie aber diesen Entschluß fassen angesichts der gänzlich unvorbereiteten preußischen Armee? Und wie kann Friedrich Wilhelm ohne schlagkräftiges und neuorganisiertes Heer losschlagen? Er spielt auf Zeit, verlängert seinen Aufenthalt in Königsberg, um Scharnhorst die Möglichkeit zu geben, das Heer neu aufzustellen und auszurüsten. Zehn Tage später antwortet Luise dem Grafen von der Goltz: »Ich schmeichle mir, daß die vom König gefaßten Entschlüsse Sie beruhigen werden, da sie Ihrer Anschauungsweise entsprechen und des Charakters und der Grundsätze des Königs würdig sind. Das Unglück, das uns niederdrückt, kann so weit gehen, uns gänzlich zugrundezurichten; aber wir werden den Trost haben, daß wir unsere Laufbahn mit Ehren beschließen.«

Ein durchsichtiger Beschwichtigungsversuch. Nur moralisch gedenkt Preußen Österreich beizustehen. Friedrich Wilhelm läßt Erzherzog Ferdinand ausrichten, er werde am Krieg gegen Frankreich teilnehmen, »sobald er seine Vorbereitungen beendet und seine Armee imstande sein werde, zu agieren«. Wie immer wird er bald wieder in seinen Entschlüssen wankend, vor allem, als ein Brief Alexanders eintrifft, der ihm ein Bündnis mit Österreich auszureden versucht. Sobald es zu handeln gilt, zeigt sich Friedrich Wilhelms größte Schwäche: seine Unentschlossenheit. Er will erst einmal den Sieg der Österreicher über Napoleon abwarten. Immerhin bereitet er Alexander darauf vor, er könne genötigt sein, sich von Rußland »auf kurze Zeit zu entfernen«, nicht ohne den »Freund« zu beschwören, ihm auch dann noch seine Freundschaft zu erhalten und niemals Preußens Feind zu werden. Er lernt nichts aus seinen Fehlern.

Am 12. Mai kommt die Nachricht, daß Alexander Österreich den Krieg erklärt hat. Das bedeutet für Luise das definitive Ende ihrer Freundschaft und Liebe, die sie für ewig und unverbrüchlich gehalten hatte. Ansonsten hält sie sich merkwürdig zurück, vermeidet jegliche Parteinahme. Wie ihr Gemahl glaubt sie nicht an einen glücklichen Ausgang dieses Krieges, wie er fürchtet sie, Preußen werde im Falle einer Niederlage einen weiteren bitteren Preis bezahlen. Nur zu deutlich steht ihr die Erinnerung an 1806 vor Augen. »Ich weiß, was ich will«, schreibt sie Georg, »doch es kommt nichts mehr über meine Lippen, da mein Rat solche fürchterlichen Folgen gehabt. Ich weiß zwar wohl, daß ich nicht der Sache den Ausschlag gab, allein es wird mir doch vorgesagt, als wäre es so.« Ihre Sympathien gelten Österreich, nach wie vor, doch den König bedrängen mag sie nicht mehr. Elisabeth bekommt jedoch ihre ganze Verzweiflung zu spüren: »Denken Sie an mich, liebe Cousine! Ach, Sie denken an das unglücklichste aller Wesen. Überall sehe ich nur Unglück, Abgründe, Zerstörung … Der König ist verloren durch die Unruhen in Westfalen und den Ausmarsch Schills. Wie soll Napoleon an seine Schuldlosigkeit glauben … Vielleicht muß sich der König von der Politik des Kaisers trennen. Es wäre Napoleons größter, aber auch grausamster Triumph, wenn er diese Freundschaft zerstören könnte, die für die Ewigkeit gemacht war …«

Seit September 1806 hat Luise ihren Bruder Georg nicht mehr gesehen, und doch stand er ihrem Herzen stets am nächsten. Nun will sie ihm eine Reise von ihrem ersparten Geld ermöglichen, denn Georg ist durch die Ereignisse ebenfalls in der größten finanziellen Bedrängnis. Tausend Taler hält sie für ihn bereit. »Ich habe sie immer aufgespart für Berlin, wo ich armen Unglücklichen damit helfen wollte, bin ich aber nicht auch sehr unglücklich?« Der König darf nichts davon wissen, daß sie Georg diese Summe sendet, denn ein paar Monate zuvor hat man das gesamte Silber und alle Diamanten verkaufen müssen, um vom Erlös einen Teil der Kontributionen aufzubringen, die Napoleon gefordert hatte. Luise hat von ihrem Schmuck nur die Perlen behalten. »Sie passen besser zu mir«, hat sie gesagt. »Perlen bedeuten Tränen.«

Endlich, am 6. Juni 1809, kommt Georg zu Besuch. Das Wiedersehen der Geschwister nach so langer Zeit ist ergreifend, »ein Gefühlsidyll in waffenklirrenden Tagen« (Paul Bailleu). Georg schildert es seiner Schwester Charlotte: »Sie wußte Tag und Zeit meiner Ankunft und war mir daher mit dem guten König und der Truchseß bis zu einem Garten entgegengefahren, der an der Landstraße liegt. Ich wußte davon nichts, denke Dir also den Eindruck, als ich Luises Gestalt von ferne erblickte! Wir waren noch so weit, daß ich es mir nicht einzugestehen wagte, sie sei es wirklich … Ich saß starrend und sprachlos, die beiden Hände auf die Portiere geklemmt, in den Augen allein meine ganze Seele. Endlich (oh, nie werde ich den Moment vergessen) sprang ein Bedienter hervor, dem Postillon zu winken … Die bekannte Livree, das Winken, ein Schrei und zum Wagen heraus, und Gott, Gott, so bin ich noch nie geflogen. Der gute König erreichte mich zuerst, und nun, nun lag ich wieder an dem Engelsherzen …, fühlte wirklich wieder dessen Schlagen an dem meinen nach beinahe dreijähriger Trennung … Worte hatten wir nicht, aber Tränen … Oh, könntest Du sie sehen, schöner wie je, und ihr Ausdruck der volle Abglanz ihrer Seele. Ich habe nichts Rührenderes, und ich kann wohl sagen, nichts Herrlicheres gesehen.«

Georg, Großherzog von Mecklenburg-Strelitz, der Bruder Luises.

Daß Preußen sich letztlich doch auf die österreichische Seite schlägt, läßt wieder Ruhe in Luises Herz einkehren. Friedrich Wilhelm ergeht sich in düsteren Stimmungen und übelster Laune. Doch der Pessimismus ihres Gemahls kann Luises ohnehin nicht überschwengliche Hoffnung nicht völlig zerstören. Bei der Abschiedsaudienz des österreichischen Gesandten August Ernst Freiherr von Steigentesch Mitte Juni in Königsberg sagt sie: »Nur ein Sieg von Ihrer Seite, und alle Hindernisse sind auch in Königsberg besiegt.« Dann wendet sie sich rasch ab, mit Tränen in den Augen.

Am 21. und 22. Mai hatten die Österreicher bei Aspern auf

dem Marchfeld im Osten von Wien einen Sieg über Napoleon errungen, nutzen ihn aber nicht, da sie nicht über die Donau nachsetzen konnten. Dann prasseln wie dichter Hagel die Siege Napoleons über Österreich nieder: zunächst in Eßling, dann am 6. Juli in Wagram. Napoleons militärische Erfolge stürzen Luise aufs neue in tiefe Sorgen. Wiederum steht ihr Intimfeind als Sieger vor den Toren Wiens. Acht Tage später wird der Waffenstillstand geschlossen. Österreich gibt sich geschlagen. Luise seufzt: »Mit uns ist es aus. – Österreich singt sein Schwanenlied – und dann ade Germania!«

Die Königin kann nicht umhin, Napoleons »Genie« anzuerkennen, das sich zeigt, »bei allem, was Kombinationsgabe verlangt«. Doch ihr Urteil ist nicht milder geworden: »Ein abscheulicher Korse, ausschweifend, klein, gemein bei allem, was er unternimmt.«

WIEDER IN BERLIN

Luise fühlt sich verlassen und elend. Im Juni schreibt sie an den Zaren: »Ich ergreife die Feder, obwohl ich sehr leidend und behindert bin ..., um Ihnen das zukünftige Schicksal des jungen Baron Dolst und seiner Braut (Fräulein von Reinbrecht) ans Herz zu legen. Ich vernahm, daß dem jungen Mann sein erstes Gesuch abgeschlagen wurde, und wage nun, Sie daran zu erinnern, daß Sie mir versprachen, für seine Zukunft zu sorgen und ihm die Möglichkeit zu schaffen, eine Frau zu ernähren. Ich bitte Sie, ihm eine Stelle am Hofe zu geben – ganz wie es Ihnen paßt –, ihm seinen Lebensunterhalt zu sichern. Verzeihen Sie meine Belästigung, aber Sie sind so gut, mein lieber Vetter, und ich weiß, daß ich Ihnen nur eine Freude mache, wenn ich Ihnen das Vergnügen schaffen kann, andere Menschen glücklich zu machen. Ich fühle mich zu schwach, mehr hinzuzufügen als die Versicherung meiner stets unveränderten Freundschaft.«

Eine Antwort auf diesen Brief bleibt aus, vorerst jedenfalls. Luises einzige Freude ist die Anwesenheit Georgs, der eine Wohnung auf den »Huben« vor den Toren Königsbergs bezieht, wohin das Königspaar kurz vor seiner Ankunft übersiedelt ist. Der Adjutant des Prinzen findet das königliche Landhäuschen »so beengt, daß es kaum einem genügsamen Privatmann hinreichen dürfte«. Doch die Geschwister stört es nicht, sie verleben dort glückliche Tage, jenseits aller Bedrängnisse der Gegenwart, in Erinnerungen, wie Luise ihrem Vater schreibt, »an ihre glückliche Kindheit und Jugend«. Zuweilen fahren sie nach Königsberg ins Theater oder besuchen den Dom mit Marianne und Luise von Radziwill. Zwei Wochen lang sind Luise und Georg unzertrennlich.

Die seelischen Erschütterungen, aber auch der schon ziemlich fortgeschrittene Zustand ihrer Schwangerschaft untergraben jedoch Luises Gesundheit. »Die arme Königin weint zu viel!« schreibt die Oberhofmeisterin in ihr Tagebuch. Luise wird krank, und als sie sich wieder erhebt, ist sie »zum Umfallen schwach«. Allein die Anstrengung, einige Worte aufzuschreiben, läßt sie eine Ohnmacht befürchten. Hufeland ist täglich bei der Königin, um nach ihr zu schauen. Von politischen Aufregungen hält man sie so gut es geht fern.

Am 9. Juni sitzt Luise im Garten und schreibt einen Brief an Suzanne de Gélieu, ihre ehemalige Erzieherin. Die Auszahlung der Pension hatte sich verzögert, was Luise in arge Verlegenheit bringt, will sie sich doch in Bezug auf das »liebe Fräulein« nichts vorwerfen lassen. Es sei ihr Sekretär in Berlin gewesen, der trotz ihres Befehls die Auszahlung versäumt habe. »Wie niederträchtig, es Ihnen am Notwendigsten abgehen zu lassen ... Ich verzeihe mir diese Nachlässigkeit nicht und bitte Sie millionenmal um Verzeihung ... Wir wohnen jetzt in einem kleinen Garten bei Königsberg, klein, aber gut. Der König, der mir Grüße für Sie aufträgt, liebe Gélieu, bewohnt mit mir ein kleines Häuschen mit vier Zimmern; meine Hofdamen wohnen im Dorf, und meine Kinder sind in der Stadt geblieben ...«

Im Sommer dieses Jahres, des letzten der Verbannung, trifft Prinzessin Marianne erneut ein schwerer Schicksalsschlag: Sie wird von einem toten Sohn entbunden. Luise, die selbst wenige Wochen später ihrem jüngsten Sohn Albrecht, ihrem zehnten und letzten Kind, das Leben schenken soll, schreibt voller Anteilnahme über diese »fünfte vereitelte Hoffnung« an ihren Schwager Prinz Wilhelm: »Ich bin so innig traurig, daß ich es gar nicht sagen kann.«

Luise verbringt Tag und Nacht in hohem Fieber, erst Anfang August erholt sie sich so weit, daß sie wieder am Familienleben teilnehmen kann. Gutgelaunt zeigt sie sich beim Geburtstagsfest Friedrich Wilhelms am 3. August in Medenau bei Königsberg, wo sie sich jedoch in anhaltendem Regenwetter wieder eine Erkältung zuzieht. Auch an Georgs Geburtstagsfeier am

12. August nimmt sie teil. Sie besucht Konzerte und mancherlei andere Zerstreuungen, doch der richtige Elan will sich nicht
wieder einstellen. So viele Wünsche sind unerfüllt geblieben, so
viele Hoffnungen vergeblich. »Das ist ein Jahr, ein Sommer, eine
Zeit«, schreibt sie Caroline, »eine Schwangerschaft, die werde
ich Zeit meines Lebens nicht vergessen. Zehn Tage sah ich
Georg gesund und acht Wochen bin ich nun krank! – Und welche Begebenheiten! – Und welch bange Erwartungen … Wir
lachen nicht oft, Georg und ich, wir lesen auch nicht.«

Am 6. September verläßt Georg Königsberg. Drei Monate hat
er sich dort aufgehalten. Der Abschied führt bei Luise prompt
wieder zu einem Fieberrückfall mit Brustkrämpfen, so daß sie
auf Verlangen Hufelands schleunigst von den Huben ins
Königsberger Schloß gebracht werden muß.

Wieder ist sie allein und einsam. »Wenn der Kaiser nicht zu
sehr mit Geschäften überhäuft ist«, schreibt die Königin an
Elisabeth, »wollen Sie mich ihm in Erinnerung bringen?« Mit-
leidig liest man diese Worte, die ihr unmerklich in die Feder
gleiten, als sie ihrer Bitterkeit über Napoleon Ausdruck gibt, und
resigniert schließt sie: »Doch alles das sind Überlegungen, die
wahrhaft nicht dazu angetan sind, mich aufzumuntern.«

Wie immer in Zeiten großer politischer Aufregung reagiert
Luise mit psychosomatischen Symptomen, was sie, deren Gesundheit ohnehin angeschlagen ist, noch mehr schwächt. Sie
leidet beinahe täglich an Atemnot, Fieberanfällen und Brustkrämpfen. Durch ihre Krankheit und die Ereignisse in Österreich wird die Übersiedlung nach Berlin wiederum hinausge-
schoben. Der König glaubt sich in Berlin nicht so sicher wie in
Königsberg, denn er befürchtet, Napoleon könne ihm dort leicht
das Schicksal des spanischen Königshauses bereiten. Noch
immer ist die Stadt von französischen Truppen besetzt.

Und so bleiben sie noch bis zum Ende des Jahres. Die Königin soll ihre Niederkunft überstanden haben, dann erst wollen
sie reisen. Sie ist nun fast ununterbrochen krank, so daß Hufeland in größter Besorgnis ist, sie könne die Reise nicht überstehen.

So oft es ihr möglich ist und ihre Gesundheit es ihr erlaubt,
wohnt Luise militärischen Kundgebungen bei, so am 24. Sep-

tember 1809 der Feier des 1. Infanterie-Regimentes zur Ehrung Kriegsgefallener. Auch zwei ihrer Söhne sind dabei. Luise fühlt sich in gewisser Weise Jeanne d'Arc verwandt, keine Frage. Am liebsten würde sie sich selbst an die Spitze der Truppen setzen und gegen die Besatzer ziehen. In diesem Monat schreibt sie an Karl August Zeller: »Wenn die Zeit der Jungfrau von Orléans wiederkäme, und wenn der Feind, der böse Feind, doch endlich überwunden würde, überwunden durch die nämliche Gewalt, durch die einst die Franken, das Mädchen von Orleans an der Spitze, ihren Erbfeind aus dem Lande schlugen! Ach, auch in meinem Schiller hab' ich wieder und wieder gelesen! Warum ließ er sich nicht bewegen, nach Berlin zu kommen? Warum mußte er sterben? Ob der Dichter des ›Tell‹ auch verblendet worden wäre, wie der Geschichtsschreiber der Eidgenossen? Nein, nein! Lesen Sie nur diese Stelle: ›Nichtswürdig ist die Nation, die nicht ihr Alles setzt an ihre Ehre.‹ Kann diese Stelle trügen? Und ich kann noch fragen: Warum er sterben mußte? Wen Gott lieb hat in dieser Zeit, den nimmt er zu sich.«

Luises Sehnsucht nach Berlin wird immer stärker, je näher die Geburt ihres Kindes rückt. Zum Glück kommt Friederike Ende September zu Besuch. Am 4. Oktober bringt die Königin – schwächer als sonst – ihr zehntes Kind, den Prinzen Albrecht, zur Welt. Die Schwester pflegt sie aufopferungsvoll, denn Luise erholt sich diesmal viel langsamer als nach ihren früheren Entbindungen. Die Fürsorge ihrer Schwester, Hufelands ärztliche Sorgfalt und die immer größer werdende Hoffnung, bald wieder in Berlin zu sein, helfen der Königin über diese schlimmen Wochen.

Preußen versucht mit bescheidensten Mitteln – denn dem Land ist ja kaum etwas geblieben – aber mit aller Kraft, die Armee wieder aufzurüsten. Das Militär beginnt alles zu durchdringen. Anläßlich der Neuorganisation des Heeres ergänzt Scharnhorst den Unterricht an Volksschulen durch militärische Disziplin: Religion, Schule, Armee, das sind die drei Säulen der preußischen Erhebung. Nur Mut braucht es, Entschlossenheit und den waghalsigen Glauben an die eigene Mission.

Am 14. Oktober 1809 wird der Friede von Wien unterzeichnet. Um Österreich ist es geschehen. Frankreich dagegen steht größer dar denn je. Napoleon diktiert die Bedingungen, kompromißlos und unbarmherzig wie stets: Österreich verliert das Innviertel und Salzburg an Bayern, Galizien an Polen und Rußland, Triest und Illyrien an Frankreich, Südtirol an Italien. Außerdem muß es sich an der Kontinentalsperre gegen England beteiligen.

Im November endlich scheint Friedrich Wilhelm den Plan, nach Berlin zurückzukehren, ernstlich ins Auge zu fassen. Zumindest kündigt die Königin ihrem Bruder an, daß sie wahrscheinlich am 14. oder 15. Dezember aus Königsberg abreisen, um ungefähr am Tag vor Heiligabend in der Hauptstadt einzutreffen.

Nach dem Frieden zwischen Frankreich und Österreich scheint der König von Preußen geneigt, einen Versuch der Annäherung an den Sieger zu unternehmen, in der Hoffnung, seine Situation zu verbessern. Es ist der »gute Krusemarck«, der nun nach Paris mit Glückwünschen und der Bitte um Erleichterung der Kontributionszahlungen geschickt wird, mit denen Preußen schon seit April im Rückstand ist. Am 5. November empfängt ihn Napoleon in Fontainebleau. Der Gesandte trägt die Wünsche des preußischen Königs vor, die nicht erfüllt werden. Der Kaiser regt sich über Major Schill auf, diesen »Briganten und Dieb«, erklärt aber, keine weiteren Ansprüche gegen Preußen geltend machen oder Gebietsabtretungen fordern zu wollen. In der Frage der Kontribution bleibt er unerbittlich, und er besteht darauf, daß der König nach Berlin zurückkehrt. Überhaupt will er sich auf keinerlei weitere Besprechungen einlassen, bevor Friedrich Wilhelm nicht in seine Hauptstadt zurückgekehrt sei. Die Lage Preußens ist im Grunde unverändert. Napoleon rückt von seinen Forderungen keinen Millimeter ab.

Gegenüber dem Gesandten gibt der Kaiser sein Erstaunen darüber zu erkennen, daß die Königin mit ihrer Intelligenz und ihrer Klugheit den Dingen keine bessere Wendung zu geben vermochte. Fast mit denselben Worten, die er später auf Sankt Helena gebrauchen wird, sagt er zu Krusemarck: »Wenn sie früher nach Tilsit gekommen wäre, das heißt, ehe schon alles beschlossen war, hätte ich mich vielleicht mit ihr verständigt.« Das wird Luise kaum getröstet haben. Immerhin ist die schriftliche Antwort, die Napoleon Krusemarck überstellen läßt, einigermaßen freundlich.

Da man Napoleons Zorn nicht noch mehr herausfordern will, schickt sich die königliche Familie an, Königsberg zu verlassen. Luise wird bei dem Gedanken, nach einer Abwesenheit von vier Jahren ihr geliebtes Berlin wiederzusehen, Charlottenburg, Potsdam und Paretz, alle die Stätten, an denen sie einst so glücklich gewesen ist, »ganz elend vor Seligkeit«. Sie stellt sich den Augenblick vor, in dem sie zum ersten Mal wieder die Türme von Berlin erblicken, die Auffahrt des Schlosses hinauffahren wird.

Endlich ziehen die französischen Truppen für immer aus Berlin ab; die Bürger fühlen sich nun frei und hoffen auf die baldige Rückkehr des Königspaares. »Man dachte daran«, schreibt Johann Gottfried Schadow, »die Freude darüber auf splendide Weise kundzutun. Die Akademie der Künste und Wissenschaften ernannte eine vereinte Kommission zu einer Illumination der Fassade ihres Lokals Unter den Linden. Auch die anderen Behörden und mehrere Privatleute taten ein gleiches. Die Künstler ließen sogar ihre Beschlüsse nach Königsberg abgehen, um die Genehmigung einzuholen, Schinkel bekam von dort die Order, einige Zimmer im Königspalais neu zu dekorieren; sogar eine Zeichnung wurde entworfen, die angab, wie das Brandenburger Tor erleuchtet werden sollte.«

Die Berliner geben ihrer Freude auf das Königspaar durch ein symbolträchtiges und nützliches Geschenk Ausdruck: einen schönen, mit lilafarbenem Samt und Silberstickerei prächtig ausgeschlagenen Wagen. Am 1. Dezember bedankt sich Luise in einem Brief aus Königsberg: »Sie, meine Herren, sind überzeugt, daß Sehnsucht und Freude mich nach Berlin begleiten. Die schönste Entschädigung für die lange, schmerzliche Trennung ist die Anhänglichkeit und Liebe, wovon ich einen neuen, rührenden Beweis durch Ihre schriftliche Versicherung von den guten, treuen Bürgern Berlins erhalten. Mit Vergnügen und herzlicher Dankbarkeit nehme ich das mir angekündigte Geschenk an, das als Beweis erprobter Liebe meinem Herzen stets teuer und durch den ersten Gebrauch, welchen ich davon machen werde, von unvergeßlichem Wert sein wird. Empfangen Sie als würdige Repräsentanten einer so achtungswerten

Bürgerschaft meinen lebhaftesten Dank und bezeigen Sie diesen solchen mit der Versicherung, daß ich den Tag mit Ungeduld erwartete und unter die feierlichsten meines Lebens zählen werde, der mich in die Mitte meiner guten Berliner zurückführt, und an welchem ich Ihnen, meine Herren, mündlich die Achtung und das wohlwollende Vertrauen bestätigen kann, womit ich bin – Ihre wohlaffectionierte Luise.«

Das Herz der Königin krampft sich vor Glück, aber auch vor Bangigkeit zusammen: »So werde ich denn bald wieder in Berlin sein«, schreibt sie, »und zurückgegeben so vielen treuen Herzen, welche mich lieben und achten. Mir wird es bei dem Gedanken ganz beklommen vor Freude, und ich vergieße so viele Tränen hier, wenn ich daran denke, daß ich alles auf dem nämlichen Platz finde und doch alles so ganz anders ist, da ich nicht begreife, wie es dort werden wird. Schwarze Ahnungen ängstigen mich; immer möchte ich allein hinter meinem Schirmleuchter sitzen, mich meinen Gedanken überlassen; ich hoffe, es soll anders werden.«

Der Haushalt in Königsberg wird aufgelöst. Am 3. Dezember schreibt Luise einen Brief an Johann Friedrich Delbrück, den Erzieher ihrer beiden ältesten Söhne Fritz und Wilhelm, und kündigt ihm darin seine Verabschiedung an, die der König dann »mit Dankbarkeit und vorzüglicher Zufriedenheit« vornimmt. Bereits im März 1808 hatte Freiherr vom Stein den Vorschlag gemacht, Johann Peter Ancillon als neuen Erzieher für den vierzehnjährigen Kronprinzen und seinen Bruder zu bestimmen. Fritz nimmt sich die Trennung von Delbrück sehr zu Herzen, obwohl er mit ihm manche heftige Szene gehabt hatte, und reagiert trotzig mit Krankheit. In bewegenden Worten bittet er den Vater, ihn nicht von seinem »einzigen Delbrück« zu trennen, wenigstens zu erlauben, daß sein Erzieher ihn bis Berlin begleite. Ohne Delbrück könne er nicht glücklich sein. Friedrich Wilhelm redet ihm gut zu, rückt aber von der Entscheidung nicht ab.

Luise, zwischen Notwendigkeit und Liebe hin und her gerissen, berichtet ihrer Freundin Caroline, Delbrück sei gekommen, »um sich beim König und mir für die Briefe zu bedanken, die wir ihm geschrieben haben, und für die Titel des Geheimen und Regierungsrats, die er erhalten hat. Ich war äußerst gerührt, schon als ich ihm schrieb, flossen meine Tränen. Wir taten diesen Schritt, weil alle es wollten, aber mir ist bange deswegen. Fritz ist krank vor Kummer.«

Und er bleibt es auch. Fritz beruhigt sich nicht, er weint und schreit, daß die Ärzte bedenklich den Kopf wiegen. Schließlich muß der König die Mitreise Delbrücks nach Berlin gestatten. Dem so unartig und schroff reagierenden Kronprinzen gegenüber gesteht die besorgte Mutter in einem Brief zu, sein Schmerz sei »gerecht, natürlich« und mache »ihm Ehre«. Doch dieser Abschied sei vorherzusehen gewesen, »da sich Zöglinge immer von ihren Erziehern trennen müssen … Ich wünsche bald zu hören, daß es Dir besser geht«, schließt die »treue Mutter und Freundin«.

Eine Woche vor ihrer Abreise nach Berlin besucht die Königin das von Zeller im Sinne Pestalozzis eingerichtete Königsberger Waisenhaus, in dem Geistliche und Lehrer ausgebildet werden. Zwei Stunden sind für die Besichtigung vorgesehen, es werden mehr als vier Stunden. Luise nimmt das Gefühl mit, daß hier der Grundstein für eine bessere Zukunft gelegt worden ist. Auch Friedrich Wilhelm spricht sich öffentlich anerkennend darüber aus, ernennt Zeller zum Oberschulrat und fördert von nun an die Bildungsarbeit in Preußen mit besonderem Engagement. Als er stirbt, gibt es in Preußen sechs Universitäten, hundertzwanzig Gymnasien, eine noch größere Zahl Real- und höhere Bürgerschulen.

Da sich die Königin nicht in allerbester gesundheitlicher Verfassung befindet, soll die Reise möglichst bequem vonstatten gehen. Sie wird am 15. Dezember angetreten, da man mehrere Tage in Freienwalde Aufenthalt nehmen will, wo der König Abordnungen empfangen wird.

Welche Gedanken mögen Luise auf der langen, unbequemen, fast achtzig Meilen weiten und acht Tage langen Reise von Königsberg nach Berlin bewegt haben? Als sie endlich in die vielen glücklichen Gesichter der Berliner blickt, sind alle trüben Gedanken wie weggespült, und sie gibt sich ganz der Wiedersehensfreude hin. Schon in Freienwalde an der Oder empfängt sie am 22. Dezember ein Fackelzug der Knappen des dortigen Alaun-Bergwerks und geleitet sie mit Weihnachtsliedern und

Oben: *Empfang der königlichen Familie in Weißensee bei Berlin
am 23. Dezember 1809.*
Unten: *Einzug durch das Bernauer Tor in Berlin am 23. Dezember 1809.
An der Spitze des Zuges König Friedrich Wilhelm III.*

Fackelzug zum Schloß der verstorbenen Königin-Mutter, wo sie die Nacht verbringen. Beim Eintritt in das Schloß erinnert Luise sich an die Besuche, die sie mit dem König und den ältesten Kindern bei der Großmutter gemacht hat. Seit 1805, dem Todesjahr der Königin, steht das Gebäude leer. Alles scheint unverändert, als sie sich umschaut. Erst ein Einfall des übermütigen Kronprinzen reißt sie aus ihrer melancholischen Stimmung. Er hat sich beim Schloßkastellan nach dem alten Leierkasten erkundigt, auf dem er früher zur Freude seiner Großmama im Schloßhof »Hofkonzert« gespielt hat. Die Vogelorgel mit der berühmten Papageno-Arie wird rasch vom Staub der Vergessenheit befreit, und schon erklingen wie einst die leicht verstimmten Töne der vertrauten Melodie.

Aufhorchend fragt Friedrich Wilhelm: »Was ist denn das?«

»Das ist gewiß Fritz«, antwortet Luise, die sich an den Leierkasten erinnert. Der heitere Akkord verscheucht alle wehmütigen Erinnerungen.

Am nächsten Tag werden sie wieder in Berlin sein. Das Weihnachtsfest will die Familie in der Hauptstadt verbringen. Nach einer siegreichen Schlacht hätten sie nicht mit größerem Triumph einziehen, mit begeisterterer Zurufen begrüßt werden können. Luise fährt in dem Wagen ein, den die Berliner ihr geschenkt haben. Gezogen wird er von acht Pferden mit silbernem Geschirr. Luise trägt ein lilafarbenes, hermelinbesetztes Samtkleid, das Aufsehen erregt. Mit ihr fahren zwei ihrer Kinder, Prinzessin Charlotte und Prinz Karl, außerdem ihre Nichte, Prinzessin Friederike und die unverwüstliche Sophie von Voß. Friedrich Wilhelm zieht zu Pferd in seine Hauptstadt ein, und seine beiden ältesten Söhne marschieren als Offiziere an der Spitze ihrer Regimenter.

Sechzehn Jahre zuvor, am gleichen Tag und zur gleichen Stunde, ist Luise als Braut in Berlin eingezogen und hat einen ähnlich triumphalen Empfang erlebt. Militär und Bürgergarde stehen vom Bernauer Tor bis zum Schloß Spalier. Salutschüsse, Glockengeläut. Der König trägt die Uniform seiner Garde, einen Tschako auf dem Kopf. Seine Rührung über den frenetischen Jubel der Menge kann er nicht verbergen.

Dann erreicht der Zug das Palais Unter den Linden, wo sämtliche Prinzen und Prinzessinnen des Hofes zu ihrem Empfang versammelt sind. Die Stimmung ist unbeschreiblich. Nur die Kinder wundern sich, daß ihre Mutter mit den Tränen kämpft. Kein Halten gibt es, als Luise ihren Vater am Eingang des Kronprinzenpalais erblickt. Auf dem ganzen Weg hat sie ihre Tränen kaum zurückhalten können, nun stürzt sie ihrem Vater schluchzend vor Freude entgegen. Der Herzog hilft seiner Tochter aus dem Wagen, drückt sie an sein Herz und führt sie in den Palast, dessen Tore sich hinter ihnen schließen.

»Der Einzug war höchst rührend«, berichtet Prinzessin Marianne ihrem Bruder Ludwig, »auch der König war recht tief davon ergriffen und konnte nicht ein Wort reden, als er vom Pferde stieg.«

Sie ist wieder da! Überall um sie herum sind strahlende Gesichter. Ein jeder will ihr beweisen, wie sehr man sie liebt. Aber auch ein Gefühl unendlichen Mitleids mischt sich in diese Wiedersehensfreude. Man sieht es der Königin an, daß sie viel gelitten, daß sie in der Verbannung harte Zeiten hat durchmachen müssen. Jeder versucht, ihr etwas Gutes zu tun. »Ich hatte nur einen klaren Gedanken: Wie süß ist es, so geliebt zu werden!« schreibt Luise einige Tage später an Caroline von Berg.

Sie ist glücklich, endlich wieder daheim zu sein. »Es erträgt sich alles besser hier«, meint sie. Freudig durchschreitet sie die Räume des Schlosses und feiert manch glückliches Wiedersehen mit diesem oder jenem ihr lieben Gegenstand. Alles ist unverändert und »doch so anders«. Noch am selben Abend fährt sie mit dem König durch die festlich illuminierte Stadt und erfreut sich an der Begeisterung der Bevölkerung. Dieses Weihnachtsfest ist nach langer Zeit das erste, das wieder in Frieden und Zufriedenheit gefeiert wird. Am nächsten Tag nimmt sie mit dem ganzen Hof am Dankgottesdienst im Dom teil, und am ersten Weihnachtsfeiertag wohnt sie einer Festvorstellung von Glucks »Iphigenie in Aulis« in der Oper bei. Als Luise in der Loge erscheint, brandet Jubel auf. Die Theaterbesucher stehen von ihren Sitzen auf, schwenken ihre Taschentücher und begrüßen die Königin mit Hochrufen. Sie ist wieder daheim.

EINE NEUE ORDNUNG

Mit der Rückkehr des Königspaares nach Berlin erwacht der Hof zu neuem Leben. Der glanzvolle Reigen von Empfängen und Audienzen, Bällen und Festen, Paraden und Truppenbesichtigungen, Familiendiners und Kinderkomödien beginnt von neuem. Fremde Fürsten und Gesandte kommen, um dem zurückgekehrten Königspaar Glückwünsche zu überbringen. Der Neujahrstag 1810 wird mit einer großen, prachtvollen Hofcour gefeiert – »nie sah ich«, erzählt die Prinzessin von Radziwill, »die Königin edler, schöner, rührender, als an diesem Tag«. Als Luise den Rittersaal betritt, sind alle Augen auf sie gerichtet. Sie ist sehr einfach gekleidet. Ein Samtkleid – in ihrer Lieblingsfarbe Violett – schmeichelt ihrer schönen Figur. Sie trägt weder Diamanten noch kostbare Stickereien, nur einige Perlen im Haar und um den Hals.

Über die Eindrücke dieses Tages, den eine klare Wintersonne erhellt, berichtet Luise zehn Tage später ihrer Freundin Elisabeth: »Unser Einzug hier hat mich tief gerührt. Das Volk empfing mich mit rührender Freude, die echt war und von Herzen kam. Viele liebe Gesichter sieht man, und das ist viel wert in unserem jetzigen Unglück, da uns die Härten von Seiten Frankreichs so viel Kummer bereiten. Gott sei es gedankt, daß ich wieder in Berlin bin! Hier läßt sich alles leichter ertragen. Mein guter und verehrter Vater war zu unserem Empfang hier und verbrachte acht Tage mit uns. In seinen Armen konnte ich die Tränen nicht mehr zurückhalten, die reichlich flossen, als ich mich von der ganzen preußischen Familie und einem großen

Teil der mecklenburgischen umgeben sah ... Ich bitte Sie inständig, setzen Sie Himmel und Erde in Bewegung. Ich liege auf den Knien vor Ihnen, beste Cousine, kommen Sie doch ... Ich lebe jetzt in der Zeit der Gedanken. Adieu, antworten Sie mir bald und sagen Sie mir: ›Ich komme nach Charlottenburg und liebe Sie noch.‹ Ich bin Ihre zärtliche Freundin und Cousine Luise.« Der Wunsch geht nicht in Erfüllung.

In den letzten Januartagen endlich erhält sie eine Antwort von Alexander auf ihren letzten Brief, eine Antwort, die ihr nun nichts mehr bedeutet. Sie ist völlig korrekt und behandelt fast nur jene damals ausgesprochene Empfehlung. Ohne Antwort aber bleiben ihre Fragen, die zwischen den Zeilen standen – und gerade die lagen ihr so am Herzen.

Unter dem Datum des 21. Januar 1810 schreibt der Zar aus Petersburg: »Empfangen Sie meine aufrichtigsten Glückwünsche, meine liebe Cousine, zu Ihrer Rückkehr nach Berlin und meine innigsten Wünsche für ein dauerndes Glück. Erlauben Sie mir ferner, Ihnen für Ihren liebenswürdigen Brief vom 17. November zu danken. Ich hoffe, daß meine liebe Cousine mir diesmal nicht zürnt, daß ich ihr nicht eher antwortete. Sie möge in Betracht ziehen, daß ich nach Twer und Moskau fahren und bei meiner Rückkehr in der Verwaltung verschiedene Änderungen vornehmen mußte.

Etwas beunruhigt war ich, als ich aus dem Brief ersah, den Sie, meine liebe Cousine, an meine Frau schrieben, daß diese die Angelegenheit des jungen Dolst in die Hand genommen hat. Seine wenig bescheidenen Ansprüche verhinderten mich an der Erfüllung meines Versprechens. Er wünschte nämlich, am Hofe eine Anstellung als Kammerherr zu bekommen, und das ist vollkommen unvereinbar mit seinem Stand. Wenn ich offen sein darf, so scheint mir diese Heirat nur ein Vorwand gewesen zu sein, denn er kümmert sich herzlich wenig um sie, seit er nicht mehr hoffen darf, Kammerherr zu werden. Er hat sich sogar offen in diesem Sinne zu seinem Vorgesetzten, Graf Zavadovsky, geäußert. Diesen habe ich dann mehrfach beauftragt, mit ihm darüber zu sprechen, so daß ich nicht weiß, was ich nun in dieser Angelegenheit tun soll, da der junge Mann die Verbindung als gelöst betrachtet. Ich bitte daher meine liebe Cousine, mir ihre diesbezüglichen Befehle zu erteilen.

Obwohl die Entfernung zwischen uns nun noch größer geworden ist, bin ich nicht so egoistisch, das zu bedauern. Im Gegenteil, ich hoffe sehr, daß die Rückkehr der königlichen Familie in die Hauptstadt vieles zum Guten wenden wird. Möge meine liebe Cousine sich manchmal eines Menschen erinnern, der ihr aufrichtig ergeben ist und der ihr überallhin in Gedanken folgt. Wenn meine liebenswürdige Cousine mir manchmal vorwirft, ich habe sie vergessen, so ist das so ungerecht, daß ich nicht glaube, diese Vorwürfe widerlegen zu müssen. Ich bin der festen Überzeugung, daß keiner von denen, die der Königin immer pünktlich schreiben, ihr so aufrichtig zugetan ist wie ich. Mit Herz und Seele ganz der Ihrige fürs Leben.«

Damit endet die traurige Romanze zwischen der Königin und dem Zaren. Versucht sie nun zu vergessen? Oder klammert sie sich in ihrer Einsamkeit an seine letzten Sätze?

»Uns geht es noch sehr schlecht«, schreibt Luise aus Berlin an Zarin Maria, »Napoleon gibt nicht nach in seinen Forderungen und wir wissen nicht, wovon die achtundneunzigtausend Franken bezahlen. Was sagen Sie zu der Scheidung? Man sagt sich tolle Dinge ins Ohr.«

Die Scheidung – damit ist die Trennung Napoleons von Josephine gemeint, die am 15. Dezember 1809 durch einen Senatsbeschluß besiegelt wird.

Der Januar vergeht mit Diners, Empfängen, Bällen, Theatervorstellungen, Gesandten- und Ministeraudienzen, Paraden, Besuchen und sonstigen Verpflichtungen. Der Gründungstag Preußens am 18. Januar wird festlich begangen, und es tut der Stimmung keinen Abbruch, daß bei der königlichen Tafel nur vier und abends nur zwei Gerichte aufgetragen werden. Als der König gefragt wird, ob für Seine Majestät ein gewisses Quantum Champagner bestellt werden solle, antwortet er: »Noch nicht. Ich möchte lieber warten, bis alle meine Untertanen wieder Bier trinken können.«

Weniger gut gefällt es den Berlinern, daß man am Jahrestag der Krönung Friedrichs I. zum ersten Mal das Fest der Verleihung des Roten Adlerordens feiert. Sie halten diese neue Institution für eine Nachahmung ähnlicher Veranstaltungen in Petersburg und lehnen sie ab. In der Stadt herrscht ein kritischerer Geist als früher; das Volk ist wacher geworden, was sich zuweilen in ganz unbedeutenden Dingen zeigt.

In den Ländern Europas stehen die Throne nicht auf sicherem Fundament. Den Spaniern hat die Erhebung gegen die Herrschaft des fremden Diktators nichts genützt. Napoleon erobert inzwischen nicht nur Länder, sondern auch Dynastien. Das Gerücht seiner Vermählung mit einer habsburgischen Prinzessin wird bald durch die Vorbereitungen zu dieser Hochzeit, die auf den 2. April 1810 festgesetzt wird, bestätigt: Marie Louise, die Tochter Kaiser Franz' I., soll Napoleons Frau werden! Daß Österreich selbst Schritte unternommen haben könnte, um diese Heirat zustande zu bringen, kommt Luise nicht in den Sinn. In Rußland, wo Napoleon ebenfalls angefragt hatte, war er auf den heftigen Widerstand der Zarinnen-Mutter gestoßen. Luise schaudert bei dem Gedanken, der Kaiser hätte womöglich bei ihr um eine Tochter angehalten. Wie hätte der König in seiner Situation der Abhängigkeit dem Kaiser seine Zustimmung verweigern können? »Denken Sie es sich nur recht lebhaft, lieber Vater, und danken Sie Gott mit mir, daß er diesen Kelch vor dem guten König und mir hat vorübergehen lassen.«

Die Zukunft erscheint ihr nicht in rosigem Licht. Napoleon drängt immer energischer auf Zahlung der Kriegsschulden. Aber es ist ganz unmöglich, so große Summen aufzubringen. Alle Versuche des Königs und seiner Minister, Anleihen aufzunehmen, mißlingen. Also stellt man die Zahlung der Kontributionen ein. Und noch einmal glaubt man in Berlin, Napoleon milder stimmen zu können. Im Januar 1810 sucht Krusemarck erneut um eine Audienz beim französischen Kaiser nach. Napoleon empfängt ihn mürrisch und geht nicht im geringsten auf die preußischen Vorstellungen ein. Überhaupt seien die Ausgaben für die Armee unnötig – Preußen könne ja die Zahl seiner Truppen auf sechstausend Mann herabsetzen. »Der König hat unterschrieben, er muß zahlen«, sagt Napoleon voll erbittertem Zorn. »Wenn er nicht zahlen kann, so soll er eine Provinz abtreten; paßt ihm das nicht, so mag er mir seine Domänen überlassen.« Er hat es besonders auf Schlesien abgesehen.

In dieser überaus gereizten Atmosphäre vermag Krusemarck nichts auszurichten. Unverrichteter Dinge und ohne jede Hoffnung verläßt er den Audienzsaal. Guter Rat ist teuer, Hilfe nicht in Sicht. Man erwägt, sich tatsächlich von Schlesien zu trennen, denn im Grunde gibt es keinen anderen Ausweg, um Napoleon zu beruhigen. Am 19. Januar richtet der Kaiser sogar neue Forderungen an Berlin. Friedrich Wilhelm verlangt daraufhin von seinem Finanzminister, unverzüglich Geldmittel zu beschaffen, damit man wenigstens eine Abschlagszahlung leisten könne. Altenstein stellt einen Plan auf, verfällt auch auf die Idee einer Zwangsanleihe. Seine Vorschläge sind das »Ultimatum physischer Möglichkeiten«, und Krusemarck erhält aus Berlin die bittere Nachricht: »Damit sind wir mit unserem Latein am Ende.«

Die Königin ist empört. Wieder bietet sie an, persönlich zu Napoleon nach Paris zu reisen, zumal auch der französische Gesandte in Berlin, Saint-Marsan, der Meinung ist, sie könne einigen Einfluß auf den Kaiser nehmen. Sicher aber hält er viel von einem Brief Luises an Napoleon. So schreibt sie ihm und läßt den Brief durch Therese, die in Paris lebt und dort einen Salon unterhält, in dem auch Talleyrand und Alexander zu Gast waren, überbringen.

»Das Mißgeschick eines überaus unglücklichen Landes«, schreibt die Königin an Napoleon, veranlasse sie, ihn darum zu bitten, sich mit den Zinsen der Summe, die Preußen aufzubringen habe, zu begnügen, und die Zahlungstermine zu verlängern. Ausführlich setzt sie ihm auseinander, daß alles getan worden sei, die Verpflichtungen zu erfüllen, »aber alle Anstrengungen sind vergebens gewesen; alle Hilfsquellen des Königs und derjenigen unseres unglücklichen Landes sind erschöpft«. Mit beredten Worten beschwört sie ihn, Preußen »die Mittel und die Möglichkeit zu verschaffen, unser Wort zu halten und die Verpflichtungen zu erfüllen, die wir Ihnen gegenüber eingegangen sind«. Sie hebt hervor, Preußen strebe keineswegs nach einer Herabsetzung der Kriegsschuld, es suche vielmehr gerade nach Mitteln, sie abzutragen. Und es könne doch nicht im Interesse Napoleons sein, die Schöpfung Friedrichs des Großen zu vernichten.

Natürlich hat ihr Schreiben keinen Erfolg. Der Kaiser besteht nach wie vor auf sofortiger Zahlung der Kontributionen oder alternativ auf Gebietsabtretung. Daraufhin regt sich in der Königin wieder der alte Kampfesmut. Sie scheint nicht einmal militärischen Auseinandersetzungen abgeneigt. Diesmal aber ist sie vorsichtiger in ihren Ratschlägen. Sie geht nicht mehr direkt auf ihr Ziel los. Ihre vehemente Einmischung in die Ereignisse von 1805 und 1806 hat zu viele Tränen gekostet. Die Verantwortung ist zu groß gewesen. Es ist jedoch nicht von der Hand zu weisen, daß sie auch jetzt wieder ihren Mann für stärkeren Widerstand gegen Napoleon zu gewinnen versucht.

Nicht nur politische und dynastische Sorgen beschäftigen Luise, auch der ungestüme, wilde Charakter des Kronprinzen gibt Luise Anlaß zu Befürchtungen. Sie ist bestrebt, die geistige Entwicklung ihrer Kinder nach besten Kräften zu fördern. Pestalozzi, den sie schon in Königsberg eifrig studiert hat, ist ihre Leitfigur. Sein Erziehungsroman »Lienhard und Gertrud« begeistert sie, seine pädagogischen Methoden scheinen ihr wert, auch in Preußen verbreitet zu werden. Voller Wehmut denkt sie an die pädagogischen Stifte und Institute der Zarin-Mutter in Rußland. Das wäre auch etwas für Preußen.

In der Politik hofft sie erneut auf Hardenberg, der sich in Hannover befindet. Es wäre gut, wenn er die Regierungsgeschäfte wieder übernähme, findet sie. Noch einmal setzt sie alle Hebel in Bewegung, um den König davon zu überzeugen, Hardenberg an die Spitze des Ministeriums zu berufen. Das ist nicht so einfach, da Napoleon dieser Ernennung zustimmen müßte, und da dieser Hardenberg haßt, besteht wenig Hoffnung, daß er es tun wird.

Das Königspaar beantwortet einen Brief, in dem Hardenberg Glückwünsche zur Rückkehr nach Berlin ausgesprochen hatte, trotzdem mit einer Einladung. Friedrich Wilhelm wünscht ihn »in Person« in der Hauptstadt zu treffen. Gegenüber Fürst Sayn-Wittgenstein, der den Brief übermittelt, meint er, Hardenbergs Rückkehr würde bei der französischen Regierung bestimmt nicht auf Widerstand stoßen.

Luise, die ebenfalls für die Glückwünsche Hardenbergs

dankt, findet herzlichere Worte: »Hätte ich Sie, statt eines Briefes, hier getroffen«, schreibt sie, »so wäre meine Freude größer
und meine Sorge geringer gewesen. Es ist eine der peinlichsten
Bedingungen unserer gegenwärtigen Existenz, daß Sie dem
König und den Geschäften fern bleiben müssen, und ich insbesondere wäre wahrhaft glücklich, Sie bei uns zu sehen, da ich
Sie gründlich kenne und eine Freundschaft für Sie empfinde,
die nur der Achtung gleichkommt, die Sie in jeder Hinsicht verdienen. Ich spreche zu Ihnen nicht von dem, was uns betrifft.
Wir sind immer noch höchst unglücklich. Indessen ist das Leben
hier in Berlin erträglicher als in Königsberg. Es ist wenigstens
ein glänzendes Elend mit schönen Umgebungen, die einen zerstreuen, während es in Königsberg wirklich ein elendes Elend
war. Erzählen Sie mir, bitte, von Ihren Plänen. Wären wir frei,
und ich hätte Stimme im Kapitel, ich gestehe Ihnen offen, ich
täte alles auf der Welt, um Pläne zu hintertreiben, die Sie von
uns entfernen könnten.«

Am 13. Februar trifft Friedrich Wilhelm bei Sophie von Voß
mit dem französischen Gesandten, dem Marquis Antoine Marie
de Saint-Marsan, zusammen. Mit ungewöhnlicher Offenheit
schildert er die Malaise mit seinen Ministern und schließt mit
dem Wunsch, Napoleon möge ihm erlauben, Hardenberg wieder in seine Dienste zu nehmen. Auch Luise, die sich zu der
Unterredung einfindet, redet beschwörend auf den Gesandten
ein, der zudem den Eindruck gewinnt, die Königin sei Rußland
gegenüber doch erheblich kühler geworden und einer Reise
nach Paris durchaus nicht abgeneigt.

Der König ist wie immer wankelmütig. Einmal zeigt er sich
empört über die Schwäche seiner Minister: »Ich habe es ja
immer gesagt, daß sie nur Dummheiten machen, daß sie zu
nichts taugen und weder bei mir noch dem Publikum Vertrauen besitzen.« Ein andermal meint er, keine Minister finden zu
können – was sogar der Wahrheit nahekommt.

Aus Paris trifft ein Kurier mit der Antwort Napoleons auf die
Angebote Altensteins ein: Der Kaiser lehnt sie rundweg ab und
besteht auf der Erfüllung sämtlicher Vertragsverpflichtungen.
»Noch beunruhigender klangen die Erläuterungen, die Krusemarck nach den mündlichen Eröffnungen des französischen

Ministers hinzufügte«, schreibt Paul Bailleu. »Man drohe mit Truppenentsendungen an die Oder. Napoleon, versicherte der Gesandte, halte den König und das preußische Volk für seine persönlichen Feinde; er fühle wohl, daß er ihnen viel zu viel zu Leide getan habe, als daß es anders sein könne. Er verlange Ausführung eines unausführbaren Vertrages, um den König zu zwingen, eine neue Gebietsabtretung als Gnade zu erbitten. Mit allen Mitteln der Überredung suche auch der französische Minister die Vorteile einer solchen Maßregel für Preußen einleuchtend zu machen. Allein, schloß Krusemarck, selbst wenn sich der König dazu verstehe, werde nichts ihn vor neuen Ansprüchen Napoleons schützen.«

Das Leben am Hof scheint wieder in den vertrauten Bahnen zu verlaufen, aber das Königspaar fühlt sich nach dieser Note nicht mehr sicher. Luise bangt, daß der König doch noch seinen Thron verlieren könnte. An ihrem vierunddreißigsten Geburtstag – am 10. März 1810 – wird es zu mehreren Begegnungen kommen, die auf die eine oder andere Weise ihren gegenwärtigen Seelenzustand widerspiegeln.

Da ist zunächst ein junger Dichter, »der auf seinem Gebiet, wie Luise auf dem ihren, bis heute das verlorene Preußen verkörpert« (Heinz Ohff). Es ist Heinrich von Kleist, der kranke und weitgehend erfolglose Poet, der »in seinen Gedichten … eben die Not des Landes, aber auch seine Hoffnungen wie mit Fanfarenstößen verkündet, geradezu hinausposaunt« hatte. »Und wie alle Welt war er, der arme Dichter, ein bißchen in die arme Königin mit ihren ständig verweinten Augen verliebt. Er hoffte wohl auch, daß sie etwas für ihn tun könnte, Ordnung in sein verpfuschtes Leben bringen, ihm die Wiedereinstellung als Leutnant in das arg dezimierte preußische Heer ermöglichen oder seine kärgliche Pension erhöhen, von der er nicht leben und nicht sterben konnte.

Die arme Königin und der arme Dichter – alles andere als Figuren aus dem Märchen. Auf beiden Seiten stand die nackte Not ihrer Existenz« (Heinz Ohff).

Der Rahmen für ihre Begegnung auf dem Geburtstagsball wird der denkbar prunkvollste sein. Friedrich Wilhelm hat sich für diesen Abend nämlich etwas ganz Besonderes ausgedacht:

Wie wäre es, für das Fest den Weißen Saal des Berliner Königsschlosses öffnen zu lassen, den großen Prunkraum, der so etwas wie der Mittelpunkt Preußens ist? Das soll sein Geschenk sein, viel mehr hat er nicht in Händen, eine Liebeserklärung, deren Symbolik Luise sicherlich gefallen würde. Dieser Saal ist bis dahin fast ausschließlich für die Hochzeitsfeierlichkeiten der Hohenzollern benutzt worden.

Der Königin wird bang ums Herz, als Friedrich Wilhelm sie nach dem Souper im kleinen Kreis in der Bildergalerie glückstrahlend in den großen geschmückten und mit Kerzen festlich beleuchteten Weißen Saal führt. Luise ist überwältigt, zu viele Erinnerungen stürmen auf sie ein. Siebzehn Jahre ist die Hochzeit mit Friedrich Wilhelm her, die sie in diesem Prunksaal gefeiert hat. Die Bälle, die sie so geliebt hat, die rauschenden Feste, die durchtanzten Nächte ... Es ist, als würden sie beide den Thron noch einmal besteigen, Friedrich Wilhelm und sie. Beifall brandet auf, als Luise zum Defilee der Gratulanten bittet, und sie stellen sich in einer langen Reihe auf, der höchste Adel ebenso wie der niedere, aber auch bürgerliche Beamte und verdiente Offiziere.

»Ach«, ruft sie, »das ist das Ende meiner·irdischen Größe!« Wie ein Schatten liegen die neuen Forderungen und Drohungen Napoleons über der Festgesellschaft. Luises letzter Geburtstag ist nicht nur ein großartiger Ballabend, sondern auch der Anlaß für geheime Konspirationen und brisante politische Gespräche. Es geht um die Rückkehr Hardenbergs, um diplomatische Ranküne, um Pläne und Positionen, um die erdrückenden Kontributionen. Nicht einmal die Abdankung des Königspaares steht außerhalb der Diskussion. Diesem ebenso eleganten wie bedeutsamen Ballvergnügen der höchsten preußischen Gesellschaft widmet Heinz Ohff eine beeindruckende Szene: »Belangloser Wortwechsel mit den einen, entscheidende – und wohlvorbereitete – politische und wirtschaftliche Gespräche mit den anderen – nie hatte Luise für den Staat, dessen Königin sie war, derart viele Weichen gestellt, so Entscheidendes für Gegenwart und Zukunft arrangiert, derart intrigiert, inszeniert, einen gegen den anderen ausgespielt wie an diesem 34. Geburtstag. Da mußte der eine Gesprächspartner rasch abgefertigt, der andere aufgehalten und mit einem Nachfolgenden in der Reihe zusammengebracht werden. Gegensätze wurden geschlichtet oder doch geglättet, alte Feindschaften besänftigt – und das alles mußte mit einem Lächeln auf den Lippen serviert werden …

Dem König, aus dessen Gesicht jeder lesen kann, was er fühlt und denkt, ist so etwas fremd. Er kann sich nicht verstellen und wirkt abwesend. Luise, seine Frau, beherrscht den notwendigen Eiertanz um so routinierter, fast so gut wie einst den verruchten Walzer … Ein diplomatisch höchst diffiziler Geburtstagsempfang. Während die Königin brilliert, versucht der König, sein undurchdringliches Gesicht aufzusetzen, mit dem er wie stets – und wie immer vergeblich – den ihm angeborenen Pessimismus zu überspielen versucht. ›Neuanfang‹, mag er gedacht haben, ›Kopf aus der Schlinge – Luise Mittel und Wege – mir fatal – wird sowieso nichts draus.‹«

Und in der unübersichtlichen Menge der junge Dichter, »ein ehemaliger preußischer Offizier aus alter Adelsfamilie, dürfte die Einladung über seine angeheiratete Kusine bekommen haben, einer engen Vertrauten und Hofdame Luises«. Er hat ein Sonett dabei, vielleicht ergibt sich ja eine Gelegenheit, es Luise zu überreichen. Im Gedränge bahnt Heinrich von Kleist sich einen Weg zu seiner vielbeschäftigten Königin: »Inmitten des Trubels, noch ganz auf ihr politisches Kulissenspiel konzentriert, sinkt Luise für einen Augenblick in einen Sessel und liest Kleists Verse. Von all den vielen, die ihr gewidmet worden sind, die schönsten, einfachsten, unsterblichen.

> Erwäg ich, wie in jenen Schreckenstagen,
> Still deine Brust verschlossen, was sie litt,
> Wie du das Unglück, mit der Grazie Tritt,
> Auf jungen Schultern herrlich hast getragen,
>
> Wie von des Kriegs zerrißnem Schlachtenwagen
> Selbst oft die Schar der Männer zu dir schritt,
> Wie, trotz der Wunde, die dein Herz durchschnitt,
> Du stets der Hoffnung Fahn uns vorgetragen:

O Herrscherin, die Zeit dann möcht ich segnen!
Wir sahn dich Anmut endlos niederregnen,
Wie groß du warst, das ahndeten wir nicht!

Dein Haupt scheint wie von Strahlen mir umschimmert;
Du bist der Stern, der voller Pracht erst flimmert,
Wenn er durch finstre Wetterwolken bricht!

Luise scheint augenblicklich herausgerissen aus ihrem Gespinst von Gesellschaft, Politik, Ranküne. Für Poesie ist sie empfänglich. Überwältigt und wohl auch erschöpft bricht sie in Tränen aus« (Heinz Ohff).

Doch während der König sich weiterhin in Melancholie und wortkarger Zurückhaltung ergeht, ergreift Luise noch einmal die Initiative und führt die Wende in der preußischen Politik herbei. Beim Tanz mit Fürst Wilhelm zu Sayn-Wittgenstein, einem persönlichen Freund ihres Gemahls, beklagt sie sich über die Zumutung, Schlesien abzutreten. Die Minister, die das forderten, seien allesamt unfähig. Der Finanzexperte soll ihr jetzt helfen. Sie bittet Wittgenstein, seinen ganzen Sachverstand aufzubieten und einen Ausweg zu finden, wie man die Kontributionen aufbringen könne, ohne Schlesien opfern zu müssen.

»Dieses Ballgespräch der Königin mit Fürst Wittgenstein«, befindet Paul Bailleu, »wurde der Ausgangspunkt für einen bedeutsamen Umschwung der preußischen Geschichte.« Tatsächlich findet der Fürst als gewandter Finanzier – er ist selbst an einer Bank in Kassel beteiligt – einen Ausweg. Die Minister Goltz und Altenstein, die er zu einem Gespräch aufsucht, erwidern nur achselzuckend, es gebe keinen anderen Ausweg, die Gebietsabtretung sei unvermeidlich. Doch Wittgenstein läßt sich nicht entmutigen. Gleich am Tag nach dem Ball hat er eine Unterredung mit einigen Berliner Bankiers, und keine vierundzwanzig Stunden später arbeitet er eine Denkschrift aus, in der er darlegt, daß fünfundzwanzigtausend preußische Bürger durchschnittlich je viertausend Taler, teils bar, teils in Staatspapieren, aufbringen sollen. Dieses Geld würde als Nationalschuld erklärt werden und Grundstein einer Nationalbank sein. Auf diese Weise könne man die Kontribution an Napoleon zahlen.

Außerdem könne man ja auch den Besitz geistlicher Orden einziehen.

Er bespricht diesen Plan mit der Königin, die ihn billigt. Bevor man ihn jedoch in die Tat umsetzt, soll Hardenberg seine Zustimmung geben. Am 12. März erstattet dann das Ministerium Bericht. Um zu retten, was noch zu retten sei, will man Graf Goltz »mit uneingeschränkter Vollmacht« nach Paris schicken und Napoleon die Gebietsabtretung anbieten. Goltz, Altenstein, Dohna, Beyme, Scharnhorst – sie alle haben diesen Bericht unterschrieben. Daß sie scheinbar leichtfertig das Todesurteil Preußens unterzeichneten, zeigt, wie verzweifelt sie sind. Im Innersten müssen sie der Überzeugung sein, daß Napoleon gar kein Geld will, sondern nur Land.

Da Finanzminister Karl Sigmund von Altenstein die Vorschläge des Fürsten Sayn-Wittgenstein ablehnt, scheint die Gebietsabtretung beschlossene Sache. Friedrich Wilhelm äußert indes seine Unzufriedenheit mit dem Gutachten des Ministeriums und beendet die Diskussion. Luise läßt Wittgenstein zu sich rufen, um mit ihm über die Frage der Finanzierung zu sprechen. Das politische Programm, das sie mit ihm vereinbart, ist denkbar einfach und zugleich wirkungsvoll: Rückberufung Hardenbergs, keine Abtretung von Gebieten. Gleich am 14. März schreibt sie einen Brief an Hardenberg, der in einem Brief an die Oberhofmeisterin Geburtstagswünsche an die Königin zum Ausdruck gebracht und seine baldige Rückkehr in brandenburgische Gefilde in Aussicht gestellt hatte: »Mit Vergnügen habe ich erfahren, daß Sie bald in unsere Gegend zurückzukehren gedenken. Sie würden mir ein großes Vergnügen machen, wenn Sie diesen Augenblick beschleunigen wollten. Ihre Nähe kann nur günstig für uns sein, und ich würde das als einen neuen Beweis Ihrer Freundschaft betrachten.« Wittgenstein überbringt diesen Brief und fügt mündlich Erläuterungen hinzu. Ebenfalls am 14. März schreibt Luise ihrem Vater: »Napoleon ist ganz toll mit seinen Forderungen und hat uns alle in den tiefsten Kummer gestürzt. Ich kann und darf in dieser Krisis den König nicht verlassen; er ist sehr unglücklich und bedarf einer treuen Seele, auf die er bauen kann.«

Noch bevor Hardenberg von neuem das Ministerium übernimmt, arbeitet Luise selbst eine Denkschrift aus, die beweist, wie vernünftig sie in vielen Dingen zu urteilen versteht. Aber es ist ihre letzte größere politische Handlung. Die Erfüllung der Wünsche, die sie darin ausdrückt, soll sie nicht mehr erleben. Erst einer späteren Zeit wird es vorbehalten sein, ihre Ideen, die von einem neuen Geist künden, in die Tat umzusetzen.

»Ich gehe von dem Grundsatz aus«, schreibt sie an das Ministerium, »daß der Mensch, der sich dem Gedanken überläßt: ›Preußen ist doch verloren‹, ein Mensch ist, der zu gar keinen größeren Vorkehrungen taugt, und es der unrichtigste Gesichtspunkt ist, den man nur haben kann, und der mit Recht ein kleinlicher Gesichtspunkt genannt werden kann ... Es ist leider so weit in unsern Tagen gekommen, daß man sich auf alles gefaßt machen muß; wer sich aber das Traurigste denkt und zum Leitfaden seiner Handlungen macht, der verfehlet – besonders stehen solche Menschen an der Spitze der Geschäfte – ganz den hohen Beruf, zu welchem er eigentlich da ist, nämlich statt zu helfen, hilft er am Untergehen arbeiten.

Ein wahrer Staatsdiener muß von dem Geist beseelt sein, alle Mittel erstlich aufzufinden und zweitens im Gange zu bringen, um den Forderungen, die dem Staate gemacht werden und obliegen, Genüge zu leisten, damit aller Vorwand schwinde, der nur einigermaßen einen gewaltsamen Schritt des Feindes gegen denselben rechtfertigen könnte. Er muß von dem großen und einzig wahren Gesichtspunkt ausgehen, daß vor allen Dingen die Nationalität gerettet werden muß, daß der Nation alles daran liege, unter den Szepter eines tugendhaften Königs vereinigt zu bleiben; daß, um dieser Vorzug und dieses Glück zu genießen, sie gewiß bereit sei, große Opfer zu bringen ...«

Das unfähige Ministerium ist weit davon entfernt, sich das Anliegen der Königin zu Herzen zu nehmen. Der alte Schlendrian geht munter weiter. Altenstein ergreift sogar die Flucht nach vorn und geht zum Angriff über. Am 18. März wendet er sich an den König mit einer umfangreichen Eingabe, in der er die Einmischung Wittgensteins außerordentlich scharf zurückweist und den Fürsten persönlich angreift. Die Absichten Wittgensteins seien leichtsinnig, selbstsüchtig und gefährlich, die Berufung auf Hardenbergs Zustimmung nichts als eine Lüge. Die

Nationalbank werde zu einer Nationalversammlung und diese zu einer Revolution führen, vor der nichts mehr den König schützen könne. Es ist ein Pamphlet der Reaktion, das Altenstein vorlegt, aber es führt dazu, daß Friedrich Wilhelm die ganze Streitfrage Hardenberg vorlegt und diesen um ein Gutachten bittet.

Hardenberg warnt den König, wie gefährlich es wäre, wenn sie sich träfen und Napoleon davon erführe. »Ich muß es vermeiden, den Vorwand zu neuem Unglück zu geben«, meint er. Schließlich findet am 14. April aber doch ein Treffen statt in Beeskow südöstlich von Berlin – wenn auch ohne die Königin, die wegen der Erkrankung der kleinen Luise in Berlin bleibt –, wo der König vorgibt, russische Matrosen zu besichtigen, die aus Frankreich in ihre Heimat zurückkehren. Er hat Scharnhorst mitgebracht, der bemüht ist, zwischen Hardenberg und Altenstein eine Verständigung herbeizuführen. Bei diesem Treffen kommt es noch zu keinen konkreten Verabredungen, allerdings wird Hardenberg sich über die Finanzlage Preußens informieren. Altensteins Vorschläge findet er »unzulänglich, unzuverlässig und unbrauchbar«. Damit sind die Fronten klar.

Hardenberg macht sich an die Ausarbeitung eines neuen Entwurfs zur Tilgung der Kriegsschuld und zur Reform des preußischen Finanzwesens überhaupt. Damit arbeitet jetzt eine Art Nebenregierung, und das Ministerium ist gänzlich blockiert. Es läßt die Zügel schleifen und verschwendet alle Energie auf den Kampf gegen Hardenberg. Doch der Versuch, ihn von den Regierungsgeschäften fernzuhalten, schlägt fehl.

Luise arbeitet unermüdlich und immer energischer auf ein Ministerium Hardenberg hin. Sie würde gern, wie sie ihrem Gemahl schreibt, »durch meine Gegenwart allen Kummer und alle Staatssorgen von Dir fernhalten! ... Ich beschwöre Dich, sei bloß auf Deiner Hut. Die Minister in ihrer Schwäche und Dummheit werden Dir gewiß schlechte Ratschläge geben.« Der wankelmütige König drückt sich um die Berufung Hardenbergs. Aber Fürst Wittgenstein wird nicht müde, zwischen Potsdam und Berlin, zwischen Berlin und Tempelberg zu vermitteln, mit Saint-Marsan und mit Hardenberg zu verhandeln, Botschaften vom einen zum anderen zu übermitteln, Gutachten und Briefe zu verfassen. Er ist der wichtigste und umtriebigste Verbündete, auf den Luise und Hardenberg in diesem Poker um Macht und Einfluß zählen können.

Die Königin sieht in Hardenberg einen väterlichen Freund. Für sie ist er der humanste unter allen Ministern, ein selten kluger Mann mit klarem Verstand. »Vor seinem geistigen Blicke standen enthüllt alle Hindernisse, die sich seinen Zwecken entgegenstellen. Er fühlt es von vornherein, ob er sie besiegen könne oder nicht. Er war ruhig und konnte warten. Sah er, daß er nicht durchkommen konnte, so umging er mit gewandter Klugheit alle feindseligen Kräfte, ließ sie aus dem Spiele und erreichte seine Absicht auf einem andern Wege. Durch seine vielen Reisen und sein beobachtendes Leben bei Höfen kannte er genau die regierenden Herren, ihren verborgenen Willen, ihre versteckten Triebfedern, ihre Einfluß habenden Umgebungen, auch die weiblichen. Unbefangen und heiter ging er durch alle Intrigen, als wenn sie nicht da wären. Er tat, als sähe er sie nicht – und doch sah und wußte er alles. Er war ein durchaus kluger Mann, konnte sich verstellen und verstand das Simulieren. Er war ein geborener Diplomat, schlau, glatt und gewandt und geschickt in der Manipulation der obwaltenden Verhältnisse. Er verließ die befahrenen Wege des herkömmlichen Schlendrians und war ein Feind des toten Buchstabens und Kontrollierens.«

Diese glänzende Charakteristik aus der Feder eines Zeitgenossen wird der Persönlichkeit Hardenbergs durchaus gerecht. Er ist der Mann, den Preußen neben Stein und Scharnhorst braucht. Das hat die Königin früh erkannt, als Hardenbergs Stern am politischen Himmel Preußens aufging.

Luise reibt sich auf. Sie hat Ruhe nötig und träumt davon, wieder einmal nach Mecklenburg zu fahren. Doch ihre jüngste Tochter, Prinzessin Luise, ist krank und kämpft so schwer mit der Rippenfellentzündung, daß Luise verzweifelt ihrem Vater schreibt: »Ich schwebe in Furcht und Angst. Luise ist *sehr* krank. Meine Angst ist groß. Das Kind hat ein schreckliches Fieber. Ach Gott, ach Gott, verlaß mich nicht!«

Am 10. April zieht das Königspaar dennoch zu den üblichen Frühlingsmanövern in das Potsdamer Stadtschloß. Die Königin will ihren Gemahl nicht gerade jetzt allein nach Potsdam gehen lassen. So teilt sie sich in die Sorge um ihn und um ihre kleine

Patientin. Täglich fährt sie nach Berlin und wieder zurück zu Friedrich Wilhelm. Die Fahrten sind anstrengend und bei kaltem Wetter unangenehm. Endlich kann sie ihrem Gemahl berichten: »Hufeland ist sehr zufrieden. Das Fieber hat nachgelassen, und die Kleine schläft sehr ruhig. Heute morgen nach Deiner Abreise hat sie mit einer kleinen unbedeutenden Unterbrechung fünf Stunden geschlafen.« Am 19. April gibt sie Entwarnung: »Sie hat noch am Vormittag und nach dem Mittagessen geschlafen und hat sich an Dich erinnert, als sie mein Taschentuch roch: ›Nonnonne, Papa auch nonnonne‹, das heißt Eau de Cologne. Sie ist wieder ein Engel in ihrer Sanftmut, und Gott sei Dank haben wir nur Gott zu loben, weil er sie uns erhalten hat.«

Doch dann zeigen sich bei der Königin ernste Anzeichen einer Lungenentzündung: heftiger Husten, Schmerzen in der Brust und Fieber. Mehrere Tage muß sie im Bett zubringen. Die Brustkrämpfe, an denen sie seit einigen Jahren zeitweise leidet, nehmen zu. Der König erwägt, mit seiner kranken Gemahlin wieder nach Berlin überzusiedeln, da wird Luise wieder gesund. Sie erholt sich schnell, und man bleibt in Potsdam.

Am 24. April verläßt Prinzessin Marianne Berlin, um zunächst zu einer Kur nach Bad Ems, dann zu einem Besuch ihrer Eltern und Geschwister nach Bad Homburg zu fahren. Sie wird die Königin nicht wiedersehen. Der Abschied von Marianne fällt vor allem der Königin schwer. Bereits am Tag der Abreise beginnt sie einen längeren Brief an die Freundin, den sie in größeren Zeitabständen fortsetzt und vier Wochen später abschließt. Daraus einige Zeilen: »Liebe Marianne! Meine Gedanken folgen Dir unaufhörlich, und ich freue mich so recht herzinniglich über Dein Glück, welches Du so sehr verdienst unter jeden Umständen, aber besonders nach den vielen Leiden, die Deinem Herzen zu unaussprechlich viel kosteten. Schreiben kann ich Dir wohl so etwas, sagen aber unmöglich, und das fühlst Du denn auch besser als ich es Dir auf Bogen auseinandersetzen könnte ... Soeben bekomme ich deinen Brief, meine teure Marianne. Es würde mir schwerfallen, Dir meine Freude und Dankbarkeit zu schildern. Wie gütig bist Du, beste Seele, daß Du meiner gedenkst und Dich aus dem Zirkel Deiner angebeteten

Familie reißt, um mir zu schreiben! Es gleicht Dir aber so sehr, daß ich nichts weiter sagen kann als daß ich in großen wie in kleinen Sachen das Herz und die Seele meiner Marianne wiedererkenne.

Daß Deine Nerven erschüttert werden, ist mir wohl begreiflich; daß sie schwach sind, ist auch natürlich. Deswegen danke ich Gott, daß er Dir jetzt Freude schenkt und daß Du etwas Ernstliches für Deine Gesundheit tun kannst ... Dein Brief hat mich himmlisch amüsiert ... Genieße Dein Glück ja recht ungetrübt! Es faßt mich ein unendlicher Schmerz, wenn ich an die Gegend denke, die Du jetzt bewohnst, und ich glaube, es ist eine Art von Heimweh, das mich manchmal so traurig macht ... Adieu, beste Marianne, genieße ungetrübt das Glück der Vereinigung der Deinen! Gott segne Deine Kur und erhalte mir ein Plätzchen in Deinem reinen Herzen! – Deine Luise.« Und als Postskriptum: »Adieu noch einmal, ich drücke Dich an mein treues Herz. Der König, meine Kinder und Karl (Luises Halbbruder) sagen Dir viel Schönes. Mein Brief ist nicht sehr interessant, aber denke Dir auch, daß er wenigstens sechsmal geöffnet wird! Der Deine wurde es auch.«

Sie läßt auch Sehnsucht nach ihrer eigenen Familie durchklingen, wenn sie schreibt: »Denn Vater und Mutter wiederzusehen, wenigstens vier Geschwister auf einmal, und zwar sie alle zu umarmen in Deinem Geburtsort, darüber geht nichts.«

Mit Fritz, dem Kronprinzen, hat Luise weiterhin Sorgen. Noch ist Delbrück der Erzieher des Kronprinzen; Ancillon, dessen überlegene und umfassende Bildung und weltmännische Formen Luise mächtig imponieren, tritt erst nach seiner Ernennung zum Staatsrat am 23. Juni 1810 sein Amt an. Noch immer hat Fritz die drohende Trennung von seinem Erzieher, der allzu nachsichtig ist und ihm vieles durchgehen läßt, nicht verkraftet. Im April hält Luise ihm schriftlich eine Standpauke: »Die Kraft, Deine Wünsche zu unterdrücken, Deinen Leidenschaften zu widerstehen, fehlt Dir gänzlich, und besonders dieser Punkt wurde ganz unzulässig in Deiner Erziehung vernachlässigt ... Bedenke, mein lieber Fritz, was ich Dir zärtlich wiederhole: Zähme das jugendliche Feuer, mit dem Du alles, was Du möchtest, haben willst, und für alles, was Du Dir denkst, gleich die Mittel zur Verwirklichung verlangst ... Wirkliche Freiheit besteht nicht darin, daß man alles tut, was man kann, sondern daß man das Gute tut und als solches erkennt.«

Am 2. Mai findet ein weiteres Treffen zwischen Friedrich Wilhelm und Hardenberg – diesmal ist Luise dabei – auf der Pfaueninsel statt. Hardenberg tritt sehr bestimmt auf, er fordert den König auf, die gesamte Regierung auszuwechseln. Friedrich Wilhelm wiederum versucht zu lavieren, er verteidigt einige seiner Minister, wünscht Hardenberg in der Position des ersten Beraters, gleichsam als höchste Aurorität in Finanzfragen, aber – mit Rücksicht auf Frankreich – noch ohne Verantwortung für die auswärtige Politik. Das Treffen verläuft ergebnislos; zunächst soll Napoleons Zustimmung eingeholt werden. Aber die Weichen sind schon in die richtige Richtung gestellt. Zwei Tage später spricht Hardenberg mit Saint-Marsan, denn ohne Einverständnis des französischen Kaisers will er nicht offiziell für Preußen Verantwortung übernehmen. Durch den Marquis läßt er Napoleon die Erklärung zukommen, er sei gewillt, das politische System Frankreichs zu übernehmen und dafür zu sorgen, daß alle finanziellen Verpflichtungen Preußens erfüllt würden.

Das Verhalten Saint-Marsans bei diesem Gespräch scheint zu einigen Hoffnungen zu berechtigen. Auch Therese berichtet aus Paris, allmählich trete Preußen in ein günstigeres Licht, ja es sei sogar ein Umschwung zu beobachten, zu dem der damals in Paris sich aufhaltende österreichische Staatskanzler Metternich wesentlich beigetragen habe. »*Espérez, espérez*«, ruft Thesere der Schwester zu. Und Luise schöpft tatsächlich etwas Hoffnung; am 21. Mai schreibt sie nach Petersburg an Zarin Elisabeth: »Ich atme wieder etwas freier. Das Messer, das man schon gezückt hatte, um uns den Garaus zu machen, hat eine andere Richtung erhalten, und da die Dinge in Spanien schlecht gehen, so werden wir für den Augenblick verschont, Napoleons Wut kann sich dort sättigen.«

Die erste günstige Nachricht für Hardenberg trifft am preußischen Hof schon bald ein. Napoleon läßt durch seinen Gesandten in Berlin ausrichten, er habe nichts gegen die Ernennung Hardenbergs. »Meine Freude ist unaussprechlich«, schreibt die Königin Fürst Wittgenstein, »dem edlen Mann Gerechtigkeit widerfahren zu sehen und dem König und dem Lande einen klugen, vortrefflichen Mann wiedergegeben zu sehen.«

Luise ist glücklich über das Gelingen ihres Unternehmens. Es ist nicht mehr zu befürchten, daß man sich von Schlesien trennen muß. Und so – nach weiteren Unterredungen und auch Interventionen Luises – übernimmt Hardenberg zum zweiten Mal das Ruder, denn der König, der wohl Hardenberg will, sich gleichzeitig jedoch nur schwer von den alten Granden trennen kann, gibt schließlich seinen Widerstand auf und beauftragt Hardenberg mit der »Leitung aller Staatsangelegenheiten«; die Minister Altenstein, Beyme und Nagler – letzterer ist Luise besonders verhaßt – werden entlassen. Glücklich schreibt die Königin an den neuen Staatskanzler: »Nehmen Sie, mein würdiger Freund, meinen aufrichtigsten Dank für Ihren Wiedereintritt in das Ministerium … Ich bin weit ruhiger, seit ich Sie an der Spitze von allem weiß.«

Auch diesmal ist Caroline von Berg nicht unbeteiligt gewesen, denn sie verehrt Hardenberg nicht weniger als Stein, und wie Luise in dieser Beziehung auf ihren Mann, so wirkt Caroline auf die Königin. Unablässig ist sie bemüht, »einen Augenblick zu erhaschen«, in dem sie mit der Königin über politische Angelegenheiten reden kann. In bestimmten Hofkreisen hat sie einen schlechten Ruf als Intrigantin. Aber sie läßt sich durch nichts abschrecken. Höchstens Luises schwache Gesundheit entmutigt sie bisweilen in ihrer politischen Überzeugungsarbeit. »Da fehlt mir die Kraft, und das Herz blutet mir, sie immer mit traurigen Gedanken belasten zu müssen, wenn ich sie schon so niedergedrückt sehe«, schreibt sie.

Bei aller großen Politik verliert Luise die Kleinigkeiten, die ihr Freude bereiten, nicht aus dem Blick, wie folgender Brief an Elisabeth zeigt, den die Königin am 21. Mai 1810 aus Potsdam abschickt und in dem sie ein Paket mit Strohhüten für Spaziergänge ankündigt: »Ich bitte Sie, einen, der Ihnen am wenigsten gefällt, der Kaiserin-Mutter zu geben. Sie bekommt einen Kasten mit kleinen Hüten, davon biete ich Ihnen den hellblauen mit weißen Rosen und einen Strohhut mit grünen Bändern und Blumen an. Ich möchte, daß sie Ihnen Freude machen … Warum kann ich mir noch dem Glück schmeicheln, Sie dieses

Jahr hier zu begrüßen; mir scheint, als hätte ich Potsdam wie Charlottenburg nie so schön wie dieses Frühjahr gesehen. Ich sitze auf einem Balkon vor meinen Fenstern und schreibe Ihnen bei göttlicher Wärme und dem köstlichen Geruch von tausend Fliedern, mit denen ich meinen Tisch umgeben habe. Ich lasse mich malen für Sie, liebe Cousine, und wenn es gelingt, werde ich Ihnen das Bild schicken.«

Der Frühling ist mild und wirkt sich auf die Gesundheit der Königin günstig aus, auch scheinen die durch übermäßige Spannung geschwächten Saiten ihres Gemüts wieder neue Kraft zu gewinnen. Sie scheint wieder jung und frisch zu werden, als sie mit ihren Kindern Sanssouci, die Pfaueninsel und Paretz, all die geliebten Orte von einst, besucht.

Der letzte Brief, den Luise an Marianne schreibt, vier Wochen vor ihrem Tod, ist voller Heiterkeit. Nichts läßt an ein so baldiges Ende der Königin denken: »Ich erkenne mit tiefem Dankgefühl den Platz, den Du mir in Deinem Herzen aufgehalten hast neben Deinen lieben Geschwistern. Ich kann keine Ansprüche machen; wenn aber Zärtlichkeit und richtiges Anerkennen Deiner stillen Tugenden einiges Recht auf Dein Herz geben, dann habe ich freilich einiges ... Wäre ich nur auch in Homburg! Ich marschierte auch mit Euch herum und macht es wie Du und wie in den ›Wahlverwandtschaften‹ ...

Wir haben göttliche Tage hier verlebt, warm und schön, aber die bösen Gewitter vertreiben sie, und der Regen macht kalt und unangenehme Suiten. Du weißt, Charlottenburg ist kalt und feucht; es kostet daher den König etwas, dich zu deplacieren, wenn es nicht sehr warm ist, weil er parterre wohnt.

Es ist sehr tot hier, ich bin aber doch gern hier. Nach den vielen Leiden und abscheulichen Wohnungen und Gärten ist alles hier so schön, so groß und prächtig, daß es mir überall gefällt ... Ich schmiere wie eine Katze; ich soll aber bald nach Sanssouci fahren und bin noch nicht angezogen und frisiert. Zeige diesen Brief nicht Deinen Geschwistern, er ist gar zu infam und würde alle guten Ideen von mir auslöschen! Wenn ich doch bei Dir wäre! ... Wenn ich ein Vögelein wär etc. etc., so wüßte ich wohl, auf wessen Schulter ich mich setzte – rate einmal, liebe Marianne ... Nun ist es halb zwei und ich muß fort. Adieu, ich liebe Dich von

Herzen, mit Schmerzen, über alle Maßen, kann's gar nicht lassen, bin Deine treue Schwester und Freundin – Luise.«

Der letzte Besuch der Königin in Paretz findet am 20. Mai 1810 statt. Es ist ein idyllischer Tag, Schwalben schwirren durch die Luft, die Nachtigallen schlagen, die Störche spazieren gravitätisch auf und ab, eine warme Luft weht über die Felder und Gärten. An der Seite ihres Mannes begibt Luise sich zu den vertrauten Stätten, wo sie einst glücklich gewesen ist, und vergißt endlich das Unglück, das sie erlebt hat. Der einsame, abgeschiedene Ort hat sich nicht verändert.

In der umschatteten, im Helldunkel liegenden Grotte ist Luise oft und gern gewesen, hier hat sie gesessen und sich am übermütigen Spiel ihrer Kinder erfreut, hier genießt sie in wehmütiger Stimmung den schönen Frühlingsabend. Sie kann sich nicht von diesem Ort trennen, und als der König beim Untergang der Sonne daran erinnert, daß es Zeit zum Aufbruch sei, bittet sie – um noch etwas bleiben zu können – nicht erst zu dem entfernt liegenden Schloß zurückzukehren, sondern die Wagen aus der nahen Landstraße heranfahren zu lassen.

In dieser Zeit wirkt die Königin ungemein fröhlich und entspannt. Niemand spürt dies mehr als der für die Stimmungen seiner geliebten Luise stets empfängliche König. Bei einer dieser Gelegenheiten werfen sie sich gegenseitig Scherzworte zu, und Friedrich Wilhelm meint: »Heute ist die Königin wieder recht vergnügt gewesen, wie sie sonst war. Werde es dankbar anerkennen, wenn auf ihre Gemütsstimmung, die sich zur Traurigkeit hinneigt, erheiternd gewirkt wird. Es ist nun einmal nicht anders. Es werden wohl wieder bessere Tage kommen.«

Noch fehlt das Geld für eine neuerliche Kur in Pyrmont. »Ich habe Nein gesagt, und dabei bleibt es.« Als Luise hört, daß Napoleon nach Frankreich kommen will, spielt sie mit dem Gedanken an eine Reise »aus Vernunftgründen«. Auch von einer Begegnung mit der österreichischen Kaiserin ist die Rede. »Mein Herz ist jung«, bekennt Luise ihrer Schwester Therese. »Ich liebe die Menschen, ich hoffe so gern, und habe allen, ich sage *allen* meinen Feinden verziehen …«

Die letzte Reise

Seit Jahren hatte Luise sich gewünscht, ihren Vater, den seit 1794 regierenden Herzog Karl, einmal in Neustrelitz zu besuchen. Seit sie Königin von Preußen ist, hat sie nur einmal – bei einem traurigen Anlaß – unter seinem Dach geschlafen, als sie im September 1803 nach Ludwigslust eilte, um die mit ihr befreundete Erbprinzessin von Schwerin, Großfürstin Helena Pawlowna, während ihrer schweren Krankheit zu besuchen. Auf der Rückreise von Ludwigslust hatte Luise mit ihrem Gemahl einen Tag auf Schloß Hohenzieritz bei ihrem Vater verbracht, Neustrelitz nur auf der Durchfahrt berührt. 1806 wollte sie ihren Vater zu seinem Geburtstag – am 10. Oktober – in Neustrelitz überraschen. Aber in jenem verhängnisvollen Jahr hatte sie der Oktober nicht in das Haus ihres Vaters, sondern an die Grenzen ihres Reiches geführt.

Luises spürt, daß sie Erholung braucht. Da für Pyrmont das Geld fehlt, könnte sie wenigstens den längst geplanten Besuch bei ihrem Vater in Neustrelitz machen. Die Staatsgeschäfte weiß sie in guten Händen, und so fällt es ihr weniger schwer, den König für kurze Zeit zu verlassen. Friedrich Wilhelm, der keine Lust auf diese Reise hat, das nur wenige Meilen entfernte Hohenzieritz aber gern aufsuchen würde – es erinnert ihn wohl ein wenig an Paretz –, erteilt ihr schließlich die Erlaubnis zur Reise. Luise jubelt, als sie dem Vater ihre baldige Ankunft melden kann. »Bester Päp«, schreibt sie am 19. Juni 1810 nach Neustrelitz, »ich bin tull und varucky. Eben diesen Augenblick hat mir der gute, liebevolle König die Erlaubnis gegeben, zu Ihnen

Königin Luise im Reitkleid, Pastell von Wilhelm Ternite.

zu kommen, bester Vater. Ich bin ganz toll, muß mich aber sammeln, da mir der König eine Menge Aufträge an Sie gegeben hat. Noch einmal, ich komme – den Montag komme ich, bleibe den Dienstag und Mittwoch allein, dann kommt der König, bleibt den Donnerstag und Freitag, und wünscht den Sonnabend nach Rheinsberg zu gehen, bleibt noch den Sonntag bei Ihnen und geht Montag wieder mit mir weg! Halleluja! … Ich glühe vor Freude und schwitze wie ein Braten, denn eben ist es erst nach Tisch ausgemacht worden. Gott, wie freue ich mich. Nein, ich kann es gar nicht beschreiben … Ich bitte tausendmal um Verzeihung über das Geschmier, bin aber tull vull und varucky …« Und »ohne Sang und Klang und Zeremonie« wolle sie empfangen werden, ganz *en famille*.

Freudig erregt teilt sie die gute Nachricht auch ihren Geschwistern Friederike, Georg und Karl mit, die schon in Neustrelitz sind. Es ist, als wäre sie von einem schweren Bann befreit, seitdem sie weiß, daß Preußen nun doch nicht ganz verloren ist. Von neuem sprudelt ihre Lebenslust in diesen Briefen an ihre Familie auf. Es bedarf ja so wenig, um ihre herzbezwingende Heiterkeit aufleben zu lassen. Wie ein übermütiges Kind, dem man eine unerhörte, nie erlebte Freude bereitet, schreibt Luise:

»Ich bin so glücklich, wenn ich daran denke, daß ich Euch beinahe acht Tage in Neustrelitz sehen werde und die gute Großmama, daß ich ordentliche Krampolini kriegen könnte. Ich verkneif' mir aber wahrhaft die Freude, weil so oft, wenn ich mich gar zu ausgelassen gefreut habe, ein Querstrich gekommen ist, und solche Kreuz- und Querstriche wären *vraiment affreux* jetzt.« Sie malt sich aus, wie der Kastellan im Schloß ihres Vaters Vorbereitungen trifft und die Geschwister sich freuen: »Der Martin geht gewiß jetzt mit Schurzfell und Maßstab im ganzen Schloß umher, reitet atemlos nach Hohenzieritz und kommt zurück und sagt: ›Ich habe sie alle untergebracht.‹ Du und Friederike und Du, George, ihr tut brill' ›aber George‹, ›hör doch Friederike‹, geht's den ganzen Tag. Halleluja! … Ich bitte, keine Komplimente mit mir zu machen, verbitte alle Aufwartung von Adel, solche Mombilien bringe ich mit, und alles, was *gêne* heißt. Einen Tag werde ich wohl Cour haben müssen, der

Dezenz wegen, weil es mir sonst möchte übel genommen werden; doch alles, wie Papa es will ... Hussassa tralala, bald bin ich bei Euch ... Dicke Milch und etwas Erdbeeren schafft dem König zum Tee, wenn das letztere in denen Frimaten noch nicht so rötet; so sagts Papa *nicht*, sonst ängstigt es ihn ... Da der Rex kömmt, so kostet es mir nichts als Stubenaufwartung, was nicht zu verwerfen ist, da ich nun einmal sehr schenerös bin. *Mon dieu, je suis toll.* Ich habe Euch soviel zu verzählen tun. Die gute Alte (die Großmama), hätte ich nur Geld für sie und Friederike nach Karlsbad, *mais je suis une pauvresse.* Wenn ich nur eine halbe Million hätte, die das Schlafzimmer in Compiègne gekostet hat von Marie Louise ... Ich bin noch nicht avanciert als im Glück, welches mich bald mit Euch vereinigt ... Heute ist es warm und windig, und in meinem Kopf sieht es aus wie in einem illuminierten Guckkasten. Alle Fenster mit gelben, roten und blauen Vorhängen sind hell erleuchtet. Hussa Teufelchen! – Adieu! Nun will ich der Großmama vernünftig schreiben. Eure Luise.« Und auf die Rückseite des Briefbogens schreibt sie den Satz: »Wir bringen keinen Arzt mit; wenn ich den Hals breche, so klebt ihn mir Hieronymi (der Leibarzt ihres Vaters) wieder an.«

Die Großmama bekommt einen ähnlichen Brief. Lange Zeit hat man die Königin nicht so vergnügt und ausgelassen gesehen. Sie ist überglücklich, es ist wie eine Euphorie. Am 22. Juni bekommt auch der Vater noch einmal ihr »Hussassa tralala!« zu hören. Sie ist so glücklich, daß sie »immer Psalmen singen möchte«. Mit großem Dank nimmt sie »das *dejeuné fressaille* in Fürstenberg an« und bittet »von da um Pferde, auch Gaul genannt. Der König den Donnerstag, auch von da Pferde. *Fressaille* will er nicht, aber Tee und dicke Milch und Butterbrot in Hohenzieritz. Nein, es ist zu schön! ... Atsché, bester Vater – a revoir, das ist ein Wort.«

Samstag und Sonntag, den 23. und 24. Juni 1810, verbringt Luise in Charlottenburg. Die Frage der Erziehung des Kronprinzen wird definitiv entschieden, Ancillon bestellt. Am Nachmittag ist eine große Gesellschaft bei ihr zum Tee. Sie verteilt unter Lachen und Scherzen kleine Geschenke, ein paar alte Sachen, denn für Neues hat sie kein Geld. Dann geht sie mit ihren Gästen auf der Terrasse des Charlottenburger Schlosses spazieren, zur großen Freude der Zuschauer, die sich vor dem Schloß versammelt haben. Sie ahnen nicht, daß sie ihre Königin zum letzten Mal sehen.

Gerade an diesem Tag sieht Luise besonders reizend aus. Sie trägt einen neuen großen Strohhut, der ihr sehr gut steht, und ein blaues Seidenkleid. »Nie war sie schöner«, erinnert sich der König in seinen Aufzeichnungen. Als die Gäste sich verabschiedet haben, soupieren Luise und Friedrich Wilhelm allein im Garten. Es ist ein kühler Abend. Luise fröstelt etwas, mißt diesem Umstand jedoch weiter keine Bedeutung bei. Erst später meint sie, daß sie sich an diesem letzten Abend in Charlottenburg wohl erkältet habe.

Am nächsten Morgen wird sie abreisen. Der König will in ein paar Tagen nachfolgen. Am 25. Juni um sechs Uhr morgens nimmt sie am Bett des Königs recht vergnügten Abschied von ihm, und dann besteigt sie ihren Reisewagen und fährt fröhlich allein – das heißt nur mit kleinem Gefolge – davon.

Durch Sand und Hitze geht es zunächst nach Oranienburg, wo sie noch einmal ihr Schloß, das sie als Geburtstagsgeschenk von ihrem Schwiegervater erhalten hatte, sieht, dann nach Fürstenberg an der Havel, der ersten Grenzstadt von Strelitz. Am Morgen ist sie noch bestens aufgelegt und in heiterster Stimmung, auf der schnellen Fahrt durchs mecklenburgische Land wird sie jedoch auffallend ernst. Eine seltsame, unerklärliche Trauer, ein banges Gefühl überfällt sie. Sie kann selbst nicht sagen, warum ihr auf einmal so weh zumute wird. Sie schiebt es auf die Erinnerung an den frühzeitigen Tod ihrer Mutter. Doch was auch immer es war, das Luise melancholisch stimmte, die Interpretation, die Caroline von Berg gibt, dürfte ziemlich weit hergeholt sein: »Auch hier können wir uns des Gedankens nicht erwehren, daß ein dunkles Vorgefühl ihres baldigen Dahinscheidens in ihrer Seele gelegen hat, welches in dem Augenblick, wo sie die Bande der Liebe, welche sie an diese Erde fesselten, am stärksten fühlen würde, zugleich sie mächtig bewegen sollte.«

Um die Mittagsstunde trifft die Königin in Fürstenberg ein. Als sie in den Schloßhof einfährt, sieht sie freudig überrascht ihren Vater, ihre beiden Brüder Georg und Karl und ihre Schwe-

ster Friederike – sie alle sind ihr von Neustrelitz bis hierher ent-
gegengekommen. Es ist ein überaus herzliches Willkommen.
Mit dem Ruf: »Ach, da ist ja mein Vater«, steigt sie aus dem
Wagen und fliegt in die Arme des Herzogs. Das lang erhoffte
Wiedersehen! Luise ist vor innerer Erregung überwältigt, ein
leichter Schwächeanfall ist die Folge. Im Familienkreis wird zu
Mittag gespeist. Nach Tisch tritt die Königin ans Fenster, schaut
in den Himmel und stellt erfreut fest, daß keine Regenwolke
den hellen Sommertag trübt.

Am Nachmittag gegen fünf Uhr fährt sie von Fürstenberg
weiter: Luise sitzt im offenen Wagen neben ihrem Vater, ihnen
gegenüber die drei Geschwister. Um acht Uhr am Abend kommen sie in Neustrelitz an, fröhlich begrüßt von der am Stadttor versammelten Menschenmenge. Bürgerkompagnien und
prächtig geschmückte Pferde geben ihr Geleit. Am Stadttor ist
ein Triumphbogen aufgebaut worden. Es gibt also doch »Zeremonien«: Willkommen des Bürgermeisters, die Musik spielt auf.
Die ganze Stadt hat sich prächtig herausgeputzt, alle Häuser
präsentieren sich im Blumen- und Girlandenschmuck.

Vor dem herzoglichen Schloß wartet aufgeregt die einund-
achtzig Jahre alte »Landgräfin Marie« auf die ersehnte Ankunft
der Enkelin. Beide haben sich seit dem Krieg nicht wieder gesehen. Die Königin eilt allen voraus aus dem Wagen, um ihre »liebe Großmama« zärtlich in die Arme zu schließen.

Dann kommt sie endlich zur Ruhe, um Friedrich Wilhelm zu
schreiben und ihm von den Aufregungen dieses Tages zu
erzählen: »Ich bin zitterig und beberig von dem ganzen, in
jedem Sinne heißen und anstrengenden Tage, den ich hinter mir
habe; denn obgleich Papa alles, was Empfang heißt, verboten
hatte, wurde ich in Fürstenberg formell empfangen und habe
hier einen richtigen Einzug gehalten.« Und sie schließt: »Glaube bitte, ich empfinde, wie ich muß, daß heißt mit einem von
Dankbarkeit durchdrungenen Herzen, Deine Freundschaft und
Freundlichkeit, in der Du mir eine Reise gestattet hast, die mich
so glücklich macht.«

Da Luise ihre Zeit ruhig im Kreis der Familie verbringen will,
wird nur einmal eine Hofgesellschaft eingeladen. Außerdem
bittet die Königin um den Besuch einer Jugendfreundin, um ver-

gangene Tage wieder aufleben zu lassen. Am 27. Juni findet ein
Gesellschaftsabend statt, bei dem jeder, der die Ehre und das
Glück hat, der Königin vorgestellt zu werden, von ihrer anmutigen Erscheinung schwärmt. An diesem Abend zeigt sie einigen Damen das Medaillon mit dem Bild des Königs, das sie so
gut gelungen findet: »Es ist das ähnlichste, das ich besitze«, sagt
sie, »und es verläßt mich nie.« Es ist ihr kostbarster Schatz.

Am Donnerstag, 28. Juni, trifft auch der König in Neustrelitz
ein. Über seine Ankunft erzählt er: »Etwa um fünf Uhr nachmittags kam ich in Neustrelitz an. Die ganze Familie und der
Hof empfingen mich beim Aussteigen aus dem Wagen. Meine
Frau, die mit dabei war und recht vergnügt aussah, freute sich
herzlich über den Gedanken, mich zum erstenmal als Tochter
des Hauses zu empfangen. Sie führte mich bald nach den ersten
Bewillkommnungen in ihre Zimmer und sorgte für alles, damit
ich mich vom Staube reinigen und wegen der großen Hitze
etwas erholen konnte, und versicherte mir dabei, sie hätte ihrem
Vater gesagt, es brauche keine Zimmer für mich, es würde mir
am angenehmsten sein, bei ihr einzukehren ...«

»Lieber Georg«, ruft sie ihrem Bruder zu, »nun erst bin ich
ganz glücklich.«

In einem unbeobachteten Augenblick setzt sie sich an den
Schreibtisch ihres Vaters und schreibt auf ein Blatt Briefpapier:

»*Mon cher père.*

*Je suis bien heureuse aujourd'hui, comme Votre fille, et comme
Épouse du meilleur des Époux!*

Neustrelitz; le 28. juin 1810.

Louise.«

(Mein lieber Vater! Ich bin heute sehr glücklich, als Ihre Tochter und als die Frau des besten der Männer!«)

Das sind die letzten Worte, die sie zu Papier bringt. Dem stillen Augenblick und dem ruhigen und warmen Licht in ihrer
Seele gibt sie sich ganz hin und vergißt alles um sich. Erst nach
ihrem Tod wird der Vater diesen kleinen Brief finden.

»Meine Frau, obgleich sie klagte, war sehr ›en beau‹ in Haaren frisiert und in einem dunkelblauen seidenen Kleide«, erinnert sich Friedrich Wilhelm weiter. »Ich fuhr in Gesellschaft des
Herzogs, meine Frau aber mit ihrer Großmutter usw. im offe-

nen Wagen (mein russischer Reisewagen) nach der sogenannten Schloßkoppel ..., wo auf einem geräumigen Rasenplatze
unter einer Eiche Tee und Milch serviert wurden.« Gerührt erinnert er sich, daß Luise hier alles so eingerichtet hatte, wie es
ihm gefiel. Ihm fällt die »halb frohe, halb wehmütige« Stimmung auf, in der Luise sich bewegt. Nach einem kurzen Spaziergang rund um den See besteigt man wieder die Wagen und
fährt über Neustrelitz nach Hohenzieritz.

Dorthin begibt sich die Familie auf Wunsch Friedrich
Wilhelms. Das ländliche Lustschloß des Herzogs von Mecklenburg liegt in der Nähe von Neustrelitz. »Die Wagen erwarteten
uns auf der Straße nach Myrow, wo wir einstiegen, zurück wieder durch die Stadt fuhren, die festlich mit Girlanden und Kränzen verziert, ... und nach Hohenzieritz, das gleichfalls mit
Ehrenpforten und anderen Verzierungen geschmückt war. Welcher Eintritt – und welches Ende!«

Als Luise den Wagen verläßt, fühlt sie sich auf einmal unwohl.
Sie hat leichtes Fieber, klagt über Kopfschmerzen und eine her-
aufziehende Erkältung. Doch warum sich über jede Unpäßlichkeit gleich Gedanken machen. Sie will ihrem Mann und ihren
Verwandten die Freude nicht verderben und bleibt zum Souper. Doch sie sieht so angegriffen aus, daß der König sie bittet,
am Nachmittag lieber auf dem Zimmer zu bleiben. Am frühen
Abend fühlt sie sich nicht mehr so matt und geht deshalb zur
Teestunde in den Garten hinunter.

Ursprünglich war die gemeinsame Rückreise nach Berlin auf
den 2. Juli festgesetzt worden. Luise bittet ihren Gemahl jedoch,
ihrer Familie und ihr selbst die Freude zu machen, noch einen
Tag länger zu bleiben. »Abschlagen mochte ich es nicht«, erzählt
der König, »ich stellte mich jedoch scherzend so an, als ob ich
nicht darin willigen könnte, und versteckte mich zu dem Ende
unter der Gartentreppe, wo sie mich lachend herausholte und
ich mich ergeben mußte.« Im Garten, unter den Rosenbüschen,
wird dann Tee getrunken – es sind die letzten, heiteren Stunden, die Luise im Freien verlebt. Sie hofft, am nächsten Tag mit
ihrem Mann nach Rheinsberg fahren zu können, und will sich
etwas schonen. Daher legt sie sich aufs Sofa, dann zu Bett,
immer noch heiter und guter Dinge.

Schloß Hohenzieritz, das Sterbehaus Königin Luises.

Nach einer schlechten Nacht steigt am folgenden Tag – es ist der 30. Juni – das Fieber. Hustenanfälle quälen sie so sehr, daß man Dr. Hieronymi kommen läßt. Er hält die Krankheit für ein hitziges Fieber, das bald vorübergehen werde, rät jedoch von der Weiterreise dringend ab. Beunruhigt und in ernster Sorge um seine Gemahlin verschiebt der König – ungeachtet der Einwände Luises – die Abreise nach Rheinsberg; er will erst ihre Genesung abwarten. Am Abend klagt die Königin über Schmerzen in der Brust.

Am folgenden Tag beschließt der Arzt, sie zur Ader zu lassen. Eine Kammerfrau assistiert, Friederike stützt ihre Schwester, die in Ohnmacht fällt. Beim Erwachen erklärt Luise, sich von einem Gewicht befreit zu fühlen, das sie zu ersticken drohte.

Auch am 2. Juli scheint es mit der Königin aufwärts zu gehen, so daß Friedrich Wilhelm beschließt, am nächsten Tag über Rheinsberg nach Berlin zu reisen, wo dringende Staatsgeschäfte auf ihn warten. Er verspricht, in wenigen Tagen wiederzukommen, um Luise abzuholen, und reist einigermaßen beruhigt ab, da der Arzt ihm gesagt hat, es gebe keinerlei Grund zur Besorgnis. Von Gefahr gar könne keine Rede sein. In einigen Tagen sei die Königin wieder so weit hergestellt, daß sie ihm folgen könne.

Im Lauf der folgenden Woche fühlt Luise sich tatsächlich auf dem Weg der Besserung. Die Temperatur fällt, und auch der Husten läßt nach, aber sie ist matt und schwach; nach dem Aufstehen wird sie mehrmals ohnmächtig. Ihre Zimmer in Hohenzieritz gehen nach Süden; die Sonnenseite, die ihr zunächst so angenehm war, bringt nachmittags unerträgliche Hitze. Der Herzog bietet ihr seine Gemächer im unteren Stockwerk an; in der Eile können die Betten nicht gewechselt werden, so daß Luise sich kurz entschlossen in das Bett ihres Vaters legt.

Freundlich und still wartet sie auf ihre Genesung. Sie ist am liebsten allein, mehrere Menschen im Zimmer rufen in ihr ein Gefühl der Beklemmung hervor. Am elften Tag ihrer Krankheit hustet sie Blut. Der Arzt sieht darin die Ursache des hitzigen Brustfiebers.

Dann wird auch der König krank. Gleich nach seiner Ankunft in Charlottenburg legt er sich mit Fieber zu Bett. Die Bulletins Hieronymis aus Hohenzieritz sind nicht beunruhigend. Erst auf einen Wink von Prinz Solms-Lych, der dem König sagt, es scheine ihm, der Königin gehe es schlechter, als man annehme, sendet Friedrich Wilhelm – da Hufeland sich in Holland aufhält – Geheimrat Dr. Ernst Ludwig Heim, einen der berühmtesten Ärzte Berlins, zu seiner Frau nach Hohenzieritz; er soll ihn ständig auf dem laufenden halten. Die beiden Ärzte, Hieronymi und Heim, kommen übereinstimmend zu der Ansicht, der Zustand Luises sei zwar ernst, aber nicht bedenklich. Sie habe eine heftige Lungenentzündung, doch seien weitere Komplikationen nicht zu befürchten, so lange sich nicht außer dem schon geöffneten Lungengeschwür noch weitere bildeten. Allerdings müsse sich die Kranke noch sehr schonen. In einigen Wochen sei sie sicherlich wieder vollkommen hergestellt. Schon schmiedet Luise Pläne, sich nach Charlottenburg zu ihrem Mann bringen zu lassen. Heim ist so beruhigt über den Gesundheitszustand der Königin, daß er keine Bedenken gegen die Reise erhebt.

Doch innerlich ist Luise aufgewühlt und voller Unruhe. Ein Brief, den Friedrich Wilhelm ihr schreibt, bewegt sie so sehr, daß sie das Blatt auf ihr Herz legt. Sie will sich nicht davon trennen, wieder und wieder möchte sie es lesen. »Ach, welch ein Brief!«

sagt sie mehrmals. »Wie glücklich ist doch, wer solche Briefe empfängt.«

Am 12. Juli abends fährt Heim nach Berlin zurück, um dem König über die Krankheit seiner prominenten Patientin Bericht zu erstatten. Friedrich Wilhelm ist nicht reisefähig, und auch Luise will nicht, daß er die Strapazen der Fahrt auf sich nimmt. Der König meint, wahrscheinlich habe sie ihm den traurigen Anblick ihrer Leiden ersparen wollen. Denn sie leidet tatsächlich unsagbar.

Nach heutigen medizinischen Kenntnissen dürfte die Diagnose tatsächlich Lungenentzündung mit quälendem Husten und starkem Fieber lauten. Doch während die Lungenentzündung nach einem nicht besorgniserregenden Verlauf langsam wieder zurückgeht, stockt der Genesungsprozeß. Eine höchst bedenkliche Wendung tritt ein: Das schwache Herz bewältigt die Kreislaufstörungen nicht mehr. Im Herzen selbst entsteht ein Blutgerinnsel, das heftige Brustkrämpfe und schwere Beklemmungen auslöst.

Das Fieber verläßt sie keinen Augenblick. Friederike ist Tag und Nacht bei ihrer geliebten Schwester und pflegt sie aufopferungsvoll. Später kommt auch Caroline von Berg; beide wachen ständig an Luises Krankenbett.

Am 13. Juli feiert Prinzessin Charlotte ihren zwölften Geburtstag; sie schreibt ihrer Mutter in einem Brief, daß sie sie an diesem Tag schmerzlich vermisse. Das Schreiben ihrer Tochter rührt die Königin so sehr, daß Friederike, die es ihr vorliest, das Vorlesen unterbrechen muß. Luise hat diesen Brief nie zu Ende gehört.

Von Tag zu Tag verschlechtert sich der Zustand der Königin. Der Atem wird kurz und der Husten andauernder. Herzbeklemmungen bereiten ihr furchtbare Schmerzen. Friederike und Caroline von Berg wechseln sich am Krankenbett ab. Die Familie scheint besorgter zu sein als Luise selbst. Als sie ihren Vater und ihre Großmutter mit sorgenvoller Miene sieht, sagt die Königin: »Ach, wenn die Angst um mich Sie nur nicht auch krank macht.«

So vergehen die Tage und die Nächte, die schlaflosen. Sobald der quälende Husten nachläßt, fühlt Luise sich leichter, dann fragt sie nach ihrem Gemahl, ihren Kindern. Ihr Geist ist hellwach, und so lassen sich schließlich alle in ihrer Umgebung unwillkürlich über die Gefahr ihrer Krankheit täuschen. Immer heiterer wird sie, sie hat wieder Appetit und findet nachts auch Schlaf. Am 14. und 15. Juli – einem Sonnabend und einem Sonntag – sieht die Welt schon wieder besser aus; Luise empfängt Friederikes Kinder und freut sich über sie, als wären es ihre eigenen. Sie macht sich Sorgen um ihre Kinder, ahnt sie doch die Ängste, die sie ihren Lieben durch ihre Krankheit verursacht.

Am folgenden Morgen läßt Luise sich in aller Frühe Zeitungen vorlesen, doch um acht Uhr wird sie erneut von heftigen Brustkrämpfen geschüttelt. Bis ein Uhr am Mittag dauert der Kampf gegen das Ersticken; fünf ewig lange Stunden sieht sie sich schon an der Schwelle des Todes: »Ich habe geglaubt, mein Ende sei nah.«

Nach diesem schweren Anfall gibt Hieronymi sich keinen Illusionen mehr hin: Die Patientin ist verloren. Atemnot und Erstickungsanfälle können jeden Augenblick das Ende herbeiführen. Die Brustkrämpfe scheinen ihm die Folge eines unheilbaren Herzfehlers zu sein. Es ist hoffnunglos. Schweren Herzens bereitet er den Herzog darauf vor, daß die Königin, soweit er es voraussehen könne, Hohenzieritz wohl nicht mehr lebend verlassen werde. Auch der König muß so rasch wie möglich benachrichtigt werden. Ein Kurier wird abgesandt. Dr. Heim eilt wieder herbei, von zwei weiteren Ärzten begleitet, dem Chirurgen Görcke und dem Mediziner Dr. Schmidt aus Berlin.

Ihre Diagnose ist deprimierend. Immer mühevoller ringt die Königin nach Luft. Heim notiert in sein Tagebuch: »17. Juli. Ich fand die Königin schlechter, als ich mir vorgestellt hatte. Der Pulsschlag 120 bis 130 Mal in einer Minute. – 18. Juli. Fast den ganzen Tag bei der Königin gewesen. Da sie vormittags und nachmittags einige Stunden geschlafen hatte, war ihr Geist munter.«

Auch Görcke findet den Zustand der Patientin »höchst bedenklich«, wie er von Hohenzieritz an den stellvertretenden Leibarzt des Königs, Dr. Wiebel, nach Charlottenburg berichtet. »Mit der größten Besorgnis halten wir die allvortreffliche Königin in der größten Gefahr. Man wünscht recht sehnlich, daß des Königs Majestät Seine Reise so bald wie möglich beschleunigen. Das halte ich für Pflicht zu sagen.«

In den Morgenstunden des 17. Juli sind die Brustkrämpfe weniger heftig. Alle erdenklichen Mittel werden aufgeboten, und sie scheinen auch Erfolg zu haben. Luise fühlt ihre Beschwerden etwas gelindert. Und wer am Tag darauf nach mehrstündigem Schlaf in ihr helles, waches Gesicht blickt, ist für jeden schmerzfreien Augenblick, den die Königin erlebt, dankbar. Doch dann wird das Atmen wieder schwerer und schwerer. »Luft, Luft!« seufzt sie. Sie fühlt sich nun immer matter: »Ich bin Königin, aber meinen Arm kann ich nicht bewegen.«

Die Nacht von Mittwoch auf Donnerstag scheint ruhig zu vergehen. Die Kranke dankt Gott und den Ärzten für jede Erleichterung ihrer Leiden. Der Herzog legt sich – auf dringenden Wunsch seines Leibarztes – für einige Stunden nieder, gibt aber Anordnung, ihn zu rufen, sobald sich der Zustand seiner Tochter verschlimmere.

Friedrich Wilhelm, der sich selbst gerade erst von einer Krankheit erholt hat, stürzt die am 18. Juli mittags in Potsdam überreichte Nachricht von der Todesgefahr, in der seine Gemahlin schwebt, in heillose Verzweiflung. Wie immer in solchen Situationen, kann er zunächst keinen klaren Gedanken fassen und sich zu keiner Entscheidung durchringen.

»Ich verlor darüber dermaßen die Fassung«, schreibt er, »daß ich gar keinen vernünftigen Entschluß fassen konnte. Den Zustand, in dem ich mich befand, zu beschreiben, ist unmöglich; ich war wie wahnsinnig und wollte mir doch äußerlich nichts anmerken lassen … Sobald ich mit Hardenberg fertig war, reiste ich ab und nahm meine beiden ältesten Söhne mit … Alles zerfloß in Tränen, schrecklich war die Abreise, aber um wieviel schrecklicher die Zurückkunft.«

Um Mitternacht wird Luise unruhig. Wieder Brustkrämpfe, die ihr den Atem rauben. Das Fieber steigt, mehrmals verlangt sie zu trinken. »Luft, Luft!« Friederike, die an ihrem Bett wacht, hört sie leise stöhnen. Ein neuer Krampf schüttelt sie.

»Hast du wieder Schmerzen?«

»Ach nein«, antwortet Luise, »ich fühle mich nur so matt, und wenn die bösen Krämpfe kommen, ist mir so, als sollte ich ausbleiben.«

Heim tritt an ihr Bett, die Königin ergreift seine Hand, bittet ihn, den erfahrenen Arzt, inständig um Hilfe. Sie fühle eine brennende Hitze, ob es denn nicht kühle, wenn er ihr etwas Eau de Cologne zwischen ihre Hände gieße. Auf ihrer Stirn steht kalter Schweiß. Heim braucht ein Tuch nach dem anderen, um ihr das Gesicht zu trocknen, das er ihr dann mit Eau de Cologne einreibt. Sie ist bei klarem Bewußtsein. Um zwei Uhr nachts sagt sie plötzlich: »Aber bedenken Sie, wenn ich dem König stürbe – und den Kindern!«

Dann spricht sie von der Ankunft ihres Mannes, wie leid es ihr tue, daß er sie so krank sehen müsse. »Wär es doch erst Tag!« Sie fragt, wieviel Uhr es sei, ob denn die Sonne noch nicht aufgehe und was wohl heute für ein Tag werde, ein trüber oder ein heller? Der Morgenhimmel sei mit Wolken bedeckt, sagt Heim, es werde wohl einen trüben Tag geben. Und Luise, die sich sonst über jeden sonnigen Tag freut, ist froh, daß der aufgehende Tag ihr Kühlung in der Fieberhitze verspricht.

Sie fleht den Arzt an, etwas zu versuchen, ihr beim nächsten Anfall Erleichterung zu verschaffen. Doch er kann nichts für sie tun. Auf ihrem blassen Gesicht zeichnen sich die ersten Todeskrämpfe ab. Ahnt sie, daß ihr Ende naht? Dann wird sie ungeduldig. »Ist der König noch nicht da?« Am frühen Morgen weckt man den Herzog. Er stellt Heim Fragen, doch dieser senkt nur den Kopf.

Gegen fünf Uhr fährt ein Wagen die Wege von Hohenzieritz hinauf, endlich treffen der König und seine beiden ältesten Söhne, der fünfzehnjährige Kronprinz Friedrich und der dreizehnjährige Prinz Wilhelm, ein. Dr. Wiebel hat sich ihnen angeschlossen. Ein Julimorgen mit dichten Regenwolken, die ersten Strahlen der aufgehenden Sonne ringen noch mit der Dämmerung. »Der König ist da«, teilt Heim der Todkranken mit.

Als Luise ihren Gemahl erblickt, sagt sie mit schwacher Stimme: »Mein lieber Freund, wie freue ich mich, dich zu sehen, gut, daß du wieder da bist.« Immer wieder umarmt sie ihn, drückt ihn an ihr Herz. »Es ist doch besser, beieinander zu sein, es ist doch mehr Trost.« Der König kann seine aufgewühlte Stim-

mung nur schwer verbergen. »Bin ich denn so gefährlich
krank?« fragt sie, als er sich über sie beugt. Ein heftiger Krampf,
das Atemholen ist kurz, stöhnend, bisweilen konvulsivisch.
Nein, nein, er habe die beste Hoffnung, er glaube nicht, daß
sie in Gefahr sei. Seine Tränen kann er nicht zurückhalten. Er
weine, sie so leiden zu sehen, versichert er rasch. »Gottlob, daß
ich da bin«, ruft er.
»Bist du in der neuen Betarde gereist?«
»Nein, im gewöhnlichen offenen Wagen«, antwortet er.
»In der Nacht, nach deinem Fieber?« fragt sie aufgebracht.
Die Stimme gehorcht ihr kaum noch.
»Du siehst, es hat mir nicht geschadet.«
»Wer ist denn mit dir gekommen?«
»Fritz und Wilhelm.«
»Ach Gott, welche Freude«, sagt sie. Der König spürt, wie ihre
Hand in der seinen zittert. Kaum noch Herr seiner Gefühle, ruft
er: »Ich werde sie holen.«
Luise blickt ihm nach; sie scheint sich zu entspannen. Zu den
Umstehenden sagt sie: »Der König tut, als ob er Abschied von
mir nehmen wolle. Sagt ihm doch, er solle das nicht tun – ich
stürbe dann gleich.«
Als Friedrich Wilhelm mit den beiden Söhnen das Zimmer
wieder betritt, sagt sie: »Wie freue ich mich, lieber Fritz, lieber
Wilhelm, euch wiederzusehen.« Die Söhne stürzen an das Bett
der Mutter, können ihre Tränen nicht mehr zurückhalten. Auch
Luise ist sehr bewegt, man will ihr ein bißchen Ruhe gewähren,
daher verlassen alle das Zimmer.
Sie gehen und kommen wieder, wenn Luise für ein paar
Augenblicke Ruhe vor den Krämpfen findet. Nur mühsam
bewahrt Friedrich Wilhelm die Fassung. Unter welcher Anspan-
nung er steht, verrät eine Äußerung, die er gegenüber der
Großmutter Luises vor der Tür macht. »Ach«, entgegnet er, als
sie ihn trösten will, »wenn sie nicht mein wäre, würde sie leben;
aber da sie meine Frau ist, stirbt sie gewiß.«
Heim nimmt diesen Augenblick vor der Tür zum Kranken-
zimmer wahr, mit dem König unter vier Augen zu reden.
Die Augenblicke der Sterbenden seien gezählt. »Die Königin
hat nur noch kurze Zeit zu leben, Majestät. Wenn Sie sie noch

allein sprechen, ihr etwas Vertrautes sagen oder von ihr hören wollen, zögern Sie nicht.«

Eine Minute lang steht Friedrich Wilhelm stumm vor dem Arzt. »Heim, bin ich nicht ein sehr unglücklicher Mann?« sagt er schließlich. Dann faßt er sich und geht wieder zu ihr hinein. Sie sind allein. Die Krämpfe haben nur wenig nachgelassen, auch die Herzbeklemmung bleibt. Überwältigt vom Schmerz sinkt Friedrich Wilhelm an ihrem Bett nieder, küßt ihre Hände und schluchzt: »Es ist nicht möglich, daß es Gottes Wille sein kann, uns zu trennen. Ich bin ja nur durch dich glücklich, und nur durch dich hat das Leben allein noch Reiz für mich. Du bist ja mein einziger Freund, zu dem ich Zutrauen habe.«

König Friedrich Wilhelm III. mit den beiden ältesten Söhnen am Sterbebett von Königin Luise am 19. Juli 1810.

»Und Hardenberg ...« wirft sie mit matter Stimme ein.

»Sollte Gott aber anders gebieten, so nimm mich mit.« Er ist vollkommen verzweifelt. Luise greift diese Szene furchtbar an.

»Hast du noch etwas auf dem Herzen ... einen Wunsch?«

»Nein ...«

»Wirklich nicht?«

»Dein Glück und die Erziehung der Kinder.« Dabei lächelt sie ihm schmerzlich zu und sagt leise:»Mach mir nicht noch so eine Szene und bedaure mich nicht, sonst sterbe ich.« Sie küßt ihn zum letzten Mal auf den Mund und drückt ihm zärtlich die Hand, als er sie fragt, ob sie ihm noch gut sei.

Wieder ringt sie nach Luft. Der König geht zur Tür, ruft um Hilfe, und Heim stürzt herbei. Auch ihm sagt sie:»Der König ist so gut, aber keine neue Szene, sonst sterbe ich.« Der Arzt versucht sie zu beruhigen. Sie wendet sich Friedrich Wilhelm zu:»Fürchte dich nicht, ich sterbe nicht.« Sie ergreift seine linke Hand.

Alle nur erdenklichen krampflösenden und andere lindernde Mittel werden gegeben – umsonst. So kommt die neunte Stunde, die Todesstunde. Ein erneuter Krampfanfall. Angstschweiß steht auf ihrer Stirn. Noch einmal werden einige Mittel probiert – vergebens.»Luft! ... Luft!« stöhnt Luise wieder. Hieronymi rät ihr, die Arme auszubreiten und höher zu legen. »Das kann ich nicht!« Der Arzt hilft ihr, die Arme etwas weiter abzuhalten.»Das bringt mir den Tod.« Und bald darauf:»Ich sterbe von oben herunter.« Nur einen Augenblick lang hält der Arzt die Arme oben. Dann läßt er sie wieder sinken.»Ach, mir hilft nichts mehr als der Tod.«

Der König sitzt am Rand des Bettes. Er nimmt ihre kühle rechte Hand, versucht sie zu wärmen. Auf der anderen Seite kniet Friederike, sie hält die linke Hand der Sterbenden. Caroline von Berg steht am Kopfkissen, den Kopf ihrer Freundin stützend. Die drei Ärzte – Heim, Hieronymi und Görcke – sind vollkommen ratlos, wissen keine Hilfe mehr.»Ach, Herr Jesus, verlaß mich nicht.«

Wenige Minuten vor neun Uhr vormittags der letzte Krampf. Luise biegt den Kopf zurück, blickt zur Decke, öffnet weit ihre großen blauen Augen und stöhnt:»Herr Jesus, o Jesus, mach es kurz!«

Noch einmal atmet Luise hörbar auf. Dann sinkt sie zurück, stirbt mit einem letzten Seufzer.

Es ist fünf Minuten vor neun Uhr, am Morgen des Mittwoch, 19. Juli 1810, als das Herz Preußens aufhört zu schlagen.

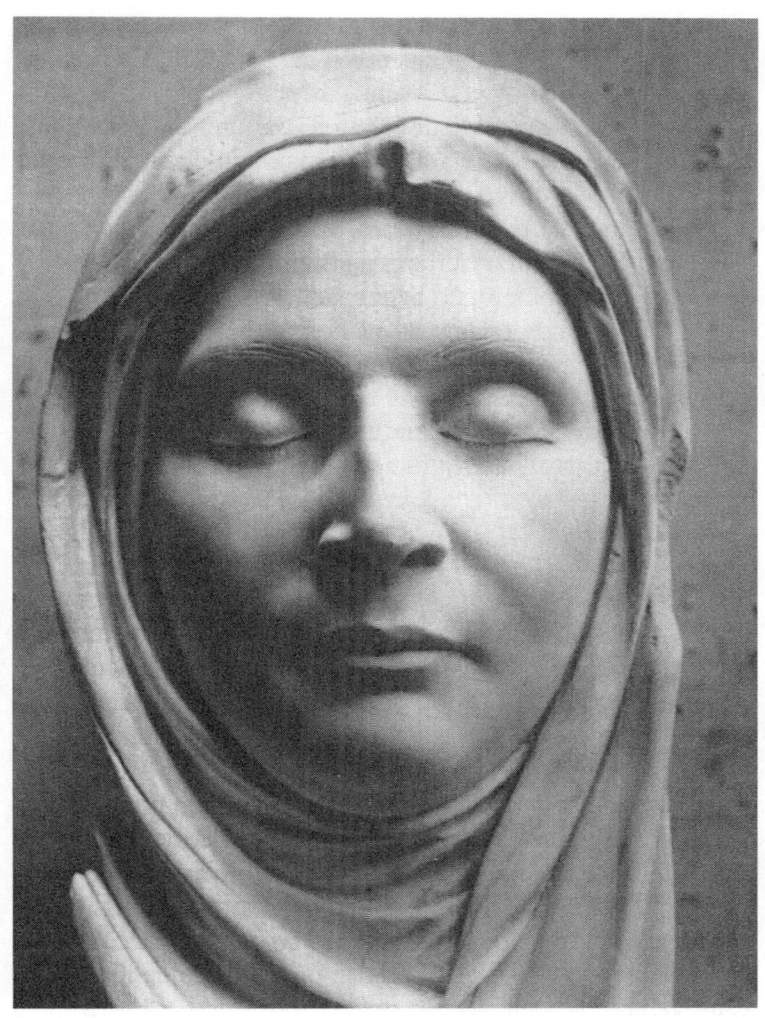

DAS HERZ PREUSSENS

Vom Schmerz überwältigt ist Friedrich Wilhelm niedergesunken. Er rafft sich auf und drückt Luises Augen zu, die nun im Tod gebrochen sind, aber alle erinnern sich, daß der letzte Blick so sanft und klar war, daß er aus dem Grunde ihrer Seele zu kommen schien. Das Gesicht der Verstorbenen scheint im Tode noch schöner geworden zu sein, die glatte Stirn und der ruhige Ausdruck um den Mund deuten an, daß jeder Kampf für immer vorüber ist. Der König hat alles verloren. Seine Verzweiflung und sein Schmerz über den Verlust kennen keine Grenze. Er will seine Söhne, die er in den Garten geschickt hatte, hereinrufen; er hat ihnen ersparen wollen, den Todeskampf ihrer Mutter mit anzusehen. Doch jegliche Kraft hat ihn verlassen, er sinkt auf einen Stuhl. Es ist sein jüngerer Schwager, Prinz Karl von Mecklenburg, der Fritz und Wilhelm weinend auf der Schloßtreppe stehen sieht und ihnen zuruft: »Es ist zu Ende. Kommt herein!«

Der König erhebt sich, nimmt seine Söhne bei der Hand und führt sie an das Totenbett. Sie fallen auf die Knie und weinen haltlos. Der Vater und der Großvater fallen einander in die Arme und halten sich lange umfaßt.

Nur eine Stunde nach dem Tod Luises treffen ihre älteste Tochter, Prinzessin Charlotte, und ihr dritter Sohn, Prinz Karl, in Hohenzieritz ein. Ihre Hoffnung, die Mutter noch am Leben zu finden, war vergeblich. Der Vater geht ihnen bis an die Tore des Schloßhofes entgegen und führt auch sie ins Sterbezimmer. Gegen Abend treffen die beiden Schwestern des Königs, die

Prinzessinnen Wilhelmine von Oranien und Auguste von Hessen-Kassel, ein. Immer wieder kehrt der König in den Raum zurück, in dem Luise kalt und leblos liegt. Auch die Kinder können sich nicht von ihr trennen. Im Schloßgarten pflücken sie Blumen, um sie auf die Tote zu streuen. Der König legt ihr einen Zweig vom Rosenstock mit drei Knospen auf die Brust, in die Nähe des Herzens. Friedrich Wilhelm nennt diesen 19. Juli den unglücklichsten Tag seines Lebens. Noch am Todestag seiner Frau schreibt er alles nieder, was er durchgemacht hat.

Am Tag darauf wird der Leichnam obduziert. »Was wir zu finden geglaubt hatten, fanden wir nicht«, notiert Heim in sein Tagebuch. Erst jetzt wird offenbar, welch schwere Krankheit die Königin heimgesucht hatte und daß nichts zu ihrer Rettung versäumt worden war. Die Resultate der Sektion: ein Geschwür in der Lunge, schon aufgebrochen, ein angewachsener Lungenflügel und ein Polyp im Herzen. Man sorgt für die Konservierung des Leichnams, er wird in Tücher geschlagen, die in Spiritus getaucht sind; nur eine Hand muß herausgelassen werden, so groß ist das Gedränge derer, die sie küssen wollen.

Vor der Abreise gehen alle Kinder noch einmal zur toten Mutter. Schluchzend küssen sie und der König die kalte Stirn und die Hände und nehmen für immer Abschied von ihr. Dann reisen sie heim, am 20. Juli, nachmittags um sechs Uhr.

Seinem Bruder Wilhelm schreibt Friedrich Wilhelm am Tag darauf: »Lieber Bruder! Ich habe das grenzenlose, unaussprechliche Unglück gehabt, mein ganzes Glück zu verlieren. Meine Frau ist mir durch den Tod entrissen. Sie starb in Hohenzieritz den 19. nach einem dreiwöchentlichen Krankenlager, das nur in den drei letzten Tagen Besorgnis erregte, am Brustkrampf nach gehabter Lungenentzündung. Ich bin gänzlich trostlos! Mehr zu schreiben vermag ich nicht. Bedaure mich, lieber Bruder, so wie es Deine Frau auch tun wird, der ich mich empfehle. Lebe wohl! Friedrich Wilhelm.«

Am 25. Juni war Luise von Charlottenburg nach Neustrelitz aufgebrochen. Am 25. Juli, früh am Morgen, um fünf Uhr nach Sonnenaufgang, verläßt der Trauerwagen mit der toten Königin das Schloß. An der mecklenburg-preußischen Grenze nimmt ein Ehrengeleit die sterbliche Hülle Luises in Empfang, die Prinz Karl, der Halbbruder der Königin, begleitet, und überführt die Königin nach Berlin.

Wie anders ist die Heimkehr! In einem schönen Reisewagen, mit den größten Hoffnungen für eine bessere Zukunft war Luise fröhlich nach Strelitz gefahren, und nun bringt sie ein Sarkophag zurück.

In Anwesenheit Heims und Görckes ist die Leiche bei ihrer Ankunft auf dem Wedding vor Berlin aus dem Reisesarg in einen Paradesarg umgebettet worden. Nun bereitet die Hauptstadt Luise ein großartiges Begräbnis. Wie von Sinnen ist die ganze Stadt, in die die sterblichen Überreste der Königin am 27. Juli zurückkehren. Zehntausende sind auf den Beinen, der Wagen fährt durch ein Spalier schwarzer Fahnen und Standarten. Trommelwirbel, Trauergeläut von den Kirchtürmen. Es ist ein düsteres Spektakel; man spürt allenthalben, daß hier das Herz Preußens, seine Stimme und sein schönstes Symbol, zu Grabe getragen wird. Am Brandenburger Tor, am Königspalais und am Schloßportal hat Direktor Iffland die Sängerinnen und Sänger des Nationaltheaters aufgestellt; sie empfangen den Trauerzug mit Chorälen.

Am Abend, nach acht Uhr, erreicht er das Schloß. An der Treppe wird der Sarg von Kammerherren vom Wagen gehoben und die Stufen hinaufgetragen. Der König geht ihm mit den Kindern entgegen und schreitet dann vor ihm her bis ins Thronzimmer, in jenen Saal, in dem die Königin Preußen den Treueschwur geleistet hatte. Hier wird der Sarg unter dem Thronhimmel abgesetzt.

In der Nacht zum 28. Juli halten auf der einen Seite des Thronzimmers die Hofdamen und die Kammerfrauen, auf der anderen Seite zwei Kammerherren und zwei Majore, im Vorzimmer zwölf Unteroffiziere die Ehrenwache. An den drei folgenden Tagen bleibt die Königin im Paradesarg aufgebahrt, auf einer mit violettem Samt geschmückten Estrade unter dem Thronhimmel. Am Kopfende links stehen zwei Sessel mit zwei goldfarbenen Kissen – auf dem einen liegt die Königskrone, auf dem anderen der russische Katharinenorden der Königin.

Sechs Kandelaber mit Kerzen tauchen den Raum in ein düsteres Licht.

Der Andrang derjenigen, die von Luise Abschied nehmen wollen, ist so groß, daß Polizei und Bürgergarden nicht ausreichen, um die Massen, die Einlaß begehren, in Schach zu halten. Es muß berittene Garde angefordert werden. Dennoch kommt es zu Tumulten. Einige bekommen es mit der Angst zu tun und flüchten. Es geht das Gerücht um, auf dem Schloßplatz sei alles in Aufruhr. Die Menge drängt sich um den Katafalk. Hohl klingen die Glocken in den Raum, dessen flackernde Lichter den Eindruck eines schrecklichen, unbegreiflichen Geschehens noch verstärken.

Bis zum 30. Juli mittags bleibt der Sarg im Schloß ausgestellt. Dann wird der Deckel noch einmal gehoben: Im Beisein der Minister und anderer offizieller Personen wird die Urkunde ausgefertigt, welche die Identität der Leiche feststellt. Dann schließt man den Sarg endgültig, um ihn am Abend in der zur provisorischen Ruhestätte bestimmten Sakristei der Domkirche beizusetzen.

Ein Sarg aus Lindenholz, mit schwarzem Samt beschlagen, umschließt die sterblichen Reste der Königin. Um halb acht Uhr setzt sich der Leichenzug vom Schloß aus in Bewegung. Der Weg zum Dom ist nicht weit. Der Leichenwagen wird von acht Pferden gezogen; man hat ihren schwarzsamtene Decken über ihre Rücken gelegt, die mit schwarzen Adlern auf silbernem Grund und goldenen Palmzweigen geschmückt sind. Acht königliche Stallmeister führen den Leichenwagen, an der Spitze des Trauerzuges marschiert ein Gardetrupp zu Fuß. Dann folgen die Marschälle der Stände, die Hofstaaten und Hofbeamten, die Kammerfrauen und die Hofdamen der Königin sowie ihre Oberhofmeisterin von Voß und ihr Oberhofmeister von Schilden. Zu beiden Seiten des Sarges schreiten vierundzwanzig Kammerherren.

Hinter dem Sarg geht der König, gefolgt von den königlichen Prinzen und Prinzessinnen, das jüngste Kind – Prinz Albrecht – auf den Armen seiner Amme. Danach die Generaladjutanten, Feldmarschall von Kalckreuth und Staatskanzler von Hardenberg, die Minister des preußischen Kabinetts, die Hofstaaten der Prinzen und schließlich, ohne jegliche Rangfolge – wie Friedrich Wilhelm es gewünscht hat – Hunderte von Trauernden, die Luise auf ihrem letzten Weg begleiten.

An der Kirchentür empfangen die Domgeistlichen den Sarg. Eine Abteilung des Garde du Corps stellt sich am Eingang zur Sakristei auf. Hier soll Luise ruhen, bis das Mausoleum im Schloßgarten zu Charlottenburg, das der König ihr bauen will, fertiggestellt sein wird. Der Sarg wird von den Kammerherren durch die Kirche zur Sakristei getragen, die nur vom König und einigen weiteren Personen betreten wird. Konsistorialrat Sack, der erste Hofprediger, spricht ein Gebet am Sarg; er hatte die Königin sechzehn Jahre zuvor mit Friedrich Wilhelm getraut.

Auch der König spricht ein stilles Gebet. Dann verläßt er mit seinen Kindern die Sakristei, das Trauergefolge nach ihm die Kirche. Ein Chor singt:»Wachet auf, ruft uns die Stimme.«

Alle, die sie bewundert und geliebt haben, haben sie auf ihrem letzten Weg begleitet, nur Zar Alexander von Rußland fehlt. Er erweist dem König die üblichen Beileidsbezeugungen, und dann wird Königin Luise in ihrer Korrespondenz nie mehr erwähnt.

»Sie ist durchs Herz gestorben, sie, die nur darin lebte«, sagt Marianne, Luises Schwägerin, die ihr so nahe stand.

MEMENTO

Im Park von Charlottenburg stand ein Tempelchen, im griechischen Stil erbaut. Diesen abgeschiedenen, stillen Ort hat Luise geliebt, und immer, wenn sie in diesem Schloß war, hat sie ihn besucht, um hier Ruhe zu finden. Der König läßt das kleine Gebäude auf die Pfaueninsel versetzen und auf dem Platz, wo es gestanden hat, einen im Stil ähnlichen, aber größeren Tempel errichten. Acht Stufen führen durch das eiserne Tor hinauf ins Innere des Mausoleums; das Äußere ist aus rotem Granit, vier dorische Säulen tragen das Dach. Alpha und Omega auf der Vorderseite des dreieckigen Giebels erinnern an den, der selbst ohne Anfang und ohne Ende ist.

An diesen letzten Ruheort werden die sterblichen Überreste Luises am 23. Dezember 1810 überführt – genau ein Jahr nach ihrer Rückkehr aus der Verbannung und siebzehn Jahre nach dem triumphalen Einzug der jungen Braut in Berlin. Das Gebäude steht am Ende eines Weges, der durch Licht und Schatten führt. Der Lärchenhain, durch den er verläuft, vermag, obgleich dunkel und dicht, weder das Licht des Tages noch den Mondschein der Nacht ganz abzuschirmen. Das einfach erbaute, kleine Gebäude wird auf allen Seiten von Bäumen – Fichten und Lärchen, Eiben und Zypressen – geschützt.

Im Lauf der Jahre wurde die Fassade dunkel und mit Grünspan überzogen. Das Schweigen des Parkes wird hin und wieder unterbrochen vom Ruf der Vögel und vom leisen Rauschen der Blätter. Hinter einer massiven Tür mit schwerem Klöppel dringt blaues Licht durch ein Glasdach und überflutet den Sarkophag der Königin. In weißem Marmor ruht sie in Lebensgröße, den Kopf leicht zur Seite geneigt, mit verschränkten Armen, in die Besucher oft Veilchen legen. Neben ihr die Grabstätten Friedrich Wilhelms III., seines Sohnes Kaiser Wilhelm und dessen Frau. Der Rest der Halle ist düster und kahl.

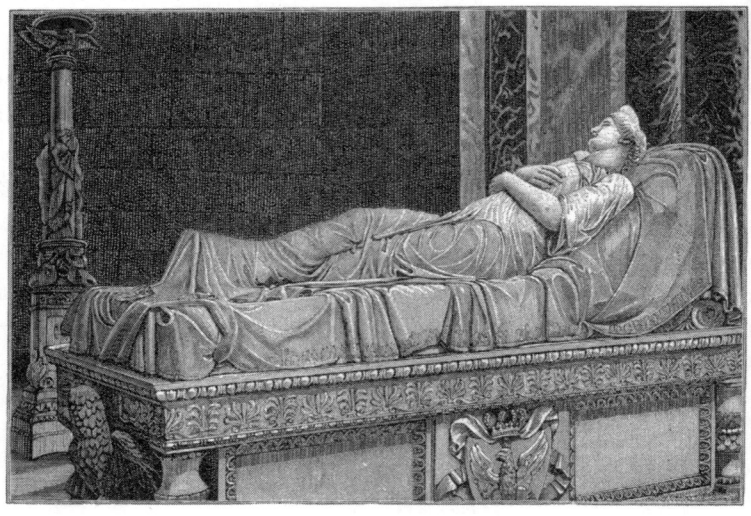

Das Mausoleum im Schloßpark von Charlottenburg.

Luises Denkmal im Innern des kleinen antiken Tempels ist von dem Bildhauer Christian Daniel Rauch geschaffen worden. Zwei Jahre arbeitete er daran. Luises Großzügigkeit hatte ihm einst geholfen, sein ungewöhnliches Talent auszubilden. Nun stellt er es in ihren Dienst. Die ruhende Gestalt drückt in wunderbarer Weise alles aus, was die Zeitgenossen an ihrer Königin berührt hat. Nichts kann schöner sein als dieses Mausoleum in Charlottenburg an einem Frühlingstag. Luise liebte diese Jahreszeit, sie entsprach ihrer seelischen Grundstimmung.

Im Jahr 1813, am Geburtstag der Königin, stiftet Friedrich Wilhelm III. den Orden des Eisernen Kreuzes und im darauffolgenden Jahr den Luisenorden. Die Insignien des Luisenordens bildet ein schwarz emailliertes, goldenes Kreuz mit einem blau-

en Mittelschild, das vorn den Buchstaben L mit einem Ster-
nenkranz und hinten die Zahlen 1813 und 1814 zeigt; es wird
an dem weißen Band des Eisernen Kreuzes mit einer Schleife
an der linken Brust getragen:»Frauen und Mädchen können
den Orden erhalten«, verfügt der König,»sofern sie dem Vater-
lande durch Geburt oder Verheiratung angehören oder natio-
nalisiert sind. Die Zahl der Ordensdamen ist auf hundert
beschränkt. Zu ihrer Auswahl ist ein Kapitel ernannt, in welchem die Prinzessin Wilhelm den Vorsitz führt.« Es ist
Marianne, die »Prinzessin Wilhelm«, die das Vermächtnis
Luises erfüllt.

Friedrich Wilhelm hat besonders den letzten Tag in Paretz in
Erinnerung behalten. Den Weg, den Luise zum letzten Mal ging,
läßt er mit Rasen und Blumen einfassen, ebenso die Pforte, die
sie durchschritt; sie hat sich niemandem jemals wieder geöffnet. Ein L befindet sich in ihrer Wölbung, darunter steht der Tag
ihres Abschieds. An der Grotte läßt der König eine eiserne
Gedenktafel mit goldenen Buchstaben anbringen.

Auch Paretz ist eng mit der Erinnerung an die Königin ver-
knüpft. Nach dem Tod Luises begleiten den König nur noch seine Kinder hierher. Den Altar der auf einem Hügel gelegenen
Dorfkirche schmückt er mit einem blauen Tuch, das Luise gehört
hat, und dort, wo er mit seinen Kindern und dem kleinen Gefolge während des Gottesdienstes sitzt, wird ein großes Reliefbild
aus Ton aufgestellt, von Johann Gottfried Schadow angefertigt;
daneben hängt ein Immortellenkranz mit dem Namen der
Königin.

Eine wahre Flut von Büchern, Bildern, Statuen, Porträts,
Schriften, Gedichten hält das Gedächtnis an Preußens schöne
Königin lebendig. Friedrich Wilhelm wünscht von jedem dieser
Memorabilien ein Exemplar zu besitzen. Zu einem Bewunderer
der Luisen-Büste sagt Schadow:»Ich kann mich Berlins, ehe
Königin Luise kam, wohl erinnern; und wenn ich beim Vergleich
der Vergangenheit mit der Gegenwart die glücklichen Wand-
lungen bedenke, welche wir ihr verdanken, so kann ich kaum
glauben, daß ich in derselben Welt lebe.«

Auch eine Luisenstiftung wird gegründet – sie entspricht dem
Wunsch der Königin, den sie gegenüber ihrem Gemahl nach

ihrer Rückkehr aus Petersburg geäußert hatte. Die Stiftung wird der Erziehung von Töchtern im Kriege gebliebener Offiziere gewidmet; auch diese Einrichtung steht unter dem Protektorat der Prinzessin Marianne, die sich mit dem Tod Luises nur schwer abgefunden hat. Im Dezember 1810 schreibt sie in einem Brief: »Mein Gott, wenn die Königin noch lebte, wie würde sie meine Freude teilen! In jedem Augenblick des Tages fehlt sie mir, und immer werde ich sie schmerzlich vermissen, wenn ich Freude und wenn ich Kummer haben werde.« Am 14. Dezember spricht sie von ihrer tiefen Trauer in einem Schreiben an den Freiherrn vom Stein: »In einem Brief läßt es sich nicht alles so auseinandersetzen, aber mündlich würde ich es Ihnen so gerne sagen, wie so alle Annehmlichkeit des Lebens für mich dahin ist mit ihr. Sie war so unaussprechlich gut und schwesterlich mitfühlend gegen mich, so daß ich jeden Augenblick und bei jedem Ereignis sie, ach, mit ewigem Kummer vermisse. Wie bereue ich jedes Wort, was ich je gegen sie kann gesagt haben: seitdem es mir klar geworden ist, daß, wenn ich es tat, es gewiß nur Neid war, der aus mir sprach, weil sie so viel besser war als ich!

Ich kann nicht fortfahren, es tut mir zu weh …«

Vier Jahre nach dem Tod Luises kehrt Friedrich Wilhelm III. von Preußen nach der Völkerschlacht zu Leipzig mit einem triumphalen Sieg heim. Napoleon ist vernichtend geschlagen. Sein erster Gang in Berlin führt den König zu einem Dankgottesdienst in den Dom, dann besucht er allein und ohne Begleitung das Grabmal Luises in Charlottenburg, streut Blumen und legt einen Lorbeerkranz auf den kalten Marmor. Die Züge, die denen seiner Luise so wunderbar ähnlich sind, sprechen zu ihm. Er wird sie nie vergessen.

Die Erinnerung an Königin Luise stirbt nicht.

BIBLIOGRAPHIE

Dies ist keine Bibliographie mit dem Anspruch auf Vollständigkeit, sondern eine Aufstellung der Bücher und Schriften, denen ich bestimmte Fakten, Daten, Schilderungen, Beschreibungen und Zitate entnommen habe und die mir zum Verständnis besonderer Probleme gedient haben. Auch belletristische und erzählerische Werke bis hin zur Unterhaltungs- und Erbauungsliteratur wurden aufgenommen, auch wenn sie selbstverständlich nicht als Quelle verwendet wurden.

Auf die Aufnahme von Bildern und Plänen, Erinnerungs- und Gedenkblättern, Gedichten, Kantaten, Liedern, Deklamationen, Lebenden Bildern, Reigen und kleinen Aufführungen verschiedener Luise-Feiern, Lexikonartikeln, Museums- und Ausstellungskatalogen, Predigten, Schulbüchern und anderen Unterrichtswerken, Theaterstücken, Bühnenspielen und Dramen, Vorträgen, Ansprachen und Reden, Vaterländischen Dichtungen, Geschichtsbildern und Festspielen, Zeitungsartikeln sowie Schriften kleineren Umfangs wurde hingegen verzichtet.

Das Literaturverzeichnis soll den Leserinnen und Lesern die Möglichkeit geben, sich mit den Quellen, die mir zur Verfügung standen, bekanntzumachen.

FRIEDRICH ADAMI: Luise, Königin von Preußen. Ihre Lebensgeschichte dem deutschen Volke erzählt, Berlin 1876 (Neu bearbeitete Ausgabe 1934).

GERTRUDE ARETZ: Königin Luise, Dresden 1927.

HANS VON ARNIM: Königin Luise, Berlin 1969.

G. Asselmann-Lübben: Über die letzte Reise der Königin Luise von Preußen 1810, in: Mitteilungen des Vereins für die Geschichte Berlins, 31 (1914) 36f.

Brigitte Augusti: Luise, Königin von Preußen. Ein Lebensbild, deutschen Frauen und Mädchen gewidmet, Breslau 1897.

Theodor Bade: Luise Königin von Preußen. Lebensbild, Berlin 1860.

Paul Bailleu: Zur Geschichte des Jahres 1809, in: Historische Zeitschrift, 48 (1882) 451-459.

Paul Bailleu: Über die Brautzeit der Königin Luise, in: Hohenzollern-Jahrbuch, 1 (1897) 137-195.

Paul Bailleu: Der preußische Hof im Jahr 1798, Berlin 1898.

Paul Bailleu: Königin Luise in Tilsit, in: Hohenzollern-Jahrbuch, 3 (1899) 221-240.

Paul Bailleu (Hrsg.): Briefwechsel König Friedrich Wilhelms III. und der Königin Luise mit Kaiser Alexander I., nebst ergänzenden fürstlichen Korrespondenzen, Leipzig 1900.

Paul Bailleu: Königin Luise und die Kaiserinnen Maria Feodorowna und Elisabeth Alexejewna, in: Der Türmer. Monatsschrift für Gemüt und Geist, 2 (1899/1900) Heft 12.

Paul Bailleu: Königin Luise als Braut, in: Hohenzollern-Jahrbuch, 5 (1901) 1-30.

Paul Bailleu: Königin Luisens letzte Tage, in: Hohenzollern-Jahrbuch, 6 (1902) 38-56

Paul Bailleu: Königin Luises Kindheit und Jugend, in: Hohenzollern-Jahrbuch, 9 (1905) 299-322.

Paul Bailleu: Königin Luise im Kriege von 1806, in: Deutsche Rundschau, 129 (1906) 32-55.

Paul Bailleu: Königin Luise. Ein Lebensbild, Berlin und Leipzig 1908.

Paul Bailleu: Königin Luisens letzte Tage (mit Anhang: Königin Luisens letzte Briefe), in: Hohenzollern-Jahrbuch, 13 (1909) 228-245.

Wilhelm Baur: Prinzessin Marianne von Preußen, Hamburg 1886.

Heinrich und Amalie von Beguelin: Denkwürdigkeiten aus den Jahren 1807-1813, Berlin 1892.

PAUL BELLARDI: Königin Luise. Ihr Leben und ihr Andenken in Berlin, Berlin 1893.

EDUARD BELLING: Die Königin Luise in der Dichtung, Berlin 1886.

CAROLINE FRIEDERIKE VON BERG: Luise Königin von Preußen, Berlin 1814 (2. Auflage 1849).

LUDWIG BERGER: Luise, Königin von Preußen, Berlin 1926.

OTTO BERGER: Luise. Ein Vorbild echter Weiblichkeit. Für die Jugend geschildert, Reutlingen 1912.

PAUL BESSE: Die Königin Luise und ihre welthistorische Bedeutung, Köln 1870.

JÜRGEN BIALUCH (Hrsg.): Gestalten um Königin Luise, Reutlingen 1996.

W. M. FREIHERR V. BISSING: Friedrich Wilhelm II., König von Preußen, Berlin 1967.

C. BLASENDORFF: Die Königin Luise in Pommern, Stettin 1879.

HANS BLECKWENN: Unter dem Preußen-Adler. Das brandenburgisch-preußische Heer 1640-1807, München 1978.

ERICH BLEICH: Der Hof Friedrich Wilhelms II. und Friedrich Wilhelms III., Berlin 1914.

JULIUS W. BRAUN: Luise, Königin von Preußen, in ihren Briefen, Berlin 1888.

HANS BRENDICKE: Königin Luise. Leben und Wirken einer deutschen Frau, Berlin 1904.

OSKAR BRÜSSAU: Königin Luise. Ein Lebens- und Charakterbild mit einer Auswahl von Briefen und Aufzeichnungen der Königin, Hamburg 1910.

LUDWIG BRUNIER: Louise. Eine deutsche Königin, Bremen 1871.

GÜNTER DE BRUYN: Preußens Luise. Vom Entstehen und Vergehen einer Legende, Berlin 2001.

G. E. BURCKHARDT: Luise, Königin von Preußen. Ein Lebensbild für deutsche Frauen und Jungfrauen, Barmen 1872.

ERNST VON DER BURG: Königin Luise. Die Lebensgeschichte der edlen Preußenkönigin für Volk und Jugend erzählt, Stuttgart 1901.

R. CARL UND KARL FRIEDRICH PFAU: Luise Königin von Preußen. Nach Hudson's Life and Times of Louisa, Queen of Prussia, Leipzig 1887 (3. Auflage).

FRIEDRICH VON COELLN: Vertrauœe Briefe über die inneren Verhältnisse am Preußischen Hofe seiœ dem Tode Friedrich II., Leipzig 1807-1809.

ADALBERT COHNFELD: Ausführliche Lebens- und Regierungsgeschichte Friedrich Wilhelms III., Berlin 1840-1842.

HANS DELBRÜCK:Von der Königœn Luise, dem Minister vom Stein und dem deutschen Nationalgedanken, in: Preußische Jahrbücher, 136 (1909) 441-458.

C. V. DERBOECK: Luise, Königiœ von Preußen. Ein Vorbild weiblicher Tugenden. Historische Erzählung für die Jugend, Berlin 1881.

WILHELM DIEHL: Alt-Darmstadt, Darmstadt 1913.

D. JULIUS DISSELHOFF: Luise, Königin von Preußen oder Eine Geschichte von großer Freud und tiefem Leid. Dem deutschen Volke erzählt, Kaiserswerth 1896 (2. Auflage).

HERMANN DREYHAUS: Die Königin Luise in der Dichtung ihrer Zeit, Berlin 1926.

HERMANN DREYHAUS: Königin Luise. Lebensbild einer deutschen Frau, Stuttgart 1928.

GÖTZ ECKART: Johann Gottfried Schadow und die Königin Luise. In: J. G. Schadow: Die Königin Luise in Zeichnungen und Bildwerken, Potsdam 1993 (Katalog).

C. A. ENDLER: Der Lieblingsbruder der Königin Luise, Großherzog Georg von Mecklenburg-Strelitz, in: Mecklenburg-Strelitzer Geschichtsblätter, 5 (1929) 135-147.

EDUARD ENGEL: Königin Luise, Berlin 1876.

LOTTE ESSAU: Luise, Königin von Preußen, in: Deutsche Frauen. Lebensbilder aus zwei Jahrtausenden, 14 (1937) 49-64.

KARL ESSELBORN: Darmstadt zur Zeit der Zopfzeit, Darmstadt 1915.

HERBERT EULENBERG: Die Hohenzollern, Berlin 1928.

ERNST EVERS: Luise, Königin von Preußen oder Die Fürstin der Fürstinnen. Ein Lebensbild, Konstanz 1906.

ARMIN EWALD: Luise, Königin voœ Preußen. Eine Biographie, Kassel 1853.

RULEMANN FRIEDRICH EYLERT: Die Gedächtnisfeier der verewigten Königin Luise von Preußen. Eine Stiftungsschrift, Berlin 1812.

RULEMANN FRIEDRICH EYLERT: Charakterzüge und historische Fragmente des Königs Friedrich Wilhelms III., Magdeburg 1844-1846.

HERTHA FEDERMANN: Königin Luise im Spiegel ihrer Briefe, Berlin 1939.

INGRID FEIX (Hrsg.): Wohl oder übel muß ich armes Weibsen dran. Anekdoten um Königin Luise, Berlin 1999.

MARIE VON FELSENECK: Königin Luise. Ein Lebensbild nach authentischen Quellen bearbeitet, Berlin 1908.

E.-J. FEUCHTWANGER: Preußen – Mythos und Realität, Frankfurt am Main 1972.

JAN VAN FLOCKEN: Königin Luise. Biographie, Berlin 1989.

FRIEDRICH WILHELM III. König von Preußen: Vom Leben und Sterben der Königin Luise. Eigenhändige Aufzeichnungen, herausgegeben von Heinrich Otto Meisner, Berlin/Leipzig 1926.

MARIE FRIESE: Chronik der Luisen-Stiftung zu Berlin, Berlin 1890.

PAUL GAERTNER: Königin Luise von Preußen, Berlin 1810.

PAUL GÄRTNER UND PAUL SAMULEIT: Luise, Königin von Preußen. Ein Lebensbild in Briefen und Aufzeichnungen der Königin und ihrer Zeitgenossen, Berlin 1920.

BRUNO GARLEPP: Luise, Preußens Engel. Eine Erzählung für Alt und Jung, Berlin 1881.

FRIEDRICH VON GENTZ: Schriften, München 1838-1840.

DAGMAR VON GERSDORFF: Königin Luise und Friedrich Wilhelm III. Eine Liebe in Preußen, Berlin 1996.

OTTO GEYER: Königin Luise, Leipzig 1897.

C. GRAMBERG: Königin Luise von Preußen. Ein Lebensbild für die deutsche Jugend, Stuttgart o.J.

HERMANN GRANIER: Briefe an die Königin Luise von Friedrich Wilhelm III., in: Forschungen zur Brandenburgischen und Preußischen Geschichte, 37 (1925) Sitzungsbericht 7.

KARL GRIEWANK (Hrsg.): Luise, Königin von Preußen. Briefe und Aufzeichnungen, Leipzig 1925.

KARL GRIEWANK (Hrsg.): Luise, Königin von Preußen. Briefwechsel mit ihrem Gemahl Friedrich Wilhelm III. 1793-1810, Leipzig 1929.

KARL GRIEWANK: Königin Luise. Ein Leben in Briefen, Leipzig 1943.

BERTHOLD HAASE-FAULENORTH: Gräfin Lichtenau, Berlin 1934.

SEBASTIAN HAFFNER: Preußen ohne Legende, Hamburg 1979.

WERNER HAHN: Friedrich Wilhelm III. und Luise, König und Königin von Preußen. 217 Erzählungen aus ihrer Zeit und ihrem Leben, Berlin 1850.

ELISABETH HALDEN: Aus den Tagen der Königin Luise. Eine Erzählung für die Jugend, Leipzig 1893.

ELISABETH HALDEN: Königin Luise, Berlin 1899.

HARALD HARDEN: Luise. Lebensbild einer Königin, Bremen 1955.

ULRIKE VON HARDENBERG: Königin Luise. Herzeleid und Opfermut einer deutschen Frau, Niedersedlitz 1934.

HEINRICH HARTMANN: Luise. Königin von Preußen, Moers 1981.

HEINRICH HARTMANN: Luise. Preußens große Königin, Berg 1985.

HERMANN HASS (Hrsg.): Königin Luise in ihren Briefen und in Zeugnissen Mitlebender, Jena 1929.

ECKART HENNING: Briefe und Tagebücher der Königin Luise im Brandenburg-Preußischen Hausarchiv. Zur 200. Wiederkehr ihres Geburtstages am 10. März 1976, in: Mitteilungen des Vereins für die Geschichte Berlins, 72 (1976) 142-150.

HUGO HERTWIG: Johann Christoph Hufeland, der Arzt, der das Leben verlängerte, Berlin 1941.

A. HINKE: Geschichte des preußischen Königspaares Friedrich Wilhelm III und Luise, Berlin 1862.

SOPHIE HOECHSTETTER: Königin Luise. Historischer Roman, Berlin 1926.

GEORG HOLMSTEN: Berlin-Chronik, Düsseldorf 1984.

ELSE VON HOLLANDER-LOSSOW: Die unsterbliche Königin. Ein Luise-Roman, Leipzig 1934.

GEORG HORN: Das Buch von der Königin Luise, Berlin 1883 (Jubiläumsausgabe 1913).

E. H. HUDSON: The Life and Times of Louisa, Queen of Prussia, Leipzig 1889.

MAX HÜBNER: Aus dem Leben König Friedrich Wilhelms III., der Königin Luise und König Friedrich Wilhelms IV., Breslau 1891.

CHRISTOPH WILHELM HUFELAND: Eine Selbstbiographie, Stuttgart 1937.

K. HUSTAEDT: Die plastischen Bildnisse der Königin Louise in Hohenzieritz, in: Mecklenburgische Zeitschrift des Heimatbundes Mecklenburg, 12 (1917) 79-87.

OCTAVIA JAEDICKE: Königin Luise. Ein Lebensbild, Leipzig 1909.

KURT JAGOW: Königin Luise. Lebensbild, Leipzig 1934.

KURT JAGOW (Hrsg.): Luise, Königin von Preußen: Briefe der Freundschaft, Leipzig 1940 (3. Auflage).

HERMANN JANTZEN: Königin Luise. Zur Jahrhundertfeier ihres Todestages, Königsberg 1910.

BERNHARD KIESLER: Das Leben der Königin Luise in Bildern. Dargestellt für die Jugend, Berlin 1910.

FRIEDRICH M. KIRCHEISEN: Die Königin Luise in der Geschichte und Literatur. Eine systematische Zusammenstellung der Einzelschriften und Zeitschriftenbeiträge, Jena 1906.

ERNST DANIEL MARTIN KIRCHNER: Die Churfürstinnen und Königinnen auf dem Throne der Hohenzollern, Berlin 1870.

TESSA KLATT: Königin Luise von Preußen in der Zeit der Napoleonischen Kriege, Berlin 1937.

ECKART KLESSMANN: Prinz Louis Ferdinand von Preußen, München 1972.

ECKART KLESSMANN (Hrsg.): Deutschland unter Napoleon in Augenzeugenberichten, Düsseldorf 1965.

ECKART KLESSMANN (Hrsg.): Die Befreiungskriege in Augenzeugenberichten, Düsseldorf 1966.

KARL FRIEDRICH V. KLÖDEN: Lebens- und Regierungsgeschichte Friedrich Wilhelms III. Königs von Preußen, Berlin 1840.

AUGUST KLUCKHOHN: Königin Luise von Preußen, Berlin 1876.

EMIL KNAAKE: Leben und Wirken der Königin Luise im Lichte der Geschichte, Tilsit 1907.

HANNSJOACHIM W. KOCH: Geschichte Preußens, München 1980.

REINHART KOSELLECK: Preußen zwischen Reform und Revolution, Stuttgart 1967.

PAUL KÖHLER: Königin Luise von Preußen, ein Gotteskind in Freud und Leid. Für das deutsche Volk, Eisleben 1886.

HARALD VON KOENIGSWALD: Preußisches Lesebuch. Zeugnisse aus drei Jahrhunderten, München 1966.

ADOLPH KOHUT: Königin Luise von Preußen und ihre Zeit, Berlin 1910.

E. KRATZ: Vergötterung Louisens, der Königin von Preußen, Glogau 1811.

ULRIKE KRENZLIN: Johann Gottfried Schadow. Ein Künstlerleben in Berlin, Berlin 1990.

BOGDAN KRIEGER: Königin Luise und der Geheime Kabinettsrat Lombard, in: Deutsche Revue, 26 (1901).

BOGDAN KRIEGER: Russischer Besuch am preußischen Hof vor 100 Jahren, in: Deutsche Revue, 29 (1904).

BOGDAN KRIEGER: Briefe der Königin Luise an ihre Erzieherin, Mademoiselle de Gélieux, in: Deutsche Revue, 30 (1905) 65-73, 216-225.

BOGDAN KRIEGER: Erziehung und Unterricht der Königin Luise, in: Hohenzollern-Jahrbuch, 14 (1910) 117-173.

H. KÜHNE: Die Königin Luise in ihren Jugendjahren oder der Herrschaft Broich schönste Zeit, Leipzig 1889.

MAX LEHMANN: Scharnhorst, Leipzig 1886/1887.

MAX LEHMANN: Freiherr vom Stein, Leipzig 1921.

JOHANN HEINRICH LEHNERT: Das Leben König Friedrich Wilhelms III. in Paretz, Potsdam 1845.

HANS LEHR: Die Vertraute der Königin. Roman, Leipzig 1939.

E. LEMP: Luise, Königin von Preußen. Ein Lebensbild zur Jahrhundertfeier ihres Todestages, Berlin 1910.

KONRAD LINZ: Königin Luise. Lebensbild aus schicksalsschwerer Zeit, Berlin 1932.

ALWIN LONKE: Königin Luise von Preußen. Ein Lebensbild nach den Quellen, Leipzig 1904.

LUISE PRINZESSIN VON MECKLENBURG-STRELITZ: Die Reise an den Niederrhein und nach Holland 1791. Das Tagebuch der späteren Königin von Preußen. Übersetzt und mit einem Kommentar von Guido de Wird herausgegeben von Paul Hartig, München 1987.

GERTRUD MANDER: Königin Luise, Berlin 1981.

GOLO MANN: Friedrich von Gentz, Zürich 1947.

GOLO MANN: Deutsche Geschichte des 19. und 20. Jahrhunderts, Frankfurt am Main 1958.

ADOLF MARTIN (Hrsg.): Briefe der Königin Luise von Preußen, Berlin 1887.

FRIEDRICH AUGUST LUDWIG VON DER MARWITZ: Nachrichten aus

meinem Leben. Für meine Nachkommen. 1777-1808, Berlin 1908.

CHRISTIAN VON MASSENBACH: Memoiren über meine Verhältnisse zum Preußischen Staat. Drei Bände, Amsterdam 1809.

ACHIM MAYER: Luise, Königin von Preußen, geborene Herzogin von Mecklenburg. Bilder aus ihrem Leben und Wirken, ihre unvergeßlichen Worte und Briefe. Nach authentischen Quellen, Neubrandenburg 1858.

ELLA MENSCH: Königin Luise von Preußen, Leipzig 1908.

PAUL MENZEL: Königin Luise von Preußen, Brieg 1892.

HEINRICH MERZ: Luise, Königin von Preußen, Stuttgart 1876.

EDITH MIKELEITIS: Die Königin. Roman, Braunschweig 1940.

MARIE MNIOCH: Ein paar Bemerkungen über das häusliche Leben des Königs und der Königin, in: Jahrbücher der preußischen Monarchie, 3 (1799) 45-48.

MARY MAXWELL MOFFAT: Queen Louisa of Prussia, London 1906.

WALTER VON MOLO: Ein Volk wacht auf. Roman-Trilogie. Band 2 Luise, München 1919.

WALTER VON MOLO: Luise im Osten. 1806, Berlin 1922.

LUDWIG MÜHLBACH: Napoleon und Königin Luise, Berlin 1858.

ADAM HEINRICH MÜLLER: Zum Gedächtnis der verewigten Königin Louise, Berlin 1810.

FRIEDRICH LUDWIG MÜLLER: Luise. Aufzeichnungen über eine preußische Königin, Bonn 1999.

WOLFGANG MÜLLER: Briefe der Königin Luise von Preußen. Mit lebensgeschichtlichen Verbindungen, Elberfeld 1939.

HERMANN MÜLLER-BOHN: Die deutschen Befreiungskriege 1806-1815. Veranlaßt und herausgegeben von Paul Kittel, Berlin o.J.

BURKHARD NADOLNY: Louis Ferdinand. Das Leben eines preußischen Prinzen, Düsseldorf und Köln 1967.

NOVALIS: Glauben und Liebe oder der König und die Königin, in: Jahrbücher der Preußischen Monarchie, 2 (1798) 269-286.

HEINZ OHFF: Ein Stern in Wetterwolken. Königin Luise von Preußen. Eine Biographie, München 1989.

WILHELM ONKEN: Das Zeitalter der Revolution, des Kaiserreiches und der Befreiungskriege. Band 2, Berlin 1886.

FRIEDRICH VON OPPELN-BRONIKOWSKI: Abenteuer am preußischen Hofe 1700-1800, Berlin 1927.

FRIEDRICH VON OPPELN-BRONIKOWSKI: Liebesgeschichten am preußischen Hofe, Berlin 1923.

KURT ORTMANNS: Königin Luise von Preußen (1776-1810) und ihre Zeit, Mülheim 1976 (Katalog einer Ausstellung des Stadtarchivs Mühlheim).

MAURICE M. PALÉOLOGUE: Louise, Reine de Prussie. La naissance d'une légende, in: Revue deux Mondes, 103 (1891) 600-631.

MAURICE M. PALÉOLOGUE: Alexander I. Der rätselhafte Zar, Berlin 1937.

EILHARD ERICH PAULS: Das Ende der galanten Zeit, Lübeck 1924.

GEORG HEINRICH PERTZ: Das Leben des Ministers Freiherr vom Stein, Berlin 1856.

GERD PESCHKEN UND HANS WERNER KLÜNNER: Das Berliner Schloß. Das klassische Berlin, Berlin 1982.

HERMANN VON PETERSDORFF: Sophie Marie Gräfin Voß, Leipzig 1896.

HERMANN VON PETERSDORFF: Der älteste Sohn der Königin Luise und sein erster Erzieher, in: Hohenzollern-Jahrbuch, 14 (1910) 192-223.

HERMANN VON PETERSDORFF: Königin Luise, Leipzig 1920.

HERMANN VON PETERSDORFF: Der Hof der Königin Luise, Leipzig 1913.

HERMANN PETRICH: Königin Luise. Ein Bild ihres Lebens, Hamburg 1910.

ALBERT PICK: Zum Besuche des Königs Friedrich Wilhelms III. und der Königin Luise in Erfurt vom 30. Mai und 26. Juni 1803, in: Mitteilungen des Vereins für die Geschichte und Altertumskunde von Erfurt, 15 (1892) 225-251.

ELISE POLKO: Die Königin Luise. Portraitskizzen, Leipzig 1881.

ELISE POLKO: Stätten der Erinnerung an die Königin Luise, Leipzig 1891.

ERNST POSECK: Louis Ferdinand, Prinz von Preußen, Berlin 1938.

KURT VON PRIESDORFF: Prinz Louis Ferdinand von Preußen, Berlin 1935.

WILHELM PÜLTZ: Mutter des Volkes. Roman einer deutschen Frau, Berlin 1938.

LUISE FÜRSTIN RADZIWILL: 45 Jahre aus meinem Leben 1770-1815, Braunschweig 1912.

LEOPOLD VON RANKE: Preußische Geschichte, Leipzig 1881.

KARL LUDWIG RAUTENBERG: Das Leben der Königin von Preußen Luise Auguste Wilhelmine Amalia, Mohrungen und Braunsberg 1837 (Nachdruck Leer 1977).

RUDOLF REICKE: Der Kriegsrat Scheffner und die Königin Luise, in: Altpreußische Monatsschrift, 1 (1864) 706-736.

CARL REIM: Königin Luise, ihr Leben, Wirken und Leiden sowie ihre Zeit, Rostock 1913.

Reise des Königs und der Königin im Mai 1799, in: Denkwürdigkeiten und Tagesgeschichte der Mark Brandenburg 1799, 766-770.

THEODOR RETHWISCH: Die Königin. Ein Buch aus Preußens schwerer Zeit, Braunschweig 1909.

CONSTANZE RICHARDSON: Memoirs of the Private Life and Opinions of Louisa, Queen of Prussia, Consort of Frederick William III., London 1847. Deutsche Ausgabe: Bibliothek ausgewählter Memoiren des 18. und 19. Jahrhunderts. Abteilung 4, Grimma 1848, VI.

EGON RICHTER: Die letzte Fahrt der Königin Luise, Berlin 1988.

GERHARD RITTER: Stein. Eine politische Biographie, Berlin 1931.

ANTON RITTHALER: Die Hohenzollern, Moers 1979.

CARL ROECHLING, RICHARD KNÖTEL UND WOLDEMAR FRIEDRICH: Die Königin Luise in fünfzig Bildern für Jung und Alt, Berlin 1896.

BERNHARD ROGGE: Königin Luise. Zur hundertjährigen Wiederkehr ihres Todestages, Liegnitz 1910.

GUSTAV ROLOFF: Königin Luise und die Politik, in: Westermanns Monatshefte, 108,2 (1910) 635-642.

J. F. ROSENHAGEN: Charakterzüge, letzte Reise, Krankheit und Ende der Königin Luise von Preußen, Berlin 1863.

MALVE GRÄFIN ROTHKIRCH (Hrsg.): Königin Luise von Preußen. Briefe und Aufzeichnungen 1786-1810. Mit einer Einleitung von Hartmut Boockmann, München 1985 (mit der umfangreichsten, wenn auch nicht vollständigen Bibliographie).

PAUL SAMULEIT: Königin Luise. Ein Lebensbild in Briefen und Urkunden, Frankfurt am Main 1927.

H. SANDT UND W. SCHLEGEL: Königin Luise, Charlottenburg 1910.

MARIA SCHADE: Königin Luise. Sechs Bilder aus Preußens großer Zeit, Berlin 1913.

HEINRICH SCHEEL (Hrsg.): Das Reformministerium Stein. Akten zur Verfassungs- und Verwaltungsgeschichte aus den Jahren 1807/08, Berlin 1966-1968.

HEINRICH SCHEEL UND DORIS SCHMIDT (Hrsg.): Von Stein zu Hardenberg. Dokumente aus dem Innenministerium Altenstein/Dohna, Berlin 1986.

JOHANNES SCHERR: Blücher. Seine Zeit und sein Leben. Zwei Bände, Leipzig 1886.

CASPAR SCHEUREN UND ELISE POLKO: Stätten der Erinnerung an die Königin Luise, Düsseldorf 1878.

JOHANN FR. SCHINK: Louise, Preußens Schutzgeist, Berlin 1817.

HEINRICH LEOPOLD VON SCHLADEN: Preußen in den Jahren 1806/1807. Ein Tagebuch, Mainz 1845.

MANFRED SCHLENKE (Hrsg.): Preußen-Ploetz, Freiburg und Würzburg 1983.

FERDINAND SCHMIDT: Königin Luise. Ein Lebensbild, Glogau 1877.

FERDINAND SCHMIDT: Bilder aus der Zeit Friedrich Wilhelm III. und Luisens (1800-1809), Düsseldorf 1883.

JOEL SCHMIDT: Louise de Prusse. La reine qui défia Napoléon, Paris 1995.

GUSTAV HEINRICH SCHNEIDER: Königin Luise in Memel, in: Westermanns Monatshefte 51 (1906/1907) 860-873.

E. SCHNIPPEL: Zur Reise des Königs Friedrich Wilhelms III. und der Königin Luise nach Ortelsburg und Wehlau im Jahre 1806, in: Altpreußische Monatsschrift 44 (1907) 88-95.

PAUL SCHÖNEMANN: Bilder aus dem Leben der Königin Luise, Brandenburg 1896.

HANS JOACHIM SCHOEPS (Hrsg.): Das war Preußen. Zeugnisse des Jahrhunderts, Honnef/Rhein 1955.

HANS JOACHIM SCHOEPS: Preußen. Geschichte eines Staates, Berlin 1981.

J. C. SCHOLZ: Louise, Königin von Preußen. Ein Lebensbild zur fünfzigjährigen Todesfeier für Schule und Familie, Erfurt 1860.

PAUL SCHRECKENBACH: Der Zusammenbruch Preußens im Jahre 1806, Jena 1913.

EMILIE SCHRÖDER: Königin Luise. Ein Lebensbild in ihren Aussprüchen, Leipzig 1897.

TONY SCHUHMACHER: Originalbriefe über den Tod der Königin Luise, in: Deutsche Rundschau, 32 (1907) 269-278.

OTTOKAR SCHUPP: Louise, Königin von Preußen. Ein Lebensbild für die Jugend und das Volk bearbeitet, Wiesbaden 1869 (Neuausgabe Altenburg 1891).

ARTHUR SCHURIG: Das galante Preußen gegen Ende des 18. Jahrhunderts, Berlin 1910.

GEORG SCHUSTER (Hrsg.): Königin Luise. Historische Bilddokumente, Berlin 1934.

ERHARD SCHWABE: Luise von Preußen. Königin in schwerer Zeit, Lausanne 1971.

RICHARD SCHWEMMER: Der Liebesroman eines preußischen Königs, Frankfurt am Main 1930.

SOPHIE GRÄFIN SCHWERIN: Vor hundert Jahren, Berlin 1909.

INA SEIDEL: Luise, Königin von Preußen. Ein Bericht über ihr Leben, Königstein im Taunus 1934.

PAUL SEIDEL: Königin Luise im Bilde ihrer Zeit, in: Hohenzollern-Jahrbuch, 9 (1905) 108-154.

PAUL SEIDEL: Zur Geschichte des Kronprinzen-Palais in Berlin, insbesondere der ehemaligen Wohnung der Königin Luise, in: Hohenzollern-Jahrbuch, 11 (1907) 206-257.

PAUL SEIDEL: Kunst und Kunstgewerbe in den königlichen Schlössern. Die Zimmer-Einrichtungen König Friedrich Wilhelms III. und der Königin Luise im Potsdamer Stadtschlosse, in: Hohenzollern-Jahrbuch, 13 (1909) 246-274.

PAUL SEIDEL: Der große Maskenball in Berlin zur Feier des Geburtstages der Königin Luise 1804, in: Hohenzollern-Jahrbuch, 14 (1910) 224-235.

SOPHIE CHARLOTTE VON SELL: Die Königin. Ein Lebensbild, Stuttgart 1925.

NIKOLAUS VON SEMENTOWSKY-KURILO: Alexander I. von Rußland, Frankfurt am Main 1967.

WOLF JOBST SIEDLER: Auf der Pfaueninsel, Berlin 1987.

JUTTA V. SIMSON: Das Denkmal der Königin Luise in Berlin. Ein Beitrag zur Luisenverehrung im 19. Jahrhundert, in: Festschrift für Otto v. Simson zum 65. Geburtstag. Herausgegeben von Lucius Grisebach und Konrad Renger, Berlin 1977, 516-530.

ALBERT SOREL: Luise, Königin von Preußen, Berlin 1939.

THOMAS STAMM-KUHLMANN: König in Preußens großer Zeit. Friedrich Wilhelm III., der Melancholiker auf dem Thron, Berlin 1992 (mit ausführlicher Bibliographie).

REINHOLD STEIG: Berlin in Trauer um die Königin Luise, in: Deutsche Rundschau 144 (1910) 265-282.

ARMIN STEIN: Königin Luise. Ein Lebensbild, Halle 1883.

KARL FREIHERR VOM UND ZUM STEIN: Briefwechsel, Denkschriften und Aufzeichnungen, Berlin 1931-1937.

ALFRED STERN (Hrsg.): Abhandlungen und Aktenstücke zur Geschichte der preußischen Reformzeit 1807 bis 1815, Leipzig 1885.

WOLFGANG STRIBRNY: Friedrich Wilhelm III., 1981.

HEINRICH STUHRMANN: Luise, Preußens edle Königin. Geschichte einer großen Seele, Barmen 1933.

MERETE VAN TAACK: Königin Luise, Tübingen 1978.

MERETE VAN TAACK: Alexander I., Tübingen 1983.

MERETE VAN TAACK: Friederike. die galantere Schwester der Königin Luise. Im Glanz und Schatten der Höfe, Düsseldorf 1987.

OLGA GRÄFIN TAXIS-BORDOGNA: Frauen von Weimar, München 1950.

RUDI TESCH: Luise, Königin von Preußen. Zur 200. Wiederkehr ihres Geburtstages am 10. März 1976, in: Erbe und Auftrag, 9 (1976) 41-55.

PETER JOHANNES THIEL: Luise. Alldeutsches Mutterherz, Erfurt 1899 (2. Auflage).

PETER GERRIT THIELEN: Karl August von Hardenberg, Berlin 1967.

HEINRICH VON TREITSCHKE: Deutsche Geschichte im Neunzehnten Jahrhundert. Fünf Bände, Leipzig 1879-1896.

HEINRICH VON TREITSCHKE: Königin Luise. Vortrag gehalten am 10. März 1876 im Kaisersaal des Berliner Rathauses, in: Preußische Jahrbücher, 37 (1876) 417-429.

HEINRICH VON TREITSCHKE: Ausgewählte Schriften. Zwei Bände, Leipzig 1907.

HEINRICH VON TREITSCHKE: Deutsche Geschichte im 19. Jahrhundert, Leipzig 1913.

H. TSCHIRCH UND W. SAUSSE: Anekdoten von dem Aufenthalt des Königs Friedrich Wilhelms III. und der Königin Luise in Naumburg im Jahre 1806, in: Niederlausitzer Magazin 43 (1867) 339-382.

GRÄFIN TRUCHSESS-WALDBURG: Auszüge aus dem Tagebuch der Hofdame der Königin Luise von Preußen, in: Sitzungsberichte der Altertumsgesellschaft Prussia zu Königsberg in Preußen, 46 (1889/1890) 118-129.

HANS VAIHINGER: Königin Luise als Erzieherin, Halle 1894.

HENRY VALLOTON: Alexander I., Hamburg 1967.

EDUARD VEHSE: Geschichte des preußischen Hofes, des Adels und der Diplomatie, Hamburg 1851.

ELISABETH VAN VENHUES: Königin Luise. Ein Frauenleben, Essen 1931.

HEINRICH VIADRINUS: Das Berliner Gedenken zu Ehren der Königin Luise 1776-1976, in: Erbe und Auftrag, 9 (1976) 39-41.

GÜNTHER VOGEL UND KLAUS VETTER: Preußen. Von den Anfängen bis zur Reichsgründung, Berlin 1977.

SOPHIE MARIE GRÄFIN V. VOSS: Neunundsechzig Jahre am preußischen Hofe. Aus den Erinnerungen der Oberhofmeisterin, Leipzig 1894 (6. Auflage).

SOPHIE MARIE GRÄFIN V. VOSS: Aus den Tagebüchern und Aufzeichnungen. Sachlich berichtigt und aus zeitgenössischen Quellen ergänzt, Berlin 1932.

HANS WAHL: Prinz Louis Ferdinand, Weimar 1917.

ADELHEID WEBER: Königin Luise. Bielefeld und Leipzig 1912.

GUSTAV WECK: Königin Luise. Vaterländische Romanzen, Paderborn 1884.

HANS-ULRICH WEHLER: Deutsche Gesellschaftsgeschichte, München 1987.

CLEMENS ALEXANDER WIMMER: Gärten des Charlottenburger Schlosses, Berlin 1985.

DR. WOHLRABE: Königin-Luise-Büchlein. Zum Gedenken der hundertjährigen Wiederkehr des Todestages der Königin, Leipzig 1910.

WILHELM WOHLRABE: Königin Luise, o.O. 1933.

CONSTANCE WRIGHT: Beautiful enemy. A biography of Queen Louise of Prussia, New York 1969.

RICHARD WULKOW: Luise, Königin von Preußen. Ein Lebensbild für die deutschen Frauen, Frankfurt am Main 1882.

LUDWIG WÜLKER (Hrsg.): 50 ausgewählte Briefe der Königin Luise von Preußen. Mit einem verbindendem geschichtlichem Texte, Hannover und Leipzig 1909.

PERSONENREGISTER

Adolf Friedrich III., Herzog von Mecklenburg-Strelitz (Großvater Luises) 14
Adolf Friedrich IV., Herzog von Mecklenbug-Strelitz (Onkel Luises) 16, 18, 22
Albrecht, Prinz von Preußen (Sohn Luises) 541, 543, 593
Alexander I., Zar von Rußland 195, 220, 226, 232, 243, 267–294, 318, 327-333, 336f., 340ff., 346-349, 352f., 356f., 360-364, 366ff., 370, 392, 396, 403f., 409– 412, 419–424, 427–445, 447ff., 451, 456f., 460–467, 473, 484, 496f., 500–518, 520-531, 534, 536, 540, 552, 555
Alexandrine Helene, Prinzessin von Preußen (Tochter Luises) 247f., 253, 267, 294, 334, 401, 428, 447, 489, 491
Alopeus, Maxim Maximowitsch 352
Altenstein, Karl Freiherr von 557, 5632f.
Ancillon, Johann Peter Friedrich 546, 575
Anna Pawlowna, Großfürstin (Schwester Alexanders I.) 307, 321
Arnim, Achim von 111

August Wilhelm, Prinz von Preußen 351, 510
Auguste, Prinzessin von Hessen-Darmstadt 29f., 94,

Baden, Prinz von 474
Bailleu, Paul 14, 40, 43, 52, 68, 74, 174, 183, 189, 195, 233, 258, 261, 273, 497, 526, 537, 558, 561
Behnisch (Hofmeister) 77
Bennigsen, Levin August Graf von 428ff., 433
Beloselsky, Fürst 515, 518f.
Berg, Caroline Friederike von 36, 224, 226, 257-260, 360, 371, 472-476, 484f., 487, 492, 494, 496ff., 500, 506f., 526, 533, 542, 546, 550, 569, 576
Bertrand, Henri Gratien Graf (Adjutant Napoleons) 409f.
Bethmann, Simon Moritz 75
Beyme, Karl Friedrich von (Minister) 262, 301, 351, 364, 418, 470, 475ff.
Bischoffswerder, Johann Rudolph 155, 165, 170f.
Blücher, Gebhard Leberecht, Fürst von Wahlstatt 335, 343, 348, 355, 381, 387, 417
Blumenthal, Luise 90
Boockmann, Hartmut 226